HISTOIRE

DE LA

SCIENCE POLITIQUE

DANS SES RAPPORTS AVEC LA·MORALE

TOURS. — IMP. ARRAULT ET Cⁱˢ.

HISTOIRE

DE LA

SCIENCE POLITIQUE

DANS

SES RAPPORTS AVEC LA MORALE

PAR

PAUL JANET

MEMBRE DE L'INSTITUT, PROFESSEUR A LA FACULTÉ DES LETTRES DE PARIS

TROISIÈME ÉDITION

REVUE, REMANIÉE ET CONSIDÉRABLEMENT AUGMENTÉE

Ouvrage couronné par l'Académie des sciences morales et politiques
et par l'Académie française

TOME PREMIER

PARIS

ANCIENNE LIBRAIRIE GERMER BAILLÈRE ET Cie

FÉLIX ALCAN, ÉDITEUR

108 Boulevard Saint-Germain, 108

1887

ERRATA (Tome I)

Pages.	AU LIEU DE :	LISEZ :
87, l. 32	Chaque. La justice, pays	*Chaque pays. La justice.*
129, n. 3, l. 9	la politique	*la république.*
157, l. 19	la parole	*la morale.*
370, n. 1 et 2	q. XCl	*q. XC.*
371, n. 1	q. XIIII	*q. XCIII.*
374, n. 3	q. XCV	*1ª 2ª q. XCL.*
375, n. 1	q. LVII	*2ª 2ª q. LVII.*
378, n. l. 2	lect. III	*lect. IV.*
379, n. l. 3	illis	*illos.*
384, n. 1	a. 3	*a. 1.*
385 et suiv.	Comm. Sent.	*Comm. in l. II Sent.*
385, n. 2	q. IV	*q. I.*
387, n. 1	a. 3	*a. 2.*
387, n. 2, l. 3	Virtuali	*Virtuosi.*
463, l. 15	subjicit	*subjici.*

AVERTISSEMENT

DE LA TROISIÈME ÉDITION

Cet ouvrage, que nous publions pour la troisième fois, aura
bientôt quarante années d'existence. Il a été conçu en 1848,
sous l'impulsion des événements de cette année célèbre et en
réponse au Programme de l'Académie des sciences morales et
politiques, qui avait mis au concours la question suivante : « Comparer la philosophie morale et politique de Platon et d'Aristote
avec celle des publicistes modernes les plus célèbres. » Notre
mémoire ayant été couronné en 1853, nous nous sommes remis
au travail pour compléter notre ouvrage ; et au lieu d'une simple
comparaison entre les doctrines de Platon et d'Aristote et celle
des plus grands publicistes, nous avons entrepris et essayé
d'exécuter, sur un plan général, une *Histoire de la philosophie
morale et politique*. L'ouvrage parut sous ce titre, en 1859 ; et sous
sa forme nouvelle il eut cette fois l'honneur d'être couronné par
l'Académie française.

En 1872, nous donnâmes la seconde édition de notre ouvrage,
mais en changeant le titre et en modifiant assez profondément
le fond. Il nous avait semblé que c'était trop que de promettre
à la fois une histoire de la morale et une histoire de la politique,
et que ces deux histoires devaient être l'une et l'autre incom-
plètes ; en second lieu que la morale et la politique ne se développent pas toujours concurremment, et ne répondent pas nécessairement l'une à l'autre. Combien de moralistes n'ont pas touché
à la politique ! Combien de publicistes ne se sont pas occupés de
morale ! L'ouvrage manquait donc d'unité, et était condamné à
de nombreuses lacunes. Il nous sembla qu'il était préférable de
prendre pour centre l'une des deux sciences ; et comme la politique était la moins connue, c'est celle-là que nous avons choisie,
sans perdre de vue sa liaison avec la morale, liaison qui avait été

JANET. — Science politique.   I. — *a*

la pensée dominante de notre livre, et qui lui donnait son caractère philosophique. Nous pûmes, grâce à ce remaniement, donner
à notre ouvrage plus d'unité et, pour ce qui concerne la politique
proprement dite, ajouter considérablement à l'édition précédente.
Enfin nous dûmes résumer ce changement de point de vue dans
le titre du livre qui devint celui-ci : *Histoire de la science politique
dans ses rapports avec la morale.*

Cependant il y avait encore bien des lacunes. Conformément
au plan primitif, les grands noms dominaient tout ; nous avions
un peu négligé, notamment dans la seconde partie de notre
second volume, les noms secondaires, quelques-uns même
d'illustres dans des sciences voisines (Vico, Ad. Smith), et les
travaux moins connus qui servent de transitions et de passages,
et qui complètent et éclairent le tableau. On trouvera donc dans
cette nouvelle édition un certain nombre de chapitres entièrement nouveaux (1), et dans tous de très nombreuses additions.
De plus, dans une Introduction étendue et toute nouvelle, nous
avons étudié les Rapports du droit et de la politique, comme
nous avions fait dans une Introduction précédente pour les Rapports de la politique et de la morale ; et nous avons saisi cette
occasion de traiter à fond la question si controversée des Droits
de l'homme. Nous avons aussi notablement soigné et augmenté
la bibliographie de notre sujet ; et je ne crois pas qu'il reste un
nom ou un écrit politique de quelque importance qui ne soit au
moins mentionné par nous, soit dans le texte, soit dans les notes,
soit dans l'*Index* placé à la fin de notre second volume. Nous
avons ajouté, pour la facilité des recherches, une table analytique ; enfin nous n'avons rien négligé pour faire de cet ouvrage
le répertoire le plus complet de la Science politique considérée
dans ses principes philosophiques.

La limite où nous nous sommes arrêté, comme dans les éditions
précédentes, a été l'époque de la Révolution française ; mais nous
nous sommes avancé beaucoup plus près que nous ne l'avions
fait encore, et nous sommes arrivé tout à fait jusqu'au seuil de
ce grand événement, d'une part dans notre dernier chapitre, où
nous étudions les publicistes américains et les publicistes de
89, Mirabeau et Sieyès ; d'autre part, dans notre nouvelle Introduction où nous analysons et résumons la *Déclaration des droits de*

___

(1) Par exemple, les chapitres sur les Encyclopédistes, sur la Philosophie
morale et politique en Italie et en Écosse, sur les Publicistes américains, et
enfin la Conclusion.

l'homme en Amérique et en France ; enfin dans la Conclusion qui contient un résumé rapide, mais, nous le croyons, assez complet, de la politique du xixᵉ siècle, au moins en France, avec quelques indications bibliographiques pour les autres pays. Nous ne renonçons pas à l'espérance, quelque présomptueuse qu'elle puisse être à notre âge, de compléter plus tard notre ouvrage par un troisième volume qui nous conduirait jusqu'à nos jours. En attendant, nous en avons déjà donné quelques fragments que nous prenons la liberté de rappeler ici, par exemple : *La Philosophie de la Révolution française* (1875) — *les Origines du socialisme contemporain* (1883) ; — *Saint-Simon et le Saint-Simonisme* (1878) ; et dans nos *Problèmes du* xixᵉ *siècle* l'article *Tocqueville ;* enfin, deux articles de la *Revue des Deux Mondes :* l'un sur le fondateur du Phalanstère, *Ch. Fourier* (1879), et l'autre sur l'*Introduction à la science morale* d'Herbert Spencer (1875). Ces divers fragments forment déjà une notable partie de notre sujet. Nous en avons d'autres en manuscrit qui viennent de nos cours à l'Ecole des sciences politiques. On voit que ce n'est pas tout à fait sans fondement que nous nourrissons l'espoir d'amener plus tard notre travail jusqu'à l'époque contemporaine. En tout cas, la limite de 1789 est assez précise et assez tranchée pour que notre livre puisse se présenter comme un tout complet.

INTRODUCTION

RAPPORTS DU DROIT ET DE LA POLITIQUE

LES DÉCLARATIONS DE DROITS EN AMÉRIQUE ET EN FRANCE

Dans l'Introduction de notre première édition, que nous reproduisons plus loin, nous avons exposé les rapports de la Morale et de la Politique. Nous croyons devoir faire précéder celle-ci d'une étude du même genre sur les rapports du Droit et de la Politique. Nous aurons ainsi rapproché la science politique des deux grandes branches de la science éthique, auxquelles Kant a donné le nom de Doctrine de la vertu (*Tugendslehre*) et de Doctrine du droit (*Rechtslehre*).

Mais tandis que dans notre première Introduction nous avions étudié la question posée sous une forme abstraite et toute théorique, il nous a semblé cette fois plus opportun d'exposer cette nouvelle question sous une forme plus concrète et plus vivante, sous forme historique et un peu polémique, c'est-à-dire en discutant la valeur des *Déclarations de droits* qui ont inauguré en Amérique et en France les révolutions de ces deux pays. Outre l'avantage de donner plus de vie à la discussion, et de faire toucher au doigt d'une manière

plus précise le rapport de la politique et du droit, nous y
trouvons encore un autre avantage, celui de compléter notre
propre livre, en y ajoutant des documents aussi considérables
de la science politique que ces sortes de *Déclarations*. C'est
clore et circonscrire d'une manière précise notre sujet et notre
ouvrage, notre plan ayant toujours été de ne pas dépas-
ser 1789, tout en ouvrant des perspectives sur ce qui a suivi.
Cette Introduction est donc en même temps une sorte de
conclusion.

En général, on peut dire que rien ne fait mieux ressortir
l'intérêt et la valeur d'une idée que la contradiction. Les droits
de l'homme ne seraient aujourd'hui qu'un lieu commun paisible et ennuyeux, et, ce qui est plus grave, un thème grossier
de revendications brutales et antisociales, si ce sujet ne s'était
trouvé en quelque sorte rajeuni et relevé par un assez curieux
revirement d'opinions qui s'est manifesté parmi nous au sujet
de ces Déclarations solennelles, que l'opinion libérale et démocratique avait toujours considérées comme la base nécessaire
et inébranlable de l'ordre social nouveau fondé en 1789. A
toutes les crises politiques qui avaient marqué un progrès ou
une étape dans la marche de la Révolution, en 89, en 93,
en 95, en 1848, et même en 1852, on avait cru obligatoire de
faire précéder chaque constitution d'une table de droits, d'une
espèce de Décalogue auquel, à quelques époques (en 95 et
en 48), on avait ajouté, par un juste sentiment d'équilibre,
une table des devoirs. Cependant, dans la dernière constitution
votée en 1875, on a renoncé à cette tradition : et de la part
d'aucun parti il n'y eut ombre de protestation.

Ce revirement a eu pour cause un sentiment juste au fond,
et de plus en plus répandu, sur la différence qui doit exister
entre la politique et la philosophie : la première ayant pour
objet des intérêts réels, concrets, définis; la seconde, des
principes rationnels abstraits, toujours plus ou moins indéterminés. On a invité la France à faire son examen de conscience
et à se demander si elle n'avait trop cru jusque-là à la vertu

des principes et des idées; on lui a montré par comparaison les nations étrangères les plus proches, plus avancées qu'elle-même dans la pratique des libertés sociales, et on lui a dit que si elle avait été retardée dans la conquête de ces libertés, c'est qu'elle avait placé le but trop haut et qu'elle s'était grisée de métaphysique politique. En Angleterre et en Amérique, a-t-on dit, la race anglo-saxonne, plus positive, plus pratique, moins transcendante, est allée plus droit au fait et s'est contentée du possible, sans trop se préoccuper de l'idéal : là, ce qu'on appelle Déclarations de droits, *bill* des droits, ne serait que la constatation ou la confirmation d'intérêts positifs, consacrés plus ou moins par la coutume et par la tradition et pour lesquels il s'agissait de trouver des garanties. Aussi chaque révolution a-t-elle été limitée à l'objet pour lequel elle était faite. En France, au contraire, en partant des principes d'un rationalisme abstrait, on a jeté le germe de la révolution à perpétuité; on a engendré la secte des révolutionnaires à outrance, qui veulent assujettir la société au lit de Procuste de leurs conceptions systématiques. Voilà pourquoi, dit-on, la révolution en France a été si violente, si fanatique; et pourquoi elle n'a pu encore être fermée, tandis que depuis longtemps l'Angleterre et l'Amérique, reposant sur des principes semblables, ont trouvé la stabilité et nous offrent le modèle des sociétés les plus fortes et les plus solides qui existent encore aujourd'hui.

Ce qui a longtemps retardé l'introduction de ces vues dans l'opinion libérale de la France, c'est qu'elles n'ont été soutenues d'abord que par les ennemis de la libre pensée ou par les ennemis de l'esprit français. En Allemagne, c'était ce qu'on appelait l'école historique, liée à l'esprit de réaction le plus aveugle; en France, c'était Joseph de Maistre, l'apôtre fanatique de la théocratie du moyen âge; en Angleterre, c'était Edm. Burke, plus ou moins libéral dans son pays, mais ennemi acharné de la Révolution française.

Tant que les objections contre les droits de l'homme ne sont venues que de ces différentes écoles, bien loin d'exercer une influence quelconque sur l'opinion libérale, elles ne faisaient, au contraire, en la provoquant, que la pousser du côté où elle penchait. Toutes les nuances du libéralisme croyaient aux Déclarations de droits; et, tandis qu'en 1875 il n'y eut pas une voix pour protester contre la suppression de ce préambule, il n'y en eut pas une non plus en 1848 pour s'opposer à son introduction. Mais, depuis cette époque, l'esprit de la philosophie a beaucoup changé : tandis qu'elle avait été jusque-là idéaliste, amie des principes absolus et des idées pures, elle entra de plus en plus, après l'échec de 48 et de 52, dans la voie critique et positive.

C'est en effet l'école positive, par l'organe d'Auguste Comte son fondateur, qui, la première entre les écoles progressistes, a protesté contre la métaphysique politique par la raison bien naturelle qu'elle protestait contre toute métaphysique. C'est un autre libre-penseur, c'est le plus illustre représentant de l'école expérimentale, M. Taine, qui a le plus insisté sur l'ordre d'idées que nous venons de résumer. D'autres libres-penseurs, non moins brillants, non moins populaires, ont poussé dans la même voie. Ce point de vue nouveau, émané des philosophies les plus à la mode, étayé d'ailleurs, il faut le dire, sur des considérations solides, appuyé par les historiens qui se voyaient de plus en plus investis du rôle d'éclaireurs assumé jusque-là par les philosophes, accepté par les politiques pratiques qui trouvaient là le moyen de faire passer dans le fait ce qu'on n'eût pas accepté en principe, répandu de plus en plus dans la presse éclairée, trop heureuse de trouver une source nouvelle de lieux communs, a fini par triompher sur toute la ligne. Les Déclarations de droits ont fait sourire les uns, provoqué l'indignation des autres, et sont devenues responsables des erreurs et des excès de la Révolution.

Nous n'avons nullement l'intention de réclamer contre ce qu'il y a de sensé, de pratique, d'incontestable dans la doctrine précédente. Nous ne demandons pas une revision de la Constitution pour y faire insérer une nouvelle Déclaration de droits.

Nous trouvons très naturel et très sage qu'on ne renouvelle pas indéfiniment ces sortes d'actes solennels nécessairement vagues. Introduire une nouvelle Déclaration de droits à chaque révolution, c'est se donner la tentation d'en inventer chaque fois de nouveaux. Or la table dressée par nos ancêtres est assez vaste pour occuper l'humanité pendant plusieurs siècles. Que si, à une époque critique de l'histoire, lorsque le sort de la société est changé de fond en comble et qu'un nouvel ordre social est sur le point de se produire, il a pu être utile de stipuler les conditions de cet ordre nouveau et d'en dresser le programme, il ne faut pas laisser croire qu'on soit sans cesse en présence d'une révolution du même genre. C'est d'appliquer les principes plutôt que de les proclamer qu'il s'agit véritablement. Le succès exige plutôt la science du réel qu'une perpétuelle contemplation de l'idéal. On peut parfaitement, sans renier le moins du monde les droits de l'homme, croire avec tous les hommes sages que la France s'est trop payée de formules et qu'elle ne s'est pas assez appliquée à étudier les faits : ce qui, en effet, est beaucoup plus difficile.

Une grande *École des sciences politiques* a été fondée parmi nous par la liberté (1) ; et elle s'est inspirée de ce point de vue vraiment patriotique ; elle a organisé la science politique dans le sens le plus positif et le plus concret. Elle nous a donné le modèle de ce que doit faire chacun de nous pour son instruction personnelle. Elle a pris pour base l'histoire et l'étude des faits sociaux. C'est un grand progrès. Voilà la part que nous n'hésitons pas à faire à l'opinion que nous voulons examiner. Ce ne sont pas même là des concessions : ce sont des assertions positives que nous prendrions à notre compte, si d'autres écoles ne s'en étaient chargées.

Où voyez-vous, en effet, que la philosophie idéaliste soit tenue d'ignorer le réel et que la théorie des principes *a priori*

---

(1) Cette création est due à l'initiative personnelle et à l'habileté consommée de M. Em. Boutmy, membre de l'Institut, dont le nom reviendra plusieurs fois dans cette discussion.

n'ait pas besoin du concours de l'expérience? S'il y a eu excès de ce côté, c'est qu'on est tenté toujours de verser par où l'on penche; il peut donc y avoir des excès inverses. Mais ce n'est pas la faute des principes, c'est la faute des hommes, qui ne sont pas assez forts pour avoir deux idées à la fois. Entre les assertions raisonnables dont nous venons de faire la part, et cette affirmation doctrinale, que la France a commis une grande faute et presque un grand crime en prenant le droit pour drapeau, il y a une assez grande distance, et l'on peut être sage dans le présent sans être injuste envers notre passé.

Dans toutes ces critiques que l'on fait de l'esprit français en politique, on devine toujours un regret inexprimé, mais sous-entendu : « Quel malheur que la France ne soit pas l'Angleterre! » Mais, si la France était l'Angleterre, qui donc serait la France? N'a-t-elle donc servi à rien? N'a-t-elle pas aussi son génie propre? Pourquoi n'y aurait-il pas dans le monde un peuple dont la fonction serait d'élaborer des idées générales et de résumer les choses dans la clarté des idées simples? Nous avons assez enseigné la logique pour n'avoir pas à apprendre les inconvénients et les dangers des idées générales; mais nous avons appris aussi que, de l'aveu de tous les philosophes, ce sont les idées générales qui distinguent l'homme de l'animal. Se conduire par la coutume et l'habitude est le caractère propre de la bête; se conduire par principes est le propre de l'homme. Un peuple qui se serait chargé, à ses risques et périls, de trouver le plan et le cadre des travaux sociaux de l'humanité, aurait joué par là un rôle dont il n'a pas à se repentir et à avoir honte. Il a fait ce qu'il avait à faire. D'autres ont eu leur fonction; il a la sienne. Pourquoi s'humilierait-il devant eux?

Mais nous ne voulons pas nous placer sur un terrain aussi élevé; nous voudrions, au contraire, rester sur le terrain historique, le terrain des faits, montrer que la doctrine des droits naturels, proclamée par la Révolution, n'est pas moins d'accord avec l'histoire qu'avec la philosophie, qu'elle est le résumé du travail des siècles, qu'elle n'est pas d'ailleurs exclusivement propre à la France, que, si celle-ci y a eu une grande part, d'autres nations y ont contribué également; en un mot, nous voudrions employer la méthode même de nos contradicteurs pour établir que la philosophie n'est pas une étrangère dans la politique, qu'elle y entre pour sa part légitime, quelquefois avec excès, comme toutes les puissances de ce monde, souvent avec efficacité et, dans certains cas, d'une manière irrésistible.

Nous voudrions établir les trois propositions suivantes :

1° La France n'a pas inventé les droits de l'homme; elle les a empruntés à l'Amérique. Sa part a été de les préparer par la philosophie; mais ce sont les Américains qui les ont introduits dans la politique;

2° Les droits de l'homme revendiqués en 89 ne sont point, comme on le dit, des droits indéfinis et illimités; ils sont toujours accompagnés de leur restriction;

3° Les droits de l'homme ne sont pas une invention idéologique née d'une métaphysique arbitraire. Ce sont des besoins réels, concrets, parfaitement déterminés, dont la société souffrait depuis de longs siècles et qui étaient devenus intolérables.

Nous aurons ensuite à examiner la question tout à fait secondaire de savoir si, ces droits étant l'expression même des besoins de la société, il était nécessaire ou utile de les formuler et de les introduire dans la Constitution. Enfin nous nous demanderons si cette conception du droit, mis au vestibule de toutes nos Constitutions, est responsable des échecs et des erreurs de la Révolution.

I

LES DÉCLARATIONS AMÉRICAINES

L'un de nos plus judicieux et de nos plus fins publicistes, dans un écrit instructif sur la Constitution des États-Unis (1), M. E.

(1) *Études de droit constitutionnel*, par Ém. Boutmy, de l'Institut

Boutmy, fait allusion à l'erreur française qui consiste à vouloir retrouver nos idées partout, et il a signalé la méprise commise par certains publicistes qui avaient cru voir une Déclaration des droits semblable à celle de 89 dans le chapitre de la Constitution fédérale des États-Unis intitulé *Amendements*, et qui est une annexe de cette constitution. Rappelons les propres paroles de M. Boutmy :

« Les dix premiers Amendements, votés après coup sur la proposition de Jefferson, forment, dans la Constitution fédérale, un chapitre à part, une annexe qui contient une sorte de rappel de toutes les libertés anglaises classiques : presse, associations, réunions, cultes, jugements par jury, inviolabilité du domicile et de la propriété privée. C'est donc très justement, à ce qu'il semble, que Story et la plupart des auteurs américains les intitulent « Déclarations des droits ». Mais les Américains s'entendent et nous ne les entendons pas. La sonorité magique de ce mot si glorieusement français : « Déclaration des droits », fait que nous ne pouvons nous empêcher de nous croire en France et en présence des droits absolus de l'homme et du citoyen, comme ceux que nos constitutions consacrent au nom de la liberté et de l'égalité naturelle. Tout autre est la portée aussi bien que le véritable esprit du texte.

« Les stipulations qui forment la substance des huit premiers amendements sont essentiellement des précautions prises par l'État contre les empiétements d'une souveraineté extérieure dont les organes sont le Président et le congrès. Ce que les États ne voulaient pas à l'époque où les amendements ont été proposés, c'est qu'une loi fédérale ou une action des officiers fédéraux pût s'exercer sur leurs habitants en matière de culte, de presse, d'associations, contrairement aux principes de leur constitution particulière ou au détriment de leur

(Plon, 1885). — Ces études ont paru d'abord en partie dans la *Revue littéraire* (7 et 21 juin et 12 juillet 1884). Nous ne saurions trop recommander cet écrit pour l'exactitude et la précision des connaissances, malgré le petit dissentiment qui nous sépare sur un point tout à fait accessoire dans l'ouvrage de M. Boutmy.

propre autorité législative. C'est pour leur autonomie qu'ils ont stipulé, et non pas en faveur de droits abstraits. A propos de l'article Ier, Story explique très bien qu'à cette époque, les épiscopaliens avaient la prépondérance dans un État, les presbytériens dans un autre, les congréganistes dans un troisième. Tout le pouvoir au sujet de la religion fut donc laissé aux gouvernements d'Etats pour être exercé selon leur sens de la justice, et aux constitutions d'États. »

D'après cette explication, les amendements, selon M. Boutmy, ne constitueraient pas une Déclaration des droits au sens français du mot, mais simplement une limitation de la souveraineté fédérale relativement aux matières de religion, de presse, de liberté individuelle ou d'association, etc. Ces matières sont du ressort des États particuliers et non de la Constitution en général. Voilà ce qui est contenu dans les amendements et rien de plus.

Nous aurons à examiner plus loin s'il y a une aussi grande différence que le dit l'auteur entre les Amendements et les Déclarations de droits à la française; mais, même en admettant complètement cette interprétation, on n'en commettrait pas moins une grande erreur si l'on voulait conclure de là qu'il n'y a rien de semblable, dans les constitutions américaines, à ce que nous appelons Déclaration de droits dans le sens propre et philosophique du mot.

Il y a sans doute de grandes différences entre la révolution américaine et la révolution française, en raison de la situation différente des deux peuples; mais, en ce qui concerne les Déclarations, il n'y en a aucune; car la Déclaration française a été en grande partie la traduction même des Déclarations américaines. Sur ce point du moins, la prétendue opposition, cent fois reproduite, du caractère métaphysique et abstrait du génie français et du caractère concret, pratique, empirique, de la race anglo-saxonne; sur ce point, dis-je, cette antithèse est entièrement en défaut. Venons aux faits.

La Déclaration de droits n'est pas, si l'on veut, dans les dix amendements de la Constitution fédérale; mais elle est dans la *Déclaration d'indépendance* votée en juillet 1774 par le congrès américain réuni à Philadelphie. Voici les propres termes de cette déclaration :

« Nous tenons, y est-il dit, pour évidentes par elles-mêmes (*self-evident*) les vérités suivantes : Que tous les hommes ont été créés égaux (*that all men are created equal*); qu'ils ont été doués par le Créateur de droits inaliénables (*inalienable rights*) entre lesquels sont la vie, la liberté et la poursuite du bonheur (*pursuit of happiness*); que, pour assurer ces droits, les gouvernements ont été institués parmi les hommes, tirant leur juste pouvoir du consentement des gouvernés; que, s'il arrive que quelque forme de gouvernement devienne destructive de ces fins (*of these ends*), c'est le droit du peuple de changer et de détruire ce gouvernement et d'en instituer un nouveau, ayant pour fondements ces principes, et d'organiser les pouvoirs de la manière qui leur semble la plus convenable pour assurer leur sécurité et leur bonheur. La prudence, à la vérité, dicte aux hommes que des gouvernements établis depuis longtemps ne peuvent être changés pour des causes légères et transitoires; et, par le fait, l'expérience a montré que les hommes sont plus disposés à souffrir leurs maux quand ils sont supportables que de s'en délivrer en abolissant la forme de gouvernement à laquelle ils sont accoutumés. Mais, lorsqu'une longue suite d'abus et d'usurpations dirigées invariablement vers le même objet manifeste le dessein de les réduire à un absolu despotisme, c'est alors leur droit et même leur devoir (*their duty*) de rejeter de tels gouvernements et de chercher de nouvelles garanties pour leur future sécurité. »

Telle est la première Déclaration de droits que nous trouvions en Amérique, et elle est très caractéristique. Il est impossible d'en méconnaître le caractère philosophique. C'est bien de droits naturels, de droits abstraits qu'il est question, et non de droits traditionnels et historiques. Il y est dit, en

effet, que « tous les hommes ont été créés égaux ». Il s'agit
donc bien là d'une égalité naturelle et essentielle, et non
d'une égalité de coutume. Les droits sont déclarés « inaliénables » : c'est bien là le caractère propre des droits de
l'homme, des droits inhérents et innés. C'est Rousseau qui a
le premier employé cette expression et qui a proclamé qu'il
est des droits que l'homme n'a pas le droit d'aliéner. Les
anciens jurisconsultes, même Grotius, croyaient que la liberté
pouvait être l'objet d'un contrat, qu'un esclave peut se vendre
pour sa nourriture, qu'un peuple peut se vendre pour sa
tranquillité. Rousseau a réfuté ces deux thèses : « Renoncer
à la liberté, dit-il, c'est renoncer à la dignité d'homme, aux
droits de la liberté, même à ses devoirs. Une telle renonciation
est incompatible avec la nature de l'homme... Quand chacun
pourrait s'aliéner lui-même, il ne pourrait aliéner ses enfants. »
Cette théorie est tout entière résumée dans le mot *inaliénable*,
et c'est tout le fond de la doctrine des droits de l'homme : or
c'est cette doctrine que consacre la Déclaration américaine. Il
est donc manifeste que, sur ce point, il n'y a aucune différence
entre l'Amérique et la France.

Peut-être même trouvera-t-on plus de métaphysique encore
dans la Déclaration américaine. On y remarque, en effet, un
principe qui semble appartenir plus encore à la théorie socialiste qu'à la théorie libérale, et qui a été écarté des Constitutions françaises : c'est la *poursuite du bonheur*. Sans doute
on ne peut nier que l'homme n'ait le droit de chercher le
bonheur comme il l'entend; mais c'est là un principe bien
vague : entre le droit de chercher le bonheur et celui de l'obtenir, il est une limite difficile à fixer et que les socialistes n'ont
pas respectée.

On remarquera encore que, dans la Déclaration américaine,
la résistance à l'oppression, autrement dit l'appel à l'insurrection, n'est pas seulement un droit, mais un *devoir*, principe
que nos Constituants se sont bien gardés de proclamer et qui
ne se trouve que dans la plus radicale et la plus démagogique

de nos constitutions, qui n'a jamais été appliquée, celle de 93.

Ainsi nul doute sur ce point. Nous trouvons bien ici en Amérique une Déclaration des droits à la française, et cela avant même les Déclarations françaises, c'est-à-dire un appel au droit naturel et à la raison pure.

Nous savons bien qu'à côté de la *Déclaration d'indépendance*, qui contient toute la théorie abstraite des droits de l'homme, il y a parmi les actes fondateurs de la liberté américaine une *Déclaration des droits* proprement dite, rédigée par le Congrès de Philadelphie en octobre 1775. Or cet acte a un caractère tout différent de celui que nous venons de signaler. Dans cet acte, en effet, les Américains invoquent non plus le droit pur et la justice naturelle, mais les libertés traditionnelles dont ils avaient toujours joui et qu'ils avaient apportées avec eux de la mère-patrie; ils déclarent qu'ils ne les ont jamais désavouées ni aliénées; ils invoquent la Constitution anglaise et les droits communs à toutes les parties de l'empire. Mais en quoi cet acte, où la question est posée autrement et portée sur le terrain pratique, peut-il contredire les principes plus généreux et plus philosophiques de la première Déclaration? N'est-il pas naturel que dans un conflit entre deux pouvoirs, entre deux droits, on invoque autant qu'on le peut les précédents, les droits acquis, les habitudes prises sans porter atteinte pour cela aux principes de la justice rationnelle et sans se priver du droit de faire appel à cette justice? Là où les libertés existent, on peut donc invoquer les précédents et les faits historiques; mais là où elles n'existent pas, il ne reste d'autre ressource que celle de la justice naturelle. Sur quels précédents pouvait-on s'appuyer en France pour réclamer la liberté de la personne, de la conscience, le droit de voter les impôts, l'égalité des charges, etc.? Il ne resterait donc qu'à dire que l'on n'a droit à la liberté que lorsqu'on la possède, mais que, là où elle n'existe pas, c'est une chimère métaphysique de la réclamer!

Tout au plus pourrait-on reprocher aux Américains, qui

avaient ou croyaient avoir pour eux les droits acquis, d'y avoir ajouté par surcroît l'autorité du droit pur, du droit naturel; mais c'est comme si l'on reprochait à un plaideur qui a pour lui les pièces écrites d'invoquer en même temps les droits de l'équité et de la conscience. Quoi qu'il en soit, il est certain que les Américains ne s'en sont pas tenus à une controverse juridique fondée exclusivement sur l'histoire et sur le passé. Ils ont invoqué les droits de l'homme. Il n'y a donc pas deux races d'hommes : les uns inexpérimentés et ignorants, plongés tout entiers dans l'abstraction; les autres ne connaissant que les chartes et les coutumes et ignorant le principe des lois non écrites. Tous les peuples, à un moment donné, invoquent le principe de la justice : heureux quand ils peuvent en même temps invoquer l'autorité de la tradition et des droits acquis!

On pourrait croire que la Déclaration d'indépendance n'a été qu'un acte révolutionnaire, que les Américains, dans ce moment de crise où ils se séparaient d'un gouvernement prévaricateur, étaient entraînés par des passions ardentes qui leur suggérèrent des doctrines exagérées, sur lesquelles ils sont revenus quand la crise fut passée et la liberté conquise. De là viendrait l'omission signalée plus haut d'une Déclaration de droits dans la Constitution fédérale de 1785. Ce serait encore là une grave erreur. La cause de cette omission, si c'en est une (1), est simplement que la Constitution fédérale n'avait nullement pour objet de fixer les attributions ou les limites du pouvoir central par rapport aux citoyens, mais seulement les droits de ce pouvoir par rapport aux gouvernements des États. La Constitution fédérale correspond à ce que serait, par exemple, une Constitution européenne dans le cas (peu probable ou peu prochain) où tous les États de l'Europe se réu-

---

(1) Nous supposons toujours, avec M. Boutmy, que les « amendements » ne sont pas une vraie Déclaration de droits, et nous raisonnons d'abord dans cette hypothèse. On verra plus loin que nous ne l'admettons point sans restriction.

niraient en confédération pour former un État unique. Cette Constitution fédérale n'aurait pour but que de fixer les droits et les devoirs de la Confédération ; mais chaque État resterait chez lui souverain comme auparavant, et c'est seulement dans la Constitution de chaque État qu'il y aurait lieu à fixer les droits des citoyens par rapport à l'État. On comprend donc que la Déclaration de droits n'eût pas besoin d'être renouvelée dans la Constitution fédérale : cela tiendrait simplement à ce que les Américains ont mis, comme cela devait être, leurs Déclarations de droits, non dans leur Constitution fédérale, mais dans les Constitutions des États particuliers.

Si nous considérons, en effet, les treize États qui ont formé primitivement la Confédération et qui ont accepté la Constitution fédérale de 1787 à 1790, nous en trouvons dix qui ont une Déclaration des droits, un *bill* des droits, comme on l'appelle, sous forme explicite, dont sept en tête même de la Constitution, et trois dans le corps, mais sous un article séparé. Pour les autres (Géorgie et New-York), le bill des droits est fondu et dispersé dans les autres articles. Rhode-Island seul ne contient rien de semblable à une Déclaration de ce genre. De plus, dans les vingt-quatre États qui formaient la Confédération en 1838 (1) il y en a dix-huit, c'est-à-dire les trois quarts, qui, soit en tête, soit dans le corps de la Constitution, contiennent sous chef séparé une Déclaration explicite des droits naturels ; et, pour les six autres, les principaux articles de ces Déclarations sont plus ou moins dispersés dans les diverses parties de la Constitution.

Nous prendrons pour type l'une des plus courtes et des plus simples, la Déclaration de la Virginie, c'est-à-dire d'un des plus anciens États et l'un des premiers qui aient arboré le drapeau de l'indépendance. Cette Déclaration est d'autant plus

----

(1) La collection des Constitutions américaines que nous avons sous les yeux est de 1838. (*The American's guide* Philadelphie, Hogan et Thompson, 1838). Depuis, le nombre des États s'est considérablement accru ; mais la question n'a plus d'intérêt.

intéressante que deux des plus illustres citoyens des États-Unis, Washington et Jefferson, faisaient partie de cet État. Voici cette Déclaration :

Déclaration des droits, faite par les représentants du bon peuple de Virginie, assemblés en pleine et libre Convention, lesquels droits sont déclarés appartenir à eux et à leur postérité comme base et fondement du gouvernement.

« Le 12 juin 1776 il a été unanimement adopté :

« 1° Que tous les hommes sont par nature également libres et indépendants et ont certains droits innés (*inherent*), desquels, lorsqu'ils entrent en état de société, ils ne peuvent, par aucun contrat, priver ou dépouiller leur postérité : par exemple, la jouissance de la vie et de la liberté avec tous les moyens d'acquérir et de conserver la propriété, de poursuivre et d'obtenir sûreté et bonheur.

« 2° Que tous les pouvoirs résident dans le peuple et par conséquent dérivent de lui. Tous les magistrats sont ses mandataires et ses serviteurs (*servants*), et ils sont toujours ses justiciables (*amenable to them*).

« 3° Que le gouvernement est ou doit être institué pour le bien commun, pour la protection et la sécurité du peuple, nation ou communauté ; que, de toutes les diverses formes ou modes de gouvernement, la meilleure est celle qui est capable de produire le plus haut degré de bonheur et de sûreté et qui est le plus efficacement garantie contre le danger d'une mauvaise administration : et, si un gouvernement se trouve impropre ou contraire à ce but, une majorité des citoyens de la communauté a le droit indubitable, inaliénable et indéfectible (*unalienable and indefeasible*), de le réformer, de le changer et de l'abolir, selon qu'il le jugera le plus utile au bien public.

« 4° Que nul homme ni aucune réunion d'hommes n'ont de

titre à recevoir des émoluments ou des privilèges exclusifs et séparés dans la communauté, si ce n'est en considération de services publics ; que ces distinctions ne sont pas transmissibles à leurs descendants ; et enfin qu'aucun office de magistrat, de législateur ou de juge ne peut être héréditaire.

« 5° Que le pouvoir législatif et le pouvoir exécutif doivent être séparés, et distincts l'un et l'autre du pouvoir judiciaire ; et que les membres des deux pouvoirs doivent être contenus contre l'oppression en sentant et en partageant eux-mêmes le fardeau du peuple ; qu'ils doivent, par conséquent, à certaines époques fixes, être ramenés à la condition privée et rentrer dans le sein du corps dont ils sont originairement sortis ; que les vacances doivent être remplies par de fréquentes, certaines et régulières élections dans lesquelles tout ou partie des plus anciens membres nommés peuvent être de nouveau éligibles ou inéligibles, selon que les lois en ordonnent.

6° Que les élections des représentants du peuple réunis en assemblées doivent être libres, et tous les hommes donnant une suffisante garantie d'un intérêt commun permanent et d'attachement à la communauté ont le droit de suffrage, et ne peuvent être privés de leur propriété pour utilité publique sans leur consentement, ni liés par aucunes lois pour le bien public auxquelles ils n'auraient pas de même donné leur assentiment.

« 7° Que tout pouvoir de suspendre les lois ou l'exécution des lois est contraire au droit et ne peut être exercé par aucune autorité sans le consentement des représentants du peuple.

« 8° Que, dans toutes les poursuites capitales ou criminelles, tout homme a le droit de demander la nature et la cause de l'accusation qui lui est intentée, d'être confronté avec les accusateurs et avec les témoins et de faire valoir les preuves en sa faveur ; il a droit à un rapide jugement par un jury impartial de son voisinage, sans l'unanime consentement duquel il ne peut être déclaré coupable ; il ne peut pas être appelé à témoigner contre lui-même ; et il ne peut être privé de sa liberté,

si ce n'est en vertu des lois du pays et du consentement de
ses pairs.

« 9° Que des cautions excessives ne doivent pas être exi-
gées, ni des amendes excessives imposées, ni des châtiments
inutiles infligés.

« 10° Que des mandats d'amener sous forme générale, dans
lesquels un officier public ou agent de police peut être requis
de faire des recherches dans des lieux suspects sans un délit
évident, ou de saisir une personne ou des personnes non dési-
gnées par leur nom, ou dont le délit n'est pas particulièrement déterminé et soutenu par un commencement de preuves,
sont oppressifs et ne doivent pas être autorisés.

« 11° Que dans les procès de propriété et les actions d'homme à homme, l'ancien jugement par jury doit être préféré à
tout autre et être tenu pour consacré.

« 12° Que la liberté de la presse est un des grands boule-
vards de la liberté et ne peut être restreinte que par un gouvernement despotique.

« 13° Qu'une milice régulière, composée de tout le corps
du peuple, exercé aux armes, est la propre, naturelle,
et saine défense d'un peuple libre ; les armées permanentes, en temps de paix, doivent être évitées, comme dange-
reuses à la liberté ; et, en tout cas, le pouvoir militaire doit
être sous la subordination et le gouvernement du pouvoir
civil.

« 14° Que le peuple a droit à un gouvernement uniforme et
qu'aucun gouvernement séparé ou indépendant du gouvernement de Virginie ne peut être érigé ou établi dans les limites
de cet État.

« 15° Que ni un gouvernement libre ni le bienfait de la
liberté ne peut être préservé chez aucun peuple que par une
ferme adhésion à la justice, à la modération, à la tempérance,
à la frugalité et à la vertu, et par un fréquent retour aux principes fondamentaux.

« 16° Que la religion ou les devoirs que nous avons envers

notre Créateur et la manière de nous en acquitter ne peuvent être dirigés que par la raison et la conviction, et non par force et par violence, et que par conséquent tous les hommes ont un titre égal au libre exercice de leur religion, conformément aux lois de leur conscience; et c'est le mutuel devoir de tous de pratiquer la patience, l'amour et la charité chrétienne les uns par rapport aux autres. »

Telle est la Déclaration type que l'on peut considérer comme celle qui représente le mieux, en moyenne, toutes les idées générales qui régnaient en Amérique à l'époque de l'Indépendance. L'esprit de la philosophie du xviiie siècle caractérise cet acte remarquable. Or, nous le demandons : ce bill des droits n'est-il pas tout aussi bien que les Déclarations françaises fondé sur le droit naturel et sur le droit abstrait?

Il y est dit d'une manière générale que tous les hommes sans exception (on ne dit rien des noirs) ont un droit égal à la liberté et à l'indépendance : c'est aussi le premier mot de notre Déclaration de 91 (1). On lit encore dans le *bill* de Virginie : « Les hommes, en entrant en état de société... » ; ils n'y étaient donc pas auparavant : c'est l'état de nature de Rousseau. « *Par aucun contrat* nous ne pouvons dépouiller notre postérité. » C'est la théorie du *Contrat social*. La souveraineté du peuple est proclamée sans restriction, ainsi que le droit de changer et de renverser un gouvernement prévaricateur. En même temps, la séparation des pouvoirs est posée en principe : c'est la part faite à la philosophie de Montesquieu à côté de celle de Rousseau. Rien de tout cela ne peut être considéré comme un rappel des libertés classiques consacrées par le temps ; et ces libertés elles-mêmes sont ramenées à des droits naturels inhérents et inaliénables, dont il n'est permis aux hommes, par aucun contrat, de dépouiller leur postérité. Voilà

_____

(1) Art. 1er. — « Tous les hommes naissent libres et égaux en droits. »

bien les droits de l'homme tels qu'on les a entendus plus tard dans notre pays (1).

Consultons cependant, rapidement, les autres Déclarations de droits contenues dans les Constitutions américaines, et voyons les caractères distinctifs de la plupart d'entre elles. On trouve dans chacune d'elles des nuances plus ou moins intéressantes au point de vue de l'histoire ; mais les principes fondamentaux sont partout les mêmes et généralement exprimés dans les mêmes formes.

(1) M. Boutmy nous fait observer qu'il y a deux traits qui distinguent les Déclarations américaines des Déclarations françaises ; 1° quelques-unes de ces déclarations contiennent des données tout à fait positives sur des intérêts locaux ; 2° en Amérique, les Déclarations sont entrées dans le domaine concret et positif, parce qu'elles sont sous la sauvegarde du pouvoir judiciaire qui en assure l'exécution. Il y a donc là une sanction réelle, tandis que chez nous elles restent des propositions platoniques et purement philosophiques.

Pour le premier point, je réponds qu'il ne s'applique qu'à un certain nombre de déclarations et non à toutes ; ce n'est d'ailleurs là qu'une nuance sans importance.

Pour le second point, il est important sans doute ; mais je ne sais s'il est à l'avantage des Américains. Car ce droit de connaître des principes mêmes de la Constitution fait du pouvoir judiciaire un pouvoir essentiellement politique, et presque un pouvoir souverain ; ce qui serait inadmissible si ce pouvoir ne se renouvelait pas sans cesse en se retrempant dans le vrai souverain qui est le peuple. Une magistrature élective est donc la conséquence nécessaire de la garantie judiciaire, dont on a armé les déclarations de droits. Or il nous semble qu'il y a là une atteinte grave à la séparation des pouvoirs. Tous les esprits libéraux, au moins en France, sont d'avis qu'il faut séparer autant que possible la magistrature de la politique ; or c'est le contraire ici. D'ailleurs, est-il vrai de dire que, en dehors de ce système, les Déclarations de droit manquent de sanction ? Il y en a une selon nous, et c'est la seule dont elles sont véritablement susceptibles : c'est la responsabilité du pouvoir exécutif devant le Parlement. Soit, dira-t-on ; mais si le Parlement est complice et s'il est lui-même l'auteur de ces violations de droit ? S'il en est ainsi, c'est que la majorité sera oppressive ; mais la même majorité dominera dans le corps judiciaire, et les conséquences seront les mêmes. D'ailleurs, il y a toujours, en politique, une limite au-delà de laquelle il est impossible de trouver une sanction matérielle. Il faut admettre que la raison a par elle-même une certaine force, qui finit par l'emporter, sans quoi les peuples périssent ; c'est là la seule sanction. Ce n'est pas une raison pour que la raison ne fasse pas entendre sa voix.

Dans la Constitution de Massachusetts, comme trait particulier, nous trouvons une réserve en faveur d'un culte public,
l'affirmation du droit pour le gouvernement d'en surveiller et
d'en assurer l'exercice. Dans la Déclaration de New-Hampshire,
nous remarquerons un emprunt manifeste aux doctrines du
Contrat social : « Lorsque les hommes entrent dans l'état de
société (toujours l'hypothèse de l'état de nature), ils abandonnent à la société quelques-uns de leurs droits naturels pour
assurer la protection des autres, et sans un tel équivalent la
renonciation est nulle. Mais, parmi les droits naturels, il en
est qui sont, par nature, inaliénables, parce qu'aucun équivalent ne peut être donné ou reçu en échange; de ce genre sont
les droits de la conscience. »

Dans la Déclaration de l'État de Vermont et dans quelques
autres, nous remarquerons le biais par lequel on autorise l'esclavage en s'appuyant sur un principe de liberté : « Aucun
homme, est-il dit, né dans ce pays ou apporté d'outre-mer, ne
peut être tenu à servir, comme domestique, esclave ou apprenti,
une autre personne, après vingt-cinq ans ; et il en est de même
d'aucune femme après dix-huit ans, à moins qu'ils ne se lient
de leur propre consentement lorsqu'ils sont arrivés à cet âge,
ou à moins qu'ils ne soient liés par la loi pour le payement de
dettes, dommages, etc. » Ainsi il semble que la liberté soit proclamée au moins après la majorité ; mais d'abord elle n'est pas
inaliénable, puisque l'on autorise le contrat d'esclavage ; et, en
second lieu, l'esclavage subsiste à titre d'hypothèque pour le
payement des dettes ou dommages, etc. Il est probable que ces
restrictions sont la plupart du temps devenues la loi.

La Déclaration du Connecticut est particulièrement remarquable parce qu'au lieu de s'appuyer exclusivement sur le
droit naturel, elle invoque aussi la tradition : « Le peuple de
Connecticut, est-il dit, dans le but de perpétuer les libertés,
droits et *privilèges* qu'il a reçus de *ses ancêtres*, a déclaré ce
qui suit. » Néanmoins la doctrine des droits naturels n'est pas
exclue par là ; « Tous les hommes (art. 1er), lorsqu'ils font un

contrat social, sont égaux en droits. » Le peuple est toujours
signalé comme ayant un droit indéniable et indéfectible de
« changer la forme de gouvernement ».

Rien de particulier dans la Déclaration de la Delaware :
mêmes principes et à peu près dans les mêmes termes que
dans la Déclaration de Virginie. Il en est de même de la Déclaration du Maine, où nous relèverons seulement le droit de
pétition (15) et l'interdiction des lois somptuaires (9). La Constitution du Maryland invoque la loi commune anglaise et la
charte donnée par Charles I\ier au baron de Baltimore, Cæcilius
Calvert. Mais en même temps elle conteste énergiquement le
principe de la non-résistance : « La doctrine de la non-résistance contre le pouvoir arbitraire et contre l'oppression est
absurde, servile et destructive du bien et du bonheur de l'humanité. » Au reste, on réclame toutes les mêmes libertés
que dans les autres Déclarations, et presque dans les mêmes
termes. Seulement on ne les appelle pas des droits naturels et
inaliénables. Nous remarquerons en outre dans cette Constitution un article contre les monopoles, qui sont « odieux et contraires à l'esprit d'un gouvernement libre ».

La Déclaration de Pensylvanie est introduite dans le corps
même de la Constitution, mais dans un article séparé, sous ce
titre : « Afin que les grands, généraux et essentiels principes
de liberté et de gouvernement libre soient reconnus et inaltérablement établis, nous déclarons que... » Suit l'énumération
des droits, signalés comme « inhérents et indéfectibles » et
comme coutumiers (art. 24). Il est déclaré que, « pour garantir
ces principes contre toute transgression des hauts pouvoirs
que nous avons délégués, chaque clause contenue dans cet
article est exceptée de notre pouvoir général de gouvernement
et doit toujours demeurer inviolable ». Ainsi, on s'interdit
tout changement, toute atteinte aux principes de la Déclaration. Ce sont donc bien là des principes imprescriptibles,
comme dans les Déclarations françaises.

La Déclaration de la Caroline du Nord, après la reproduc-

tion littérale de tous les articles communs à toutes les autres
(liberté de conscience, de la presse, jury, souveraineté du
peuple, suppression de tous privilèges, etc.), contient une
délimitation de frontières avec la Caroline du Sud et la
Virginie.

Dans la Constitution du Tennessee, nous trouvons, entre
autres choses, la protestation déjà signalée contre la doctrine
de la non-résistance et aussi une réclamation en faveur de la
publicité de la justice. On remarque en outre cet article :
« Les perpétuités (les mainmortes) sont contraires au génie
d'un État libre ». Enfin, nous y signalerons encore certaines
stipulations d'intérêts concrets, particuliers à cet État, par
exemple la libre navigation du Mississipi et la délimitation de
frontières par rapport à la Virginie, à la Caroline du Nord et à
l'Ohio.

Dans la Constitution de la Caroline du Nord, toujours mêmes
principes : égalité des hommes, droit naturel et indéfectible
d'adorer la Divinité selon sa conscience, etc. Remarquons cet
article particulier, qui se retrouve aussi dans plusieurs Constitutions : « L'émigration de cet État ne peut être prohibée. »

Dans la Constitution de l'Ohio, nous trouvons un article
spécial relatif à l'esclavage : « Aucun esclavage ou servitude
involontaire ne peut exister dans cet État autrement que pour
la punition des crimes, desquels l'inculpé doit avoir été dûment
convaincu ; aucune personne mâle arrivée à l'âge de vingt et
un ans, ni aucune femme à l'âge de dix-huit ans, ne peut être
tenue de servir une autre personne comme serviteur, sous
prétexte de contrat d'apprentissage ou autrement, à moins
que cette personne n'entre en ce contrat d'apprentissage dans
un état de parfaite liberté et dans des conditions de convention *a bona fide*, ni enfin être reçue pour services, excepté
les exemptions précédentes. Aucun contrat d'apprentissage de
nègre ou mulâtre fait jusqu'ici soit en dehors de cet État, soit
dans cet État, lorsque le terme des services excède un an, ne
peut être d'aucune validité, si ce n'est ceux faits en cas

d'apprentissage. » Cet article, embrouillé et enveloppé, peut-être à dessein, semble bien avoir été fait pour autoriser plutôt que pour restreindre le prétendu contrat d'esclavage.

La Constitution d'Indiana déclare que « les grands principes généraux et essentiels de la liberté et d'un gouvernement libre doivent être reconnus et inaltérablement établis ». Elle reconnaît des droits « naturels, inhérents et inaliénables ». On est étonné, après la proclamation de principes aussi élevés, de rencontrer des prescriptions de détail, nécessaires dans une loi, mais étrangères à une Déclaration de principes, par exemple « qu'au-dessus de la somme de 20 dollars et au-dessus des délits punissables d'une amende de 3 dollars, le jugement par jury est obligatoire ».

Dans la Déclaration du Mississipi, le droit de la libre conscience est accompagné de la restriction : « Pourvu que ce droit ne soit pas employé à excuser des actes de licence ou à justifier des pratiques incompatibles avec la paix et la sûreté de l'État. » Dans la même Constitution il y a une mention singulière des suicidés ou des personnes mortes par accident : « Les biens, dans ces deux cas, doivent suivre la même loi qu'en cas de mort naturelle, et il ne doit pas y avoir de confiscation pour ce fait. » C'était la répudiation d'un vieux droit barbare qu'on est surpris de trouver encore mentionné à la fin du xviiie siècle. La même prescription se rencontre cependant aussi dans quelques autres Constitutions. Enfin, le droit d'émigration est stipulé dans la Déclaration du Mississipi, qui se termine par cette conclusion : « Chaque article de la Déclaration précédente est excepté des pouvoirs du gouvernement et doit demeurer inviolable, et toute loi contraire à ces principes, aussi bien qu'aux autres prescriptions de la Constitution, doit être annulée. » Dans la même Constitution, il y a un article spécial sur les *esclaves*. Il y est dit : « La législature n'a pas de pouvoir pour faire passer une loi sur l'émancipation des esclaves sans le consentement de leurs propriétaires, à moins que l'esclave n'ait rendu à l'État des services exceptionnels ; auquel cas le maître doit recevoir une indemnité qui soit l'entier équivalent de l'esclave ainsi émancipé... Les législateurs ont pouvoir d'obliger les maîtres à traiter leurs esclaves avec humanité et s'abstenir de toute injure envers eux. »

Rien de particulier dans la Constitution de l'Illinois, si ce n'est un article sur l'esclavage semblable à celui de l'Ohio, mais avec quelques articles de plus et avec la précaution de ne pas introduire ce sujet dans la Déclaration des droits en général.

Dans l'Alabama, outre les principes généraux toujours les mêmes, nous trouvons une affirmation explicite du principe de la séparation de l'Église et de l'État : « Aucune autorité humaine, y est-il dit, ne doit dans aucun cas intervenir par contrainte ou de toute autre manière dans les droits de la conscience. Il ne doit y avoir aucun établissement de religion par la loi ; aucune préférence ne doit être donnée par la loi à aucune secte, société, dénomination ou mode de culte ; et aucun test religieux ne doit être réclamé comme condition pour aucun office ou commission publique. »

Après avoir analysé les Déclarations de droits des États particuliers, qui toutes contiennent des principes communs et identiques avec quelques différences sans importance, revenons maintenant à la Constitution fédérale et examinons de plus près la question posée, à savoir si les dix « Amendements » constituent ou non une Déclaration des droits.

Ce que M. Boutmy a très bien établi, c'est que ces dix amendements n'ont pas pour objet de se substituer aux Déclarations contenues dans les Constitutions séparées et d'imposer une Déclaration uniforme à tous les États particuliers ; c'est, en outre, que ces amendements contiennent encore, outre l'énumération des droits, des prescriptions précises et déterminées relativement à certains points particuliers qui avaient été omis dans la Constitution fédérale. C'est donc quelque chose d'un peu plus qu'une Déclaration de droits ; mais que ce soit aussi cela, c'est, à ce qu'il semble, ce qui ressort de tous les faits.

En effet, la nouvelle Constitution avait été d'abord votée par l'Assemblée constituante de 1787 sans les dix Amendements. De toutes parts aussitôt s'éleva une critique dont Jefferson (1) fut le principal interprète contre l'omission d'une Déclaration de droits, d'un *bill* des droits, comme on disait. Voici comment Jefferson, alors ministre des États-Unis à Paris, signalait et blâmait cette lacune. Il écrivait à Madison, le 20 décembre 1787, à propos de la Constitution dont on lui avait envoyé le projet soumis en ce moment à l'acceptation des États :

« Je vais vous dire maintenant ce que je n'approuve pas : en premier lieu, l'omission d'un bill des droits, garantissant plus clairement et sans qu'il soit besoin de recourir à des raisonnements plus ou moins subtils la liberté de religion, la liberté de la presse, la garantie contre les abus des armées permanentes, la destruction des monopoles, l'existence perpétuelle et jamais suspendue de l'*habeas corpus* et les jugements du jury... Un peuple est autorisé à exiger d'un gouvernement quelconque, général et particulier, une Déclaration des droits : c'est une chose qu'un gouvernement juste ne doit pas refuser ni laisser à la merci des inductions. »

Il écrivait au général Washington le 2 mai 1788 : « Il y a deux choses dans cet acte que je désapprouve fortement : 1° l'absence d'une Déclaration de droits ; 2° la rééligibilité du Président. » A Madison, à propos de l'acceptation de la Constitution par quelques États, il écrivait le 31 juillet 1788 : « C'est une bonne ébauche dans laquelle peu de traits ont besoin d'être retouchés. La voix générale qui s'est élevée du Nord au Sud pour demander une Déclaration des droits indique le défaut principal de l'ouvrage. On est généralement d'accord que cette Déclaration doit comprendre le jury,

(1) Voir sur les doctrines politiques de Jefferson le dernier chapitre de notre second volume.

l'*habeas corpus*; les armées permanentes, la presse, la religion et les monopoles. » A Hopkinson, le 13 mars 1789 : « Quant à la Déclaration des droits, je suppose que la majorité des États-Unis est de mon opinion ; car j'apprends que tous les antifédéralistes et une portion fort considérable des fédéralistes sont d'avis d'annexer à notre Constitution une Déclaration de ce genre. La partie éclairée de l'Europe nous avait fait un grand mérite de la création de ce gage de sécurité pour les droits du peuple, et l'on n'a pas été peu étonné de nous voir abandonner cette idée. » En même temps il écrivait à James Madison (15 mars 1789) : « J'ai médité avec la plus grande satisfaction les réflexions que contient votre lettre au sujet de la Déclaration des droits... Dans l'énumération des raisons en faveur d'une Déclaration, vous en omettez une qui est d'un grand poids à mon avis : c'est le frein légal qu'une Déclaration de ce genre place entre les mains du pouvoir judiciaire... Mais le bien l'emporte immensément sur le mal... Dans un acte constitutionnel qui ne fait aucune mention de plusieurs garanties précieuses, et qui pourrait conduire à en exclure un certain nombre par induction, une Déclaration de droits est nécessaire. Tel est le cas de notre Constitution fédérale. Cet acte nous réunit en un seul corps de nation, et il constitue un corps législatif et un pouvoir exécutif ; il faut donc aussi qu'il nous préserve des abus que ces pouvoirs pourraient commettre dans la sphère de leur action. »

Mais, disait Madison, on ne pourrait pas obtenir une Déclaration suffisamment large. Réponse : « Mieux vaut une demi-ration qu'une abstinence absolue. » Mais, dit encore Madison, l'expérience a prouvé l'inefficacité des Déclarations de droits. Réponse : « Cela est vrai ; mais, quoique leur efficacité ne soit pas absolue, elles ont toujours une grande puissance et restent rarement sans effets. Les inconvénients d'une Déclaration sont de paralyser le gouvernement dans certains cas où son action serait utile ; mais ce mal est de courte durée et réparable, tandis que les inconvénients

d'une omission de Déclaration sont permanents et irrépara-
bles. »

Les considérants que Jefferson ajoutait à l'appui de son
opinion sont remarquables : ce n'est pas contre le pouvoir
exécutif; c'est contre le pouvoir législatif que la Déclaration
de droits lui paraît une garantie nécessaire : « La tyrannie des
législateurs, est, dit-il, et sera encore pendant bien des années
le danger le plus redoutable. »

On voit combien Jefferson, ainsi que la grande majorité des
citoyens des États-Unis, avait été frappé et inquiété de l'absence
d'une Déclaration de droits dans la Constitution fédérale, et
d'une Déclaration ayant le même sens et la même portée que
toutes celles que nous avons relevées dans les États particuliers. Nulle différence à cet égard n'est signalée par Jefferson
et ses amis. Sans doute le Congrès n'avait pas à intervenir
dans le gouvernement des États, et ce n'était pas pour leur
imposer une telle Déclaration que l'on demandait de remplir
la lacune incriminée. Cela était inutile, puisque presque tous
ces États avaient déjà, chacun de son côté, cette Déclaration;
mais le gouvernement fédéral n'étant pas lié par ces Déclarations particulières, il fallait un frein au gouvernement de
l'Union en général comme à chacun des gouvernements
séparés.

Qu'est-ce donc maintenant que les dix Amendements? C'est
précisément la réponse au vœu exprimé par Jefferson et ses
amis. L'opposition de quelques États de la Virginie par exemple,
qui refusaient provisoirement le vote de la Constitution, amena
le Congrès constituant à ajouter une annexe à la Constitution;
et ce sont les dix « Amendements ». Jefferson n'hésite pas à
les reconnaître comme la Déclaration des droits qu'il avait
demandée; il la trouve seulement trop écourtée : « Je vais
vous dire, écrit-il à Madison le 28 août 1789, un mot de la
Déclaration des droits que vous m'avez envoyée. Je l'approuve dans tout ce qu'elle renferme; mais j'aurais voulu
l'étendre davantage. »

.· Que si cette Déclaration a été ainsi réduite, cela tient en grande partie à ce que la majorité du Congrès était fédéraliste, terme qui équivalait alors à celui de conservateur, les fédéralistes penchant vers les idées de gouvernement, tandis que les antiféderalistes penchaient vers les idées purement démocratiques. C'est pourquoi, dans le premier vote de la Constitution, ils n'avaient pas voté de Déclaration de droits du tout, et que dans le second vote, obligés de faire une part à l'opinion publique, ils la firent aussi restreinte que possible. Mais cela ne représente, après tout, que l'opinion d'un parti et non du peuple américain dans son ensemble, puisque le parti contraire arriva aux affaires quelques années plus tard et y resta plus de trente ans. On ne peut donc pas dire que l'un des partis représente plus que l'autre l'esprit américain. D'ailleurs, même sous cette forme réduite, Jefferson reconnaissait cependant dane les dix Amendements la Déclaration de droits qu'il avait demandée; il ne faisait aucune différence de principes entre cette Déclaration et celles des États particuliers; c'était toujours la même doctrine appliquée à tout le corps fédéral (1); or, comme il n'y a aucune différence capitale, nous l'avons vu, entre les Déclarations américaines et la Déclaration française, il n'y en a pas non plus pour la Déclaration fédérale; ou, s'il y a une différence, elle porte seulement sur un point, à savoir la délimitation du pouvoir du Congrès, et des pouvoirs des États particuliers en matière de Déclaration de droits, ce qui tient au gouvernement fédératif des États-Unis, mais qui ne porte pas sur le fond et le corps des articles eux-mêmes. On a pu se tromper sans doute, en attribuant à cette Déclaration

(1) Ajoutez que les Déclarations de droits étant devenues familières à tous les citoyens, il n'était plus nécessaire de revenir sur les principes abstraits et, par exemple, de dire que « les hommes étaient nés tous libres et égaux, qu'ils avaient droit au bonheur », etc. La seule chose importante était l'énumération des droits stipulés. Aujourd'hui même, en France, où nous jouissons à peu près de ces droits depuis bientôt un siècle, si l'on faisait une nouvelle Déclaration, on supprimerait probablement tout ce qui serait théorique pour se borner à une énumération de détail.

fédérale une valeur et une portée générale qui s'appliquerait
aux États dans l'intérieur de chacun d'eux; mais cette erreur
ne porte que sur la limite des pouvoirs fédéraux, non sur le
sens philosophique de l'acte lui-même.

Ainsi, nous trouvons partout, en Amérique comme en
France, la proclamation de droits naturels, inhérents et inaliénables. Sans doute le fait de l'esclavage causait de l'embarras
à quelques-uns de ces États; mais dans nombre d'entre eux il
n'existait pas; dans les autres il ne fut guère d'abord que
toléré. On sait d'ailleurs que ce fut l'épine de la confédération,
qui dura jusqu'à la guerre de sécession. Ce fut donc une
question réservée. Autrement, partout la souveraineté du
peuple est posée en principe, et sous sa forme la plus générale;
le droit de modifier, de changer et d'abolir un gouvernement pour le remplacer par un autre, est considéré comme
indéfectible. Partout la liberté religieuse est réclamée comme
un droit, en y joignant quelquefois, comme dans le Massa-
chussets et le Maryland, une sorte de religion d'État. La liberté
individuelle, la propriété, le droit de réunion, le jury, le droit
de porter les armes, etc., sont partout stipulés.

Très rarement, une fois ou deux, on invoque les titres
historiques, les chartes antérieures. Quelquefois on entre dans
l'énumération de droits très particuliers et spéciaux à tels
États, par exemple le droit d'émigration; enfin, plusieurs
États profitent de la Déclaration des droits pour fixer la délimitation de leurs frontières. Cependant, malgré ces nuances
plus ou moins importantes, toutes ces Déclarations dans leur
ensemble ont certainement le même caractère que la Déclaration française de la Constitution de 91. Ce sont bien des procla-
mations philosophiques de principes abstraits et généraux; ce
sont, sans aucune contradiction possible, les droits de l'homme
et du citoyen, ces mêmes droits que l'on dénonce parmi nous
comme une invention philosophique, une manie idéologique
propre à l'esprit français, comme la cause de toutes nos crises
politiques et comme l'erreur fondamentale de la Révolution.

Quoi qu'on pense sur ce point, ce qu'il faudrait dire, c'est que, si la France s'est trompée en cette circonstance, elle ne l'a fait qu'avec l'Amérique et après l'Amérique ; c'est que les États-Unis n'ont nullement ignoré et dédaigné le principe du droit naturel comme fondement de la société civile. La prétendue sagesse tout empirique qu'on leur prête, ainsi qu'à l'Angleterre, et qui se serait toujours bornée à prendre pour appui les faits historiques ou les intérêts positifs, sans aucun souci de l'idéal social, n'a pas été la sagesse des Américains. Ils ont eu aussi leur enthousiasme politique ; ils ont cru, eux aussi, jeter les fondements d'une société universelle et pour tous les hommes ; car, en déclarant des droits inaliénables et indéfectibles, ils n'entendaient pas parler de droits exclusivement américains. En disant que « tous les hommes ont été créés libres et égaux », ils parlaient bien pour toute la terre, comme ont fait plus tard les Français. Il n'y a donc sur ce point aucune différence entre eux et nous.

A la vérité, on peut dire qu'en proclamant de tels droits dans un pays neuf et vierge, où il n'y avait pas de classes privilégiées, où les vieilles libertés primitives s'étaient conservées, où le gouvernement oppresseur dont on s'affranchissait était à deux mille lieues et sans moyens d'action, sans auxiliaires sur le sol lui-même, où il n'y avait pas une religion officielle autoritaire, propriétaire, servie par un clergé célibataire, armée du pouvoir depuis des siècles, dans un pays où de telles conditions n'existaient pas, le droit naturel se confondait presque avec le droit positif et ne se présentait nullement avec les mêmes inconvénients que dans le vieux sol européen, où ce nouveau droit était en contradiction avec tous les faits sociaux. Mais, en admettant même cette différence, la question change de face ; car il ne s'agirait plus de vérité intrinsèque, mais de prudence et d'opportunité. La vérité ne serait pas différente en France et en Amérique ; mais seulement elle serait plus difficile à réaliser d'un côté que de l'autre. La différence entre les Américains et nous ne serait plus une différence de sagesse,

mais de bonheur. Les Français, ne prévoyant pas les difficultés
de l'avenir, ont pu manquer de prudence en reproduisant en
Europe les vérités idéales bonnes en Amérique; mais ces
vérités n'en seraient pas moins des vérités.

Cette objection, d'ailleurs, serait précisément le contrepied
de la précédente. Au lieu de reprocher à la France d'avoir
inventé les droits de l'homme, on aurait à lui reprocher de les
avoir empruntés à un peuple auquel précisément on faisait
honneur de les avoir dédaignés. Les ennemis déclarés de l'esprit français, M. de Sybel par exemple, ne se font pas faute de
se servir de cette nouvelle arme contre nous. Les Français,
suivant lui, n'ont nullement droit à l'honneur d'avoir inventé
la Déclaration des droits : c'est le fait de l'Amérique, non de
la France, qui n'a sur ce point aucune originalité. Ainsi il se
trouvera que, de quelque manière qu'on raisonne, les Français
auront toujours tort. Prétendent-ils avoir introduit dans le
monde le principe philosophique d'une société fondée sur la
raison et sur le droit? On les accuse de chimère. Montrent-ils
que d'autres l'ont fait avant eux? On les accuse alors d'imitation servile. En deux mots, ou les droits naturels sont français,
et alors ils sont absurdes; ou au contraire ils ne sont pas
absurdes, mais c'est qu'alors ils ne sont pas français.

Mais ni l'un ni l'autre de ces deux termes du dilemme n'est
vrai. Nous montrerons dans une seconde partie de ce travail
que la Déclaration des droits en 89 n'avait rien d'absurde,
qu'elle n'était qu'une simple déclaration de bon sens, très
innocente de tout ce qui a suivi. Nous avons maintenant à
montrer quelle est la part propre d'originalité qui revient à la
France, même dans les Déclarations de droit américaines.

Nous ne rappellerons pas que la France a eu elle-même une
part considérable dans la révolution d'Amérique, et qu'à ce
titre il lui en revient quelque chose. Mais ce que l'on doit dire,
c'est que la théorie des droits de l'homme était alors une
théorie toute française, qu'elle a été déclarée par notre philosophie du xviiie siècle, par Voltaire, Montesquieu, Rousseau et

Turgot, que c'est de nous qu'elle est passée en Amérique; que
ce sont nos propres formules que nous lisons dans les constitutions américaines. Qui donc a énoncé et formulé le principe
de la séparation des pouvoirs, sinon Montesquieu? Or nombre
de Déclarations contiennent ce principe. Qui donc a conquis
définitivement la conscience humaine à la liberté religieuse, si
ce n'est Voltaire? Qui donc a proclamé l'égalité des hommes,
si ce n'est Rousseau? Qui donc a dit que la liberté du travail
était la plus sacrée des propriétés, si ce n'est Turgot (1)?

Voilà les fondements communs de la révolution américaine
et de la révolution française. Il n'y a eu là en réalité qu'une
seule révolution sous deux formes différentes, l'une plus
facile, parce qu'elle avait lieu dans le nouveau continent,
l'autre plus difficile parce qu'elle a eu lieu dans l'ancien, mais
qui, de part et d'autre, est partie de la même conception
sociale et du même idéal politique.

Mais en philosophie pas plus qu'en politique il n'y a de
création absolue. La France a eu sans doute sa grande part
(et tous les peuples la lui ont reconnue) dans la théorie des
droits de l'homme; mais, si grande que soit cette part, cette
théorie n'est nullement née spontanément et d'une manière
abrupte dans la tête de quelques métaphysiciens. Elle a été le
résultat et le couronnement d'une longue élaboration qui a
commencé, on peut le dire, avec les origines de la civilisation
elle-même, mais qui, pour ne pas remonter si haut, a son
origine historique moderne dans la Réformation. C'est dans
les publicistes du xvie siècle, plus ou moins confondue avec
des thèses théologiques, que commence à se dessiner la théorie des droits de l'homme. Une science nouvelle, créée par
Grotius et enseignée dans toutes les universités de l'Europe,
se fonde sur cette base. En Angleterre, la grande révolution
du xviie siècle est accompagnée de débats approfondis sur
les fondements et les limites du pouvoir; et les défenseurs des

(1) Cette liberté du travail n'est malheureusement pas mentionnée
dans les Déclarations américaines : on en comprend la raison.

deux partis n'emploient que les arguments de la raison abstraite et philosophique, plus ou moins mêlés de théologie, mais sans invoquer le prétendu droit historique. C'est sous une forme tout algébrique et à l'aide de la théorie du contrat social que Hobbes défend la cause de la royauté; et Rousseau n'a eu qu'à lui emprunter son principe et à le transporter au peuple, pour en faire le code de la démocratie. Milton défend la cause de la conscience et de la presse par des arguments théologiques ou philosophiques, non par des raisons de coutume et de tradition qui n'auraient été guère de mise en ces matières. Les défenseurs du droit divin eux-mêmes, Filmer, par exemple, invoquent un prétendu droit patriarcal venu d'Adam et qui se serait transmis par une hérédité fictive, hypothèse aussi chimérique et aussi théorique que l'état de nature de Hobbes et de Rousseau. Locke enfin, dans son *Essai sur le gouvernement civil*, fait exprès pour justifier la révolution de 1688, n'invoque pas une seule fois des titres de chartes ou de lois écrites. Il s'adressait au bon sens, à la raison commune, exposait sous une forme toute philosophique le principe de la souveraineté du peuple, établissait l'excellence d'une loi naturelle, indépendante des lois écrites ; enfin, le premier il donnait une table ou énumération des libertés naturelles et primitives, des droits de l'homme, que nos constitutions modernes n'ont eu qu'à résumer sous forme de lois. Ainsi, pendant deux ou trois siècles, tandis que la Réformation donnait naissance à des sociétés plus ou moins libres et républicaines, Genève, la Hollande, l'Angleterre, la raison philosophique travaillait de son côté dans tous les États européens, et en France aussi bien qu'en Allemagne et en Angleterre, à préparer le plan rationnel d'une société juste dont la liberté et l'égalité seraient les fondements.

La France du xviiᵉ siècle n'a eu qu'un mérite, et ce mérite est grand : ce fut de condenser ces principes, de les dégager de leur origine théologique et protestante pour en faire des principes pour l'humanité et de les faire passer dans la con-

science humaine grâce au génie de nos écrivains. C'est en effet
à la langue lumineuse, étincelante, brûlante d'un Voltaire,
d'un Montesquieu, d'un Rousseau, que les droits de l'homme
durent de se répandre dans toute l'Europe, et de là en Amérique.
Nous ne sommes donc pas ici en présence d'une théorie
d'école, d'une thèse artificielle propre à un siècle ou à un
pays particulier ; nous sommes en présence d'un travail de la
conscience humaine pendant plusieurs siècles, travail que
nous avons pris au xvıe siècle avec la Réforme, mais qui a
commencé beaucoup plus tôt ; et c'est jusqu'au christianisme,
jusqu'au stoïcisme et même plus haut encore, jusqu'à Socrate
qu'il faut remonter pour bien comprendre l'origine de cet
idéal du droit qui a éclaté dans l'histoire à la fin du dernier
siècle. Que ce vaste travail philosophique ait essayé à un
moment donné d'entrer dans la politique, comme avait fait
déjà le christianisme lui-même, quoi de plus naturel ? S'en
étonner, ce serait professer au fond que la pensée n'est rien,
qu'elle ne préside à rien, qu'elle ne détermine rien, qu'elle est
une superfétation et un accident plus dangereux qu'utile. La
vraie formule de cette philosophie prétendue éclairée serait le
mot de Rousseau : « L'homme qui pense est un animal
dépravé. »

II

LA DÉCLARATION DES DROITS DE 1791.

Après avoir étudié les Déclarations de droits en Amérique,
arrivons à la Déclaration française de l'Assemblée constituante
et à ce que l'on a appelé les principes de 89.

Ces principes ne sont pas seulement contenus dans l'acte
spécial appelé *Déclaration des droits*, acte qui précède la
Constitution et qui n'en fait pas partie. Ils se trouvent encore
dans le préambule de la Constitution elle-même, qui énumère
les privilèges abolis et interdits, et dans le titre Ier, intitulé :
Dispositions fondamentales garanties par la Constitution.

On comprend aisément les raisons de ces trois chapitres séparés. La Déclaration proprement dite n'est pas, à proprement parler, un acte constitutionnel. C'est un acte de la conscience humaine, de la raison publique, qui plane sur la Constitution tout entière. Elle est antérieure à la Constitution pour bien faire voir qu'elle n'en est pas le résultat, mais le principe. Mais, après une déclaration toute philosophique et exclusivement rationnelle, il fallait que ces mêmes principes entrassent dans la Constitution elle-même pour avoir force de loi et prendre pied sur cette terre. Or cela devait avoir lieu de deux manières : 1° en déclarant abolis tous les privilèges contraires aux droits; 2° en *garantissant* aux citoyens la jouissance des droits précédents.

Si nous comparons maintenant cet ensemble avec les Déclarations américaines que nous avons précédemment analysées, les seules différences sont : 1° le soin de séparer la Déclaration et l'acte même constitutionnel; 2° l'énumération des privilèges abolis. Pour ce second point, il est assez naturel que les Américains n'eussent point à mentionner, même pour les supprimer, des privilèges qui n'existaient pas chez eux ou qui n'existaient qu'à un faible degré. Pour le premier point, la Déclaration séparée de tout acte légal conservait au droit son vrai caractère, à savoir d'être antérieur à toute loi, même à la loi constitutionnelle, tandis que tout ce qui fait partie de cette loi peut être modifié par le pouvoir constituant.

On peut dire sans doute que les Américains ont manifesté un esprit plus positif en introduisant les droits naturels dans le corps même de la Constitution, soit en tête, soit au milieu; mais, en définitive, cette circonstance est accessoire; et le fait même de déclarer des droits inaliénables revient au même principe. Il y a même certaines constitutions américaines où les constituants déclarent que les droits énoncés sont « en dehors de leurs pouvoirs constituants » et reconnaissent l'obligation à eux et à leur postérité de n'y pas toucher. Sans doute toutes ces précautions sont purement théoriques; car il

n'est pas douteux qu'un nouveau pouvoir constituant ne pût
reconnaître, s'il le voulait, de nouveaux droits, ou même en
supprimer qui lui paraîtraient chimériques; car pourquoi la
science du droit, même naturel, ne ferait-elle pas de progrès?
Mais, même alors, ce ne serait pas en tant que constituants,
mais en tant qu'hommes, que les législateurs étendraient ou
restreindraient la Déclaration primitive; et le droit restera
toujours le principe, et non l'effet de la loi.

Quant à la forme et aux expressions employées par la Déclaration française, nous ne voyons rien qui la distingue essentiellement des Déclarations américaines et qui lui conférerait
un caractère métaphysique plus prononcé : tout au plus signa-
lerait-on le terme d'*imprescriptible* que nous n'avons pas
rencontré aux États-Unis; mais les expressions d'*inaliénable*
et d'*indéfectible*, que nous y avons trouvées partout, ont
exactement le même sens. Rien ne justifie donc l'imputation
sans cesse reproduite d'idéologie, appliquée à la France en
opposition avec l'empirisme pratique des Américains. Que
cette imputation soit plus ou moins fondée, appliquée à
d'autres points, nous n'avons pas à le rechercher; mais, sur
la question précise qui nous occupe, nous nions formellement
l'antithèse dont il s'agit.

Peut-être même pourrait-on trouver dans la Déclaration
française une préoccupation plus marquée d'éviter l'excès de
déclarations trop générales et de droits illimités, qui pourraient
désarmer l'ordre social de ses garanties, non moins nécessaires que la liberté elle-même. Nous voyons, en effet, dans
notre Déclaration de droits ce que nous ne trouvons pas en
général dans les Déclarations américaines : c'est que chacun des
droits énumérés est presque toujours accompagné de sa restriction et d'un certain contrepoids — fait qui, je crois, n'a pas
encore été signalé et qu'il est important de mettre en lumière.

En effet, la doctrine d'un droit naturel, inaliénable et
imprescriptible, n'entraîne nullement comme conséquence la
doctrine d'un droit illimité, comme les adversaires de nos

Déclarations de droits le prétendent. Au contraire, les philosophes les plus idéalistes, les plus attachés à la doctrine du droit pur, Kant par exemple, enseignent que le droit de chacun a pour limite le droit d'autrui. Le droit, selon la définition de Kant, est « l'accord des libertés ». Lorsque l'on dit que le droit est absolu, on entend par là qu'il ne doit pas être sacrifié à l'intérêt ou à la force, mais non pas qu'il ne puisse pas être limité par un autre droit. Le droit d'exprimer sa pensée peut être limité par le droit qu'a chaque homme de conserver son honneur. Le droit d'acquérir est limité par le droit de la chose acquise; le droit de respecter la vie d'autrui est limité par le droit de se défendre si l'on est attaqué. De plus, le droit est limité par le devoir, même au point de vue social; car nous avons des devoirs envers l'État, et, par conséquent, l'État a des droits sur nous : ainsi le droit de conserver ses biens est limité par le devoir de contribuer aux dépenses publiques; le droit de conserver sa vie est limité par le devoir de défendre la patrie contre l'étranger. C'est pourquoi d'autres constitutions françaises (1795 et 1848) ont très sagement admis une Déclaration des devoirs à côté de la Déclaration des droits.

Les abus que les sectes révolutionnaires font de la notion de droit ne viennent donc pas de cette notion elle-même, mais de l'oubli qu'ils font de la réciprocité. Ils ne voient le droit que d'un seul côté. Ils voient le droit du diffamateur et non celui du diffamé. Ils voient le droit d'aller et de venir sur la place publique; mais ils ne voient pas le droit de celui qu'on empêche d'aller et de venir en remplissant les rues de processions révolutionnaires. Ils voient le droit de l'ouvrier et ne voient pas celui de l'entrepreneur. Ce qu'il faut pour corriger les erreurs révolutionnaires, ce n'est pas de supprimer la notion de droit, c'est de l'éclaircir et de la développer.

Si l'on devait dire que le droit n'est pas absolu parce qu'il n'est pas illimité, il faudrait en dire autant du devoir; car il n'y a pas plus de devoirs illimités que de droits illimités.

Lorsqu'on dit que le devoir est absolu, on entend par là qu'il ne dépend pas des circonstances, qu'il ne doit céder ni à la passion ni à l'intérêt, mais non pas qu'il ne doit pas céder à un autre devoir. Tous les moralistes savent qu'il y a des conflits de devoirs comme il y a des conflits de droits. N'y a-t-il pas des cas où le devoir envers la famille doit céder aux devoirs envers l'État, ou même aux devoirs envers soi-même? En conclut-on qu'il n'y a pas de devoirs, ou que ces devoirs ne sont que des devoirs écrits, imposés par la loi civile, ou enfin des devoirs nés de la coutume et de l'habitude? Sans doute il y a une école qui ramène tout à l'intérêt, le devoir comme le droit; mais ce n'est pas de cela qu'il s'agit ici. Nous parlons à ceux qui admettent une morale naturelle et qui redoutent un droit naturel, parce qu'ils voient dans l'un le principe d'autorité, et dans l'autre un principe révolutionnaire. Mais on voit que les difficultés sont les mêmes de part et d'autre.

Pour en revenir à la Constituante, on peut dire qu'elle a eu le sentiment juste et net que le droit peut être limité par le droit, et elle a fixé des bornes aux droits de chacun : « L'exercice des droits naturels, est-il dit, n'a de bornes que celles qui assurent aux autres membres de la société la jouissance des mêmes droits. » Les droits naturels ont donc des bornes. Qui déterminera maintenant, qui délimitera ces bornes? La Constituante a établi la vraie doctrine, la seule possible et pratique, à savoir la délimitation des droits par la loi : « Ces bornes ne peuvent être déterminées que par la loi. » En conséquence, « le pouvoir législatif ne pourra faire aucune loi portant atteinte ou seulement obstacle à l'exercice des droits naturels; mais, comme *la liberté ne consiste qu'à pouvoir faire ce qui ne nuit pas aux droits d'autrui* et à la sécurité publique, la loi peut établir des peines contre les actes qui, attaquant la sûreté publique ou les droits d'autrui, seraient nuisibles à la société. » Mais ici la restriction elle-même a encore sa restriction, et la loi, qui est une garantie contre l'abus des droits ou contre l'abus de ceux qui exécutent la loi, doit se renfermer dans ces limites : « La loi n'a le droit de défendre que les actions nuisibles à la société. »

Voyons maintenant ces principes dans l'application. L'un des droits naturels est la liberté individuelle. Tout homme a le droit d'aller, de rester, de partir sans être arrêté ni détenu, « si ce n'est dans les formes déterminées par la Constitution ». Ainsi la liberté individuelle est garantie contre l'arbitraire, mais non pas contre la loi. De même pour la liberté de conscience. Nul ne peut être inquiété pour ses opinions religieuses « pourvu que leur manifestation ne trouble pas l'ordre public établi par la loi ». La libre communication des pensées et des opinions est encore signalée comme un des droits les plus précieux de l'homme, « sauf à répondre de l'abus de cette liberté dans les cas déterminés par la loi ». Enfin, la propriété est garantie, sauf « la juste et préalable indemnité de celles dont la nécessité publique, légalement constatée, exigerait le sacrifice ».

Ainsi la Constituante, bien loin de soutenir la doctrine révolutionnaire des droits illimités, a proclamé au contraire, de la manière la plus ferme, la nécessité d'une limite au moment même où elle proclamait des droits inaliénables ; et il n'y avait là, comme nous l'avons montré, nulle contradiction. Et cette limite, elle en attribuait la détermination au seul pouvoir qui pût en être légitimement et efficacement chargé, c'est-à-dire à la loi. Le mot de *loi* revient aussi souvent que le mot de *droit* dans la fameuse Déclaration. Le mal, si c'était un mal, portait avec lui son remède.

Mais ici ceux qui veulent que la Révolution ait toujours tort ne sont pas très embarrassés. Ils se retournent aussitôt, et, sans craindre de faire flèche de tout bois, ils reprochent à la Constituante le soin même qu'elle a mis à éviter les excès ; et dans cet appel continuel à la loi ils ne voient plus que le despotisme de l'État et l'oubli même des droits naturels. Ainsi, si la Révolution proclame le droit, c'est l'anarchie ;

si elle proclame la loi, c'est le despotisme. Car on sait qu'aux yeux de certaines écoles rétrogrades aussi bien que de certaines écoles révolutionnaires, l'État, c'est l'ennemi. Les uns veulent que les droits naturels soient illimités ; mais les autres veulent que les privilèges soient illimités, et ils appellent despotisme la suppression des privilèges par la loi. Ils en veulent à la Révolution d'avoir réglé les successions par la loi, comme si tous les peuples du monde n'en avaient pas fait autant ; ils lui reprochent d'avoir aboli les mainmortes, comme si la monarchie absolue elle-même n'eût pas essayé bien souvent de limiter ces abus. Ils proclament un droit absolu et illimité de propriété fondé sur le passé, sur la possession, sur les titres des fondateurs ou des donateurs ; le sage Turgot lui-même a bien fait voir ce qu'il y avait d'insensé dans ces protestations. « Eh quoi ! dit-il, si un citoyen d'Athènes eût créé une fondation en faveur du temple de Vénus, nous serions encore obligés aujourd'hui d'entretenir un corps de prêtres pour faire des sacrifices à Vénus ! » S'il plaisait à un propriétaire de soustraire ses biens à la circulation publique en léguant ses biens à sa propre mémoire, ou, comme l'a fait récemment un original, « à sa dépouille mortelle », un tel abus du droit de propriété pourrait-il être supporté ? « Si tous les hommes qui ont vécu, dit Turgot dans une phrase magnifique que Mirabeau lui a empruntée, avaient eu un tombeau, ils eussent couvert de pierres la surface de la terre. N'aurait-on pas le droit de détruire ces monuments stériles et de remuer les cendres des morts pour nourrir les vivants ? » Si le droit de propriété était illimité, il n'y aurait pas de routes ni de villes possibles ; si le droit de conserver sa vie était illimité, il n'y aurait pas de patrie possible ; si la liberté de conscience était illimitée, le droit d'assassiner, réclamé par certaines sectes indiennes, devrait être reconnu. Il faut donc une limite des droits, et c'est la loi qui la fera.

Mais, dira-t-on, la loi peut être oppressive : cela se peut ;

mais c'est ce qui est vrai de tout pouvoir, quel qu'il soit, aussitôt que vous entrerez dans le domaine du concret. En effet, pour protéger le droit, il faut un pouvoir, et ce pouvoir lui-même peut violer le droit. Mais, en substituant le pouvoir de la loi au pouvoir d'un homme ou d'une classe, on diminue d'autant la chance de l'arbitraire ; car, la loi étant l'expression de la volonté générale et tous les citoyens ayant le droit de concourir par le choix de leurs représentants à la confection de la loi, les opprimés ou ceux qui croient l'être, contribuant au moins pour leur part au pouvoir législatif, ont le moyen de faire entendre leurs plaintes et de réclamer la revision des lois injustes ; ce qui offre plus de chances évidemment que dans le cas où quelques-uns décident du sort de tous sans appel. En outre, la liberté de la presse, étant un des droits garantis et ne pouvant jamais être complètement supprimée, même par une loi oppressive, est à son tour une garantie contre les abus de la loi : elle est une tribune toujours ouverte pour ceux qui se plaignent, et il vient toujours un moment où la voix du droit se fait entendre. Ainsi le droit corrige les abus de la loi, et la loi corrige les abus du droit. La corrélation nécessaire de ces deux principes, voilà la doctrine de la Constituante ; je voudrais bien savoir sur quelle autre base on pourrait s'appuyer pour prévenir à la fois l'arbitraire et l'anarchie.

Il nous faut maintenant serrer la question de plus près et nous demander si les droits de l'homme sont, comme on le dit dans les écoles hostiles à la Révolution, des droits métaphysiques, chimériques, abstraits, sans rapport avec les réalités concrètes et l'état historique du pays ; s'ils ont eu pour but de construire une société *a priori*, de réaliser une utopie d'école inventée par J.-J. Rousseau et autres idéologues ; si ces droits célèbres ne sont pas, au contraire, l'expression abstraite de faits concrets, de besoins sociaux profonds et invétérés, de souffrances séculaires et de revendications légitimes.

Sans doute le droit est le droit, et nous ne récusons en aucune manière la glorieuse expression de *droits de l'homme*; mais nous admettons qu'il y a des droits théoriques, inutiles et funestes (fussent-ils vrais en eux-mêmes) : ce sont ceux qui ne sont pas appropriés à l'état social du peuple pour lequel on les réclame, ou qui dépassent par trop l'intelligence des citoyens. Il serait ridicule, en effet, de réclamer la liberté de la presse chez les Papous, la séparation des pouvoirs et les libertés constitutionnelles chez les Turcomans. Il est possible que l'esclavage ait correspondu à un certain état social et qu'il a été un progrès sur le massacre des prisonniers. La liberté des meetings peut avoir sa raison d'être chez un peuple habitué depuis longtemps au respect de la loi, et être dangereux ailleurs. Enfin, nous distinguons la théorie des droits naturels, telle qu'elle peut avoir lieu dans la science et dans l'école, d'une Déclaration de droits se présentant comme la règle d'une société donnée. La vraie question est donc celle-ci: La France de 89 était-elle mûre pour les droits de l'homme? Ces droits représentaient-ils des réalités ou des abstractions? Or l'examen des faits nous apprend que chacun de ces droits n'était que le résumé et l'expression des faits concrets et positifs.

La liberté d'aller et de venir se rapportait à la Bastille et aux lettres de cachet; la liberté d'écrire et d'imprimer rappelait l'*Émile* brûlé par la main du bourreau et Rousseau banni pour l'un des plus beaux livres du siècle ; la liberté de conscience rappelait les protestants chassés du royaume et destitués de l'état civil. La propriété affirmée comme droit naturel répondait aux vieilles redevances féodales auxquelles elle avait été asservie : « Il y a dix preneurs pour une terre », disait Boncerf. L'égalité devant la loi s'opposait aux justices exceptionnelles ; l'égale admissibilité aux charges, aux privilèges des grades réservés aux nobles ; la répartition proportionnelle des impôts, au souvenir de la taille payée exclusivement par le tiers état. Par une omission étrange, la

Constituante avait négligé de mentionner la liberté du travail ; mais cette lacune peut être remplie par les célèbres considérants de l'édit de Turgot, qui déclarait le travail « la première et la plus sacrée des propriétés » : or ce droit était violé par les innombrables obstacles que le régime des maîtrises et des jurandes opposait au travail de l'ouvrier, soit en lui fermant les maîtrises, soit en le parquant dans des industries fermées.

Nous n'avons pas à insister sur ces faits ; ils sont assez connus ; on les trouvera en abondance non seulement dans toutes les histoires de la Révolution (1), mais dans les manuels les plus élémentaires d'histoire contemporaine. Les discuter en eux-mêmes, ce serait instruire de nouveau et dans le fond le procès de l'ancien régime et de la Révolution ; nous n'avons pas un si grand objet. Pour nous renfermer dans la question précise qui nous occupe, nous croyons pouvoir conclure que la Déclaration des droits n'était que le résumé de tous ces faits. Ce n'était donc pas de la pure métaphysique ; c'était l'expression théorique de la société nouvelle, comme le mot, vrai ou faux : « l'État, c'est moi », a été l'expression théorique de la monarchie de Louis XIV.

Ce qui prouve que les droits de l'homme étaient bien l'expression de faits réels, de faits historiques et concrets, et non de pures théories, c'est qu'il y a des droits, des libertés qui sont entrées plus tard dans le domaine de nos débats politiques et dont 89 n'a pas fait mention parce que ces droits ou libertés ne répondaient pas alors à des faits. Ils

---

(1) Ceux-là mêmes qui avaient abordé, nous disent-ils, l'étude de l'ancien régime avec un secret désir de le trouver moins coupable qu'on ne le croit généralement, nous avouent que les faits ont détruit en eux cette illusion. Voy. sur ce point la remarquable préface de M. Chérest à son livre intitulé : *la Chute de l'ancien régime* (1884). Ce livre n'a pu malheureusement être terminé par l'auteur qui est mort prématurément avant l'achèvement de son ouvrage. Le troisième volume a été publié par M. Henri Joly, maître de conférences à la Faculté des lettres de Paris, à l'aide de fragments laissés par l'auteur. Il y a joint une notice biographique.

devaient naître plus tard, sous l'empire de faits nouveaux.
Ce sont, par exemple, la liberté d'enseignement et la liberté
d'association.

A l'époque de la Révolution, l'enseignement était le privilège exclusif du clergé. L'Université aussi bien que les congrégations enseignantes étaient des corps ecclésiastiques. On
éprouvait alors le besoin d'un enseignement profane et laïque.
Le seul droit dont on eût conscience était le droit d'être élevé
au nom de la raison humaine sans subir la contrainte du
dogme. Comment rendre à la raison naturelle dans l'enseignement la part qui lui appartient? Était-ce par la liberté
d'enseignement? Personne n'y pensait alors, car on ne pouvait compter sur cette liberté pour lutter contre l'enseignement ecclésiastique. Une liberté individuelle d'enseigner
conférée aux citoyens eût été absolument impuissante contre
un enseignement traditionnel qui avait pour lui les siècles,
l'organisation, la richesse et de nombreuses et puissantes
associations. L'expérience a prouvé depuis que l'enseignement libre laïque est impuissant à lutter contre l'enseignement ecclésiastique ; depuis la liberté d'enseignement décrétée en 1850, la plupart des établissements laïques privés
ont dû disparaître ; on ne pouvait donc pas à plus forte raison,
en 89, compter sur cet élément pour faire contrepoids au
clergé ; et c'était le seul besoin que l'on éprouvât alors,
parce que la seule liberté qui manquât était celle de la pensée
profane, laïque, philosophique. Ce besoin ne pouvait être
satisfait que par l'État : c'est pourquoi la Constituante décré-
tait l'établissement d'un enseignement *public*, sans songer à
l'enseignement *libre*. On ne proclame un droit que lorsqu'on
en éprouve le besoin ; et personne à cette époque n'éprouvait
le besoin d'enseigner. La question est donc née plus tard,
comme le corollaire de la question religieuse. La Révolution,
frappée de l'oppression catholique, n'a pas dû penser d'abord
à la liberté catholique, comme en Angleterre où la crainte du
catholicisme a fait ajourner de deux siècles l'émancipation

des catholiques. En France, le clergé catholique a toujours été en suspicion à tous les pouvoirs inspirés de l'esprit de la Révolution, et il faut dire qu'il n'a pas fait tout le possible pour décourager cette suspicion.

Sans doute, pour les esprits vraiment libéraux, les principes ne doivent pas être sacrifiés parce qu'ils pourraient bénéficier aux ennemis de cette révolution ; mais il est facile de comprendre qu'une générosité de ce genre n'est guère à attendre d'une révolution ; et, en tout cas, la nôtre n'y a pas songé. C'est pour la même raison qu'elle n'a pas proclamé parmi les droits naturels la liberté d'association, dans laquelle elle ne pouvait guère voir autre chose que le rétablissement des corporations industrielles ou des congrégations religieuses. La liberté d'enseignement et la liberté d'association étaient bien comprises dans les principes de 89 ; mais il faut les en tirer : ce sera l'une des œuvres de la société actuelle. Pour 89, non seulement elles ne répondaient pas aux besoins du temps, mais elles étaient plutôt en opposition avec ces besoins. On peut faire un reproche aux constituants de les avoir omises ; mais il faut reconnaître que cette omission prouve précisément que nous sommes en présence de droits concrets et non de purs théorèmes.

Il ne faut pas d'ailleurs se trop hâter d'accuser d'inconséquence la Révolution, lorsqu'elle a omis certaines libertés que notre siècle, plus hardi ou plus généreux, est disposé à reconnaître. La Constituante ne s'est préoccupée que des droits de l'individu, de l'homme comme tel, le seul en définitive que l'on connaisse et avec lequel on puisse traiter. Or c'est une question de savoir si ces droits de l'individu sont applicables à des corps, si c'est là une extension légitime et nécessaire du droit individuel, et surtout à des corps où l'individu disparaît comme tel dans l'unité indivise de la corporation. Des sages comme Turgot ont pu douter de ces droits des corporations sans qu'on puisse les accuser de fanatisme et d'intolérance. On a pu se demander aussi s'il y avait place à un État dans un autre

État, et si un grand corps religieux, dépositaire de l'autorité pendant des siècles, armé de forces spirituelles incalculables, peut être considéré comme un simple individu et jouir à titre de pouvoir traditionnel des droits naturels qui appartiennent à l'homme et au citoyen. De là la complication des questions qui touchent à l'organisation de l'Église dans ses rapports avec l'État.

Ces questions, nous avons à les résoudre aujourd'hui avec beaucoup d'autres. Il n'est pas étonnant que la Révolution, qui allait au plus pressé, les ait éludées et plus ou moins mal comprises. Tout ne peut se faire en un jour. Le droit naturel lui-même a besoin d'être élucidé par le travail des siècles. Leibniz disait que nous devons apprendre même les vérités innées, que toute la géométrie, par exemple, est innée, et que cependant elle a été découverte peu à peu par le génie des grands géomètres, parce que les conséquences sont très éloignées de leurs principes et qu'il faut combiner plusieurs principes pour arriver à ces conséquences. De même, les conséquences du droit naturel peuvent être aussi quelquefois très éloignées ; et elles ne sont pas simples : il faut souvent aussi, pour les résoudre, avoir recours à plusieurs principes différents. Il n'est donc pas étonnant que ces conséquences n'aient pas été signalées tout d'abord, précisément parce que l'expérience n'en avait pas d'abord fait sentir le besoin, parce qu'on n'avait pas en face de soi des faits clairs et précis, comme la Bastille ou la torture, pour faire jaillir le sentiment vif du droit dans les consciences humaines.

Nous sommes donc autorisé à dire que la Révolution n'a pas eu pour objet la création *a priori* d'une société idéale et métaphysique ; elle n'a été, au contraire, que l'affranchissement, l'émancipation d'une société vivante, réelle, concrète, qui se formait insensiblement depuis plusieurs siècles et qui est arrivée alors à la maturité. Depuis le milieu du moyen âge, malgré le régime féodal, à la fois militaire et théocratique, et même à l'abri de ce régime, il s'était créé peu à peu une société laborieuse, commerçante, industrielle, agricole, instruite, peu à peu émancipée par les lettres et par les sciences, par la philosophie, une société de libre travail et de libre examen. C'est celle dans laquelle nous vivons aujourd'hui. Cette société existait déjà tout entière au xviiie siècle. Peu à peu, par des affranchissements successifs, par le fait même de la culture et du domicile, le paysan était déjà en partie devenu maître de la terre; peu à peu le commerce et l'industrie s'étaient développés et émancipés. Le pouvoir royal, par défiance de l'aristocratie, avait associé la bourgeoisie aux fonctions publiques. Peu à peu la culture des lettres avait aiguisé l'esprit : il n'y avait pas loin d'un Molière et d'un Boileau à un Voltaire, d'un La Bruyère à un Montesquieu, d'un Pascal à un Rousseau. Les sciences avaient enhardi encore plus la liberté d'examen en lui donnant un terrain positif. La philosophie, après avoir secoué le joug de la scolastique et appliqué le doute méthodique aux vérités spéculatives, n'avait plus qu'un pas à faire pour appliquer la même méthode à la politique. Les voyages et la facilité des communications avaient fait connaître les libertés anglaises ou celles de la Hollande; et l'on venait de voir de près, en contribuant à les fonder, les libertés américaines, en même temps qu'un citoyen de Genève était venu faire connaître le génie républicain.

Voilà bien la société du xviiie siècle. Si M. de Tocqueville a eu une grande idée, s'il a fait une vraie découverte dans notre histoire, c'est celle-là ; c'est de nous avoir démontré la préexistence de la société de la Révolution. Les partis rétrogrades croient triompher aujourd'hui en nous montrant le paysan propriétaire avant 89, et le progrès de l'industrie ou de la libre pensée au sein même de l'ancien régime. Ils ne peuvent mieux prouver, au contraire, le droit et la légitimité de cette révolution. Comme l'a dit Tocqueville, « ce ne sont pas les serfs qui font des révolutions; ce sont des hommes libres ». C'est précisément parce que cette société existait et qu'elle avait pris conscience d'elle-même, c'est pour cela qu'elle a voulu

s'affranchir des entraves factices qui pesaient sur elle. Elle
était la vraie société, la société vivante, active, productrice;
mais elle était opprimée par une société officielle dont les formes usées ne répondaient plus à rien et ne faisaient qu'épuiser
et affamer la société véritable. Qu'oppose-t-on ici la théorie à
la pratique, la philosophie à l'histoire? Les deux sociétés superposées l'une à l'autre étaient l'une et l'autre le produit de
l'histoire; mais l'une, le produit d'une histoire qui se mourait;
l'autre, le produit d'une histoire vivante. A quoi répondaient,
dans un temps d'application de la science à l'industrie, les
barrières factices et gothiques qui séparaient les industries les
unes des autres, barrières qui avaient pu avoir leur raison
dans une industrie en enfance, mais qui ne peuvent plus s'appliquer à la grande industrie des temps modernes? A quoi
répondaient ces droits féodaux plus ou moins représentatifs
de la souveraineté, dans un temps où il n'y avait plus qu'un
seul souverain, gardien et garant de la sécurité de tous? A
quoi répondaient, après trois siècles de protestantisme en Europe et la preuve faite de la stabilité des sociétés protestantes,
les privilèges excessifs de l'Église catholique en matière de
culte? A quoi répondait, après Galilée ou après Descartes, le privilège de la Sorbonne? A quoi répondaient, après la formation
d'une grande patrie par la royauté, les privilèges militaires
des nobles et leurs privilèges pécuniaires? A quoi répondait,
après deux siècles d'assimilation, l'opposition des provinces;
après la fusion des classes dans la société et à la cour, la distinction des trois ordres? Enfin, après soixante ans d'une
royauté comme celle de Louis XV, après Pompadour et du
Barry, à quoi pouvait répondre le dogme d'une monarchie
absolue?

Par conséquent, l'ensemble des institutions officielles qui
pesaient sur le pays était en contradiction avec l'état social de
ce pays. Or, s'il y a un axiome en politique, reconnu par tous
les publicistes, c'est que la forme légale et constitutionnelle
d'un pays doit être en rapport avec son état social. Et qu'on

ne disc pas que la société nouvelle pouvait continuer de vivre
à l'abri de la société ancienne, comme elle avait fait jusque-là : non ; cela n'était pas possible, car cette vieille société
allait tout droit à la banqueroute. Si l'ancien régime eût été
de force à porter et à protéger le nouveau, pourquoi l'eût-il
appelé à son secours en évoquant les états généraux?

Oui, les états généraux auraient pu servir à sauver, en la
transformant, la société traditionnelle, si celle-ci avait su conserver et respecter cette vieille institution nationale. Mais
après 175 ans d'interruption, croit-on que les institutions
renouent facilement la chaîne des temps? Il n'y avait plus
fusion entre les deux principes : d'une part, la société féodale
et monarchique ; de l'autre, la nation. En appelant la nation à
son secours, l'ancien régime donnait sa démission. Turgot
avait demandé à la vieille société de se réformer elle-même ;
elle s'y était refusée. Incapable de se transformer, incapable
de se suffire, elle devait expirer dans la première rencontre
avec la société vivante. Il ne faut qu'un souffle pour faire tomber en poussière un cadavre mis au grand jour.

Que si cette société affranchie n'a pas su trouver tout de
suite son assiette et son organisme, si pendant dix ans elle
s'est agitée dans son anarchie épouvantable, c'est encore la
faute de l'ancien régime, qui n'avait su préparer à la société
nouvelle aucun organisme, aucun instrument d'action, aucun
frein, aucune arme contre ses propres excès. Si les états
provinciaux eussent été utilisés, si les parlements avaient
pu obtenir un mode quelconque d'action, si des communes
eussent été organisées avec des pouvoirs quelque peu
indépendants, si les assemblées provinciales, créées un
an avant la Révolution, au moment où l'esprit public demandait tout autre chose, eussent été essayées en temps opportun, si quelque liberté de la presse eût pu être ouverte
dans de certaines conditions, si les protestants n'eussent
pas été bannis ou qu'ils fussent rentrés en France à temps
pour y exercer quelque influence, si enfin les états généraux

fussent restés une des institutions de la France, ces éléments de résistance aux principes d'anarchie eussent peut-être apporté quelque modification aux événements et amorti quelque peu les chocs violents qui ont fait de notre Révolution quelque chose d'unique dans l'histoire. Mais la société de 89, privée de tout engin politique, se défiant de tous ceux qui existaient (car tous faisaient partie de la société féodale, dont on avait horreur), s'est trouvée retomber à l'état de nature. Sans doute cette société était la vraie ; mais à toute société il faut un mécanisme gouvernemental : or le vieux mécanisme s'était rompu à force d'usure. De là cette anarchie effroyable qui a troublé pour des siècles la conscience humaine et qui, par un déplorable mirage, a exercé un prestige absurde sur les sectes révolutionnaires. Mais cette anarchie ne venait pas de ce que cette société en elle-même fût plus anarchique qu'une autre ; elle venait de ce que le passé, occupé exclusivement de sa propre conservation, n'avait su préparer aucune force pour un état nouveau, et que, périssant, il périssait tout entier, emportant avec lui tous les états protecteurs de la société.

Mais si la société de 89 a eu raison dans le fond, n'a-t-elle pas eu tort dans la forme ? En admettant que les principes dits de 89 fussent les vraies règles de la société nouvelle, était-il nécessaire de les proclamer d'une manière abstraite comme dans un traité de philosophie ? Cette question est tout à fait secondaire ; les principes étant ce qu'ils étaient, le fait de les avoir proclamés et résumés ne pouvait pas changer beaucoup l'état des choses. Par exemple, supposons qu'il n'y eût pas eu de Déclaration de droits, mais seulement une nuit du 4 Août : cela eût-il changé la nature et la suite des événements ? Les défiances, les soupçons et les passions n'eussent-ils pas été les mêmes, relativement à l'exécution des décrets du 4 Août, quand même ces décrets n'eussent pas pris une forme théorique et philosophique ? Sans doute, lorsque l'instinct de liberté s'éveille chez les peuples et qu'il s'empare de la société, l'anarchie est toute proche ; et c'est là précisément

ce qu'on appelle une révolution. Démontrer que cette révolution a été mêlée d'anarchie, c'est démontrer *idem per idem*.
Mais il ne faut pas confondre les principes de la Révolution
avec l'anarchie révolutionnaire ; et, en tout cas, la forme plus
ou moins métaphysique donnée à ces principes ne fait pas
grand'chose à l'affaire. Cette forme est le cachet du temps.
En Angleterre, au xviie siècle, la révolution prit une forme
théologique parce que tout le monde lisait la Bible ; au
xviiie siècle, la Révolution française prit une forme métaphysique parce que tout le monde lisait les écrits des philosophes.
En conclut-on qu'en Angleterre la révolution n'a été que de
la théologie ? Non, car on sait distinguer la forme du fond.
Pourquoi conclurait-on qu'en France la Révolution n'a été que
de l'idéologie ? Le fond subsisterait encore quand même la
forme eût été différente. Encore y a-t-il cette différence que
la théologie anglaise du xviie siècle ne reflétait que la
pensée d'une secte, tandis que la philosophie du xviiie siècle
exprime des vérités pour l'humanité tout entière.

Que si d'ailleurs les Déclarations de droits pouvaient avoir
des dangers par l'abus qu'on en pouvait faire, elles offraient,
en revanche, de grands avantages. Elles résumaient en principes nets, courts, lumineux, les articles de foi de la société
nouvelle, et celle-ci n'en a pas désavoué un seul. Si le
Décalogue de Moïse ne nous donne qu'un résumé bien
grossier de la morale, cependant combien ces dix commandements, appris dès l'enfance, formulés en termes impérieux
et saisissants, incrustés dans les cœurs comme ils l'avaient été
sur les tables de la loi, combien, dis-je, ces règles abstraites
et simples n'ont-elles pas eu d'autorité pour éveiller et perpétuer dans les âmes le sentiment du devoir ! De même,
combien ce décalogue des droits formulé par nos législateurs
de 89 n'a-t-il pas eu d'autorité pour imposer et perpétuer
dans la société moderne le sentiment du droit ! Ce *Syllabus*
laïque constitue la foi de cette société, car il en faut toujours
une. Il a donné à la Révolution la conscience d'elle-même.

Toutes les fois qu'il y est porté atteinte, même de la manière la plus superficielle, ce sentiment se réveille et prend feu. Si la Révolution s'était contentée de faire des réformes sans établir de principes, sans se condenser en un monogramme lumineux et consacré, si ces réformes dispersées, séparées en lois particulières, n'eussent pas formé corps, elles auraient pu être minées l'une après l'autre sans que la conscience publique s'en aperçût. La formule est un garant. Elle nous apprend que toutes ces libertés forment un tout, qu'elles tiennent les unes aux autres, qu'il faut veiller à la fois sur tout l'édifice. Elle est une sorte de palladium.

Chose étrange ! ces droits de l'homme que nos lettrés dénoncent en souriant comme abstractions creuses et chimères vides ont été précisément la partie la plus vivante et la plus durable des œuvres de la Révolution. Toute la Constitution de 91 a péri, excepté les droits de l'homme. Toutes les Constitutions ont péri ; mais toutes ont reconnu les principes de 89, et ces principes leur ont survécu. Tout ce qui a été fait contre eux a échoué. On a voulu faire de nouvelles noblesses : à quoi cela a-t-il abouti ? et quelle place cette noblesse nouvelle a-t-elle acquise dans notre société ? Elle a couvert et caché la gloire plus qu'elle ne l'a illustrée. Qui ne préfère les noms de Ney, de Masséna, de Davout, à ceux de prince de la Moscowa, de prince d'Essling, ou à tous les autres titres qu'on est obligé de chercher dans le dictionnaire ? On a tenté de rétablir le droit d'aînesse, on ne l'a pas pu ; de rétablir la religion d'État, on ne l'a pas pu ; de supprimer la presse, on n'y a réussi que pendant quinze ans. Ni l'égalité devant la loi et devant l'impôt, ni l'égale admissibilité aux fonctions n'ont été atteintes. Sauf la liberté individuelle, que les crises politiques ont souvent mise en péril, mais qui a toujours retrouvé ses garanties quand la société s'est rassise, presque aucune des conquêtes de la Révolution n'a été sérieusement menacée. Elles ont été toutes reconnues, au moins nominalement, par les Constitutions même les plus rétrogrades. Les combinaisons politiques plus ou moins factices par lesquelles on a essayé de concilier, de diviser, d'équilibrer les pouvoirs, ont toutes succombé. Les principes ont survécu. La solidité et la vitalité d'une société fondée sur ces principes est prouvée par ce fait que les révolutions les plus radicales, qui autrefois eussent divisé le pays pendant des années (par exemple, la Ligue et la Fronde), le troublent à peine pendant quelques jours ; et, si la facilité de ces révolutions est un mal, la facilité de les terminer est un bien. Quant à ces révolutions elles-mêmes, c'est une question de savoir si elles ont leur cause dans les principes de 89 ou, au contraire, dans les efforts qu'ont faits plus ou moins tous les gouvernements pour échapper à ces principes, pour les tourner et les éluder de telle sorte que tous les gouvernements, d'accord avec la nation à leur origine, finissent toujours par se séparer d'elle et lui donner la tentation de se séparer d'eux : de sorte qu'il est à espérer que lorsque la nation, au lieu de se superposer à elle-même des familles et des gouvernements distincts d'elle, aura pris en main le maniement de ses propres affaires, elle pourra donner satisfaction librement à tous les mouvements de l'opinion sans être obligée d'avoir recours à ces changements violents que l'on appelle des révolutions.

Les Déclarations de droits nous paraissent donc avoir eu dans la pratique une efficacité beaucoup plus grande qu'on ne serait tenté de le croire. Si elles ont pu prêter aux excès, elles ont servi d'arme contre les abus. Tous les gouvernements les ont eues devant les yeux et ont senti qu'ils n'y pouvaient toucher sans péril ; et, lorsqu'ils ont essayé d'y toucher, ils ont préparé leur ruine. Soutenir qu'on ne peut introduire dans la pratique aucune maxime générale parce que ces maximes ont besoin d'interprétation, de délimitation et de développement, c'est contester la valeur du Préambule du Code civil, qui ne consiste qu'en maximes générales, en aphorismes de droit. Les lois elles-mêmes sont des maximes générales qui ont besoin de l'interprétation des tribunaux et des jurisconsultes. Le même esprit qui se manifeste dans cette critique des droits de l'homme s'est opposé également aux lois écrites, aux codifications générales, et voudrait qu'on se limitât au droit coutumier, comme au moyen âge. C'est méconnaître le développement naturel des choses ; c'est croire que l'homme doit toujours rester à l'état d'enfant, ne vivant que d'une vie végétative, sans être conduit par la réflexion. Mais il est aussi impossible d'empêcher l'homme d'appliquer la réflexion à sa destinée et à la destinée sociale, que de l'empêcher de passer de la jeunesse à la maturité.

On attribue à cet excès de métaphysique les excès et la durée de la Révolution française opposée à celle d'Angleterre ; et l'on oppose sans cesse l'esprit d'abstraction et d'idéologie propre à la nation française à l'esprit pratique, empirique, des Anglais, qui savent, dit-on, lier le présent au passé, enchaîner les siècles les uns aux autres et remplacer les révolutions par les réformes. Cette comparaison est une illusion d'optique. Elle consiste à comparer un peuple en mouvement à un peuple en repos, un peuple qui fait sa révolution avec celui qui a fini la sienne. Ce qu'il faut comparer, ce n'est pas la France de notre siècle avec l'Angleterre du même siècle, mais la France en révolution avec l'Angleterre en révolution ; et l'on ne voit pas que les différences soient si grandes qu'on le dit.

Après tout, à qui fera-t-on croire que la révolution anglaise n'a été qu'une révolution innocente, toujours fondée sur le respect des lois ? Qui donc a donné aux peuples l'exemple terrible de décapiter un roi ? Ce sont les Anglais. Qui donc a eu l'idée, pour la première fois en Europe, de remplacer une vieille monarchie féodale par l'exemple classique de la république ? Ce sont les Anglais. Qui donc a changé cette république en gouvernement militaire ? Ce sont les Anglais. Qui donc enfin a essayé d'une restauration impossible et, après cette restauration, d'un changement de dynastie ? Ce sont les Anglais. En définitive, jusqu'en 1848 toutes les phases de notre révolution n'ont fait que reproduire, acte par acte, les diverses étapes de la révolution anglaise ; et l'on peut même dire que cet exemple a été pour beaucoup dans nos changements politiques. Le parti libéral sous la Restauration n'eût-il pas été plus patient, et la royauté elle-même plus modérée, si l'on n'avait pas eu sous les yeux l'exemple de 1688, exemple qui était un espoir pour les uns, une crainte pour les autres, et qui fut, à n'en pas douter, un ferment de trouble et de suspicion réciproque sous la Restauration? Quoi qu'il en soit sur ce point, de 89 à 1848, ce qu'on peut reprocher aux Français, ce n'est pas de n'avoir point imité les Anglais, c'est de les avoir trop imités.

Et même est-il bien exact de dire que la révolution anglaise n'a duré que cinquante ans ? Et ne doit-on pas remonter plus haut ? Bossuet n'a-t-il pas fait preuve d'une profonde clairvoyance en la faisant remonter jusqu'à Henri VIII ? La révolution anglaise a été surtout une révolution religieuse ; elle a commencé lorsque la forme religieuse du pays a été changée. Il faut donc ajouter à la crise politique de 1640 la crise religieuse qui va de Henri VIII à Élisabeth et où l'on voit l'Angleterre changer quatre fois de religion en quatre règnes. Est-ce donc là ce peuple que l'on nous représente si fidèle à la tradition et à l'histoire ? Demandez à Bossuet ce qu'il en pensait : « L'Angleterre a tant changé qu'elle ne sait plus elle-même à quoi s'en tenir..., plus agitée que l'Océan qui l'environne... Ces terres tant remuées et devenues incapables de consistance sont tombées de toutes parts et n'ont fait voir que d'effroyables précipices... Ces disputes n'étaient que de faibles commencements... ; mais quelque chose de plus violent se remuait dans le fond des cœurs. C'était un dégoût secret de tout ce qui a de l'autorité et une démangeaison d'innover sans fin... Dieu, pour punir l'irreligieuse instabilité de ces peuples, les a livrés à l'intempérance de leur folle curiosité. » Voilà l'effet que produisait en France l'Angleterre du xviiie siècle : c'est à peu près celui que produit la France de nos jours en Angleterre et en Europe. Au contraire, c'était alors la France qui donnait l'exemple de la stabilité et de la

fidélité aux traditions. Et en quoi, je le demande, cette instabilité religieuse des Anglais est-elle un spectacle plus édifiant
que notre instabilité politique ? Et, en définitive, n'est-il pas
moins grave de changer de constitutions que de changer de
cultes ?

Ajoutez donc aux cinquante ans de révolution, de 1640 à
1688 (1), les trente ans de révolutions religieuses qui vont de
Henri VIII à Élisabeth (1534-1562), et vous aurez une étendue
de révolution qui n'est guère moindre que la nôtre.

Mais ce n'est pas encore pousser assez loin la comparaison.
Ce n'est pas à la révolution anglaise toute seule qu'il faut
comparer la révolution française, c'est à la révolution protestante en général, à cette révolution qui commence en 1517 et
finit en 1688. C'est cet ensemble seul qui, pour l'étendue des
événements et des conséquences, peut être comparé à notre
révolution, laquelle a été, aussi bien que la Réforme, un événement européen. Or la crise protestante a duré cent soixante
ans ; la crise de notre révolution va bientôt avoir un siècle.
On peut espérer que le xxᵉ siècle sera le siècle de la démocratie pacifique, comme le xixᵉ a été celui de la démocratie
militante. S'il en était ainsi, la France aurait pendant un siècle
concentré en elle-même tous les troubles qui pendant la crise
protestante s'étaient étendus sur l'Allemagne, la Hollande,
la Suisse, l'Angleterre, et sur la France elle-même. En
comparant les deux mouvements, on peut se demander
lequel des deux a fait le plus de ruines et répandu le plus de
sang.

Il serait donc injuste d'imputer à l'esprit français ce qui est

(1) Encore ne tenons-nous pas compte des deux insurrections terribles qui ont eu lieu en 1715 et 1745. C'est alors seulement que la
révolution de 1688 a été considérée comme définitivement victorieuse.
Supposez qu'il y eût aujourd'hui en France une grande insurrection royaliste avec plusieurs batailles rangées, et terminée par d'innombrables supplices, et que cela se renouvelle encore trente ans
après, ne dirait-on pas que c'est une preuve que la révolution n'est
pas terminée? C'est cependant ce qu'on a vu en Angleterre jusqu'au
milieu du xviiiᵉ siècle ; mais ces faits ont été entièrement oubliés.

le fait des passions humaines en général, sous quelque forme
et par quelques principes qu'elles soient provoquées.

Ajoutons encore que, si la révolution française a été plus
longue et plus violente que la révolution anglaise, c'est parce
qu'elle a eu lieu un siècle plus tard. Si notre révolution avait
eu lieu en même temps que celle d'Angleterre, si la pitoyable
aventure de la Fronde avait pu aboutir, au lieu de se terminer
par le triomphe trop célébré de la monarchie absolue, triomphe
qui nous a valu un grand règne, mais que nous payons aujour-
d'hui ; si la Fronde eût été capable d'enfanter un gouvernement
quelconque, il y aurait eu alors, en France comme en Angleterre, une révolution limitée. A cette époque, les besoins d'émancipation étaient restreints. La modération et un certain contrôle
dans les finances, quelques garanties pour la liberté individuelle,
un droit de remontrances pour le parlement, voilà tout ce que
l'on réclamait. Il n'y avait pas lieu de demander la liberté
religieuse, puisqu'elle existait, la liberté de la presse, qui
n'avait pas encore fait ses preuves par des chefs-d'œuvre, ni
la liberté de l'industrie, qui avait plus besoin de protection
que de liberté. On ne se défiait pas encore de la noblesse, qui
avait au moins l'apparence de prendre la défense du bien
public. On n'avait pas encore perdu la foi en la royauté, qui ne
s'était pas rendue odieuse par cent cinquante ans de pouvoir
absolu. L'esprit humain n'avait pas encore retrouvé ses titres
et on n'avait pas réfléchi sur l'égalité originelle des hommes.
Mais en cent cinquante ans l'esprit humain avait marché. La
littérature était devenue la philosophie. On avait tout scruté.
On demanda tout à la fois parce que tout manquait à la fois.
On découvrit non seulement le citoyen, mais encore l'homme.
Le caractère philosophique qu'on impute avec raison à la
Révolution, mais qu'on lui reproche à tort, était lui-même le
résultat du temps. C'est l'expérience et la pratique qui seules
contiennent et répriment l'esprit de pure spéculation ; la
société, destituée de tout moyen d'intervenir dans ses destinées, n'eut d'autre ressource que celle de la pensée. Pour

toutes ces causes, la révolution de 1789 dut avoir un caractère plus vaste, plus hardi, plus philosophique que celle de 1640 et de 1688. Ce n'est pas une question de race et de latitude : c'est une question de siècle.

Par cela même que la révolution avait été plus retardée, elle fut donc plus vaste ; étant plus vaste, elle provoqua plus de résistances ; trouvant plus de résistances, elle fut plus violente ; étant plus violente, elle souleva plus de haines et prépara plus de réactions. Elle engendra donc une plus grande instabilité et dut durer plus longtemps. La différence entre les deux révolutions (anglaise ou française) est donc en grande partie due à la date de l'une et de l'autre. Si, par supposition, la monarchie l'eût emporté en Angleterre, et qu'au contraire, en France, une révolution heureuse eût terminé la Fronde par une combinaison politique de gouvernement tempéré, c'eût été en Angleterre qu'aurait été promulguée, à la fin du xviiie siècle, la Déclaration des droits de l'homme. Cette déclaration représente donc une phase ou une étape de l'esprit humain et non le travers d'un peuple.

Les principes de 89 sont pour les sociétés humaines quelque chose de semblable à ce qu'est dans l'individu la majorité civile. Lorsqu'un jeune homme arrive à la majorité, il ne devient pas pour cela raisonnable, mais seulement apte à se conduire par la raison. La majorité civile ne donne pas l'expérience ; l'expérience seule donne la sagesse. Conclura-t-on de là qu'il faudrait ajourner la majorité à un âge plus avancé ? Non, car l'homme arriverait à cet âge aussi inexpérimenté qu'aujourd'hui à vingt et un ans. Pourquoi n'y aurait-il pas pour les sociétés un âge de majorité, c'est-à-dire un âge où elles sont appelées à se gouverner elles-mêmes et à user des droits qui appartiennent à l'homme, droits qui sont exactement les mêmes que ceux qu'a reconnus la majorité civile, à savoir le droit de disposer de son travail et de sa propriété, de sa conscience, de sa personne, d'entrer en famille, etc. ? Transportez ces droits de l'individu civil à l'individu social ; au lieu de considérer l'homme par rapport à la famille, considérez-le par rapport à l'État : vous avez les principes de 89. C'est la majorité civile devenue majorité sociale. L'une affranchit l'homme du pouvoir paternel ; l'autre l'affranchit du pouvoir politique. Que la société nouvelle ait su plus ou moins bien user de son émancipation, cela peut être le fait de l'inexpérience ; mais en aurait-elle mieux usé si elle fût restée sous la tutelle qui l'avait si mal préparée jusque-là ? Croit-on qu'au bout d'un siècle encore de gouvernements semblables à celui de Louis XV, la société française fût devenue plus capable de se gouverner elle-même, plus apte à assurer à ses membres la jouissance de leurs droits ? De même que l'enfant n'est pas appelé à passer sa vie dans le sein maternel, mais doit s'en séparer au jour fixé par la nature (au prix de grandes douleurs pour la mère), afin de vivre d'une vie propre et indépendante, conformément à ses propres instincts, à ses propres besoins, à sa propre conscience ; de même que le jeune homme est appelé plus tard à se séparer de la famille, à ses risques et périls, pour vivre libre et former une famille nouvelle, — de même la société européenne, formée à l'ombre de l'Église et de la royauté, mais ayant peu à peu, par la protection même de ces deux puissances, été amenée à avoir conscience d'elle-même et à prétendre se gouverner par ses propres forces et par sa propre raison, a dû se séparer du sein maternel où elle avait grandi jusque-là avec confiance et amour. Peu à peu, par la fusion des classes, par l'affaissement des barrières, par le développement de l'esprit, par le frottement continuel des événements, toutes les distinctions s'étaient plus ou moins effacées et n'avaient plus laissé paraître que la qualité d'homme. De là la conception d'une société où il y aurait seulement une différence dans les services, mais non dans les droits, qui n'ajouterait pas aux inégalités naturelles des inégalités artificielles et où le libre développement des facultés humaines ne serait pas contrarié par les lois.

Cette société conçue et proclamée par la Révolution était si peu une chimère que c'est celle qui existe aujourd'hui et dont tout le monde jouit et profite, même ceux qui la combattent et la déplorent, mais qui n'en voudraient pas d'autre s'ils revoyaient, ne fût-ce qu'un jour, cette société du passé dont ils font des tableaux platoniques et sans péril. Oui, ils seraient les premiers à dire : Ramenez-nous aux carrières, c'est-à-dire à cette société démocratique où chacun travaille comme il l'entend, possède son bien en toute propriété, où il n'y a pas de barrières entre les provinces d'une même nation, où il n'y a qu'une loi et une seule justice pour tous les citoyens et pour tout le territoire, où chacun jouit de sa pensée et de sa conscience, peut arriver à toutes les fonctions sans trouver les places prises par la naissance, où l'on participe aux dépenses communes dans la proportion de son avoir, où chacun a son droit de citoyen et participe à la souveraineté. Aujourd'hui nous sommes tous tellement habitués à cet ordre de choses que nous ne pourrions plus en être privés, et c'est une seconde nature pour les hommes de notre temps.

D'où vient donc qu'aujourd'hui cependant tant d'esprits, même éclairés, sont tentés de rétrograder jusqu'au delà de 1789 et croient utile de répandre une sorte de scepticisme et même de ridicule sur ces principes ?

C'est d'abord une sorte de raffinement d'esprit qui, lorsque des principes longtemps disputés sont devenus communs, trouve un plaisir rare à railler des vérités banales et à tourner la liberté contre la liberté même. Eh quoi ! je penserais comme ce bourgeois naïf qui se croit un homme et un citoyen ? Le dernier des goujats crie à la liberté et à l'égalité, et je ferais comme lui ? De là cet esprit de réaction qui se flatte d'être quelque chose de distingué parce qu'il se sépare des lieux communs de la politique quotidienne. Tant que la démocratie a été militante, souffrante, héroïque, utopique, elle a eu pour elle les esprits fiers et indépendants ; mais, triomphante, entrée dans la réalité avec les misères de la réalité, il devient de bon goût de se tourner contre elle, non seulement de la censurer,

de lui faire sans cesse la leçon et la morale — ce qui est
légitime, car nul pouvoir humain n'est infaillible, — mais de
la désavouer, de la renier, de la mépriser.

C'est là une grande erreur et une grande faute ; car en
matière politique, plus que partout ailleurs, le scepticisme
n'est bon à rien. Que les croyants du trône et de l'autel
combattent les principes de la Révolution, rien de plus rationnel : ils ont un but, ils ont un idéal ; mais que des philosophes
libres-penseurs, à qui la France des croisades est absolument
indifférente et qui n'ont qu'une foi médiocre au droit divin, se
donnent le plaisir raffiné de déconsidérer la France nouvelle
à ses propres yeux et de la montrer en proie à une folle
anarchie sans compensation, quelle cause cela peut-il servir,
si ce n'est celle du désordre et de la force ? N'est-ce pas, en
effet, livrer cette société sans direction, sans boussole et par
conséquent sans défense, à toutes les entreprises d'une folle
démagogie ou d'une réaction brutale ? Sans doute on comprend
que certains excès d'un côté donnent la tentation de s'abandonner à d'autres excès en sens contraire ; mais cette tentation
est décevante et meurtrière : il ne faut pas s'y livrer. La seule
manière de combattre la révolution démagogique, c'est de
défendre la révolution libérale, et cela non du bout des lèvres
et comme une légende dont on est las, mais d'une conviction
chaude et vive, semblable à l'amour de la patrie. Nous appro-
chons du centenaire de 1789 ; nous espérons bien qu'on ne
verra pas, en 1889, la France désavouer cette date illustre,
faire un *mea culpa* devant l'univers et demander pardon à
Dieu et aux hommes d'avoir fait la Révolution. Car alors que
représenterait-elle dans le monde ? Quel serait son drapeau ?

Mais, indépendamment de cette première cause de défiance
qui a remis en question les principes de 89, il en est une
autre beaucoup plus profonde et plus sérieuse qu'il appartient
à la psychologie et à la philosophie d'expliquer. C'est l'ignorance où sont les hommes en général d'une des lois fondamentales de la vie et de la science. Cette loi, c'est que chaque

question résolue donne naissance à des questions nouvelles plus vastes et plus profondes qu'auparavant, de sorte que les cercles grandissent à mesure que l'on franchit chacun d'eux.

Voici un jeune homme qui a fini ses études; il choisit une carrière : question résolue; oui, mais les difficultés ne font que commencer : il faut apprendre une science nouvelle; il faut savoir se conduire avec les hommes; il faut travailler à son avancement, se résigner aux disgrâces, s'éloigner des siens, etc. Combien d'épreuves autrement graves que celles du collège! Ce jeune homme se marie : question résolue. Voilà le repos. Eh bien, non! c'est le contraire. C'est la vie conjugale avec tous ses périls, la vie paternelle avec tous ses devoirs. Ainsi chaque étape n'est que le degré d'une ascension nouvelle plus périlleuse que la précédente. Il en est de même dans la science. Chaque question résolue ouvre un champ indéfini où l'on se sent de plus en plus perdu. Newton découvre le système du monde et invente l'attraction universelle : question résolue; oui, mais qu'est-ce que l'attraction? Admettre l'attraction à distance, n'est-ce pas revenir à l'horreur du vide des scolastiques? Remplaçons donc l'attraction par l'impulsion? Mais l'impulsion est-elle plus claire que l'attraction? Dans un cas comme dans l'autre, ne faut-il pas qu'un mouvement passe d'un corps dans un autre? Or qu'importe pour cela qu'ils se touchent ou qu'ils ne se touchent pas? Et d'ailleurs y a-t-il jamais contact absolu? Et s'il n'y a pas contact, n'y a-t-il pas action à distance? Et qu'importe que la distance soit grande ou petite? La solution d'un problème en fait donc naître d'autres plus obscurs et plus vastes. Ainsi en est-il encore du grand progrès opéré dans la physique de nos jours. On ramène toutes les propriétés des corps à des mouvements : voilà l'unité de principe trouvée; mais comment un mouvement peut-il produire une sensation, et comment des mouvements homogènes produisent-ils des sensations hétérogènes? Comment une différence d'angle fait-elle la différence du rouge et du bleu?

Ainsi l'on va d'abîme en abîme, et c'est là ce qu'on appelle la science. Il en est de même dans l'ordre social. Luther demande pour lui-même le droit d'interpréter l'Écriture selon sa conscience : soit; mais bientôt les calvinistes, les anabaptistes, les sociniens demandent le même droit : où faudra-t-il s'arrêter? Et si j'ai le droit d'interpréter la parole de Dieu, ne dois-je pas aussi avoir le droit de dire que l'Écriture n'est pas la parole de Dieu? De sorte que le droit réclamé primitivement pour la foi deviendra le droit de l'incrédulité. Maintenant, si j'ai le droit de juger les prêtres comme faisait Luther, n'ai-je pas aussi le droit de juger les rois? Et ainsi le droit d'examen, limité d'abord au domaine religieux, passe dans le domaine politique. En même temps l'imprimerie est découverte, la pensée est garantie contre la destruction, et elle se multiplie autant de fois qu'on le voudra. Quel progrès pour les lumières! Oui; mais les bonnes mœurs ne seront-elles pas en péril? Les idées fausses ne se développent-elles pas avec les idées vraies? La haine, la discorde, la rébellion n'auront-elles pas des armes terribles? Ainsi les périls naissent des progrès; le danger s'accroît avec la puissance; le succès n'est que l'accroissement des épreuves.

C'est ce qui est arrivé des principes de 89. On a cru que lorsque ces principes seraient définitivement victorieux, tout était fini. Au contraire, tout commençait. Il s'agit de définir ces principes, de les délimiter, de les concilier, et c'est l'œuvre de plusieurs siècles. Vous avez affranchi les hommes du pouvoir artificiel du passé; oui, mais vous avez créé l'État. Quels sont les rapports de l'individu et de l'État dans la société nouvelle? Question bien plus profonde que celle de l'abolition des privilèges. Vous avez affranchi l'industrie d'entraves ridicules et devenues impossibles : fort bien; mais vous avez créé la question sociale. Vous avez sécularisé la loi : c'était ce que demandait le bon sens, ce qu'exigeait la liberté de conscience, et cela est au mieux; mais vous avez légué à l'avenir le problème de l'Église libre dans l'État libre : problème bien autrement redoutable que celui des libertés gallicanes et des maximes de 1682. Vous avez créé l'enseignement national et vous avez voulu un enseignement laïque et séculier, conséquence inévitable de l'abolition de toute religion d'État; mais que ferez-vous de Dieu dans votre éducation nouvelle? Sera-t-il aussi laïcisé? Vous travaillez au progrès de l'enseignement des femmes : cela est très sage, car la femme ne peut pas rester plus longtemps en dehors de toute communion d'esprit avec l'homme, n'ayant pour elle que les arts d'agrément tandis que l'homme a la science et la pensée; mais que ferez-vous de la femme libre? Lui ouvrirez-vous toutes les carrières, même l'armée ou le parlement? Tant de questions nouvelles, se présentant à la fois de tous les côtés de l'horizon, ont de quoi désarçonner un bon nombre d'esprits qui se retireraient volontiers sous leur tente, couvrant leur tête d'un voile et pleurant sur l'abomination de la désolation, comme si l'humanité d'aujourd'hui fût plus folle et plus criminelle que celle de tous les temps.

D'autres esprits, plus fermes, se tirent d'affaire par la raillerie et le mépris, croyant que quelques bons mots suffisent pour faire refluer le cours des choses. C'est, selon nous, la conduite contraire qui est le salut. D'abord, il ne faut pas s'étonner que les questions naissent des questions. Royer-Collard a dit admirablement : « Les Constitutions ne sont pas des tentes dressées pour le sommeil. » Cela est vrai des sociétés. Il y aura toujours des problèmes, et il y en aura de plus en plus. Ce n'est pas là une faiblesse; c'est, au contraire, l'honneur de la raison humaine, de chercher une justice de plus en plus parfaite, où chaque degré est une étape pour un degré supérieur. Quant aux questions que nous avons indiquées, on n'attend pas que nous en donnions la solution; mais, d'une manière générale, nous dirons que c'est en s'appuyant sur les principes de 89, et non en les discréditant, que l'on atténuera ce qu'il y a d'aigu et de dangereux dans toutes ces questions.

Par exemple, si l'État de nos jours est devenu de plus en plus envahissant, c'est en grande partie parce qu'il est la seule arme que nous possédions contre les retours offensifs du passé. Plus vous paraissez rétrograder vers ce passé, plus vous armez l'État. Supposez qu'il n'y ait en France, comme en Amérique, qu'une opinion sur les principes fondamentaux de l'ordre social : l'État pourra désarmer peu à peu ; car alors chacun aura intérêt à réclamer contre lui, et, sauf le nécessaire, qui sera toujours très étendu dans une société compliquée et militaire comme la nôtre, il pourra retrancher de ses attributions ce qui les dépasse par trop. Supposez également que l'Église accepte définitivement, au lieu du *Syllabus*, les principes de la société moderne : le règlement des rapports entre les deux pouvoirs deviendrait plus facile ; et, soit que l'on préfère une alliance avec sacrifices réciproques, ou une séparation avec droits garantis, la paix pourra exister. Ce qui rend la question si difficile, c'est une Église hostile, qui veut continuer à être hostile en jouissant à la fois de tous les avantages de la protection et de tous les droits de la liberté. Dans la même hypothèse, la liberté d'enseignement perdrait son caractère aigu ; et, si l'on apprenait à s'en servir, s'il se créait des écoles libres, laïques et profanes, à côté des écoles ecclésiastiques, l'État pourrait dans la suite se dessaisir peu à peu de l'enseignement spirituel, qui soulève théoriquement tant de difficultés. De même, si les classes laborieuses s'aperçoivent par l'expérience qu'elles ont les mêmes droits que les classes possédantes, qu'elles peuvent discuter leurs intérêts et en obtenir les règlements par des débats égaux, elles se déshabitueraient peu à peu de poursuivre la proie pour l'ombre et abandonneraient, comme l'a dit un tribun illustre, la question sociale pour les questions sociales. Enfin les femmes, plus éclairées et plus instruites, n'étant plus humiliées d'un rôle inférieur, comprendraient mieux leurs droits véritables et se demanderaient si la différence de sexe n'entraîne pas aussi quelque différence de fonctions.

Ainsi, c'est par les principes mêmes que l'on devra combattre l'excès des principes. C'est la raison qui guérira les abus du raisonnement. On ne dit pas que toutes ces questions se résoudront sans difficulté et sans crise; mais où a-t-on vu une société qui n'ait pas ses difficultés et ses crises? Si, au contraire, vous paralysez la société de 89 en ruinant ses principes et en lui ôtant la foi en elle-même, vous travaillez à détruire les seules digues qui puissent contenir les excès redoutés. C'est ainsi que les excès du protestantisme ont été corrigés par le triomphe du protestantisme, les excès de la révolution d'Angleterre par le triomphe des principes de cette révolution, les excès des guerres religieuses en France par le triomphe du principe de la liberté religieuse. Les maux issus de la Révolution française ne pourront de même être guéris que par le succès définitif des principes de la Révolution.

Il ne s'agit plus maintenant de poser des principes nouveaux, mais d'appliquer les principes posés. Nous avons besoin de pratique et d'usage plus que de formules; mais ce n'est pas une raison de désavouer nos pères. Ils ont cru que le temps était venu où les hommes pouvaient améliorer leur état sur cette terre par le secours de leur raison, où la loi devait se tirer du droit, et non le droit de la loi. Plus les sociétés se développent, plus l'humanité s'éclaire et s'enrichit, plus les hommes éprouvent le besoin de gouverner leurs actes par la raison et non par la coutume, et de faire cadrer les faits avec la justice que leur révèle leur conscience; plus il y aura par conséquent de philosophie dans la politique. C'est pourquoi les révolutions modernes ont été plus métaphysiques que les révolutions du passé. Mais il n'y a pas lieu d'opposer pour cela la métaphysique à l'histoire, car cela même est un résultat de l'histoire. C'est l'histoire qui a amené l'assimilation progressive des hommes, la formation des grandes unités nationales, la substitution des codes aux coutumes, l'établissement des constitutions écrites, les exposés des motifs de lois, l'établissement d'un droit des gens écrit, et enfin les Déclara-

tions de droits, qui ne sont autre chose que l'expression la plus
générale de ces faits généraux. Tout cela n'est que le développement naturel d'un seul et même fait : l'extension progressive
de la raison, et le gouvernement des choses humaines par la
raison. L'histoire de la science politique n'est autre chose que
l'histoire de cette idée : c'est l'histoire de la raison intervenant
de plus en plus, à travers les siècles, dans les choses sociales
et politiques. La science marche avec les événements : tantôt
elle s'éclaire des faits et les résume; tantôt elle éclaire les faits
et les prépare en poussant en avant. C'est une émulation légitime et généreuse entre le passé et l'avenir, entre l'expérience
et la raison, entre l'histoire et la philosophie. Nous ne mécon-
naissons pas l'importance de la tradition; mais la tradition qui
se fait n'est pas moins légitime que la tradition toute faite. La
société de 89 est en train de se faire sa tradition, ses coutumes,
ses précédents; elle devient elle-même de l'histoire; et ce sont
ceux qui pensent à lui faire rebrousser chemin qui peuvent
être appelés aujourd'hui des idéologues.

INTRODUCTION

DE LA PREMIÈRE ÉDITION

RAPPORTS DE LA MORALE ET DE LA POLITIQUE

Dans tous les temps il s'est rencontré des écrivains philosophes qui, sans avoir participé aux fonctions publiques, ou les ayant traversées, ont occupé les loisirs de l'état privé à rechercher les principes de la politique. Quelques-uns ont cru devoir s'excuser d'une telle entreprise. Machiavel, qui avait, autant que personne au monde, le droit de traiter ces matières, ayant été mêlé aux plus grandes affaires de son temps, se demande, dans la dédicace du *Prince* à Julien de Médicis, s'il est permis à un particulier de donner des leçons à ceux qui gouvernent ; et il répond ingénieusement que ceux qui sont dans la vallée peuvent voir beaucoup de choses que l'on n'aperçoit pas sur les hauteurs. J.-J. Rousseau se fait la même objection : « On me demandera si je suis prince ou législateur pour écrire sur la politique. Je réponds que non, et que c'est pour cela que j'écris sur la politique. Si j'étais prince ou législateur, je ne perdrais pas mon temps à dire ce qu'il faut faire. Je le ferais, ou je me tairais. » Ces paroles de Rousseau sont peut-être plus orgueilleuses que judicieuses. Il est plus facile de dire ce que l'on ferait étant prince, que de le faire quand on le devient. D'ailleurs le *Contrat social* est un ouvrage tout spéculatif, qui ne nous apprend guère comment il faut agir dans la pratique. Les paroles de Machiavel sont plus raisonnables ; mais on peut les rétorquer. Car si l'on voit dans la vallée beaucoup de choses qui échappent sur les hauteurs, on aperçoit aussi sur les hauteurs beaucoup de choses que ne voit pas l'habitant des vallées. Ce ne sont point là des raisons.

Le vrai principe du droit qu'ont les hommes privés qui réfléchissent, de traiter les matières d'État, sans avoir besoin pour cela d'être ministres ou d'être princes, c'est le droit dévolu par la nature à la raison humaine d'observer et d'étudier tous les faits et tous les objets qui nous entourent, et qui intéressent notre condition. S'il a été permis à l'homme de sonder le secret du Créateur et de découvrir les lois du système du monde, lois auxquelles il n'a point coopéré, et qu'il ne peut qu'appliquer sans y changer un iota, comment lui serait-il interdit de pénétrer le secret d'un mécanisme qui le touche de bien plus près, dont il est partie intégrante, et quelquefois partie souffrante, et qui paraît être l'ouvrage des hommes ? Sans doute, s'il s'agit d'une mesure à prendre, l'homme d'État est d'ordinaire le plus compétent, quoique même alors le bon sens public ne soit peut-être pas méprisable. Mais rechercher le principe et la nature de l'État, en déterminer les conditions éternelles, les formes diverses, les lois de développement, les obligations et les droits, c'est là l'objet de la science et non du gouvernement. Celui-ci est trop occupé à agir, pour avoir le temps de penser. S'il s'avisait d'agiter des problèmes spéculatifs, il négligerait les affaires et les intérêts pour le maniement desquels il existe. Il faut cependant que ces problèmes soient traités et discutés : autrement le mécanisme de l'État deviendrait bientôt semblable à ces outils grossiers, admirable invention de l'enfance des âges, mais qui conservés par la routine, défendus par le préjugé, sont un obstacle à tout progrès. Sans l'examen et la critique, le monde entier se transformerait en une Chine universelle.

Il y a donc une science de l'État, non pas de tel ou tel État en particulier, mais de l'État en général, considéré dans sa nature, dans ses lois, et dans ses principales formes. C'est cette science que l'on peut appeler la philosophie politique, et dont j'entreprends l'histoire.

Cependant, quoique la philosophie politique soit une science qui ait ses principes propres et ses lois particulières, quoiqu'elle porte sur un ordre de faits qui ne doit être confondu avec aucun autre, il est utile et même nécessaire de ne point la séparer d'une autre science à laquelle elle est naturellement unie par mille liens divers, je veux dire la philosophie morale. Les publicistes anciens n'ont jamais mis en doute cette alliance de la morale et de la politique ; et les plus grands d'entre eux ont été aussi les plus grands moralistes de leur temps : Platon, Aristote, Cicéron. Il n'en a pas toujours été ainsi chez les modernes ; la division des sciences a été le résultat nécessaire du progrès toujours croissant des connaissances humaines ; on a donc vu des moralistes négligeant presque entièrement la politique, et des publicistes étrangers à la science de la morale : cette séparation même n'a pas été sans inconvénient. Néanmoins, ces deux études n'ont jamais cessé d'influer l'une sur l'autre, et elles ont une histoire commune.

Nous voudrions, dans cette introduction, exposer les relations de ces deux sciences, et montrer par où elles se séparent et par où elles s'unissent. C'est là un sujet très vaste et dont nous ne pourrons qu'indiquer les points principaux. Ce sera en même temps faire connaître l'esprit de ce livre, et en recueillir la pensée principale, un peu dispersée au milieu des études si variées et si complexes qui vont suivre.

Nous rencontrons sur cette question deux doctrines opposées : celle qui sépare entièrement la politique de la morale, et celle qui absorbe l'une dans l'autre. La première est celle de Machiavel, la seconde est celle de Platon. J'appelle machiavélisme toute doctrine qui sacrifie la morale à la politique, et platonisme toute doctrine qui sacrifie la politique à la morale. Examinons l'une et l'autre.

« Eh quoi ! disent ou pensent les partisans avoués ou secrets de Machiavel, prétendez-vous enchaîner aux règles étroites de la morale domestique et privée, les États, les princes et les peuples ? Les devoirs d'un chef d'État ne sont pas les mêmes que ceux d'un chef de famille ; s'il voulait rester fidèle en tout aux scrupules d'une morale étroite, il se perdrait lui-même et son peuple avec lui. On comprend bien que les individus soient gênés et retenus par certains devoirs ; sans quoi la société périrait. Mais la société elle-même n'a d'autre devoir que de se conserver ; et c'est elle seule qui est juge des moyens qu'elle emploie à cet usage. Ce qui est vrai de la société en général, l'est de toutes les sociétés particulières, c'est-à-dire des diverses républiques dont le monde est composé. Ce qui est vrai de la république ou de l'État, l'est aussi du prince qui le gouverne et le représente. Sans doute, comme homme privé, le prince est assujetti aux mêmes devoirs que les autres hommes ; mais comme homme public, il ne relève que de lui-même. Ce qui est vertu dans l'homme privé peut être vice chez l'homme d'État, et réciproquement.

« Supposez un instant pour vraie cette chimère platonicienne d'une république ou d'un prince parfaitement vertueux, vous tombez dans l'impossible et dans l'impraticable. Sans doute, il serait à désirer que les hommes fussent toujours bons ; mais comme en fait ils ne le sont pas, celui qui veut être bon au milieu des méchants est sûr d'être leur victime : si vous ne trompez pas, vous serez trompé : si vous n'employez pas la violence à propos, vous tomberez sous la violence. Voyez les grands politiques de tous les temps : Alexandre se faisant passer pour Dieu ; Romulus tuant son frère ; César passant le Rubicon ; Auguste feignant d'abdiquer l'empire pour le posséder plus sûrement ; et chez les modernes, Philippe le Bel, Ferdinand le Catholique, Louis XI, les Borgia, les Médicis, et jusqu'au généreux Henri IV, qui acheta Paris pour une messe; en voyez-vous un seul qui ait négligé pour réussir d'employer tous les moyens, tantôt l'astuce, tantôt le crime? Voilà la politique des princes; mais les républiques sont-elles plus innocentes? Est-il dans l'histoire un prince d'une plus insigne mauvaise foi que l'ont été les Romains? un tyran plus soupçonneux, plus cruel, plus terrible que la république de Venise? un conquérant moins scrupuleux dans les moyens, que le peuple anglais, le plus libre des peuples modernes? Si vous lisez l'histoire au point de vue de la morale vulgaire, tout vous révoltera et vous ne comprendrez rien à ces grandes révolutions. Mais pour l'homme éclairé, tout s'explique, tout se justifie, grâce à un principe supérieur, qui est, en quelque sorte, le mystère de la politique, à savoir le principe de la raison d'État. »

Ainsi parlent les écoliers du machiavélisme, très fiers de paraître, selon l'expression d'un d'entre eux, « déniaisés en politique ». Mais, quoique l'expérience semble leur donner raison, la science et la conscience se refusent à leur accorder leur suffrage. Il n'est pas probable que les intérêts les plus graves des individus et des peuples soient couverts de voile et de mystère. La raison d'État doit céder la place à la raison publique, qui elle-même ne peut pas être en contradiction avec la conscience publique. A mesure que l'esprit humain s'éclaire, et que l'opinion pénètre dans ces arcanes de la politique, comme on les appelait autrefois (*arcana imperii*), beaucoup de choses deviennent impossibles, d'autres plus difficiles; et, sans qu'on puisse entrevoir encore le moment où s'opérera la réconciliation complète de la politique et de la morale, il faut avouer cependant que, depuis trois siècles, de grands progrès ont été faits, que la politique du xve et du xvie siècle nous paraîtrait odieuse aujourd'hui, qu'on ne supporterait même pas tout ce qu'on permettait à Richelieu et à Louis XIV, et que l'honnêteté est la première condition qu'on exige, quand on le peut, d'un gouvernement.

Pour discuter avec les politiques, on doit essayer de mettre, autant que possible, l'expérience de son côté; mais avec les philosophes, cela n'est pas nécessaire. A ceux-ci nous dirons : peu nous importe ce qui se fait; nous ne cherchons que ce qui se doit. Nous savons bien que les hommes ne peuvent être parfaits; mais si cette raison était bonne, elle vaudrait contre la morale privée tout aussi bien que contre la morale publique. Faut-il donc conclure que les hommes doivent se dispenser de toute vertu, parce qu'ils ne peuvent atteindre qu'à une vertu imparfaite? Ainsi des politiques. Accordons-leur que l'honnêteté parfaite est impossible; il n'en est pas moins vrai que cette honnêteté parfaite est la loi obligatoire de leurs actions, et que tout ce qui s'en écarte est répréhensible. Autrement, c'est faire de l'exception la règle, ou plutôt c'est détruire toute règle, et abandonner les destinées des peuples à la passion et au caprice des individus.

On oppose cette maxime périlleuse et équivoque : *Salus populi suprema lex*. Mais le salut d'un peuple, c'est la justice elle-même; et s'il fallait opposer maxime à maxime, je dirais : *Fiat justitia, pereat mundus*, que le règne de la justice arrive, dût le monde périr. Mais le monde n'est pas réduit à cette alternative, de périr, ou de pratiquer la justice : car c'est par elle seule qu'il peut durer. D'ailleurs, il est toujours faux de changer en maxime générale et absolue ce qui ne saurait être vrai qu'à la dernière extrémité. Admettez un instant cette raison mystérieuse du salut public, aussitôt tout est permis; car il est toujours possible d'affirmer que telle action, telle mesure est nécessaire au salut du peuple. Démontrez, par exemple, que la Saint-Barthélemy n'était pas nécessaire au salut général, je vous en défie. Car rien ne prouve que si l'on eût traité sincèrement avec les protestants, ils n'en eussent pas abusé pour diviser le pays, détruire la monarchie et établir la république en France. Ce grand coup les a abattus pour toujours, et a permis de ne leur accorder plus tard que des libertés innocentes. Nierez-vous cela? On peut vous répondre encore, comme le fait Gabriel Naudé dans ses *Coups d'État*, que le coup n'a pas été assez décisif et assez général, et qu'on ne leur a pas tiré assez de sang. Enfin, il n'est pas une seule action détestable dans l'histoire que l'on ne puisse justifier par ces principes.

Il faut d'ailleurs distinguer deux sortes de machiavélisme : le machiavélisme princier et le machiavélisme populaire. Ceux qui sont le plus ennemis du premier ne sont pas toujours prémunis contre le second. On admet volontiers que tout n'est pas permis à un prince; mais on est assez disposé à croire que tout est permis au peuple. Il n'y a cependant pas de différence. Qu'une injustice soit commise par un prince ou par un peuple, elle est toujours une injustice ; sans doute les extrémités par lesquelles un peuple défend sa liberté ou son existence sont quelquefois dignes d'excuse; mais je ne puis leur donner mon admiration, si elles révoltent ma conscience. Quelques-uns ne voient dans le machiavélisme que l'art de tromper; et, dans leur mépris pour les mensonges des cours, ils sont pleins d'indulgence pour les basses fureurs des multitudes. Mais le machiavélisme n'est pas seulement cette finesse puérile et frivole qui se sert de la parole pour cacher la pensée : c'est une politique cauteleuse et violente, selon le besoin, tantôt couverte et tantôt déclarée, et qui emploie aussi volontiers le fer et la cruauté que la fraude et la trahison ; elle peut donc convenir aux peuples comme aux cours; et, dans ce sens, le terrorisme lui-même est machiavélisme.

A l'extrémité opposée se rencontre une doctrine que j'appellerai le platonisme, du nom de celui qui l'a le plus illustrée. Cette doctrine subordonne absolument la politique à la morale, établit que la vertu est la fin de l'État comme de l'individu, se propose pour modèle le gouvernement de Lacédémone, et remet le gouvernement entre les mains des sages et des philosophes. Tels sont les traits généraux et constants de la politique de Platon dans ses deux plus grands ouvrages, la *République* et les *Lois*. Mais il y a, dans ces deux applications d'une même politique, une différence capitale. Dans la *République*, la vertu est obtenue sans le secours des lois, et par le seul moyen de l'éducation. Dans les *Lois*, au contraire, la vertu est l'œuvre du législateur, l'effet de la surveillance de l'État, en un mot, de la contrainte. De là deux sortes de platonisme : le platonisme chimérique, qui se plaît dans la contemplation d'un état idéal, confond la politique avec la pédagogie, et croit à la toute-puissance et à l'infaillibilité de la science; et le platonisme despotique, qui, moins confiant dans la perfection des hommes, ne recule pas devant les moyens ordinaires de la politique, et se propose pour fin de rendre les hommes heureux et vertueux, sans les consulter, qu'ils y consentent ou non, par l'autorité de l'État.

Il n'est pas difficile de faire voir ce qu'il y a d'illusion dans la première de ces deux formes du système platonicien. Aussi ne faut-il point s'attacher à la combattre sérieusement, car elle n'est, chez Platon, qu'une utopie volontaire; et il a toujours été permis à la philosophie, comme à la poésie, de se faire un idéal, et de se représenter les choses telles qu'elles devraient être, au lieu de les peindre telles qu'elles sont. Mais il n'en est pas de même de ce second platonisme, que j'appelle despotique, et qui a eu plusieurs applications dans l'histoire.

Rien de plus vrai et de plus séduisant, au premier abord, que cette doctrine : l'État doit faire régner la vertu; rien de plus dangereux dans l'application. Si la fin de l'État est la vertu, il va sans dire que le citoyen ne saurait être trop vertueux, et, par conséquent, l'État trop scrupuleux et trop vigilant. Voilà l'État qui intervient dans la vie domestique, dans la vie privée, dans la conscience même : rien ne lui est fermé; il entre dans les maisons, il s'assoit à la table des citoyens, et sa surveillance n'épargne même pas le lit nuptial. Les jeux de la jeunesse, les amitiés, les attachements, les chants de la poésie, les rythmes musicaux, les doctrines philosophiques, le culte, en un mot, l'esprit, l'âme, le cœur, l'homme tout entier devient l'esclave d'une censure étroite et

oppressive : l'individu perd tout ressort en perdant toute initiative et toute responsabilité, ou bien un fanatisme desséchant
le rend peu à peu étranger à tous les sentiments de l'humanité. L'intervention de l'État dans le gouvernement des
mœurs a pu avoir quelquefois, dans l'antiquité par exemple,
de salutaires effets; je ne méconnais pas ce qu'eut de grand et
d'utile l'institution de la censure dans la république romaine;
personne ne voudrait retrancher de l'histoire l'austère et
noble figure de Caton le censeur : cette institution peut encore
être justifiée, comme un reste du système patriarcal par lequel
les républiques ont dû commencer, et où le père de famille
avait à la fois le gouvernement et l'éducation, l'autorité politique et la correction morale. Enfin, il faut ajouter que le
censeur n'avait à Rome aucun pouvoir par lui-même, et que
son autorité était simplement morale. Il n'en est pas moins
vrai que la censure des mœurs, prise en soi, est une institution
fausse, et qu'elle est étrangère à la vraie destinée de l'État.

Cependant, le platonisme despotique, tel que nous venons
de le décrire, a sa beauté et sa grandeur; mais il peut dégénérer encore, et devient alors ce que j'appellerai le faux platonisme afin que le divin Platon ne paraisse en rien reponsable
de cette déplorable dépravation de ses principes. Le faux
platonisme est un fanatisme hypocrite, qui, pour établir ce
qu'il appelle arbitrairement la vertu, dans les États, ne craint
pas d'employer tous les moyens et de violer toutes les lois de
la justice et de l'humanité. Je ne parle pas du fanatisme religieux, qui a beaucoup de rapports avec celui-là, mais de cette
folie politique qui, nourrie dans une admiration mal entendue
de l'antiquité, ne voit partout que corruption, vice et immoralité, et ferait volontiers le vide dans l'univers, ne laissant à la
justice qu'un désert à gouverner.

Quoique très opposés dans leurs principes, le faux platonisme et le machiavélisme peuvent se rencontrer dans l'application. Nous en avons un exemple assez remarquable dans
l'histoire de notre révolution. Danton, par exemple, est un

politique de l'école de Machiavel. Assez peu cruel par caractère
et par tempérament, il ne craignit point d'employer la cruauté
pour soutenir la cause qu'il avait embrassée. Il semble qu'il ait
lu dans Machiavel lui-même (1) que, « lorsqu'on veut fonder
un gouvernement, il faut épouvanter par quelque coup terrible
les ennemis de l'ordre nouveau » ; que « quiconque veut établir
la liberté, et ne fait point périr les fils de Brutus, périt lui-
même infailliblement » ; que « pour établir une république dans
un pays où il y a des gentilshommes, on ne peut réussir sans
les détruire tous ». Voilà quelle fut la politique de Danton, politique toute machiavélique, comme on voit. Cependant son
cœur, qui n'était pas méchant, finit par se lasser, et lui-même
mourut à son tour pour avoir voulu la clémence. Mais le mot
qu'on lui prête dans sa prison est encore d'un sceptique et
d'un politique sans idéal : « L'humanité m'ennuie, dit-il. » Ce
n'est pas ainsi que finit madame Roland : la liberté et la justice
eurent ses derniers adieux. Voici maintenant le faux platonicien, le vrai fanatique, le sombre et implacable Saint-Just, de
tous les montagnards le plus original sans aucun doute avec
Danton. Ce naïf jeune homme avait lu dans Montesquieu, dans
Mably, dans Rousseau, que la vertu est le principe des républiques, et il crut que la révolution ne pouvait être sauvée que
par la vertu. Mais, comment établir la vertu dans un État
corrompu autrement que par la violence, et, comme le dit
encore Machiavel, en faisant couler des torrents de sang? Ce
n'est pas tout. Que faut-il entendre par la vertu? « C'est, dit
Montesquieu, l'amour de la frugalité et de l'égalité. » Mais
l'amour de la frugalité est incompatible avec la richesse, et
l'amour de l'égalité avec la noblesse. Les riches et les nobles,
voilà donc les ennemis de la vertu, les ennemis de la république, les *suspects*. Singulière fortune des destinées et des
réputations! Supposez Saint-Just né dans un temps paisible,
sous une monarchie respectée : il eût épanché dans quelques

(1) Voyez plus loin, t. I, l. III, c. I.

écrits inoffensifs les conceptions de son imagination malade, et son nom se fût ajouté peut-être à ceux des grands rêveurs innocents. Mettez-le, au contraire, dans une révolution et au gouvernement de l'État, c'est un politique farouche et sans pitié.

Une autre forme du même platonisme est la politique théocratique, qui donne pour fin à l'État la vertu religieuse, et pour gouvernement le pouvoir spirituel. Le platonisme en lui-même n'est qu'une théocratie philosophique. Au lieu des sages qui gouvernent la république platonicienne, supposez des prêtres, et vous êtes dans l'Inde et en Égypte. Platon, obéissant au génie de la Grèce, a changé les brahmanes en philosophes. Admettez maintenant qu'il y ait deux sortes de vertus : la vertu humaine que Platon a seule connue; et la vertu religieuse, qui procure le salut. Admettez encore, qu'au lieu d'un corps de philosophes recherchant librement et par la science les principes de la vertu, il y ait un corps de prêtres chargé spécialement par Dieu d'enseigner la science du salut, n'est-il pas évident que la république de Platon se changera en une république théocratique, démocratie, aristocratie ou monarchie, selon les circonstances? Tel fut le gouvernement des jésuites au Paraguay; tel fut le gouvernement de Calvin à Genève; tel aspirait à être, au moyen âge, le gouvernement de la papauté sur toute l'Europe.

Cette politique soulève d'abord les mêmes objections que le platonisme en général, mais de plus quelques objections particulières. Si c'est déjà une difficulté de donner à l'État pour fin la vertu, c'en est une bien plus grande encore de lui donner pour fin le salut des âmes. Des deux destinations de l'homme, l'une terrestre qui se termine à la pratique de la vertu, l'autre céleste qui consiste dans la vie future, il est fort douteux que l'État ait pour but de nous conduire à la première ; mais il est bien certain qu'il n'est point chargé de nous procurer la seconde. Le salut est une affaire entre Dieu et l'homme, par l'intermédiaire ou avec le secours du sacerdoce; mais le

magistrat n'y est pour rien. C'est moi seul qui puis faire mon
salut, et par mes œuvres propres. L'État ne peut se substituer
à moi, sans détruire dans sa racine même le principe de la
religion. De son côté, le pouvoir spirituel, en usurpant le pouvoir politique, ou en l'asservissant, tend par là à se détruire
soi-même comme pouvoir religieux. En effet, le pouvoir religieux est essentiellement un empire moral : emprunte-t-il
l'arme de la loi et le secours du bras séculier, il donne à entendre par là que cet empire moral est insuffisant ; et plus il
gagne d'un côté, plus il perd de l'autre. Ce n'est pas tout. S'il
n'y avait qu'une seule manière, unanimement reconnue, de faire
son salut, on pourrait comprendre que l'État et l'Église, suivant une même route et cherchant une même fin, le bonheur
des citoyens, se rencontrassent dans la pratique. Mais, comme
en fait, il y a un très grand nombre de voies différentes vers
le salut, l'État, en choisissant une d'elles et en l'imposant à ses
membres, tranche par là même la question de savoir quelle est
la plus sûre ; or il n'a pas autorité pour cela. Si l'on dit que ce
n'est pas l'État qui fait ce choix, mais l'Église, l'Église qui a
dû nécessairement le faire d'abord pour elle-même, qui est
persuadée *a priori* de la vérité de son symbole et qui ne peut
pas admettre deux vérités, l'une terrestre et l'autre céleste,
qui enfin, par cela seul qu'elle existe, s'engage à tranformer la
société laïque sur le type de la cité divine dont elle est l'image,
je réponds que si elle le fait par la persuasion, non seulement
c'est son droit, mais son devoir le plus sacré ; mais que si elle
s'empare de l'autorité, elle commet une usurpation, et que
l'État, à son tour, commet une injustice en acceptant cette
servitude ; car il exclut par là même tous ceux qui, n'étant pas
de la confession dominante, ont cependant comme hommes le
même titre que les autres à sa protection. Il est vrai que souvent l'État, au lieu d'être l'instrument de la religion, se sert
de la religion comme d'un instrument pour gouverner plus
aisément les hommes ; et c'est là d'ordinaire qu'aboutit la
théocratie : mais ce n'est plus alors qu'une forme particulière

du machiavélisme, et l'une des plus recommandées par le célèbre politique de Florence.

Entre le machiavélisme et le platonisme, le point juste et
précis des rapports de la politique avec la morale est très difficile à fixer. Essayons-le cependant.

Je dis que la politique suppose la morale, pratiquement et
théoriquement : 1° en fait, sans mœurs et sans vertu, l'État est
impossible et périt infailliblement ; 2° en théorie, la philosophie morale peut seule nous faire connaître la véritable fin de
la philosophie politique.

I. L'État, nous l'avons dit, n'est pas institué pour faire
régner la vertu, mais il ne peut pas se passer d'elle. Supprimez un instant par hypothèse la bonne foi, le courage, l'équité,
l'amour de la patrie, et voyez ce que deviendrait un État,
privé de toute force morale. Chez les magistrats, rien ne peut
suppléer à l'intégrité, à l'amour des fonctions, au zèle du bien
public. Créerez-vous des inspecteurs pour les surveiller ? Ces
inspecteurs eux-mêmes auront besoin de vertu, pour ne pas
devenir complices de leurs subordonnés. Donnez-vous à un
seul le souverain pouvoir, il lui faudra une vertu sans bornes,
pour suppléer à toutes celles qui font défaut. Imaginez-vous
des constitutions pour enchaîner tous les pouvoirs publics les
uns par les autres, elles auront assez de mailles pour laisser
passer les trahisons, si l'amour de la justice et du droit ne
comble pas les vides. Les lois et les mécanismes politiques ne
sont que des points d'appui pour la faiblesse des hommes : le
principal ressort est toujours dans le cœur. Dans une armée,
la discipline soutient le courage, mais elle ne le remplace pas.
Chez les citoyens, il ne faut pas moins de vertu que chez les
magistrats. Sans courage, l'État est asservi; sans amour du
bien public, l'État est languissant ; sans amitié et sans concorde, l'État est déchiré ; sans travail, l'État est affamé; sans
économie il est ruiné ; sans dignité et sans fierté, il est
opprimé.

Il semble que l'on revienne d'un pays inconnu en affirmant

aujourd'hui que la vertu est nécessaire au maintien des États. Ce sont là des maximes dignes du bon Rollin, des réminiscences de la république de Salente. On n'entend parler que de lois économiques, sociales, politiques ; et bien peu s'avisent de penser à cette vieille maxime : La vertu sauve les États, et la corruption les perd. Je n'estime pas peu les garanties légales de la liberté publique ; je suis plein de déférence pour les axiomes de l'économie politique ; mais si j'avais quelque autorité pour parler courageusement aux hommes de ce temps, je leur dirais : « Aimez-vous la justice ? savez-vous respecter les lois même défectueuses, et les magistrats même imparfaits ? savez-vous aimer le droit du voisin autant que le vôtre propre ? ne vous sentez-vous ni envie pour ceux qui ont plus que vous, ni mépris pour ceux qui ont moins ? aimez-vous mieux l'honneur que la richesse, et la médiocrité honnête que la grandeur mal acquise ? êtes-vous capable de parler librement sans insulter, sans mentir, et sans mettre le feu à l'État ? savez-vous ne rien céder de votre pensée et de votre conscience sans faire violence à celle des autres ? savez-vous enfin aimer la liberté, sans vouloir la domination ? Si vous savez ces choses, vous méritez d'être citoyens ; si vous ne les savez pas, votre science politique et économique pèche par la base, et toutes les révolutions du monde ne vous donneront pas ce que vous désirez. »

Montesquieu a démêlé avec profondeur cette force morale qui soutient les États dignes de ce nom, lorsqu'il a dit que, sans vertu, les peuples ne peuvent être gouvernés que par la crainte, et tombent par conséquent dans le despotisme. Il est vrai qu'il n'attribue la vertu pour principe qu'aux républiques, et fait reposer les monarchies sur l'honneur. Mais l'honneur n'est-il pas aussi une sorte de vertu, ou une partie de la vertu ? Lorsque Crillon refuse à Henri III d'assassiner le duc de Guise, l'honneur qui le fait agir ne vaut-il pas la vertu républicaine, et est-il autre chose que le cri de la conscience ? C'est à ces conditions qu'une monarchie, même sans liberté politique, a pu être une forme noble de gouvernement. Mais, lorsque ce sentiment d'honneur eut disparu, lorsque les grands eurent mis leur gloire à plaire aux favorites et à obtenir un regard du prince, l'État tomba dans la poussière, et il serait inévitablement devenu la proie du despotisme, si une nouvelle force morale, l'opinion, n'était apparue, effrayant et soutenant à la fois le prince étonné, et la monarchie chancelante.

Il n'y a pas de maxime plus généralement admise par tous les publicistes que celles-ci : sans vertu, point de liberté. Elle est d'ailleurs facile à démontrer. Qu'est-ce qu'un pays libre ? C'est un pays où beaucoup de choses sont permises qui ne le sont pas ailleurs : par exemple, écrire, parler, se réunir, aller et venir, etc. Mettez ces libertés entre les mains d'un peuple corrompu, il en usera nécessairement mal : les citoyens se nuiront les uns aux autres, et se rendront la liberté insupportable ; le goût du plaisir amollira les courages ; les divisions intérieures amortiront l'esprit public ; les plus corrompus, pour jouir plus sûrement, vendront l'État soit à un conquérant, soit à un maître. Cette révolution inévitable a été peinte par Platon avec une force de couleurs et une énergie de sentiment que l'on ne peut trop admirer. Au reste, je ne veux pas dire qu'il y ait une relation constante entre la vertu et la liberté : car il entre trop d'éléments divers dans les choses politiques pour établir une pareille loi ; mais ce que l'on peut affirmer, d'après l'autorité de tous les publicistes, et d'après l'expérience de l'histoire, c'est que la corruption entraîne tôt ou tard la servitude, et que la servitude entraîne à son tour la corruption.

On dira peut-être que nous retombons dans la chimère platonique, et que la conséquence de ces principes, c'est que l'État doit établir et faire régner la vertu. Mais cette conséquence n'est pas nécessaire : la vertu est l'œuvre libre de la volonté des citoyens ; elle a son siège dans le cœur ; c'est elle qui fait l'État, ce n'est pas l'État qui l'a créée. Sans doute l'État peut agir sur la moralité des citoyens ; en établissant l'ordre, l'union et la paix, il rend les hommes plus aptes à accomplir leurs devoirs; s'il est bien constitué, les facultés morales trouvent plus aisément à se développer sous son ombre : enfin il peut même intervenir plus directement encore par l'éducation. Mais il n'impose pas la vertu par la loi : il ne force pas les citoyens à être généreux, bons, libéraux, tempérants. Il protège le droit de chacun; mais il ne peut aller plus loin sans despotisme. C'est aux citoyens eux-mêmes que revient l'obligation de se rendre dignes d'être citoyens, et d'assurer par les mœurs l'empire des lois. C'est ainsi que la politique suppose la morale sans se confondre avec elle.

II. Je dis, en outre, que la politique suppose la morale théoriquement. Essayez, en effet, sans aucun principe emprunté à la morale, sans aucune notion du juste ou de l'injuste, d'asseoir une théorie politique. Vous voilà, sans critérium, entre mille systèmes opposés. Les uns vous proposent le droit divin, les autres le droit paternel; ceux-ci le droit du plus fort, ceux-là le contrat primitif, etc. Les uns sont pour la monarchie absolue, les autres pour l'aristocratie, d'autres pour la démocratie pure, d'autres encore pour les gouvernements mélangés. Pour ceux-ci, la fin de l'État, c'est la grandeur du prince, pour d'autres le bonheur des sujets; pour les uns la paix, pour les autres la liberté; pour les uns l'indépendance, pour les autres la domination. Comment choisir entre ces principes, ces formes et ces fins diverses? Cherchez-vous historiquement par où l'État a commencé? Mais une telle recherche est impossible; partout vous trouvez l'État tout formé, sans jamais assister à sa formation. D'ailleurs, cette origine historique, la connussiez-vous, ne vous apprendrait rien. De ce que l'État aurait commencé d'une certaine façon, il ne s'ensuivrait pas que ce fût là son principe légitime. Supposez que l'État soit né de la force, est-ce une raison pour dire que la force est le principe du droit civil et politique? S'il a commencé par la famille (ce qui est vraisemblable), affirmera-t-on, comme le chevalier Filmer, que le pouvoir politique a son principe dans le pouvoir paternel, et que les princes d'aujourd'hui sont les héritiers légitimes d'Adam et de Noé ? Ainsi, nulle lumière sur l'origine historique de l'État, et cette origine, fût-elle connue, sur le vrai principe de l'ordre politique. Vous voilà réduit à affirmer que tel État a eu pour origine la violence, tel autre le contrat libre des citoyens, ici la conquête, là un achat, tantôt l'élection, tantôt le sacre religieux, la donation, l'usurpation, etc.; que certains peuples sont nés pour la guerre, d'autres pour la culture, ceux-ci pour conquérir, ceux-là pour être conquis, les uns pour le commerce, les autres pour les arts, les uns pour la vertu, les autres pour le plaisir ; de tous ces faits vous conclurez qu'en raison de telle origine, ou de telle aptitude particulière, tel peuple doit être gouverné d'une certaine façon, tel autre, d'une autre ; et que les formes de gouvernement ne sont que des moyennes variables et relatives entre une origine et une fin également relatives ; en un mot, vous ne vous élèverez pas au-dessus d'une politique entièrement empirique.

Mais, dira-t-on, la politique peut-elle être autre chose qu'une science empirique qui, observant les faits, c'est-à-dire le caractère des peuples, leurs mœurs, leur origine, leur climat, montre les variations que les formes politiques doivent subir en raison de ces données diverses? La tentative de découvrir un principe absolu, dans ces matières, n'est-elle pas une chimère? La diversité et la vanité des systèmes que cette folle idée a suscités en sont une preuve éclatante. Nul peuple ne ressemble à un autre peuple, nulle époque à une autre époque : tout doit donc être variable et relatif dans les institutions et dans les lois. Voyez quels maux a produits cette chimère d'une vérité absolue en politique. Les peuples ont oublié leurs traditions, ils se sont mis à la poursuite d'une société parfaite; ils ont voulu refaire *a priori* leurs institutions sur ce modèle imaginaire ; et, comme les choses ne se plient pas à tous les caprices de l'imagination des hommes, irrités de cette résistance inattendue, ils se sont emportés à toutes les violences, et depuis ce temps la société flotte au hasard, sans trouver à jeter l'ancre sur aucun rivage. Enfin, considérez la science elle-même. Quels sont les plus grands publicistes du monde? Sont-ce les théoriciens, les rêveurs, les logiciens? Est-ce Platon, est-ce Rousseau? Non, ce sont les observateurs et les empiriques, c'est Aristote dans l'antiquité, et Montesquieu chez les modernes. Or, l'un et l'autre n'ont fait qu'étudier et généraliser les faits. Ils ont procédé en politique, comme en histoire naturelle, par l'observation, l'analyse et l'induction. Aussi leurs livres sont-ils les seuls instructifs : les autres fatiguent et troublent l'esprit sans l'éclairer.

On peut répondre à toutes ces objections : l'expérience est sans doute une des conditions indispensables de la science politique ; une politique exclusivement *a priori* est insuffisante et incomplète ; sût-on, sans crainte de se tromper, quel est le mieux et quel est le vrai en politique, il y aurait encore à consulter les aptitudes des peuples, les mœurs et les moyens dont on peut disposer pour faire le bien. J'accorde aussi que ce qui paraît juste en soi peut être injuste dans un cas donné, et dans des circonstances que l'homme d'État est chargé d'apprécier; que, d'ailleurs, toutes les formes politiques peuvent avoir leur utilité, et que pas une, même les moins parfaites, ne doit être rejetée, si elle est plus capable qu'une autre d'assurer une certaine forme de justice dans un État. En conséquence, je suis plein d'admiration pour la *Politique* d'Aristote et pour l'*Esprit des lois*, qui nous font si bien connaître et comprendre les faits innombrables et divers de l'ordre politique selon les temps, les lieux et les nations. En un mot, on peut faire la part aussi grande que l'on voudra à la politique empirique. Mais je maintiens qu'il y a quelque chose de juste en soi; que ce n'est ni une chimère, ni un crime de le chercher, soit dans la science, soit dans l'État; que l'État n'est pas un simple mécanisme, composé de certains ressorts, pour produire certains effets; qu'il se compose de personnes morales avec lesquelles on ne peut pas jouer capricieusement, comme avec les touches d'un instrument; qu'il est lui-même une personne morale, ayant une fin morale, des devoirs et des droits, et que, s'il lui est permis d'atteindre cette destinée de diverses manières, il ne lui est jamais permis de l'oublier. J'ajouterai que les efforts qu'ont faits les peuples modernes pour améliorer leur état et pour introduire une plus grande justice dans leurs lois, une plus grande liberté dans leurs institutions, une plus grande égalité dans leurs mœurs, ne méritent que l'admiration et l'encouragement, quelque réprobation que méritent d'ailleurs les excès qui ont pu accompagner de telles entreprises. Quant au désordre qu'on prétend être le résultat de cette noble ambition, je n'en suis pas trop frappé : car on ne voit pas que la société du moyen âge fût plus exempte de violences, de guerres civiles, de séditions que les sociétés modernes. J'irai jusqu'à dire que la société me paraît plus solidement constituée qu'elle ne l'a jamais été, que les intérêts et les droits les plus nécessaires n'ont jamais été mieux garantis. Enfin, quant à l'argument tiré des publicistes, je m'en tiens aux exemples mêmes que l'on m'oppose. Aristote est un politique entièrement empirique : cela est vrai. Aussi a-t-il justifié l'esclavage. Comme l'esclavage était un fait universel de son temps, il n'a pas eu la moindre pensée que ce fait pût être contraire au droit et à la justice, et il a cherché à en donner la raison. Quant à Montesquieu, j'accorderai que son génie est surtout l'observation et l'intelligence des faits ; mais il faudrait l'avoir bien mal lu et bien mal compris, pour croire que cet adversaire éloquent et ému de l'esclavage, de la torture, de l'intolérance, de la barbarie dans les peines, du despotisme, cet ami passionné de la liberté politique, n'a pas eu aussi son idéal dans la raison et dans le cœur.

Au fond de toute politique vraie et élevée, il y a donc une idée morale. Mais quelle est cette idée? Et comment distinguerons-nous la vraie politique de la politique fausse?

On distingue deux grandes doctrines en politique : la politique *absolutiste* et la politique *libérale*. J'appelle politique absolutiste celle qui ne reconnaît à l'individu d'autres droits que ceux que le pouvoir civil lui confère et lui constitue par sa volonté. Le principe de cette politique est cet axiome juridique : *Quidquid principi placuit, legis habet vigorem :* c'est le principe du bon plaisir. Quel que soit d'ailleurs le prince (roi, noble ou plèbe), dès que sa volonté seule fait la loi, confère le droit, établit le juste ou l'injuste, l'État est *despotique*. Le despotisme peut être dans les lois ou dans les actes : s'il est dans les actes, c'est le pouvoir *arbitraire*; s'il n'est que dans les lois, c'est purement et simplement le pouvoir *absolu*.

J'appelle politique libérale celle qui reconnaît à l'individu des droits naturels, indépendants en soi du pouvoir de l'État, et que celui-ci protège et garantit, mais qu'il ne fonde pas, et qu'il peut encore moins mutiler et supprimer.

C'est une erreur commune à presque tous les publicistes anciens et modernes, d'attribuer à l'État un pouvoir absolu. La seule différence est que les uns soutiennent le pouvoir absolu d'un monarque; les autres, le pouvoir absolu du peuple. Mais, selon la juste observation de Montesquieu, il ne faut pas confondre la liberté du peuple avec le pouvoir du peuple : et Hobbes dit aussi avec raison que, dans tel gouvernement, la république est libre, et le citoyen ne l'est pas. Il ne sert donc de rien d'établir la supériorité de telle forme de l'État sur telle autre, si l'on ne commence par garantir contre le despotisme de l'État, sous quelque forme qu'il s'exerce, la liberté naturelle des individus : d'où il ne faut pas conclure, cependant, que les formes politiques soient indifférentes, et que les gouvernements sans garanties valent autant que les gouvernements libres, pourvu qu'ils n'attentent pas aux droits des sujets; car, en fait, tout gouvernement irresponsable entreprend toujours plus ou moins sur les droits naturels des citoyens; et, en second lieu, on peut se demander si ce n'est pas un droit naturel du peuple de se gouverner soi-même. Mais, ce qu'il faut établir tout d'abord, c'est qu'avant toute forme politique et toute garantie de l'État, il y a une liberté primitive, inhérente à la nature de l'homme, un droit que la loi n'a pas fait, une justice qui ne dérive pas de la volonté des hommes. *Sit pro ratione voluntas*, voilà la vraie formule du despotisme.

Si la première condition de toute politique libérale est de reconnaître certains droits contre lesquels l'État ne peut rien sans injustice et sans despotisme, j'ose dire qu'il n'y a pas d'acte plus grand dans l'histoire que la solennelle déclaration des droits par laquelle l'Assemblée constituante a inauguré la Révolution. On a contesté l'utilité politique et l'opportunité de cet acte célèbre, et l'on a pu donner dans ce sens d'assez bonnes raisons (1). Mais si la valeur politique de cet acte est sujette à contestation, sa valeur morale est considérable. Il y a eu un jour dans l'histoire, où la raison humaine, s'affran- chissant de toutes les conventions politiques et de toutes les servitudes traditionnelles, a déclaré que l'homme avait une valeur propre et inaliénable, qu'on ne pouvait toucher ni à sa personne, ni à ses biens, ni à sa conscience, ni à sa pensée; elle a déclaré l'homme sacré pour l'homme, selon la grande expression de Sénèque, *homo res sacra homini*. Ce jour ne s'oubliera jamais, et il a posé une barrière infranchissable à tout despotisme.

Certaines personnes n'admettent pas la doctrine de l'omni-. potence de l'État et ne veulent pas entendre parler de droits naturels. Il faut cependant choisir : ou l'État peut tout, ou il ne peut pas tout; s'il peut tout, voilà le despotisme, qui prendra telle ou telle forme selon le temps, tantôt monar- chique, tantôt démocratique, mais aussi légitime sous une forme que sous une autre, puisqu'il n'y a point de droit. Mais s'il ne peut pas tout, il faut bien qu'il y ait quelque chose en dehors de lui : ce quelque chose est ce qu'on appelle le droit; et comme il ne dérive pas de la loi, je l'appelle le droit natu- rel. Il n'y a point, dites-vous, de droits naturels, mais des droits traditionnels. Qu'entendez-vous par là? Eh quoi! si ma

(1) Voir sur cette question l'Introduction précédente, que nous avons ajoutée à cette nouvelle édition.

vie, mes biens, mon travail, ma conscience m'appartiennent, ce n'est pas parce que je suis homme, c'est alors parce que telle charte, à telle époque, dans telle commune, a garanti à mes ancêtres la possession de ces choses, ou bien parce que l'usage et la coutume les a protégés? Quoi, si cette charte n'eût pas existé, si cette coutume n'eût rien fait de ce que vous dites, je ne serais pas assuré de m'appartenir à moi-même! Je ne puis rien posséder à titre de droit, mais seulement à titre de franchise et de privilège! Il serait à désirer que ceux qui regrettent ce qu'ils appellent les libertés du moyen âge fussent mis quelque temps au régime de ces libertés. On ne conteste point d'ailleurs la valeur de certains droits traditionnels, et il est vrai de dire que la tradition n'a pas assez de place dans notre pays. Mais que faites-vous de ceux qui n'ont pas de tradition? Et quelles sont les traditions de ceux qui descendent des serfs et des manants du moyen âge?

On objecte que rien n'est moins défini que ce qu'on appelle les droits naturels, et qu'on ne s'entendra jamais pour former un programme de droits, sur lequel tous soient d'accord. Mais est-il plus facile de définir et de circonscrire les devoirs que les droits? Sans doute, les devoirs fondamentaux sont évidents et certains; mais quand il s'agit de fixer la limite des devoirs, de les subordonner les uns aux autres, d'en juger les conflits, la tâche est des plus délicates. Ignorez-vous qu'il existe une science appelée la casuistique, qui a pour objet d'appliquer à tous les cas particuliers les principes incontestables de la morale? Cette science est-elle facile? Que de problèmes épineux, délicats et obscurs! En conclut-on qu'il n'y ait point de devoirs? Non, mais qu'ils ne sont pas toujours faciles à connaître. Il en est de même du droit. Les principes sont certains, les applications très délicates. En toutes choses, la limite est ce qu'il y a de plus difficile à déterminer. Qui fixera la limite exacte entre la raison et la folie, l'erreur et le crime, la fatalité et la liberté, la probabilité et la certitude? Il y a certains esprits qui n'ont de curiosité que pour les questions de limite.

Ils vont d'emblée aux points les plus obscurs des questions, et, si on ne les satisfait pas, ils se jettent dans le scepticisme. C'est là une fausse méthode. Il faut commencer par la clarté, et ne s'avancer que pas à pas et avec précaution *per obscura locorum.* J'interroge le plus ignorant des hommes, et je lui demande s'il trouverait juste que, sans avoir commis aucun crime et aucun délit, il fût privé de sa liberté, et enfermé à la Bastille; que, pour avoir dit un mot mal compris, il fût jeté dans les cachots de Venise et secrètement supprimé; que, pour avoir déplu au comité de salut public, il fût envoyé à l'échafaud : si, dis-je, un pareil traitement lui paraissait juste, je me récuse, et je n'ai rien dit. Mais si la pensée seule l'en révolte, il y a donc un droit naturel, n'eût-il jamais été démontré par aucun publiciste, ni inscrit dans aucune constitution.

« Soit, diront peut-être quelques-uns, nous accordons que le droit naturel est le fondement de ce que vous appelez une politique libérale. Mais qui nous prouve que cette politique est la vraie? Sortons des abstractions. Le but de la politique est de rendre les hommes heureux. Or, le bonheur est impossible sans la sécurité; et pour établir la sécurité, le pouvoir ne saurait être trop absolu. Ce que vous retranchez au pouvoir par une défiance ridicule, vous l'enlevez au bonheur des sujets. Le pouvoir le plus extrême ne peut pas faire plus de mal aux sujets qu'ils ne s'en font à eux-mêmes par une liberté mal réglée. »

Je réponds à cette objection : Qu'entendez-vous par sécurité, sinon l'assurance de jouir en paix de tous les biens qui conviennent à ma nature? Or, quels sont ces biens, sinon les droits mêmes sans lesquels je ne suis rien? La vie est un de ces biens, mais ce n'est pas le seul. Mon travail, ma conscience, ma pensée sont aussi pour moi des biens précieux et sans la garantie desquels je ne puis vivre en paix. Qu'entendez-vous encore par bonheur? Je suppose que les esclaves de l'Amérique du Sud soient, comme le prétendent leurs maîtres (1), parfaitement heureux, c'est-à-dire bien nourris, bien traités, rarement battus, et même, si l'on veut, très gâtés; je les suppose beaucoup plus heureux que les ouvriers européens, ne se doutant pas d'ailleurs que la misère de leur état, et enfin, ce qui paraît décisif à quelques esprits, refusant la liberté quand on la leur offre. Est-ce là le bonheur que l'État est chargé de nous procurer ? Je demande au plus misérable des ouvriers s'il voudrait échanger sa dure et soucieuse condition, pleine d'âpres tourments, d'amères inquiétudes, de labeurs sans relâche, mais soutenue et relevée par le sentiment fier et viril de la responsabilité, contre la plus douce et la plus splendide servilité : je ne crois point qu'il accepte, s'il est homme; et acceptât-il, on peut affirmer qu'il s'avilirait. Il y a donc deux sortes de bonheur et le bonheur servile, à peine différent du bonheur animal, n'est point celui pour lequel l'homme est né : ou plutôt, l'homme n'est point né pour le bonheur; il est né pour développer librement toutes les puissances de son âme, sans nuire à ses semblables, dût-il souffrir en s'améliorant; et l'État n'a pas d'autre fonction que de protéger et de seconder ce libre développement des facultés humaines, qui fait de l'homme un véritable homme au lieu du rival des animaux.

Un publiciste très libéral, M. Destutt de Tracy, dans son commentaire sur Montesquieu, cherche à déterminer la signification du mot liberté; et, égaré par la médiocre philosophie de Condillac, ne trouve pas d'autre définition de la liberté que celle-ci : « La liberté, c'est le bonheur. » Selon lui, un homme libre est celui qui fait ce qui lui plaît, et qui est content de faire une chose. Un peuple libre est donc un peuple qui est heureux comme il est, fût-il privé de tout ce que nous considérons comme essentiel à la liberté. Comme il y a mille manières d'entendre le bonheur, il y en a mille d'entendre la liberté. Chacun prend son plaisir où il le trouve, et je serais très esclave, si vous vouliez me rendre libre à votre manière

(1) Ceci a été écrit avant la dernière guerre d'Amérique.

et non pas à la mienne. Mais, à ce compte, un esclave très content de son sort serait un homme libre. Une femme, en Orient, est peut-être beaucoup plus heureuse et contente dans un sérail, que s'il lui fallait gagner sa vie du travail de ses mains. Devons-nous dire qu'elle est libre? J'avoue qu'il faut tenir compte de l'opinion des hommes, quand on veut les rendre libres; et je ne sais si on rendrait service aux Chinois et aux Turcs en leur accordant toutes les libertés européennes : mais là n'est pas la question. Il s'agit de savoir si le plaisir de son état suffit à constituer la liberté, si un chien, content et fier de porter sa chaîne, est par là même un chien libre. Quant à décider s'il serait juste, par respect pour la liberté du chien, de lui ôter sa chaîne et de l'envoyer mourir de faim dans les bois, c'est une tout autre question.

Il y a donc des libertés naturelles indépendantes de la loi civile, mais qui reconnues et garanties par cette loi, deviennent les libertés civiles; et la politique libérale est celle qui maintient contre toute atteinte ces libertés essentielles; or, cette politique est la vraie; car, seule, elle a égard à la dignité de l'homme, qui est le vrai principe de son bonheur.

Mais il est facile de voir que cette politique ne peut pas se séparer de la morale. Car c'est la morale qui nous apprend que l'homme n'est pas une créature sensible, née pour jouir et pour satisfaire ses penchants, mais une créature raisonnable, née pour accomplir librement une destinée morale; que cette destinée lui est imposée par une loi qui commande impérieusement sans contraindre nécessairement, et qui s'appelle le *devoir*; que c'est le sentiment d'être soumis à une loi si haute qui rend l'homme respectable à ses propres yeux, et le sentiment d'y avoir failli qui le remplit de mépris pour lui-même; que cette loi, en s'imposant à son libre arbitre, est précisément ce qui fait de lui une *personne*, tandis que ce qui n'obéit qu'aux lois fatales et aveugles de la nature, est une *chose*; qu'en tant que personne morale, il est ou doit être, pour tout homme, un objet de *respect*; que nul, par conséquent, ne peut se

JANET. — Science politique.   I. — 9

servir de lui comme d'un *moyen*, c'est-à-dire comme d'une chose pour satisfaire ses penchants ; que c'est enfin dans cette personnalité inaliénable qu'est le fondement du *droit*.

Si, comme le dit Bossuet, il n'y a pas de droit contre le droit, s'il y a une éternelle justice antérieure à l'État, quel que soit le principe que l'on admette à l'origine de la société politique, quel que soit le souverain auquel on décerne le droit de disposer des hommes, il faut reconnaître d'abord une première souveraineté, infaillible, inviolable, de droit divin : c'est ce que M. Royer-Collard appelait la souveraineté de la raison. Cette souveraineté s'impose aux républiques comme aux monarchies, aux princes, aux nobles, aux bourgeois, aux plébéiens ; elle domine tous les systèmes politiques ; elle est la loi que Pindare appelait « la reine des mortels et des immortels ».

Mais si la politique libérale admet comme premier principe la souveraineté de la justice et de la raison, si elle ne place pas tout d'abord la liberté et le droit dans une forme politique particulière, est-ce à dire toutefois qu'elle soit indifférente entre les formes de gouvernements, et que satisfaite d'avoir sauvé spéculativement les droits naturels de l'homme, elle les livre sans garantie à la volonté sans limites et sans frein des pouvoirs humains? Non, sans doute. Une politique aussi hardie dans ses principes, aussi complaisante dans ses applications, se montrerait en cela bien peu clairvoyante et bien peu courageuse. Sans doute l'expérience nous apprend que les formes de gouvernement doivent être surtout jugées dans leur rapport avec le caractère, les mœurs, les traditions, la civilisation du peuple pour lequel elles sont faites. Il n'en est pas moins vrai qu'il y a, pour la politique comme pour la morale, un *optimum*, dont les peuples ont le droit et le devoir de s'approcher, lorsqu'ils le peuvent et qu'ils en sont dignes : ce meilleur, c'est le gouvernement d'un peuple par lui-même, ou, pour parler plus exactement, l'intervention d'un peuple dans son gouvernement ; en un mot, la liberté politique, sauvegarde de toutes les libertés. La liberté politique vaut, sans doute, comme le moyen le plus sûr et le plus solide de défendre le droit et les personnes; mais elle vaut surtout par elle-même : elle donne un noble exercice aux facultés de l'esprit et aux facultés de l'âme; elle fortifie les caractères, développe l'esprit d'initiative, le sentiment de la responsabilité; elle est dans un peuple ce qu'est le libre arbitre dans l'individu : un peuple libre est une personne arrivée à l'âge de raison. Quelques personnes, ne voyant dans la liberté politique qu'un moyen, contestent qu'elle soit un bon moyen d'assurer le bonheur des peuples, et trouvent que le pouvoir absolu est meilleur pour produire ce résultat. Elles ne voient pas que la liberté politique est un bien en soi-même et qu'à ce titre elle fait partie du bonheur d'un peuple, pour ceux-là du moins qui font consister le bonheur, non dans de stériles jouissances, mais dans l'exercice de l'activité morale, et dans le sentiment de sa force. Quant à son influence sur le bonheur matériel, l'expérience et l'histoire nous apprennent que les États les plus libres ont toujours été les plus riches et les plus puissants; mais c'est surtout par sa supériorité morale que la liberté politique l'emporte sur le pouvoir absolu.

Si nous revenons à notre point de départ, nous dirons que le lien entre la politique et la morale est l'idée du droit. L'objet de la politique n'est pas de contraindre à la vertu, mais de protéger le droit. Sans doute, l'État repose sur la vertu, comme nous l'avons dit, mais la vertu n'est pas son objet. C'est aux citoyens à être vertueux : c'est à l'État à être juste. Pour que la justice existe dans l'État, il faut que l'individu jouisse de toutes les libertés auxquelles il a droit : c'est là le devoir de l'État; mais pour que l'usage de ces libertés ne soit pas nuisible, il faut que l'individu sache en user pour les autres et pour l'État : c'est là le devoir strict du citoyen. On voit comment le droit et la vertu s'allient pour produire l'ordre et la paix, comment la politique et la morale se distinguent sans se combattre, et s'unissent sans se mêler.

On trouvera peut-être que c'est trop restreindre l'action de l'État que de le réduire à n'être que le protecteur armé du droit et le régulateur de la liberté : car c'est lui ôter tout mouvement et toute initiative. Mais j'accorde que ce n'est pas là toute la fonction de l'État, et qu'il peut être encore considéré comme le mandataire des intérêts particuliers : c'est à ce titre qu'il se charge des grands travaux publics, de l'éducation, des faveurs accordées aux arts et aux sciences, etc.; c'est à ce titre qu'il a été défini l'organe du progrès, et qu'il a si grandement servi la civilisation chez les Romains et en France. Mais d'abord ce nouveau point de vue n'est pas, comme le précédent, essentiel à l'idée de l'État : car on voit des peuples où l'initiative des individus ou des corporations fait ce que nous sommes habitués à réclamer de l'action administrative. En second lieu, ce point de vue très digne d'intérêt et qui touche aux plus grandes questions, se rapporte plutôt à l'économie politique qu'à la morale : il sortait donc du sujet de cette introduction.

Tels sont les rapports de la politique et de la morale parmi les hommes tels qu'ils sont. Mais si, pour distraire et enchanter notre imagination, nous détournons nos regards de la société réelle, pour les reporter, à la suite de Platon, sur une société parfaite et idéale, nous verrons la politique se confondre et en quelque sorte s'évanouir dans la morale. Imaginez en effet une politique parfaite, un gouvernement parfait, des lois parfaites, vous supposez par là même des hommes parfaits. Mais alors la politique ne serait plus autre chose que le gouvernement libre de chaque homme par soi-même : en d'autres termes, elle cesserait d'être. Et cependant, c'est là sa fin et son idéal. L'objet du gouvernement est de préparer insensiblement les hommes à cet état parfait de société, où les lois et le gouvernement lui-même deviendraient inutiles. Il y a une cité absolue, dont les cités humaines ne sont que des ombres, où tout homme est parfaitement libre, sans jamais suivre d'autre loi que celle de la raison; où tous les hommes sont égaux, c'est-à-dire ont la même perfection morale, la même raison, la même liberté; où tous les hommes sont vraiment frères, c'est-à-dire unis par des sentiments d'amitié sans mélange, vivant d'une vie commune, sans opposition d'intérêts, et même sans opposition de droits : car le droit suppose une sorte de jalousie réciproque, impossible dans un système où une bienveillance sans bornes ne laisserait à aucun le loisir de penser à soi; voilà la *République* de Platon, la *Cité de Dieu* de saint Augustin. Mais une telle cité est un rêve ici-bas : elle ne peut être qu'en dehors des conditions de la vie actuelle. La politique ne doit pas s'enivrer d'un tel idéal, autrement elle perdrait le sentiment des nécessités réelles. Mais elle ne doit point l'oublier, sous peine de marcher au hasard dans des contradictions sans fin. Le vrai politique est un philosophe comme le pensait Platon, mais un philosophe qui sait que le règne de la philosophie n'est pas de ce monde, et qu'il faut savoir traiter avec les hommes tels qu'ils sont, afin de les conduire peu à peu à ce qu'ils doivent être (1).

(1) Sur les rapports de la morale et de la politique, voir les écrits suivants.

HISTOIRE

DE LA

SCIENCE POLITIQUE

DANS SES RAPPORTS AVEC LA MORALE

CHAPITRE PRÉLIMINAIRE

L'ORIENT

§ I. MORALE ET POLITIQUE DE L'INDE. — 1° Le brahmanisme. Morale spéculative : caractère contemplatif et mystique du génie indien. — Morale pratique et sociale : Bienveillance universelle, humanité, charité, humilité. Devoirs de famille. Doctrine de l'inégalité. L'institution des castes. — Politique : la Théocratie. La classe des brahmanes et ses privilèges. Rôle de la royauté. Le châtiment.
2° Le bouddhisme. — Développement des germes d'humanité et de fraternité contenus déjà dans le brahmanisme. — Autres vertus : chasteté, humilité, piété, pardon des offenses, etc. — L'égalité religieuse.— Lutte contre l'institution des castes et contre la théocratie.

§ II. MORALE ET POLITIQUE DE LA CHINE. — 1° Confucius. — Sa personne. — Caractère rationaliste de sa morale. — La loi morale. — Le parfait. — Stoïcisme de Confucius. — Principe du juste milieu. — Humilité et charité. — La politique fondée sur la morale. — 2° Mencius. — Les deux sectes de Yang et de Mé. — Réforme morale de Mencius. — Son principe moral : obéir à la meilleure partie de soi-même. — Original surtout en politique. — Hardiesse de Mencius envers les princes. — Libéralisme de Mencius. — Doctrines sociales. — La propriété et le travail.

Toute la philosophie européenne a son origine en Grèce. Mais la Grèce elle-même a été précédée par l'Orient. Sans examiner les diverses hypothèses qui ont fait dériver la philosophie grecque de la philosophie orientale, et qui ont rattaché tantôt à la Judée, tantôt à l'Inde, tantôt à la Perse et à l'Égypte les systèmes grecs, on peut bien croire qu'il y a eu quelques communications, au moins latentes, par le moyen

de l'Asie Mineure, entre les deux mondes. La Grèce, à n'en
pas douter, tient de l'Orient sa langue, sa religion, ses arts,
ses premières connaissances scientifiques : pourquoi n'en
aurait-elle pas aussi emprunté quelques idées philosophiques
et morales ? En tout cas, le monde de l'Orient est assez grand
par lui-même pour mériter de fixer d'abord notre attention.
Sans doute, pour en faire un tableau complet et vraiment
fidèle, il nous faudrait ici une science spéciale que nous ne
possédons pas ; mais, en nous bornant aux monuments les
plus importants et les plus accessibles à tous, nous aurons
déjà présenté une esquisse intéressante et suffisante pour le
plan que nous nous sommes tracé dans cet ouvrage.

Mais d'abord, y a-t-il une philosophie morale et politique
en Orient ? On ne peut en douter au moins pour la Chine, qui
possède des moralistes et même des publicistes philosophes,
dignes peut-être d'être mis à côté des sages de l'ancienne
Grèce. Quant aux autres peuples de l'Orient, la morale et
la politique ne s'y séparèrent guère de la religion. L'Inde,
qui a eu des métaphysiciens indépendants, ne paraît pas
avoir eu de moralistes et encore moins de publicistes. Il en
est de même, et à plus forte raison, pour la Judée et pour
la Perse. Mais sous ces formes religieuses, nous trouvons,
particulièrement dans l'Inde, tout un système de morale et de
politique très remarquable, et qui sera l'introduction naturelle
de ces études : car c'est, selon toute apparence, le plus ancien
que nous connaissions. La Chine devra également nous occuper,
en raison de la singulière netteté et précision des doctrines
qu'elle propose à notre étude. Nous ne dirons rien de la
Perse, sur laquelle les documents font défaut. Quant à la Judée,
l'étude de l'Ancien Testament se lie si naturellement à celle
du Nouveau, que nous avons cru devoir renvoyer l'un et
l'autre à un chapitre spécial (1).

(1) Livr. II, c. I.

§ I. — Morale et politique chez les Hindous.

Dans l'Inde, avons-nous dit, la morale et la politique ne se séparent pas de la religion. Or la religion indienne se présente à nous sous deux grandes formes, dont l'une n'est que le développement et le perfectionnement de l'autre : le brahmanisme et le bouddhisme. Le brahmanisme n'est jamais sorti de l'Indoustan : il s'y est immobilisé, et il y est encore aujourd'hui tout-puissant. Le bouddhisme, né dans la péninsule, en a été chassé de très bonne heure ; mais en revanche il s'est répandu dans toute l'Asie. En passant de l'un à l'autre, nous verrons s'accomplir l'une des révolutions morales les plus importantes de l'histoire. Esquissons d'abord les principaux traits de la morale brahmanique.

Si nous avions entrepris dans cet ouvrage une histoire de la morale spéculative et des principes métaphysiques sur lesquels elle repose, nous aurions à exposer la doctrine panthéiste, qui est le fond commun de toute religion et de toute philosophie dans l'Inde, ainsi que le mysticisme plus ou moins exalté qui en est la conséquence. A ce titre, le monument le plus important et le plus instructif est le Baghavad-Gita, l'un des chefs-d'œuvre littéraires et philosophiques de l'Inde (1) : c'est là qu'il faut étudier la philosophie mystique dans toute sa grandeur et dans tous ses excès. Nulle part le mysticisme n'a jeté d'aussi profondes racines que dans l'Inde. Partout ailleurs, même dans les autres nations de l'Orient, ce n'est qu'une exception temporaire, ou un raffinement de luxe. Ni l'Égypte, ni la Phé-

_____

(1) Le ou la Baghavad-Gita, épisode du grand poëme indien le Mâhâbârâta, a été traduit en anglais en 1785, par Wilkins, et d'anglais en français en 1787 par l'abbé Parraud. En 1813, G. Schlegel en a donné une traduction latine littérale, avec le texte sanscrit. Cette traduction latine a été publiée de nouveau en 1846, avec des corrections, par le savant indianiste Lassen. M. Émile Burnouf en a donné récemment une nouvelle traduction française. Cet ouvrage est le sujet d'une des plus belles leçons de M. Cousin dans son *Histoire générale de la philosophie* (cours de 1829).

nicie, ni la Perse, ni la Judée, encore moins la Chine, ne sont
des nations mystiques. Dans l'Inde, au contraire, la contemplation, l'extase, l'absorption dans la divinité sont le génie même
de la race ; et c'est de là, on peut le dire, que le mysticisme a
passé chez les autres peuples et dans les autres religions.

Mais quelque mystique que puisse être une race dans son
génie et dans ses tendances, elle est cependant obligée de
régler par des lois civiles ou morales les actes communs de la
vie. La pure contemplation entraînerait bien vite la ruine d'une
société qui s'y livrerait exclusivement. La vie suppose l'action,
et l'action a besoin de lois. De là les législations, qui à l'origine sont considérées comme émanant de la divinité même, et
qui chez les peuples primitifs sont à la fois les codes de la
société civile et les règles de la conduite morale. La morale
n'est d'abord acceptée que comme un ordre venu d'en haut,
comme la déclaration d'une volonté divine. Elle est à la fois
une législation et une révélation : chez les Hébreux, par
exemple, c'est dans le *Deutéronome* qu'il faut chercher la
morale de Moïse ; de même chez les Indiens c'est dans les
Lois de Manou que nous chercherons les principes de la
morale brahmanique (1).

LES LOIS DE MANOU. — Le code de Manou, malgré son caractère pratique, nous donne quelques indications curieuses sur
les diverses opinions qui, dans l'Inde comme plus tard en
Grèce et à Rome, se partageaient les esprits quant à la nature
du souverain bien. Les uns, nous dit-on, placent le souverain
bien dans la vertu et la richesse réunies : ce sont, suivant
Manou, les hommes *sensés ;* les autres, dans le plaisir et dans
la richesse ; les autres, dans la vertu toute seule. Ces trois
opinions rappellent assez bien celles des péripatéticiens, des

----

(1) Les lois de Manou *(Manava-Dharma-Sastra)* ont été traduites par
M. Loiseleur-Deslonchamps, Paris 1833. Ce livre est, avec les Védas,
un des livres sacrés des Indiens : « Il y a, dit Manou lui-même, une
double autorité : la Révélation et la Tradition. La Révélation est contenue dans les Védas, la Tradition dans le code de Lois, II, 10. »

épicuriens et des stoïciens. Le livre de Manou prononce avec
autorité sur ce point : il se déclare pour l'opinion éclectique
et compréhensive, qui place le vrai bien dans la réunion de la
vertu, du plaisir et de la richesse : « Telle est la décision
formelle (1). »

L'auteur des lois de Manou est un psychologue qui paraît
bien connaître la nature humaine. Il déclare que « l'amour de
soi-même n'est pas louable » mais il reconnaît que l'homme ne
peut pas s'en séparer absolument. « On ne voit jamais ici-bas
une action quelconque accomplie par un homme qui n'en a
pas le désir. » Il donne même l'amour de soi comme la source
de la religion. « De l'espérance d'un avantage naît l'empresse-
ment : les sacrifices ont pour mobiles l'espérance : les pratiques de dévotion austères et les observations pieuses sont
reconnues provenir de l'espoir d'une récompense (2). » C'est
là une morale d'un caractère peu élevé, sans doute ; mais
rappelons-nous que nous avons affaire ici à un législateur qui
est bien forcé de prendre pour auxiliaire le mobile le plus
fréquent des actions humaines. D'ailleurs, à côté de ces maximes d'un caractère passablement intéressé, s'en rencontrent
d'autres sur la conscience morale et sur la sanction, que ne
désavouerait pas la morale la plus pure et la plus délicate (3).

---

(1) II, 224.
(2) II, 2, 3, 4.
(3) « L'âme est son propre témoin ; ne méprisez jamais votre âme,
« le témoin par excellence des hommes. — Les méchants disent :
« Personne ne nous voit ; mais les dieux les regardent de même que
« l'Esprit qui est en eux. — O homme ! tandis que tu te dis : Je suis
« seul avec moi-même, dans ton cœur réside sans cesse cet Esprit
« suprême, observateur attentif et silencieux du bien et du mal. Cet
« esprit qui siège dans ton cœur, un juge sévère, un punisseur
« inflexible : c'est un Dieu. VIII ; 84, 85 ; 91, 92.

« Tout acte de la pensée, de la parole ou du corps, selon qu'il est
« bon ou mauvais, porte un bon ou un mauvais fruit (XII, 3). En
« accomplissant les devoirs prescrits, sans avoir pour mobile l'attente
« de la récompense, l'homme parvient à l'immortalité (l. II, 5).

« Qu'il accroisse par degré sa vertu, de même que les fourmis
« augmentent leur habitation. — Après avoir abandonné son cadavre
« à la terre. ..... les parents du défunt s'éloignent en détournant la
« tête, mais *la vertu accompagne son âme.* » (l. IV, 240.)

Le mysticisme est tellement naturel à l'Inde qu'il est impossible, même à un législateur, à plus forte raison à un législateur religieux, de ne pas lui faire sa part. Aussi Manou recommande-t-il la dévotion, la contemplation, la méditation dans là solitude ; mais, tout en laissant une juste part à la piété, il fait néanmoins ses efforts pour la retenir dans des limites raisonnables. C'est ainsi que Manou ne permet cet abandon des soins de la vie qu'au vieillard qui voit sa peau se rider et ses cheveux blanchir, et qui a sous ses yeux le fils de son fils : c'est alors seulement qu'il lui permet de se retirer dans une forêt, pour se livrer à Dieu et préparer son absorption dans l'Être suprême (1). Jusque-là il lui prescrit de remplir les devoirs de son état. Dans d'autres passages, Manou recommande les devoirs moraux de préférence aux devoirs de dévotion, et il combat surtout la fausse piété, la dévotion orgueilleuse et hypocrite. « Que le sage observe constamment « les devoirs moraux avec plus d'attention encore que les « devoirs pieux. Celui qui néglige les devoirs moraux déchoit, « même lorsqu'il observe tous les devoirs pieux (2). » Il dit encore, comme le ferait le plus pur moraliste chrétien : « Un sacrifice est anéanti par un mensonge ; le mérite des « pratiques austères par la vanité ; le fruit des charités par « l'action de la fraude (3). » — « Celui qui étale l'étendard « de la vertu, qui est toujours avide, qui emploie la fraude, « qui trompe les gens par sa mauvaise foi, qui est cruel, qui « calomnie tout le monde, est considéré comme ayant les « habitudes du chat (4). » — « Le Dwidja aux regards tou- « jours baissés, d'un naturel pervers, perfide et affectant « l'apparence de la vertu, est dit avoir les manières d'un « héron (5). » — « Tout acte pieux, fait par hypocrisie, va

(1) vi, 2, 49, 81.
(2) iv, 204.
(3) iv, 237.
(4) iv, 195.
(5) iv, 196.

« aux Bâkchasas. » — « Qu'un homme ne soit pas fier de
« ses austérités ; après avoir sacrifié, qu'il ne profère pas de
« mensonge ; ..... après avoir fait un don, qu'il n'aille pas le
« prôner partout (1). »

La morale du code de Manou se distingue par un singulier
caractère de douceur et de bienveillance. Le dogme de la vie
universelle répandu dans la nature, a eu pour conséquence le
respect et l'amour pour tous les êtres animés. Le bonheur est
promis à celui qui s'abstient de tuer les animaux : on recommande au brahmane de ne choisir pour moyens d'existence
que ceux qui ne font aucun tort aux êtres vivants (2), ou leur
font le moins de mal possible ; le scrupule est poussé si loin
qu'il est interdit aux brahmanes d'écraser une motte de terre
sans raison et de couper un brin d'herbe avec ses ongles (3).
A plus forte raison devra-t-on s'abstenir de faire du mal aux
hommes. « On ne doit jamais montrer de mauvaise humeur,
« bien qu'on soit affligé, ni travailler à nuire à autrui, ni
« même en concevoir la pensée ; il ne faut pas proférer une
« parole dont quelqu'un pourrait être blessé, et qui fermerait
« l'entrée du ciel (4). » — « Celui qui est doux, patient,
« étranger à la société des pervers, obtiendra le ciel par sa
« charité (5). » — « L'homme dont on implore la charité doit
« toujours donner quelque chose. — Évitant d'affliger aucun
« être animé, qu'il accroisse par degré sa vertu (6). »

Cette bienveillance touchante et naïve pour tout ce qui vit
trouve des accents d'une tendresse admirable lorsqu'il s'agit
des créatures faibles et misérables. La pitié pour la misère, le
respect, je dirai même le culte de la faiblesse, voilà des traits
qu'il convient de relever dans cette morale avec d'autant plus
de soin, que c'est un sentiment assez rare dans l'antiquité

(1) iv, 236.
(2) iv, 2.
(3) iv, 70.
(4) ii, 161.
(5) iv, 246.
(6) iv, 228, 237.

grecque et latine, au moins jusqu'au moment où elle a été
transformée et renouvelée par sa rencontre et son contact avec
l'Orient : « Les enfants, dit Manou, les vieillards, les pauvres
et les malades doivent être considérés comme les seigneurs de
l'atmosphère (1). » C'est au même principe qu'il faut rapporter
un respect de la femme, tout à fait analogue à celui que Tacite
signale chez les Germains. « Partout où les femmes sont
honorées, les divinités sont satisfaites ; mais lorsqu'on ne les
honore pas, tous les actes pieux sont stériles (2). » Atten-
drait-on de l'Orient une pensée telle que celle-ci : « Renfermées
sous la garde des hommes, les femmes ne sont pas en sûreté ;
*celles-là seulement sont bien en sûreté qui se gardent elles-
mêmes de leur propre volonté* (3). » — « On ne doit jamais
frapper une femme, même avec une fleur (4). » Cette complaisance pour la femme va même jusqu'à des recommandations
naïves qui font un peu sourire : « C'est pourquoi, est-il dit,
les hommes doivent avoir des égards pour les femmes de leurs
familles, et leur donner des parures, des vêtements et des
mets recherchés. » — « Si une femme n'est pas parée d'une
manière brillante, elle ne fera pas naître la joie dans le cœur
de son époux (5). »

Les lois de Manou nous offrent également, dans quelques
passages, un sentiment pur et élevé de la famille. L'antiquité
grecque et latine pourrait envier des pensées telles que celle-ci :
« Le mari ne fait qu'une seule et même personne avec son
épouse (6). » — « Dans toute famille où le mari se plaît avec
sa femme, la femme avec son mari, le bonheur est assuré pour
jamais (7). » — « L'union d'une jeune fille et d'un jeune

---

(1) IV, 184.
(2) III, 56.
(3) IX, 12.
(4) Cette loi est d'un autre législateur. (*Digest. of Hindu Law*, II,
p. 209). Manou, au contraire, permet de fouetter la femme lorsqu'elle a commis une faute.
(5) III, 59-61.
(6) IX, 45.
(7), III, 60.

homme, résultant d'un vœu mutuel, est dit le mariage des musiciens célestes (1). » — « Qu'une femme chérisse et respecte son mari, elle sera honorée dans le ciel ; — et qu'après avoir perdu son époux, elle ne prononce pas même le nom d'un autre homme (2). » — « Un père est l'image du seigneur de la création ; une mère, l'image de la terre. » — « Un père est plus vénérable que cent instituteurs ; une mère plus vénérable que mille pères. » — « Pour qui néglige de les honorer, toute œuvre pie est sans prix. C'est là le premier devoir ; tout autre est secondaire (3). »

Il est vrai que l'on trouve d'autres maximes qui paraissent contredire les précédentes, ou qui en restreignent le sens. Ainsi, les femmes, qui tout à l'heure semblaient devoir se garder elles-mêmes, doivent, suivant une autre loi, « être tenues jour et nuit en état de dépendance par leurs protecteurs. — Une femme ne doit jamais se conduire à sa fantaisie. — Une femme ne doit jamais faire sa volonté, même dans sa propre maison (4). » Cependant, il nous semble que M. Ad. Franck, dans son intéressant ouvrage sur le *Droit en Orient*, exagère le caractère oppressif par rapport aux femmes, qu'il attribue aux lois de Manou. Il dit (5) que la femme est la propriété du mari en vertu du droit de la donation que le père lui fait de sa fille. Nous ne voyons rien de semblable dans le texte. Voici ce que dit Manou : « Une seule fois est fait le partage d'une succession ; une seule fois une jeune fille *est don-*

---

(1) iii, 32.
(2) v, 155, 157 et 160, 166. — On voit qu'il n'est nullement question ici de l'usage fanatique imposé à la veuve de se brûler sur le bûcher de son époux.
(3) ii, 225, 145, 234, 237.
(4) ix, 2, 3; V. 147
(5) M. Franck cite, entre guillemets, comme un texte de Manou, cette maxime : « L'autorité de l'époux sur sa femme repose sur le don que le père a fait de sa fille. » Nous ne trouvons ce texte ni dans le passage indiqué par M. Franck (ix, 148, 149), ni nulle part ailleurs. Le seul texte qui se rapporte à cette idée est celui que nous citons nous-mêmes (ix, 47).

née en mariage ; une seule fois le père dit : *je l'accorde.* »
Mais de telles expressions sont employées encore aujour-
d'hui. La femme est à la vérité comparée à un champ ; c'est
une comparaison grossière, mais qui n'indique nullement un
autre genre de propriété que celui qui appartient au mari.
Que si Manou va jusqu'à dire que la semence d'un autre
homme et le « produit » appartiennent au propriétaire du
champ (1), » c'est une manière d'exprimer ce que nous admettons nous-mêmes dans le fameux axiome *is pater est*. Il
ne faut pas non plus demander tant de délicatesse à ces vieilles
législations qui ne sont pas si logiques et peuvent parfaitement donner place à deux tendances contraires, l'une qui
est l'instinct de l'humanité s'éveillant, instinct d'autant plus
délicat qu'il est plus spontané ; l'autre qui n'est que la conséquence naturelle des mœurs brutales de la barbarie.

Néanmoins, malgré les traits touchants et quelquefois
sublimes qui éclatent çà et là dans la législation de
Manou, cette législation est profondément viciée à sa source
par une doctrine qui n'est pas sans doute exclusivement
propre à l'Inde, mais à laquelle elle a imprimé son cachet d'une façon ineffaçable : je veux parler de la doctrine
des castes.

Partout, dans toutes les sociétés, dans toutes les civilisa-
tions, il y a eu inégalité entre les hommes. Partout, aux
inégalités naturelles on a ajouté les inégalités artificielles.
Partout les forts ont opprimé les faibles. Patriciens et plébéiens, nobles et manants, riches et pauvres, maîtres et
esclaves, sous toutes ces formes diverses s'est posé partout,
en tout temps, le grand problème de l'inégalité. Mais nulle
part, on peut le dire, l'inégalité n'a pris un caractère plus
âpre, plus tranché, plus systématique que dans l'Inde. Nulle
part, les hommes n'ont été séparés par des barrières plus fermées, par des inégalités plus humiliantes et plus oppressives.

_____

(1) ix, 52.

Partout, en un mot, il y a eu des *classes*. Ce n'est guère que dans l'Inde et dans l'Egypte, mais surtout dans l'Inde qu'il y a eu des *castes*.

L'institution des castes est donnée par Manou comme ayant une origine divine. Elles ont pour cause Brahma leur auteur commun, qui les produisit chacune d'une partie différente de lui-même ; la première classe, celle des prêtres ou *brahmanes*, de sa bouche ; la seconde, celle des guerriers, ou *kchatryas*, de son bras ; la troisième, celle des laboureurs ou marchands, *vaisyas*, de sa cuisse ; la dernière, celle des *soudras* ou esclaves, de son pied (1). Il semble que Platon ait eu un souvenir de ce mythe, lorsqu'il nous représente les quatre classes de sa république comme composées de quatre métaux différents : l'or, l'argent, le cuivre et l'airain.

L'inégalité des castes n'est pas seulement politique : elle est morale ; chaque classe a ses devoirs particuliers. Le texte est explicite sur ce point. Le devoir naturel du brahmane, c'est la paix, c'est la modération, le zèle, la pureté, la patience, la droiture, la sagesse, la science et la théologie. Le devoir naturel du kchatrya est la bravoure, la gloire, le courage, l'intrépidité dans les combats, la générosité et la bonne conduite. Le devoir naturel du vaisya est la culture de la terre, le soin du bétail et le trafic. Le devoir naturel du soudra est la servitude (2). Ainsi, selon cette doctrine, ce ne sont pas seulement les richesses, la puissance, la considération qui sont inégalement partagées entre les hommes, mais les vertus. La vertu est un privilège. Les plus hautes appartiennent aux brahmanes ; les plus brillantes aux guerriers ; quant aux dernières classes, elles n'ont point à proprement parler des vertus, mais des fonctions : cultiver la terre, soigner le bétail et trafiquer, voilà les fonctions de la troisième classe. On leur attribue cependant des devoirs plus relevés,

(1) 1, 87.
(2) *Ibid.* Voy. encore 88-90, et II, 31.

et qu'ils partagent avec la seconde classe, ce sont les devoirs
religieux : exercer la charité, sacrifier, lire les livres saints,
voilà qui leur est ordonné ; car c'est encore un hommage
d'infériorité envers les prêtres seuls dépositaires des sacrifices et des livres sacrés. Quant à la classe des soudras,
réduite au dernier degré de l'humiliation, elle n'a pas d'autre
office que de servir les classes précédentes.

Quelle est l'origine du système des castes? On a cru pouvoir rattacher cette institution au dogme panthéistique qui
est le fond de la religion indienne (1). Il nous est difficile
de partager cette opinion. Quelle relation y a-t-il entre le
principe de l'unité de substance et la division de la société en
classes fermées et absolument séparées? L'unité d'origine
n'entraîne pas logiquement de telles conséquences. Au
contraire, il semblerait plutôt qu'il y a contradiction entre
l'unité de vie qui anime toute la nature et le principe d'une
inégalité radicale et irrémédiable entre les hommes. On
recommandait au sage l'amitié pour tous les êtres de la
nature, et on séparait les hommes en classes asservies les
unes aux autres, dont la dernière portait à elle seule le poids
de toutes ces servitudes accumulées. Selon toute apparence,
l'institution des castes ne dérive pas d'un dogme philosophique ; mais elle doit avoir eu une origine historique. Elle
représente des conquêtes successives et superposées : telle
est du moins l'hypothèse qui a été présentée par quelques
critiques, et qui nous paraît la plus vraisemblable.

La doctrine des castes nous conduit à la politique de l'Inde.
Cette politique est toute sacerdotale. C'est la théocratie la
plus absolue dont on ait jamais eu l'idée. L'Occident peut à
peine comprendre, quoiqu'il ait connu aussi une sorte de
théocratie, l'excès d'orgueil et de despotisme que l'Inde a
supporté et adoré dans la classe des brahmanes. Le livre de
Manou recommande, il est vrai, au brahmane de fuir tout

(1) Ad. Franck, *Du droit chez les peuples de l'Orient*, p. 15.

honneur mondain, et de *désirer le mépris à l'égal de l'ambroisie* (1). Mais cette feinte humilité disparaît bientôt pour faire place au plus insolent orgueil que le genre humain ait jamais connu. La naissance du brahmane est un événement divin : c'est l'incarnation de la justice (2) : il est le souverain seigneur de tous les êtres ; tout ce qui est dans le monde est sa propriété ; il a droit à tout ce qui existe. C'est par la générosité du brahmane que les autres hommes jouissent des biens de ce monde (3). Enfin le brahmane, instruit ou non instruit, est une puissante divinité (4).

Mais la classe brahmanique livrée à la science et à la piété ne saurait défendre elle-même d'aussi grands privilèges : aussi, comme il arrive toujours, la théocratie emprunte pour se défendre l'épée des guerriers : l'ordre social repose sur l'union de la classe sacerdotale et de la classe militaire qui ne peuvent prospérer ni s'élever l'une sans l'autre. Mais le brahmane, tout en acceptant la protection du kchatrya ou du guerrier, se garde bien de l'admettre à l'égalité. Veut-on savoir quel est le rapport de ces deux classes ? « Un brahmane âgé de dix ans et un kchatrya parvenu à l'âge de cent ans doivent être considérés comme le père et le fils ; et des deux c'est le brahmane qui est le père et qui doit être respecté comme tel (5). »

Cependant quoique les brahmanes soient les véritables seigneurs de toutes les classes, la forme de l'Etat n'est pas théocratique, elle est monarchique. Le langage indien est aussi emphatique en parlant du roi, qu'en parlant des prêtres, C'est là, c'est en Orient qu'a pris naissance évidemment cette doctrine qui, plus ou moins mitigée, voit dans les rois les représentants, les interprètes, les émanations de la divinité et dit aux rois : vous êtes des dieux. Dans l'Inde, où

(1) ii, 162.
(2) i, 98.
(3) i, 100, 101.
(4) ix, 317.
5) ii, 135.

rien n'est humain, ce serait trop peu dire que de représenter
le roi comme l'oint du Seigneur, comme le ministre de Dieu
pour exercer ses vengeances ; il faut que le roi soit un Dieu
lui-même :

« Ce monde, privé de rois, étant de tous côtés bouleversé
par la crainte, pour la conservation de tous les êtres, le Seigneur créa un roi, en prenant des particules éternelles de la
substance d'Indra, d'Anila, de Yama, de Soûrya, d'Agní, de
Varouna, de Tchandra, et de Couvera; et c'est parce qu'un roi
a été formé de particules tirées de l'essence de ces principaux
dieux, qu'il surpasse en éclat tous les autres mortels. De
même que le soleil, il brûle les yeux et les cœurs, et personne
sur la terre ne peut le regarder en face. Il est le feu, le vent,
le soleil, le génie qui préside à la lune, le roi de la justice, le
dieu des richesses, le dieu des eaux, et le souverain firma-
ment par sa puissance. On ne doit pas mépriser un monarque,
même dans l'enfant, en disant : c'est un simple mortel car
c'est une grande divinité sous une forme humaine (1). »

Il est difficile d'imaginer une apothéose plus éclatante de la
royauté. Mais si on y regarde de plus près, on verra que le
pouvoir des rois est loin d'être aussi étendu que le promettrait
une origine si magnifique. D'abord le premier devoir du roi
c'est la vénération envers les brahmanes : il leur doit témoigner son respect à son lever (2), leur communiquer toutes ses
affaires (3), leur procurer toutes sortes de jouissances et de
richesses (4). S'il trouve un trésor, la moitié est pour les
brahmanes. Si le brahmane trouve un trésor, il le garde tout
entier (5). Jamais la propriété du brahmane ne doit revenir
au roi (6) ; mais à défaut d'héritier, pour les autres classes,
ce sont les brahmanes qui doivent hériter. Les lois de Manou

(1) vii, 3, 8.
(2) vii, 37, 38.
(3) vii, 59.
(4) vii, 79.
(5) viii, 37, 38.
(6) ix, 189.

sont évidemment faites pour procurer aux brahmanes toutes les richesses : c'est ainsi qu'ils doivent boire le mépris à l'égal de l'ambroisie. Les biens des brahmanes sont sacrés; le roi n'y doit jamais toucher; dans la plus grande détresse, il ne doit point recevoir de tribut d'un brahmane (1). Ces défenses sont accompagnées des plus terribles menaces. Quel est le prince qui prospérerait en opprimant ceux qui dans leur courroux pourraient former d'autres mondes et d'autres régions du monde, et changer les dieux en mortels (2)? »

Telle est la royauté indienne ; environnée d'un prestige religieux pour abattre l'esprit du peuple, elle n'est que l'instrument de la classe sacerdotale, qui s'attribue seule le vrai pouvoir, sinon les tracas et l'odieux du gouvernement. Nous savons le rôle qui appartient aux guerriers dans cette organisation sociale; ils sont le bras du sacerdoce, et à eux appartient la défense de la société (3). Quant aux deux classes inférieures, elles sont destituées de toute liberté et de toute influence. Le roi doit les forcer à remplir leurs devoirs ; car s'ils s'écartaient un instant de leurs devoirs, ils seraient capables de bouleverser le monde. Ainsi, il ne doit jamais prendre fantaisie à un Vaisya de dire: Je ne veux plus avoir soin des bestiaux (4). Quant au soudra, il doit au brahmane une obéissance aveugle. Celui-ci peut s'approprier le bien de son esclave sans que le roi le punisse ; car un esclave n'a rien qui lui soit propre ; il ne possède rien dont son maître ne puisse s'emparer (5). Un esclave même affranchi est encore dans l'état de servitude ; car cet état lui étant naturel, qui pourrait l'en exempter (6)?

(1) vii, 133.
(2) ix, 315.
(3) ix, 322 et 327: « Le Seigneur a placé toute la race humaine sous la tutelle du brahmane et du kchatrya. »
(4) ix, 328.
(5) viii, 417.
(6) viii, 414.

On comprend que dans un système politique fondé sur le despotisme et la servitude à tous les degrés il n'y ait pas d'autre moyen d'action que le châtiment. Le châtiment est le principe tutélaire d'une telle société; aussi il est loué et exalté comme un dieu. Que l'on nous permette de citer cette espèce d'hymne d'une sauvage grandeur, en l'honneur du châtiment :

« Pour aider le roi dans ses fonctions, le Seigneur produisit dès le principe le génie du châtiment, protecteur de tous les êtres, exécuteur de la justice, son propre fils et dont l'essence est toute divine. C'est la crainte du châtiment qui permet à toutes les créatures mobiles et immobiles de jouir de ce qui leur est propre, et qui les empêche de s'écarter de leurs devoirs. Le châtiment est un roi plein d'énergie : c'est un administrateur habile, un sage dispensateur de la loi; il est reconnu comme le garant de l'accomplissement du devoir des quatre ordres. Le châtiment gouverne le genre humain, le châtiment le protège : le châtiment veille pendant que tout dort ; le châtiment est la justice, disent les sages. Infligé avec circonspection et à propos, il procure aux hommes le bonheur ; mais appliqué inconsidérément, il le détruit de fond en comble. Si le roi ne châtiait pas sans relâche ceux qui méritent d'être châtiés, les plus forts rôtiraient les plus faibles, comme des poissons sur une broche. La corneille viendrait becqueter l'offrande du pain, le chien lécherait le beurre clarifié ; il n'existerait plus de droit de propriété, l'homme du rang le plus bas prendrait la place de l'homme de la classe la plus élevée. Toutes les classes se corrompraient, toutes les barrières seraient renversées, l'univers ne serait que confusion, si le châtiment ne faisait plus son devoir. Partout où le châtiment à la couleur noire, à l'œil rouge, vient détruire les fautes, les hommes n'éprouvent aucune épouvante, si celui qui dirige le châtiment est doué d'un jugement sain (1). »

(1) VII, 14-25.

Ainsi, cette doctrine, qui s'est présentée d'abord à nous comme une doctrine d'amour, et qui se recommande en effet par les accents les plus touchants, aboutissait en définitive au plus affreux despotisme. Une théocratie insolente, une royauté terrible, une servitude inouïe des classes inférieures : et au-dessus de la société, le châtiment planant, comme une divinité sanglante : voilà le brahmanisme, religion étrange qui mêle la superstition la plus compliquée à la métaphysique la plus subtile, les menaces les plus terribles aux maximes les plus compatissantes et une dureté farouche à une exquise sensibilité.

LE BOUDDHISME. — Nous allons voir maintenant, dans une secte révoltée, devenue à son tour une grande religion, les principes d'humanité et de fraternité que contenait en germe le brahmanisme, prendre un développement admirable, et de conséquence en conséquence, entraîner la ruine du régime des castes et de la théocratie. Tel est le rôle du bouddhisme, rameau détaché du brahmanisme, et qui lui est bien supérieur par le sentiment moral (1).

Si le brahmanisme a pour dogme fondamental l'inégalité des classes, le bouddhisme repose, au contraire, sur le principe de l'égalité des hommes, et il a eu, sinon pour but, au moins pour conséquence, l'abolition des castes et de la théocratie.

Cependant, il faut se garder ici d'une certaine exagération. Eugène Burnouf a fait remarquer, avec raison, que Çakiamouni, le saint fondateur de la religion bouddhique, n'a pas eu la pensée d'attaquer l'institution politique des castes (2). Comme Jésus, le Bouddha n'a jamais eu d'autre pensée que celle d'une réformation morale. Dans les légendes les plus anciennes, dans

(1) C'est aujourd'hui un fait acquis, après les admirables recherches de M. Eugène Burnouf (*Introduction à l'histoire du bouddhisme;* Paris, 1844), que le bouddhisme est postérieur au brahmanisme, qu'il est né du brahmanisme, comme le protestantisme est né du catholicisme, qu'il est né dans l'Inde, et que la première langue qu'il a parlée est la langue sanscrite. — Il y a eu récemment une nouvelle édition de l'*Histoire du bouddhisme* (Paris, 1876, 3 vol. gr. in-8).
(2) Burnouf, p. 210-212.

les livres canoniques du bouddhisme, qui reproduisent les premières prédications du Çakiamouni on ne rencontre pas une seule objection contre les castes ; il semble au contraire les considérer comme un fait établi qu'il ne songe point à modifier ; mais s'il ne proclame pas l'égalité sociale, il proclame ce qui en est le principe, l'égalité religieuse.

Dans la doctrine brahmanique, la science, la dévotion, le salut étaient en quelque sorte réservés aux seuls brahmanes : les autres classes étaient réduites aux œuvres extérieures et ne recevaient la nourriture religieuse que par les brahmanes. Çakiamouni, au contraire, appelle les hommes de toutes les classes à jouir de la vie religieuse. Brahmanes pauvres et ignorants, laboureurs, marchands, esclaves, tous étaient appelés par lui à devenir *bouddhas*, c'est-à-dire *savants*, et à participer aux bienfaits promis à la vie religieuse. Les philosophes Kapila et Pantadjali avaient déjà commencé cette œuvre, en attaquant comme inutiles les œuvres ordonnées par les Védas, et en leur substituant les pratiques d'un ascétisme individuel. Kapila avait mis à la portée de tous, en principe du moins, sinon en réalité, le titre d'ascète qui, jusqu'alors, était le complément et le privilège à peu près exclusif de la vie de brahmane. Çakia fit plus, il sut donner à des philosophes isolés l'organisation d'un corps religieux. Il appelait tous les hommes à l'égalité de la vie religieuse par ces belles paroles : « Ma loi est une loi de grâce pour tous ; et qu'est-ce qu'une loi de grâce pour tous ? C'est la loi sous laquelle de misérables mendiants se font religieux (1). »

Ces principes, quoique n'étant pas directement dirigés contre le système des castes, l'ébranlaient cependant. D'une part, c'était reconnaître une certaine égalité, au moins l'égalité spirituelle entre les différentes castes et même avec une

_____

(1) Burnouf, p. 198, rapproche de ces paroles un mot admirable d'un religieux bouddhiste de notre siècle, qui, disgrâcié par le roi de Ceylan pour avoir prêché devant les pauvres, répondit : « La religion devrait être le bien commun de tous. »

sorte de faveur pour les castes inférieures; car, dans une légende bouddhiste, un dieu qui aspire à se faire religieux, dit ces paroles : « Je veux me faire religieux et pratiquer la sainte doctrine : mais il est difficile d'embrasser la vie religieuse, si l'on renaît dans une race élevée et illustre ; *cela est facile, au contraire, quand on est d'une pauvre et basse extraction* (1). » En second lieu, ces principes ruinaient la classe des brahmanes ; car ils faisaient de la religion et de la dévotion, non plus le privilège de la naissance, mais le droit de la vertu, du savoir et du mérite : le corps sacerdotal n'était plus un corps héréditaire et aristocratique, mais un corps célibataire se recrutant dans tous les corps de la société. Aussi est-ce d'abord contre la caste des brahmanes que sont dirigées les premières et les plus anciennes objections du bouddhisme. « Il n'y a pas, dit une de ces anciennes légendes, entre un brahmane et un homme d'une autre caste la différence qui existe entre la pierre et l'or, entre les ténèbres et la lumière. Le brahmane, en effet, n'est sorti ni de l'éther, ni du vent : il n'a pas fendu la terre pour paraître au jour, comme le feu qui s'échappe du bois de l'Arani. Le brahmane est né d'une matrice d'une femme, tout comme le tchandala. Où vois-tu donc la cause qui ferait que l'un doit être noble et l'autre vil? Le brahmane lui-même, quand il est mort, est abandonné comme un objet vil et impur; il en est de lui comme des autres castes où donc est la différence (2)? »

Le même sentiment d'égalité se manifeste dans ce discours prononcé par le roi Açoka, le plus grand roi du bouddhisme, et qui en a été en quelque sorte le Constantin : « Tu regardes la caste, dit-il, dans les religieux de Çakya, et tu ne vois pas

(1) Burnouf, p. 197. La comédie s'est même emparée de ce trait de mœurs. Dans la pièce intitulée *le Sage et le Fou*, on voit un joueur ruiné qui se fait religieux, en s'écriant : « Je pourrai donc marcher tête levée sur la grande route ! »
(2) Burnouf, p. 209, conjecture, par la seule raison du caractère polémique de cette légende, qu'elle n'est pas une des plus anciennes de la collection bouddhique (*Ibid.*, 215).

les vertus qui sont en eux : c'est pourquoi, enflé par l'orgueil
de la naissance, tu oublies dans ton erreur, et toi-même et les
autres. Si le vice atteint un homme d'une haute extraction,
cet homme est blâmé dans le monde ; comment donc les vertus
qui honorent un homme d'une basse extraction ne seraient-
elles pas un objet de respect ? — Celui-là est un sage, qui ne
voit pas de différence entre le corps d'un prince et le corps
d'un esclave... Les ornements seuls et la parure font la supériorité d'un corps sur l'autre. Mais l'essentiel en ce monde est ce
qui peut se trouver dans un corps vil, et que les sages doivent
saluer et honorer (1). »

Plus tard, le bouddhisme se déclara systématiquement contre
le régime des castes, et l'on cite un traité de polémique, le
Vadjzaçutchi (2), composé à une époque inconnue, mais
ancienne, par un religieux bouddhiste, Açvaghôcha, contre
l'institution des castes. « Les objections d'Açvaghôcha sont de
deux sortes : les unes sont empruntées aux textes les plus
révérés des brahmanes eux-mêmes ; les autres s'appuient sur
le principe de l'égalité naturelle de tous les hommes. L'auteur
montre par des citations tirées du Véda, de Manou et du
Mahâbhârata, que la qualité de brahmane n'est inhérente ni au
principe qui vit en nous ni au corps en qui réside ce principe, et qu'elle ne résulte ni de la naissance, ni de la science,
ni des pratiques religieuses, ni de l'observation des devoirs
moraux, ni de la connaissance du Véda. Puisque cette qualité
n'est ni inhérente, ni acquise, elle n'existe pas, ou plutôt tous

(1) *Ib.*, p. 375. Citons encore cette charmante légende : « Un jour,
Ananda, le serviteur de Çakiamouni, rencontre une jeune fille de la
tribu des tchandalas qui puisait de l'eau ; il lui demanda à boire.
Mais la jeune fille, craignant de le souiller par son contact, l'avertit
qu'elle est née dans la caste matanga, et qu'il ne lui est pas permis
d'approcher d'un religieux. « Je ne te demande, ma sœur, ni ta caste
« ni ta famille. Je te demande de l'eau, si tu peux m'en donner. » La
jeune fille se prit d'amour pour Ananda, puis elle se convertit et
devint religieuse bouddhiste. »
(2) Publié et traduit par MM. Wilkinson et Hodgson, avec une
défense des castes par un brahmane contemporain, 1839.

les hommes peuvent la posséder : car pour l'auteur, la qualité de brahmane, c'est un état de pureté qui a l'éblouissante blancheur de la fleur de jasmin. Il insiste sur l'absurdité de la loi qui refuse au Çudra le droit d'embrasser la vie religieuse sous prétexte que sa religion à lui, c'est de servir les brahmanes. Enfin, ses arguments philosophiques sont dirigés principalement contre le mythe qui représente les quatre castes sortant successivement des quatre parties du corps de Brahma, de sa tête, de ses bras, de son ventre et de ses pieds : « Le Kudum-« bara et le Panara (noms d'arbres), dit-il, produisent des fruits « qui naissent des branches, de la tige, des articulations et des « racines ; et cependant ces fruits ne sont pas distincts les uns « des autres, et l'on ne peut pas dire : ceci est le fruit brah-« mane, cela est le fruit kchatrya, celui-ci le vàicya, celui-là « le çudrâ : car tous sont du même arbre Il n'y a donc pas « quatre classes, mais une seule (1). »

On le voit, par un travail intérieur et tout spontané, l'Orient est arrivé de lui-même au principe de l'égalité des hommes ou tout au moins de l'égalité religieuse. Par la seule institution du célibat ecclésiastique, la classe brahmanique se trouvait ruinée dans ses privilèges héréditaires ; le salut devenait nécessairement accessible à tous, puisque la classe sacerdotale ne pouvait se recruter elle-même par l'hérédité. Ainsi, tandis que, dans l'Occident, le célibat a été l'arme la plus puissante de l'Église, pour se séparer de la société civile et former un corps indépendant, supérieur aux frontières et aux lois ; en Orient, au contraire, il a été un moyen d'affranchissement, en ouvrant le sacerdoce à tous. Sans doute, en détruisant la classe des prêtres, le bouddhisme ne détruisait pas les autres ; mais, c'était déjà beaucoup que de ruiner la théocratie et d'affranchir religieusement les pauvres et les opprimés.

Ce n'est pas seulement par le principe de l'égalité religieuse que le bouddhisme a été un progrès sur le brahmanisme, c'est

(1) Burnouf, p. 216.

par le développement admirable donné aux principes d'humanité, de fraternité, qui existaient déjà en germe, nous l'avons
vu, dans les lois de Manou, mais durement comprimés par
l'odieux principe des castes. Comme le christianisme a trans-
formé le mosaïsme en rejetant tout ce qu'avait inspiré la dureté
antique et en développant les meilleurs éléments de cette
morale, ainsi le bouddhisme développe, purifie, anoblit, attendrit la morale du brahmanisme. Comme le christianisme, le
bouddhisme est une doctrine de consolation : « Celui qui cherche un refuge auprès de Bouddha, celui-là connaît le meilleur
des asiles, le meilleur refuge ; dès qu'il y est parvenu, il est
délivré de toutes les douleurs (1). » Ainsi Jésus-Christ dit dans
l'Evangile : « Venez à moi, vous tous qui ployez sous le joug,
je vous ranimerai. » Le bouddhisme est une doctrine d'humilité : « Vivez, ô religieux, dit le Bouddha, en cachant vos
bonnes œuvres et en montrant vos péchés (2). » Ainsi l'Evangile : « Lorsque vous jeûnez, ne soyez pas tristes comme les
hypocrites ; parfumez votre tête et votre face. » Le bouddhisme
enseigne la chasteté, la charité, la piété, le pardon des offenses,
comme le prouvent un grand nombre de légendes, entre lesquelles nous en choisirons quelques-unes dont la beauté poétique égale la beauté morale.

Voici, par exemple, une parabole où l'esprit de mansuétude
et de charité atteint sa plus haute et sa plus pure expression.
Un marchand nommé Purna vient consulter Bhagavad, c'est-à-
dire le Bouddha, sur un voyage qu'il veut faire dans un pays
habité par des hommes barbares et farouches : « Ce sont, lui dit le
Dieu, des hommes emportés, cruels, colères, furieux, insolents.
S'ils t'adressent en face des paroles insolentes et grossières,
s'ils se mettent en colère contre toi, que penseras-tu de cela ?
— S'ils m'adressent en face des paroles méchantes, grossières,
insolentes, voici ce que je penserai : Ce sont certainement des
hommes bons, ces hommes qui m'adressent en face des paroles

(1) Burnouf, p. 186.
(2) *Ib.*, p. 170.

méchantes, mais qui ne me frappent ni de la main ni à coups
de pierre. — Mais s'ils te frappent de la main et à coups de
pierre, que penseras-tu ? — Je penserai que ce sont des hommes bons, que ce sont des hommes doux, ceux qui me frappent de la main et à coups de pierre, mais qui ne me frappen
ni du bâton, ni de l'épée. — Mais s'ils te frappent du bâton ou
de l'épée, que penseras-tu de cela ? — Que ce sont des hommes bons, que ce sont des hommes doux, ceux qui me frappent du bâton et de l'épée, mais qui ne me privent pas complètement de la vie. — Mais s'ils te privaient complètement de la
vie, que penserais-tu de cela ? — Que ce sont des hommes
bons, que ce sont des hommes doux, qui me délivrent avec si
peu de douleur de ce corps rempli d'ordures. — Bien, bien,
Purna, dit Bhagavad, tu peux habiter dans le pays de ces barbares. Va, Purna ; délivré, délivre : arrivé à l'autre rive, fais
arriver les autres ; consolé, console : parvenu au Nirvâna complet, fais-y arriver les autres (1). »

La chasteté, la piété et la charité n'ont pas trouvé, même
dans le christianisme, de plus belles maximes et de plus beaux
exemples que dans les deux légendes suivantes :

Une courtisane célèbre par ses charmes, nommée Vasadatta,
se prend d'amour pour le fils d'un marchand, jeune homme
pieux et pur, et lui envoie sa suivante pour l'inviter à venir
chez elle. « Ma sœur, lui fit dire le jeune homme, il n'est pas
temps pour moi de te voir. » Elle lui renvoie sa servante une
seconde fois. « Ma sœur, dit encore le jeune homme, il n'est
pas temps pour moi de te voir. » Cependant la courtisane vient
de commettre un crime, et par ordre du roi elle est affreuse-
ment mutilée ; elle devient d'un aspect affreux et informe, et
elle est abandonnée ainsi dans un cimetière. C'est alors le
moment que le jeune marchand choisit pour aller à elle. « Elle
a perdu, dit-il, son orgueil, son amour et sa joie, il est temps
de la voir. » Il se rend au cimetière. La malheureuse, le voyant,

(1) Burnouf, p. 252-25

lui dit : « Fils de mon maître, quand mon corps était doux
comme la fleur du lotus, qu'il était orné de parures et de vêtements précieux, j'ai été assez malheureuse pour ne point te
voir... Aujourd'hui pourquoi viens-tu contempler en ce lieu un
corps souillé de sang et de boue ? » — « Ma sœur, répondit le
jeune homme, je ne suis point venu naguère auprès de toi attiré
par l'amour du plaisir, je viens aujourd'hui pour connaître la véritable nature du misérable objet de la jouissance de l'homme. »
Puis il la console par l'enseignement de la loi ; ses discours portent le calme dans l'âme de l'infortunée. Elle meurt en faisant un
acte de foi au Bouddha pour renaître bientôt parmi les dieux (1).

Quelque touchante que soit cette légende, elle le cède encore
à celle de Kunala, fils du roi Açoka. Celle-ci, historique ou
non, réunit, on peut le dire, tous les genres de beauté. La
belle-mère de Kunala, comme la courtisane de la légende précédente, se prend de passion pour ce jeune prince, et cette
Phèdre indienne déclare cette passion dans les termes les plus
ardents, qu'Euripide et Racine n'ont pas surpassés. « A la vue
de ton regard ravissant, de ton beau corps et de tes yeux
charmants, tout mon corps brûle comme la paille desséchée
que consume l'incendie d'une forêt. » Kunala, comme un autre
Hippolyte, lui répond par ces belles et nobles paroles : « Ne
parle pas ainsi devant un fils, car tu es pour moi comme une
mère , renonce à une passion déréglée ; cet amour serait pour
toi le chemin de l'enfer. » Comme la malheureuse insiste et
le presse : « O ma mère, dit le jeune prince, plutôt mourir en
restant pur ; je n'ai que faire d'une vie qui serait pour les
gens de bien un objet de blâme. » Cependant la reine obtient
de son mari la jouissance du pouvoir royal pendant sept jours.
Elle en profite pour condamner le prince Kunala à perdre les
yeux. Les bourreaux eux-mêmes se refusent à cet ordre barbare
en s'écriant : « Nous n'en avons pas le courage. » Mais le prince,
qui croit que c'est par ordre de son père que ce supplice lui

_____

(1) Voyez Barthélemy Saint-Hilaire, le Bouddha, ch. v.

est infligé, les invite à obéir, en leur faisant un cadeau : « Faites votre devoir, leur dit-il, pour prix de ce présent. » Ils refusent encore, et il faut que ce soit un exécuteur de hasard qui se charge de cette atrocité. Un des yeux est arraché d'abord, le prince se le fait donner et le prend dans sa main. « Pourquoi donc, lui dit-il, ne vois-tu plus les formes comme tu les voyais tout à l'heure, grossier globe de chair ? Combien ils s'abusent les insensés qui s'attachent à toi en disant : C'est moi ! » lorsque les deux yeux ont été arrachés, Kunala s'écrie : « L'œil de la chair vient de m'être enlevé, mais j'ai acquis les yeux parfaits de la sagesse. Si je suis déchu de la grandeur suprême, j'ai acquis la souveraineté de la loi ! » Il apprend que ce n'est pas son père, mais sa marâtre qui lui a fait subir un si affreux supplice, et il n'a pour elle que des mots de pardon. « Puisset-elle conserver longtemps le bonheur, la vie et la puissance, la reine qui m'assure un si grand avantage ! » Sa jeune femme, avertie de son supplice, vient au désespoir se jeter à ses pieds, il la console : « Fais trève à tes larmes, ne te livre pas au chagrin. Chacun ici-bas recueille la récompense de ses actions. » Le roi, averti enfin de l'abus odieux que sa femme a fait du pouvoir qu'il lui a confié, veut la livrer au supplice. Kunala se jette à ses pieds pour lui demander le pardon de la coupable : « Agis conformément à l'honneur et ne tue pas une femme. Il n'y a pas de récompense supérieure à celle qui attend la bienveillance. La patience, seigneur, a été célébrée par le Negâta... O roi, je n'éprouve aucune douleur, et malgré ce traitement cruel, mon cœur n'a que de la bienveillance pour celle qui m'a fait arracher les yeux. Puissent, au nom de la vérité de mes paroles, mes yeux redevenir tels qu'ils étaient auparavant. » A peine eut-il prononcé ces paroles, que ses yeux reprirent leur premier éclat (1). Telle est cette belle légende qui nous donne en raccourci comme un tableau de toutes les vertus : la chasteté, la piété, la résignation, le mé-

(1) Burnouf, p. 404, 413.

pris de la douleur, le pardon des offenses, et avec tout cela une grâce naïve et candide qui y ajoute un charme souverain. Est-il, dans les *Vies des saints*, un récit supérieur à celui-là?

Il est difficile de s'élever plus haut dans la grandeur morale que ne le fait le bouddhisme. Seulement, comme toute doctrine religieuse, plus occupée des biens éternels que des biens de ce monde, le bouddhisme a presque entièrement laissé de côté, autant que nous en pouvons juger par les documents, les vertus civiles et pratiques sur lesquelles repose l'ordre des sociétés humaines ; il a fait des saints, il n'a jamais pensé à créer des citoyens : l'Orient en général, l'Inde en particulier, n'a pas connu l'idée de l'État. Un idéalisme excessif éloignait les hommes de la cité et de ses devoirs. La vie était considérée comme un mal, dont il faut s'affranchir le plus vite et le plus complètement possible. La patrie et ses lois n'étaient rien. Pour employer une expression chrétienne, la seule cité pour les sages indiens est la cité divine. Ils n'ont pas un regard pour la cité terrestre, pour l'indépendance nationale, pour la liberté, pour le bien public. La Chine seule, dans tout l'Orient, paraît avoir eu quelque idée du droit politique. Mais c'est à l'Europe, et en Europe à la Grèce qu'appartient en propre la grande idée du citoyen (1).

§ II. — Morale et politique de la Chine.

Si nous ne voulions que rechercher en Orient la trace des

(1) Dans notre édition précédente, nous avions consacré quelques pages à la morale et à la politique des Perses. Mais ces pages nous ayant paru tout à fait insignifiantes, nous croyons devoir les retrancher. Le *Zend Avesta*, livre sacré des Perses, n'est qu'un rituel, dans lequel il n'y a guère à chercher de morale et de politique. Rappelons seulement que la morale de ces livres était une morale plus active que contemplative. La lutte du bien et du mal qui est à l'origine des choses et qui est représentée par les deux principes Ormuz et Arhimane, se retrouvait également dans la vie humaine. Le *Zend Avesta* a été traduit en français par Anquetil-Duperron (Paris, 1781, 3 vol. in-4) ; en allemand, par Spiegel (Leipsick, 1858-160) et récemment (1880) en anglais par M. James Darmsteter, dans la collection de livres sacrés de l'Orient de M. Max Müller.

idées qui, de près ou de loin, ont pu avoir quelque influence
sur la philosophie morale et politique de l'Occident, nous
devrions nous borner à l'Inde : car d'une part l'Egypte, la
Phénicie, qui ont eu avec la Grèce des rapports incontestables, ne nous offrent guère, dans l'état actuel de nos
connaissances, de vestiges d'une philosophie morale ; et de
l'autre, on ne peut soupçonner aucun rapport, même indi-
rect et lointain, entre la Grèce et la seule nation de l'Asie
qui nous présente un véritable système de philosophie morale
et politique, je veux dire la Chine. Le mazdéisme, le bouddhisme et le brahmanisme, ne sont pas, à proprement
parler, des doctrines philosophiques : ce sont des doctrines
religieuses où se rencontrent, il est vrai, des principes philosophiques, mais sous une forme qui n'a rien de philosophique.
Il n'en est pas de même en Chine ; la morale et la politique
s'y présentent si peu sous la forme religieuse, que le sentiment
religieux en est, au contraire, presque entièrement absent.
C'est un enseignement humain, rationnel, aussi philosophique
qu'il pouvait l'être chez une nation où l'esprit pratique l'emporte beaucoup sur le génie de la spéculation. C'est avec un
étonnement profond qu'en passant de l'Inde à la Chine, on
voit disparaître ce gigantesque surnaturel qui est le fond de
la religion, et se mêle à la législation, à la poésie, à la philosophie même ; on se retrouve avec des hommes parlant un
langage humain, et ne cherchant d'une grandeur que la
grandeur de la pensée. Sans doute la doctrine morale de
Confucius n'a jamais franchi la muraille de la Chine ; mais
cette doctrine a fait vivre et nourrit encore une des plus
nombreuses nations du monde, et en elle-même elle fait
honneur à l'esprit humain (1). C'en est assez pour ne pas l'oublier dans cette histoire.

CONFUCIUS. — Le premier caractère que nous présente la

(1) La doctrine morale de Confucius (Khoung-tseu) se trouve
exposée dans ce qu'on appelle les *quatre livres classiques* (Sse-Chou).

philosophie morale de la Chine, c'est d'être, non pas une
œuvre anonyme révélée par de prétendues divinités ou par
des personnages mystérieux dont nous ne connaissons pas le
nom, mais l'œuvre d'un homme, d'une personne dont l'histoire, le caractère, les mœurs mêmes nous ont été transmises
dans des récits authentiques. Dans ses écrits ou dans ceux de
ses disciples immédiats, nous le voyons vivre et parler de lui-
même avec un accent naturel qui touche plus vivement que les
emphatiques hyperboles des révélateurs indiens. « Le philosophe, disent ses disciples, était complètement exempt de
quatre choses. Il était sans amour-propre, sans préjugés, sans
obstination et sans égoïsme (1). Le philosophe était d'un abord
aimable et prévenant : sa gravité sans raideur et la dignité de
son maintien inspiraient du respect sans contrainte... Que ses
manières étaient douces et persuasives ! Que son air était
affable et prévenant (2) ! » Il était d'un naturel tendre et aimant.
« Quand le philosophe se trouvait à table avec une personne
qui éprouvait du chagrin de la perte de quelqu'un, il ne pouvait manger pour satisfaire son appétit (3). » Ses paroles
sont modestes et pleines de simplicité : « Je commente,
j'éclaircis les anciens ouvrages, dit-il, mais je n'en compose
pas de nouveaux. J'ai foi dans les anciens et je les aime... Je
ne naquis point doué de la science. Je suis un homme qui a

Ces quatre livres sont : 1° Le *Ta-hio* ou la grande étude ; 2° le
Tchoung-young ou l'invariabilité dans le milieu ; 3° le *Lun-yu* ou les
entretiens philosophiques. De ces trois ouvrages, le premier seul,
le *Ta-hio*, est de Confucius lui-même ; le second, le *Tchoung-young*,
est de son petit fils et disciple Tseu-sse. Quant au quatrième livre
classique, c'est le livre de Meng-tseu ou Mencius, qui a renouvelé
la doctrine de Confucius deux siècles après lui. Pour compléter la
connaissance de la philosophie morale et politique de la Chine, il
faut encore consulter le *Chou-King* ou livre par excellence. M. G.
Pauthier a donné une traduction française de ces divers ouvrages.
(Voy. les *Livres sacrés de l'Orient*, chez Firmin Didot.) Abel Rémusat
a donné une traduction latine du Tchoung-Young avec commentaire (*Notices et extraits des manuscrits*, t. X, p. 269).
(1) Lun-yu, IX, 4.
(2) *Ib.*, VII, 4 et 37.
(3) *Ib.*, VII, 9.

aimé les anciens, et qui a fait tous ses efforts pour acquérir leurs connaissances (1). » Il n'aspire point aux actions miraculeuses, et ne cherche point à établir sa doctrine sur des prodiges : « Faire des actions extraordinaires qui paraissent en dehors de la nature humaine, opérer des prodiges pour se procurer des admirateurs et des sectateurs dans les siècles à venir, voilà ce que je ne voudrais pas faire (2). » Enfin, ce n'est pas un théosophe mystérieux ayant deux doctrines, l'une publique, l'autre secrète : « Vous, mes disciples, tous tant que vous êtes, croyez-vous que j'aie pour vous des doctrines cachées? Je n'ai point de doctrines cachées pour vous (3). »

Nous venons de voir que Confucius se donne comme un commentateur des anciens ; il est partisan des anciens usages, et veut la constance dans les mœurs et les cérémonies. On sait quelle est en Chine l'importance du cérémonial et des rites. Confucius s'y conformait et il disait : « Les chars de l'empire actuel suivent les mêmes ornières que ceux des temps passés : les livres sont écrits avec les mêmes caractères, et les mœurs sont les mêmes qu'autrefois. » Il compte partout l'observation des rites au nombre des vertus (4) ; mais il est évident qu'il subordonne les cérémonies aux sentiments, et l'extérieur à l'intérieur : on cite de lui des paroles qui peuvent être regardées comme indépendantes dans un pays où le formalisme enchaîne la vie privée et publique dans les mailles inextricables d'un cérémonial superstitieux (5). « Préparez, disait-il, d'abord le fond du tableau pour y appliquer ensuite les couleurs. Tseu-hia dit : Les lois du rituel sont donc secon-

---

(1) Lun-yu, VII, 1, 19.
(2) Tch.-young, XI, 1.
(3) Lun-yu, I. VII, 23.
(4) Ils sont pour lui l'expression de la loi céleste (Tchoung-young, ch. XIX et XXVIII. Voy. aussi Lun-yu, l, II, c. XII, 1.
(5) Pour en avoir une idée, voyez le Tcheou-li ou rites du Tcheou, trad. de M. Edouard Biot, et l'analyse de ce livre par M. Biot, le père, dans les *Comptes rendus* de l'Ac. des sc. mor., 2ᵉ sér. t. IX, p. 187.

daires. Le philosophe dit : Vous avez saisi ma pensée (1) »
J'entends dans le même sens les paroles suivantes : « En fait
de rites, une stricte économie est préférable à l'extravagance ;
en fait de cérémonies funèbres, une douleur silencieuse est
préférable à une pompe vaine et stérile (2). » Enfin, ce qui
témoigne surtout de l'indépendance de son esprit, c'est l'interprétation très libre et toute philosophique qu'il donne des
textes sacrés (3).

Le Philosophe, comme l'appellent les livres de ses disciples,
montre la même réserve relativement au culte. Ce culte d'ailleurs était fort peu élevé : c'est une sorte de polythéisme
vague et matérialiste ; les Chinois n'ont jamais bien compris le
dieu spirituel et personnel des cultes occidentaux : ils adorent
des êtres indéterminés que l'on appelle des esprits ou des
génies, qui paraissent n'être autre chose que les forces de la
nature. Sur ce point comme sur le cérémonial, Confucius
paraît avoir préféré le fond à la forme, sans dire jamais rien
de contraire aux croyances populaires ; voici un passage signi-
ficatif : « Le philosophe étant malade, Tseu-lou le pria de
permettre à ses disciples d'adresser pour lui leurs prières
aux esprits et aux génies. Le philosophe dit : Cela convient-il ? Tseu-lou répondit avec respect : Cela convient. Il
est dit dans le livre intitulé *Houeï* : « Adressez vos prières
aux esprits et aux génies d'en haut et d'en bas (du ciel et de
la terre). Le philosophe dit : la prière de Khieou (c'est le nom
qu'il se donnait à lui-même, est permanente (4). » C'était opposer dans ce passage la prière permanente, c'est-à-dire la prière
du cœur, la prière des actes, aux prières déterminées et exi-
gées dans des circonstances particulières. Cette prière permanente, c'est évidemment la sagesse, sur laquelle il compte
plus pour fléchir les esprits que sur des actes extérieurs.

(1) Lun-yu, I, iii, 8.
(2) *Ib.*, I, iii, 4.
(3) V. par ex. Tch.-young, xii, 3 ; xiii, 2.
(4) Lun-yu, vii, 34.

Toutes les fois qu'on lui fait des questions relatives au monde surnaturel, il les élude. « Ki-lou demanda comment il fallait servir les esprits et les génies. Le philosophe dit : Quand on n'est pas encore en état de servir les hommes, comment pourrait-on servir les esprits et les génies? — Permettez-moi, ajouta-t-il, que j'ose vous demander ce que c'est que la mort? Le philosophe dit : Quand on ne sait pas encore ce que c'est que la vie, comment pourrait-on connaître la mort (1)? »

La doctrine de Confucius est donc une doctrine philosophique et rationnelle, respectueuse envers la tradition, mais indépendante. Il a sur la science des principes tout à fait conformes à ceux de Socrate, et exprimés déjà avec une précision rare. » Savoir que l'on sait ce que l'on sait, et que l'on ne sait pas ce que l'on ne sait pas, voilà la véritable science (2). » Il se rend très bien compte du caractère de sa doctrine et de sa méthode: « Les êtres de la nature, dit-il, ont une cause et des effets ; les actions humaines ont un principe et des conséquences : connaître la cause et les effets, les principes et les conséquences, c'est approcher très près de la méthode rationnelle, avec laquelle on arrive à la perfection (3). »

Il ne faudrait pas cependant se faire illusion, et chercher dans Confucius une méthode très rigoureuse : il procède par aphorismes, plus que par raisonnement. Ce qui ne peut pas être nié, c'est le sentiment moral qui anime ces antiques monuments. On ne peut guère leur comparer sous ce rapport, dans les livres purement philosophiques, que les *Mémorables* de Xénophon ou les *Pensées* de Marc-Aurèle. Le ton est d'une grandeur, d'une pureté, d'une sincérité vraiment admirables. « Si le matin vous avez entendu la voix de la raison céleste, le soir vous pouvez mourir (4). » L'enthousiasme du devoir y éclate en élans profonds et sublimes! « Oh ! que la loi du devoir de

(1) Lun-yù, II, xi, 11.
(2) *Ib.*, I. ii, 17.
(3) Ta-hio, i, 3.
(4) Lun-yu, iv, 8.

l'homme saint est grande, s'écrie le philosophe ! c'est un océan
sans rivage ! Elle produit et entretient tout les êtres : elle touche
au ciel par sa hauteur ! Oh ! qu'elle est abondante et vaste (1) ! »
Le sentiment moral s'enrichit chez Confucius de ce qui manque
au sentiment religieux ; ou plutôt il devient le sentiment
religieux lui-même, et la loi morale lui revèle un principe,
existant par lui-même, supérieur à tout ce que les sens peuvent
atteindre et auquel il ne manque que le nom de Dieu : « Le
parfait, dit-il, est le vrai dégagé de tout mélange... Le parfait
est le commencement et la fin de tous les êtres. Sans le parfait
ou la perfection, les êtres ne seraient pas... Le parfait est par
lui-même parfait absolu (2). »

Confucius ne nous montre pas seulement un sentiment vif
et enthousiaste de la loi morale : il en donne une définition
précise : il en saisit avec profondeur les caractères, et sa doctrine morale est déjà savante. Voici comment il définit la loi
morale. « C'est le principe qui nous dirige dans la conformité
de nos actions avec la *nature rationnelle* (3). » C'est là ce qu'il
appelle la *droite voie*. Il dit encore : « La loi de la philosophie
pratique consiste à développer et à remettre en lumière le principe lumineux *de la raison* (4). » Qu'est-ce que cette nature
rationnelle, à laquelle la loi morale nous ordonne de nous conformer et que Confucius appelle aussi le *mandat du ciel ?* C'est,
selon lui, la loi constitutive que le ciel a mise dans chaque être
pour accomplir régulièrement sa destinée : « C'est le principe
des opérations vitales et des actions intelligentes confé-
rées par le ciel aux êtres vivants (commentaire). » Qu'est-ce
maintenant que le *ciel*, expression que les philosophes chinois
affectionnent ? On voudrait pouvoir affirmer que Confucius a

---

(1) Tch-young, XXVII. Ce livre, à la vérité, n'est pas de Confucius,
mais de son petit-fils, Tseu-sse ; mais il est inspiré de son esprit.
(2) *Ib.*, XXV, 1 2.
(3) *Ib.* I, 1, « Quod dicitur natura conformari naturæ dicitur regula. »
(Abel Rémusat).
(4) Ta-hio, I, Cette définition paraît littéralement la même que la
définition stoïcienne : ὁμολογία τῇ φύσει, τῷ λόγῳ.

entendu par cette expression un être vraiment supérieur à la
nature, une intelligence suprême, une volonté éclairée. Mais on
ne peut se refuser à reconnaître que Confucius ne s'est jamais
élevé au-dessus d'une sorte de panthéisme naturaliste assez
vague dont le caractère se montre à nous dans le curieux passage que voici : « Que les facultés des puissances subtiles du
ciel et de la terre sont vastes et profondes ?... Identifiées à la
substance même des choses, elles ne peuvent en être séparées.
Elles sont partout au-dessus de nous, à notre gauche, à notre
droite, elles nous environnent de toutes parts. Ces esprits,
quelque subtils et imperceptibles qu'ils soient, se manifestent
dans les formes corporelles des êtres : leur essence étant une
essence réelle, elle ne peut pas ne pas se manifester par une
forme quelconque (1). »

Si Confucius est obscur sur la loi primitive des êtres, il
s'exprime sur la loi morale avec une élévation, une fermeté et
une clarté qui ne laissent rien à désirer. Le caractère essentiel
de cette loi est, à ses yeux, l'obligation et l'immutabilité. « La
règle de conduite morale, dit-il, qui doit diriger les actions
est tellement obligatoire que l'on ne peut s'en écarter d'un
seul point, d'un seul instant. Si l'on pouvait s'en écarter, ce ne
serait plus une règle de conduite immuable (2). » Il en exprime
en termes admirables le caractère absolu. « La loi du devoir,
dit-il, est par elle-même la loi du devoir (3). » Il nous peint
cette loi éternelle égale pour tous, quelle que soit leur condition, accessible aux plus humbles, et surpassant en même
temps les efforts des plus sages et des plus savants, « si
étendue, dit-il, qu'elle peut s'appliquer à toutes les actions des
hommes, si subtile qu'elle n'est pas manifeste pour tous (4). »

Cette loi, quoique s'imposant à l'homme d'une manière
absolue, a cependant son principe dans le cœur de tous les

_____

(1) Tch.-young, xvi, 1, 2, 3.
(2) *Ib.*, 1, 2.
(3) Tch.-young, xxv, 1. « Regula ipsius regula » (Ab. Rémusat.)
(4) *Ib.*, xii, 1.

JANET. — Science politique.   I. —3

hommes d'où elle s'élève à sa plus haute manifestation pour éclairer le ciel et la terre de ses rayons éclatants. Elle ne doit pas être éloignée des hommes (1), c'est-à-dire qu'elle doit être conforme et proportionnée à leur nature. Enfin, il la considère comme la loi de toutes les intelligences et illuminant l'univers entier (2). Ne doit-on pas reconnaître que Confucius a saisi tous les traits essentiels par lesquels l'analyse la plus savante a essayé de définir la loi morale?

Quel est l'objet de la loi morale? C'est le perfectionnement de soi-même. Confucius nous le dit dans plusieurs passages ; mais il distingue avec précision la perfection et le perfectionnement. L'une est la loi du ciel, l'autre est la loi de l'homme (3); l'une est un idéal auquel nul ne peut atteindre, l'autre est le possible, et est au pouvoir de tous les hommes. Confucius, lorsqu'il parle de la perfection, semble entrevoir un type supérieur à la nature même, et les paroles suivantes peuvent être entendues comme l'expression obscure mais profonde de l'idée d'infini : « Le ciel et la terre sont grands sans doute ; cependant l'homme trouve aussi en eux des imperfections. C'est pourquoi le sage en considérant ce que la règle de conduite morale a de plus grand, a dit que le monde ne peut la contenir (4). » — « La puissance productive du ciel et de la terre peut s'exprimer par un seul mot : c'est la perfection, mais la production des êtres est incompréhensible (5). Le parfait est le commencement et la fin de tous les êtres ; sans le parfait, les êtres ne seraient pas (6). » L'idéal moral conduit donc Confucius aussi près que possible de l'idée de Dieu, dont il est si éloigné dans ses conceptions métaphysiques.

Quoique la perfection soit au-dessus des efforts de l'homme, Confucius aime cependant à se représenter un homme souve-

(1) Tch.-young, XIII, 2.
(2) *Ib.*, XII, 3.
(3) *Ib.*, XX, 17. « Rectum cœli regula. Rectum hominis regula. »
(4) *Ib.*, XII, 2.
(5) *Ib.*, XXVI, 7.
(6) *Ib.*, XXV, 2.

rainement parfait, qui est le modèle dont il se sert pour exciter les autres hommes à la sagesse. C'est un personnage idéal, semblable au sage des stoïciens qui a toute la vertu, toute la science et toute la puissance que l'on peut concevoir et désirer (1). Confucius lui prête même des facultés surnaturelles, et le nomme un troisième pouvoir du ciel et de la terre (2). Mais, tout en proposant un modèle idéal, il ne demande pas une perfection impossible : « Je ne puis parvenir à voir un saint homme, nous dit-il ; tout ce que je puis, c'est de voir un sage. » C'est ainsi qu'il interprète ce passage du livre des vers : « L'artisan qui taille un manche de cognée sur un autre manche n'a pas son modèle éloigné de lui. Ainsi le sage pour gouverner et améliorer les hommes ne doit pas regarder un modèle trop éloigné. Une fois qu'il les a ramenés au bien, il s'arrête là (3). » Ainsi quoique l'homme ne puisse atteindre à la perfection, il doit essayer sans cesse d'en approcher, et s'efforcer de faire des progrès vers ce but sublime. Il étudie avec profondeur la loi du devoir, pour en saisir les préceptes les plus subtils et les plus inaccessibles aux intelligences vulgaires, il se conforme aux lois déjà reconnues et cherche à en découvrir de nouvelles (4).

L'idée que Confucius se forme de la sagesse est très large. Il vante la force d'âme comme un stoïcien (5), la modération comme un disciple d'Aristote, l'amour des hommes comme un chrétien. N'est-ce pas un Épictète, un Marc-Aurèle qui a dit ces paroles : « Est-il riche, comblé d'honneurs, le sage agit comme doit agir un homme riche et comblé d'honneurs. Est-il pauvre et méprisé, il agit comme un homme pauvre et méprisé... Le sage qui s'est identifié avec la loi morale conserve toujours assez d'empire sur lui-même pour remplir les

(1) Tch.-young, XXII, et suiv.
(2) *Ib.*, XXII, 1. « Cœli et terræ ternarium. »
(3) *Ib.*, XIII, 2.
(4) *Ib.*, XXVII, 6. « Assuesci veteribus et noscit nova. »
(5) *Ib.*, X, 4.

devoirs de son état dans quelque condition qu'il se trouve (1). » Mais cette fermeté n'est jamais accompagnée d'ostentation et d'emphase. Il ne dit pas comme le philosophe grec : « Même dans le taureau de Phalaris, le sage s'écrierait encore : Que cela est doux. » Mais il dit avec une simplicité et une modestie bien plus touchantes : « Se nourrir d'un peu de riz, boire de l'eau, n'avoir que son bras courbé pour appuyer sa tête, est un état qui a aussi sa satisfaction (2). » Il ajoutait : « Être riche et honoré par des moyens iniques, c'est pour moi comme le nuage flottant qui passe. »

Voilà pour la force d'âme ; quant à la vertu de la modération, elle est une des plus recommandées dans l'école de Confucius ; le principe du juste milieu est un de ses principes favoris ; c'est l'objet d'un livre dont le titre parle assez par lui-même : *l'invariabilité dans le milieu* (3). Voici comment l'auteur, petit-fils de Confucius et interprète de sa doctrine (Tseu-sse), définit le milieu : « Avant que la joie, la satisfaction, la colère, la tristesse se soient produites (avec excès), l'état dans lequel on se trouve s'appelle *milieu*. — La persévérance dans le milieu, loin de tout extrême, est le signe d'une vertu supérieure (4). » Mais il ne faut pas entendre le milieu dans un sens absolu et inflexible, comme s'il était fixé d'avance pour toutes circonstances. Il y a milieu et milieu : la sagesse est de savoir le reconnaître : « L'homme supérieur se conforme aux circonstances pour tenir le milieu... l'homme vulgaire ne craint pas de le suivre témérairement en tout et partout (5). » Tel est l'esprit de modération de ces philosophes, qu'ils vont jusqu'à craindre l'excès de la modération,

(1) Tchoung-young., xiv, 1, 2.
(2) Lun-yu, vii, 15.
(3) Avertissement du docteur Tching-Tseu. Le docteur Tching-Tseu a dit : « Ce qui ne dévie d'aucun côté est appelé milieu (tchoung), ce qui ne change pas est appelé invariable (young). » Tr. fr. p. 32.
(4) Tchoung-young, 1, iv ; ii, 1, 2 ; iii, 1 ; vii, 1 ; viii, 1 ; ix, 1 ; x, 5 ; xi, 3 ; xiv, 1, etc.
(5) *Ib.*, ii, 2. *Glose :* « Sans se conformer aux circonstances. »

et qu'ils s'en rapportent plus, pour trouver le vrai milieu, au
tact de l'homme supérieur qu'à leurs propres formules.

Enfin, on a souvent signalé dans Confucius des éléments
qu'il serait permis d'appeler chrétiens, si l'humilité et la charité
devaient être considérées comme le domaine propre du christianisme. N'est-ce pas une noble humilité qui a inspiré ces
paroles : « Fuir le monde, n'être ni vu ni connu des hommes,
et, cependant n'en éprouver aucune peine, tout cela n'est possible qu'au saint (1)... » — « L'homme supérieur s'afflige de son
impuissance ; il ne s'afflige pas d'être ignoré et méconnu des
hommes (2). » N'est-ce pas la charité qui a inspiré le passage
suivant : « Fantchi demanda ce que c'était que la vertu de
l'humanité. Le philosophe dit : Aimer les hommes (3). —
« Il doit aimer les hommes de toute la force et l'étendue de
son affection (4) ». — « L'homme supérieur est celui qui a une
bienveillance égale pour tous (5). »

Veut-on des paroles encore plus pénétrantes, où non seulement l'idée, mais le sentiment de la fraternité s'exprime en
termes touchants et passionnés. Le philosophe dit : « Je voudrais procurer aux vieillards un doux repos, aux amis conserver une fidélité constante, aux femmes et aux enfants donner
des soins tout maternels (6) »... Sec-Ma-Nieou, affecté de
tristesse, dit : « Tous les hommes ont des frères, moi seul
n'en ai point. — Que l'homme supérieur, répond le philosophe, regarde tous les hommes qui habitent dans l'intérieur
des quatre mers comme ses frères (7). » Et enfin, pour
terminer ces citations par celle qui les résume toutes, quoi de
plus merveilleux que cette parole, que l'on pourrait prendre
pour une traduction littérale de l'Évangile, si les livres de

(1) Tch.-young, xi, 3.
(2) Lun-yu, xv, 18.
(3) Ib., xii, 22.
(4) Ib., i, 6.
(5) Ib., ii, 14.
(6) Ib., v, 25.
(7) Ib., xii, 5.

Confucius n'étaient pas antérieurs à l'Évangile : « La doctrine
de notre maître, dit Thseng-tseu, consiste uniquement à avoir
la droiture du cœur et à aimer son prochain comme soi-
même »... — Agir envers les autres comme nous voudrions
qu'ils agissent envers nous-mêmes, voilà la doctrine de l'humanité. » — « La règle de la vie est la *réciprocité* (1). »

On ne peut pas dire que Confucius ait eu une doctrine politique. L'Orient n'a guère connu cette science qui s'occupe des
éléments constitutifs de l'État, discute les principes du gouvernement, distingue et compare les différentes constitutions,
et juge les gouvernements sur un modèle dont l'idée varie
selon le système et les préférences de chacun. L'immobile Orient a plus de respect pour les principes du
pouvoir.

Cependant il faut reconnaître qu'en Chine, où tout se présente sous des proportions plus humaines, la doctrine du droit
divin est bien moins exagérée que dans l'Inde. Le roi est bien
appelé le Fils du Ciel, et il est reconnu que c'est du ciel qu'il
reçoit son pouvoir (2) ; mais cette expression vague et mal
définie n'empêche pas qu'on ne le considère comme un
homme, et que le gouvernement ne soit traité par les philosophes comme un établissement humain, sujet aux imperfections, appelant la critique et susceptible de réformes et de
perfectionnement. La souveraineté n'y paraît pas absolument
inviolable ; en fait, de nombreuses dynasties se sont succédé
les unes aux autres sur le sol de la Chine. Confucius paraît
donner son approbation à l'une de ces révolutions (3), et il
semble les autoriser en général par ces paroles d'une singulière hardiesse : « Le Khang-kao a dit : Le mandat du Ciel qui

---

(1) Ta-hio, ix, 3 (voir le commentaire dans Pauthier, traduction
latine, p. 66, Paris, 1837). — Tchoung-young, xiii, 3 ; Lun-yu, iv,
15 ; v, 11 ; vi, 28 ; xv, 23 ; Meng-tseu, II, vii, 4.
(2) Chou-King (Livres sacrés de l'Orient, 1840). Ch. Taï-chi. « Le
ciel, en créant des peuples, leur a préposé des princes pour avoir
soin d'eux. »
(3) Lun-yu, xiv, 17, 18.

donne la souveraineté à un homme ne la lui confère pas
pour toujours. Ce qui signifie qu'en pratiquant le bien et la
justice on l'obtient, et qu'en pratiquant le mal ou l'injustice
on la perd (1). » Ainsi la souveraineté peut se perdre, et la
seule garantie que le prince ait de la conserver, c'est l'amour
et la volonté du peuple : « Obtiens l'affection du peuple, et tu
obtiendras l'empire ; perds l'affection du peuple, et tu perdras
l'empire (2). »

Malgré ces généreuses paroles, il ne faudrait pas prendre
Confucius pour un réformateur politique. Il refuse au peuple la
critique du gouvernement (3), et ne reconnaît qu'à l'autorité
légitime le pouvoir d'opérer les grandes réformes qu'exige le
salut de l'État (4). Ce n'est pas non plus un utopiste qui rêve une
société idéale pour se donner le droit d'accabler de ses mépris
la société réelle ; et, quoiqu'il s'écrie une fois dans un accès d'enthousiasme : » Si je possédais le mandat de la royauté, il ne me
faudrait pas plus d'une génération pour faire régner partout
la vertu de l'humanité, » ces paroles ambitieuses sont les
seules où Confucius semble prendre le rôle de réformateur : en général, c'est un sage, un moraliste qui donne des
conseils aux rois comme aux autres hommes. La politique
n'est pour lui qu'une partie de la morale. Il définit le gouvernement : « Ce qui est juste et droit. » Pour bien gouverner
l'État, il faut d'abord, suivant lui, mettre l'ordre dans sa
famille, et surtout se gouverner soi-même (5). « Le prince
qui est vertueux possède le cœur de ses sujets ; s'il possède
le cœur, il possède le territoire. Le principe rationnel et
moral est la base fondamentale, les richesses n'en sont que
l'accessoire (6). » Il recommande au prince de chercher
l'amélioration de ses sujets, non par les supplices, mais par le

---

(1) Ta-hio, x, 10.
(2) Ib., 5.
(3) Lun-yu, viii, 14.
(4) Tchoung-young, xxviii, 2.
(5) Ta-hio, 4.
(6) Ib., x, 6.

bon exemple. Sur les revenus de l'État il donne des conseils qui peuvent sembler naïfs, qui sont cependant, quoi qu'on fasse, le dernier mot de la science financière : « Il y a un grand principe, dit-il, pour accroître les revenus de l'État ou de la famille. Que ceux qui produisent ces revenus soient nombreux, et ceux qui les dissipent en petit nombre ; que ceux qui les font croître par leur travail se donnent beaucoup de peine, et que ceux qui les consomment le fassent avec modération. De cette manière, les revenus seront toujours suffisants. » Ce qui est marqué au coin d'une sagesse profonde et hardie, et ce qui est d'une vérité éternelle, c'est cette véhémente apostrophe contre les ministres prévaricateurs : « Si ceux qui gouvernent les États ne pensent qu'à amasser des richesses pour leur usage personnel, ils attireront indubitablement auprès d'eux des hommes dépravés : ces hommes leur feront croire qu'ils sont des ministres bons et vertueux, et ces hommes dépravés gouverneront le royaume. Mais l'administration de ces indignes ministres appellera sur le gouvernement les châtiments divins et les vengeances du peuple. Quand les affaires publiques sont arrivées à ce point, quels ministres, fussent-ils les plus justes et les plus vertueux, détourneraient de tels malheurs ? Ce qui veut dire que ceux qui gouvernent un royaume ne doivent pas faire leur richesse privée des revenus publics, mais qu'ils doivent faire de la justice et de l'équité leur seule richesse (1). » Enfin, Confucius semble avoir deviné le rôle des ministres constitutionnels, lorsqu'il dit : « Ceux que l'on appelle grands ministres servent leurs princes selon les principes de la droite raison (et non selon les désirs du prince) ; s'ils ne le peuvent pas, alors ils se retirent (2). »

MENCIUS. — Après Confucius et ses premiers disciples, il arriva ce qui arrive toujours ; l'école dégénéra, la doctrine

_____

(1) Ta-hio, x, 18, 22.
(2) Lun-yu, xi (1 du 2ᵉ livre), 23. La parenthèse est du commentateur chinois.

fut négligée et abandonnée ; des sectes nouvelles se formèrent ; une réforme devint nécessaire.

Parmi les sectes qui se développèrent à cette époque, en
dehors de l'école de Confucius, on en cite principalement
deux, très opposées l'une à l'autre et toutes deux éloignées
de ce milieu que le philosophe avait regardé comme la base
de sa morale : la secte d'Yang et la secte de Mé (1). La première paraît avoir été une sorte d'épicuréisme grossier : en
morale, elle n'admettait que l'amour de soi-même ; en politique, elle professait l'anarchie et ne reconnaissait point
l'autorité des princes. La secte de Mé professait au contraire
un amour sans bornes pour l'humanité ; mais elle méconnais-
sait les sentiments les plus naturels et s'attaquait à la famille.
Ces deux sectes, que l'on pourrait appeler socialistes, se
partageaient les lettrés ; mais on a soin d'ajouter : « les lettrés
non employés » ; car ceux qui étaient dans les emplois se
seraient bien gardés d'adopter des opinions aussi subversives ;
en revanche, il est permis de conjecturer que l'éloignement
où étaient quelques-uns, des emplois et des positions lucra-
tives les disposait à adopter des principes d'où pouvait
résulter quelque renversement.

Quoi qu'il en soit, le fin et pénétrant Meng-tseu (Mencius),
qui renouvela la doctrine de Confucius deux cents ans après
celui-ci, nous peint de cette manière ces deux sectaires :
« Yang-tseu fait son unique étude de l'intérêt personnel, de
l'amour de soi. Devrait-il arracher un cheveu de sa tête pour
procurer quelque avantage public à l'empire, il ne le ferait
pas. Mé-tseu aime tout le monde ; si en abaissant la tête
jusqu'à ses talons, il pouvait procurer quelque avantage
public à l'empire, il le ferait (2). » Il faut voir sans doute dans
ce dernier passage une ironie ; car on ne peut croire qu'un
disciple de Confucius pût condamner ainsi l'amour du bien
public ; il veut sans doute dire que Mé-tseu abandonnait toute

(1) Meng-tseu, I, vi, 9 ; II, viii, 26.
(2) Meng-tseu, II, vii, 26.

dignité et toute fierté, sous prétexte d'être utile à l'empire ;
et tandis que l'un ne voyait rien au-delà de sa personne,
l'autre sacrifiait cette personne même avec trop de condescendance et un excès d'humilité. Entre ces deux doctrines
extrêmes, Mencius vint renouveler et rétablir la doctrine du
milieu, doctrine qui recommande le respect de soi-même et
l'amour des autres, qui fait de la piété filiale la base de tous
les devoirs, qui reconnaît l'autorité des princes, sans autoriser
leur tyrannie, et rattache la destination de l'homme à la
nature de l'univers. Mencius se sent appelé à continuer la
doctrine de Confucius et à la défendre contre ceux qu'il
appelle des barbares. On l'accuse d'aimer à disputer ; mais il
ne peut agir autrement. Il est un disciple du saint homme (1).

Un disciple de Mencius qui paraît jouer à peu près le rôle
des sophistes dans les dialogues de Socrate, Kao-tseu prétendait que la nature humaine n'était originairement ni bonne ni
mauvaise, mais indifférente au bien et au mal (2). Il la
comparait à un saule flexible, et disait que l'équité et la
justice étaient comme une corbeille faite avec ce saule (3). Il
disait encore que la nature de l'homme est comme l'eau qui
ne distingue pas entre l'Orient et l'Occident, et va du côté où
on la dirige : de même la nature humaine ne distingue pas
entre le bien et le mal. C'était dire que la vertu n'est que
l'effet de l'éducation et qu'il n'y a point naturellement dans
l'homme de principe moral. Mencius répond que la nature
de l'homme est naturellement bonne comme l'eau coule naturellement en bas. Il est vrai qu'en comprimant l'eau, on peut
la faire jaillir en haut ; mais ce n'est plus la nature, c'est la
contrainte. Il est vrai encore que la nature de l'homme lui
permet de faire le mal ; mais le mal n'est pas sa nature (4).
Tous les hommes ont le sentiment de la miséricorde et de la

(1) Meng-tseu, I, vi, 9.
(2) *Ib.*, II, v, 6. — Ce chapitre est ce qu'il y a de plus remarquable peut-être, au point de vue philosophique, dans les livres chinois.
(3) *Ib.*, *ib.*, 1.
(4) *Ib.*, *ib.*, 2.

piété, tous les hommes ont le sentiment de la honte et de la
haine du vice; tous les hommes ont le sentiment de la
déférence et du respect; tous les hommes ont le sentiment de
l'approbation et du blâme (1). Comme il y a un même goût
chez tous les hommes, qui leur fait prendre le même plaisir
aux mêmes saveurs, aux mêmes tons et aux mêmes formes,
il y a aussi un même cœur chez tous les hommes, et ce qui
convient au cœur de tous les hommes, c'est l'équité (2). Il
compare admirablement l'âme à une montagne dépouillée de
ses arbres par la serpe et la hache : ainsi font les passions
dans l'âme humaine; elles la dépouillent des sentiments de
l'humanité et de l'équité. Les efforts que fait l'homme pour
retourner au bien sont semblables aux rejetons qui rempla-
cent les grands arbres de la forêt coupée; mais le mal que
l'on fait dans l'intervalle du jour étouffe les germes des vertus
qui commençaient à renaître au souffle tranquille et bienfaisant du matin. Il y a dans l'homme des parties grandes et des
parties petites, les fonctions de l'intelligence et les désirs des
sens. Obéir vraiment à la nature, c'est obéir à la meilleure
partie de soi-même, c'est-à-dire au principe pensant: notre
bien est en nous et n'est pas hors de nous: si on le cherche
là, on ne peut manquer de le trouver (3).

A côté de ces grandes pensées dignes de Marc-Aurèle, il
s'en trouve d'autres, comme dans Confucius, d'une simplicité
exquise, telles que celle-ci: « Le grand homme est celui qui
n'a pas perdu l'innocence et la candeur de son enfance (4). »

Mais quoique Mencius ait soutenu avec éloquence et développé
quelquefois avec profondeur la morale de Confucius, ce n'est
pas dans la morale qu'éclate toute sa supériorité; sa vraie
originalité est dans la philosophie politique; là, il surpasse son
maître en hardiesse et en précision. Confucius, nous l'avons

(1) Meng-tseu, II, v. 6.
(2) Ib., ib., 7.
(3) Ib., ib., 6, 15 ; VII, 1, 3.
(4) II, II, 12.

dit, n'a eu sur la politique que des vues très générales ; il ne s'adresse jamais aux rois directement et ne leur fait entendre qu'un langage très mesuré. Mencius, au contraire, semble avoir pris pour rôle de censurer et de réprimander les princes : il leur parlait un langage ferme, noble, et quelquefois singulièrement hardi. Cette opposition était acceptée, et ses conseils demandés, sinon suivis. Il ne donnait pas seulement, comme Confucius, des conseils de vertu, mais des avis sur l'administration et le gouvernement. Sa manière de raisonner était insinuante, spirituelle, embarrassante, et on y a trouvé, non sans raison, quelque analogie avec l'ironie de Socrate. Voici quelques exemples de cette ingénieuse dialectique. Un premier ministre lui exprimait l'intention de décharger le peuple ; et il promettait de diminuer chaque année les impôts, sans les supprimer d'abord entièrement ; Meng-tseu ne fut pas de cet avis, et lui répondit par cette parabole spirituelle, sinon concluante : « Il y a maintenant un homme qui chaque jour prend les poules de ses voisins. Quelqu'un lui dit : ce que vous faites n'est pas conforme à la conduite d'un honnête homme. Mais il répondit : je voudrais bien me corriger peu à peu de ce vice ; chaque mois, jusqu'à l'année prochaine, je ne prendrai plus qu'une poule, et ensuite je m'abstiendrai complètement de voler (1). » Dans une autre occasion, Mencius, demande au roi de Ti ce qu'il faut faire d'un ami qui a mal administré les affaires dont on l'avait chargé. — Rompre avec lui, dit le roi. — Et d'un magistrat qui ne fait pas bien ses fonctions ? — Le destituer, dit le roi. — Et si les provinces sont mal gouvernées, que faudra-t-il faire ? — Le roi (feignant de ne pas comprendre) regarda à droite et à gauche et parla d'autre chose (2). » Ainsi font les gouvernements, lorsqu'on leur dit leurs vérités.

C'était, une tradition dans l'école de Confucius de parler aux

(1) I, vi, 8.
(2) I, ii, 6.

princes un langage fier et hardi. Mou-koung demandait à
Tseus-se, comment un prince devait contracter amitié avec
un lettré ? « En le servant et l'honorant dit le philosophe (1). »
Thseng-tseu disait aux ministres : « Prenez garde, prenez
garde, ce qui sort de vous retourne à vous. » Ce que Mencius interprète de cette manière : le peuple rend ce qu'il
a reçu. Il ne craignait pas davantage de faire entendre au
roi des vérités désagréables. Celui-ci l'interrogeait sur les
premiers ministres. « Si le roi a commis une faute, dit-il, ils
lui font des remontrances : s'il retombe dans cette faute, ils
lui ôtent son pouvoir. » Il paraît qu'à cette parole, le roi
changea de couleur, et se repentit sans doute de sa question.
Mencius ajouta : « Que le roi ne trouve pas mes paroles extraordinaires. Le roi a interrogé un sujet : le sujet n'a pas osé lui
répondre contrairement à la droiture et à la vérité (3). »

Les doctrines politiques de Mencius sont, si j'ose dire libérales, quoiqu'une semblable expression ait lieu d'étonner, appliquée à un philosophe chinois. Mais sur l'origine du pouvoir, sur
sa fin, sur ses devoirs, il professe des principes fort analogues à
ceux de l'Occident. Comment explique-t-il le droit de la souveraineté ? Par une sorte d'accord entre le ciel et le peuple (4).
Ce n'est pas l'Empereur lui-même qui nomme son successeur
à l'empire : il ne peut que le présenter à l'acceptation du ciel et
du peuple. Or le ciel n'exprime pas sa volonté par des paroles ;
mais il s'exprime par le consentement du peuple. Mencius cite à
l'appui de cette doctrine ces paroles de Chou-King, qui nous
prouvent qu'elle était la doctrine traditionnelle de l'empire : « Le
ciel voit, mais il voit par les yeux du peuple. Le ciel entend ; mais
il entend par les oreilles de mon peuple . » Nous avons vu que
Confucius admettait la perte du mandat souverain par l'indignité.
Mencius professe les mêmes principes avec plus d'énergie. Il

(1) II. iv, 7.
(2) I, ii, 12.
(3) II, iv, 9.
(4) II, iii, 5. Chou-King, Taï-schi (Pauthier, *Livres sacrés de l'O-
rient*, p. 84.)

dit que les empires se fondent par l'humanité et se perdent par
l'inhumanité. Il cite l'exemple des derniers princes de la dynastie
des Tcheou, que le peuple a désignés sous le nom d'hébétés et
de cruels (1). Il montre que la tyrannie finit toujours par
entraîner la ruine du royaume et du tyran. Il appelle les tyrans
des *voleurs de grand chemin*, et les croit dignes de la même
justice (2). Le roi de Thsi l'interroge un jour en ces termes :
« Est-il vrai que Tching-Tchang (fond. de la 2ᵉ dynastie) détrôna
Kie (dernier roi de la première dynastie) et l'envoya en exil,
et que Wou-Wang (fond. de la 3ᵉ dynastie) mit à mort Cheou-
sin ? — Meng-Tseu répondit avec respect : l'histoire le rapporte. » Le roi dit : « Un ministre et sujet a-t-il le droit de
détrôner et de tuer son prince ? Meng-tseu dit : celui qui fait
un vol à l'humanité est appelé voleur ; celui qui fait un vol à
la justice est appelé tyran. Or un voleur et un tyran sont des
hommes que l'on appelle *isolés*, *réprouvés* (abandonnés de
leurs parents et de la foule) (3). J'ai entendu dire que Tching-
Thang avait mis à mort un homme isolé, réprouvé, nommé
Cheou-sin ; je n'ai pas entendu dire qu'il ait tué son prince (4). »

(1) II, ɪ, 2, 3.
(2) II, ɪᴠ, 4.
(3) Le commentaire, ici, est remarquable. « *Le suffrage du Peuple*
le constitue prince; son abandon n'en fait plus qu'un simple particulier, un homme privé, passible du même châtiment que la foule. »
A l'appui de ce passage on peut citer encore les textes suivants. Le
commentateur Tchou-hi dit, à propos du chapitre du Ta-hio : « Si
le prince ne se conformait pas dans sa conduite aux règles de la
raison, et qu'il se livrât de préférence aux actes vicieux, alors
sa propre personne serait exterminée, et le gouvernement périrait »
(note p. 25 de la trad. fr.) Le traducteur cite encore à la note
suivante, ce passage de Ho-Kiang : « La fortune du prince dépend
du ciel, et *la volonté du ciel existe dans le peuple.* » A quoi il faut
ajouter ce passage de Chou-King (Kao-yao-mo, ẕ 7, des *Livres sacrés
de l'Orient*, tr. de M. Pauthier, p. 56). « Ce que le ciel voit et entend
n'est que ce que le peuple voit et entend. Ce que le peuple juge digne
de récompense et de punition est ce que le ciel veut punir et récom-
penser ? Il y a une communication intime entre le ciel et le peuple :
que ceux qui gouvernent les peuples soient donc attentifs et réservés. »
On est moins étonné, à la lecture de ces passages, des diverses révolutions qui ont agité la Chine à plusieurs époques, et de celle qui la
menaçait encore il y a quelques années.
(4) L. I, ɪɪ, 8.

Voilà le langage qu'un sage faisait entendre à un roi dans un
pays qui nous paraît le sanctuaire du despotisme.

Toute cette théorie politique se résume dans ce texte, qui
paraîtrait hardi, même dans un publiciste de l'Occident. « Le
peuple est ce qu'il y a de plus noble dans le monde ; les esprits
de la terre ne viennent qu'après : le prince est de la moindre
importance (1). »

Meng-tseu est un défenseur du peuple : il dénonce aux
princes la tyrannie de leurs ministres ; il élève même des
plaintes énergiques contre la tyrannie des princes, et fait un
tableau cruel et sanglant de la misère des populations (2). Il
accuse les princes de prendre le peuple dans des filets, en
l'exposant au crime par la détresse, et en le punissant ensuite
de mort (3) pour des crimes auxquels ils l'ont encouragé. Pour
remédier à cet état de choses, Mencius propose deux remèdes :
la constitution de la propriété (4), la réforme des impôts (5). Il
dit que la propriété telle qu'elle est constituée ne donne pas à
l'homme de quoi nourrir ses parents, sa femme et ses enfants,
l'exempte à peine de la misère dans les années d'abondance,
et le condamne à la famine dans les années de disette. Il montre
les vieillards, les jeunes gens cherchant la mort dans les mares
et dans les fossés pour échapper aux tourments de la faim, et
pendant ce temps les greniers du prince regorgeant d'abondance. Mencius comprend très bien l'importance de la propriété : la tranquillité d'esprit et l'amour de l'ordre sont
attachés à la propriété : l'absence de propriété fait naître l'in-
quiétude et dispose aux désordres ; c'est donc prendre le
peuple dans des filets et mettre en péril la sécurité des propriétés, que de lui arracher sa substance par des impôts exa-

---

(1) L. II, VIII, 14. « Populus est præ omnibus nobilis ; terræ
spiritus, frugum spiritus secundarii illius ; princeps est levioris mo-
menti. »
(2) I, II, 12, et III, 1.
(3) I, I, 7.
(4) I, I, 7. « Constituendo rem familiarem. »
(5) I, III, 5.

gérés. Mêng-tseu critique la taxe sur les marchandises qui pèse sur les marchés, la taxe sur les passages de frontières qui pèse sur les voyageurs, la taxe de la capitation et la redevance en toiles qui pèsent sur les artisans, enfin la dîme qui pèse sur les laboureurs. Il n'admet qu'une sorte d'impôt celui qu'il appelle la corvée d'assistance ou la culture en commun des champs du prince.

Il nous est évidemment impossible d'apprécier la justesse des critiques de Mencius contre l'administration financière de son pays ; mais on ne voit pas que ces critiques l'aient fait passer pour un censeur importun à la cour des princes qu'il fréquentait. Son avis paraissait au contraire d'un assez grand poids : les princes le visitaient et même lui députaient des envoyés pour le consulter et l'interroger sur son système (1). Ce système consistait en une distribution égale de carrés de terre, exactement délimités (2). L'impôt devait être soit la corvée d'assistance, soit la dîme, selon la situation des terres. Celles qui seraient près de la capitale, supposées plus riches, paieraient la dîme ; quant aux plus éloignées, on consacrerait une division sur neuf, qui serait cultivée en commun pour subvenir aux traitements des fonctionnaires. La réunion de ces neuf divisions quadrangulaires forme un *tsing*, et est composée de neuf cents arpents : cent arpents sont consacrés au champ public, cultivés en commun par huit familles possédant chacune cent arpents. Chacune de ces divisions forme un carré, et le tsing est une réunion de cent carrés au milieu desquels est le champ public. On voit que ce système est un système égalitaire, comme il arrive presque toujours dans les premières théories sociales : rien de plus simple que la division égalitaire : c'est l'expérience et la complication progressive des intérêts qui en montrent les difficultés : nous retrouverons plusieurs systèmes de ce genre dans les publicistes de la Grèce. Quant à celui de Mencius, pour en apprécier l'originalité et la portée,

(1) I, ɪᴠ, 10.
(2) I, ᴠ, 3.

il faudrait bien connaître l'organisation sociale et économique de son pays et de son temps.

Ce qu'il y a de plus remarquable dans les théories sociales des philosophes chinois, c'est que l'on ne trouve plus chez eux aucune trace de castes ni d'esclavage. Mencius ne reconnaît que deux classes d'hommes aussi nécessaires l'une que l'autre (1) : « Les uns, dit-il, travaillent de leur intelligence, les autres travaillent de leurs bras. Ceux qui travaillent de leur intelligence gouvernent les hommes ; ceux qui travaillent de leurs bras sont gouvernés par les hommes. Ceux qui sont gouvernés par les hommes nourrissent les hommes ; ceux qui gouvernent les hommes sont nourris par les hommes. C'est la loi universelle du monde. » Voilà, il faut le reconnaître, de nobles paroles : on n'en trouve point de semblables même chez les plus grands penseurs de la Grèce. Pas un mot de mépris pour cette classe innombrable qui travaille de ses bras : solidarité indissoluble entre ceux qui pensent et ceux qui nourrissent. Et croit-on que le philosophe chinois, prévoyant d'avance les objections qui s'élèvent contre le travail des bras, croie nécessaire de défendre et de démontrer la dignité de ce travail ? Non, ce qu'il croit devoir démontrer au contraire, c'est que ce genre de travail n'est pas obligatoire pour tout le monde, c'est que l'intelligence est aussi un travail. Il montre que ce n'est pas tout d'apprendre au peuple à se nourrir, il faut lui apprendre encore à cultiver sa raison ; ceux qui occupent leur intelligence n'ont pas le temps de se livrer aux travaux de l'agriculture. Il est donc juste que ceux qui ont cultivé leur esprit gouvernent les hommes et soient nourris par eux.

De même que la morale en Chine est toute rationnelle et sans aucun mélange théologique, la politique y est tout humaine et ne nous offre pas la moindre trace d'un pouvoir sacerdotal. Le gouvernement, tel que nous le voyons dans les livres de

(1) L, V, 4.

Confucius et de Mencius, est monarchique, mais paternel, je
dirais presque maternel ; absolu, mais tempéré par les avertissements des sages. Le peuple est sujet : mais il n'est point
esclave, et il semble qu'il soit considéré comme la source du
gouvernement ; au moins ne partage-t-il ce privilège qu'avec
le ciel, principe muet et aveugle dont le peuple est l'interprète.
Telles sont les doctrines politiques de Mencius, doctrines qui
s'autorisent aussi des livres sacrés de la Chine, et qui semblent
traditionnelles dans ce pays.

Chose étrange ! ce pays muré, jaloux de son isolement,
interdit aux étrangers, méfiant et hostile aux Européens, est
celui de tous les pays de l'Orient qui se rapproche le plus de
nos idées, et dont les sages ressemblent le plus à nos sages.
Tandis qu'il nous faut interpréter l'Inde pour la comprendre,
il nous suffit de traduire les auteurs chinois pour les rendre
presque modernes : j'excepte bien entendu tout ce qui tient aux
habitudes locales, et à des coutumes qui ne sont pas les nôtres :
mais quant au fond des choses, les philosophes dont nous
venons d'exposer les pensées ne méritent-ils pas de compter
entre les moralistes classiques, qui, sans différence de temps,
de pays et de coutumes, sont les instituteurs et les tuteurs du
genre humain ? L'Occident ne doit point avoir honte de reconnaître des maîtres jusqu'en Chine ; partout où il s'en rencontre,
la faiblesse humaine doit les rechercher avec amour, et s'incliner devant eux avec vénération.

Comment la Chine, et en général comment l'Orient, qui a
devancé le reste du monde dans la connaissance de la sagesse,
s'est-il arrêté à un point qu'il semble impuissant à franchir ?
Ce point, il ne l'a point atteint vraisemblablement du premier
coup ; il n'y est arrivé que par un progrès successif. Pourquoi
ce progrès s'est-il arrêté ? Tandis que, dans le mobile Occident, tout marche et se renouvelle sans cesse, comment tout
paraît-il arrêté et comme pétrifié dans l'immobile Orient ?

Voilà le problème que la science orientaliste est appelée à
résoudre. Mais on peut déjà en rectifier les termes. L'immobi-

lité de l'Orient n'est que relative. Si les changements y sont
lents, ils ne sont point nuls. Là aussi s'est rencontré le mouvement, la lutte, l'opposition des doctrines ; et la science,
comme l'État, y a eu ses révolutions. Pour ne parler que de
la philosophie, nous commençons à savoir que dans l'Inde, sous
l'influence du brahmanisme, se sont développées de nombreuses
écoles de philosophie, plus ou moins orthodoxes, mais qui ont
dû porter le trouble dans la théologie consacrée. Nous savons
également que le bouddhisme, cette protestation contre le
brahmanisme, a eu ses sectes dont on entrevoit à peine aujour-
d'hui les diverses ramifications, mais qui paraissent s'être partagé les diverses directions de la pensée depuis le théisme jusqu'au nihilisme. La Perse a eu des sectes religieuses philosophiques analogues à celles de l'Occident, et où se retrouvent
le rationalisme, le spiritualisme, l'épicuréisme et même le
communisme. Enfin dans la Chine la doctrine de Confucius
ébranlée par des sectes anarchiques, rétablie par le spirituel
Mencius, s'est vu disputer l'empire des intelligences et des
âmes par la doctrine de Fo (le bouddhisme) ou celle de Lao-
Tseu) ; et des écoles de toute espèce sont sorties de ces doctrines diverses, pour les interpréter à leur gré.

Il ne nous appartient pas de pénétrer plus avant dans ces
régions à peine explorées par les plus érudits. La science en
est encore à apprendre à lire dans les livres de l'Orient. Nous
sommes impatients d'ailleurs d'interroger des maîtres qui
nous touchent de plus près, et d'aborder ce sol de l'Europe,
où la civilisation, une fois née, n'a fait que grandir sans cesse
et produire des fruits de plus en plus mûrs et éclatants. Laissons donc l'Orient avec ses religions gigantesques, ses institutions séculaires, ses rites innombrables, sa civilisation endor-
mie, et entrons en Grèce, dans ce pays enchanté et favorisé,
qui fut la patrie du beau, de la science, de la liberté, la patrie
d'Homère, de Socrate et de Platon.

LIVRE PREMIER

ANTIQUITÉ

CHAPITRE PREMIER

LES ORIGINES DE LA POLITIQUE ET DE LA MORALE EN GRÈCE.

SOCRATE

Origines de la morale en Grèce : les poètes : Homère et Hésiode. — Les gnomiques et les sages. — Les législateurs. — Origines de la politique : Hérodote. — Les philosophes, les pythagoriciens, les sophistes. — Aristophane. — Socrate, sa personne et sa vie. — Caractère scientifique de sa morale. — Sa méthode. — Ses théories. Théorie de la tempérance. Théorie de la justice. — Ses idées sur la famille et sur le travail. — Principes religieux de Socrate. — Sa politique. — Rôle politique de Socrate.

La philosophie morale et politique peut être considérée à bon droit comme une des inventions de la Grèce antique. Vous trouveriez encore en Orient des doctrines de morale, mais nulle part (la Chine exceptée) de véritables spéculations politiques. C'est d'ailleurs de l'antiquité grecque et romaine et non de l'antiquité orientale que nous tenons la plupart de nos idées. L'Orient ne s'est mêlé à la civilisation de l'Europe, au moins dans les temps historiques, que par l'intermédiaire du judaïsme et du christianisme. Mais le christianisme lui-même n'a fait que cultiver et féconder un sol préparé depuis longtemps par la philosophie des anciens. C'est donc à cette source qu'il nous faut retourner pour voir naître et s'an-

noncer les débats qui ont partagé les modernes, ou qui parta‑
gent encore les contemporains, sur les fondements du devoir,
du droit, de la souveraineté. On verra que ces problèmes, à
peine nés, n'ont pas été peu approfondis par les anciens ;
peut-être même ceux qui ont le sentiment et le goût de l'anti‑
quité trouveront-ils que si les modernes ont apporté dans ces
débats plus d'ardeur et de passion, et aussi plus d'exactitude
logique, ils n'ont point tout à fait atteint à la majesté et à la
grandeur de ces monument antiques, dont le souvenir et l'au‑
torité ne s'effaceront jamais parmi les hommes.

HOMÈRE. — La morale a commencé en Grèce avec la poésie.
Les poètes, qui furent les premiers théologiens de la religion
grecque, en furent aussi les premiers prédicateurs. Ce peuple
artiste apprit, comme en se jouant, la différence du juste et de
l'injuste, de l'honnête et du honteux : il fut d'abord bercé,
comme les enfants, par la mesure et par le chant. « Homère,
dit Horace, nous apprend mieux que Crantor et Chrysippe la
différence de l'honnête et du honteux, de l'utile et du nui‑
sible. Il inspire la vertu, sans la prescrire, par le récit et par
l'exemple ; il nous instruit comme des enfants par des contes.
L'*Iliade* est l'histoire des folles passions des princes et des
peuples, contre lesquelles ne peut rien la prudence de quelques
hommes. Ni Anténor, ni Nestor, ne peuvent ramener à la modé‑
ration et à la sagesse les Pâris, les Achille, les Agamemnon.
Les peuples sont punis pour les fautes de leurs princes.
L'*Odyssée* nous montre la vertu aux prises avec le malheur
et la volupté. L'île de Circé nous apprend à vaincre le plaisir
pour rester hommes et ne pas devenir semblables aux
bêtes (1). »

Si quelque morale s'est associée à la religion chez les Grecs,
c'est donc la poésie qui a fait cette alliance. On rencontre dans
Homère les idées les plus hautes sur les rapports de Dieu et de
l'homme. L'idée de la Providence y est clairement exprimée

(1) Hor. epist. II, 11.

en beaucoup d'endroits. Dieu est le dispensateur de tous les biens et de tous les maux : il donne le courage et la force, la prospérité, la victoire ; il voit et connaît tout, le présent, le passé et le futur, les actions justes et injustes ; il aime les hommes sages, il déteste et punit les méchants ; il est le tuteur et le vengeur des pauvres, des suppliants, des voyageurs. Il faut lui obéir, le servir, ne rien entreprendre contre lui, ni sans lui, et ne rien craindre avec lui. A côté de la grandeur des dieux, Homère peint en termes touchants et profonds la misère de la condition humaine. On connaît ces beaux vers, si souvent cités : « De tous les êtres qui respirent et rampent sur la surface de la terre il n'y en a pas de plus malheureux (οἰζυρώτερος) que l'homme. » « Les hommes sont semblables aux feuilles, dont les unes sont emportées par le vent, tandis que la forêt verdoyante en reproduit de nouvelles au retour du printemps : ainsi des générations humaines : l'une s'élève, et l'autre disparaît. » Il recommande l'usage de la vertu, qu'il considère comme un don de Jupiter. Les grammairiens grecs qui veulent tout trouver dans Homère, lui attribuent le principe qui fait consister la vertu dans un juste milieu, parce qu'on trouve chez lui pour la première fois le proverbe d'éviter Charybde et Scylla. Ils ont même retrouvé chez lui la distinction de la justice distributive et de la justice commutative ; la première qui tient compte de la qualité des personnes et se mesure au mérite, la seconde qui exige l'égalité dans les échanges. Mais les vertus les plus célébrées chez Homère sont les vertus naïves et fortes des temps héroïques : la bravoure, la fidélité à l'amitié, le respect de la vieillesse, et surtout l'hospitalité. L'hôte doit être honoré comme un père : il ne doit pas être retenu malgré lui ; il ne faut point oublier l'humanité envers lui. L'hospitalité plaît aux dieux. Dieu est le protecteur et le vengeur de l'hospitalité. On trouve enfin des préceptes en faveur de la bienfaisance, de la miséricorde, de la reconnaissance, de la frugalité, de toutes les vertus éternelles comme le cœur humain.

On peut encore extraire du poème d'Homère une sorte de politique. Aristote définit la royauté des temps héroïques une royauté consentie par les citoyens, et héréditaire par la loi. On ne trouve pas dans Homère de traces de cette origine populaire de la royauté. Il paraît plutôt reconnaître à la royauté une origine divine : il dit que le pouvoir des rois vient de Jupiter, il les appelle fils de Jupiter, nourris par Jupiter (διογενείς, διοτρεφείς). Leur pouvoir, semblable au pouvoir paternel, est absolu et ne souffre pas d'opposition : « Le gouvernement de plusieurs est mauvais, il ne faut qu'un seul chef ; εἷς κοίρανος ἔστω. » Aristote nous apprend également quelles étaient les fonctions des rois dans les temps homériques : ils étaient sacrificateurs, juges et commandaient les armées. Ils réunissaient ainsi le pouvoir militaire, judiciaire et sacerdotal. On trouve dans Homère des exemples et des preuves diverses de ces attributions diverses. Cette royauté est encore patriarcale : les rois sont appelés *pasteurs des peuples*, ποιμένες λαῶν ; le bien du peuple, le salut du peuple est leur devoir. Quoique la royauté homérique puisse être considérée comme absolue, on y voit cependant quelque tempérament dans les assemblées auxquelles les rois présentaient les affaires, assemblées composées des vieillards ou des chefs principaux, ce qui formait une sorte d'aristocratie, et même quelquefois du peuple, qui n'était pas appelé à délibérer, mais qui donnait son avis par acclamation. On voit là déjà en germe les éléments qui se retrouveront dans les diverses constitutions de la Grèce.

HÉSIODE. — Hésiode, qui vient après Homère, est un moins grand peintre : c'est un sage qui vit aux champs ; sa morale est une morale domestique et rustique, déjà plus profonde et plus réfléchie que celle d'Homère. Les sentences y sont plus développées et se transforment en préceptes : on voit naître l'esprit de réflexion, d'où naîtra plus tard l'esprit philosophique. Déjà commencent ces plaintes, si souvent répétées, sur la corruption des mœurs, et la dégénération des hommes.

« Oh ! pourquoi suis-je né, dit Hésiode, dans ce cinquième
âge du genre humain ! Que ne suis-je mort plus tôt ou né
plus tard ! car c'est l'âge de fer. » Il ne faut plus chercher
dans Hésiode les vertus chevaleresques des temps homériques,
mais les vertus pacifiques et exactes de la vie civile, la justice,
le travail. Le poème d'Hésiode est un des rares écrits de
l'antiquité où le travail soit recommandé comme une vertu.
Entre les temps homériques, où tout l'honneur est pour la
bravoure guerrière, et les temps plus récents, où le loisir
devient le signe et le titre du citoyen, dans cet âge moyen
qu'Hésiode appelle l'âge de fer, l'agriculture et par conséquent le travail étaient en honneur. De là ces belles paroles :
« Travaille, ô Persée, de race divine, afin de faire fuir la faim
et de te faire aimer de Cérès aux belles couronnes, et de voir
remplir tes greniers. Les dieux et les hommes détestent celui
qui vit oisif, semblable au lâche frelon, qui dévore le miel des
abeilles... Le travail n'est point une honte ; c'est l'oisiveté qui
est la honte. » Si le travail dans la paix est la source de la
richesse, la justice en est la protectrice et la caution. Nous
voyons ici paraître cette grande vertu, qui a été pendant toute
l'antiquité la vertu principale, et même la vertu tout entière.
« Jupiter a voulu que les poissons, les oiseaux, toutes les
bêtes se dévorassent les unes les autres ; mais aux hommes il a
donné la justice, ἀνθρώποισι δ'ἔδωκε δίκην. » Mais cette justice,
il faut le dire, est un peu étroite : « Aimer ceux qui nous
aiment, fréquenter ceux qui nous fréquentent, donner à ceux
qui nous donnent, ne pas donner à ceux qui ne nous donnent
pas. » Comme Homère, Hésiode donne à la justice une origine
et une sanction religieuse. C'est dans les poètes, nous l'avons
dit, que la religion grecque s'unit à la morale et la protège.
C'est Jupiter qui est l'auteur de la justice : il en est aussi le
protecteur et le vengeur. Mais à qui appartient-il surtout de
faire fleurir la justice ? C'est l'office des rois, auxquels Hésiode
parle un langage sévère et menaçant qui paraît indiquer qu'une
révolution s'est faite ou va se faire dans l'autorité royale : « O

rois corrompus, redressez vos sentences et renoncez à vos jugements iniques (1). » Il les appelle des *mangeurs de présents* δωροφάγοι (2).

LES GNOMIQUES ET LES SAGES. — Les poètes que l'on appelle *gnomiques*, parce que leur pensée s'est exprimée surtout sous forme de sentences, nous marquent un progrès nouveau de réflexion et de maturité sur la poésie morale d'Hésiode. « La pensée a mûri, dit Zeller (3)... Les gnomiques du vii⁰ siècle ont sous les yeux une vie politique pleine de mouvement. Leur réflexion ne s'exerce pas sur les situations toutes simples que présentaient dans les premiers temps la famille, la bourgade, la royauté. Ils mettent surtout en relief la condition de l'homme au point de vue politique; et ils placent le bonheur de l'homme dans l'observation de la juste mesure, dans l'ordre de la vie politique, dans la prudence et dans la justice, dans la répression des désirs. Suivant Phocylide, « à quoi sert une noble naissance, à qui n'a ni grâce dans le discours, ni sagesse dans le conseil. » — « Une petite ville sur un rocher, si elle est dans l'ordre, vaut mieux qu'un puissant monarque (Ninus), dénué de raison (4). » — « La mesure est ce qu'il y a de meilleur; la condition moyenne est la plus heureuse. » Théognis paraît, de son côté, animé d'un esprit peu démocratique. Pour lui, les hommes de naissance sont les bons, les hommes de la plèbe, les méchants (5). En général, sa poésie est d'un pessimisme désespérant et d'un égoïsme étroit.

(1) Hés., *les Travaux et les Jours,* v. 253.
(2) *Ibid.* Il semble au moins que l'expression de δωροφάγοι ne peut guère s'appliquer qu'aux rois, d'après le sens général du mot.
(3) Zeller, *Philosophie des Grecs*, trad. franç. de Boutroux, tom. I, p. 116.
(4) Phocylide, fragm. 3 et 4. — Τί πλέον γένος εὐγενὲς
Οἷς οὔτ' ἐν μύθοις ἔπεται χάρις, οὔτ' ἐνὶ βουλῇ;
Πόλις ἐν σκοπέλῳ κατὰ κόσμον
Οἰκεῦσα σμίκρη κρείσσων Νίνου ἀρραινούσης
(5) Théognis (vers 31 — 18 — 183-199 — 893)
Κακοῖσι δὲ μὲν προσομίλει
Ἄνδρασιν, ἀλλ' ἀεὶ τῶν ἀγάθων ἔχεο.

Vers le même temps que les gnomiques, paraissent ce que l'on appelle les Sages, personnages à peu près légendaires. hommes politiques, législateurs ou savants, qui ramassèrent en quelques maximes vives et laconiques (1) les principes de la sagesse populaire ; quelques-unes de ces maximes eurent une grande fortune dans la philosophie ancienne : par exemple, connais-toi toi-même (γνώθι σεαυτόν). — Rien de trop (ουδὲν ἄγαν). Quelques-unes des maximes de Pittacus ont un caractère élevé : « Ne fais pas ce que tu reproches à autrui. — Aime ton prochain, même si tu as moins que lui. — Ne commande pas avant d'avoir appris à obéir. — Cache ton bonheur. » Périandre disait : « Punis ceux qui font des fautes ; mais préviens ceux qui sont prêts à en faire. » Cléobule : « Soigne ton âme et ton corps. — Le peuple le plus raisonnable est celui qui craint le blâme plus que la loi. » — Telles furent, dit Platon « les prémices de la sagesse grecque (2). »

Les législateurs. — Les sages nous conduisent aux législateurs. Solon est à la fois un des sept Sages et le grand législateur d'Athènes. Plutarque, dans sa vie, nous rappelle quelques-unes de ses maximes et de ses principes politiques. « L'égalité, c'est la paix » disait-il. Il se refusa à prendre le pouvoir souverain, en répondant : « La tyrannie est un beau pays ; mais il n'y a pas de chemin pour en sortir. » Il s'enorgueillissait de n'avoir pas pris la tyrannie. « C'est par là, disait-il, que j'ai surpassé tous les hommes. » On connaît sa loi qui interdisait de rester neutre dans les querelles civiles : « Quel est le meilleur moyen, disait-il, de supprimer l'injustice ? C'est de faire que ceux qui n'en éprouvent pas de dommage, s'en indignent autant que les victimes. » Solon ne voulait pas d'oisifs dans sa république : « Qu'il soit permis de déférer au tribunal l'homme qui ne travaille pas. » Il interdisait les fonctions publiques aux prodigues et aux dissipa-

_____

(1) Βραχυλόγια τις Λακωνική. (Plat. Protag. 343.) Nous citons partout l'édition d'H. Etienne, à laquelle renvoient toutes les autres.

(2) Ἀπαρχὴ τῆς σοφίας (Ib.).

teurs : « Celui qui a mal administré sa maison ne peut
gouverner l'État. »

Parmi les grands législateurs de l'antiquité antérieurs à
Solon, la tradition nous a conservé particulièrement les noms de
Zaleucus et de Charondas, le premier, législateur des Locriens,
le second des Thuriens. On sait très peu de chose sur ces
personnages et les *Préambules* de lois qui nous ont été
conservés sous leur nom par Stobée (1), sont d'une authenticité très douteuse. Néanmoins, ces *Préambules* plus ou moins
remaniés et travaillés par des philosophes de l'école pythagoricienne, ont un singulier caractère de grandeur ; et quelle
qu'en soit l'époque, ils font honneur à la sagesse grecque.
Voici le préambule de Zaleucus, que Voltaire dans son *Essai
sur les mœurs* (Introduction) mettait au-dessus, pour la
morale, de tout ce que nous a laissé l'antiquité :

« Tous les citoyens doivent être persuadés de l'existence
des dieux. L'ordre et la beauté de l'univers les convaincront
aisément qu'il n'est pas l'effet du hasard. — Il faut préparer
et purifier son âme ; car la divinité n'est point honorée par
l'hommage du méchant ; on ne peut lui plaire que par de
bonnes œuvres, par une vertu constante, par la ferme résolution de préférer la justice et la pauvreté à l'injustice et à
l'ignominie. — Respectez vos parents, vos lois, vos magistrats ; chérissez votre patrie ; n'en désirez pas d'autre : ce
serait un commencement de trahison. — Ne dites du mal de
personne ; c'est aux gardiens des lois de veiller sur les coupables ; mais avant de les punir, ils doivent essayer de les
ramener par leurs conseils. — Que les magistrats dans leur
jugement, ne se souviennent, ni de leurs amitiés, ni de leurs
haines. Des esclaves peuvent être soumis par la crainte ; mais
les hommes libres ne doivent obéir qu'à la justice. » —
On retrouve le même caractère et les mêmes principes dans le

(1) Stobée, *Florilegium*, XLIV, 20 et 40. éd. Gaisfort, t. II, p. 197
et p. 218.

préambule de Charondas : « Dans vos projets et dans vos actions, commencez par implorer le secours des dieux. — Qu'il règne entre les citoyens et les magistrats la même tendresse qu'entre les enfants et les mères. — Sacrifiez vos jours pour la patrie, et songez qu'il vaut mieux mourir avec honneur que de vivre dans l'opprobre. — Venez au secours du citoyen opprimé ; soulagez la misère du pauvre, pourvu qu'elle ne soit pas le fruit de l'oisiveté. »

HÉRODOTE. — Si l'on a pu chercher l'origine de la morale dans les poésies d'Homère et d'Hésiode, on trouvera avec non moins de raison les commencements de la politique dans Hérodote. C'est, en effet, là que l'on rencontre pour la première fois la division et la comparaison des diverses espèces de gouvernement : on peut dire même que les différentes raisons que l'on peut donner en faveur ou au désavantage de l'une ou de l'autre sont à peu près réunies dans la célèbre délibération rapportée par Hérodote (1). Après la mort du faux Smerdis, les sept conjurés qui avaient fait cette révolution discutent entre eux sur le gouvernement de la Perse. Otanès propose le gouvernement populaire ; Mégabyse, l'oligarchie ; Darius, la monarchie.

Le défenseur du gouvernement populaire parle contre la monarchie, et il montre que le pouvoir de tout faire donne la tentation de tout oser : il vante le gouvernement démocratique où tout repose sur l'égalité, et où le magistrat qui dépend du peuple, ne peut l'opprimer. Le partisan du gouvernement aristocratique déclare que la tyrannie populaire est plus insupportable que celle d'un monarque ; car le monarque au moins ne manque pas de connaissances, s'il manque de bonne volonté : mais le peuple est un monstre aveugle qui ne connaît ni la vertu, ni l'utilité. Le mieux est de remettre le gouvernement entre les mains des meilleurs. Enfin le partisan de la monarchie triomphe à la fois des faiblesses du gouvernement

(1) Hérodote, III, 80.

populaire et du gouvernement aristocratique, l'un et l'autre
exposés aux séditions, à l'anarchie et aboutissant toujours au
gouvernement d'un seul. Ce qui vaut le mieux, c'est d'établir
cette forme de gouvernement en la confiant à un homme de
bien : l'unité du gouvernement assure le secret et la prompti-
tude des affaires. Telles sont les opinions diverses qui s'opposent dans ce mémorable débat, où paraît s'être agité pour la
première fois le problème des destinées politiques des peuples ;
débat qui n'est pas près d'être terminé, car lorsque la théorie
le résout dans un sens, la pratique semble se plaire à le
résoudre en sens opposé ; et les peuples embarrassés oscil-
lent à leurs risques et périls de l'une à l'autre de ces deux
directions contraires.

Les philosophes. Les pythagoriciens. — De la poésie et de
l'histoire naquit la philosophie. Il semble qu'au sortir des
poètes gnomiques et des maximes des Sages, la philosophie
grecque dût d'abord être une philosophie toute morale. Il
n'en fut pas ainsi. Elle s'élança au contraire dans des recherches prématurées sur l'origine des choses et ce ne fut qu'après
un long détour et à travers de périlleuses pérégrinations qu'elle
revint au γνῶθι σεαυτὸν qu'un des Sages avait le premier prononcé sans en entrevoir la portée.

Cependant l'une de ces écoles, l'école de Pythagore, avait
essayé d'introduire quelque méthode scientifique dans l'analyse des vérités morales. On voit apparaître les définitions,
témoignage incomplet encore, mais déjà frappant, du besoin
d'éclaircir les idées populaires (1). Mais ces premiers et
insuffisants efforts de l'esprit scientifique s'unissaient à un
symbolisme mystérieux qui ressemblait beaucoup plus encore
à la langue de la religion et de la poésie qu'à celle de la philosophie. De plus, les doctrines de Pythagore, remarquables

(1) Arist. Mét. A, 5 : 987, a. 29 περὶ τῶ τὶ ἐστιν ἤρξαντο λέγειν
καὶ ὁρίζεῖθαι, λίαν γ' ἁπλῶς. Eth. Nicom. v. 8, 1132, 6, 21. Nous citons
partout l'édition de Berlin (Becker et Brandis, [1831). V. aussi Diog.
Laërt, VIII, 33.

sans doute par l'élévation du caractère moral, inclinaient évidemment à l'ascétisme ; la mortification du corps, l'obéissance absolue au chef, la foi dans la parole du maître, la vie commune et la communauté des biens sont des principes qui appartiennent à l'Orient beaucoup plus qu'à la Grèce. L'Institut pythagorique, qui a quelque temps gouverné les villes de la Grande-Grèce, avait beaucoup d'analogie avec les instituts sacerdotaux de l'Orient ; l'aristocratie pythagoricienne serait devenue infailliblement une théocratie (1). A ce point de vue, on doit se féliciter qu'elle ait succombé. Néanmoins, il y avait dans cette école beaucoup d'idées dignes d'admiration. Les idées pythagoriciennes sur les analogies de la musique, des mathématiques et de la philosophie, se perpétuèrent dans la philosophie grecque. Le nombre, le rythme, la mesure est un des principes les plus chers à Platon : partout il le retrouve, ou l'imagine, dans le monde des idées et dans le monde des sens, dans l'univers et dans l'âme de l'homme. L'amitié pythagoricienne est aussi une des grandes choses de l'antiquité. Rien n'est plus beau que ces paroles : « Tout est commun entre amis... un ami est un autre soi-même (2). » Enfin Pythagore semble être le premier en Grèce qui ait distingué deux parties dans l'âme, l'une raisonnable, l'autre passionnée (3), et qui ait considéré la vertu comme un combat : doctrine où il n'est pas invraisemblable de reconnaître une sorte de souvenir ou d'écho de la doctrine de Zoroastre.

Pour ce qui est des maximes politiques des pythagoriciens, ce que nous avons de plus précis ce sont les *Fragments* d'Archytas, en supposant qu'ils soient authentiques (grand sujet de débat entre les critiques (4). Pour ce qui concerne notre

(1) Sur le rôle politique des pythagoriciens, voir Zeller, *Philosophie des Grecs*, trad. fr., t. i, p. 316.
(2) Diog. Laërt., viii, 10 ; Porphyr. *Vie de Pyth.*, éd. d'Amst., 1707, p. 33.
(3) Cic., *Tusc.* iv, 5.
(4) Voir Zeller, trad. Boutroux, t. I, p. 191, note — Cfer. *Archytæ Fragmenta*, Hartenstein ; Leipsick, 1833, p. 19 et suiv. — Voir aussi Chaignet, *Pythagore et les Pythagoriciens*, 1873, t. i, p. 281, traduction française.

objet, la question d'authenticité n'est pas des plus importantes :
car il est probable qu'il doit y avoir là un fond de pythagorisme.
Voici, du reste, quelques-unes des pensées les plus remarquables extraites de ces fragments : « Ce sont les lois divines, les
lois non écrites des dieux qui ont engendré et qui dirigent
es lois et les maximes écrites des hommes. — Parmi les
ois, l'une est vivante : c'est le roi ; l'autre est inanimée,
c'est la lettre écrite. La loi est donc l'essentiel : c'est par
elle que le roi est légitime (ὁ Βασιλεὺς νόμιμός) que le sujet
est libre ; quand la loi est violée, le roi n'est plus qu'un
tyran... Le commandement appartient au meilleur. Pour
les uns, le droit est dans l'aristocratie, pour les autres,
dans la démocratie ; pour d'autres enfin dans l'oligarchie. Le
droit aristocratique, fondé sur la proportion subcontraire
(καττὰν ὑπεναντίαν μεσοτήτην) est la plus juste : car cette proportion donne aux plus grands termes les plus grands rapports,
et aux plus petits termes les plus petits rapports. Le droit
démocratique est fondé sur la proportion géométrique, dans
laquelle les rapports des grands et des petits sont égaux. Le
droit oligarchique et tyrannique est fondé sur la proportion
arithmétique qui attribue aux plus petits termes les plus
grands rapports et aux plus grands termes les plus petits
rapports. Telles sont les diverses espèces de proportions, et
l'on en aperçoit l'image dans les constitutions politiques. » Ces
idées ont de l'analogie avec celles qu'Aristote émettra plus tard
dans sa morale sur les deux espèces de justice (1). Il ne faut pas
se hâter d'en conclure à l'inauthenticité du passage précédent :
car il n'est nullement impossible qu'Aristote ait emprunté lui-
même ces rapprochements mathématiques à la tradition pythagoricienne; car on trouve des rapprochements analogues dans
les *Lois* de Platon (2).

Les lueurs éparses que présente la doctrine de Pythagore

(1) Voyez plus loin, ch. III.
(2) L. VI, 571.

n'étaient pas encore la philosophie morale. Elle devait naître
d'une révolution des esprits qui éclata de toutes parts en
Grèce vers le milieu du v° siècle. A cette époque, tout présente le spectacle d'une crise dans la civilisation grecque :
la science, la religion, les mœurs et l'État. Les doctrines
philosophiques des premiers temps, nées de la curiosité et de l'étonnement, se rencontrent, et, armées de la
dialectique, se brisent les unes contre les autres. La religion,
ébranlée par les attaques des philosophes, par les rail-
leries des poètes et par le bon sens populaire, perd chaque
jour son autorité ou dégénère de plus en plus en superstition.
L'antique morale n'échappe pas elle-même à l'examen et à la
critique. Le développement de la démocratie, la multiplicité
des révolutions, tout porte à l'esprit d'examen. Au milieu de
ce désordre parut la sophistique, qui en fut d'abord l'expression fidèle, et qui ensuite le développa elle-même avec
rapidité.

LES SOPHISTES. — La sophistique a laissé après elle une
triste célébrité ; cependant il ne faut pas oublier que nous ne
la connaissons guère que par ses adversaires. Même de ces
témoignages si peu bienveillants, il ressort que les sophistes
n'ont pas toujours été des personnages ridicules et frivoles,
tels qu'ils nous paraissent dans quelques dialogues de Platon.
Gorgias et Protagoras en particulier ont été, de leur temps,
des hommes considérables et ont eu à traiter de grandes
affaires ; les fragments qui nous restent d'eux témoignent, de
l'aveu même de Platon et d'Aristote, d'une grande pénétration et même d'une certaine profondeur. Quelques-uns,
comme Prodicus, « le plus innocent des sophistes », dit un
critique allemand (1), ont pu plaider dans quelques discours
de rhétorique la cause de la vertu contre la volupté. Ils ont
fondé en Grèce l'art de l'éloquence ; ils ont exercé les esprits
à la libre discussion de tous les sujets ; ils ont souvent attaqué

(1) Spengel, *De Protagorâ*, (Stuttgart, 1828), p. 59.

JANET. — Science politique.   I. — 5

la fausse justice des lois positives ; selon la profonde observation de Hégel (1), ce sont eux qui, avant Socrate quoique
dans un autre sens que lui, ont ramené à l'étude de l'homme
et des choses humaines les spéculations des philosophes.
Enfin, on ne peut mieux les juger qu'en les appelant, avec
un historien allemand, les encyclopédistes de la Grèce (2).

Mais, comme les encyclopédistes, les sophistes ont été bientôt entraînés par l'abus de leur méthode critique jusqu'aux conséquences les plus fâcheuses. Leur philosophie morale, qui se
présente d'abord avec un certain caractère d'élévation, comme
on le voit par le *Protagoras* de Platon, dégénéra bientôt en une
vulgaire apologie du plaisir et de la passion, en même temps
qu'en politique ils célébraient le droit du plus fort. Ils distinguaient deux justices : la justice selon la nature, et la justice
selon la loi. La justice selon la nature consiste à avoir le plus
de passions et le plus de moyens de les satisfaire. Le seul
bien, c'est le plaisir et le pouvoir de se procurer du plaisir.
Vénus est la seule déesse. Mais le plaisir disputé entre les
hommes ne s'obtient qu'au prix de la lutte ; or, la nature, en
créant des forces inégales, a montré par là à qui elle voulait
que le pouvoir appartînt ; la justice selon la nature, c'est que
le fort asservisse le faible et s'enrichisse de ses dépouilles. Au
contraire, dans la justice selon la loi, c'est le fort qui est
opprimé. Un vain préjugé a établi l'égalité entre le faible et le
fort, imposé à celui-ci le respect de celui-là, et à tous l'absurde
contrainte de se commander à soi-même, de combattre la
nature, de restreindre ses désirs et ses plaisirs, de se réduire à
la vie méprisable d'une pierre ou d'un cadavre. C'est enchaîner
l'homme à une vie insipide, lorsqu'il a été destiné par la

(1) Hégel, *Geschich der phil.*, II, p. 3. Hégel est le premier qui ait
essayé de réhabiliter les sophistes. M. Grote l'a fait également, à
un autre point de vue, dans son *Histoire de la Grèce*. Sans accorder
entièrement les conclusions de ces deux critiques, il est certain qu'il
faut tenir compte de leur jugement dans une appréciation équitable
de la sophistique.

(2) Ed. Zeller, *la Philosophie des Grecs*, p. 542. — Zeller les appelle
die Aufklärer, c'est-à-dire les éclaireurs.

nature à une vie de délices. Quand on a brisé le joug des vaines conventions, on se rit alors de ces maximes inventées par les faibles : qu'il vaut mieux souffrir une injustice que de la commettre; que le châtiment vaut mieux pour l'homme injuste que l'impunité. « Qu'il paraisse un homme d'une nature puissante qui secoue et brise toutes ces entraves, foule aux pieds nos écritures, nos prestiges, nos enchantements et nos lois contraires à la nature, et s'élève au-dessus de tous comme un maître, lui dont nous avions fait un esclave, c'est alors qu'on verra briller la justice, telle qu'elle est selon l'institution de la nature (1). »

Tel est le résumé que Platon nous donne de la morale et de la politique sophistiques dans l'admirable discours de Calliclès. J'avoue qu'il ne faut point juger une doctrine sur le témoignage d'un écrivain ennemi : mais il me semble que si Platon a prêté quelque chose à ses adversaires en cette occasion, c'est une grandeur et un souffle poétique dont il n'y a pas de trace dans ce qui nous reste d'eux. Si, dans le *Théétète*, Platon attribue à Protagoras plus de génie métaphysique qu'il n'en a eu vraisemblablement, on peut dire qu'il prête à Calliclès dans le *Gorgias* plus d'éloquence et de profondeur que n'en a eu aucun sophiste. Mais ce qui résulte évidemment de ce dialogue, c'est que la sophistique était sortie de l'École, qu'elle avait pénétré dans le monde, qu'elle était devenue la philosophie des honnêtes gens de ce temps-là. Les doctrines que Platon met dans la bouche de Calliclès ne s'inventent pas à plaisir, elles sont trop naturelles, trop conformes au cœur humain, trop vraisemblables enfin, pour qu'il soit nécessaire d'y voir l'œuvre de l'imagination et de la passion d'un adversaire.

M. Grote, l'ingénieux défenseur de la sophistique (2) croit que le discours de Calliclès n'est pas l'expression de la doc-

---

(1) *Gorg.*, 482, E. Thrasymaque soutient la même doctrine dans la *République*, I, 338 — Cf. Isocrate, *Panath.*, 243 sqq.
(2) *Histoire de la Grèce*, t. XII (trad. franç.), 2ᵉ partie, c. III.

trine des sophistes et qu'il pourrait être réfuté par Prodicus et Protagoras, aussi bien que par Socrate et Platon. Cependant il semble bien que ce soit la conséquence assez logique du principe que « l'homme est la mesure de toutes choses ». D'où viendrait d'ailleurs cette doctrine sur le droit du plus fort, et où les gens du monde représentés par Calliclès auraient-ils pu la prendre? Ce que nous accorderions volontiers à M. Grote c'est qu'il n'y a pas eu une doctrine sophistique générale, un système d'ensemble; mais que l'esprit critique des sophistes ait contribué à répandre une morale du plaisir et une politique de la force, c'est ce qui nous paraît probable, quelque bonne volonté que l'on mette à atténuer le tort des sophistes. Il est remarquable cependant que dans le dialogue intitulé *Protagoras*, non seulement celui-ci n'est pas présenté comme enseignant des doctrines immorales; mais il se trouve au contraire que dans ce dialogue, c'est précisément Socrate qui soutient la doctrine utilitaire que nous serions tentés d'avance d'attribuer à ses adversaires (1).

Que les doctrines de Calliclès fussent alors répandues dans la société athénienne, c'est ce que prouvent les vers connus du tyran Critias, qui expriment à peu près des idées analogues. Il est vrai que Critias ne compte pas au nombre des sophistes, et qu'il passe au contraire pour un disciple de Socrate (2).

_____

(1) Quant à l'objet de l'enseignement de Protagoras, M. Grote affirme qu'il serait absolument le même que celui de Socrate : Τὸ δὲ μάθημα ἐστιν εὐβουλία περὶ τῶν οἰκείων, καὶ περὶ τῶν τῆς πόλεως (*Protagoras*, 319 E). Il y a du vrai dans ce point de vue : mais ce n'est pas là tout Protagoras.

(2) La question des sophistes se présente à peu près sous le même aspect que la question des jésuites dans les temps modernes. Doit-on confondre avec les jésuites, en général, tous les partisans de la morale relâchée ? N'y a-t-il pas des jésuites qui l'ont combattue, et d'autres, non jésuites, qui l'ont admise ? Ce qu'il y a de certain, c'est qu'il y a eu une doctrine de morale relâchée et que les jésuites y sont pour leur part. De même, il y a eu en Grèce, à Athènes, à l'époque de Socrate, une doctrine de morale relâchée, cela est certain; et il est probable que les sophistes y ont été pour une part. Est-ce à dire que tous aient soutenu cette doctrine, et que quelques-uns, non appelés sophistes, ne l'aient pas soutenue ? Nous n'irions pas jusque-

Mais ce n'est certainement pas à l'école de Socrate qu'il avait appris que la religion a été l'invention des législateurs. Ce qui est certain, c'est que ces idées subversives régnaient à Athènes, et qu'il y avait un groupe de personnes qui les professaient. Voici les vers de Critias : « Il fut un temps où la vie humaine était sans lois, semblable à celle des bêtes, et esclave de la violence. Il n'y avait pas alors d'honneur pour les bons, et les supplices n'effrayaient pas encore les méchants. Puis les hommes fondèrent les lois pour que la justice fût relevée et l'injustice asservie ; et le châtiment suivit alors le crime. Mais comme les hommes commettaient en secret les violences que la loi réprimait, il se rencontra un homme adroit et sage qui, pour imprimer la terreur aux mortels pervers, imagina la divinité... cachant la vérité sous le mensonge... C'est ainsi que quelque sage parvint à persuader les hommes de l'existence des dieux (1). »

ARISTOPHANE. — Tandis que la sophistique travaillait, suivant les uns, au développement des lumières, suivant les autres, à la dissolution morale et sociale, et, selon toute apparence, à ces deux effets en même temps, un satirique de génie, défenseur des vieilles mœurs, se servait de la comédie pour combattre toutes les nouveautés ; enveloppant dans une commune réprobation, et les sophistes, et Socrate, l'adversaire des sophistes, dont il partageait les doctrines politiques combattait les excès de la démocratie, et raillait impitoyablement toutes les choses de son temps.

C'était bien la sophistique qu'Aristophane mettait en scène, en faisant paraître et parler l'un contre l'autre, le Juste et l'Injuste. C'était bien un effet de l'art sophistique de montrer à la fois le pour et le contre dans toutes les questions, en évoquant surtout le prestige de la nouveauté. « Je te vaincrai, dit l'INJUSTE, toi qui te

là, mais il nous semble que cela ne change pas beaucoup la situation de Socrate et de Platon.

(1) Voir Denis, *Histoire des doctrines morales dans l'antiquité.* Pour toutes ces questions, on ne saurait trop consulter cet excellent livre.

prétends plus fort que moi. — Le Juste : et par quel art? —
L'Injuste : En inventant des pensées nouvelles. — Le juste :
Elles sont en effet aujourd'hui florissantes, grâce à tes fous. —
Des fous, non, mais des sages. — Je te ruinerai en disant ce
qui est juste. — Mais je renverserai tes arguments par des
arguments contraires : car je prétends qu'il n'y a point de justice. — Tu es un radoteur. — Tu es un infâme. » Admirable
résumé, plein de sel comique et de profondeur philosophique,
de la lutte de tous les temps entre les vieilles et les nouvelles
idées, entre la tradition et le libre examen, entre les
croyances respectables qui identifient leur cause avec la
morale elle-même, et la critique indépendante qui se fait souvent l'auxiliaire du dérèglement. La cause de la tradition
est souvent en même temps la cause de la justice et des
saines idées morales : malheureusement elle est souvent
aveugle : elle enveloppe dans une même proscription toute
libre pensée, et elle ne sait pas distinguer, parmi les nova-
teurs, ceux qui sont pour le désordre, et ceux qui recherchent les principes éternels, supérieurs aux formes passagères
de la société et de la religion. C'est ainsi qu'Aristophane a
attaqué Socrate aussi cruellement que les sophistes : non qu'on
doive le rendre responsable de sa mort, puisqu'il s'est écoulé
vingt-quatre ans depuis les *Nuées* jusqu'à la condamnation de
Socrate, mais il a certainement contribué à jeter du discrédit
sur sa personne, et à former un préjugé contre lui. Dans
Socrate, ce qu'Aristophane combat et réprouve, c'est l'esprit
scientifique, c'est la recherche des causes. Il nous semble
quelque peu étrange que Socrate soit introduit dans la comédie
des *Nuées*, comme physicien, préoccupé d'expliquer les phénomènes célestes, les météores, lorsque Xénophon nous le représente, au contraire, comme hostile à toutes ces recherches ;
mais Platon, de son côté, met dans la bouche de Socrate lui-
même une allusion aux études physiques auxquelles il se serait livré dans sa jeunesse (1), ce qui semble confirmer les

(1) Phédon 96, sqq.

critiques d'Aristophane. Quoi qu'il en soit d'ailleurs, soit que
celui-ci ait eu en vue les opinions mêmes de Socrate, à l'époque où il le mettait sur la scène, soit qu'il ait mis sous son
nom, et confondu dans sa personne toutes les ébauches de recherche scientifique, qui se manifestaient alors, il n'en est pas
moins vrai que la scène des *Nuées* est l'expression d'une lutte
qui a existé dans tous les temps entre la théologie et la science,
entre la croyance aveugle qui ramène tout à des causes surnaturelles, et la pensée scientifique qui poursuit la recherche des
causes réelles. Dans tous les temps, le savant a été suspect d'a-
théisme, pour avoir essayé de substituer les causes secondes aux
causes premières. C'est le fond même de la satire d'Aristophane
« STREPSIADE. Dis-moi, au nom de la terre, Jupiter olympien
n'est-il pas Dieu? — SOCRATE. Quel Jupiter? Ne badine pas. *Il
n'y a pas de Jupiter.* — STR. Que dis-tu là? Mais qui fait pleuvoir? — Soc. Ce sont elles (les nuées). Où as-tu jamais vu pleuvoir sans nuées. Si c'était lui, il faudrait aussi qu'il fît pleuvoir
par un ciel serein, en l'absence des nuées. — STR. Mais qui
produit le tonnerre? Il me fait trembler. — Soc. Les nuées;
elles tonnent en roulant sur elles-mêmes. — STR. Comment
cela, esprit audacieux? — SOCR. Lorsqu'elles sont remplies
d'eau, la pluie les entraîne en bas; leur poids les pousse l'une
sur l'autre; elles se choquent et crèvent avec fracas. — STR.
Mais qui les contraint à se précipiter ainsi? N'est-ce pas Jupiter? — SOCR. Pas du tout : c'est le tourbillon éthéréen. — STR.
Le tourbillon? J'ignorais vraiment qu'il n'y a pas de Jupiter,
et que le tourbillon régnât à sa place. »

Rien de plus remarquable que ce passage. Sans doute, les
explications proposées par Socrate sont puériles; mais on ne
pouvait en avoir d'autres à son époque, dans l'ignorance où
l'on était des phénomènes de l'électricité. Mais le principe n'en
était pas moins vrai: les phénomènes physiques doivent s'expliquer par des causes physiques. Or, c'est cela même que le vulgaire appelait athéisme, établissant ainsi une sorte de conflit et
d'antinomie entre la science et la religion. A l'origine, ce sont

les phénomènes les plus généraux que l'on rattache immédiatement à Jupiter : puis ce sont seulement les faits rares (éclipses
et comètes, tremblements de terre), puis les plus vastes (le système du monde), puis les plus lointaines les plus obscurs (l'origine des espèces). Néanmoins la science cherche toujours à combler les lacunes, et à étendre le domaine des causes secondes.
On s'étonne toutefois de cette singulière accusation d'athéisme
imputée à l'homme le plus religieux de la Grèce, à celui qui a
eu le sentiment le plus pur et le plus élevé de la divinité.
Peut-être à l'époque d'Aristophane, Socrate n'était-il pas
encore arrivé à ses plus hautes conceptions religieuses,
et était-il encore absorbé par l'ivresse des recherches
scientifiques. Peut-être aussi, ce qui est plus probable,
Aristophane ne comprenait-il pas grand'chose à ces sortes
de questions, et ne cherchait-il qu'une occasion de rire et
d'amuser.

L'adversaire de la philosophie et de toute libre pensée
devait être également l'adversaire de la démocratie; et sur ce
point Aristophane marchait d'accord avec les socratiques.
Comme Socrate, comme Xénophon, comme Platon, Aristophane voyait avec sagacité et dénonçait avec une raillerie
cruelle et véhémente, les misères du gouvernement populaire,
et particulièrement l'aveuglement du peuple souverain, et les
flatteries des démagogues. C'est l'objet des scènes les plus
piquantes dans la comédie des *Chevaliers*. Le démagogue d'alors
était Cléon (1). Aristophane met en scène le peuple athénien
sous la figure d'un vieillard sourd, et mené par un corroyeur
qui n'est autre que Cléon. « Nous avons un maître de caractère sauvage, intraitable, Peuple le pnycien (2), vieillard morose
et un peu sourd. Le mois dernier, il acheta pour esclave un

----

(1) On sait que M. Grote a essayé de réhabiliter Cléon et en général la démocratie athénienne, même dans ses phases les plus radicales. Nous n'avons pas à entrer dans ce débat qui regarde les
historiens.

(2) Le Pnyx était le lieu d'assemblée des Athéniens. Aristophane
en fait la patrie de Δῆμος, Peuple, personnifié.

corroyeur paphlagonien, tout ce qu'il y a de plus intrigant et délateur. Lui, connaissant l'humeur du vieillard, se mit à faire le chien couchant, à flatter son maître, à le choyer, en lui disant: « O Peuple, c'est assez d'avoir jugé une affaire! va au bain, bois, mange, et reçois les trois oboles! » — « LE CHŒUR. — O Peuple! ta puissance est grande; tous les hommes te craignent comme un maître; mais tu es facile à séduire; tu aimes à être flatté, à être trompé, celui qui parle te fait toujours sa dupe, et alors ton bon sens déménage. — PEUPLE. Il n'y a guère de bon sens sous vos cheveux, si vous pensez que je ne sais pas ce que je fais. C'est volontairement que j'extravague ainsi; car j'aime à boire tout le jour, et à prendre pour chef un voleur que je nourris; et quand il est bien engraissé, je l'immole. » Le vice capital de la démocratie qui paraît être de mettre le gouvernement entre les mains des plus ignorants et des plus grossiers est mis en relief de la manière la plus mordante dans la scène du Charcutier. « — LE CHARCUTIER. De quoi s'agit-il? — DÉMOSTHÈNE. Demain tu seras au faîte de la grandeur. — LE CHARC. Pourquoi se moquer de moi? — DÉMOSTHÈNE. Tu seras le maître souverain de tous les hommes, ainsi que des marchés, des ports et de l'assemblée. Tu fouleras aux pieds le conseil, tu destitueras les généraux, tu les chargeras de chaînes.: — LE CHARC. Mais comment, moi, simple charcutier, deviendrai-je un personnage? — DÉMOSTHÈNE. C'est pour cela même que tu deviendras grand. — LE CHARC. Je ne me crois pas digne d'un si haut rang. — DÉM. D'où vient que tu ne t'en crois pas digne? — LE CHARC. Mais, mon cher, je n'ai pas reçu la moindre éducation; si ce n'est que je sais lire, et assez mal. — DÉM. Le gouvernement populaire n'appartient pas aux hommes instruits et de mœurs irréprochables, mais aux ignorants et aux infâmes ».

Comme dans tous les gouvernements populaires, ce que les conservateurs et les riches imputaient au peuple, c'est de vouloir le partage des biens et d'aspirer au communisme. Si Aristophane avait cherché autre chose qu'une satire amusante, il aurait réfléchi que l'utopie communiste dont il se moque n'était pas le fait du parti populaire, mais précisément du parti aristocratique. C'était Platon qui dans sa *République*, demandait la communauté des femmes et des biens, et non dans l'intérêt de la démocratie ; bien au contraire, car ce qu'il combat le plus dans la démocratie, c'est précisément l'individualité, dont les attributs fondamentaux sont la propriété et la famille. Aristophane aurait pu remarquer aussi que s'il y a eu quelques vestiges d'institutions communistes en Grèce, ce n'est pas dans les états démocratiques comme Athènes, mais dans les états oligarchiques comme Lacédémone et la Crète qu'il faut les chercher. Enfin, Aristophane croit que le communisme vient précisément de l'amour des nouveautés, tandis que par le fait, c'est plutôt chez Platon le souvenir d'un âge d'or primitif, et, par le fait, là où il en existe encore quelque trace, un vestige du passé. Cela dit, rien de plus piquant que la satire du communisme dans l'*Assemblée des femmes*. Ce sont en effet les femmes qui font une révolution sociale ; et c'est Praxagoras leur chef, qui leur propose son plan.

« Le Chœur. Voici le moment ; car notre république a besoin d'un plan sagement conçu. Mais n'exécute que ce qui n'a jamais été fait ; car ils détestent ce qui est ancien. Mets-toi vite à inventer du nouveau. — Praxagoras. Je dis d'abord que tous les biens doivent être mis en commun, et que chacun en doit avoir sa part. Il ne faut pas que l'un soit riche et l'autre misérable, que l'un possède de vastes domaines et que l'autre n'ait pas de quoi se faire enterrer... Je mettrai donc en commun l'argent, les terres, les propriétés... Tout appartiendra à tous. — Bléphyras. *Ceux qui possèdent* toutes ces choses *ne sont-ils pas* aussi *les plus grands voleurs* (1) ? — Prax. J'entends aussi que toutes les femmes soient communes, et fassent des enfants avec celui qui le voudra. — Bléph. Mais qui cultivera

---

(1) On voit que ce n'est pas Proudhon qui a inventé le célèbre aphorisme : *la propriété, c'est le vol*.

la terre ? — PRAX. Les esclaves. » L'esclavage, en effet, était un moyen très commode de rendre possible la communauté, et aussi de la rendre agréable. Mais voici la révolution faite. Un hérault appelle tous les citoyens à la jouissance commune. « Le HÉRAULT. Venez tous habitants ; voici le régime qui commence, les tables sont prêtes ; on voit les lièvres à la broche... » Tous viennent, même ceux qui étaient les plus récalcitrants à apporter leur argent. — 2ᵉ CITOYEN. Je viens ! J'irai donc, puisque la République l'ordonne. — 1ᵉʳ CITOYEN. Où veux-tu aller, toi qui n'as pas déposé tes biens ? — 2ᵉ CIT. Au souper. — 1ᵉʳ CIT. Non, pas sans apporter ta part. — 2ᵉ CIT. Eh bien, je l'apporterai... (Seul). Par Jupiter ! il faut que j'invente quelque ruse pour garder tout ce que je possède et en même temps pour avoir ma part de la cuisine commune. » Trait de comédie admirable, parce qu'il est en même temps la critique profonde d'une impraticable utopie. Quant à la communauté des femmes, les excès ridicules qu'elle amènerait, sont peints par Aristophane en traits trop vifs et trop grossiers pour que nous puissions les reproduire après lui.

Telle est la morale et la politique d'Aristophane ; ce qui l'inspire, c'est un bon sens pratique, ennemi des excès, inquiet des nouveautés, mais sans beaucoup de lumières, confondant un peu toutes choses dans le hasard de sa critique, frappant à droite et à gauche, sans se demander s'il ne tombe pas précisément sur ses amis politiques, et plus préoccupé, comme tous les poètes comiques, de faire rire que d'éclairer, saisissant d'ailleurs avec la sagacité que donne le sens du ridicule, les travers des hommes et des partis, ayant surtout pour nous cet intérêt qu'on y reconnaît l'impression de la vie, le conflit réel des idées, le contre-coup des disputes journalières. On entend les Athéniens discuter politique ; on reconnaît les Prud'hommes du temps. On se sent dans une démocratie vivante et passionnée. On comprend mieux les théories générales et abstraites des philosophes, quand on s'est mêlé quelque peu au milieu d'où elles sont sorties. Ce sont des opinions populaires qui vont se traduire plus ou moins en doctrines spéculatives. Le vrai créateur de cette haute science morale et politique est précisément celui qu'Aristophane a si aveuglément confondu avec les sophistes et les démagogues. Sans doute, Socrate était un libre penseur, mais il n'était pas un sophiste. Il avait l'esprit critique, mais non détracteur. Il fut aux sophistes, toutes différences écartées, ce que J.-J. Rousseau fut aux encyclopédistes. Mais ce sont des nuances, trop fines pour des contemporains, et surtout pour des esprits non philosophiques, comme sont les railleurs. Quoi qu'il en soit, considéré de ces diverses perspectives, le rôle de Socrate paraîtra plus clair et plus intéressant.

Socrate. — Le rôle de Socrate, l'un des plus grands de l'antiquité, nous offre deux choses à considérer : d'un côté sa personne, d'une éclatante originalité et d'une action si puissante sur tous ses contemporains; de l'autre, la révolution qu'il a introduite dans la science morale et politique. Socrate est d'abord un réformateur moral; il est, en outre, l'auteur d'un grand mouvement de pensée. A ces deux titres, comme penseur et comme sage, Socrate appartient à notre récit (1).

Socrate, on le sait, n'avait point d'école; il n'enseignait pas dans un lieu fermé; il ne publia point de livres. Son enseignement fut une perpétuelle conversation. Socrate était partout, sur les places publiques, dans les gymnases, sous les portiques, partout où il y avait réunion de peuple; il aimait les hommes et les recherchait. Il vivait en public, ἐν φανερῷ. Il causait avec tout le monde et sur toute espèce de sujets. Il parlait à chacun

---

(1) Le xviii⁰ siècle n'a guère vu dans Socrate que le réformateur des mœurs. Dans notre siècle, un grand critique allemand, Schleiermacher, a relevé le caractère scientifique de la philosophie de Socrate. H. Ritter l'a suivi dans cette voie. Il faudrait aujourd'hui trouver une moyenne entre ces deux points de vue, ou plutôt les concilier dans une idée commune. M. A. Fouillée, dans son ouvrage sur la *Philosophie de Socrate*, a peut-être exagéré le rôle spéculatif et métaphysique de Socrate. M. Boutroux nous paraît plus près de la vérité dans sa dissertation sur *Socrate, moraliste et croyant*. (Comptes rendus de l'Académie des sciences morales et politiques).

de ses affaires, et savait toujours donner à la conversation un
tour moral. Son bon sens, si juste, trouvait en toute circonstance le meilleur conseil; il réconciliait deux frères; il rappelait à son propre fils le respect d'une mère violente et impor-
tune; à un homme ruiné, il enseignait la ressource du travail,
et lui apprenait à mépriser l'oisiveté comme servile; à un riche,
il fournissait un intendant pour le soin de ses affaires; il faisait
sentir à un jeune homme présomptueux et ambitieux son
ignorance des affaires publiques. Au contraire, il encourageait
l'ambition d'un homme capable, mais timide et trop modeste.
Enfin, il parlait peinture avec Parrhasius, sculpture avec Cliton
le statuaire; il causait de rhétorique avec Aspasie, et, ce qui
est un curieux trait de mœurs, il enseignait même à la courtisane de Théodora les moyens de plaire.

Socrate aimait les jeunes gens. C'était un plaisir pour lui de
s'entourer d'une jeunesse curieuse et intelligente, qu'il ne
corrompait pas, comme le prétendirent ses accusateurs, mais
qu'il séduisait à une morale nouvelle, et à une religion plus
pure que celle de la République; il ne leur enseignait pas le
mépris de l'autorité paternelle, mais il leur apprenait vraisemblablement à placer la raison et la justice au-dessus de toute
autorité humaine, en ayant soin d'ajouter, sans doute, que
l'une des parties essentielles de la justice et de la piété est
l'obéissance respectueuse aux parents, comme on le voit dans
son enseignement avec Lamproclès, son fils aîné. Enfin Socrate,
quoiqu'il parlât toujours d'amour, et quoique sensible comme
un Grec et un artiste à la beauté physique, aimait surtout la
beauté morale, et s'attachait cette jeunesse d'élite par une sympathie extraordinaire. C'est surtout à cette sympathie, nous dit
Platon dans le *Théagès*, que Socrate dut les merveilles de son
enseignement. Il est difficile aujourd'hui de se rendre compte
des séductions de cette parole évanouie. Xénophon nous en a
conservé la grâce, l'élégance et la simplicité : on sent que cette
bonhomie mêlée d'ironie devait toucher les jeunes âmes. Mais
était-ce assez pour les conquérir ? Est-ce assez pour expliquer

cet enthousiasme dont parle Alcibiade dans le *Banquet*? « En l'écoutant, les hommes, les femmes, les jeunes gens étaient saisis et transportés. Pour moi, ajoute-t-il, je sens palpiter mon cœur plus fortement que si j'étais agité de la manie dansante des Corybantes; ses paroles font couler mes larmes. » Faut-il croire que Platon ait prêté ici à Socrate son propre enthousiasme? Nous ne le pensons pas : il est plus probable que Xénophon n'a pas compris le personnage entier de Socrate, ou qu'il n'a pas su le rendre dans toute son originalité. Nous voyons dans Platon deux traits qui paraissent affaiblis dans Xénophon : l'ironie et l'enthousiasme. Alcibiade appelle Socrate « un effronté railleur », et le compare au satyre Marsyas. Il est probable que c'est à ses traits mordants que Socrate dut en grande partie les inimitiés qui le firent périr. Un de ces traits, rapporté par Xénophon, nous explique la haine de Théramène et de Critias. Socrate ne ménageait pas davantage les chefs du parti populaire. En même temps, son enthousiasme, tempéré sans doute par la mesure et la grâce, mais engendré par une foi vive dans son génie, et le sentiment ardent d'une mission divine, dut révolter les hommes médiocres et superstitieux comme signe d'un orgueil exagéré. Le fond du génie de Socrate est le bon sens, mais un bon sens à la foi aiguisé et passionné, armé de l'ironie, échauffé par l'enthousiasme.

Socrate croyait-il aux dieux du paganisme? Quelles étaient ces divinités nouvelles qu'on l'accusait d'introduire dans l'État? Si nous écoutons Xénophon, Socrate révérait les dieux de l'État. Il sacrifiait ouvertement dans sa propre maison ou sur les autels publics. Xénophon ne nous cite aucune parole injurieuse aux divinités païennes, aucune même qui témoigne d'un seul doute sur leur existence. Le dernier mot de Socrate mourant (1) semble indiquer aussi la foi au paganisme; car il est difficile d'admettre que Socrate ait voulu mentir dans la mort même. D'un autre côté, Xénophon ne cite pas non plus une

_____

(1) « Sacrifions un coq à Esculape. » *(Phédon.)*

seule parole de Socrate qui démontre explicitement la croyance aux dieux de l'Olympe. Tout ce que Socrate dit des dieux se peut entendre parfaitement du Dieu immatériel et unique que l'on a reconnu après lui; sa croyance à la divination et aux oracles s'explique aussi par la pensée d'une Providence particulière toujours présente, doctrine qu'il enseignait explicitement. Il sacrifiait aux dieux par respect pour la République, et d'ailleurs, il pouvait, dans sa pensée, adresser ces hommages au Dieu véritable. Il devait ainsi se servir fréquemment du nom des dieux populaires, leur laissant leurs attributions, mais toujours avec une légère nuance d'ironie dont ses disciples les plus intimes avaient sans doute le secret. D'ailleurs, dans ces Mémoires, qui étaient une sorte d'apologie, Xénophon devait naturellement éviter tout ce qui pouvait charger la mémoire de Socrate et donner raison à ses accusateurs. Dans les dialogues de Platon, Socrate parle avec plus de hardiesse. Il dit, dans le *Phèdre*, à propos d'une fable mythologique, « qu'il n'a pas assez de loisir pour en chercher l'explication, qu'il se borne à croire ce que croit le vulgaire, et qu'il s'occupe, non de ces choses indifférentes, mais de lui-même ». Ces paroles nous montrent bien comment se comportait Socrate à l'égard de la religion populaire : il en parlait peu; et s'il en parlait, c'était sans mépris, mais avec un demi-sourire et un léger dédain. Dans l'*Eutyphron*, Platon va plus loin encore. Est-ce lui-même qui parle ou le Socrate véritable ? Il est difficile de le savoir; mais il est probable que la pensée de ce petit dialogue est tout à fait socratique; et c'est une critique amère de la mythologie.

On ne peut donc nier qu'il n'y eût quelque chose de plausible dans l'accusation dirigée plus tard contre Socrate. Socrate, en effet, croyait à Dieu, mais, par cela même, il ne croyait pas aux dieux. Mais, quand on lui reprochait d'introduire de *nouveaux dieux* (1) dans l'État, ici sa défense était

---

(1) Ce n'étaient pas précisément de nouveaux dieux qu'on lui reprochait d'introduire, mais des *nouveautés démoniaques* (καινὰ δαιμόνια).

pleine de force et de raison. Ces nouveautés qu'on lui reprochait, c'étaient les révélations qu'il prétendait recevoir de son
démon familier. La religion païenne reconnaissait des démons,
c'est-à-dire des divinités de toutes sortes, nées du commerce
des dieux avec les mortels ; elle supposait la communication
continuelle des dieux et des hommes : elle faisait parler les
dieux par la voix des oiseaux, des sibylles, du tonnerre ;
Socrate, en admettant qu'un certain dieu lui parlait directement, lui donnait des conseils, lui révélait l'avenir, n'affirmait
donc rien de contraire à la religion de l'État.

Qu'était-ce enfin que ce démon familier dont on a tant parlé ?
Socrate, qui avait, selon Plutarque, délivré la philosophie de
toutes les fables et de toutes les visions, dont Pythagore et
Empédocle l'avaient chargée, est-il tombé à son tour dans une
superstition nouvelle ? Socrate était-il un mystique, comme le
pensent les uns, un monomane, un halluciné, comme quelques-
uns l'ont écrit ? Était-il enfin un imposteur qui jouait l'illumi-
nisme pour tromper ses adeptes ? Socrate était un personnage
très complexe, dans lequel mille nuances s'unissaient sans se
confondre. Ainsi, il fut certainement l'adversaire du polythéisme, mais pas assez pour qu'on puisse affirmer sans
réserve qu'il n'admettait aucune puissance intermédiaire entre
Dieu et l'homme. Sans doute, la raison dominait en lui, mais
non sans que l'inspiration y eût aussi son rôle, et une inspiration qui, à son tour, n'était pas sans quelque mélange de
douce ironie. Cette inspiration paraît n'être, la plupart du
temps, chez Socrate, que la voix vive et pressante de la conscience, mais quelquefois elle était quelque chose de plus :
elle prenait un caractère prophétique, et enfin il était des
moments où elle devenait presque de l'extase. Platon nous
rapporte, dans le *Banquet*, que l'on vit Socrate se tenir vingt-
quatre heures debout dans la même situation, livré à une
méditation profonde. Il y avait donc, sans aucun doute,
quelque chose de mystique dans l'âme de Socrate. Plutarque
nous dit qu'il regardait comme arrogants ceux qui préten-

daient avoir des visions divines, mais qu'il écoutait volontiers ceux qui avaient entendu des voix, et s'en entretenait avec eux. Le dieu de Socrate était donc une sorte de voix intérieure qui n'était d'ordinaire que la conscience, plus vive chez lui que chez les hommes de son temps, mais qui souvent devenait un avertissement mystique de l'avenir, et lui paraissait une parole de Dieu même. Ce fut le secret de la force d'âme de Socrate, de sa persévérance dans son dessein, de son courage devant la mort.

Si Socrate a été tel que nous venons de le peindre, c'est-à-dire que le représentent tous les écrivains de son temps : un modèle de patience, de tempérance, de douceur; s'il joignait à ces vertus toutes les qualités de l'homme aimable; s'il fut lié d'amitié avec tout ce qu'il y eut à Athènes de plus distingué, comment expliquer la satire injuste dont les *Nuées* d'Aristophane nous ont conservé le souvenir? Comment Aristophane, qui connaissait Socrate, qui s'asseyait à côté de lui, à la même table, chez des amis, comment put-il travestir sciemment un homme aussi respecté? Comment lui a-t-il prêté les subtilités les plus puériles et les maximes les plus décriées de ces mêmes sophistes que Socrate passait sa vie à combattre? C'est qu'Aristophane, nous l'avons vu, est le partisan des vieilles mœurs, de la vieille Athènes, chaque jour transformée par la démocratie et la philosophie. Il avait accablé de ses traits mordants le représentant de la démocratie athénienne, Cléon; il crut devoir frapper en même temps le représentant de la philosophie (1). En politique, Socrate et Aristophane étaient du même

(1) Il ne faut pas d'ailleurs oublier, pour bien comprendre la comédie des *Nuées* : 1° que Socrate, de son propre aveu (Voy. *Phédon*), a commencé par se mettre à l'école des physiciens d'Ionie, avant d'avoir trouvé sa propre voie : de là les accusations de matérialisme et d'athéisme dirigées contre lui par Aristophane; 2° que la dialectique de Socrate et sa méthode critique mêlée de doute devaient avoir, aux yeux du vulgaire, une ressemblance frappante avec la sophistique; 3° qu'il y a même dans Socrate une part réelle de sophistique. Ces différents traits expliquent la confusion d'Aristophane. Mais il ne faut pas en conclure avec M. Grote, dans son ouvrage sur Platon, que Socrate ne se distingue en rien des autres sophistes.

parti, l'un et l'autre partisans du gouvernement aristocratique, ou plutôt de l'ancienne démocratie athénienne constituée par Solon ; mais en philosophie ils se séparaient. Aristophane se rattachait à cette chaîne de poètes qui avaient fondé
et consacré la religion mythologique de la Grèce : il célébrait
Eschyle et critiquait Euripide, complice de l'affaiblissement des
croyances et des mœurs. La philosophie qui, depuis deux siècles,
minait la religion populaire, dut paraître à Aristophane la cause
première de la décadence. Sans distinguer entre les différents
philosophes, il les considérait tous comme sophistes et leur
prêtait à tous, en général, l'incrédulité de quelques-uns (1). En
outre, le doute socratique, si excellent pour former l'esprit, était
évidemment dangereux pour la fidélité aux vieilles mœurs,
aux vieilles traditions : Aristophane pouvait le confondre facilement avec le doute sophistique. Enfin, les singularités de la
personne de Socrate, sa défiance contre les poètes, dont hérita
son élève Platon, les fautes de quelques-uns de ses plus
illustres disciples, purent se réunir à tout le reste pour attirer
sur lui les traits perçants de l'auteur des *Nuées*. Sans doute il
n'est pas juste de compter Aristophane parmi les accusateurs
de Socrate et les auteurs de sa mort, mais il faut lui laisser la
responsabilité qui lui appartient. L'idée qu'il donna de Socrate
ne fit que grandir avec le temps. Anytus et Mélitus n'eurent
plus tard qu'à traduire dans un acte d'accusation les attaques
d'Aristophane (2) ; ils trouvèrent la passion du peuple toute
prête à les écouter.

Voici les propres termes de l'acte d'accusation, tel qu'il
était conservé au temps de Diogène Laërce au greffe d'Athènes :
« Mélitus, fils de Mélitus, du bourg de Pittias, accuse par serment Socrate, fils de Sophronisque, du bourg d'Alopèce :
Socrate est coupable, en ce qu'il ne reconnaît pas les dieux de

(1) C'est ainsi que parmi nous, à certaines époques, tous les philosophes ont été des socialistes ou des panthéistes. Le bon sens
populaire ne distingue pas.
(2) Socrate lui-même, dans son *Apologie*, fait ce rapprochement.

la République, et met à leur place des nouveautés démoniaques; il est coupable, en ce qu'il corrompt les jeunes gens.
Peine de mort. » Ce qui serait plus intéressant que cet acte
même, ce serait le développement des motifs qui l'accompagnait. Sur le premier chef, le rejet des dieux du polythéisme,
l'accusation a dû produire des preuves, des faits, des détails
qui seraient pour l'histoire de la plus grande importance, et
que naturellement les apologistes se sont gardés de reproduire;
sur tout le reste, l'accusation est manifestement calomnieuse.

Le sentiment de l'iniquité qu'ils commettaient fut vraisemblablement dans l'âme des juges; sans quoi on ne s'expliquerait pas que la condamnation ait eu lieu à une aussi faible
majorité. Socrate en aurait pu être quitte pour une simple
amende, s'il eût voulu se condamner lui-même à cette légère
peine et s'humilier devant le tribunal. Mais on peut dire qu'il
provoqua sa condamnation par sa fierté sublime. Non seulement il refusa de se condamner; mais avec plus d'orgueil
peut-être qu'il ne convenait, il demanda d'être nourri au Pry-
tanée jusqu'à la fin de ses jours aux frais du public. Il est difficile de nier que dans l'*Apologie* la fierté de Socrate ne
dégénère quelque peu en jactance, et que son ironie n'ait
quelque chose de blessant. C'est ce qui explique que la simple
condamnation n'ait eu que cinq voix de majorité, et que la
condamnation à mort en ait réuni plus de quatre-vingts. Il
semble, en lisant cette défense, que Socrate ait volontairement
cherché la mort. Peut-être y voyait-il un couronnement naturel
de sa doctrine, et pensait-il que la vérité avait besoin de la
consécration du martyre.

Une fois en prison, Socrate fut aussi simple que sublime. Il
se consola de la captivité par la poésie : il composa un hymne
en l'honneur d'Apollon; il traduisit en vers les fables d'Ésope.
Ses amis, ses disciples venaient le visiter pendant les heures
où la prison était ouverte au public. Ils le supplièrent plusieurs fois de consentir à son évasion. Criton, son plus vieil
ami, avait tout préparé pour sa fuite. Socrate refusa; il vou-

lut donner jusqu'au bout l'exemple de l'obéissance aux lois d'Athènes. Après avoir passé les derniers instants de sa vie au milieu de ses disciples en sublimes entretiens, il mourut en prononçant cette dernière parole : « Nous devons un coq à Esculape. » Il devait, en effet, un dernier hommage au dieu de la médecine, qui venait de le guérir de la vie par la mort. « Voilà, dit Platon, la fin de notre ami, de l'homme le meilleur des hommes de ce temps, le plus sage et le plus juste de tous les hommes. »

Quelque influence que l'on accorde à la personne de Socrate sur les mœurs et les idées de son temps, il ne faut pas oublier qu'il fut le fondateur d'une grande école, et le promoteur de toutes les recherches philosophiques qui se développèrent en Grèce après lui. C'est lui qui a ramené la philosophie à la morale ou à la politique, ce qui pour les anciens est la même chose (1) ; et qui a donné à la morale la méthode et l'autorité de la science.

La méthode socratique, si originale qu'elle a conservé son nom (2), se composait de deux procédés : l'un purement critique, qui avait pour but de confondre l'erreur, de dissiper les illusions, et d'humilier la fausse science, et qui trouvait surtout son application dans la lutte contre les sophistes ; l'autre qui encourageait à la recherche de la vérité, et qui servait à la découvrir en conduisant l'esprit du connu à l'inconnu, de l'ignorance à la science. Ces deux procédés sont célèbres sous le nom d'*ironie*, εἰρωνεία (3) ; et de *maieutique* (μαιευτική) ou art d'accoucher les esprits, art que Socrate

---

(1) Quelque part que l'on fasse à la métaphysique dans la philosophie de Socrate, on ne peut nier que ce ne soit la morale qui domine dans cette philosophie ; seulement il lui a donné une méthode.

(2) La méthode interrogative, dans l'enseignement, s'appelle encore aujourd'hui *méthode socratique*.

(3) L'εἰρωνεία signifie, à proprement parler, *interrogation*, d'εἴρω, interroger. C'est le mode d'interrogation de Socrate, à savoir, le persiflage dissimulé sous forme d'interrogation naïve qui a fait donner au mot *ironie* le sens qu'il a habituellement.

comparait plaisamment à celui de sa mère. « Elle accouchait les corps, disait-il, et moi les esprits (1). »

On sait comment Socrate pratiquait l'ironie. Soit qu'il rencontrât un philosophe attaché à une des sectes célèbres de son temps, un sophiste, fier d'une rhétorique vaine qui lui permettait de tout soutenir et de tout combattre, un jeune homme ignorant, mais qui croit savoir, il leur appliquait à tous le même traitement : « Il n'y a pas d'ignorance plus honteuse que de croire que l'on connaît ce que l'on ne connaît pas ; et il n'y a pas de bien comparable à celui d'être délivré d'une opinion fausse. » On lui a imputé ce mot : « Je ne sais qu'une chose, c'est que je ne sais rien. » C'est pourquoi il cherchait à conduire son adversaire, quel qu'il fût, à la conscience de son ignorance. Il n'employait pas d'argumentation directe ; il interrogeait de la manière la plus naturelle ; mais par un art dont il avait le secret, tout en ayant l'air d'interroger toujours, il s'emparait de la discussion et la conduisait où il lui plaisait. C'est ainsi qu'il forçait ses adversaires à la contradiction, et les amenait à la confession de leur erreur. Cette méthode repose sur cette idée que l'erreur contient en elle-même sa réfutation, et porte, comme dit Platon, l'ennemi avec soi.

C'était aussi l'interrogation qui servait à conduire l'adversaire ou le disciple d'une science fausse à une science meilleure. Une fois que Socrate l'avait amené de l'affirmation au doute, et du doute à l'aveu de son ignorance, il le conduisait ensuite peu à peu à des idées plus exactes ; il le faisait chercher en lui-même, et le forçait à découvrir ce qu'il cachait à son insu dans les profondeurs de son intelligence, les germes des idées générales source de tout raisonnement, et des définitions objet de la science. C'est pourquoi Aristote nous dit que Socrate fut l'inventeur de l'induction et de la définition (2).

---

(1) Platon, *Théétète*, 150.
(2) Arist., *Mét.*, 4, 1087, 6, 27.

Voilà quelle fut la méthode de Socrate. On sait aussi quel était l'esprit de sa philosophie ; on sait qu'il transforma en un principe philosophique la vieille maxime du sage (γνῶθι σεαυτόν), et qu'il fit de l'homme l'objet principal de ses recherches. Que pouvons-nous savoir, disait-il, si nous nous ignorons nous-mêmes? Qu'y a-t-il de plus près de nous que nous, de plus immédiatement certain, et de plus digne d'intérêt que ce qui touche à notre propre existence, et à celle de nos semblables? Toute autre connaissance, et surtout la physique telle qu'on la pratiquait avant lui, c'est-à-dire la science universelle de la nature lui semblait vaine et même dangereuse, quoique lui-même peut-être dans sa jeunesse eût été séduit par ses curieuses recherches. Sa seule science était donc la science de l'homme, qu'il confondait avec la sagesse ; car la dialectique pour lui ou la science devait avoir pour résultat de nous rendre meilleurs et plus heureux (1).

Socrate n'admettait donc qu'une seule science, celle de la sagesse. Il définissait la science par la sagesse, et la sagesse par la science. Il ne voyait dans les différentes vertus que des sciences particulières : il définissait la justice, la connaissance de ce qui est juste; le courage, la connaissance de ce qui est terrible et de ce qui ne l'est pas; la piété, la connaissance du culte légitime que l'on doit aux dieux. Cette confusion de la science et de la sagesse conduisait Socrate à des conséquences qui auraient dû faire hésiter sa conscience et son bon sens. Il pensait que si la vertu est une science, le vice ne peut être qu'une ignorance : car celui qui connaît véritablement le bien ne peut rien lui préférer: quiconque discerne entre toutes les actions possibles la meilleure et la plus avantageuse, la choisit nécessairement. La méchanceté est donc involontaire (2). On comprendra facilement cette confusion, si l'on songe à l'idée

(1) Xén., *Mém.*, IV, v.
(2) *Mém.*, III, 9 et IV, 7. On ne trouve pas en propres termes dans Xénophon, la célèbre maxime platonicienne: οὐδεὶς κάκος ἔκων; mais le fond de la pensée y est certainement.

que Socrate se faisait du bien et du mal. Celui qui de tous les philosophes anciens a eu le sentiment moral le plus pur et le plus profond, n'a jamais nettement distingué le bien et l'avantageux, τὸ ἀγαθόν et τὸ ὠφελιμόν (1) : ce qui nous explique sa théorie du vice involontaire : car il est évident que personne ne recherche volontairement ce qu'il sait lui être nuisible.

Seulement il ne faut pas oublier que ce que Socrate entend par utile, c'est ce qui est conforme à la dignité de l'âme et à la véritable liberté. L'âme est-elle libre, maîtrisée par la volupté ? Si la liberté est le pouvoir de faire ce qui est digne de l'homme, n'est-ce pas une servitude que d'entretenir en nous des maîtres qui nous ravissent ce pouvoir ? L'intempérance, par exemple, obscurcit l'esprit, éteint la prudence, précipite l'âme dans des actions basses et honteuses ; elle tarit la source des plus pures et des meilleures voluptés ; elle nous ôte le goût du beau, le plaisir de servir nos amis, notre patrie, notre famille ; elle nous ôte jusqu'aux plaisirs des sens ; car c'est la privation qui rend agréable la satisfaction du besoin. Enfin, l'homme intempérant refuserait d'avoir un esclave semblable à lui-même (2).

La théorie socratique de la tempérance fait paraître ici pour la première fois dans la philosophie antique ce principe qui a fait la gloire du stoïcisme : c'est que la vraie liberté consiste à se rendre maître des passions. Un autre principe que la philosophie ancienne doit encore à Socrate, et qui de lui a passé à Platon, de Platon aux stoïciens et à Cicéron, et de Cicéron à saint Augustin, c'est le principe des lois *non écrites*, fondement de sa théorie de la justice (3).

Qu'est-ce que la justice ? Socrate la définit, la connaissance de ce qui est prescrit par les lois ; mais il y a deux sortes de lois. Les unes sont celles que les citoyens font d'un commun accord dans chaque La justice, pays. dans ce premier sens,

(1) *Mém.*, III,8.
(2) *Ibid.*, I, 5, 6; II, 1; IV, 5.
(3) *Ibid.*, IV, 3, 6.

n'est que l'obéissance aux lois de la patrie; c'est une partie
du patriotisme. Chez les anciens, la patrie était si étroite, la
vie privée de si peu d'importance, que l'homme pouvait rapporter à la patrie son existence tout entière : plus près de
chacun des citoyens, elle était une famille. Les dieux mêmes
étaient pour chaque homme des concitoyens; c'étaient les
dieux de la patrie qu'il adorait; et c'était encore honorer la
république que de cultiver la religion. Or, les lois sont la
volonté de la patrie. Aimer la patrie, c'est lui obéir, c'est obéir
aux lois. Voilà la justice telle que l'ont connue et pratiquée
les grands citoyens anciens. Quelques-uns cependant s'élevèrent à une idée plus haute et plus vraie : tel fut Aristide, et
le nom qu'il porte dans l'histoire fut sa récompense.

Mais la théorie de la justice s'élève et s'agrandit, lorsqu'au
lieu de la considérer comme l'obéissance aux lois de la cité,
Socrate nous la montre réglée par des lois supérieures, lois
non écrites, portées non par le caprice d'un peuple, mais par
la volonté des dieux. Les premières changent suivant les cités
et les Etats; les secondes prescrivent la même chose à tous
les hommes, dans tous les pays. Partout la justice commande
d'honorer les dieux, d'aimer et de révérer ses parents, de
reconnaître les bienfaits. Partout ces lois portent avec elles la
punition de celui qui les enfreint; témoignage manifeste d'un
législateur suprême et invisible, quoique toujours présent.
C'est le sentiment de ces lois éternelles et non écrites qui
éleva Socrate si fort au-dessus de son temps. C'est elles qu'il
regardait lorsqu'il résistait aux tyrans et au peuple; et,
lorsqu'en mourant il refusait de désobéir aux lois qui l'op-
primaient, c'étaient encore ces lois supérieures et infaillibles
qui lui commandaient l'obéissance (1).

Si, dans sa théorie de la justice, Socrate a devancé ses
contemporains, il est deux points où il me paraît surpasser en

_____

(1) Tout le monde connaît les beaux vers de Sophocle (*Antig.* 180
sqq), où Antigone se défend d'avoir violé les décrets de Créon, en
invoquant les lois non écrites, νόμιμα ἄγραπτα

quelque sorte l'antiquité tout entière. Ces deux points sont : la Famille et le Travail. Il a eu un sentiment admirable de la vie domestique (1) ; et, en cela, il faut reconnaître que Platon a été un disciple infidèle et inférieur. Socrate reconnaît l'égalité morale des deux sexes, cette égalité qui laisse subsister les différences ineffaçables voulues par la nature, et ne fait pas de la femme la rivale de l'homme sur la place publique et dans les camps. La femme, pour Socrate, c'est la mère et la ménagère ; c'est elle qui gouverne la maison, qui assure les intérêts du mari, qui soigne les serviteurs, qui élève, berce et nourrit les enfants. Les traits par lesquels Socrate décrit la mère et l'épouse ne sont pas indignes des belles images de l'Écriture dans le portrait de la femme forte. Ce sentiment de la vie domestique a conduit Socrate à l'intelligence d'une vérité que l'antiquité n'a jamais comprise (2) : la dignité du travail, non pas du travail intellectuel et politique, mais du travail qui fait vivre et qui nourrit. « Qui appellerons-nous sages, disait-il ? Sont-ce les paresseux ou les hommes occupés d'objets utiles ? Quels sont les plus justes, de ceux qui travaillent ou de ceux qui rêvent les bras croisés aux moyens de subsister ? » Et comme on lui oppose que des personnes libres ne peuvent pas travailler, et que c'est là le fait des esclaves : « Eh ! quoi, dit-il, parce qu'elles sont libres, pensez-vous qu'elles ne doivent faire autre chose que manger et dormir (3) ? » Ainsi Socrate relevait le travail de la honte et de la servilité que les anciens y attachaient : par là, il attaquait à la source, sans le savoir et sans le vouloir, le mal corrupteur de l'esclavage.

On ne peut oublier dans la philosophie morale de Socrate le principe religieux qui l'anime et qui la couronne. Les anciens philosophes n'avaient vu dans la nature qu'un com-

---

(1) *Économ.*, VII, VIII, IX, X. *Mém.*, II, II.
(2) Il faut faire une exception pour Hésiode, comme nous l'avons vu plus haut, p. 57.
(3) *Mém.*, II, 7.

posé de forces, d'éléments, de poids et de nombres ; Socrate, les yeux toujours fixés sur l'homme, reconnut dans l'univers les signes de l'intelligence, la prévoyance, la prudence, la bonté (1). La vie, les rapports harmonieux des parties, la convenance universelle des moyens et des fins, tout lui attestait un Dieu sage et bon, avec la même évidence qu'un ouvrage de mécanique atteste un ouvrier et une statue un statuaire. Il reconnut non seulement Dieu, mais sa Providence, et non seulement encore cette Providence universelle qui veille sur l'ensemble de l'œuvre et conserve les lois générales des choses, mais celle qui, présente à toutes les actions particulières des créatures, voit dans le secret des cœurs, découvre les pensées mêmes qui ne s'expriment point, et parle enfin dans l'intimité de l'âme un langage clair à celui qui l'écoute et la connaît (2). Socrate croyait donc qu'il y a, qu'il peut y avoir entre l'homme et Dieu, une société et un concert d'hommages et de secours. Il recommandait la prière, et lui-même priait volontiers. Il permettait qu'on demandât aux dieux (3) de nous assister dans nos besoins, en laissant à leur sagesse le soin d'exaucer nos vœux, selon l'ordre et la convenance. Surtout il voulait qu'on les invoquât pour le bien de son âme (4). Ainsi la plus haute et la plus pure piété couronnait cette noble doctrine. Socrate fut, si j'ose dire, le révélateur du Dieu de l'Occident. Tandis que l'Orient tout entier, la Judée exceptée, adorait la nature sous le nom de Dieu, tandis que la religion grecque n'était encore sous une autre forme que le culte de la nature, tandis que la philosophie ou supprimait Dieu, ou le réduisait à des attributs tout abstraits, Socrate fit connaître le Dieu moral, qui depuis a été reconnu et adoré des nations civilisées. L'idée d'un Dieu moral éclaire bien, il est vrai, de

(1) *Mém.*, I, 4 ; IV, 3.
(2) *Ibid.*, I, I. « Socrate croyait que les dieux connaissaient tout, paroles, actions, pensées, et qu'ils sont présents partout. »
(3) Socrate dit tantôt *les Dieux*, tantôt *Dieu*, et souvent aussi *le Divin*, το θεῖον.
(4) *Ibid.*, I, 3.

loin en loin, comme une lueur fugitive, la grande poésie de
Pindare, la philosophie symbolique de Pythagore, la philosophie enfin d'Anaxagore : elle était peut-être le mystère qui
se cachait sous le voile des mystères de la Grèce (1), mais
Socrate l'a exprimée le premier avec une telle clarté, qu'il
parut l'avoir découverte.

POLITIQUE DE SOCRATE. — Le sentiment d'une justice supérieure et divine anime la politique de Socrate comme sa
morale. Il n'a jamais beaucoup étudié les formes diverses de
gouvernement, ni médité sur le principe de la souveraineté ;
on ne voit même pas qu'il se soit mêlé aux divers partis qui
divisaient son pays ; et quoiqu'on lui ait prêté quelquefois
un dessein politique, cette conjecture, qui diminue, ce semble,
le personnage de Socrate, ne semble pas justifiée (2). Tout ce
que nous en savons me paraît contraire à cette hypothèse. Sa
vie est celle d'un grand citoyen, qui n'obéit qu'aux lois, et
place la justice au-dessus de toutes choses. Ses opinions sont
celles d'un sage, qui n'est d'aucun parti, et juge d'un esprit
indépendant et supérieur les affaires de l'État.

Voyez-le agir. Il combat comme soldat à Delium et à Potidée :
il sauve la vie d'Alcibiade et de Xénophon. A l'intérieur, il
résiste aux trente tyrans (3), et il résiste au peuple (4). Il
refuse de livrer aux uns Léon de Salamine, et il refuse aux
autres de participer à la condamnation des dix généraux vainqueurs aux Arginuses. Qui pourrait voir dans ces deux faits
l'indice d'un système politique ? Je n'y vois qu'une conscience
inflexible, qui ne s'humilie devant aucune tyrannie. Il est vrai
que Socrate a critiqué les institutions de la démocratie. Son

(1) Sur les idées religieuses des Grecs, voir l'ouvrage de M. Jules
Girard : *le Sentiment religieux chez les Grecs* (1869).
(2) Cette opinion a été soutenue par M. J. Denis dans son savant et
excellent ouvrage, *Histoire des idées et des théories morales de l'antiquité* (Paris, 1856). Nous regrettons de n'être pas d'accord sur ce point
avec cet auteur si judicieux.
(3) *Mém.* 1, 2.
(4) *Helléniq.* l. I, c. VII ; *Mém.* I, I.

bon sens, aussi fier que sa conscience, se révoltait contre la
nomination des magistrats par le sort. « Quelle folie, disait-il,
qu'une fève décide du choix des chefs de la république, lorsqu'on ne tire au sort ni un architecte, ni un joueur de flûte (1). »
Cette critique était celle que devaient faire tous les esprits
sensés. Socrate montrait ainsi la perspicacité de ses vues, et il
témoignait qu'il avait une idée de la liberté supérieure à celle
de son temps. Mais si Socrate discutait la démocratie, qui
n'était sans doute pas inviolable, ne critiquait-il pas aussi la
tyrannie avec l'ironie la plus perçante et la plus périlleuse ?
On connaît son apologue sanglant du bouvier, qui ramène
chaque jour au bercail des vaches plus maigres et moins nombreuses. Les trente tyrans se sentirent atteints ; ils lui impo-
sèrent le silence, et Chariclès, faisant allusion à ses paroles,
lui dit : « Laisse-là tes bouviers, sans quoi tu pourrais trouver
du déchet dans ton bétail. » Socrate les brava, et continua de
les railler en leur présence même (2). Ceux qui le condam-
nèrent comme ennemi du peuple avaient-ils eu le même courage ? Que Socrate ait regretté la constitution de Solon, cela
est possible ; et véritablement, on comprend un tel regret en
présence des dissensions sans nombre et des révolutions stériles
qui agitèrent Athènes depuis la guerre du Péloponèse. Le règne
de la constitution de Solon avait été le plus beau temps
d'Athènes ; et l'on pouvait croire que la chute de cette constitution avait entraîné la ruine du pays. Mais peut-on conclure
des regrets de Socrate, qu'il ait réellement pris parti parmi
les ennemis de la démocratie, lorsque l'on voit que c'est précisément du sein de ces ennemis qu'est sortie la première attaque dirigée contre lui ? Aristophane, qui le connaissait, eût-il
livré aux risées du peuple un ami politique (3) ?

(1) *Mém.*, 1. 2. Voir *Recherches sur le tirage au sort*, par Fustel de
Coulanges (1870, Extrait de la *Nouvelle Revue historique de droit*).
(2) *Mém.*, 1. 2.
(3) S'il était permis d'employer des expressions modernes pour
caractériser des idées antiques, je dirais que Socrate était un *conservateur*, et Aristophane un *réactionnaire.*

Socrate ne fut donc d'aucun parti ; lui-même n'aspira jamais à gouverner l'État. Toute son ambition était de préparer les hommes au commandement (1). Il croyait que former des hommes sages, modestes, tempérants et justes, c'était former des citoyens. C'est en ce sens seulement qu'il fut un réformateur politique. Le vrai politique, à ses yeux, n'était ni celui qui possède le sceptre, ni celui qui a été élu par les premiers venus ou désigné par le sort, ou qui s'est emparé du pouvoir par la violence, mais celui qui sait commander (2). Or, l'art de commander, c'est l'art de connaître et de choisir les hommes, de s'en faire obéir et respecter (3). C'est là un art qui ne s'apprend pas seulement sur la place publique, et qu'on n'acquiert pas en flattant le peuple, mais par l'étude de soi-même, par la pratique de la tempérance et du courage. En voulant rétablir les mœurs dans Athènes, Socrate essayait du seul moyen qui pût sauver la République ; si ce moyen était impraticable, la faute n'en était pas à lui. Il donnait à la fois la leçon et l'exemple.

Socrate, au reste, ne se contentait pas de conseiller la vertu à ceux qui se préparaient à la vie politique, et il ne pensait pas, comme son disciple Platon, que les politiques dussent mépriser les intérêts positifs des États. La plupart de ses conversations politiques ont pour but de démontrer aux jeunes gens l'importance de ces intérêts, et la nécessité de former des connaissances précises par l'étude des faits (4). Glaucon veut gouverner l'État : c'est une belle tâche sans doute, mais connaît-il bien les revenus de la république, le nombre des troupes, le fort et le faible des garnisons, les besoins de la population, la quantité de blé que produit le territoire, les moyens d'exploiter les mines, etc. ? Sur tout cela, Glaucon n'a que des conjectures. Mais avant de gouverner toutes les maisons d'Athènes, ne ferait-il pas mieux de relever celle de son

(1) *Mém.*, I, 6.
(2) *Ibid.*, III, 9.
(3) *Ibid.*, III, 4.
(4) Voy. l'entretien sur l'*Art militaire*, III, 1 ; sur la *Cavalerie, ibid.*, 3 ; et la Conversation avec le fils de Périclès, *ibid.*, 5.

oncle, qui menace ruine? « Je l'aurais fait, dit-il, s'il eût voulu m'écouter. — Eh quoi ! réplique Socrate, vous ne pouvez persuader votre oncle et vous voulez persuader tous les Athéniens (1) ? » Il humiliait ainsi, par sa fine ironie, les prétentions d'une jeunesse distinguée, mais sans étude, qui apprenait à l'école des sophistes à parler de tout sans rien savoir, et qui n'ignorait pas moins l'utile que le juste et le vrai.

La politique de Socrate n'a rien de scientifique. Elle est surtout pratique et morale. Il traite des devoirs de la vie publique comme des devoirs de la vie domestique, sans s'élever à aucune théorie abstraite. C'est un réformateur des mœurs : c'est là son originalité et sa grandeur. Ce fut pour lui une véritable mission. Relever la conscience du joug de l'État, tel fut son rôle, et il n'y en a pas de plus beau dans l'antiquité. Lorsque ce rôle, poursuivi avec constance et opiniâtreté pendant trente années, le conduisit enfin devant les tribunaux populaires, rien ne fit fléchir ce sentiment intérieur, qui était chez lui si noble et si fier. Dans ce grand procès, qui mettait aux prises la conscience et l'État, il trouve, ou du moins Platon lui prête des paroles inspirées de son esprit et qui sont dignes d'un apôtre. « Le Dieu, dit-il, semble m'avoir choisi pour vous exciter et vous aiguillonner, pour gourmander chacun de vous, partout et toujours, sans vous laisser aucune relâche... » — « Si vous me disiez : Socrate, nous te renverrons absous à la condition que tu cesseras de philosopher, je vous répondrais : Athéniens, je vous honore et je vous aime ; mais j'obéirai à Dieu plutôt qu'à vous (2). » Ce n'est donc pas dans quelques paroles éparses et sans portée qu'il faut chercher la politique de Socrate, c'est dans sa vie tout entière, qui n'a été qu'un long

_____

(1) *Ib.*, 6. — Voyez la spirituelle imitation qu'a faite Andrieux de ce dialogue dans ses *Contes* en vers :

> Pour avoir eu jadis un prix de rhétorique,
> Glaucon se croyait fait pour le gouvernement.

(2) *Apol.*, p. 29 : Πείσομαι μᾶλλον τῷ θεῷ ἢ ὑμῖν.

procès à l'injustice ; c'est dans sa mort, qui, décrétée par la
tyrannie populaire, est devenue la condamnation éclatante de
toutes les tyrannies.

Socrate a été une des plus vives et des plus éclatantes images
de la conscience morale ; il n'a pas été seulement un philosophe,
mais un héros.

Dans la science, la philosophie lui doit d'avoir trouvé son
vrai principe : *connais-toi toi-même* , et sa vraie méthode : la
critique et l'analyse ; la morale lui doit quelques-uns de ses
meilleurs et ses plus beaux préceptes , et la politique ce principe indestructible que la loi commune des gouvernements et
des citoyens, c'est la justice. Enfin la liberté de la pensée le
compte parmi ses plus grandes victimes. Il ne faut point trop
gémir sur sa destinée , car la persécution et l'injustice font
l'honneur et le succès des doctrines ; et la vérité parmi les
hommes ne se répand jamais sans douleur (1).

(1) L'étendue de notre sujet ne nous permettant pas d'insister long-
emps sur l'origine de la morale et de la politique en Grèce, nous
renvoyons au livre de M. A. Garnier sur les Sages de la Grèce, et sur
Socrate (*Bibliothèque de philosophie contemporaine*, G. Baillière, 1865),
et au livre déjà cité de M. J. Denis, l'*Histoire des idées morales dans
l'antiquité*. — Voir aussi le livre de M. Fouillée et le mémoire de
M. Boutroux mentionnés plus haut.

CHAPITRE II

MORALE ET POLITIQUE DE PLATON

Chez les anciens, nous l'avons dit, la politique n'a jamais été séparée de la morale. L'homme et le citoyen ne faisaient qu'un ; et l'État, comme la famille, ne reposait que sur la vertu. Mais si ce lien existe pour tous les anciens, il n'est nulle part plus serré et plus étroit que dans la philosophie de Platon et dans celle d'Aristote, avec cette nuance que, pour Platon, la politique, c'est la morale elle-même ; tandis que pour Aristote, la morale est une partie de la politique. Il est donc indispensable, à qui veut comprendre la pensée politique de ces deux philosophes, d'étudier dans toute leur étendue leurs spéculations morales.

XÉNOPHON. — Avant d'aborder le vaste système moral et politique de Platon, nous devons dire quelques mots d'un autre socratique, d'un sage plus modeste, mais d'un bon sens et d'une délicatesse admirables et qui a donné à la morale un accent et une onction que peu de moralistes ont eus dans l'antiquité. Nous voulons parler de Xénophon.

Xénophon a beaucoup écrit sur la morale; et la moitié de ses ouvrages se rapporte à cet ordre d'études. Les *Mémorables de Socrate*, l'*Économique*, la *Cyropédie* ne sont que des ouvrages de morale. Si on lui attribue en outre les deux écrits sur les *Constitutions d'Athènes et de Sparte*, il est également un écrivain politique. A la vérité Xénophon, surtout dans les *Mémorables*, n'est guère que l'écho de Socrate, son interprète auprès de nous; mais il est permis de penser qu'au moins l'*Économique*, quoique mise sous l'autorité du nom de Socrate, appartient peut-être plus en propre à Xénophon. C'est là que nous trouvons une théorie de la famille, à laquelle il est difficile de trouver quelque chose d'analogue dans l'antiquité. Nous avons vu déjà dans Socrate lui-même un vif sentiment de la famille. Il recommande l'amour filial, l'amour fraternel. Il comprend et il expose fortement les sacrifices du dévouement maternel; enfin, il relève l'idée du travail dans la famille. Mais c'est dans Xénophon qu'il faut chercher, et peut-être est-ce à lui qu'il faudra attribuer en propre ce beau et charmant tableau de l'intimité domestique, de la tendresse conjugale, cette peinture délicate et élevée des devoirs de la ménagère, de la maîtresse de maison, qui peut encore être aujourd'hui donnée en modèle aux jeunes filles et aux jeunes femmes: c'est la conversation d'Ischomaque avec la jeune femme qu'il vient d'épouser.

« Quand elle se fut familiarisée avec moi, et que l'intimité l'eut enhardie à converser librement, je lui fis à peu près les questions suivantes : « Dis-moi, femme, commences-tu à com-

« prendre pourquoi je t'ai choisie, et pourquoi tes parents
« t'ont donnée à moi... Si la Divinité nous donne des enfants,
« nous aviserons ensemble à les élever de notre mieux: car
« c'est un bonheur qui nous sera commun de trouver en eux
« des défenseurs et des appuis pour notre vieillesse. Mais dès
« aujourd'hui cette maison nous est commune. Moi, tout ce
« que j'ai, je le mets en commun, et toi, tu as déjà mis en
« commun tout ce que tu as apporté. Il ne s'agit plus de
« compter lequel de nous deux a fourni plus que l'autre ;
« mais il faut bien se pénétrer de ceci, que celui de nous deux
« qui gérera le mieux le bien commun, fera l'apport le plus
« précieux. »

« A ces mots, Socrate, ma femme me répondit : « En quoi
« pourrais-je t'aider ? De quoi suis-je capable ? Tout roule sur
« toi. Ma mère m'a dit que ma tâche est de me bien conduire.
« — Oui, par Jupiter ! lui dis-je, et mon père aussi me disait
« la même chose, mais il est du devoir d'un homme et d'une
« femme qui se conduisent bien de faire en sorte que ce qu'ils
« ont prospère le mieux possible, et qu'il leur arrive en outre
« des biens nouveaux par des moyens honnêtes et justes. Les
« dieux me semblent avoir bien réfléchi, lorsqu'ils ont assorti
« l'homme et la femme pour la plus grande utilité commune,
« Le bien de la famille et de la maison exige des travaux au
« dehors et au dedans. Or, la Divinité a d'avance approprié la
« nature de la femme pour les soins et les travaux de l'inté-
« rieur, et celle de l'homme pour les soins et les travaux du
« dehors. Froids, chaleurs, voyages, guerres, le corps de
« l'homme a été mis en état de tout supporter ; d'autre part,
« la Divinité a donné à la femme le penchant et la mission de
« nourrir les nouveaux-nés ; c'est aussi elle qui est chargée de
« veiller sur les provisions, tandis que l'homme est chargé de
« repousser ceux qui voudraient nuire.

« Il est toutefois, dis-je, une de tes fonctions qui peut-être
« t'agréera le moins : c'est que si quelqu'un de tes esclaves
« tombe malade, tu dois, par des soins, dus à tous, veiller à sa

« guérison. — Par Jupiter! dit ma femme, rien ne m'agréera
« davantage, puisque, rétablis par mes soins, ils me sauront
« gré et me montreront plus de dévouement que par le
« passé. » Cette réponse m'enchanta, reprit Ischomachus, et
je lui dis: « Tu auras d'autres soins plus agréables à prendre,
« quand d'une esclave, incapable de filer, tu auras fait une
« bonne ouvrière ; quand d'une intendante ou d'une femme
« de charge incapable, tu auras fait une servante capable,
« dévouée, intelligente...

« Mais le charme le plus doux sera lorsque, devenue plus
« parfaite que moi, tu m'auras fait ton serviteur ; quand, loin
« de craindre que l'âge, en arrivant, ne te fasse perdre de ta
« considération dans ton ménage, tu auras l'assurance qu'en
« vieillissant tu deviens pour moi une compagne meilleure
« encore, pour tes enfants une meilleure ménagère, pour ta
« maison une maîtresse plus honorée. Car la beauté et la
« bonté ne dépendent point de la jeunesse : ce sont les vertus
« qui les font croître dans la vie aux yeux des hommes (1). »

Xénophon est véritablement l'apôtre de la famille dans
l'antiquité. Il n'est pas étonnant qu'il soit un des créateurs de
la pédagogie. La *Cyropédie*, en effet, est le premier ouvrage
de pédagogie proprement dit que nous présente la littérature.
Mais si c'est le moraliste qui prédomine dans l'*Économique*,
c'est le politique dans la *Cyropédie*. « Il nous présente dans cet
ouvrage, dit un historien compétent en ces matières (2) l'idéal
de la vie spartiate. La *Cyropédie* est un roman d'éducation
dans le genre de l'*Emile*, de Rousseau. Par le mélange d'une
haute inspiration morale et d'une fiction romanesque, ce
livre ressemble au *Télémaque* de Fénélon. Par les louanges
accordées à un peuple primitif dont la civilisation n'a pas
encore éteint les fortes vertus, louanges qui ne sont que la

(1) Xénophon, *Économiques*, l. VII, trad. franç. de M. Talbot,
p. 161.
(2) Compayré, *Histoire des doctrines de l'éducation* (Introduction,
p. 15).

satire déguisée des mœurs athéniennes, il fait penser à la *Germanie* de Tacite. La *Cyropédie* est un plan d'éducation militaire, exclusivement militaire. Pour cela, il faut que l'instruction soit commune, que l'enfant soit livré à l'État, que le jeune homme lui-même ne s'appartienne pas. Au sortir de l'école, les jeunes gens doivent être embrigadés, casernés, et cet assujettissement durera toute la vie. Les enfants vont aux écoles apprendre la justice comme chez nous apprendre à lire. »

On voit que par ses théories d'éducation, Xénophon se rapproche de Platon, auquel il ressemble si peu dans sa théorie de la famille. C'est qu'ils ont un lien commun, la politique, la croyance aristocratique, le mépris pour les institutions d'Athènes, l'admiration de Lacédémone. Tels sont les traits caractéristiques de la politique de Xénophon dans les ouvrages qui portent son nom et qui en tout cas doivent s'inspirer de son esprit puisqu'on les lui a attribués : à savoir ses deux écrits sur la *République de Lacédémone* et la *République d'Athènes*, et aussi dans la *Cyropédie* et dans le *Hiéron*.

Les idées politiques contenues dans ces différents ouvrages, ont été résumées avec une parfaite justesse dans un travail récent sur Xénophon (1). On sait que Xénophon appartenait au parti aristocratique d'Athènes; on sait qu'il fut banni, ainsi que les autres nobles, par la démocratie triomphante et qu'il passa sur le territoire spartiate les trente dernières années de sa vie. On dit même qu'il parut à Coronée dans les rangs spartiates dans la guerre contre les Thébains, alliés d'Athènes. Xénophon était donc un émigré. Y avait-il là un manquement aux devoirs du patriotisme? C'est une question de casuistique politique que nous n'avons pas à examiner. La question était moins simple pour les Grecs que pour nous. En réalité, Sparte et Athènes appartenaient à une patrie

(1) Voyez *Xénophon, son caractère et son talent*, par Alfred Croizet, que nous résumons ici.

commune qui est la Grèce. Les guerres qui divisaient les cités
étaient en quelque sorte des guerres civiles. Les nobles
dans toutes les cités étaient unis par des liens communs.
Quoi qu'il en soit, Xénophon préférait manifestement Lacédémone à Athènes, parce qu'il préférait l'aristocratie à la
démocratie. L'écrit sur la *République d'Athènes* (1) est une
véritable satire de la démocratie. Voici le tableau qu'il nous
présente du peuple : « Le peuple, dit-il, est ignorant, turbulent,
méchant, parce que la pauvreté le dégrade et que le défaut
d'instruction et d'éducation est chez lui la conséquence du
défaut de fortune. » Il s'ensuit, selon Xénophon, que le peuple
est cupide et intéressé. Il ne recherche que les charges où il y
a de l'argent à gagner. Il ne se soucie ni de la justice, ni de la
puissance de l'État. Il ne voit dans les tribunaux qu'un moyen
de s'enrichir. Il est vénal : avec de l'argent on est écouté partout et l'on peut gagner sa cause. Le peuple a une aversion
naturelle pour les bons citoyens. Il persécute les gens de
bien, les dépouille et les dégrade pour combler d'honneurs
les hommes de néant. » En face des vices, plus ou moins exagérés de la démocratie athénienne, Xénophon met en relief les
vertus de la société aristocratique. A Sparte, les jeunes gens
sont plus modestes que les jeunes filles elles-mêmes dans la
chambre nuptiale. Les jeunes gens méprisent les richesses et
respectent les vieillards. Xénophon admire tout dans Sparte,
l'éducation, la discipline, et même, comme Platon, la communauté : « Dans les autres cités, dit-il, chacun est maître de ses
enfants, de ses esclaves, de son bien. A Sparte, Lycurgue a
décidé que chacun aurait les mêmes droits sur les enfants des
autres que sur les siens, que l'on pût se servir des esclaves
des autres, de leurs chiens de chasse, de leurs chevaux. Il
résulte de cette communauté que ceux qui ont peu, participent

(1) Voir la savante édition critique avec traduction française de
M. T. Belot, in-4°, Paris 1880. Dans une introduction approfondie,
M. Belot discute l'authenticité de l'ouvrage et il l'attribue à Xéno-
phon.

à tout ce qui se trouve dans le pays, dès qu'ils ont besoin de quelque chose. » Xénophon admire également l'interdiction de toute profession lucrative, et considère comme un abus démocratique la liberté du travail. « Ailleurs, dit-il, tout le monde cherche à faire fortune comme il peut; l'un est laboureur, l'autre marin, l'autre marchand. A Sparte, Lycurgue a interdit toute espèce de profession en vue du profit. A quoi bon en effet courir après la richesse dans un pays où tout étant commun, la fortune ne procure aucune jouissance ! » On voit par ce curieux passage que l'idée communiste n'est pas nécessairement liée comme le croient les modernes, à la démocratie. En Grèce, ce sont au contraire les partisans de l'aristocratie, Xénophon et Platon, qui admirent la communauté; et c'est la République la plus aristocratique dont les institutions ont le plus d'analogie avec le communisme (1).

Ce n'était pas seulement l'aristocratie que Xénophon préférait à la démocratie. Quelquefois son rêve s'éloignait encore davantage des lois de sa patrie, et allait jusqu'à la monarchie ou même à une tyrannie sage. Sans doute, dans la première partie du dialogue intitulé *Hiéron*, il parle du tyran comme tous les Grecs; il fait voir l'odieux et la misère d'un pouvoir usurpé et maintenu par la violence, l'horreur et l'effroi dont il est entouré; et Hiéron lui-même déclare que sa situation est si misérable que le meilleur remède qui reste au tyran, c'est de se pendre. Mais Simonide lui enseigne bientôt le moyen d'être heureux, c'est de faire le bonheur de son peuple : « Courage ! lui dit-il, enrichis tes amis, tu t'enrichiras toi-même. Augmente la puissance de ton pays, tu accroîtras ta propre puissance. Regarde ta patrie comme ta maison, les citoyens comme tes amis, tes amis comme tes enfants, tes enfants comme ta propre vie, tu auras acquis le plus enviable de tous les trésors: tu seras heureux sans exciter l'envie. » Voilà bien l'idéal

(1) Voir d'ailleurs sur la prétendue communauté de Sparte, le savant mémoire de M. Fustel de Coulanges (*Comptes rendus de l'Académie des sciences morales*, janvier 1880.

de la monarchie paternelle qui a très souvent traversé l'esprit des anciens; car nous cherchons toujours notre idéal ailleurs que dans ce que nous connaissons. C'est ainsi que Platon dit également que le meilleur gouvernement serait celui d'un jeune tyran sage et vertueux (1). Aristote (2) lui-même a dit quelque part que la monarchie est le plus parfait des gouvernements; et l'on trouve quelque chose de semblable jusque chez Cicéron (3). La *Cyropédie* semble bien aussi avoir pour objet une pensée semblable. En général, nous pouvons dire que si Socrate a combattu les excès de la démocratie, les socratiques ont répudié la démocratie elle-même. Ils ont confondu la cause de l'aristocratie avec la cause de la vertu. Les plus riches et les plus nobles sont en même temps les meilleurs. Il n'est pas étonnant d'ailleurs que les socratiques aient pris en aversion les institutions qui avaient causé la mort inique de leur illustre maître, et qui les proscrivaient eux-mêmes et du pouvoir et de la patrie. Mais il est temps d'aborder directement le plus grand des socratiques, celui chez lequel les sentiments que nous venons de décrire ont trouvé l'expression la plus haute et la plus savante.

MORALE DE PLATON. — La morale et la politique, avons-nous dit, sont chez Platon étroitement unies, et l'une et l'autre ont leur principe dans la psychologie. Ce principe, c'est que l'homme est naturellement en guerre avec lui-même, et qu'il est divisé entre deux forces contraires: le désir aveugle du plaisir et l'amour réfléchi du bien (4). L'homme peut être comparé à un être étrange, composé de trois animaux divers : une hydre à cent têtes, qu'il faut à la fois rassasier pour vivre, et dompter pour vivre heureux; un lion, qui pour être plus noble et plus généreux, n'en est pas moins aveugle par lui-même : un

(1) *Lois*, liv. IV.
(2) *Politique*, III, VIII.
(3) Voir plus loin, ch. IV.
(4) *Phèdr.* 237, ἡ μὲν ἔμφυτος οὖσα ἐπιθυμία ἡδονῶν, ἄλλη δὲ ἐπίκτητος δόξα, ἐφιεμένη τοῦ ἀρίστου. Nous citons partout l'édition type d'Henri Etienne, à laquelle toutes les éditions se réfèrent.

homme enfin qui soumet l'hydre à l'aide du lion. L'homme
véritable ne réside ni dans le lion, ni dans l'hydre, mais dans
cet être supérieur, qui raisonne, qui délibère, qui commande,
et qui enchaîné par la nature à cette bête à mille têtes, semble ne faire qu'un avec elle, condamné à la combattre sans
cesse, sans pouvoir s'en séparer jamais (1).

Il y a donc, selon Platon, trois parties dans l'homme : l'une
inférieure, c'est le principe de la sensation et du désir (τὸ
ἐπιθυμητικὸν), de la crainte, de la colère aveugle, de l'amour
grossier et populaire, qui ose tout et qui corrompt tout (2) ;
l'autre supérieure, c'est la raison (le νοῦς), c'est la faculté qui
connaît, qui démêle dans les choses ce qu'elles ont de vrai, de
pur et d'éternel, qui s'élève jusqu'au principe de toutes choses,
c'est-à-dire jusqu'à l'Être même, et qui dans l'âme combat, les
passions et les désirs honteux, et exerce la souveraineté (3).
Enfin, entre ces deux parties extrêmes de l'âme, il y a une
partie moyenne, qui les relie l'une à l'autre : c'est le θυμὸς ou
courage, principe de la colère noble et des affections généreuses, qui sert d'auxiliaire à la raison dans sa lutte contre le
désir et la passion : c'est le coursier généreux qui, obéissant
aux lois du conducteur, l'aide à subjuguer et à convaincre le
coursier insolent et rebelle (4).

S'il y a deux principes dans l'homme, l'amour du bien et
l'amour du plaisir, le plaisir n'est donc pas le bien, comme le
pensaient les sophistes et comme le croient la plupart des
hommes. Platon combat cette opinion dans tous ses ouvrages;
mais il a surtout consacré à la réfuter un dialogue entier, le
Philèbe, l'un de ses écrits les plus savants et les plus profonds.

Selon les sophistes, le plaisir est le seul bien. S'il en est

(1) *Rép.*, l. IX, 588.
(2) *Tim.*, 42; 69; *Rép.*, IV, 439.
(3) Pour la théorie de la raison dans Platon, voy. *Théétète*, 161,
187; *Républ.*, V, 477, sq. et les livres VI et VII de la *République*
tout entiers; *Tim.*, 7; *Philèb.*, 59.
(4) *Rép.*, l. IV, 441 et sqq.; *Phèdr.*,253-254.

ainsi, le plaisir serait encore un bien, lorsqu'on retrancherait de l'âme tout ce qui n'est pas le plaisir, par exemple l'intelligence et la pensée. Mais si vous supprimez l'intelligence, vous supprimez le plaisir lui-même; sans mémoire, point de plaisir dans le passé; sans réflexion et sans imagination, point de plaisir dans l'avenir; et enfin, sans la conscience de soi-même, point de plaisir présent, car pour jouir d'un plaisir, il faut savoir que l'on en jouit. Ainsi, l'intelligence est nécessaire au plaisir, le plaisir n'est donc pas par lui-même et tout seul le souverain bien (1). En outre, si le plaisir est le bien, tous les plaisirs sont bons; et il n'y a d'autre différence entre eux que celle de la vivacité ou de l'intensité. Or nous ne distinguons pas seulement les plaisirs par la vivacité, mais par d'autres caractères qui supposent un autre bien que le plaisir lui-même. Tout le monde reconnaît des plaisirs bons et des plaisirs mauvais, honnêtes et honteux (2). Osera-t-on nier cette distinction? Mais quoi! n'est-il pas des plaisirs méprisables que tout homme rougirait de rechercher ou d'avouer? Les libertins eux-mêmes font un choix entre les plaisirs; ils goûtent de préférence ceux qui ont une apparence de grandeur : la domination, la prodigalité; même dans la célébration éhontée du plaisir et de l'intempérance, Calliclès (3) cherche encore à nous séduire par ce qu'il y a de beau et d'énergique dans le mépris de toutes les lois arbitraires et des vaines contraintes. Mais si le plaisir est le seul bien, il n'y a plus ni honte ni gloire dans les plaisirs. Tous sont beaux et bons au même titre, et c'est une inconséquence de se faire honneur de la délicatesse ou de la noblesse de ses choix. Il faut distinguer encore des plaisirs vrais et des plaisirs faux (4). Il semble d'abord qu'il n'y ait que des plaisirs vrais, car tout plaisir est réel pour celui qui l'éprouve. Mais un plaisir vrai par lui-même peut être faux par

(1) *Philèb.*, 20 sqq.
(2) *Gorg.*, 495 à 499.
(3) Discours de Calliclès dans le *Gorgias*, 4482 et suiv.
(4) *Philèb.*, 36-42.

son objet; lorsqu'il naît à la suite d'une opinion vraie, il est vrai comme elle, et il est faux quand il naît de l'erreur. Les plaisirs sont encore purs ou mélangés. Le plaisir est pur, lorsqu'il est sans aucun alliage de douleur; il est corrompu et mélangé, lorsque, si vif qu'il soit, il est accompagné de douleur. C'est ce qui arrive dans la passion : « La colère, la crainte, la tristesse, l'amour, la jalousie, l'envie sont des douleurs de l'âme mêlées de plaisirs inexprimables. La colère entraîne quelquefois le sage même à se courroucer, plus douce que le miel qui coule du rayon (1). » Or les plaisirs mêlés de douleur sont précisément les plus vifs et les plus ardents, et en même temps les plus extravagants, les plus nuisibles à l'âme et au corps; ils réduisent l'homme à un état de stupeur et de fureur très près de la folie (2). Plus un plaisir est vif, moins il est pur. Ce qui fait la pureté du plaisir, ce n'est pas son énergie, c'est sa simplicité, c'est-à-dire l'absence complète de toute douleur (3). Or les plaisirs simples ne peuvent naître que des objets parfaitement simples : les belles couleurs, les belles figures, les belles lignes, les beaux sons. Le repos, l'être, l'unité, voilà le principe des plaisirs purs. Les plaisirs purs sont en même temps les plaisirs vrais et les plaisirs bons. Le plaisir n'est rien par lui-même, et il diffère du bien comme l'apparence diffère de l'être réel. C'est un *phénomène* (4), c'est-à-dire quelque chose de changeant et de fuyant, qui ne suffit point à soi-même. Le bien, au contraire, est nécessaire, suffisant et complet en soi (5). C'est la fin en vue de laquelle on fait toute chose (6). Cependant tous les hommes poursuivent le plaisir, en croyant trouver le bien. C'est que tout en aimant le bien, ils ne le cherchent pas où il est : ils préfèrent l'apparence à la réalité. De vains fantômes excitent dans l'âme de ces insen-

(1) *Philèb.*, 47-48.
(2) *Ibid.*, 45-46.
(3) *Ibid.*, 51.
(4) En grec *une génération*, γένεσις *Philèb.*, 53.
(5) Τέλεον... ἱκανόν... *Philèb.*, 20.
(6) *Gorg.*, 499, τέλος ἁπασῶν τῶν πράξεων τὸ ἀγαθόν.

sés des transports si violents, qu'ils se battent pour les posséder, comme le fantôme d'Hélène, pour lequel les Troyens se battirent, faute de connaître l'Hélène véritable (1).

La vie de plaisir, ou l'intempérance est donc à la fois ignorante et impuissante: ignorante, car elle ne connaît pas son vrai bien ; impuissante, car elle ne peut y atteindre.

Il est impossible qu'aucun être raisonnable et sensible recherche volontairement ce qu'il sait lui être nuisible (2) : c'est pourtant ce que fait l'intempérant. Une telle erreur ne peut venir que de l'ignorance où il est de lui-même et du bien. On reconnaît ici les principes socratiques. Comparez, dit Platon, sous le rapport du bonheur, la vie tempérante et la vie intempérante. Laquelle vous paraîtra la plus heureuse? L'une, en ménageant les plaisirs, en jouit avec plus de sécurité et de calme; les peines et les joies y sont également tranquilles, et les plaisirs l'emportent sur les peines. Au contraire, la vie intempérante est toute tumultueuse : sans soin de l'avenir, elle épuise sans cesse par son impatience aveugle la puissance de jouir, et se fatigue à en renouveler continuellement les sources toujours vides. Dans la vie intempérante, le plaisir est une fureur, la joie une ivresse, l'amour une maladie. Partout la douleur se mêle au plaisir et le corrompt; la sensibilité égarée jouit de cette douleur même, comme d'un assaisonnement au plaisir, et devient incapable de goûter le vrai bonheur (3).

L'intempérance est aussi impuissante qu'ignorante. Le vulgaire admire l'intempérance accompagnée du pouvoir de tou faire. Il ne voit pas combien vain est ce pouvoir. Le vrai pouvoir est celui de l'homme qui fait ce qu'il veut. Or, l'homme intempérant ne fait pas ce qu'il veut: car ce qu'il veut c'est son bien, puisqu'on n'agit jamais qu'en vue du bien; mais comme il ne connaît pas le bien, il ne trouve que son

(1) Rép., l. IX, 586.
(2) Philèb., 20; Gorg., 468; Protagor., 358.
(3) Gorg., 493-94; Lois, 734.

propre mal, il n'obtient donc pas ce qu'il désire (1). Consumer de vaines forces pour un bien chimérique et un mal réel, c'est être véritablement impuissant, quelque force que l'on possède; de même que se tromper ainsi sur son vrai bien, quelque esprit qu'on y applique, c'est être vraiment ignorant. L'ignorance et l'impuissance sont le signe de la servilité; c'est pourquoi il n'y a rien de plus servile que le vice et l'intempérance, rien de plus noble et de plus libre que la science et la vertu (2).

C'est ainsi que Platon, inspiré par Socrate, combat la doctrine sophistique du plaisir et de la passion. Mais lui-même ne se jettera-t-il point à l'extrémité opposée? Ne voudra-t-il point retrancher de l'âme tout désir, toute inclination, tout plaisir? Ne remplacera-t-il pas la morale voluptueuse par la morale mystique? C'est là une opinion assez répandue, et quelquefois même en lisant Platon on serait tenté de la croire fondée.

Ouvrez en effet le *Phédon* : vous y trouverez les expressions les plus vives et les plus fortes du mysticisme. Dans ce dialogue, le corps n'est pas seulement, comme dans l'*Alcibiade* (3), l'instrument, le serviteur de l'âme; il est son cachot, son tombeau (4) toutes les sensations, tous les plaisirs, toutes les impressions qui nous viennent par le corps, sont autant de chaînes ou de clous qui enlacent ou attachent l'âme au corps et lui ôtent sa liberté (5). Le corps empêche l'âme de penser: il est la source de tous les désirs, de toutes les passions, c'est-à-dire de tous les troubles, de toutes les guerres qui s'élèvent entre nous-mêmes et entre les hommes. Le corps est un mal, une folie (6); pour s'élever à la sagesse, il faut se purifier, c'est-à-dire séparer

---

(1) *Gorg.*, 466.
(2) *Alcibiad.*, 135, Δουλοπρεπὲς ἡ κακία... ἐλευθεροπρεπὲς ἡ ἀρετή.
(3) Dans le 1ᵉʳ *Alcibiade*, 130, Platon définit l'homme, τὸ χρώμενον σώματι.
(4) *Phéd.*, 82. εἰργμός; *Gorg.*, 493, τὸ σῶμά ἐστιν σῆμα.
(5) *Phédon*, 83.
(6) *Ibid.*, 66, μετὰ τοῦ τοιούτου κακοῦ ... ib. 67, τῆς τοῦ σώματος ἀφροσύνης.

son âme de son corps, et pour tout dire s'exercer à mourir. La sagesse et la philosophie ne sont que l'apprentissage de la mort (1). Ainsi la vie est une initiation; mais il y a peu d'initiés, quoique beaucoup aspirent à l'être. « Beaucoup prennent le thyrse, mais peu sont inspirés par les dieux. Ceux-là ne sont, dit Socrate, que ceux qui ont bien philosophé (2). »

Quelques-uns de ces traits ont sans doute de grandes analogies avec les principales idées de la philosophie ascétique. Devons-nous cependant ranger Platon parmi les mystiques ? Nous ne le pensons pas. Le mysticisme n'est pas la vraie pensée de Platon. Quelquefois, il est vrai, les ailes de son inspiration, pour emprunter une image qu'il aime, l'emportent un peu au-delà des limites du monde habité par les hommes : mais le goût de la mesure, le sentiment infaillible de la vraie beauté, qui est toute mesure, l'amour des joies douces de la vie, l'inspiration socratique, et enfin une harmonie de génie sans égale, tout le retient d'ordinaire dans les bornes d'une philosophie toujours élevée où dominent la pure raison et l'amour pur, mais d'où rien n'est exclu, qui recèle à quelques degrés une ressemblance même fugitive avec le vrai et avec le beau.

Le vrai principe moral du platonisme, ce n'est pas le renoncement, la rupture violente de l'homme avec lui-même : c'est l'harmonie et la paix. On peut dire des séditions qui s'élèvent dans l'âme humaine ce que Platon dit des séditions des Etats : « Est-il quelqu'un qui préférât voir la paix achetée par la ruine d'un des partis et la victoire de l'autre, plutôt que l'union et l'amitié rétablies entre eux par un bon accord (3) ? » La meilleure fin de cette guerre intestine que se font en l'homme l'âme et le corps, ce n'est point la défaite et la ruine du corps, mais sa réconciliation avec l'âme,

(1) *Ib.*, 67, χωρισμός ψυχῆς ἀπό σώματος. Οἱ φιλοσοφοῦντες ἀπο-θνήσκειν μελετῶσιν.
(2) *Ib.*, 69.
(3) *Lois*, 628.

et leur commune harmonie: « Tout ce qui est bon et beau, dit Platon, et il n'y a rien de beau sans harmonie... Quand un corps faible et chétif traîne une âme grande et puissante, ou lorsque le contraire arrive, l'animal tout entier est dépourvu de beauté, car il lui manque l'harmonie la plus importante, tandis que l'état contraire donne le spectacle le plus beau et le plus agréable qu'on puisse voir. Contre ce double mal, il n'y a qu'un moyen de salut: ne pas exercer l'âme sans le corps, ni le corps sans l'âme, afin que, se défendant l'un contre l'autre, ils maintiennent l'équilibre et conservent la santé... Il faut prendre un soin égal de toutes les parties de soi-même, si on veut imiter l'harmonie de l'univers (1). » On ne doit donc pas entendre à la rigueur les passages du *Phédon*, où Socrate semble prescrire le renoncement absolu au corps et à la nature; mais y voir seulement une invitation hyperbolique et éloquente à se défier des sens, à lutter contre la domination du corps, contre l'empire des passions. Les sens eux-mêmes, dans la vraie pensée de Platon, sont loin d'être méprisables. L'ouïe et la vue sont de merveilleux organes qui nous révèlent le beau sous les formes sensibles qui le recouvrent. « La vue est la cause du plus grand des biens... Nous devons à la vue la philosophie elle-même, le plus noble présent que le genre humain ait jamais reçu et puisse recevoir jamais de la munificence des dieux..... Il en faut dire autant de la voix et de l'ouïe..... C'est à cause de l'harmonie que l'ouïe a reçu le don de saisir les sons musicaux. Quand on cultive avec intelligence le commerce des muses, l'harmonie ne paraît pas destinée à servir, comme elle le fait maintenant, à de frivoles plaisirs: les muses nous l'ont donnée pour nous aider à régler sur elle et soumettre à ses lois les mouvements désordonnés de notre âme, comme elles nous ont donné le rythme pour réformer les manières pourvues de grâce et de mesure de la plupart des hommes (2). » Platon n'a donc point méconnu la

(1) *Tim.*, 87.
(2) *Tim.*, 47.

noble destination des sens ; il n'impose point au sage l'inutile et impossible obligation de les éteindre et de détruire en lui-même les dons précieux des muses et des dieux. Il lui demande de les associer et de les soumettre à des facultés plus hautes, de s'en servir enfin pour la perfection de son intelligence et de son âme, au lieu de les servir comme des maîtres impérieux et déréglés.

Ce qui démontre enfin que la morale de Platon n'est pas une morale de contrainte exagérée et de renoncement absolu, mais de conciliation et d'harmonie, c'est la belle discussion du *Philèbe*, qui n'est pas moins dirigée contre les ennemis excessifs du plaisir que contre ses partisans corrompus. « Quelqu'un de nous voudrait-il vivre, ayant en partage toute la sagesse, toute l'intelligence, la science, la mémoire qu'on peut avoir, à condition qu'il ne ressentirait aucun plaisir, ni petit, ni grand, ni pareillement aucune douleur, et qu'il n'éprouverait absolument aucun sentiment de cette nature (1). » Cette vie insensible, que les philosophes stoïciens ont appelée depuis ἀπάθεια, n'est pas plus désirable pour le sage que la vie de plaisir toute pure ; elle est incomplète, elle ne satisfait pas l'homme tout entier ; elle n'est donc pas la vie heureuse. Peut-être est-ce la condition de la vie divine, mais non de la vie humaine (2). Et c'est le bonheur humain, c'est la sagesse humaine que la morale cherche et prétend procurer aux hommes. La vie heureuse et sage est la vie mixte (3), où se réunissent et se mélangent la science et le plaisir, non pas, il est vrai, tous les plaisirs (4), mais au moins ces plaisirs purs, simples et vrais qui sont l'accompagnement et la récompense de la sagesse, ou ceux des plaisirs sensibles, qui naissent des objets simples et ne sont accompagnés d'aucune douleur : le plaisir des belles couleurs, des beaux sons et même des pures

(1) *Philèb.*, 21.
(2) *Ibid.*, 22 et 33.
(3) *Ibid.*, 61. Μὴ ζητεῖν ἐν τῷ ἀμίκτῳ βίῳ τἀγαθὸν, ἀλλ' ἐν τῷ μικτῷ.
(4) *Ibid.*, 63.

odeurs. « Semblables à des échansons, nous avons à notre disposition deux fontaines, celle du plaisir, qu'on peut comparer à une fontaine de miel, et celle de la sagesse, fontaine sobre à laquelle le vin est inconnu, et d'où sort une eau austère et salutaire. Voilà ce qu'il faut nous efforcer de mêler ensemble de notre mieux (1). » La sagesse n'est donc pas seulement l'apprentissage de la mort, mais l'ornement de la vie. Toutes les choses bonnes dans la nature résultent ainsi du mélange d'une partie mobile, inconsistante, indéterminée, et d'une partie fixe qui règle, mesure et contient la première. Tels sont les mouvements des astres, les révolutions des saisons : telle est dans le corps la santé, et dans l'âme la sagesse. La sagesse est la santé de l'âme (2) : l'une et l'autre sont un équilibre et une harmonie. Le bien en toute chose, c'est l'ordre : le bien d'une maison, c'est la commodité, la convenance et l'arrangement. L'âme aussi, pour être heureuse et sage, doit être convenablement ordonnée (3). La mesure, d'où naît la grâce, est le signe d'une âme bonne et heureuse ; elle est la condition de la sagesse comme de la musique. Le philosophe est un musicien (4). C'est un trait commun sans doute chez la plupart des philosophes grecs, mais surtout remarquable chez Platon, que ce soin constant de la proportion, de l'harmonie et de la beauté dans l'âme du sage. « La vie de l'homme, dit-il dans le *Protagoras*, a besoin de nombre et d'harmonie (5). » L'imagination de l'artiste et le sentiment moral s'unissent toujours dans ses écrits, pour tracer l'image de la vertu. C'est ce goût de la mesure qui l'a éloigné des extrémités, où s'est jeté plus tard le stoïcisme ; il n'a point rejeté le plaisir, il n'a point nié la douleur. S'il dit quelque part que le sage se suffit à lui-même, que la perte de

(1) *Philèb.*, 61.
(2) *Ibid.*, 425-26. *Rép.*, 444. Ἀρετή… ὑγίεια τις…καὶ εὐεξία ψυχῆς.
(3) *Gorg.*, 504.
(4) *Rép.*, X, 591. Ἐάνπερ μέλλη (ὁ σοφός) τῇ ἀληθείᾳ μουσικὸς εἶναι, et IV 414, μουσικώτατον καὶ εὐαρμόστατον.
(5) *Protag.*, 326.

ses plus chères affections (1), il prend garde de nous avertir ailleurs, qu'il ne recommande pas une insensibilité chimérique, mais une noble patience et une certaine modération devant les autres hommes, πότερον οὐδὲν ἀχθέσεται, τοῦτο μὲν ἀδύνατον, μετρίασεί δέ πως πρὸς λύπην (2).

La mesure, l'harmonie, l'ordre, voilà donc le souverain bien. Mais comment l'homme peut-il réaliser ce bien dans son âme? Il le peut par la vertu.

Qu'est-ce que la vertu? Platon, comme son maître Socrate, rapporte la vertu à l'intelligence. Mais l'intelligence a deux degrés : l'opinion et la science. La vertu doit-elle être définie par la science ou par l'opinion (3) ?

L'opinion est cet état de connaissance intermédiaire entre l'ignorance et la science, où l'esprit juge sans principes, et sans se rendre compte de ses pensées ; c'est une connaissance obscure et flottante, qui peut être fausse, mais qui peut être vraie. Quand elle est vraie, elle prend le nom d'opinion droite, (ὀρθὴ δόξα) et alors elle est aussi utile dans la pratique et dans l'action, que la science elle-même (4). C'est elle qui éclaire les juges dans les tribunaux ; c'est elle qui dirige les avocats dans leurs discours et les politiques dans leurs entreprises (5) ; c'est elle enfin qui paraît être chez la plupart des hommes le principe de la vertu. Si la vertu n'était pas l'effet de l'opinion, mais de la science, ceux qui la possèdent devraient être en état de l'enseigner aux autres, au moins à leurs enfants comme toute autre science (6). Or, on ne voit nulle part de maîtres, ni de disciples de vertu. Les plus grands citoyens athéniens, les Périclès, les Thémistocle, les Cimon, ont-ils rendu plus vertueux par leurs

_____

(1) Rép., l. III, 387. Ἥκιστ, ἄρα καὶ ὀδύρεισθαι, φέρειν δέ ὡς πραότατα.
(2) Ibid., l. X, 603.
(3) Sur la différence de la science et de l'opinion, voir Républ. l. V, 477, sqq.; Timée, 61.
(4) Ménon, 97. Οὐδὲ ἧττον ὠφελίμον εἰς τὰς πράξεις.
(5) Théét., 201 ; Ménon,, 99.
(6) Ménon, 89 et sqq.

exemples et leurs conseils le peuple qu'ils gouvernaient? Ils n'ont pas même réussi à rendre meilleurs et plus sages leurs propres enfants. La vertu n'est donc point une science, elle est une opinion, un instinct, un don de Dieu (1).

Telle est l'apparente conclusion du *Ménon*. Mais il est difficile de croire que ce soit là la vraie pensée de Platon. Comme il admettait un principe de connaissance supérieur à l'opinion, il devait admettre une vertu supérieure à la vertu d'opinion, qu'il appelle aussi une vertu populaire, ou vertu politique, née de la pratique et de l'habitude, sans philosophie (2). C'est la vertu vulgaire, excellente sans doute comme guide de la vie, et meilleure que l'intempérance; mais s'il se rencontre au milieu des hommes ignorants d'eux-mêmes, et pratiquant la vertu par hasard, quelque homme qui se rende compte des principes de la vertu, il sera, comme Tirésias, seul sage au milieu des ombres (3).

Il y a donc une vraie vertu, dont la vertu d'opinion n'est que l'ombre : c'est celle qui a sa source dans la sagesse, c'est-à-dire dans la science. Sans la sagesse, toutes les vertus sont ou inutiles, ou insuffisantes : avec la sagesse, elles deviennent toutes excellentes et salutaires (4). La science qui a pour objet l'être, l'immuable, le vrai, et les rapports universels des choses, ne peut pas se rencontrer dans une âme, sans attirer avec elle le cortège de toutes les vertus. Car la science n'est point ce que croient la plupart des hommes ; ils pensent que la force lui manque et que sa destinée n'est pas de gouverner et de commander. Au contraire la science est faite pour commander à l'homme : quiconque aura la connaissance du bien et du mal, ne pourra jamais être vaincu par quoi que ce soit,

(1) *Ibid.*, 99. Θεία μοίρα παραγιγνομένη.
(2) *Phédon*, 82. Δημοτικὴν πολιτικὴν ἀρέτην..., ἐξ ἔθους τε καὶ μελέτης γεγονυῖαν ἄνευ φιλοσοφίας.
(3) *Ménon*, 100. Ὥσπερ παρὰ σκιὰς... *Phédon*, 68. Ἀκιαγραφία τις ἢ ἡ τοιαύτη ἀρετή.
(4) *Ménon*, 88. Μετὰ μὲν νοῦ ὠφέλιμα, ἄνευ τὲ νοῦ βλάβερα.

et ne fera autre chose que ce que la science lui ordonne (1). Comment, par exemple, celui qui vit sans cesse par la raison avec la vérité, n'aurait-il pas l'amour de la vérité et l'horreur du mensonge ? Il sera donc sincère. Comment celui qui n'a commerce qu'avec le monde intelligible ne mépriserait-il pas les plaisirs excessifs du corps ? Il sera donc tempérant. Comment n'aurait-il pas des sentiments toujours élevés, une grande indifférence pour la vie, de la douceur avec les hommes, toutes les vertus enfin et toutes les qualités de l'âme (2) ?

La confusion de la vertu et de la science conduit Platon à une opinion célèbre dont le germe était déjà dans Socrate, mais qui devait sortir presque nécessairement de la psychologie platonicienne. Platon, en effet, n'avait point distingué la puissance de penser de celle de vouloir : pour lui, la raison à la fois délibère, donne les ordres et prend les résolutions ; hors de la raison, il n'y a que le θυμὸς ou ἐπιθυμία, principes passionnés et aveugles, dociles ou rebelles selon l'occurrence, mais incapables de choisir librement entre deux actions contraires. D'où il suit qu'il ne peut y avoir que deux états dans l'âme humaine : celui où elle voit clairement le bien, c'est-à-dire où la raison parle et commande, et celui où elle l'ignore, c'est-à-dire où le désir se fait seul entendre. Dans la première supposition, l'homme obéit nécessairement à la raison, et dans la seconde, au désir. Il ne peut voir le bien sans vouloir l'atteindre ; il ne le fuit que parce qu'il l'ignore Il n'y a point de place dans cette psychologie pour cet état intermédiaire où l'âme ne fait pas le bien qu'elle connaît et qu'elle aime, et choisit le mal qu'elle connaît aussi et qu'elle hait. Et cependant a-t-on jamais mieux décrit ce phénomène de l'âme que Platon ne le fait lui-même dans les *Lois* ? « Voici, dit-il, la plus grande ignorance,

(1) *Protagor*, 352. Ἡ ἐπιστήμη... οἷον ἄρχειν τοῦ ἀνθρώπου, καὶ... μὴ ἄν κρατηθῆναι (ἄνθρωπον) ὑπὸ μηδενός, ὥστε ἀλλ' ἄττα πράττειν ἢ ἃ ἄν ἡ ἐπιστήμη κελεύῃ.
(2) *Républ.*, l. VI, 485, sqq.

c'est lorsque, tout en jugeant qu'une chose est belle et bonne,
au lieu de l'aimer, on l'a en aversion ; et encore, lorsqu'on aime et qu'on embrasse ce qu'on reconnaît mauvais
et injuste (1). « Ainsi voilà le fait bien reconnu et parfaitement
décrit ; mais n'est-ce point le qualifier étrangement que d'appeler cette opposition de la raison et du désir la dernière
ignorance ? Est-ce ignorance, que de connaître qu'une chose
est bonne, et s'en détourner ? Aussi Platon refuse-t-il ordinairement d'admettre que l'homme qui fait le mal ait la vraie
connaissance du bien. Il rejette cette expression de toutes les
langues : être vaincu par le plaisir (2) : et par une confusion
contraire à l'esprit de sa doctrine, il demande si l'homme peut
fuir volontairement ce qu'il sait lui être bon ou avantageux,
ou rechercher volontairement ce qu'il sait lui être mauvais
ou nuisible, oubliant que le bon ou le mauvais ne sont pas
toujours la même chose que l'avantageux ou le nuisible.
Ces principes entraînent Platon à de graves conséquences.
Il affirme que la méchanceté n'est point volontaire : « Personne, dit-il, n'est méchant parce qu'il le veut : on le devient
à cause d'une mauvaise disposition du corps, ou d'une
mauvaise éducation : malheur qui peut arriver à tout le
monde, malgré qu'on en ait (3). » C'est, comme on le voit,
supprimer le libre arbitre. Et cependant, Platon conserve le
principe de la responsabilité : « L'homme est responsable de
son choix, Dieu est innocent (4). » Mais cette proposition
peut-elle s'accorder avec le principe de l'identité de la vertu
et de la science ?

La morale platonicienne n'est donc point une morale ascétique ; mais c'est une morale trop spéculative. Elle nous donne
un idéal magnifique de la vertu ; mais elle ne donne point le

(1) *Lois*, III, 689.
(2) *Protag.* 353. Ὑπὸ τῶν ἡδονων ἡττᾶσθαι.
(3) *Tim.*, 86 ; *Protag.*, 358 ; *Lois*, l. V, 781. Ὁ ἄδικος οὐχ ἕκων ἄδικος...
ἀλλὰ ἐλεεινὸς μὲν πάντως ὁ ἄδικος.
(4) *Républ.*, l. X, 617. Αἰτία ἑλομένου· Θεὸς ἀναίτιος.

moyen d'y atteindre ; et elle suppose que connaître le bien, c'est assez pour le pratiquer. L'activité personnelle de l'homme est trop oubliée dans cette doctrine : c'est ce point faible qu'Aristote a si bien saisi, et qu'il a essayé de corriger.

La vertu considérée en elle-même est une ; mais l'unité essentielle de la vertu n'empêche pas qu'elle n'ait des parties (1). De même que l'âme, une en elle-même, se compose pourtant de plusieurs puissances et d'actions diverses, la vertu, une dans sa fin dernière, est multiple dans son rapport à nos facultés, et elle prend des noms différents selon ces différents rapports. Si l'âme n'était qu'une intelligence, sa seule vertu serait la sagesse elle-même, σοφία, c'est-à-dire la science qui délibère sur le bien général de l'individu, qui lui apprend à discerner le vrai et le faux, le bien et le mal, l'avantageux et le nuisible, donne des ordres et juge de ce qui convient à chacune des parties de l'âme et à toutes ensemble : c'est en quelque sorte la vertu du gouvernement (2). Mais l'âme a deux autres parties, le θυμὸς et l'ἐπιθυμία qui ont aussi leur vertu particulière, sinon par elles-mêmes, au moins par leur rapport avec la raison. La vertu du θυμὸς, guidé et éclairé par la raison, c'est le courage, ἀνδρεία. Le courage ne se confond pas avec l'intrépidité qui ne recule devant rien, avec la vaine bravoure et la témérité aveugle. Puisque la vertu est la science, chaque vertu est une science particulière : le courage sera donc la juste opinion ou la science des choses qui sont ou ne sont point à craindre (3). Quant à la dernière partie de l'âme, sa vertu n'est que sa servitude ; l'obéissance est tout le bien qu'elle peut faire : cette soumission du désir à la raison, c'est la tempérance, σωφροσύνη (4).

Il reste une quatrième vertu, celle qui maintient entre les

---

(1) *Lois*, l. XII, 965.
(2) *Républ.*, l. IV, 441. Οὐκοῦν τῷ μὲν λογιστικῷ ἄρχειν προσήκει σοφῷ ὄντι καὶ ἔχοντι τὴν ὑπερ ἁπάσης τῆς ψυχῆς προμηθείαν.
(3) *Protag.*, 360 ; *Républ.*, l. IV, 430, 442.
(4) *Rép.*, *Ibid.*

trois parties de notre âme l'ordre et l'union, qui oblige chacune de nos facultés à ne point sortir de son rang, ni de sa
fonction, et à pratiquer la vertu qui lui est propre, celle enfin
qui produit et conserve les trois autres. L'image de cette
vertu se voit dans un État bien policé où chacun fait son œuvre
propre, sans empiéter sur celle de son voisin ; où, borné
à une seule action, il accomplit mieux le travail auquel il
est habitué, et qui lui est enseigné par la nature même.
L'image contraire se rencontre dans un état, où tout le monde
veut faire la même chose, commander et non obéir, où dans la
confusion de tous les rôles, le talent propre et la vertu particulière de chacun se perd et se dénature ; enfin, où l'anarchie
est au comble, et toutes les barrières brisées (1). La justice fait
de l'homme un tout mesuré et plein d'harmonie (2) ; cette disposition intérieure est la source de toutes les actions que l'on
appelle justes : dans l'acquisition des richesses, dans les soins
du corps, dans les affaires publiques, ou les rapports de la vie
privée, l'homme juste ne fera rien de contraire à ce bel ordre.
La même loi qui lui impose de mettre en lui-même chaque
chose à sa place, lui défendra d'enlever à aucun homme ce qui
lui est propre, son honneur ou son bien. La justice rendra
donc à chacun ce qui lui est dû (3). Elle est le contraire
de la violence, elle n'est point le droit du plus fort, comme
disaient les sophistes (4), elle repose au contraire sur l'égalité
du faible et du fort. Elle n'est point non plus l'art de faire du
bien à nos amis et du mal à nos ennemis. Il ne convient point à
l'homme de faire du mal à un autre homme (5) ; il ne lui convient même pas de rendre aux autres hommes le mal pour le

(1) *Rép.*, l. IV, 433, 443. Platon caractérise partout la justice par
ces mots : τὸ τὰ αὑτὸν πράττειν, ἡ τὸν ἕκαστον τὰ αὑτοῦ πράττειν δύναμις...
τὰ οἰκεῖα εὖ θέμενον.

(2) *Ibid.*, 443. Κοσμήσαντα καὶ ξυναρμόσαντα.

(3) *Ibid.*, 433. Ὅπως ἂν ἕκαστοι μεὶ ἔχωσι τὰ ἀλλότρια μήτε τῶν
αὐτῶν στέρωνται.

(4) *Rép.* l. I, 338.

(5) *Ibid.*, 335.

mal, quelque injustice qu'il en ait reçue (1). Jamais la justice
ne peut avoir le mal pour objet. Tout art, toute puissance, toute
fonction a pour objet le bien de la chose ou de l'être dont elle
s'occupe (2). Le médecin ne cherche pas le mal du malade, ni
le berger celui du troupeau. La justice est encore l'obéissance
aux lois (3). C'est ainsi surtout que l'entendait Socrate ; il en
fut lui-même un admirable exemple. Sous toutes ces formes,
elle n'est jamais que la conservation de l'ordre en nous-mêmes
et dans nos rapports avec les autres, la pratique de tout ce qui
est bon et conforme à la nature. La nature n'est pas telle que la
définissaient les sophistes : l'impétuosité des désirs et le déchaî-
nement de la force : « Ce qui est vraiment selon la nature, c'est
l'empire de la loi sur les êtres qui la reconnaissent volontairement et sans violence (4). » Et la loi elle-même n'est pas
l'œuvre arbitraire des hommes : c'est le commandement de la
raison même ; commandement éternel et inviolable, auquel il
est absolument défendu de manquer sous aucun prétexte.

Une des plus belles doctrines de Platon, c'est l'harmonie, on
pourrait dire presque l'identité de la justice et du bonheur.
Cette harmonie est contraire au sentiment du vulgaire, qui
place le bonheur dans le pouvoir de tout faire ; et les sophistes,
complices de ces préjugés populaires, opposaient avec ironie
à l'homme juste sa faiblesse et son impuissance au milieu
d'hommes plus habiles et plus forts que lui. Que l'on mette en
présence, dans un tableau qui n'est pas imaginaire, la parfaite
injustice et la parfaite justice ; d'une part, l'homme injuste,
doué d'artifice, de force et d'hypocrisie, orné des apparences
de la justice, si utiles pour réussir, pourvu que l'on se contente
des apparences ; et de l'autre, l'homme juste, seul et nu,

---

(1) *Criton*, p. 49, Οὐδὲ ἀδικούμενον ἄρα ἀνταδικεῖν... ἐπειδή γε οὐδαμῶς
δεῖ ἀδικεῖν... οὔτε κακῶς ποιεῖν οὐδένα ἀνθρώπων, οὐδ' ἂν ὁτιοῦν πάσχῃ ὑπ'
αὐτῶν.

(2) *Rép.*, l. I, 346.

(3) Voy. tout le *Criton*.

(4) *Lois*, l. III, 690. Κατὰ φύσιν δὲ τὴν τοῦ νόμου ἑκόντων ἀρχὴν,
ἀλλ' οὐ βιαίον πεφυκυῖαν.

ignorant les armes de la violence et de la ruse, juste enfin dans la réalité, mais non pas dans l'apparence. Qu'arrivera-t-il? L'injuste réussira dans toutes ses entreprises; il sera honoré, recherché, riche, puissant; il mourra accablé d'honneurs, achetant par ses richesses la faveur des hommes et des dieux. Le juste sera mis en croix et mourra dans les tortures et l'humiliation (1).

Mais ce ne sont là que des apparences. L'important, c'est que l'âme soit saine et non pas malade. Une âme juste, c'est-à-dire bien réglée, est en bonne santé; elle a le bien qui lui est propre; le reste ne la regarde pas. Ce ne sont pas les accidents extérieurs qu'il faut considérer pour juger du bonheur des hommes : « Tu vois cet Archélaüs, fils de Perdiccas, dit Polus à Socrate dans le *Gorgias?* — Si je ne le vois pas, du moins j'en entends parler. — Qu'en penses-tu? — Est-il heureux ou malheureux? — Je n'en sais rien, Polus, je n'ai point encore eu d'entretien avec lui. — Évidemment, Socrate, tu diras aussi que tu ignores si le grand roi est heureux? — Et je dirai vrai; car j'ignore quel est l'état de son âme par rapport à la science et à la justice (2). » Comme il n'y a rien de plus beau que la justice, il n'y a rien de plus heureux. Il n'y a non plus rien de plus laid et de plus malheureux que l'injustice, de quelque succès qu'elle soit couronnée. Le contentement intérieur de l'âme juste compense les fragiles plaisirs et les joies licencieuses des hommes qui peuvent tout et osent tout. « Pour l'homme sage, il est encore meilleur de souffrir une injustice que de la commettre (3). » Ce n'est point la douleur, c'est la maladie qu'il faut craindre. Dans cette admirable comparaison du juste et de l'injuste, si grande que l'on a cru y voir la description anticipée de la Passion, il semble que l'auteur ait voulu confondre les prétentions de la justice; mais par

(1) *Rép.*, l. II, 360, 361.
(2) *Gorgias*, 470.
(3) *Gorg.*, 469. Ἑλοίμην ἂν μᾶλλον ἀδικεῖσθαι ἢ ἀδικεῖν.

un effet contraire, il en fait paraître l'inaltérable beauté. Quelle impression reçoit l'âme, en effet, de ce tableau d'humiliation et de douleur ? Est-ce un sentiment d'aversion pour la justice qui récompense si mal ses serviteurs sincères ? Non : c'est au contraire un sentiment involontaire de respect pour cette vertu, qui conserve encore la même pureté au sein de la misère, du mépris, de la mort, de tout ce que les hommes haïssent le plus. La justice, quand elle est heureuse, peut se confondre aisément avec les biens qui la suivent. Mais dépouillée, mal-traitée, couverte de honte, elle est ramenée à elle-même, et éclate alors dans sa propre et simple beauté.

Si la justice est le bien et la santé de l'âme, si l'injustice en est la maladie et la honte, le châtiment en est le remède (1). Ce n'est pas un mal plus grand qui s'ajoute à l'injustice, et vient combler la mesure ; non, c'est un bien douloureux, mais salutaire, qui répare le mal déjà fait. Si le bonheur pour l'homme est d'être dans l'ordre, le seul bonheur qui lui reste lorsqu'il en est sorti, est d'y rentrer. Il y rentre par le châti-ment. Toute faute appelle l'expiation et la faute est laide, car elle est contre la justice et l'ordre. L'expiation est belle, car tout ce qui est juste est beau ; souffrir pour la justice est encore beau (2). Rien de plus grand, dans la philosophie morale, que les maximes suivantes, fondement de toute justice pénale : « Celui qui est puni, dit Platon, est délivré du mal de l'âme. La punition rend sage, et elle oblige à devenir plus juste. L'injustice n'est que le second mal pour la grandeur, mais l'injustice impunie est le premier et le plus grand de tous les maux. Si on a commis une injustice, il faut aller se présenter là où l'on recevra la correction convenable, et s'empresser de se rendre auprès du juge, comme auprès d'un médecin, de peur que la maladie de l'injustice, venant à séjourner dans l'âme, n'y engendre une corruption secrète qui

_____

(1) *Rép.* l. IV, 444. Ἀρετὴ ὑγιεία... καὶ κάλλος... ψυχῆς, κακία δὲ νόσος τε καὶ αἶσχος καὶ ἀσθένεια. *Gorg.*, 478. Ἰατρικὴ πονηρίας ἡ δίκη.
(2) *Lois*, l. V, 728.

devienne incurable (1). » Voilà le vrai principe de la peine. Une saine morale ne voit pas dans la peine un principe qui frappe, mais un principe qui relève, non un poison qui donne la mort, mais un remède qui, par des crises douloureuses, ramène insensiblement à la vie.

Jusqu'ici nous ne sommes pas sortis de la considération de la nature humaine : c'est la méthode de Socrate qui, largement appliquée, nous a conduits jusqu'à la conception de cet ordre moral, où se trouve pour l'homme le vrai bien et le vrai bonheur (2). Mais si nous ne nous élevions pas au-dessus de cette méthode, nous ne saurions comprendre la nécessité de cet ordre moral. La justice paraîtrait une hypothèse sans principe, une loi sans fondement, un fleuve sans source. Pour nous élever jusqu'au principe suprême de la morale, il faut employer une autre méthode, une méthode plus profonde et plus exacte, qui va droit au principe, et qui, de l'essence de la vertu, s'élève immédiatement à l'essence du bien : c'est la méthode dialectique (3).

La méthode dialectique est celle qui s'élève des choses particulières et imparfaites aux types absolus et parfaits, dont ces choses ne sont que de pâles copies, d'infidèles imitations. Dans la multitude des actions humaines, justes ou injustes, honnêtes ou honteuses, imparfaitement honnêtes, imparfaitement justes, quand elles le sont, la dialectique découvre l'image et le signe d'une véritable justice, qui, sans être réalisée par aucun homme, est cependant la loi de la vie humaine et le

---

(1) *Gorg.*, p. 477, 479. Δεύτερον ἄρα ἐστι τῶν κακῶν μεγέθει τὸ ἀδικεῖν. τὸ δὲ ἀδικοῦντα μὴ διδόναι δίκην πάντων μέγιστόν τε καὶ πρῶτον κακῶν πέφυκεν.

(2) Platon a eu le sentiment très juste de la méthode psychologique appliquée à la morale : Μνημονεύεις μέν που... ὅτι τρίττα εἴδη ψυχῆς διαστησάμενοι ξυνεβιβάλομεν δικαιοσύνης τε περὶ καὶ σωφροσύνης, καὶ ἀνδρείας καὶ σοφίας ὃ ἕκαστον εἴη. *Rép.*, l. VI, 504.

(3) *Rép.* l. IV, 435. Μακρότερα καὶ πλείων ὁδὸς ἡ ἐπὶ τοῦτο ἄγουσα. *Ibid.*, VI, 504, μακρότερα περίοδος; voy. en général les livres VI et VII tout entiers. Cf. notre *Essai sur la dialectique de Platon*, 2ᵉ édition, Paris, 1861.

principe qui lui communique ce qu'elle peut avoir de bon et
de beau. Mais ces idées, que la dialectique découvre au-dessus
des choses particulières, ne lui sont que des points d'appui,
et comme des hypothèses pour s'élever au-delà. Elles ne se
suffisent pas à elles-mêmes, et elles supposent quelque chose
au-dessus d'elles, quelque chose qui ne suppose plus rien,
αὔταρκες, ἱκανόν, ἀνυπόθετον. C'est ainsi que l'idée de l'honnête
et du juste émane d'une autre idée, accomplie et parfaite,
d'où elle tire sa lumière, son existence, son utilité : c'est
l'idée du Bien. En effet, tout ce qui est honnête et juste est
bon, et c'est le bien qui est la dernière raison de la vertu (1).
Mais le bien, qu'est-il en lui-même ? Ici l'analyse devient
impuissante ; elle s'arrête devant cette essence indéfinissable.
Elle peut décomposer l'idée du bien dans la vie humaine, y
distinguer le plaisir et l'intelligence, et dans celle-ci, la vérité,
la proportion, la beauté (2). Mais le bien absolu se refuse à
ces analyses. Il est le principe de la vérité et de la science, mais
il s'en distingue ; il est le principe de l'être, et il est supérieur
à l'être (3). On s'en fera quelque idée sensible, mais non
plus claire, en se le représentant sous la notion de la beauté.
La beauté, c'est le bien goûté par l'amour. Ces deux idées,
séparées dans la nature, se perdent l'une dans l'autre à leur
source. Une image grossière nous peindra la perfection de ce
principe ineffable. C'est le soleil visible, à la fois père de la
lumière et de la vie (4). Telle est la source suprême de tout ce
qui est pensé et aimé par l'homme ; tel est l'objet final de la
sagesse.

Pour donner son vrai nom à ce principe suprême, que la
dialectique ne découvre qu'après une si longue marche et
un si laborieux enfantement, il faut l'appeler Dieu. Dieu est
le principe suprême de tout ce qui est honnête, juste

(1) *Rép.*, l. VI, 505.
(2) *Philèb.* 65 : Κάλλει καὶ ξυμμετρίᾳ καὶ ἀληθείᾳ.
(3) *Républ.*, l. VI, 509.
(4) *Ibid.*

et saint. Les théologiens du temps rapportaient aussi aux dieux l'origine de la morale : ils définissaient le saint, ce qui plaît aux dieux (1). Mais comment concilier l'immutabilité des idées morales avec une mythologie qui met sans cesse les dieux aux prises et qui nous les montre continuellement divisés de goûts, de sentiments et d'opinions? Si le saint est ce qui plaît aux dieux, comme ce qui plaît aux uns déplaît aux autres, il n'y a point d'idée commune et universelle du saint; et de quelque manière que l'on agisse, on est sûr d'avoir une autorité et un complice dans quelque divinité (2). Dira-t-on que le saint est ce qui plaît à tous les dieux (3)? Ici se rencontre une difficulté plus profonde : est-ce parce qu'il plaît aux dieux que le saint est saint ou au contraire est-ce parce qu'il est saint qu'il plaît aux dieux (4)? En d'autres termes, le saint a-t-il une essence propre et existe-t-il par lui-même? Ou ne doit-il son existence qu'au caprice des divinités? La réponse ne fait point de doute dans le système de Platon. Ce n'est point du choix et de la volonté arbitraire des dieux que le saint tient son essence. Il est tel par lui-même, et s'il a son principe en Dieu, c'est dans son essence même qu'il repose : ce n'est pas de son libre arbitre qu'il émane. Dieu est la cause substantielle et permanente du saint, du juste et de toutes les idées morales. Platon n'admet pas plus la sophistique mythologique que la sophistique des philosophes ; il n'abandonne rien à l'opinion, ni parmi les hommes, ni parmi les dieux, et il ne connaît de divin que la raison et l'être.

Si Dieu est le principe de l'ordre moral, la vertu consiste dans l'imitation de Dieu (5). Dieu est la vraie mesure de toutes choses : on ne participe au bien et à la vérité qu'autant qu'on s'en rapproche (6). Des liens d'amitié unissent le ciel

(1) *Eutyphron*, 6.
(2) *Eutyphron*, 7-8.
(3) *Ibid.*, 9.
(4) *Ibid.*, 10.
(5) *Théét.*, 176. Ὁμοίωσις θεῷ κατὰ τὸ δυνατόν.
(6) *Lois*, l. IV, 716. Ὁ θεὸς πάντων χρημάτων μέτρον.

et la terre ; une même société enchaîne l'homme et Dieu.
L'homme en resserre les liens par la justice et la tempérance.
Mais il y a une vertu suprême, celle qui rend à Dieu ce qui lui
est dû, sacrifices, dons, prières, tous les hommages enfin qu'un
être imparfait peut rendre à un être excellent, auteur et bienfaiteur de l'homme, principe de l'univers, source de l'être et
du bien (1). Cette vertu est la piété, qui n'est pas, comme
se l'imagine le vulgaire, une sorte de trafic entre Dieu et
l'homme (2), un échange réciproque de services, à la fois contraire à la perfection de l'un et à la faiblesse de l'autre ; c'est
l'hommage respectueux d'une âme vertueuse, amie des dieux,
et reconnaissant par ses offrandes son infériorité et leur grandeur.

Lorsqu'on suit le platonisme jusqu'à cette hauteur, on n'est
pas étonné de l'hommage que lui rend saint Augustin, déclarant que c'est la seule des philosophies de l'antiquité qui ait
connu le souverain bien, parce que, seule, elle l'a placé en
Dieu : « Que tous les philosophes, dit-il, le cèdent donc aux
platoniciens qui ont fait consister le bonheur de l'homme,
non à jouir du corps et de l'esprit, mais à jouir de Dieu, et non
pas à en jouir comme l'esprit jouit du corps, ou comme un
ami jouit d'un ami, mais comme l'œil jouit de la lumière. Le
souverain bien, selon Platon, c'est de vivre selon la vertu, ce
qui n'est possible qu'à celui qui connaît Dieu et qui l'imite, et
voilà l'unique source du bonheur. Aussi n'hésite-t-il point à
dire que philosopher c'est aimer Dieu. D'où il suit que le philosophe, c'est-à-dire l'ami de la sagesse, ne devient heureux
que quand il commence à jouir de Dieu (3). » Que si ces
paroles ne sont pas littéralement dans Platon lui-même, elles
expriment bien toute sa pensée ; et il est certain que la vertu
platonicienne, dans sa plus haute idée, est la contemplation et
l'amour de la souveraine beauté et de la souveraine perfection.

(1) *Gorg.*, 507, 508.
(2) *Eutyph.*, 14.
(3) *De civ. Dei,* VIII, VIII, Trad. Em. Saisset, t. II, 85.

Comment descendre maintenant de ces hauteurs sereines dans le monde de la caverne habité par les hommes? Et cependant la vie philosophique ne peut pas s'affranchir des lois de la vie terrestre. Elle est plus libre ou plus pure, selon qu'elle rencontre ici-bas des conditions plus heureuses et plus favorables. La première de ces conditions, c'est un bon gouvernement.

Faute d'une forme de gouvernement qui lui convienne, le philosophe, comme une plante dans une mauvaise terre, se corrompt et dépérit dans nos sociétés; et lors même qu'il n'est pas tout à fait gâté, il devient incapable de porter ces belles fleurs et ces fruits mûrs, qu'un sol sain, et l'air pur d'un excellent gouvernement ferait pousser sans effort. Les âmes philosophiques, surprises dès le premier âge par les adulations de leur famille et de leur amis, imprégnées des fausses maximes de la multitude par une éducation insinuante, égarées par la distinction même de leur nature, et d'autant plus énergiques dans le mal, qu'elles avaient naturellement plus de puissance pour le bien, abandonnent la philosophie pour la richesse, le pouvoir, le gouvernement. De faux philosophes, semblables à des criminels qui viennent se réfugier dans le temple, quittent les professions serviles et basses pour la philosophie, et font rejaillir sur elle leur propre honte. Dans une telle dégradation de la muse philosophique, que peuvent les âmes rares, qui par un don divin, par d'heureuses circonstances, ont su résister à tant de causes de destruction et de corruption; que peuvent-elles, trop faibles pour s'opposer à l'injustice, trop nobles pour s'en souiller, sinon se mettre à l'abri, comme le voyageur pendant l'orage, loin du bruit, de la pluie et de la poussière, et attendre, pleines d'espérance, des temps meilleurs et plus sereins (1)?

Voilà donc le philosophe, en exil pour ainsi dire dans nos États; sa vraie patrie, loin de laquelle il dégénère nécessaire-

(1) *Rép.*, l. VI, 491 et 496.

ment, est un gouvernement sain et bien réglé. Ainsi, l'image de la vie parfaite n'est pas achevée, si l'on n'y ajoute celle du gouvernement parfait. La morale se complète et se couronne par la politique.

POLITIQUE DE PLATON. — Socrate, nous l'avons vu, s'était toujours déclaré l'adversaire de l'extrême démocratie, sans qu'on pût dire cependant qu'il appartînt au parti aristocratique. Il avait seulement demandé le retour à la constitution de Solon, c'est-à-dire à la démocratie tempérée. Néanmoins, il s'était rendu odieux au parti populaire, et il avait succombé sous une coalition de ce parti avec le parti de la superstition et du vieux fanatisme théologique. Cet attentat contre la philosophie, suivi, comme on sait, de l'expulsion ou de la fuite de tous les socratiques, dut naturellement précipiter ceux-ci du côté vers lequel ils penchaient naturellement, c'est-à-dire vers le parti aristocratique. Aussi voyons-nous les écrits des disciples de Socrate remplis d'accusations amères et sanglantes, non seulement contre les abus, mais contre le principe même de la démocratie. On les voit aussi, comme il arrive d'ordinaire, lorsqu'on n'aime pas le gouvernement de sa patrie chercher dans un pays voisin le modèle et l'idéal du bon gouvernement : tel est le caractère commun de Xénophon et de Platon. Le premier, comme nous l'avons vu dans les deux écrits qui lui sont attribués, la *Constitution de Sparte* et la *Constitution d'Athènes* (1), ne fait autre chose que la satire du gouvernement populaire, et lui oppose, comme par une comparaison accablante, le sage gouvernement de Lacédémone. Tel est aussi l'esprit de Platon dans ses divers écrits politiques, avec cette différence qu'il se place beaucoup plus haut, et traite ces choses en spéculatif, tandis que Xénophon, homme politique et homme d'action, est plutôt un observateur : celui-ci exilé, engagé au service de l'étranger, est en quelque sorte un émigré. Platon, au contraire, vivant librement et large-

_____

(1) Voir plus haut, 100.

ment dans sa patrie, tout en la méprisant, est surtout un
utopiste. Pour l'un et pour l'autre, Sparte est un modèle
qui fait honte à Athènes ; mais Platon remonte plus haut
encore ; et, dans son aversion pour la mobilité démocratique, ce n'est pas seulement Lacédémone, c'est la Crète,
c'est même l'Egypte qu'il propose en modèle ; et son idéal
n'est pas seulement l'aristocratie, mais une sorte de théocratie.

Si Xénophon a pu être rapproché de Platon, pour les tendances politiques, et grâce à leur aversion commune contre la
démocratie, il n'y a pas à pousser plus loin le parallèle ;
rien de comparable, dans l'auteur de la *Cyropédie*, au vaste
système politique que Platon a poursuivi et développé dans
trois grands ouvrages : le *Politique*, la *République* et les *Lois* :
système où se manifeste sans doute quelque esprit de parti,
mais qui n'en est pas moins une large conception philosophique,
et le premier monument où la politique ait été conçue et traitée
d'une manière scientifique. Sans doute, c'est la gloire d'Aristote d'avoir donné à la politique une méthode précise, un cadre
savant et complet ; mais sous une forme moins sévère, Platon
a posé à peu près tous les problèmes ; et si l'on peut mettre
en doute ses solutions, on ne peut méconnaître au moins la
profondeur de ses vues.

Le *Politique*, la *République*, les *Lois*, voilà les degrés et les
échelons de la politique platonicienne. Dans le premier de ces
dialogues, il recherche péniblement la définition logique de la
politique ; dans le second, il conçoit et décrit en traits magnifiques l'image idéale de l'État parfait ; dans le troisième, il
construit avec la sagesse du vieillard, le plan d'un État possible et corrigé. De ces trois monuments, le plus grand, le
plus original, sans aucun doute, c'est la *République* ; mais,
pour la bien comprendre, il est intéressant d'en étudier, dans
le dialogue du *Politique*, la première ébauche. Ce dialogue en
effet, nous présente encore rudimentaires, mais déjà bien
accusés, les principaux traits de la politique platonicienne, à
savoir : la prépondérance de la science, la confusion de la poli-

tique et de l'éducation, la théorie si originale et si vraie du mélange des qualités douces et fortes dans la formation des caractères, l'intervention de l'État dans les mariages, le dédain de la législation et enfin l'indifférence pour la liberté.

Selon Platon, la politique n'est pas un art, mais une science, et une science plus spéculative que pratique (1). Cette science peut résider dans l'homme privé, comme dans l'homme public. Celui qui la possède est le vrai roi, fût-il privé de tout pouvoir et hors d'état d'y aspirer (2). La politique ne consiste pas dans l'art de faire des règlements de toute sorte pour éviter des maux sans cesse renaissants, dans l'art de faire la paix ou la guerre, de plaire au peuple par la parole, de rendre des arrêts, d'augmenter la richesse d'un pays, etc. C'est là l'art des politiques vulgaires. La vraie politique est celle qui rend les hommes meilleurs (3). Mais les politiques, comme les devins, comme les poètes, n'ont pas la connaissance de ce qu'ils font; ils agissent sans réflexion et par une sorte de routine. Demandez à ces grands politiques que l'on admire, les Thémistocle, les Périclès, les Cimon, s'ils ont rendu les Athéniens meilleurs et plus heureux. Bien loin de là, ils les ont laissés tels ou même plus mauvais qu'ils n'étaient auparavant : à quoi donc leur ont servi leur

---

(1) *Polit.*, 259.

(2) *Polit.*, 259. Nous ne nous préoccupons ici de l'authenticité du *Politique*. Il nous suffit qu'il fasse partie de l'ensemble des ouvrages que la tradition rattache au nom de Platon.

(3) *Gorgias*, 515, ὅπως ὅτι βέλτιστοι οἱ πολῖται ὦμεν...τοῦτο δεῖν πράττειν τὸν πολιτικὸν ἄνδρα. Ce n'est donc pas seulement dans la *République*, œuvre de politique spéculative et utopique, mais dans beaucoup d'autres dialogues que Platon montre son dédain pour les politiques pratiques. Il n'épargne pas même les plus illustres. « Ils ont agrandi « l'Etat, disent les Athéniens, mais ils ne s'aperçoivent pas que cet « agrandissement n'est qu'une enflure, une tumeur pleine de corrup- « tion, et c'est là tout ce qu'ont fait les anciens politiques, pour « avoir rempli la politique de ports, d'arsenaux, de murailles, de « tributs et d'autres bagatelles, sans y joindre la tempérance et la « justice. » (*Gorg.*, 519.) Il est vraisemblable que de telles paroles n'eussent pas plu à Socrate, et qu'il les aurait trouvées bien chimériques. Voy. du reste tout le passage (512, sqq.). Cf. *Ménon*, 99; *Réplub.*, l. IV, 526.

art et leur politique? On définit la politique l'art de gouverner selon les lois, ou encore l'art de traiter avec les hommes de gré à gré et sans les contraindre. Mais ce sont là des idées secondaires. Qu'importe que l'on emploie la contrainte, si c'est pour rendre les hommes plus heureux? Qu'importe que l'on gouverne sans lois, si c'est pour les rendre plus sages? La loi ressemble à un personnage opiniâtre et sans lumière, qui ordonne toujours la même chose, sans s'apercevoir que les circonstances ont changé; la volonté d'un homme sage vaut mieux que le commandement inflexible d'une loi aveugle. En un mot, on peut définir la politique, la science qui prend soin des hommes (1), avec ou sans lois, librement ou par contrainte (2).

On voit que Platon se représentait la politique comme une sorte de gouvernement paternel des âmes. Dans le dialogue du *Politique*, il semble considérer la monarchie comme la forme la plus parfaite de gouvernement. Les rois sont pour lui comme pour Homère, les *pasteurs des peuples*, et il confond presque leur œuvre avec celle de l'éducation et de la formation des caractères.

La beauté du caractère chez les hommes résulte de l'heureux mélange des vertus opposées. Il y a deux sortes de qualités qui se retrouvent partout : le fort et le tempéré. A la force se rapporte le mouvement, la vivacité, l'éclat, et dans l'homme, l'énergie et le courage; au tempéré, le calme, la mesure, l'heureuse lenteur, la douceur et la modération. L'une forme les caractères belliqueux et courageux, l'autre les caractères tempérants, également louables pour des qualités diverses. Mais, tout à fait séparées l'une de l'autre, ces vertus contraires deviennent des vices. La tempérance sans le courage, la douceur sans la force, dégénèrent en mollesse et en lâcheté; et, au contraire, le courage tout seul devient violence et férocité. La politique doit par une éducation convenable retenir

---

(1) *Pol.*, 276, ἐπιμελητικὴν τέχνην..
(2) *Ibid.*, 293, Ἐάν τε κατὰ νόμους ἐάν τε ἄνευ νόμων ἄρχωσι, καὶ ἑκόντων ἀκόντων.

dans les limites justes chacune de ces vertus, et en les balançant l'une par l'autre, prévenir leurs excès contraires : « Prenant le caractère ferme et solide de ceux qui aiment la force, comme formant une sorte de chaîne, et le caractère modéré, doux et liant, semblable au fil de la trame, elle les liera, elle les entrelacera doucement entre eux. » Mais par quel lien secret, par quel art, par quel nœud ? Par le lien de la science. La contemplation des idées du beau, du bien, du saint est le remède qui donne à la fois de la douceur aux âmes fortes, et de la force aux âmes douces. A ce lien divin qui incline et rapproche les âmes, la politique ajoutera le lien mortel, l'union du corps. Elle présidera aux mariages, et au lieu de favoriser les rencontres des caractères sympathiques, elle aura soin de les séparer et d'unir les âmes douces aux âmes énergiques, afin que les générations qui en naîtront reçoivent cet heureux équilibre, qui prépare à l'État des citoyens accomplis. La politique enfin est une sorte de tissage royal, le tissage des âmes et des caractères (1).

Les idées dont le *Politique* nous offre la première esquisse vont se retrouver développées, agrandies et notablement enrichies dans la *République*. Les *Lois* en sont la dernière expression.

Le principe de la *République*, principe vrai dans une certaine mesure, mais que Platon pousse à l'excès, c'est que l'État est une personne, une unité vivante, composée de parties il est vrai comme l'individu lui-même, mais de parties se rapportant les unes aux autres, et toutes ensemble à un centre unique, à une fin commune. Ce sentiment de la vie commune de l'État est ce qu'il a de plus original et de plus profond dans la politique de Platon. Oui, l'État a une vraie unité, qui consiste dans l'harmonie des volontés, et l'équilibre des intérêts. Ce qui est faux, c'est que cette unité doive être obtenue par l'anéantissement et l'esclavage de l'individu.

(1) *Politic.*, 305, Βασιλικὴ συμπλοκή δύναμις ὑφαντικὴ... Voyez tout le passage.

La politique de Platon repose sur une sorte de psychologie de l'État, qui reproduit dans ses grandes lignes la psychologie de l'individu. Ce qui donne naissance à l'État, c'est
d'abord le besoin (1). L'impuissance de la vie isolée force
les hommes à se rapprocher les uns des autres, à associer
leurs forces et à s'aider mutuellement. La nécessité de la
subsistance étant donc la première origine de l'État, il faut
qu'il contienne une ou plusieurs classes animées du désir
de l'utile, et qui travaillent à satisfaire leurs propres besoins
et ceux de tous. C'est la partie de l'État qui correspond
dans l'individu à la faculté de désirer, appelée aussi par
Platon, faculté intéressée ou amie du gain : cette première
classe, divisée elle-même en deux, est celle des artisans et
des laboureurs. (2).

Mais au-dessus du besoin de vivre est le besoin de se
défendre contre les attaques. De là une seconde classe animée
d'une passion plus noble que la première, le mépris du péril
ou l'amour de la gloire. C'est la classe des guerriers, en qui
domine le principe du θυμὸς, et qui sont dans l'État ce que le
θυμὸς est dans l'âme (3).

Enfin, il ne suffit pas pour l'État de se nourrir et de se
défendre, il faut qu'il se gouverne ; il lui faut une raison qui
commande aux guerriers et aux travailleurs, qui donne des
lois à tous, et assure l'ordre et le bonheur général : c'est la
tête de l'État, c'est la troisième classe, celle des magistrats.
C'est le νοῦς ou la raison de l'État (4).

A ces trois classes correspondent trois vertus différentes : à
la classe des magistrats, la prudence ; à la classe des guerriers,
le courage ; à la classe des artisans et des laboureurs, la
tempérance. Enfin, une quatrième vertu, qui est la vertu
fondamentale de l'État, la justice, maintient chaque classe à sa

(1) *Rép.*, l. I, 369.
(2) *Rép.*, *ib.* sqq.
(3) *Rép.*, l. II, 375, et l. IV, p. 429.
(4) *Rép.*, l. II, 412 et 428.

place et dans sa fonction ; c'est elle qui conserve dans l'État
l'ordre et l'unité (1).

C'est la nature elle-même 'qui semble avoir établi ces divisions ; elle a fait ces quatre classes de quatre métaux
différents : la classe des magistrats avec l'or, celle des
guerriers avec l'argent, celle des artisans et des laboureurs
avec le fer et l'airain (2) ; mythe qui rappelle cet autre mythe
indien, selon lequel Brahma aurait créé les quatre castes de
quatre parties différentes de son corps : les prêtres, de sa
tête, les guerriers de sa poitrine, les laboureurs de sa cuisse,
et les esclaves de son pied (3).

A côté des analogies frappantes que présente cette distribution et cette hiérarchie de classes avec le système oriental des
castes, il y a des différences importantes qu'il importe de
signaler. Et d'abord, en Orient, la première caste est toujours
sacerdotale. Le régime des castes s'y est confondu presque
partout avec la théocratie. Dans Platon la première caste est
composée non de prêtres, mais de sages : c'est une classe
philosophique, non théocratique. En second lieu, ce n'est pas
une classe fermée : elle se recrute dans la classe des guerriers,
tandis que, dans le système brahmanique, la caste sacerdotale
ne se recrute qu'en elle-même. En outre, les dernières classes,
dans Platon, ne sont pas des classes serviles. Il est vrai que,
selon lui, elles n'ont guère d'autre vertu que d'obéir aux deux
premières. Mais il ne dit cependant pas qu'elles soient esclaves.
Au contraire, il n'admet pas d'esclaves dans sa cité, si ce n'est
des esclaves étrangers ou barbares, qui ne rentrent par
conséquent dans aucune des classes indiquées. Enfin une
dernière différence, et des plus capitales, c'est qu'en Orient la
propriété est en général concentrée dans la classe sacerdotale,
tandis que dans la République de Platon, les magistrats et les
guerriers n'y ont aucune part.

(1) *Rép.*, l. IV, 433 sqq.
(2) *Ibid.*, l. III, 414.
(3) Voy. plus haut, 11.

Il résulte de ces différences que le système des castes est bien atténué dans le plan de la République de Platon. Il n'implique pas une absolue immobilité. Il ne suppose pas une aussi grande inégalité entre les classes. Il ne concentre pas dans la première classe toute la puissance, en lui donnant toute la propriété.

Voyons maintenant comment le principe des castes se rattache, dans Platon, au principe de l'unité absolue de l'État : car il semblerait que l'unité est inséparable de l'égalité. Rappelons-nous que l'analyse de l'État avait conduit Platon au principe de la diversité des fonctions. Il faut de toute nécessité que l'État vive, se défende, se gouverne. Or, comment concilier ce nouveau principe avec celui de l'unité ? En distribuant ces trois fonctions principales dans trois classes déterminées, en enchaînant chaque classe à sa fonction propre, en les subordonnant les unes aux autres, comme dans le corps les organes secondaires sont subordonnés aux organes principaux; en ramenant enfin l'État à un tout immuable, où l'individu n'est plus qu'un ressort dont le jeu est déterminé par son rapport à la machine entière.

Mais pour obtenir cette parfaite unité, il ne suffit pas que l'individu soit fixé à des fonctions irrévocables par sa naissance même, il faut encore qu'il ne puisse pas séparer ses intérêts de ceux de l'État. Or il y a deux causes de cette opposition de l'individu et de l'État : la propriété et la famille.

Comment l'État peut-il être un, quand toutes les institutions tendent à le déchirer ? La propriété n'est-elle pas une source incessante de divisions ? Que de procès ne naissent pas des prétentions contraires des propriétaires ! La propriété produit l'inégalité, et l'inégalité la guerre. Tout État enfin est composé de deux peuples toujours ennemis, les riches et les pauvres (1). A ces divisions des intérêts, la famille ajoute la division des sentiments et l'hostilité des affections. L'individu préfère

_____

(1) *Rép.*, 421, 422. Δύο πούλεις ἡ μὲν πενήτων, ἡ δὲ πλουσίων.

toujours sa famille à l'État; il est indifférent à ce qu'éprouvent les autres citoyens, et le bien public lui est étranger. La propriété est donc le vrai mal de l'État, celui qui le divise, et d'une seule cité en fait plusieurs (1). Mais, dans un État vrai, il doit arriver ce qui se passe en chacun de nous, lorsque le corps souffre dans une de ses parties : alors ce n'est pas seulement une partie de l'âme, mais l'âme entière qui éprouve la sensation et la souffrance. De même, il n'est pas de douleur ressentie par un membre de l'État, qui ne doive retentir dans le corps tout entier ; tous doivent jouir des mêmes choses, souffrir des mêmes choses, et loin de réserver leur affection pour quelques objets choisis, embrasser tous les membres de l'État dans une même affection. Pour cela, il faut que tout soit commun, les biens, les femmes, les enfants (2), car alors tous sont parents. Si l'un éprouve du bien ou du mal, tous disent à la fois, comme s'ils étaient touchés en même temps : mes affaires vont bien ou vont mal. L'État n'a qu'une seule tête, un seul cœur ; une même sympathie anime d'un seul sentiment tous les membres et tous les organes. L'État est vraiment parfait, puisqu'il est devenu une personne indivisible (3).

Il est à remarquer que Platon n'exclut expressément de la propriété que les classes supérieures, c'est-à-dire le classe des guerriers, de laquelle sort celle des magistrats. Faut-il en conclure que la propriété reste entre les mains des classes inférieures ? C'est ainsi qu'Aristote l'a compris, car c'est là une de ses objections contre le système de Platon (4). Ou bien faut-il supposer que dans la pensée de Platon, la propriété revient à l'État, dont les membres des classes inférieures sont les fermiers, et ceux des classes supérieures les usufruitiers ! C'est ce qu'il est assez difficile de déterminer. Platon n'a pas aperçu les difficultés d'application de son

(1) *Ibid.*, 464. Μεῖζον κάκον πόλει αὐτὴν διασπᾷ καὶ ποιῇ πόλλας ἀντὶ μίας.
(2) *Ibid.*, 457. Τὰς γυναῖκας τῶν ἀνδρῶν πάντων πάσας εἶναι κοινάς.
(3) *Rép.* l. V, 463-64.
(4) Arist. *Polit.*, II, c. II.

système ; ou plutôt, fort indifférent aux applications, il n'a pas
éclairci le vrai rôle de la propriété dans son État. Les citoyens,
c'est-à-dire ceux qui combattent et ceux qui gouvernent, ne
sont pas propriétaires (1) ; voilà tout ce que nous savons. Les
conséquences de ce principe ne sont pas même indiquées.

La théorie de la communauté est aujourd'hui décidément
jugée. Mais il faut cependant y distinguer deux parties : la
communauté des biens, et la communauté des femmes et des
enfants.

La communauté des biens est sans doute une erreur au
point de vue de l'économie politique ; mais, si on la suppose
volontaire, ce n'est point une erreur au point de vue de la
morale : ce qui le prouve, c'est que le christianisme l'a considérée plus tard comme un état de perfection. De plus,
il ne faut pas se faire illusion. Les anciens connaissaient
fort peu ce que nous appelons aujourd'hui le droit de propriété : la propriété existait en fait ; mais, en principe, elle
était l'œuvre de l'État, qui réglementait, partageait, organisait
la propriété selon les circonstances par des règlements qui
nous paraîtraient aujourd'hui souverainement injustes, et
étaient cependant reçus dans l'usage de ce temps-là. Aristote
qui a si vivement et si profondément critiqué la thèse de la
communauté, l'attaque au nom de l'intérêt politique, ou de
l'intérêt individuel ; mais non point au nom du droit : il ne
s'occupe que de la pratique, et non de la justice. Lacédémone
et la Crète avaient des institutions qui approchaient du communisme. La communauté ou tout au moins le partage des
biens n'avait donc rien d'absurde dans l'antiquité, et Montesquieu a pu approuver les lois égalitaires dans les républiques
anciennes (2).

Il n'en est pas de même de la communauté des femmes et
des enfants : quoiqu'elle puisse aussi s'expliquer par quelques-

(1) *Républ.*, 111, 416. Οὐσίαν κεκτήμενον μηδεμίαν μεδένα ἰδίαν.
(2) *Esprit des lois*, V, v.

unes des coutumes de Lacédémone, c'était cependant par trop
méconnaître l'une des plus grandes vérités de l'ordre moral,
la dignité de la femme et la pureté du mariage. Cependant
cette théorie ne doit pas être jugée comme elle mérite de
l'être dans certains systèmes communistes modernes. Le
principe qui règne dans le communisme moderne, c'est la
liberté de la passion ; le mariage est repoussé comme l'ennemi
de la passion ; c'est donc pour affranchir les cœurs et déchaîner
les désirs, que le communisme moderne réclame l'abolition du
mariage. Il est inutile d'insister sur les conséquences de ces
principes. Dans Platon, rien de semblable. Comme Lycurgue,
il est dominé par une pensée unique, la pensée de l'État. Les
femmes sont des citoyens ; elles remplissent toutes les mêmes
fonctions que l'homme, pratiquent les mêmes exercices, vont
à la guerre ; la seule fonction qui leur soit particulière, c'est
de donner des citoyens à l'État ; c'est en quelque sorte une
fonction publique ; les enfants qu'elles mettent au jour ne sont
pas leurs enfants, mais les enfants de l'État. Une fois au
monde, elles cessent de les connaître, et elles donnent leur
lait comme elles ont donné la vie, au nom de l'État, sans avoir
aucun droit sur ces petits êtres confondus ensemble ; prêtant
leur sein au hasard, tantôt à celui-ci, tantôt à celui-là, elles
n'ont pas plus de nourrissons que d'enfants ; système triste et
barbare, mais qui n'est point immoral, comme nous l'entendons. Dans ce système, le désir, loin d'être libre, est réglé,
surveillé, ordonné par la loi ; les unions se tirent au sort, et
pour plus de sûreté dans le résultat de l'union, Platon autorise
les magistrats à aider au sort par une heureuse supercherie.
Ce système ne vient donc pas d'une fausse complaisance aux
faiblesses des sens ou du cœur, mais d'une sorte de fanatisme
philosophique et politique, qui a aveuglé Platon sur la destinée
particulière et la nature délicate de la femme. Chose triste à
dire ! Platon, qui a donné de l'amour la plus grande théorie
du monde, qui a même associé son nom à la doctrine de
l'amour chaste, ne paraît pas avoir eu la moindre idée de

l'amour de l'homme pour la femme ; il n'en parle qu'avec mépris, et comme d'un degré inférieur de l'amour ; par un déplorable égarement de l'imagination, chez les Grecs, la passion, comme nous l'entendons, avec ses délices et ses souffrances, avait pris une direction contraire à la nature. C'est cette passion que Platon a purifiée, en l'élevant à une sorte d'enthousiasme mystique plein de grandeur. Mais s'il avait cru que la femme pût en être l'objet, il n'aurait jamais songé à la réduire au triste rôle qu'il lui assigne dans sa *République*. Il en fait, il est vrai, l'égale de l'homme, mais c'est évidemment parce qu'il ne la comprend pas. Ce n'est pas par la science et par la force que la femme peut s'élever jusqu'à l'homme, c'est par l'amour et la maternité.

Mais par quel moyen maintenir cet état parfait, si difficile à réaliser, plus difficile encore à conserver ? Les politiques ne connaissent que les lois et les règlements ; mais les lois sont de mauvais remèdes. Si l'État est sain, il n'en a pas besoin ; s'il est gâté, elles sont impuissantes (1). Le mal ne peut être guéri, et l'État ne peut être sauvé que par l''éducation (2).

L'éducation chez les anciens comprenait deux parties : la musique et la gymnastique ; mais on considère à tort, selon Platon, la musique comme devant former l'âme, et la gymnastique le corps. La seule chose importante, c'est l'âme : lorsqu'elle même est saine et bien élevée, elle sait prendre soin de son corps, et la tempérance de l'âme est le meilleur moyen d'assurer la santé du corps. La gymnastique a donc l'âme pour objet, comme la musique elle-même ; mais elles la forment différemment (3). Elles lui procurent ces qualités contraires, dont l'homme d'État, comme il est dit dans le *Politique*, doit composer un solide et moelleux tissu. Ainsi que le fer s'adoucit au feu, le dur courage se ploie et s'attendrit par l'effet de la poésie, des beaux airs, des harmonies et

(1) *Rép.*, l. IV, 427.
(2) *Rép.*, l. IV, 423, 424. Τροφη μὲν καὶ παίδευσις
(3) *Rép.*, l. III, 410.

des proportions. La gymnastique, au contraire, lui donne le sentiment de ses forces, l'audace et l'énergie. La gymnastique et la musique, ce double présent des dieux, doivent donc s'unir dans une saine éducation, pour produire dans l'âme, par une tension ou un relâchement opportun, le courage et la sagesse, ces deux qualités indispensables au défenseur de l'État qui doit être à la fois comme le chien, dur pour ses ennemis, doux pour ses amis, plein d'audace dans le combat, plein de modération dans la paix, capable à la fois d'affronter le péril, et de l'éviter, s'il est nécessaire (1).

Voilà l'éducation qui convient aux guerriers. Mais ceux qui sont appelés à s'élever plus haut, et que leur génie destine au gouvernement, ont besoin d'une éducation plus forte : la philosophie doit les initier à la politique. En effet, celui-là seul qui connaît les exemplaires éternels des choses, qui n'a de commerce qu'avec les objets pleins de calme et d'harmonie dont se compose le monde intelligible, dont l'âme vit toujours au sein du beau, du saint et de la justice, celui-là, dis-je, pourra seul réaliser dans l'État ces excellents modèles, établir en lui-même et dans les autres l'harmonie même de ces objets divins, et dessiner dans l'âme de chaque citoyen, comme sur une toile, l'image de la vertu idéale, autant qu'il convient à la nature humaine de s'en rapprocher (2).

C'est ici que Platon nous trahit sa vraie, sa dernière pensée : le gouvernement des États par la science et la philosophie. « Tant que les philosophes ne seront pas rois, ou que ceux que l'on appelle aujourd'hui rois, ne seront pas vraiment et sérieusement philosophes, tant que la puissance politique et la philosophie ne se trouveront pas ensemble, il n'est point, ô mon cher Glaucon, de remède aux maux qui désolent les États, ni même, selon moi, à ceux du genre humain (3). » Voilà le

(1) *Rép.*, l. III, 410, sqq.
(2) *Rép.*, l. V et VI.
(3) *Rép.*, l. V, 473.

dernier rêve de la *République*, et celui que Platon n'a jamais
sacrifié.

Tel est l'idéal du gouvernement parfait ou aristocratie, qui
correspond à la sagesse parfaite dans l'individu. Malheureusement, cette forme de gouvernement n'existe nulle part,
quoiqu'elle ne soit pas absolument impossible (1). Peut-être
a-t-elle existé déjà, et a-t-elle disparu avec les révolutions qui
ont bouleversé la surface du globe (2). Mais aujourd'hui les
seules formes de gouvernement qui se rencontrent, la timocratie, l'oligarchie, la démocratie, la tyrannie, ne sont toutes
que des déviations et des corruptions de l'État parfait (3).

Comment naît le gouvernement timocratique, le premier qui
succède au gouvernement aristocratique (4)? Dans celui-ci,
l'empire appartenait aux sages et aux philosophes, c'est-à-dire
à la race d'or ; les autres classes étaient subordonnées : ainsi
dans l'individu, la raison commande avec la prudence ; le
courage et le désir obéissent : voilà l'image de l'État et de
l'homme justes. Mais avec le mélange des classes commence
le trouble et le désordre ; les désirs des classes inférieures
pénètrent dans les classes élevées ; à la communauté primitive
succède le partage, et à la liberté des dernières classes, leur
esclavage. Il se forme un gouvernement moyen, où la race
d'argent l'emporte sur la race d'or, le courage sur la raison,
où la guerre devient la première affaire de l'État, et les vertus
guerrières les seules vertus, mais où subsistent encore

---

(1) Hegel a déjà fait remarquer avec raison que la République de
Platon n'est pas comme on le dit souvent, un pur idéal d'imagination, une utopie dans le sens moderne du mot, comme l'*Utopie*, de
Morus, la *Cité du Soleil* de Campanella, la République de Salente du
Télémaque. C'est un idéal, mais l'idéal d'un État grec, composé
d'éléments grecs et surtout d'éléments doriques. C'est le gouvernement de Lacédémone et de Crète idéalisé. M. Ed. Zeller développe
cette opinion par d'excellentes raisons (*Die philosophie der Griechen*,
II, 591, 2ᵉ édit.).

(2) Voy. le mythe du *Politique*, 269, sqq.

(3) *Rép.*, l. VIII, 545.

(4) *Rép. ib.*

quelques vestiges du gouvernement primitif. Tel est le gouvernement timocratique dont le modèle se voit à Sparte et en
Crète, et qui est le plus voisin du bon gouvernement.

Mais aucune chose humaine, lorsqu'elle est sur une pente,
ne sait s'arrêter à un point fixe, et la corruption une fois
commencée, n'a plus de bornes. La timocratie se change en
oligarchie (1), lorsque l'amour des richesses, s'emparant du
cœur des citoyens, vient à remplacer l'amour de la gloire. La
vertu et la richesse sont comme deux poids, dont l'un ne peut
monter sans que l'autre baisse. Dans l'oligarchie, le pouvoir
n'est pas au plus méritant, mais au plus riche. L'État se divise
en deux États, toujours en guerre, les riches et les pauvres.
La grande opulence s'y oppose à l'extrême misère ; de là
naissent les indigents, les mendiants, les malfaiteurs, les
frelons, dont quelques-uns sont armés d'aiguillons piquants,
pleins de menaces pour la sûreté de l'État.

A mesure que les richesses vont s'accumulant dans un petit
nombre de mains, les riches deviennent à la fois moins
nombreux et moins aguerris : les pauvres se comptent, se
comparent à leurs ennemis : il les attaquent, les chassent, les
massacrent ; ils se partagent leurs biens, leurs charges, et
s'emparent de l'administration des affaires publiques. Voilà le
gouvernement démocratique (2) : son principe, c'est la liberté.
Chacun fait ce qui lui plaît ; tous les caractères s'y peuvent
réunir ; tous les goûts ont de quoi s'y satisfaire : « C'est un
gouvernement bigarré, semblable à un habit où l'on aurait
brodé mille fleurs ». Enfin, cette forme de gouvernement a
trouvé le secret d'établir l'égalité entre les choses inégales,
comme entre les choses égales (3). La démocratie, ainsi que
l'oligarchie, périt par l'excès de son principe. La liberté lui
donne naissance, la liberté la détruit. Tout excès amène
l'excès contraire, et une liberté excessive conduit à l'excessive

(1) *Rép.*, 550.
(2) *Rép.*, 555 sqq.
(3) *Rép.*, 557.

servitude (1). La démocratie se compose de trois classes : les
riches d'abord, c'est-à-dire ceux qui, étant sages et économes,
ont obtenu leur fortune par le travail ; puis le peuple, qui
travaille des mains et à qui appartient vraiment la puissance
dans cet État ; enfin les flatteurs du peuple, les frelons oisifs
ou prodigues, armés ou privés d'aiguillons, qui passent leur
vie sur la place publique, s'emparent des affaires, excitent le
peuple contre les riches, et provoquent ceux-ci par leurs
injustices et par leurs menaces à conspirer contre la démocratie. Du sein de ces frelons, habiles à gagner la faveur
populaire par la parole, par des distributions, par des
promesses de partage des terres, d'abolition des dettes, s'élève
toujours quelque homme hardi qui se met à la tête du peuple,
pour le protéger contre les entreprises des riches, et pour
défendre la démocratie menacée. « C'est de la tige de ces
protecteurs du peuple que naît le tyran (2). » Il se fait donner
une garde ; il chasse et poursuit les riches ; il suscite toujours
quelque guerre pour rendre sa domination nécessaire. « Son
œil pénétrant s'applique à discerner qui a du courage, qui de
la grandeur d'âme, qui de la prudence, qui des richesses ; il
est réduit à leur faire la guerre à tous, jusqu'à ce qu'il en ait
purgé l'État. » Il ne s'entoure que d'hommes méprisables, qui
aiment la tyrannie et en profitent. Pour nourrir ses satellites,
il dépouille les temples, attentif d'abord à ménager le peuple
qui l'a enfanté et nourri. Mais, fils ingrat, quand il se sent
assez fort, il ne craint plus de se faire nourrir par son père, et
« le peuple, en voulant éviter la fumée de la dépendance sous
des hommes libres, tombe dans le feu du despotisme des
esclaves, échangeant une liberté excessive et extravagante
contre la plus dure et la plus amère servitude » (3). Tel est le
dernier terme de la corruption politique. Si le meilleur

(1) *Rép.*, 565.
(2) *Rép. ib.* Ἐκ προστατικῆς ῥίζης ἐκβλάστανει... τύραννος.
(3) *Rép.*, l. VIII, 569. Ὁ δῆμος φεύγων καπνὸν δουλείας ἐλευθέρων
εἰς πῦρ δούλων δεσποτείας ἂν ἐμπεπτωκὼς εἴη...

gouvernement est le gouvernement du sage ou des sages, le pire est celui du tyran (1). On voit assez quelle aversion et quel mépris Platon professe pour la tyrannie, puisqu'il lui préfère la démocratie même, si opposée pourtant à ses inclinations et à ses principes. Lorsqu'il nous décrit l'ordre des destinées et des âmes, dans le *Phèdre*, il place au premier rang le philosophe, et au neuvième rang, c'est-à-dire au dernier, le tyran (2). Lorsqu'il compare la condition du roi ou du sage à celle du tyran, il trouve la première sept cent vingt-neuf fois plus heureuse que la seconde (3). Le tyran, en effet, ou l'homme tyrannique, est esclave, pauvre, rempli de terreurs et de gémissements, le plus misérable des mortels, si la vie heureuse, comme on l'a dit, est dans la justice et la tempérance.

Voilà l'histoire de la révolution des États. L'État juste ou aristocratique donne naissance à l'État timocratique, celui-ci à l'oligarchique ; de l'oligarchie naît la démocratie, et la tyrannie vient à son tour mettre le comble à l'avilissement et à l'infortune des peuples. Dans le premier de ces gouvernements, la raison domine avec la sagesse ; dans le second, le courage ; dans les trois derniers, l'appétit ou le désir. Mais l'oligarchie repose sur les désirs nécessaires, sur l'économie, sur l'amour du gain ; la démocratie, sur l'amour du plaisir et le goût du changement et de la liberté ; la tyrannie enfin, sur l'intempérance effrénée ; elle fait régner sans partage les passions méprisables. Ainsi, les gouvernements se corrompent avec les mœurs et les caractères. La sagesse les conserve, la passion les détruit. Il ne faut donc pas espérer qu'un État puisse vivre sans la vertu : il ne faut pas séparer la politique de la morale et de la philosophie.

Mais sans tomber dans ces formes dégénérées, si l'on trouve

---

(1) *Rép.*, l. IX, 576. Ἡ μὲν [ἀριστοκρατία] ἀρίστη, ἡ δὲ [τυραννίς] κακίστη.

(2) *Phèdre*, 248.

(3) *Rép.*, l. IX, 587.

trop difficile à reproduire l'image de l'Etat parfait, il n'est pas impossible de rencontrer une forme de gouvernement qui se rapproche davantage de la condition humaine. Aussi, au-dessous de ce premier État, que la faiblesse et la corruption des hommes rend irréalisable, il y a un second État, moins parfait, mais meilleur encore que tous ceux qui existent : c'est celui que Platon nous décrit dans les *Lois.*

Le titre même de ce dernier ouvrage de Platon marque la différence qui le sépare de la *République.* En général, Platon n'est pas partisan des législations ; il préférerait aux lois écrites, trop immobiles, la sagesse toujours présente d'un philosophe. Dans le gouvernement parfait, les chefs de l'État ne portent pas de lois ; ils n'agissent que par l'éducation ; ils forment les mœurs, d'où les actions suivent d'elles-mêmes. Il n'en est pas de même dans les gouvernements qui veulent s'accommoder aux hommes tels qu'ils sont. Pour gouverner des hommes déjà plus ou moins corrompus, il est nécessaire d'ajouter les lois à l'éducation. Mais les lois ne doivent pas être de sèches prescriptions, qui s'imposent par la contrainte et la force. Le but de l'État et des lois est la vertu ; or il n'y a point de vertu sans lumière. Le politique ne doit jamais cesser d'être philosophe, et la philosophie ne se sert de la contrainte que pour venir au secours de la raison. De là l'obligation de faire précéder les lois d'un préambule qui en explique les motifs, qui en fasse connaître la beauté, et qui obtienne d'abord l'assentiment de l'intelligence, avant que la loi ne force l'obéissance de la volonté. Ainsi la persuasion s'ajoute à la crainte, et corrige ce qu'il y a de matériel et de servile dans l'action de la loi ; ainsi se concilient la philoso-phie et l'expérience. Ces exposés des motifs sont les préludes de la loi (1).

---

(1) *Lois,* I. IV, 722. Πειθοῖ καὶ βίᾳ... 724... νόμος τε καὶ προοίμιον τοῦ νόμου. Bacon, dans son *De augmentis scientiarum,* demande encore comme un progrès à réaliser que toutes les lois soient précédées d'un *exposé de motifs.* C'est aujourd'hui un usage généralement répandu dans les pays civilisés.

Obéissant lui-même à cette méthode libérale et persuasive, Platon, imitant Zaleucus et Charoudas (1), place au fronton de sa constitution politique les grands principes religieux et moraux de sa philosophie : « Dieu, dit-il, est le commencement, le milieu et la fin de tous les êtres ; il marche toujours en ligne droite, conformément à sa nature, en même temps qu'il embrasse le monde ; la justice le suit, vengeresse des infractions faites à la loi divine. Quiconque veut être heureux, doit s'attacher à la justice, marchant humblement et modestement sur ses pas (2). » Sur ces principes il établit l'obligation d'un culte aux dieux, aux dieux célestes et aux dieux souterrains, aux démons, aux héros, aux dieux familiers. C'est donc sous les auspices et la protection des divinités, que Platon élève l'édifice de sa cité. Dans la *République*, il montrait, il est vrai, l'Idée du bien, comme l'idéal suprême auquel tout est suspendu, mais il ne lui donnait pas le nom qu'elle a parmi les hommes ; il n'en recommandait pas le service et le culte ; il ne faisait pas dépendre de cette grande protection toute la chaîne des lois et des institutions ; enfin, dans la *République*, il semble que la religion s'effaçât devant la science. Dans les *Lois*, au contraire, le sentiment religieux domine tout. Dieu est à la fois le prélude et le couronnement de l'œuvre : moins auguste peut-être, il est plus accessible à l'homme, il ne se présente pas seulement comme la dernière des essences, comme le principe de l'être et de la vérité ; il nous apparaît, comme juge, chargé de promesses et de menaces, excitant à la fois la crainte et l'espoir. Tel est le Dieu qu'il faut faire connaître aux hommes, pour leur donner le goût de la vertu et l'aversion du mal.

Ainsi l'État est d'abord sous la protection de la religion, de la piété envers les dieux et envers les parents, de l'hospitalité, enfin de toutes les vertus. Mais, pour les préserver intactes, il faut régler avec soin les institutions d'où dépendent le plus le bonheur et la justice dans l'État : la propriété, la famille,

(1) Voy. plus haut, p. 60.
(2) *Lois*, l. IV, 715 fin. et 716.

l'éducation, les magistratures. Platon a toujours un penchant
pour la communauté(1), qui lui paraît la perfection de l'unité,
âme de son système. Mais « ce serait trop demander à des
hommes nés, nourris et élevés comme ils le sont aujourd'hui ».
Il renonce donc à la communauté, en essayant toutefois de
s'en éloigner le moins possible. Il admet le partage, mais le
partage égal. Il veut « que, dans ce partage, chacun se
persuade que la portion qui lui est échue n'est pas moins à
l'État qu'à lui ». Ainsi chaque propriétaire n'est que le fermier
de l'État. Platon ne repousse aucune des conséquences nécessaires de ce principe : la transmission de l'héritage à un seul
enfant au détriment des autres ; la défense d'aliéner sa part
sous quelque prétexte que ce soit ; l'interdiction de l'or et de
l'argent, et du prêt à intérêt ; enfin la réduction forcée de la
population ; en un mot, le régime de Lacédémone (2).

Platon sacrifie son principe de la communauté dans la
famille, comme dans la propriété. Il admet le mariage, mais
sous l'œil toujours présent du législateur et de l'État. L'inclination naturelle porte les citoyens à s'unir aux personnes qui
leur ressemblent le plus ; mais l'intérêt de l'État demande au
contraire l'union des contrastes. « Les humeurs doivent être
mêlées dans un État, comme les liqueurs dans une coupe, où
le vin versé seul pétille et bouillonne, tandis que, corrigé par
le mélange d'une autre divinité sobre, il devient, par cette
heureuse alliance, un breuvage sain et modéré (3). » Il est vrai
qu'il est difficile de contraindre par la loi à de semblables
unions ; mais il faut y porter les citoyens par la voie douce
de la persuasion (ἐπάδοντα πείθειν) : concession grave à la
liberté du choix dans le mariage. Mais Platon, en même
temps, restreint autant qu'il est possible la liberté des rapports entre les époux. Il ne reconnaît pas ce grand principe,

---

(1) *Lois*, V, 739. Πριότη μεν πόλις καὶ πολιτεία ὅπου... ἔστι κοινὰ τὰ τῶν
φίλων... κοίνας μὲν γυναῖκας, κοίνους δὲ παῖδας, κοίνα δὲ χρήματα πάντα.
(2) *Lois, Ibid.*, 739 sqq.
(3) *Ibid.*, 739-743.

que l'intérieur de la famille est fermé à la loi. Ce qu'il laisse
de liberté dans la famille est simplement ce qu'il ne peut lui
ôter sans la détruire. La règle, pour lui, est le gouvernement
de la famille par la loi : « C'est une erreur de penser, dit-il,
qu'il suffit que les lois règlent les actions dans leur rapport
avec l'ordre public, sans descendre, à moins de nécessité,
jusque dans la famille ; qu'on doit laisser à chacun une liberté
parfaite dans la manière de vivre journalière ; qu'il n'est pas
besoin que tout soit soumis à des règlements, et de croire
qu'en abandonnant ainsi les citoyens à eux-mêmes dans les
actions privées, ils n'en seront pas pour cela moins exacts
observateurs des lois dans l'ordre public (1). » D'après ces
principes, Platon autorise l'État et les magistrats à intervenir
dans le mariage, pour en régler et en surveiller les rapports
les plus secrets et les plus délicats. Il défend aux époux la vie
solitaire et séparée, et il emprunte à la législation de la Crète
et de Lacédémone l'institution des repas en commun. Enfin, là
même où des règlements seraient inutiles et ridicules, il veut
cependant que l'État soit toujours présent, sans se relâcher
jamais de sa surveillance. Dans la vie privée et dans l'intérieur
des maisons, il se passe une infinité de choses de peu d'importance, qui ne paraissent point aux yeux du public, et dans
lesquelles on s'écarte des intentions du législateur, chacun s'y
laissant entraîner par le chagrin, le plaisir, et par toute autre
passion ; d'où il peut arriver qu'il n'y ait dans les mœurs des
citoyens aucune uniformité, ce qui est un mal pour les
États (2). L'uniformité, la règle, l'égalité, tels sont donc les
principes qui doivent tenir lieu de la communauté et de
l'unité parfaite de la république idéale.

Cette uniformité, cette immobilité dans les mœurs et dans
les actions, est ce qui sauve et fait durer les républiques. Au-
dessus des lois écrites, il y a dans les États des lois non
écrites, des coutumes, des mœurs, des traditions, qui sont

(1) *Lois*, l. VI, 773.
(2) *Lois*, VI, 780.

le lien des gouvernements (1), qui protègent les institutions et les lois, tant qu'elles durent elles-mêmes, et que le législateur à son tour doit protéger de tout son pouvoir (2).

Le changement est ce qu'il y a de plus dangereux en toutes choses, et dans les saisons, et dans les vents, et dans le régime du corps, et dans les habitudes de l'âme, et enfin dans les États. Mais comment préserver de toute dégradation les lois et les mœurs qui de leur nature tendent toujours au changement ? Par l'éducation. C'est là surtout qu'il faut prendre garde aux moindres écarts. Les plus grandes altérations des. mœurs publiques viennent souvent des nouveautés que les enfants introduisent dans leurs jeux (3). Les idées du bien, du juste et de l'honnête ont un rapport intime avec les sentiments du plaisir et de la douleur, et surtout avec les principes du beau et de la musique. L'enfant commence par être sensible au plaisir et à la douleur : l'éducation a pour objet de l'habituer, sans qu'il s'en rende compte, à n'éprouver que des sentiments conformes à la raison. Plus tard, il se rendra compte de cette conformité ; il s'en fera une habitude, et l'harmonie de l'habitude et de la raison est ce que l'on appelle la vertu (4). Mais, comme c'est par le beau que l'âme s'élève jusqu'au bien, on se sert de la musique comme d'un enchantement pour séduire ces jeunes âmes, en ne leur présentant, sous des images agréables, que le juste et l'honnête. C'est donc dans les lois de la musique qu'il faut garder la plus sévère mesure et la plus vigilante uniformité. C'est par le changement de ces lois que s'introduisent dans les États tous les changements pernicieux qui les renversent. Lorsque les poètes, au lieu de régler leur poésie, les artistes, leur art, par les lois traditionnelles reçues• des ancêtres, et maintenues par les magistrats, consultent et flattent le goût de leurs auditeurs, lorsqu'au lieu

(1) *Lois*, VII, 793, δεσμοι πάσης πολιτείας.
(2) *Lois*, l. VII, 788.
(3) *Lois*, l. VII, 797.
(4) *Lois*, l. II, 653, ἡ ξυμφωνία ξυμπᾶσα ἡ ἀρετή.

de cherchèr la mesure, le rythme, les accords simples et
constants, ils séduisent les sens, l'imagination, et ne s'adressent qu'au plaisir, lorsqu'enfin la musique sévère, celle qui
sert d'auxiliaire à la vertu, et non d'entremetteuse à la séduc-
tion, cède la place à la musique passionnée, efféminée, corrup-
trice, on peut dire que les mœurs sont perdues dans l'État ;
toutes les coutumes antiques disparaissent les unes après les
autres, et fuient devant la licence, que suivent bientôt l'anarchie et la ruine. C'est ainsi qu'Athènes est tombée de sa grandeur, et c'est par une conduite contraire que l'Égypte s'est
maintenue si longtemps immobile et incorruptible. Dans les
Lois comme dans la *République*, Platon confie à la musique,
c'est-à-dire aux arts, le premier soin de l'éducation morale ;
pour conserver la pureté des lois musicales, il établit une
censure, qui ne permettra pas au poète ou au musicien de
s'écarter jamais de ce que l'État tient pour légitime, juste,
beau et honnête : il lui défend « de montrer ses ouvrages à
aucun particulier, avant qu'ils n'aient été vus et approuvés des
gardiens des lois et des censeurs établis pour les examiner (1) ». Voilà une poésie et une philosophie de l'État proté-
gées par la censure. C'est la servitude intellectuelle de l'Orient
transportée dans un État grec. Platon a une telle crainte du
phénomène et du changement, qu'il croit retrouver l'idéal
qu'il cherche dans cette immobilité des gouvernements orien-
taux, fausse image de l'immobilité éternelle de la vérité. Mais
n'est-ce point une chose étrange de voir le plus libre des
génies grecs recommander à l'imitation des artistes les serviles
modèles de l'art égyptien, et en même temps le disciple de
Socrate réclamer l'institution de la censure, et défendre l'infaillibilité philosophique de l'État ?

Dans ce nouvel État, plus rapproché de la nature que celui
de la *République*, les institutions politiques et la formation du
gouvernement ont une plus grande importance. Les *Lois* con-

(1) *Lois*, l. VII, 801.

tiennent donc ce qui n'était pas dans la *République*, le plan d'une constitution.

Il y a, selon Platon, deux constitutions mères (1), d'où dérivent toutes les autres : la monarchie et la démocratie, reposant sur deux principes contraires, mais également légitimes : l'autorité et la liberté. Chacun de ces gouvernements peut subsister, et produire de grandes choses ; mais il faut qu'il restreigne son principe dans de justes limites, et fasse quelques sacrifices au principe contraire, la monarchie à la liberté, la démocratie à l'obéissance. Ainsi, il ne faut ni trop de pouvoir, ni trop de liberté : « Si, au lieu de donner à une chose ce qui lui suffit, on va beaucoup au delà, par exemple si on donne à un vaisseau de trop grandes voiles, au corps trop de nourriture, à l'âme trop d'autorité, tout se perd ; le corps devient malade par excès d'embonpoint ; l'âme tombe dans l'injustice, fille de la licence. Que veux-je dire par là ? N'est-ce point ceci ? Qu'il n'est point d'âme humaine qui soit capable, jeune et n'ayant de compte à rendre à personne, de soutenir le poids du souverain pouvoir (2). » L'histoire offre de grands exemples de cette impuissance du pouvoir suprême, et de cette perte du despotisme par le despotisme même ; c'est ce qui ruina la monarchie en Grèce. Les rois avaient oublié ce mot d'Hésiode : « Souvent la moitié est plus que le tout (3). » La même chose arriva en Perse : la monarchie y fut grande et solide sous Cyrus, parce qu'elle y fut modérée ; mais plus tard, les rois s'y firent dieux, et les sujets devinrent esclaves. Par là fut détruite l'union et l'harmonie des divers membres de l'État ; les rois, oubliant l'intérêt du peuple pour le leur propre, ne trouvèrent plus dans leurs sujets des défenseurs, mais autant d'ennemis ; livrés aux étrangers et aux mercenaires, ils perdirent toute force, pour avoir voulu une force plus qu'hu-

---

(1) *Lois*, l. III, 693, εἰσὶ πολιτειῶν οἷον μητέρες δύο τινες.

(2) *Lois*, l. III, 691.

(3) *Lois*, l. VII, 690. Voy. Hés. (Ἔργα καὶ ἡμέραι, v. 40) τὸ ἥμισυ τοῦ παντός ἐστι πλέον.

maine. Ce qui est vrai du despotisme est vrai de la liberté ; tout excès perd le gouvernement qui croit trouver sa sécurité dans l'abus de son principe. L'histoire d'Athènes le prouve. Le peuple, d'abord respectueux observateur des lois, commença par dédaigner les lois traditionnelles de la musique, puis, s'émancipant peu à peu, passa bientôt de la désobéissance aux rites musicaux, à la désobéissance aux magistrats, aux chefs de famille, aux vieillards, aux dieux, à la loi même. A ce dernier terme, l'excès de la liberté met à néant la société, ou ne lui laisse d'autre abri que le despotisme. Ainsi Athènes oscillait sans cesse entre la démagogie et la tyrannie.

Fidèle à l'exemple de Solon, qui avait essayé de contenir à la fois le peuple et les grands, Platon veut aussi réunir dans une même constitution les avantages de la monarchie et de la démocratie, de la concorde et de la liberté. Ici se remarque encore une déviation, ou plutôt un progrès de la pensée politique qui inspirait la *République*. Dans ce gouvernement des sages, tout vient d'en haut, tout procède de l'autorité. La philosophie gouverne ; elle est par elle-même tempérée, mesurée, juste et sage : le bien coule d'elle, comme de source, et le peuple, dans un tel État, n'a pas besoin de garanties contre le pouvoir. Mais, avec les hommes tels qu'ils sont, une telle perfection n'est point possible. Sans doute, le gouvernement ne doit appartenir qu'aux plus sages, mais à qui convient-il de désigner le plus sage ? Au peuple lui-même, dont le sort est entre les mains des magistrats. Il ne faut pas que la tyrannie, usurpant les apparences de la sagesse, s'impose à la multitude malgré elle. Un nouveau principe change tout le caractère de la politique platonicienne, et d'Orient nous transporte en Grèce : l'élection. Platon l'emprunte au gouvernement de sa patrie, mais il la tempère à l'imitation de Solon. Il divise, comme celui-ci, les citoyens en quatre classes, selon la différence des fortunes (1). Nous voilà loin des quatre castes

_____

(1) *Lois*, l. V, 744.

de la *République*. Dans l'état parfait, les deux classes supérieures étaient séparées des deux classes inférieures par une barrière presque infranchissable ; et toutes étaient enfermées dans des fonctions distinctes et immobiles. C'était la hiérarchie sociale de l'Orient transportée dans un État grec, et modifiée seulement par le génie libre d'un philosophe. Mais dans les *Lois*, les classes ne sont plus que des divisions mobiles qui n'impliquent point une irrémédiable inégalité. La fortune, en effet, n'est pas une barrière fixe qui sépare éternellement les hommes ; elle passe de mains en mains, elle enrichit l'un, appauvrit l'autre, élève et abaisse alternativement le même individu ; enfin, par un mouvement sans fin, elle ne laisse d'autre inégalité que celle qui résulte des succès divers de la liberté de chacun.

Au reste, le principe de l'élection lui-même n'était pas considéré dans l'antiquité comme le principe démocratique par excellence ; le vrai principe de la démocratie absolue, c'est le choix par le sort, si vivement critiqué par Socrate. Celui-là seul satisfait à ce besoin d'égalité extrême, qui, comme le besoin de la liberté extrême, est la tentation et la perte des républiques. Nous le savons, en effet, il y a deux égalités, comme deux justices (1) : l'une absolue et violente, qui distribue à tous les mêmes biens, les mêmes honneurs, les mêmes droits, sans égard à la différence des mérites, égalité de nombre et de poids qu'il est toujours facile de réaliser dans un État, et qui flatte malheureusement le désir et l'envie populaire ; l'autre, seule vraie et seule juste, égalité proportionnelle, qui ne fait pas à tous la même part, mais mesure à chacun la sienne, selon ses titres, c'est-à-dire ses vertus, ses talents, son éducation, tout ce qui crée enfin entre les hommes des inégalités morales. C'est la première égalité qui règne dans la plupart des États démocratiques ; le sort est l'expression de cette égalité aveugle. Platon se croit obligé de faire

(1) *Lois*, l. VI, 757.

quelque part à ce principe, auquel les républiques anciennes attachaient par-dessus tout l'idée de leur liberté ; mais il le tempère par le principe de l'élection, et il tempère encore celui-là même par d'ingénieuses combinaisons empruntées à Solon, qui, sans exclure du suffrage les dernières classes du peuple, ménagent cependant aux classes supérieures la meilleure part d'influence.

Sur cette large base de l'élection, s'élève tout un système de magistratures (1), qui ne sont pas toutes exactement définies, mais parmi lesquelles se remarque surtout une sorte de pouvoir exécutif confié à trente-sept personnes appelées les gardiens des lois ; un pouvoir délibératif ou un sénat, composé de trois cent soixante membres ; un pouvoir judiciaire à trois degrés, avec intervention du peuple dans les jugements ; en outre, des magistratures municipales ou rurales chargées du soin matériel de la cité et de l'inspection du sol ; un intendant de l'éducation, sorte de grand-maître de l'instruction publique, choisi avec les plus grandes précautions parmi les gardiens des lois. Enfin, au-dessus de tout cet édifice, Platon établit un conseil suprême, composé des dix plus anciens gardiens des lois, et qui est le vrai pouvoir conservateur et préservateur de l'État (2). Ce conseil des dix est dans l'État, comme la tête dans le corps, et la sagesse dans l'âme. Exercé par de longues études dans toutes les sciences, et dans la plus importante de toutes, la dialectique, il connaît le véritable but de la politique, c'est-à-dire la vertu, et les moyens d'atteindre ce but désirable. Ce conseil suprême, qui se réunit avant le jour, comme pour être plus étranger à toutes les passions humaines, nous trahit la pensée constante, le désir infatigable, et le dernier rêve de Platon : le gouvernement des États par la philosophie.

Conclusion. — Nous voici au terme de ce vaste système qui, embrassant à la fois l'homme, Dieu et l'État, et tous les aspects de la vie humaine, depuis la vie de plaisir jusqu'à la vie morale

(1) Voy. tout le livre VI.
(2) *Lois*, XII.

religieuse et politique , nous montre d'abord l'homme tel qu'il
est, puis tel qu'il doit être, s'élève de l'idée de la vertu à
l'idée de Dieu, modèle suprême et fin dernière ; puis, redescen-
dant au milieu des hommes, essaye de nous faire concevoir
une société parfaite, sans lois et sans châtiments, gouvernée
par la seule vertu, image parfaite de la souveraine unité. Voilà
la philosophie morale et politique de Platon, le plus grand
effort qu'ait fait l'antiquité pour pénétrer le secret de la destinée de l'homme et des sociétés.

Ce qu'il y a d'impérissable dans cette philosophie, c'est le
principe de l'idéal. Qu'il y ait pour l'homme et pour l'État un
idéal, c'est-à-dire un modèle plus ou moins bien aperçu, fin de
tous nos efforts, stimulant de nos désirs et de notre activité
terrestre, qui nous rend mécontents de nous-mêmes, et nous
excite à nous améliorer et à améliorer toutes choses autour de
nous ; qu'il y ait une idée de perfection que rien ne peut détruire
et que rien ne peut satisfaire, parce que la perfection n'appartient
qu'à celui qui ne change pas ; un souverain bien, dont le bien
que nous faisons ou que nous possédons, n'est qu'une lointaine
et incomplète participation ; que ce souverain bien, ce modèle,
cet idéal, soit conçu par l'esprit de l'homme, comme quelque
chose de réel, et ne soit pas seulement l'œuvre de notre imagination, ou le rêve de notre impuissance ; que Dieu enfin soit
le commencement , le milieu et la fin de toutes choses, et que
partout où l'on aime et l'on pense quelque chose de vrai, de
saint, de beau et de réel, ce soit Dieu qu'on pense et qu'on
aime : voilà ce qui pour nous demeure inébranlable dans la
philosophie de Platon.

Si nous redescendons de la fin au point de départ, nous
admettrons encore avec Platon que l'homme est double et
naturellement en guerre avec lui-même. Cette guerre intestine
est le nœud de notre nature. Les doctrines philosophiques et
religieuses n'ont d'autre but que de dénouer ce nœud. Quelques-uns le tranchent en réduisant l'homme à n'être qu'un
animal ou un esprit pur. Mais l'homme véritable résiste à ses

simplifications systématiques ; il sent en lui deux natures, quelque désir qu'il ait d'être un être simple, tout esprit ou tout corps. Enfin, il y a pour l'homme deux sortes de bonheur, deux sortes de science, deux sortes d'amour, deux sortes de colère : il flotte, d'une part, dans un océan de phénomènes fuyants, inconsistants, contradictoires ; de l'autre, il est capable de vivre dans le vrai, dans l'immuable, dans l'Éternel ; et les secrètes agitations de son cœur ne sont que les conséquences de ce conflit. Voilà un second point que l'on peut considérer comme acquis à la science par la philosophie de Platon.

Ainsi, au point de départ, conflit et partage de l'homme avec lui-même ; à l'extrémité de la carrière, unité souveraine et absolue. Par quel moyen l'homme peut-il s'élever de l'un à l'autre de ces deux termes ? Par la vertu. Qu'est-ce que la vertu ? C'est l'imitation de Dieu, c'est-à-dire de l'Unité même. Mais l'imitation de l'Unité, dans un être composé et divers, tel que l'homme, ne peut être que l'harmonie, la paix, la conciliation. Ici encore Platon est dans le vrai. La vertu n'est pas sans doute une transaction entre nos passions, qui ôte à celle-ci pour accorder à celle-là, ou qui en sacrifie quelques-unes pour satisfaire le plus grand nombre, ou même encore les sacrifie toutes à la plus forte ; mais elle n'est pas davantage la destruction des passions, le sacrifice de tout plaisir, la mort à soi-même, la révolte contre le corps et les affections naturelles ; elle est une harmonie ; elle apporte à l'âme l'ordre, la paix et la mesure ; elle fait de l'homme un tout tempéré. Elle donne le commandement à la science, mais elle a pour auxiliaires l'amour et l'enthousiasme; elle se sert des nobles affections pour combattre les passions mauvaises ; elle n'exclut même point les désirs ; enfin, elle améliore le corps, en même temps qu'elle purifie l'âme.

Ainsi, trois vérités indubitables, étroitement liées entre elles, forment la chaîne de la philosophie morale de Platon. La nature de l'homme est la lutte et la division : son devoir, c'est de rétablir en lui la paix et l'harmonie ; sa fin est dans le principe de toute paix et de toute harmonie, c'est-à-dire en Dieu. A ces trois vérités essentielles se rattachent une multitude d'autres vérités pleines de grandeur et d'originalité : la théorie de l'amour, la théorie de la justice, la théorie du châtiment. Qu'il nous suffise ici de les rappeler.

Cette belle morale a deux grands défauts. Elle néglige ou supprime le libre arbitre. Elle n'accorde pas assez à la sociabilité.

Nous avons dit dans quel sens Platon nie le libre arbitre : c'est sa doctrine plutôt que lui-même qui professe cette conséquence. Partout, il enseigne que l'injustice mérite le châtiment et, par conséquent, qu'elle est volontaire et imputable au coupable. Cependant il enseigne en même temps que nul n'est méchant volontairement. De ces deux principes contradictoires, lequel est le plus conforme à la vraie doctrine de Platon? C'est le second : car c'est la conséquence de cet autre principe, chez lui fondamental : la vertu n'est que la science. Platon a admirablement conçu l'idéal de la vertu, et il a bien dit comment on le connaît, mais non pas comment on le pratique. On peut lui appliquer ce que Bacon disait de tous les philosophes de l'antiquité, qu'il a connu la science du modèle, c'est-à-dire le type du bien, mais qu'il n'a pas montré le moyen d'y arriver. La morale de Platon a déjà, comme sa politique, le caractère de l'utopie. Il croit trop que connaître le bien, c'est assez pour le pratiquer. C'est là un rêve beaucoup trop favorable à la science, et en général à la nature humaine. Les faits ne sont pas si complaisants. Car, après que j'ai connu le bien, il reste encore à savoir si je voudrai l'accomplir. C'est là le point le plus faible de la psychologie et de la morale platonicienne : Aristote l'a supérieurement aperçu.

Un second point faible de cette morale, c'est que la sociabilité n'y joue presque aucun rôle. Voyez la théorie des vertus. Sur quatre, trois au moins ne sont que des vertus personnelles : la tempérance, la prudence et le courage. C'est du

reste un des caractères de la morale philosophique des anciens
que cette part excessive faite aux devoirs de l'homme envers lui-
même. La justice seule est une vertu sociale, et il est vrai
qu'elle est à elle seule aussi considérable que les trois autres
réunies. Mais comment Platon entend-il la justice, et quelle
définition en donne-t-il? C'est une vertu composée, qui conserve et assure les autres vertus, qui fixe à chaque faculté sa
fonction, et lui interdit d'empiéter sur celle des autres : une
âme juste est une âme à la fois prudente, courageuse, et tempérante. La justice n'est donc que l'harmonie et en quelque
sorte la résultante des trois vertus personnelles, et ainsi elle
n'est encore elle-même qu'une vertu personnelle. Voilà la justice dans l'individu. Dans l'État, c'est elle qui maintient chaque
classe à son rang, dans son ordre et dans ses fonctions : elle
est la gardienne des castes. Je ne puis voir là une vertu
sociale.

Il est vrai que Platon exige, dans son État, le sacrifice des
intérêts de l'individu et des affections de famille, et qu'il paraît
les sacrifier à un principe plus élevé et plus étendu ; et l'on
pourrait dire que sa parole pèche par l'abus, mais non par le
défaut de la sociabilité. Ce serait une erreur. Platon sacrifie la
propriété et la famille, non pas aux hommes, mais à l'État,
c'est-à-dire à cette unité abstraite et fictive, qui, dans l'antiquité, absorbait l'homme presque entier. Je ne nie pas que
Platon n'ait eu l'idée d'une sorte d'union intime entre les
citoyens, d'où tout égoïsme aurait disparu. Mais il est loin
d'avoir eu l'idée claire des sentiments d'amour que les hommes se doivent entre eux. Son idéal paraîtrait plutôt l'égoïsme
individuel transporté dans l'État, que la *philanthropie*, pour
employer la belle expression d'Aristote : son idéal, c'est
Sparte, qui n'a jamais passé pour un modèle de vertus tendres
et humaines. Enfin, quand on commence par supprimer la
famille, il est bien difficile d'établir sur ces ruines une véri-
ble fraternité.

On peut encore invoquer la théorie de l'amour, pour établir

que Platon n'a pas méconnu le principe de la sociabilité. Mais
ce que Platon appelle amour, n'est autre chose que l'enthousiasme, c'est l'élan de l'âme vers le beau, élan qui peut très
bien se concilier avec une parfaite indifférence pour les souffrances des hommes. Il est vrai que cet amour lui-même peut
avoir les hommes pour objet ; mais c'est l'amour pour les
belles âmes et pour les beaux corps, et non pour l'homme en
général, jeune ou vieux, beau ou difforme, grec ou barbare,
instruit ou ignorant, et même encore vertueux .ou vicieux.
Dans cette doctrine aristocratique, et que n'a point encore vi-
vifiée le souffle divin de la charité, les faibles, les souffrants,
les opprimés, les esclaves, les ignorants sont à peu près comme
s'ils n'étaient pas. Remarquons cependant que Platon est le
premier et le seul des philosophes anciens qui paraisse s'être
intéressé aux accusés et aux coupables, et qui ait proposé de
chercher à les améliorer en même temps qu'à les punir.

La politique de Platon a, comme sa morale, de très grands
côtés ; mais elle prête beaucoup plus à la critique. Ce qui est
vrai, c'est que l'État, comme l'individu, a un idéal, c'est-à-dire
un but sacré et divin, vers lequel les peuples doivent tendre,
et des gouvernements les conduire. Les fautes des peuples et
les gouvernements, de même que les fautes de l'homme,
n'altèrent en rien la vérité première, toujours présente, qui
éclaire et qui condamne, qui oblige et qui punit. La politique
empirique ne voit rien au-dessus des faits présents et des
choses, telles qu'elles sont dans un temps donné. La politique
philosophique montre, au-dessus de ce qui est, ce qui doit être,
et, se trompât-elle en voulant le définir et l'expliquer, elle est
néanmoins indispensable au progrès et au désir du mieux.
C'est là un des mérites de Platon. Toute politique qui conce-
vra une société parfaite, réglée par des rapports naturels et
absolus, et non par des rapports factices et passagers, sera
toujours appelée une politique platonicienne ; et sa République, qui nous peint un État complètement faux, restera
cependant dans la mémoire des hommes, comme le type de

ces conceptions idéales, dont l'objet est de rappeler à la société que tout n'est pas pour le mieux dans le meilleur des mondes possible, qu'elle ne doit pas trop se complaire dans ses imperfections, et prendre ses maladies pour le signe de la santé.

Ce qui est encore vrai dans la politique platonicienne, c'est que la fin de la société, c'est la justice, et que la vraie justice consiste dans la concorde et dans l'unité. Je ne veux point dire que Platon ait raison de mépriser comme il le fait les intérêts positifs des États, la grandeur commerciale ou militaire, la richesse, la domination. Mais pour la vraie philosophie politique, toutes les choses utiles ne valent qu'autant qu'elles sont justes, c'est-à-dire qu'elles facilitent ou protègent dans un État l'union, la paix, les rapports équitables entre les citoyens. Ce qui a surtout frappé l'esprit de Platon, c'est la division et le dissentiment entre les classes. La subordination et l'union, voilà ce qu'il entend par la justice. C'est la vérité même, pourvu que l'on n'entende pas par subordination, une séparation humiliante de castes, et par union des âmes, l'anéantissement des sentiments les plus naturels.

Enfin, ce qui est vrai dans cette politique, c'est que la vertu est le meilleur ressort des États ; c'est elle qui fait de bons citoyens, et qui assure la durée des républiques. C'est elle qui rend la liberté possible, et le pouvoir sans danger. Elle est donc, en un sens, la fin des États et des gouvernements. S'il en est ainsi, le vrai art politique n'est point l'art du législateur, mais celui de l'instituteur. L'éducation a plus de force que les lois. Les lois ne rendent pas les hommes plus sages ; l'éducation seule, les prenant au berceau, est capable de former les mœurs qui protégeront et défendront la république, et rendront, s'il est possible, les lois mêmes inutiles. Rien n'est donc plus vrai que ces principes : la fin de la politique, c'est la vertu ; l'éducation en est le moyen.

Si l'on réfléchit sur ces différentes idées, on voit que ce qu'il y a de vrai dans la politique de Platon est précisément ce par quoi la politique touche à la morale. Platon a vu le lien de ces deux sciences, et la subordination de l'une à l'autre. Mais la politique, pour être unie à la morale, n'en est pas moins distincte en elle-même ; elle a aussi ses intérêts propres, ses moyens d'action, ses principes et sa fin. Ce n'est point sans péril pour l'une ou l'autre de ces deux sciences que vous les unissez trop étroitement (1). La morale est l'idéal de la politique. Si vous confondez cet idéal avec la politique même, vous arriverez à des conséquences étranges et fâcheuses pour l'individu et pour l'État.

Le moindre inconvénient de cette confusion est d'écarter de la politique une foule de faits de la plus haute importance ; ainsi, tout ce qui touche à l'intérêt matériel des peuples, à leur prospérité et à leur richesse, n'a rien à voir avec la politique, si elle n'est comme la morale que la science de la vertu. On considérera donc ces objets comme inutiles ou même comme funestes à l'État ; on se persuadera qu'ils sont la source de mille maux, et par conséquent on les exclura, on les réprimera, on les réduira au strict nécessaire. De là, le dédain de Platon pour la politique des grands citoyens d'Athènes, qui n'ont su que s'occuper d'arsenaux, de flottes, de marchés et de ports, comme si ces objets étaient de si peu de conséquence. Il est évident que, si la morale ne doit considérer que le principe du devoir, la politique doit souvent consulter le principe de l'intérêt. La politique est appelée à sauvegarder et à favoriser l'intérêt propre de chaque citoyen, et celui de la société même. Sans doute la société est dans son sens le plus élevé un commerce moral entre les âmes, mais il n'est pas moins vrai qu'elle n'est d'abord qu'une union de forces rassemblées dans un intérêt commun. La politique doit s'occuper de la direction de ces forces, et le développement des richesses, comme de la puissance d'un pays, est un

_____

(1) Voir plus haut notre introduction sur les *Rapports de la Morale et de la Politique.*

de ses objets légitimes, quoique ce ne soit pas son unique objet,

La confusion de la morale et de la politique conduit encore Platon à une autre conséquence, c'est de rendre les lois inutiles, et d'interdire à l'État l'usage de la contrainte. Comme il est vrai que la vertu ne résulte pas de la contrainte, si l'on veut que l'État soit chargé particulièrement de produire et d'assurer la vertu de ses membres, il faut qu'il y réussisse par des moyens libres et insinuants, et non par l'ordre, la contrainte et le châtiment : ce sont là les moyens imparfaits d'une société mal gouvernée. Les politiques ne voient pour remèdes aux maux des États que des règlements toujours nouveaux, toujours impuissants. La vraie politique n'a que faire de tous ces règlements ; elle prend l'homme dès l'âge le plus tendre et, par une heureuse éducation, elle lui rend la vertu si facile et si familière, que la contrainte et les lois deviennent inutiles. On voit que Platon exclut successivement de la politique tout ce qui appartient au domaine de l'expérience et de la réalité ; tout à l'heure c'étaient les intérêts ; maintenant ce sont les lois. La politique se réduit à l'art de l'éducation, et le gouvernement n'est que la pédagogie. Il est aisé de voir que cette manière de comprendre la politique la détruit. C'est le rêve d'une grande âme, qui se représente une société gouvernée par la raison seule et la seule morale ; mais si cette société était possible, la politique n'existerait plus.

Redescendons maintenant de cette société idéale et impossible à la société réelle ; cette confusion de la morale et de la politique conduit à des conséquences toutes contraires, c'est-à-dire au despotisme. Comme on ne peut pas gouverner sans lois, il faudra donc des lois ; comme les lois ne peuvent pas se protéger elles-mêmes, elles ont besoin d'une force qui les protège. Or, si les lois ont pour but de contraindre à la vertu, voilà donc l'État devenu le représentant armé de la conscience morale. Tous les actes de la vie des citoyens sont livrés à la censure et à une inquisition d'autant plus intolérable, qu'elle est plus sincère et plus convaincue de ses droits. L'intérieur de la vie domestique est ouvert à l'examen de la censure publique ; et comme il n'y a pas de limites possibles dans une telle voie, les actes les plus indifférents, les plus innocents peuvent être proscrits par une morale imaginaire ou tout au moins excessive. Comme il ne faut pas oublier que l'État est toujours un composé d'hommes, que l'autorité publique, si haute qu'elle soit, est toujours humaine, ce sera donc la conscience ou peut-être même la passion et l'intérêt de quelques-uns qui, décidant du bien et du mal, décidera de la conduite et de la vie de tous. Pour éviter ces inconvénients, il faut imaginer un gouvernement composé de sages, de philosophes ou de saints. On voit que la confusion de la morale et de la politique aboutit de toutes parts à l'utopie.

Elle y conduit encore par un autre côté, c'est en imposant à l'État des obligations qui ne sont vraies que pour l'individu. En effet, qu'ordonne la morale à l'individu ? Elle veut que chaque faculté ne sorte point de sa fonction, et n'empiète pas sur celles des facultés voisines ; elle veut que les facultés soient subordonnées les unes aux autres, et que les meilleures asservissent les inférieures. Elle veut enfin que tout tende au bien commun, que les diverses parties du corps n'aient point un intérêt différent du corps entier, que le corps ne recherche pas son propre bien aux dépens de celui de l'âme. Transportez ces prescriptions à l'État, vous avez la république de Platon. Une fois l'État assimilé à l'individu, on oublie la réalité pour suivre les conséquences de cette analogie chimérique. Il faut qu'il soit un à tout prix, qu'il ait une tête, un cœur et des membres ; et malheur aux classes infortunées qui, en vertu de cet apologue, répondent seules à ce dernier terme de la comparaison ; elles seront réduites à l'obéissance et à l'esclavage pour l'exactitude de la métaphore.

On voit que c'est toujours la même confusion qui a fait penser à Platon que l'État peut être un, à la manière d'une personne, et qui l'a conduit à sacrifier sans réserve l'individu à l'État. Il se rencontrait là avec le préjugé de la société antique. Au lieu de concevoir une forme nouvelle et supérieure de l'État, et de s'élever au-dessus de son temps, il a pris le principe faux et étroit de cette société dans toute sa rigueur ; et sa propre patrie, qui par la liberté, le mouvement, le commerce et les arts annonçait plus qu'aucune autre cité grecque le monde moderne, lui parut au contraire l'extrême corruption de l'ordre politique. Il s'est représenté l'État comme quelque chose d'immobile et d'absolu ; et son grand esprit, amoureux du nombre et de l'harmonie, a cru que la société pouvait être réglée d'une manière géométrique, et former une sorte d'organisme dont la vie soumise à des lois fixes se développerait toujours dans le même cercle.

Dans les *Lois*, Platon corrige, à regret il est vrai, mais enfin il corrige quelques-unes des erreurs que nous avons signalées, et, en se rapprochant de la politique humaine, il se rapproche de la vérité. L'État, dans les *Lois*, a quelque chose de plus vivant que dans la *République*; l'individu y est plus respecté ; la propriété n'est plus supprimée ; la famille subsiste ; les castes sont devenues des classes mobiles, séparées seulement par le degré de la fortune ; l'élection populaire, la responsabilité des magistrats, sont le signe d'une plus grande part faite à la liberté ; enfin on trouve dans les *Lois* le premier germe de cette théorie des gouvernements mixtes et de la pondération des pouvoirs, qui passant de Platon à Aristote, d'Aristote à Polybe et à Cicéron, de Polybe à Machiavel et à la plupart des écrivains politiques du xvie siècle, et enfin au plus grand publiciste des temps modernes, je veux dire Montesquieu, est devenue une des doctrines favorites du libéralisme moderne.

Cependant, tout en accordant plus à la liberté, Platon donne encore une très grande prépondérance à l'État. C'est l'État qui fixe les parts de propriété, c'est l'État qui fait les mariages et qui les surveille, c'est l'État qui détermine les lois de la poésie et de la musique, et qui veille à leur conser-

vation ; c'est l'État qui règle le culte que l'on doit aux dieux.
L'État est toujours le souverain maître, et s'il laisse quelque
chose à l'individu, ce n'est pas par respect pour ses droits,
c'est par complaisance pour sa faiblesse. Chose étrange !
Platon, disciple de Socrate, et qui a écrit son *Apologie*, n'a
eu aucun sentiment de ce conflit de la conscience et de l'État,
qui est si frappant dans l'*Apologie* elle-même. Il a cru qu'il
suffisait de changer un État injuste en un État juste pour qu'il
eût droit à tout, sans penser qu'un État juste est celui qui ne
peut pas tout et qui accorde à chacun ce qui lui est dû.

En résumé, Platon est un moraliste plus qu'un politique. Le
principe de sa morale est vrai ; c'est que l'idée du bien est la
fin suprême des actions humaines. Le principe de sa politique
est faux ; c'est que l'État est le maître absolu des citoyens. On
pourra faire du progrès sur sa morale, mais dans la direction
même indiquée par lui. Sa politique au contraire est l'opposé
de la politique véritable. En morale, il pressent l'avenir ; en
politique, il ne regarde que la plupart du temps le passé. Son
idéal moral est encore le nôtre ; son idéal politique est l'image
immobile d'une société éteinte et disparue. A lui sans doute
appartient la gloire d'avoir fondé la philosophie politique,
mais non celle de l'avoir engagée dans ses véritables voies.

CHAPITRE III

Socrate et Platon avaient étroitement uni la morale et la
politique. Mais pour l'un comme pour l'autre, la morale était
la science maîtresse, et la politique n'en était qu'une dépendance et une application. Aristote a changé le rapport de ces
deux sciences. C'est la politique qui est la science suprême,
la science maîtresse, architectonique (1); c'est elle qui traite du
souverain bien, du bien humain (2); c'est elle qui prescrit ce

---

(1) *Eth. Nic.*, I, 1094 a. 27. Nous citons partout l'édition de Berlin
de Becker et Brandis.
(2) *Ib. ib.*, 1094 b. 7. X, 1181, b, 15, Ἡ περὶ τὰ ἀνθρώπινα φιλοσοφία.

qu'il faut faire et ce qu'il faut éviter ; le bien est le même
pour l'individu et pour l'État ; mais il est plus grand et plus
beau de procurer le bien de l'État que celui de l'individu (1) ;
le bien est plus beau et plus divin lorsqu'il s'applique à une
nation qu'à un simple particulier. La politique comprend au-
dessous d'elle toutes les autres sciences pratiques, telles que
la science militaire et administrative, la rhétorique (2). La
morale proprement dite ou l'Ethique (ἡ περὶ τὰ ἤθη πραγματεία)
est donc une partie de la politique ; et elle en est le commencement (3).

MORALE. — Quelle sera maintenant la méthode de cette
science souveraine, qui embrasse à la fois le bien de l'individu et le bien de l'État ? C'est la méthode d'observation et
d'analyse. Aristote la définit lui-même avec précision : « Le
vrai principe, dit-il, en toutes choses, c'est ce qui est; si ce qui
est lui-même était toujours connu avec une suffisante clarté, il
n'y aurait pas besoin de remonter au pourquoi (4). » Mais
comment connaître le fait avec une suffisante clarté ? « Il
convient, dit Aristote, de réduire le composé à ses éléments
indécomposables (5). » Observer et décomposer les faits, voilà
la méthode de la morale. Quels principes obtiendra-on par
cette méthode ? De simples généralités, des vraisemblances et
des probabilités, c'est encore Aristote lui-même qui nous le
dit : « Quand on traite un sujet de ce genre, et qu'on part de
tels principes, il faut se contenter d'une esquisse grossière de
la vérité ; et, en ne raisonnant que sur des faits généraux et
ordinaires, on n'en doit tirer que des conclusions du même
ordre et aussi générales (6). » La morale ainsi traitée n'a plus
aucune certitude. Elle confondra sans cesse le bien et l'indif-

---

(1) 1094 b. 8, Μεῖζον γε καὶ τελεωτερον τὸ τῆς πόλεως.
(2) 1094 b. 3. Rhét., I, 1356 a 25.
(3) Magn. moral., 1181 b. 25. Μέρος καὶ ἀρχη τῆς πολιτικῆς.
(4) Eth. Nic., 1095 b. 6. Ἀρχὴ δὲ τὶ ὅτι· καὶ εἰ τοῦτο φαίνοιτο,...
οὐδὲ προσδέησει τοῦ διότι.
(5) Pol. 1252 a. 18. Τὸ σύνθετον μέχρι τῶν ἀσυνθέτων διαιρεῖν.
(6) Eth. Nic., 1094 b. 21. Περὶ τῶν ἐπὶ τὸ πολὺ... τοιαῦτα συμπεραίνεσθαι.

férent, la vertu et l'habileté, le fait et le droit. Tel devrait être
sans aucun doute le caractère de la morale d'Aristote, si
l'élévation de son esprit et les principes généraux de sa philosophie ne corrigeaient les défauts de sa méthode.

Ces conséquences semblent d'abord sortir nécessairement
de la polémique d'Aristote contre l'idée du bien (1), principe
suprême auquel étaient suspendues, dans le système de
Platon, l'idée de l'honnête et l'idée du juste. Le bien, dit au
contraire Aristote, n'est point une chose commune et universelle : il se dit de toutes les catégories de l'être. Il n'y a pas
de bien en soi ; mais il faut toujours se demander : De quel
bien veut-on parler ? Chaque chose a son bien propre, et chaque
science recherche un bien particulier : la médecine, la straté-
gie, la gymnastique n'ont pas le même bien. « On ne voit pas
de quelle utilité pourrait être au tisserand, pour la pratique de
son art, ou au charpentier, la connaissance du bien en soi (2) . »
Y eût-il une idée universelle du bien, il n'appartiendrait pas à
l'éthique ou à la politique de s'en occuper. Car, en morale, il
ne s'agit que du bien de l'homme, et non point du bien universel. Dira-t-on que la morale doit puiser ses principes dans
une science supérieure ? Non, car chaque science a ses principes propres, et elle ne peut rien démontrer que par ces
principes. La morale ne repose donc que sur elle-même : son
objet, c'est le souverain bien pour l'homme.

Quel est enfin ce souverain bien, si désiré pour tous, ce
bien pour lequel nous recherchons toutes choses, et que
nous ne recherchons que pour lui-même, ce bien enfin qui
se suffit à soi-même ? Puisque ce bien n'est point en dehors de
nous, il faut qu'il soit en nous-mêmes : c'est le bonheur (3).

Nous voilà bien loin, à ce qu'il semble, de la politique platonicienne et on dirait volontiers que nous allons descendre une

(1) Voir I, c. ıv tout entier de la *Morale à Nicom.*
(2) *Eth. Nic.*, 1097 a. 8.
(3) *Ibid.*, 1094 a. 3. Οὗ πάντ' ἐφίεται, I, 1097, a. 33. Τὸ καθ'αὑτὸ αἱρετὸν...
τοιοῦτον δ' ἡ εὐδαιμονία.

pente de plus en plus rapide, qui conduirait tout droit à la
morale d'Épicure. Heureusement la métaphysique avait mis
Aristote en possession d'une idée maîtresse, qui est la clef de
sa philosophie, et qui l'est aussi de sa morale. C'est l'idée
d'*acte* (ἐνεργεία), qui se confond avec l'idée de *fin* (τέλος). Il y a
deux choses dans tout être : la puissance et l'acte. La *puissance*,
c'est ce qui est susceptible de prendre telle ou telle forme ; c'est
le marbre, qui n'est pas encore, mais qui peut devenir l'Apollon
du Belvédère. L'*acte*, c'est la forme déterminée de l'être, c'est
son essence, c'est ce qui le constitue ce qu'il est : pour un marbre,
par exemple, c'est la forme d'Apollon ou la forme d'Hercule ;
pour une plante, c'est la vie ; pour un animal, c'est la sensation ;
pour l'homme, c'est la pensée. La puissance aspire à l'acte. Ce
mouvement de la puissance vers l'acte, c'est le désir (ὄρεξις),
et, dans ce sens, le désir est la loi universelle de la nature.
Tout être désire le degré de perfection auquel il peut atteindre, la forme qui lui donnera toute la réalité dont il est susceptible, c'est-à-dire son acte. L'acte est donc identique à la
fin ; et chaque être ayant son acte propre a par conséquent
sa fin particulière. La fin est identique au bien ; le bien d'un
être consistera donc à passer de la puissance à l'acte, et l'être
souverainement parfait sera celui dans lequel il n'y aura
plus de puissance, mais où tout sera en acte : car partout où
il y a puissance de devenir, il y a imperfection. Ainsi la nature
tout entière est en quelque sorte un vaste atelier, où chaque
être travaille éternellement à transformer ses puissances en
actes, c'est-à-dire à détruire ce qu'il y a d'imparfait en lui
pour augmenter ce qu'il y a de perfection ; et au-dessus de la
nature est l'acte pur et immobile, qui n'a pas besoin de passer
de la puissance à l'acte, parce qu'il est tout acte, toute réalité,
toute perfection.

Appliquons ces principes à l'analyse et à la définition du
bonheur.

Puisque le bonheur est le souverain bien pour l'homme,
puisque le bien est identique à la fin, et que la fin est iden-

tique à l'acte, pour savoir en quoi consiste le bonheur, il faut chercher en quoi consiste l'acte propre de l'homme (1), c'est-à-dire ce qui peut donner à sa nature toute la perfection dont elle est susceptible. Cet acte propre (οἰκεῖον ἔργον) est-il la vie? Non, car la vie n'appartient pas seulement à l'homme, mais aux végétaux et aux animaux. Est-ce la sensibilité? Non, car elle nous est commune encore avec les animaux. Qu'est-ce donc qui constitue l'homme? « Il reste, dit Aristote, que ce soit la vie active de l'être doué de raison, ou, en d'autres termes, l'activité raisonnable (2). » Mais comme il faut toujours concevoir la nature d'un être dans sa perfection, et que la perfection d'un être, c'est sa vertu, disons que le bien pour l'homme est dans l'activité de l'âme dirigée par la vertu, et, s'il y a plusieurs vertus, par la plus haute de toutes (3). Ainsi le bonheur est inséparable de la vertu, il est la vertu même; et définir la vertu, c'est définir le bonheur.

En effet, il ne faut pas faire consister le bonheur dans un état passif de l'âme : autrement l'homme pourrait être heureux en dormant sa vie entière ou en végétant comme une plante. Le bonheur n'est pas non plus dans le plaisir, dans l'amusement, dans la vie voluptueuse; car le bonheur de l'homme ne différerait pas alors de celui des animaux et des esclaves. Le bonheur n'est pas dans le pouvoir, car il n'est pas nécessaire d'avoir le pouvoir pour agir comme il convient à la nature de l'homme : même dans les conditions les plus modestes, on peut être heureux, si l'on agit selon la raison et la vertu; c'est ce qui est bien plus difficile quand on a le pouvoir entre les mains. Le bonheur est donc dans une certaine action; mais parmi les actions, il en est qui sont nécessaires, et d'autres qu'on peut choisir par un libre choix; et parmi celles-ci, les unes sont recherchées pour elles-mêmes, les

(1) *Ibid.* 1097 b. 24, Τὸ ἔργον τοῦ ἀνθρώπου.
(2) *Ibid.*, 1098 a. 7, Ἐνεργεία κατὰ λόγον. Cette théorie de l'acte propre (οἰκεῖον ἔργον), si originale et si profonde, est déjà en germe, il ne faut pas l'oublier, dans Platon. Voy. *Rép.*, I. I, fin.
(1) 1098 a. 16, Κατὰ τὴν οἰκείαν ἀρέτην. 1102 a. 5, Κατ' ἀρέτην τελείαν.

autres en vue d'autres objets. Or, le bonheur doit consister dans un acte choisi librement, et choisi en vue de lui-même, et non pour autre chose. Car le bonheur ne doit avoir besoin de rien, et se suffire parfaitement à soi-même. Quels sont donc les actes que l'on désire pour eux-mêmes? Ce sont les actes conformes à la vertu, c'est-à-dire les actions belles et honnêtes. Il est vrai que les amusements aussi sont recherchés pour eux-mêmes; mais c'est là le bonheur des hommes vulgaires, des esclaves et des enfants. Ce n'est pas tout acte qui est bon, c'est l'acte de la meilleure partie de notre âme qui est aussi le meilleur. L'acte le meilleur est celui qui donne le plus de bonheur. Cet acte, encore une fois, c'est la vertu; et enfin la perfection du bonheur, c'est l'acte de la partie la plus haute de nous-mêmes, et de la plus parfaite des vertus. Il n'y a donc ni bonheur ni vertu sans action. « Aux jeux Olympiques, ce ne sont point les plus beaux et les plus forts qui reçoivent la couronne, ce sont ceux qui combattent dans l'arène (1). » Les dieux eux-mêmes ne sont heureux que parce qu'ils agissent : « Car apparemment ils ne dorment pas toujours comme Endymion (2). »

Cette doctrine de l'action est une des améliorations les plus remarquables qu'Aristote ait apportées à la morale de Platon. Elle conduit à des conséquences fort intéressantes et également neuves dans la théorie du plaisir.

Le plaisir est-il le souverain bien, comme le pensaient les sophistes, comme le pensait Eudoxe, disciple de Platon (3), et enfin comme le croient la plupart des hommes? Non, car est-il un homme qui consentirait à n'avoir toute sa vie que la raison et l'intelligence d'un enfant, se livrant à tous les plaisirs que l'on croit les plus agréables à cet âge, ou bien qui voulût se plaire à des actions infâmes, quand il n'en résulterait aucun mal pour lui-même (4)? Le plaisir n'est donc pas le souverain

(1) *Ibid.*, 1099 a. 3.
(2) *Ibid.*, 1178 b. 19.
(3) *Ibid.*, 1172 b. 9.
(4) *Ibid.* 1174 a. 1.

bien; car il peut y avoir des choses bonnes, indépendamment de tout plaisir : par exemple, voir et se souvenir, avoir de la science et de la vertu (1). Ce n'est pas la différence de plaisir qui fait la différence de bonté entre les actions; mais ce sont les actions bonnes qui sont la source des plaisirs bons, et la plus parfaite des facultés, unie au plus parfait des objets, procure le plus excellent des plaisirs. C'est pourquoi Aristote nous dit, en corrigeant le principe de Protagoras, que l'homme vertueux et la vertu sont la mesure de toutes choses (2). Les objets véritablement agréables sont ceux qui paraissent tels à l'homme de bien. Ce sont les plaisirs dignes de l'homme (ἀνθρώπου ἡδοναί) (3).

Si le plaisir n'est pas le souverain bien, s'ensuit-il qu'il ne soit pas un bien? Speusippe et les cyniques allaient même jus-qu'à soutenir que le plaisir est un mal. Il y a des plaisirs nuisibles, dira-t-on. Faut-il en conclure que le plaisir n'est jamais bon? La pensée elle-même n'est-elle pas quelquefois nuisible (4)? Et cependant la science est une chose bonne. Il ne faut point juger un objet sur ce qu'il peut être accidentelle-ment, comme on ne juge pas un statuaire sur quelque faute qu'il commet par hasard. Ces plaisirs que l'on appelle mauvais ne sont pas même des plaisirs : les plaisirs qui plaisent aux gens dégradés ne sont point agréables par eux-mêmes: il en est d'eux comme de ces saveurs qui plaisent au goût corrompu des malades (5).

Jusqu'ici on ne voit pas qu'Aristote ait modifié notablement les idées de Platon; et même l'influence du *Philèbe* paraît incontestable. Mais voici le point où Aristote se sépare de son maître. Celui-ci avait considéré le plaisir comme un phénomène accessoire, qui ne peut pas, il est vrai, être retranché de la nature humaine, ni du bien relatif à l'homme, mais qui tient à

(1) *Ibid., ib.*
(2) *Ibid.*, 1176 a. 17. Ἑκάστου μέτρον ἡ ἀρετὴ καὶ ὁ ἀγαθός.
(3) *Ib.* 16, Τὸ φαινόμενον τῷ σπουδαίῳ.
(4) *Ibid.*, 1153 b. 15.
(5) *Ibid.*, 1173 a. 22.

l'imperfection de cette nature, et aux besoins résultant de cette
imperfection. Selon lui, le plaisir naît de la douleur : il succède au besoin : il est cet état de l'âme qui, après être restée
quelque temps vide, vient à se remplir (ἀναπλήρωσις) : métaphore tirée de la faim ou de la soif. Le plaisir est un phénomène, une génération (γένεσις), quelque chose qui devient et
qui passe, un mouvement, enfin une sorte de moyen terme
entre l'être et le non-être. Platon cependant, ne l'oublions pas,
avait admis des plaisirs purs, qui naissent des objets vrais,
purs, simples, toujours semblables à eux-mêmes ; mais il avait
de la peine à les expliquer dans sa théorie.

Aristote, insistant sur cette distinction des plaisirs purs et des
plaisirs mélangés, a mieux pénétré peut-être que Platon jusqu'au principe de cette distinction. Il y a, selon lui, deux
sortes de plaisirs : ceux qui accompagnent en nous la réparation ou satisfaction de la nature, et ceux qui naissent de la
nature déjà réparée (1). Les premiers s'expliquent bien comme
l'a fait Platon : ils naissent d'un manque, d'un vide, d'un besoin
à satisfaire : ils succèdent par conséquent à une souffrance : ils
sont, pour parler le langage de la philosophie ancienne, en génération (ἐν γενέσει). Mais il est d'autres plaisirs, qui naissent simplement, dans une nature toute réparée et satisfaite, de l'action
même des facultés : par exemple voir, entendre, sentir, penser. Quel vide ces plaisirs remplissent-ils en nous ? De quel
besoin sont-ils la satisfaction ? Ont-ils été précédés d'aucune
souffrance (2) ? Ce sont là les vrais plaisirs. Le plaisir, considéré
en lui-même, n'est point un mouvement (3). Le mouvement a
lieu dans le temps : le plaisir au contraire est entier et complet
dans un moment indivisible. Le mouvement est lent ou rapide ;

(1) *Ibid.*, 1153 a. 2. Ἀναπληρουμένης τῆς φύσεως, καὶ καθεστηκυίας.
La théorie du plaisir est traitée par Aristote dans deux passages :
VH, xii-xv, 1152-1154, et X, i-v, 1172-1176. On a supposé, à tort
selon nous, que la première de ces deux discussions n'est pas d'Aristote. Voir Barthélemy Saint-Hilaire, tr. fr., t. I, *Dissertation prélimi-
naire.*
(2) *Ibid.*, 1173 b. 15, et 1752, b. 36.
(3) *Ib. ib.*, 1773 a. 31

parle-t-on jamais d'un plaisir éprouvé avec vitesse? on dit que le plaisir est indéfini, qu'il est susceptible de plus ou de moins. Il en est de même de tout ce qui appartient à l'homme, sans en excepter ses vertus. Le plaisir naît de l'action (1) : c'est une fin, c'est un complément qui s'ajoute à l'acte, comme la beauté à la sagesse. L'acte est par lui-même une source de plaisir. L'homme aime le plaisir parce qu'il aime la vie; et le plaisir à son tour qui rend la vie désirable. Est-il vrai que le plaisir soit un obstacle à l'action? Au contraire, le plaisir qui naît de l'action lui donne une force nouvelle. L'homme prend plus de goût aux choses qui lui donnent plus de plaisir; ainsi le plaisir développe les facultés. « On juge mieux des choses, et on les exécute avec plus de précision et de succès, quand on y trouve du plaisir. Ainsi ceux qui trouvent plus de plaisir à la géométrie deviennent de plus habiles géomètres (2). » Platon, qui faisait naître le plaisir du besoin et de l'imperfection, inclinait à penser que la vie des dieux est exempte de plaisir. Aristote, au contraire, qui considère le plaisir comme une partie essentielle et même comme l'achèvement de l'action, place la volupté même en Dieu. « S'il y avait, dit-il, quelque être dont la nature fût entièrement simple, la même activité purement contemplative serait toujours pour lui la source des plaisirs les plus vifs. Voilà pourquoi Dieu jouit éternellement d'une volupté simple et pure. Car son activité ne s'exerce pas seulement dans le mouvement; elle subsiste même dans la plus parfaite immobilité, et la volupté est plutôt dans le repos que dans le mouvement (3). »

Ainsi le plaisir est un bien; mais tous les plaisirs ne sont pas bons, et tous ne sont pas également bons, et c'est la vertu qui est la mesure de la bonté des plaisirs. De plus nous avons vu déjà que le bonheur est dans l'action, mais que toute action n'est pas le bonheur, qu'il consiste seulement dans l'action de

---

(1) 1174 b. 31. Τέλει τὴν ἐνεργείαν ἡ ἡδονή.
(2) *Ibid.*, 1175 a. 31. Μᾶλλον γὰρ κρίνουσιν... οἱ μεθ' ἡδονῆς ἐνεργοῦντες.
(3) *Ibid.*, 1154 b. 24.

l'âme conforme à la vertu, et enfin que le plus parfait bonheur est dans la plus parfaite vertu. Tout nous conduit donc à la théorie de la vertu, puisque là seulement est le fondement du plaisir et du bonheur (1).

Aristote a démêlé dans sa théorie de la vertu deux faits essentiels : 1° le libre arbitre et la responsabilité personnelle ; 2° l'action de l'exercice et de l'habitude sur le développement des vertus (2). Sur ces deux points il a mieux vu que Platon, qui, ayant confondu presque partout la vertu et la science, avait laissé dans l'ombre les conditions pratiques de la moralité.

On ne peut nier, dit Aristote, que l'homme ne soit le principe de ses œuvres et, pour ainsi dire, le père de ses enfants (3). La liberté des actions humaines est supposée par les législateurs dans leurs prescriptions : car ils châtient et punissent ceux qui commettent des actions criminelles, toutes les fois qu'elles n'ont pas été l'effet de la contrainte, ou d'une ignorance dont ils n'étaient pas la cause ; au lieu qu'ils honorent les auteurs des actions vertueuses, comme pour exciter les hommes aux unes, et les détourner des autres. Or, assurément, personne ne s'avise de nous exciter aux choses qui ne dépendent ni de nous, ni de notre volonté, attendu qu'il ne servirait à rien d'entreprendre de nous persuader de ne pas éprouver les sensations du chaud, du froid, ou de la faim (4). Il y a même des cas où l'ignorance est punissable, parce qu'elle est volontaire ; par exemple, l'ignorance produite par l'ivresse ou par la négligence de s'instruire. Les habitudes deviennent nécessaires à la longue ; mais, à l'origine, l'homme est libre de les contracter ou de ne les point contracter : voilà pourquoi l'homme est responsable même des habitudes invé-

(1) I, 1102 a. 5. Ἐπεὶ ἡ εὐδαιμονία ψυχῆς ἐνεργεία τις κατ' ἀρέτην τελείαν, περὶ ἀρετῆς ἐπισκεπτέον.
(2) Pour la théorie de la vertu en général, voy. *Eth. Nic.*, l. II et III. *Mag. Mor.*, l. I, c. iii-x, *Eth. Eud.*, l. II.
(3) L. III, c. vi, 1112 b. 31, Ἄνθρωπος ἀρχὴ πραξεως; 1113 b. 18, γεννητὴν τῶν πράξεων ὥσπερ καὶ τέκνων.
(4) *Ib. ib.*

térées et incorrigibles, car il est la cause qui leur a donné naissance : « Une fois la pierre lâchée, on ne peut plus la retenir, mais on était maître de la lancer; on est donc responsable de sa chute. » On l'est même des défauts du corps qui sont l'effet de la volonté. On ne blâmera pas, par exemple, la difformité naturelle; mais on éprouvera du dégoût et du mépris pour les défauts du corps, ou les maladies qui proviennent de l'intempérance, de la négligence, de quelque cause volontaire. Dira-t-on que toutes nos actions sont déterminées par nos opinions dont nous ne sommes point maîtres ? Mais nous sommes maîtres, jusqu'à un certain point, de notre manière d'envisager les choses, et des habitudes d'esprit que nous nous donnons. D'ailleurs, si le choix entre le bien et le mal n'était pas l'effet de la volonté, mais d'une disposition heureuse de la nature, la vertu deviendrait en quelque sorte un privilège; car on ne voit pas qu'elle soit plus volontaire que le vice (1).

La vertu étant l'œuvre du libre arbitre, il est évident que la moralité des actions ne consiste pas seulement dans les actions elles-mêmes, mais dans les dispositions de celui qui les fait. « Les choses que produisent les arts portent la perfection qui leur est propre en elles-mêmes, et il suffit, par conséquent, qu'elles soient d'une certaine façon. Mais les actes qui produisent les vertus ne sont pas justes et tempérants uniquement parce qu'ils sont eux-mêmes d'une certaine façon; il faut encore que celui qui agit soit, au moment où il agit, dans une certaine disposition morale (2). » Quelles sont ces dispositions nécessaires à la moralité de l'agent ? 1° il faut qu'il sache ce qu'il fait; 2° il faut qu'il le veuille, et qu'il veuille les actes pour ces actes mêmes et non comme moyens pour autre chose; 3° enfin, qu'il agisse avec une résolution constante et inébranlable de ne jamais faire autrement (3). Ainsi, conscience de

(1) L. III, c. vi.
(2) 1105 a. 28, 30, Οὐκ ἐὰν αὐτά πως ἔχη... ἀλλὰ καὶ ἐάν ὁ πράττων πως ἔχων πράττῃ.
(3) Ib. ib., sqq.

l'action, intention réfléchie et désintéressée, et enfin ferme résolution : telles sont les trois conditions de la moralité. De ces trois conditions, « la première, dit Aristote, est de peu de valeur et même sans valeur; mais les deux autres sont de toute importance ». C'était attacher sans doute trop peu de prix à la connaissance dans l'action vertueuse; et je crois qu'Aristote est entraîné ici par ses préventions contre l'opinion de Platon. Mais celui-ci était bien loin d'avoir aperçu et démêlé aussi clairement qu'Aristote ces deux caractères si importants de la vertu : l'intention et la résolution.

Enfin, Aristote complète cette belle analyse de la vertu par sa théorie de l'habitude.

Il ne suffit pas, pour être vertueux, de faire en passant et de loin en loin quelques actes de vertu, fût-ce avec l'intention la plus droite et la meilleure. Il faut que la vertu se tourne en disposition constante et en habitude : c'est pourquoi elle ne s'obtient pas par l'enseignement seul, mais par la pratique et l'exercice.

Les choses de la nature ne sont pas susceptibles de changer de direction par l'habitude. « La pierre jetée en l'air un million de fois ne cessera pas de retomber en bas; le feu ne cessera pas de monter en haut (1). » Il n'en est pas de même pour les vertus; nous ne les acquérons qu'après les avoir préalablement pratiquées. La vertu est comme l'art. On devient architecte en construisant, musicien en faisant de la musique. De même, on devient juste en pratiquant la justice, sage en cultivant la sagesse, courageux en exerçant le courage. En un mot, les qualités morales ne s'acquièrent que par la répétition constante des mêmes actes. En toutes choses, l'exercice développe l'habileté, il développe également la vertu ; car, à force de faire des actes de vertu, on finit par les reproduire plus facilement (2).

---

(1) L. II, c. ɪ, 1103 a. 19. Οὐθὲν γὰρ τῶν φύσει ὄντων ἄλλως ἐθίζεται.
(2) L. II, c. ɪ, 1103 b. 21. Ἐκ τῶν ὁμοίων ἐνεργειῶν αἱ ἕξεις γίνονται.

Ainsi, la vertu est une disposition acquise (1); mais cela ne suffit pas pour la définir. Il faut encore savoir quelle sorte de disposition elle est. C'est Aristote lui-même qui pose ainsi la question. Voyons comment il y répond.

C'est ici que la polémique dirigée par Aristote contre Platon, et contre l'idée d'un bien en soi, lui rend impossible de trouver en dehors de l'homme et au-dessus de l'homme la règle et la loi de la vertu. S'il n'y a qu'un bien propre pour chaque espèce d'être, si le bien particulier de l'homme, seul objet de la morale, n'a rien de commun avec le bien universel, objet de la métaphysique, si enfin la seule méthode pour déterminer la nature du bien est la méthode expérimentale, c'est seulement dans la nature humaine, et dans les conditions générales de l'exercice de nos facultés, que l'on peut trouver le critérium de la morale. Or l'expérience nous apprend que nos facultés dépérissent ou s'usent de deux manières, par l'excès et par le défaut. De là cette conclusion, que le bien est entre les extrêmes, et que la vertu est un juste milieu (2).

Qu'est-ce qu'un milieu? C'est un point également éloigné de deux extrémités (3); c'est une quantité qui surpasse une quantité moindre d'autant qu'elle est elle-même surpassée par une quantité plus grande. En toutes choses le bien est au milieu. Dans les arts, par exemple, on arrive à l'excellent, quand on a atteint ce point juste, où il n'y a rien à ajouter, rien à retrancher. La vertu est aussi ce point intermédiaire également éloigné de l'excès et du défaut dans les actions et dans les passions. Mais, pour déterminer ce milieu, il faut considérer bien des circonstances; car il ne s'agit pas seulement

_____

(1) Aristote ne dit jamais que la vertu soit une habitude, comme on le lui fait dire souvent, mais une disposition ou qualité (ἕξις) acquise par l'habitude. C'est ce mot grec ἕξις que les scolastiques ont traduit par *habitus*, et les modernes inexactement par habitude.

(2) L. II, c.vi, 1107 a. 2. Μεσότης δύο κακῶν, τῆς μέν καθ᾽ ὑπερβολὴν, τῆς δὲ κατ᾽ ἔλλειψιν.

(3) L. II, 1106 a. 30. Λέγω μέσον τὸ ἴσον ἀπέχον τοῦ ἑκατέρου τῶν ἄκρων.

du milieu par rapport à la chose, mais encore par rapport à nous (1). En mathématiques, si l'on veut déterminer une moyenne, soit entre deux lignes, soit entre deux nombres, il n'y a que les deux extrêmes à considérer. Mais le milieu juste entre deux choses ne sera pas le juste milieu pour nous, si notre constitution, notre disposition se rapproche plus de l'un des deux termes. Il y a, en outre, une infinité de circonstances qui peuvent déplacer le milieu : par exemple, le courage n'est pas un point fixe et absolu; il est relatif à la disposition d'esprit, à la force du corps, à la nature des choses à craindre, et on ne demandera pas le même courage à un enfant qu'à un homme, ni envers un lion qu'envers un loup. Ainsi la vertu n'est pas un milieu abstrait entre deux extrémités abstraites, par exemple, l'excès de la colère ou de l'insensibilité. Mais elle consiste à n'être ni trop ému, ni trop peu ému de certaines choses. « L'être, lorsqu'il le faut, dans les circonstances convenables, pour les personnes et pour les causes qui rendent ces sentiments légitimes, et l'être de la manière qui convient, voilà ce juste milieu dans lequel consiste précisément la vertu (2). » De là vient qu'en toute circonstance, il n'y a qu'une manière de bien agir, et mille manières d'errer. La vertu est donc une sorte de moyenne, quoiqu'en elle-même, et par rapport au bien absolu, elle soit un extrême (3).

Telle est la théorie célèbre du juste milieu : théorie satisfaisante, sans doute, si l'on ne demande qu'un critérium pratique, et une mesure approximative du bien et de la vertu. En effet, il est vrai qu'en général, si l'on s'éloigne des extrémités, on a beaucoup de chances pour agir sagement (4). Mais la

(1) L. II, vi, 1106 a. 28, Ἦ κατ' αὐτὸ τὸ πρᾶγμα, ἢ πρὸς ἡμᾶς.
(2) L. II, c. vi, 1106 b. 21. Τὸ δ'ὅτε δεῖ, καὶ ἐφ'οἷς, καὶ πρὸς οὓς, καὶ οὗ ἕνεκα, καὶ ὡς δεῖ μέσον δὲ καὶ ἄριστον, ὅπερ ἐστὶ τῆς ἀρετῆς.
(3) L. II, c. vi, 1107 a. 7. Διὸ... μεσότης ἐστιν ἡ ἀρετή, κατὰ δὲ τὸ ἄριστον καὶ τὸ εὖ ἀκρότης.
(4) C'est ce qu'a très bien vu Descartes dans la première règle de sa morale : « Me gouvernant, dit-il, en toutes choses suivant les opinions les plus modérées et *les plus éloignées de l'excès* qui fussent communément reçues en pratique par les mieux sensés. (*Disc. de*

difficulté même, alors, est encore de décider où est le vrai
milieu : car, si on fixe un milieu immobile entre deux extrémités quelconques, on court risque de donner une règle
fausse. Il n'y a pas de milieu absolu entre la témérité et la
lâcheté : ce milieu dépend des circonstances. Au contraire si,
comme Aristote le demande, on tient compte des circonstances
et des personnes, si l'on admet que le milieu varie en quelque
sorte pour chaque action, il est évident qu'il n'y a plus de
règle : car à quel signe reconnaîtra-t-on que telle action est
conforme au milieu ? Elle le sera sans doute lorsqu'elle paraîtra convenable et juste ; mais alors c'est la convenance et
l'honnêteté de l'action qui serviront de mesure pour fixer le
milieu, tandis que ce devrait être le contraire. Ainsi, même
pratiquement, la règle d'Aristote est sujette à beaucoup de
difficultés. Cependant, il faut reconnaître que c'est une
formule ingénieuse, qui rend compte suffisamment d'une multitude d'actions morales.

Maintenant si l'on examine la doctrine du juste milieu, non
plus comme un critérium pratique, à peu près suffisant pour
l'action, mais comme une règle et une loi absolue, qui doit
avoir sa raison, c'est alors qu'éclatera toute la faiblesse de
ce principe et de la méthode empirique qui l'aura donné.
Comme Aristote s'est interdit, au moins jusqu'ici, de proposer
un idéal à la vertu, et a exclu d'avance tout ce qui ne résulte
pas de la nature propre de l'homme, il est contraint de prendre pour règle la moyenne entre nos passions. Car il ne pouvait pas et ne voulait pas admettre, comme les sophistes, que
tout ce qui est dans la nature fût bon ; or l'expérience prouve
bien que toutes les passions extrêmes sont nuisibles : et par
conséquent le milieu entre les passions extrêmes est indiqué
par l'expérience, comme un moyen d'échapper aux périls des
passions. Mais je ne vois que cette seule raison qui puisse
justifier ce principe : car si vous dites que ce milieu est conve-

la Méthode, 3ᵉ part.) » Mais il ne s'agit ici que d'une morale provi-
soire et toute pratique.

nable en soi, qu'il est honnête, qu'il est obligatoire, je cherche la raison de cette convenance, de cette honnêteté, de cette obligation. Le principe du juste milieu se confond alors avec un principe plus élevé, celui de l'honnête, qui lui-même nous entraînera plus haut encore, et jusqu'à l'idée du bien. Mais Aristote ne peut aller jusque-là. Il faut qu'il trouve la justification de son principe dans la nature humaine telle qu'elle est. Or sa règle n'a plus alors que la valeur d'une règle tirée de l'expérience, qui peut toujours être démentie par une expérience contraire.

Aristote a senti lui-même le défaut de sa doctrine. Car, après avoir défini la vertu un juste milieu, il essaie de trouver un principe à ce juste milieu lui-même. Ce principe, c'est la droite raison. Il ne suffit donc pas d'indiquer une règle pour le choix des actions, il faut savoir encore ce que l'on entend par la droite raison, et la définir complètement.

Aristote ne donne pas cette définition précise qu'il promet ; mais il la remplace par la théorie des vertus intellectuelles.

Il y a deux classes de vertus, les vertus intellectuelles (διαχοητικαί) et les vertus morales (ήθικαί) (1). Les vertus morales s'exercent sur les passions, elles sont un milieu entre le trop et le trop peu ; au fond elles ne sont autre chose que l'instinct naturel du bien accompagné de la raison (2). C'est pourquoi Aristote dit quelque part (3) que le siège de la vertu morale est dans la partie irrationnelle de l'âme. Mais la partie rationnelle peut elle-même prendre une bonne ou une mauvaise direction. La bonne direction de la raison, c'est la vertu intellectuelle ; c'est la droite raison. Ainsi les vertus morales sont subordonnées aux vertus intellectuelles. La vertu

(1) *Eth. Nicom.*, I, xiii, 1103 a. 14 et en général le livre **VI** tout entier.

(2) *Mag. Mor.*, I, xxxv, 1198 a. 20. Τὸ μετὰ λόγου εἶναι τὴν ὁρμὴν πρὸς τὸ καλόν.

(3) *Mag. Mor.*, I, v, 1185 b. 6, Ἐν δὲ τῷ ἀλόγῳ αὐταὶ αἱ ἀρεταί (les vertus morales). Si les *Grandes morales* ne sont pas d'Aristote, elles expriment bien cependant sa pensée, quelquefois avec plus de précision que lui-même.

intellectuelle est indispensable aux vertus morales : car aucune vertu n'est possible sans la prudence, quoique la prudence ne soit pas, comme le pensait Platon, la vertu universelle.

C'est par cette théorie des vertus intellectuelles qu'Aristote essaie de suppléer à ce qui manque à sa morale du côté des principes : c'est la sagesse ou la science qui, pour Platon, était'toute la vertu, et qui devient pour Aristote la première des vertus ; ainsi l'idéal de l'un finit par se confondre avec l'idéal de l'autre.

Entre toutes les vertus morales, dont Aristote nous fait un tableau si riche, si varié, si plein d'observations fines et profondes (1), nous nous arrêterons surtout aux deux plus importantes, qui servent à rattacher la morale à la politique, la justice (2) et l'amitié (3).

Quoi de plus beau que la justice ? Ni l'astre du soir, ni l'étoile du matin n'inspirent autant de respect. En un sens, la justice est la réunion de toutes les vertus : c'est la vertu dans son rapport à autrui. On peut définir la justice, dit énergiquement Aristote, le bien d'autrui (4). La plus parfaite vertu n'est pas de se servir soi-même, mais de servir les autres : car c'est ce qu'il y a de plus pénible. Mais, outre ce sens général et trop étendu, la justice en a un autre plus particulier et plus précis. La justice repose sur l'égalité ; mais comme il y a deux sortes d'égalité, il y a aussi deux sortes de justice (5) : la justice distributive (τὸ ἐν ταῖς διανομαῖς δίκαιον) (6) et la justice corrective ou compensative (τὸ διορθωτικὸν) (7). La

_____

(1) Voir l. III, IV, VII.

(2) Pour la théorie de la justice, voir *Eth. Nicom.*, l. V. *Mag. Mor.*, l. I, c. xxxi, et l. II, c. i et ii.

(3) Pour là théorie de l'amitié, voir *Eth. Nicom.*, l. VIII et IX. *Mag. Mor.*, l. II, c. xiii ad fin. *Eth. Eud.*, l. VII.

(4) L. V, i, 1129 b. 26. Ἡ δικαιοσύνη ἀρετὴ μὲν ἐστὶ τελεία, ἀλλ' οὐχ ἁπλῶς, ἀλλὰ πρὸς ἕτερον... 1130 a. 3. ἀλλότριον ἀγαθόν.

(5) Pour la théorie entière des deux espèces de justice, voir l. V, v, vi, vii,

(6) 1130 b. 30.

(7) 1231 b.25. C'est celle que l'on appelle généralement commutative.

première a lieu dans toute distribution ou partage des biens et des honneurs; la seconde dans les transactions et les échanges, dans la réparation des injures ou la compensation des dommages. La justice soit distributive, soit commutative, suppose nécessairement quatre termes. Car il y a d'abord au moins deux personnes, puisque tout échange ou toute distribution ne peut avoir lieu qu'entre deux ou plusieurs personnes; de plus, il y a au moins deux choses, soit distribuées, soit échangées. Quel doit être le rapport de ces quatre termes pour constituer la justice (1)?

La justice, comme toutes les vertus morales, consiste dans un certain milieu. Considérons d'abord la justice commutative ou compensative. Cette sorte de justice embrasse deux cas : l'échange, et la réparation des torts et des injures. Dans ces deux cas, elle est une sorte de milieu entre le trop et le trop peu : dans l'échange, il ne faut pas que l'un reçoive plus que l'autre ne donne; dans la réparation, il ne faut pas que l'un rende plus que l'autre n'a perdu. Il en est de même pour la justice distributive : il ne faut point donner trop à celui-ci, trop peu à celui-là. La justice consiste donc toujours dans un certain équilibre entre le trop et le trop peu : c'est une sorte d'égalité.

Cependant cette égalité n'est pas la même dans ces deux espèces de justice. Dans l'échange, par exemple, il n'y a à comparer et à balancer que les choses échangées. Quels que soient les contractants, ni leur rang, ni leur caractère, ni leur fortune ne doit entrer pour rien dans la détermination de la quantité échangée. Ici, le milieu entre le plus et le moins est déterminé par les choses seules, et non par la considération des personnes. Il en est de même dans le cas où un citoyen lésé par un autre demande la réparation du tort reçu. Dans ce cas, la justice (indépendamment de la pénalité qu'Aristote ne considère pas) consiste simplement à enlever au spoliateur

(1) L. V., v. 1130 b. 7. Τὸ ἄδικον καὶ τὸ ἄνισον, τὸ δίκαιον καὶ τὸ ἴσον.

une part égale à la perte du spolié ; et, comme il n'y a point à considérer la condition des personnes, le juste est ici la simple et rigoureuse égalité de la perte et de l'indemnité. Mais dans la distribution il y a autre chose à considérer : il ne suffit pas de déterminer le rapport des choses, il faut le combiner avec le rapport des personnes ; puisque la vertu, le mérite, le travail doivent entrer comme éléments de comparaison. De là un rapport composé ; et la justice, au lieu d'être une simple égalité, devient une proportion (1).

Aristote traduit assez subtilement, par des expressions mathématiques, ces idées sur la justice. La justice distributive se représente facilement par une proportion, dont les quatre termes sont les deux choses à partager et les deux personnes qui partagent. Pour que le partage soit juste, il faut qu'il y ait égalité de rapport entre les deux parts et les deux co-partageants ; que la part A, par exemple, soit à la part B comme la personne C est à la personne D. Dans ce cas, quoique les deux parts ne soient pas rigoureusement égales, elles sont proportionnellement égales, ce qui est la condition fondamentale de la justice. Ainsi le type ou la formule de la justice distributive est la proportion suivante : A : B : : C : D, proportion discrète géométrique. On ne comprend pas aussi facilement la traduction mathématique de la justice compensative. Aristote l'exprime par une proportion arithmétique continue. Mais il est difficile de comprendre que l'on puisse construire une proportion avec un seul rapport : c'est ce qui a lieu dans l'échange ou dans la réparation, puisque alors la justice consiste dans l'égalité rigoureuse du gain et de la perte. Aristote s'égare ici par un excès de rigueur et de subtilité : au début de la *Morale à Nicomaque*, il dit précisément qu'il ne faut pas demander à la morale l'exactitude de la géométrie (2).

(1) L. V., c. III et IV.
(2) *Eth. Nic.* 1094, 6, 26.

Mais quoiqu'il abuse ici des formules mathématiques, il est
loin de réduire la morale à des formules ; elles ne sont pour
lui que des expressions abrégées, inexactes par leur rigueur
même : et il faut sans cesse leur substituer, dans la pratique,
la libre et délicate appréciation des faits, des circonstances,
des rapports, sans laquelle la morale est une science vide, et
même une science fausse. C'est cette vue qui a inspiré à
Aristote sa belle théorie de l'équité. Le premier, il reconnut
et fit admettre dans la science la distinction naturelle au cœur
de l'homme de la justice et de l'équité. Le juste est rigoureusement conforme à la loi : l'équitable en est une modification
heureuse et légitime (1). La loi en effet est une formule
abstraite et générale ; il peut arriver qu'elle ne se plie pas à
tous les cas, et qu'une application stricte de la loi soit injuste
dans un cas donné. La vraie justice consiste alors à s'écarter
de la justice écrite, non pas de la justice absolue, mais de
celle qui s'égare par une rigueur absolue (2). L'équité corrige
l'injustice de la justice étroite : elle est une décision particulière dont on ne peut pas fixer la formule à l'avance ; car la
règle de ce qui est indéterminé doit être elle-même indéterminée, semblable à la règle lesbienne, qui, étant de plomb, se
plie aux accidents de la pierre, et en suit les formes et les
contours, au lieu que la règle de fer ne donne qu'une mesure
roide et immobile. Ainsi l'équité s'accommode, sans se corrompre, à toutes les circonstances inattendues des faits particuliers, et l'équité n'est pas le contraire, mais la perfection de
la justice.

Les rapports des hommes ne sont pas seulement réglés par
la justice ou l'équité : une autre vertu, ou du moins une qualité
qui ne peut se séparer de la vertu, attache les hommes les
uns aux autres par un lien d'affection, et donne naissance aux

(1) L. V, 1137 b. 12. Τὸ ἐπιεικὲς δίκαιον μέν ἐστιν, οὐ τὸ κατὰ νόμον δὲ
ἀλλ' ἐπανόρθωμα νομίμου δικαίου.
(2) Ib. 24. Βέλτιον (ἐπιεικὲς) τινὸς δικαίου, οὐ τοῦ ἁπλῶς, ἀλλὰ τοῦ διὰ
τὸ ἁπλῶς ἁμαρτήματος.

différentes associations des hommes entre eux, et même à la plus grande des associations, à l'État : c'est l'amitié (1). Aristote, avant les stoïciens, a insisté sur la force du lien social parmi les hommes, et les tendances affectueuses et sociales de notre nature. L'amitié est pour lui ce principe de toutes nos affections, de l'affection conjugale comme de l'affection filiale, paternelle ou fraternelle, de l'amitié proprement dite, et enfin de l'attachement que l'homme éprouve naturellement pour l'homme, ou de la philanthropie (2).

Aristote distingue la justice et l'amitié par quelques traits bien saisis. Supposez les hommes unis par l'amitié, dit-il, ils n'auraient pas besoin de la justice ; mais, en les supposant justes, ils auront encore besoin de l'amitié. Ce qu'il y a de plus juste au monde, dit-il encore excellemment, c'est la justice inspirée par l'affection (3). Il y a dans l'amitié comme dans la justice une certaine égalité et une certaine proportion ; mais dans la justice, c'était le mérite qu'il fallait considérer avant la quantité ; dans l'amitié, au contraire, c'est pour ainsi dire la quantité qu'il faut mettre avant le mérite (4) ; quoiqu'il faille tenir compte du mérite de l'objet aimé, il faut surtout tenir compte de la quantité d'affection qu'il nous témoigne, et il faut payer l'affection par l'affection.

L'amitié est un sentiment si naturel, qu'elle existe, en quelque sorte, même entre les objets inanimés. « La terre desséchée, dit Euripide, est amoureuse de la pluie, et le majestueux Uranus, lui-même, quand il est chargé de pluie, brûle du désir de se précipiter dans le sein de la terre (5). » Mais c'est surtout entre les hommes que l'amitié est natu-

---

(1) L. VIII, c. 1. 1155 a. 1. Ἐστί γὰρ ἀρετή τις (φιλία). ἢ μετ ἀρέτης.

(2) Ib. ib. 20. Ὅθεν τοὺς φιλανθρώπους ἐπαινοῦμεν, et plus loin (ib.29): τοὺς φιλοφίλους ἐπαινοῦμεν. Voyez tout ce chapitre.

(3) Ib. l. VIII, 1, 1155 a 28. Καὶ τῶν δικαίων τὸ μάλιστα φιλικὸν εἶναι δοκεῖ.

(4) Ib. X, 1159 b. 2, Ἡ ἰσότης φιλότης. IX, 1158 b. 31. Ἐν δὲ τῇ φιλίᾳ τὸ μὲν κατὰ ποσὸν πρώτως, τὸ δὲ κατ' ἀξίαν δευτέρως.

(5) L. VIII, 1. 1155 b. 2.

relle. Il n'y a rien de plus nécessaire à la vie. A quoi servent
les richesses et le pouvoir sans amitié? Où trouver des
secours et des consolations dans l'infortune, si l'on est privé
d'amis? Celui qui a voyagé sait à quel point l'homme est ami
de l'homme, et combien la société de son semblable lui
convient et le charme.

Aristote dit que le principe de l'amitié c'est l'amour de
soi (1); mais il le dit dans un sens élevé qui n'a rien de commun avec les maximes de l'école épicurienne. Il y a un
égoïsme grossier, vulgaire, méprisé et méprisable, qui consiste
à n'aimer que la partie inférieure de soi-même, siège des
désirs et des passions, à la satisfaire par tous les moyens, en
la comblant de richesses, d'honneurs, de plaisirs honteux. Ce
n'est pas le véritable amour de soi. Car l'essence de l'homme
n'est point dans cette partie inférieure et servile. L'homme
véritable réside dans la liberté et dans la raison. Or, aimer
cette noble partie de l'âme, la rendre heureuse en lui pro-
curant le bien réel et inappréciable du contentement de soi-
même, la développer sans cesse par de nouveaux actes
conformes à sa destination et lui faire faire chaque jour un
pas nouveau dans la vertu, c'est-à-dire dans le bonheur;
n'est-ce pas s'aimer véritablement soi-même (2)? Et, cependant, qui osera appeler du nom méprisable d'égoïste celui qui
est tempérant, juste, généreux? C'est là qu'est le véritable
fondement de l'amitié. Car un ami, dit le proverbe, est un
autre soi-même. On n'aime les autres que parce que l'on
s'aime soi-même de cet amour éclairé et vertueux qui n'appartient qu'à l'honnête homme. Le méchant n'aime personne,
ni lui-même: il ne sympathise pas même avec soi. Comment
sympathiserait-il avec les autres? S'aimer soi-même ou aimer
les autres, dans le vrai sens, n'est qu'une seule et même
chose; c'est aimer en soi ou dans les autres la vertu. Aristote

(1) L. IX. VIII tout entier.
(2) L. IX, VIII, 1158 b. 35. Καὶ φίλαυτος δὴ μάλιστα ὁ τοῦτο ἀγαπῶν
καὶ τούτῳ χαριζόμενος.

n'ôte donc pas à l'amitié son principe désintéressé, en la ramenant à l'amour de soi. Au contraire, il en exprime le vrai
caractère dans cette phrase admirable : « L'amitié semble
consister bien plutôt à aimer qu'à être aimé (1). »

La perfection de la vie sociale, pratique, politique est dans
la justice unie à l'amitié. Mais comme au-dessus de la vertu
morale il y a la vertu intellectuelle, au-dessus de la vie active
et politique il faut placer une vie supérieure, qui est l'acte de
la plus parfaite partie de nous-mêmes, la vie contemplative (2).

Ce qui constitue essentiellement l'homme, ce n'est pas ce
composé d'âme et de corps, de passions et d'habitudes que
nous voyons, c'est ce qu'il y a en lui de plus sublime, ce qui
commande au reste ; c'est l'intelligence ou la pensée. La
meilleure vie, le meilleur acte, le parfait bonheur, la parfaite
vertu est donc dans la vie de la pensée, c'est-à-dire dans la
vie contemplative. L'homme politique, c'est-à-dire l'homme
tempérant, courageux, prudent, juste et sociable, est sans
doute plus heureux que le voluptueux ; mais il ne possède pas
le parfait bonheur. La vie politique est pleine d'agitation et de
tumultes que ne connaît pas le vrai sage (3). Elle ignore le
loisir et le repos, cette garantie et ce prix de la sagesse ; elle
est toujours occupée à des actes extérieurs. Dans la vie politique, aucun homme ne trouve la vertu ou le bonheur en soi :
il ne se suffit donc pas à lui-même. Or, la suffisance (αὐταρκεία)
est le caractère principal du souverain bien. L'État se suffit à
soi-même. Dieu se suffit à soi-même. La vie contemplative se
suffit à elle-même. Ne croyez pas qu'elle soit inerte et oisive :
ce serait alors le contraire du bonheur. Non, l'action de la
pensée, quoique solitaire, n'en est pas moins la plus forte de

---

(1) L. VIII, viii, 1159 a 27. Δοκεῖ δ' ἐν τῷ φιλεῖν μᾶλλον ἢ ἐν τῷ
φιλεῖσθαι εἶναι.

(2) Pour la théorie de la vie contemplative, voir *Eth. Nic.*, l. X,
vii, jusqu'à la fin.

(3) L. X, vii, 1177 b. 4. Δοκεῖ τε ἡ εὐδαιμονία ἐν τῇ σχολῇ εἶναι... 12
ἐστὶ δὲ ἡ τοῦ πολιτικοῦ ἄσχολος.

toutes (1). C'est une action pleine et concentrée qui est toute
en soi.

Il y a dans l'homme quelque chose de divin (2) ; et il est
digne de l'homme de s'élever au-dessus des conditions de sa
nature. Quelques-uns disent qu'il faut n'avoir que des sentiments conformes à l'humanité quand on est homme, et
n'aspirer qu'à la destinée d'un mortel puisque l'on est mortel.
Mais cette partie divine de notre être est ce qui constitue
essentiellement l'homme. C'est par là que l'homme se rapproche des dieux dont l'essence est la pensée : par là il
s'assure de l'immortalité. Eh quoi ! s'imagine-t-on que les
dieux sont courageux, tempérants, qu'ils font des présents,
contractent des engagements, restituent des dépôts ? De pareils
actes ne sont-ils pas indignes de la nature divine ? Et cependant
les dieux existent ! ils vivent, ils agissent ! Car on ne peut pas
croire qu'ils dorment éternellement comme Endymion. Ils
pensent, et cette pensée éternelle, toujours présente, recueillie
en elle-même, dans une infatigable contemplation, est l'essence
de leur être et la source de leur parfait bonheur. Qu'y a-t-il
de meilleur pour l'homme que de ressembler aux dieux (3) ?

Cette théorie de la vie contemplative est sans doute d'une
grandeur et d'une beauté incontestables. C'est par là surtout
que la morale d'Aristote a pu se concilier au moyen âge,
sans trop de violence, avec la morale chrétienne ; mais une
telle conclusion ne dément-elle pas les principes qu'Aristote
expose au début de sa morale ? Nous le voyons, par exemple,
établir que la science du souverain bien est la politique : et
voici qu'il place le souverain bien au-dessus de la vie politique, dans la vie de contemplation. Ce qu'il y a de parfait et
de suprême dans le bonheur échappe donc à la politique et
n'appartient qu'à la science, qui est, selon Aristote, la science

(1) L. X, VII, 1177 a. 19. Κρατίστη τε γάρ ἐστιν ἡ ἐνεργεία.
(2) L. X, VII, 1177 b. 27. Οὐ γὰρ ᾗ ἄνθρωπός ἐστιν, οὕτω βιώσεται,
ἀλλ' ᾗ θεῖόν τι ἐν αὐτῷ ὑπάρχει. Cf. sqq.
(3) L. X, c. VII, VIII, IX. Dans la *Mor. à Eudém.* on trouve un passage encore plus fort. Κινεῖ γάρ πως πάντα τὸ ἐν ἡμῖν θεῖον.

du bonheur. Aussi Aristote déclare-t-il quelque part que la vertu politique se distingue de la vertu parfaite ; que, dans l'État, l'homme de bien est celui qui sait obéir et commander, mais que le véritable homme de bien est tout autre chose. Il y a une science supérieure à la politique, et à laquelle il appartient de juger le vrai bien, le vrai bonheur, la vraie vertu.

De plus, la théorie de la vie contemplative, et en général, ces principes d'Aristote, que la vertu doit être recherchée pour elle-même, que le beau et l'honnête sont désirables par leur nature propre, que la vertu et l'homme vertueux sont la mesure de toutes choses, tout cela se concilie-t-il avec cette méthode étroite du début de l'*Ethique* qui n'admet que l'observation et l'analyse des faits, et qui ne tire des faits que les généralités vraisemblables ? La méthode qu'Aristote prétend appliquer à la morale pourrait-elle, prise à la rigueur, donner autre chose que des principes tout au plus vraisemblables ? L'observation seule suffirait-elle à établir que la vertu vaut mieux que le plaisir, et que la vertu contemplative est supérieure à la vertu active ? L'idée même de la vertu ne suppose-t-elle pas, outre la volonté et la pratique dans l'agent, une loi supérieure à l'agent même, à laquelle il se soumet ? Et n'est-ce pas cette loi qu'Aristote avait en vue lorsqu'il disait : Le beau et l'honnête doivent être recherchés pour eux-mêmes ? Ainsi au fond même de cette morale, en apparence empirique, réside toujours l'esprit de Platon. C'est cet esprit qui la porte au delà d'elle-même et de ses propres tendances.

En effet, s'il n'y a pas de bien en soi, de bien universel, par quoi pouvez-vous mesurer la différence des biens ? La seule mesure possible est le plaisir : or, Aristote déclare au contraire avec raison que c'est la vertu qui est la mesure du plaisir ? Mais pourquoi en est-il ainsi ? Pourquoi mesurez-vous le plaisir par la vertu et non la vertu par le plaisir ? c'est que l'une, sans doute, vaut mieux que l'autre. Mais pourquoi vaut-elle mieux ? Parce qu'il y a plus d'acte, dites-vous, c'est-à-dire de réalité dans l'une que dans l'autre, et c'est la réalité de l'une qui se communique à l'autre. Mais à quoi reconnaissez-vous enfin qu'il y a plus d'acte, c'est-à-dire plus d'être dans la vertu que dans le plaisir? C'est que vous avez une mesure supérieure à laquelle vous rapportez tout; vous avez l'idée d'un acte suprême, d'une perfection suprême, et vous estimez ces perfections subordonnées en proportion de leur ressemblance avec la perfection première. Enfin, vous déclarez que la vie contemplative est la meilleure parce qu'elle ressemble à la vie des dieux. Vous savez donc ce que c'est que la vie des dieux, puisqu'elle vous sert de type et de modèle pour mesurer la perfection de la vie humaine. Il y a donc un souverain bien, un bien en soi. Vous dites que la morale ne recherche que le bien humain et non le bien divin, et c'est par le bien divin que vous jugez le bien humain; vous dites que la morale n'emprunte pas ses principes à une autre science, et vous empruntez cependant à la métaphysique l'idée du bien divin, c'est-à-dire de la pensée éternelle, et c'est sur cette idée que vous copiez le bien humain, c'est-à-dire la vie contemplative. Or, cette idée domine toute la morale d'Aristote : car la vie contemplative n'est qu'une imitation de la vie divine ; la vie active ou politique, qui repose dans la vertu morale, n'est qu'une préparation à la vie contemplative ; et enfin la vie voluptueuse ne vaut rien, parce que le plaisir n'a de valeur qu'autant qu'il résulte de la vie active ou de la vie contemplative. Aristote a donc tort de croire qu'il se sépare de la morale de Platon. Il invoque, il est vrai, de nouveaux principes, une nouvelle méthode ; mais ce n'est point par sa méthode seule, c'est par l'idée persistante de ce bien en soi, qu'il conserve en le niant, qu'il a pu élever une morale digne de ce nom. Il a raison de dire que le charpentier ne devient pas plus habile dans la pratique de son art par la contemplation du bien en soi ; parce que l'art du charpentier ne consiste que dans certaines expériences qui, souvent répétées, deviennent habitudes, et qui ont pour mesure le résultat même. Mais il n'en est pas ainsi en morale.

La répétition des mêmes actes ne produit la vertu qu'à la condition de dériver de certains principes, et d'être faits en vue d'un bien qui soit bon par lui-même. C'est ce qu'Aristote semble nier, au commencement de sa morale : c'est ce qu'il affirme ensuite expressément. Telle est la contradiction radicale dont il ne peut pas être disculpé.

POLITIQUE. — Si le plus grand bien de l'individu est la vie contemplative, il y a cependant un plus grand bien encore, selon Aristote : c'est le bien de l'État (1). La science du souverain bien n'est donc complète que si elle traite du bien dans l'État. C'est ainsi que la morale rentre et se confond dans la politique.

La méthode d'Aristote, dans sa politique, est la même que dans sa morale : l'observation et l'analyse (2). C'est une méthode toute contraire à celle de Platon. Celui-ci, dans le *Politique*, procède par la méthode logique de définition et de division ; dans la *République*, par la méthode d'analogie, puisqu'il conclut sans cesse, sans aucune autre raison que la vraisemblance, de l'individu à l'État ; dans les *Lois* enfin, par la méthode de construction : car il imagine ce que peut être ou doit être un État bien gouverné, sans chercher d'abord à déterminer par l'expérience ce que c'est que l'État. Aussi doit-on rendre cette justice à Aristote, qu'il a fondé la science de la politique, si celui-là doit être regardé comme le fon-

(1) Voy. plus haut, p. 99. Il semble que ce soit là la so'ution de la contradiction signalée, à savoir que d'une part, selon Aristote, c'est la politique qui contient la morale, et que de l'autre la vie contemplative, terme final de la morale, est supérieur à la vie politique. Ce serait seulement dans l'individu que la contemp'ation serait supérieure à la vie politique : ce qui n'empêche pas que le bien de l'Etat, c'est-à-dire le bien de tous, ne soit supérieur au bien d'un seul. Néanmoins la contradiction subsiste suivant nous ; car si le bien de l'Etat est supérieur au bien de l'individu, chacun doit préférer le bien de l'État au sien propre, et par conséquent la vie politique à la vie contemplative. Si au contraire la contemplation est supérieure à la vie politique, c'est que le bien absolu dans l'individu est d'un ordre supérieur au bien de l'État ; et par conséquent c'est la politique qui est subordonnée à la morale, et non la morale à la politique.

(2) *Ibid.*

dateur d'une science qui lui donne sa méthode, ses divisions, sa langue, et qui a le premier recueilli un nombre considérable de faits. La politique de Platon est admirable sans doute : elle est pleine de grandes aspirations et de vues profondes. Mais, faute d'une vraie méthode, cette politique manque de base. Le vrai y rencontre à chaque instant le chimérique : le réel et l'idéal, le possible et l'impossible s'y confondent perpétuellement. Peut-être cependant ne serait-il pas juste de sacrifier ici complètement Platon à Aristote ; car il y aura toujours deux méthodes en politique : l'une qui part de l'idéal et l'autre du réel ; et peut-être sont-elles aussi nécessaires l'une que l'autre. Néanmoins il n'est que juste de dire que la politique d'Aristote nous offre un terrain plus solide que celle de Platon : si elle n'est pas toujours vraie, elle repose toujours sur des faits admirablement observés. S'il ne devance pas son temps, il le comprend supérieurement ; et son livre est la théorie la plus profonde et la plus complète de la société ancienne.

Aristote nous montre dans la famille l'origine de l'État, quoiqu'il ne confonde pas, comme Socrate et Platon, l'État et la famille. Une association de familles forme un village, et une association de villages, un État. L'État est la dernière des associations, et leur fin à toutes (2) ; c'est dans l'État seulement que chacune d'elles trouve à subvenir à ses besoins. L'État est donc une association qui se suffit à elle-même (3). Il suit de là que l'État est un fait naturel : car s'il est dans la destination de l'homme, il faut qu'il soit conforme à sa nature. On peut même dire que la nature de l'homme n'est parfaite que dans l'État, puisque l'État est la seule association qui se suffise à elle-même. « L'homme est donc un être naturellement sociable ; et celui qui reste sauvage par organisation, et non

---

(1) Sur l'opposition de méthodes de Platon et Aristote, opposition qu'il ne faut pas d'ailleurs exagérer, voir la note qui termine ce chapitre.

(2) *Pol.*, l. I, c. I, § 1, 1252 b. 31, τέλος ἐκείνων.

(3) *Ib.*, 29. ἔχουσα πέρας τῆς αὐταρκείας.

par l'effet du hasard, est certainement ou un être dégradé ou un être supérieur à l'espèce humaine (1). » Tout prouve que l'homme a été destiné par la nature à vivre en société. Les autres animaux n'ont que la voix : lui seul jouit de la parole « faite pour exprimer le bien et le mal, le juste et l'injuste ; or, c'est le propre de l'homme entre tous les animaux de sentir la différence du bien et du mal, du juste et de l'injuste ; et c'est la mise en commun de ces sentiments qui constitue la famille et l'État (2). » Sans lois, sans famille, sans justice, sans affections, l'homme est le dernier des animaux : « Il n'y a rien de plus affreux que l'injustice armée. » Mais il est le premier, quand il se soumet à la justice : or, le droit ou le juste est la règle et le but de l'association politique (3). C'est là le bien en vue duquel cette association existe, et par laquelle elle se maintient.

Si l'Etat se compose de familles, pour bien connaître l'Etat, il faut analyser la famille. Il y a quatre parties dans la famille : la femme, les enfants, les esclaves et les biens. Le chef de famille est donc, selon le point de vue que l'on considère, mari, père, maître ou propriétaire. De ces quatre rapports celui qui attire d'abord l'attention d'Aristote, et qu'il s'attache à expliquer avec le plus grand soin, est celui de maître à esclave. Par une profonde intelligence de la société antique, il place à la tête de son ouvrage, comme le théorème principal, la démonstration de l'esclavage.

Au temps d'Aristote, l'esclavage était devenu un problème. C'était un grand progrès. Une société qui cherche à justifier ses abus prouve par là même qu'elle en doute. Nous apprenons par Aristote que certains philosophes de son temps contestaient le droit de l'esclavage. « Il en est, dit-il, qui prétendent que le pouvoir du maître est contre nature ; que la loi seule fait des hommes libres et des esclaves, mais que la

(1) *Ib.*, 1253 a. 2.
(2) *Ib.*, 1253 a. 14.
(3) *Ib.*, *ib.*, a. 37, Ἡ δικαιοσύνη πολιτικόν.

JANET. — Science politique.   I. — 13

nature ne met aucune différence entre eux, et que par conséquent l'esclavage est inique, puisque la violence l'a produit (1). » Peut-être ce langage si hardi est-il en réalité moins
étonnant qu'il ne paraît l'être. La distinction de la nature et
de la loi était populaire depuis les sophistes. On avait considéré
comme le résultat de la loi toutes les idées morales, et même
le culte des dieux : faudrait-il s'étonner que l'esclavage fût
compris, lui aussi, dans le nombre des choses de convention ?
Si cette supposition était juste, il se trouverait que ce sont les
adversaires de l'ordre social, qui, les premiers, ont attaqué
l'esclavage. Aristote aurait pu croire alors que la défense de
l'esclavage était la défense de la société même. Quoi qu'il en
soit, voici les raisons spécieuses et profondes qu'il oppose aux
philanthropes de son temps.

Il remarque que la propriété est une partie essentielle de la
famille (2), et nécessairement de l'État : car les hommes ont
des besoins ; il leur faut donc de quoi satisfaire à ces besoins:
Mais la propriété est inutile sans instruments, puisqu'elle ne
produit rien d'elle-même : et ces instruments sont de deux
sortes ; les uns inanimés, les autres vivants (3). Par exemple,
dans un « navire, le gouvernail est un instrument sans vie, et
le matelot de la proue un instrument vivant ». — « Si chaque
instrument pouvait, sur un ordre reçu, ou même deviné,
travailler de lui-même, comme les statues de Dédale, ou les
trépieds de Vulcain, qui se rendaient seuls, dit le poète, aux
réunions des dieux, si les navettes tissaient toutes seules,
si l'archet jouait tout seul de la cithare, les entrepreneurs se
passeraient d'ouvriers, et les maîtres, d'esclaves (4). » Les
instruments ne sont pas seulement nécessaires à la propriété,

---

(1) 1253 b. 20. Τοῖς δὲ παρὰ φύσιν τὸ δεσποτεῖν . On ne sait à qui
Aristote fait allusion. Seraient-ce les sophistes ou les cyniques ?
Peut-être était-ce une objection que l'on faisait dans le monde,
non dans telle ou telle école de philosophie.
(2) Ib., ib. 23. Ἡ κτῆσις, μέρος τῆς οἰκίας ἐστι.
(3) Ib., ib., 28. Τὰ μὲν ἄψυχα, τὰ δὲ ἔμψυχα.
(4) Ib., ib., 37.

ils sont eux-mêmes une propriété. On voit par là ce que c'est que l'esclave : c'est celui « qui, par loi de nature, ne s'appartient pas à lui-même, mais qui, tout en étant homme, appartient à un autre..... Il est l'homme d'un autre homme (1). » Il est impossible de donner une définition plus profonde et plus exacte de l'esclave. On voit sur quel fondement elle repose ; la nécessité de pourvoir à la subsistance par des instruments vivants.

Mais Aristote ne se contente pas d'établir cette nécessité. L'esclavage ne peut être juste à ses yeux que si la nature elle-même a créé des hommes pour cette condition. Voici encore un principe incontestable. La nature a rendu nécessaire, dans l'accomplissement de toute action, l'union de l'autorité et de l'obéissance (2) ; et elle a ordonné que les êtres les plus parfaits commandassent à ceux qui le sont moins, par exemple, l'homme aux animaux, l'âme au corps. Or, lorsque l'autorité est dans la nature, elle est aussi utile à celui qui obéit qu'à celui qui commande. Mais existe-t-il de tels hommes, aussi inférieurs aux autres hommes, que la brute elle-même? S'il en existe, ceux-là sont destinés à servir : il est juste, il est utile pour eux-mêmes d'obéir perpétuellement. Or, il y a des hommes qui n'ont que juste ce qu'il faut de raison pour comprendre la raison des autres. Ce sont ceux dont le travail corporel est le seul emploi utile. Il est évident que de tels hommes ne peuvent s'appartenir à eux-mêmes : ils appartiennent donc à d'autres ; ils sont donc esclaves par nature (3).

Aristote va jusqu'à prétendre que la destination primitive de l'homme libre et de l'esclave se trahit dans la conformation même du corps : « La nature, dit-il, a créé les corps des hommes libres différents de ceux des esclaves, donnant à

(1) Ib., 1254 a. 14. Ὁ γὰρ μὴ αὑτοῦ φύσει, ἀλλ' ἄλλου, ἄνθρωπος δὲ φύσει, δοῦλος ἐστι. Ἄλλου δ' ἐστιν ἄνθρωπος.
(2) Ib., ib., 21 Τὸ ἄρχειν καὶ τὸ ἄρχεσθαι.
(3) Ib., ib., b. 19. Φύσει δοῦλος.

ceux-ci la vigueur nécessaire dans les gros ouvrages de la
société, rendant au contraire ceux-là incapables de courber
leur droite stature à ces rudes labeurs (1). » Voilà l'extérieur
de l'homme qui sert de signe pour découvrir les vrais hommes
libres et les vrais esclaves. Mais ce signe n'est pas infaillible :
« Souvent il arrive tout le contraire, j'en conviens ; et les uns
n'ont de l'homme libre que le corps, comme les autres n'en
ont que l'âme. » Ainsi, de l'aveu d'Aristote, il n'y a point de
signe certain qui permette de distinguer sans erreur l'homme
libre et l'esclave. Cependant, dans son système, l'esclavage
n'est point arbitraire, tout homme ne peut pas être esclave :
cecui-là seul l'est légitimement, qui l'est naturellement. Est-il
donc bien sûr que ceux qui servent sont les mêmes que la
nature a destinés à servir ? Question redoutable, qui suffisait,
si elle eût été posée par les esclaves, pour bouleverser toute
la société ancienne.

Ce qui est remarquable dans cette discussion, c'est qu'Aristote a essayé de découvrir pour l'esclavage un principe
philosophique. Il ne s'est pas contenté, comme on le faisait de
son temps, de l'appuyer sur le droit du plus fort, et sur
l'autorité des conventions. Il montre au contraire que cette
double origine n'explique et ne justifie rien. Car ni la violence, ni la loi ne peuvent faire l'esclave d'un homme celui
qui lui est égal ou supérieur par le mérite. Ce sont des
accidents qui ne peuvent donner naissance à aucun droit : car
le fait d'être vainqueur ou d'être vaincu, d'être prisonnier de
guerre, etc., ne change en rien les rapports naturels des
hommes, ne peut établir l'inégalité là où la nature a mis
l'égalité, ni faire de l'inférieur le maître. C'est alors que
l'esclavage deviendrait injuste et arbitraire. Loin d'unir le
maître et l'esclave dans un intérêt commun, ainsi que cela
doit être, un tel renversement les rendrait nécessairement
ennemis l'un de l'autre : car il est odieux que le droit de

(1) *Ib.*, *ib.*, 27.

commander puisse avoir une autre cause que la supériorité du mérite (1).

Mais il y a bien des difficultés dans cette théorie absolue de l'esclavage. Pour ne s'être pas contenté de l'accepter comme un fait, mais avoir voulu l'expliquer comme un droit, Aristote a rencontré des objections que la société ancienne ne s'avisait pas de se faire. C'est une question pour lui de rechercher si l'esclave a des vertus. « Peut-on attendre de lui, dit-il, au delà de sa vertu d'instrument et de serviteur, quelque vertu, comme le courage, la sagesse, l'équité ; ou bien, ne peut-il avoir d'autre mérite que ses services corporels ? Des deux côtés, il y a sujet de doute. Si l'on suppose ces vertus aux esclaves, où sera leur différence avec les hommes libres ? Si on les leur refuse, la chose n'est pas moins absurde ; car ils sont hommes, et ont leur part de raison (2). » On s'étonne que ces difficultés n'aient point ouvert les yeux à Aristote sur la fausseté de sa théorie. Il est remarquable que ce philosophe qui, seul de l'antiquité, a démontré le droit de l'esclavage, soit celui précisément des aveux duquel on en puisse le mieux conclure l'injustice. Le dilemme qu'il vient de se poser à lui-même est insoluble. Aussi Aristote n'y répond-il pas. Il le reproduit même une seconde fois sous une forme nouvelle. « Si tous deux (le maître et l'esclave) ont un mérite absolument égal, d'où vient que l'un doit commander, et l'autre obéir à jamais ? Il n'y a point ici de différence possible du plus au moins : autorité et obéissance diffèrent spécifiquement, et entre le plus et le moins il n'existe aucune différence de ce genre. Exiger des vertus de l'un et n'en point exiger de l'autre serait encore plus étrange. Si l'être qui commande n'a ni sagesse, ni équité, comment pourra-t-il bien commander ? Si l'être qui obéit est privé de ces vertus, comment pourra-t-il obéir ? Intempérant, paresseux, il manquera à tous ses

---

(1) *Ib.*, 1255 a. 25. Τὸν ἀνάξιον δουλεύειν οὐδαμῶς ἂν φαίη τις δοῦλον εἶναι.
(2) *Ib.*, 1259 b. 21.

devoirs (1). » C'est toujours le même dilemme : ou l'esclave a
les vertus du maître, et il lui est égal ; ou il ne les a pas, et il
n'est pas capable d'obéir. Cette double impossibilité n'éclaire
pas Aristote ; il croit résoudre la question en disant que tous
deux doivent avoir des vertus, mais des vertus diverses et
en ajoutant que « le maître est l'origine de la vertu de son
esclave (2) ». N'est-ce pas précisément résoudre la question
par la différence du plus ou du moins, comme il défendait
plus haut de le faire ? Car s'il y a une tempérance de maître,
et une tempérance d'esclave, il ne peut y avoir entre ces deux
vertus qu'une différence de degré : or, l'obéissance et l'autorité
diffèrent spécifiquement. Voilà la contradiction qu'Aristote
avait à cœur d'éviter. Il ne lui sert de rien d'ajouter que le
maître est le principe de la vertu de son esclave : car il faut
au moins que celui-ci soit capable de vertu. Aristote se fait
une singulière objection, qui prouve dans quelle dégradation
étaient tombés chez les anciens les travaux utiles. Il craint
que, s'il accorde quelque vertu aux esclaves, on ne lui oppose
que les ouvriers aussi doivent avoir des vertus, puisque souvent l'intempérance les détourne de leurs travaux. « Mais n'y
a-t-il point ici une énorme différence ? répond-il. L'ouvrier vit
loin de nous et ne doit avoir de vertu qu'autant précisément
qu'il a d'esclavage : car le labeur de l'ouvrier est en quelque
sorte un esclavage limité. La nature fait l'esclave : elle ne fait
pas le cordonnier (3). » Chose étrange ! Voici maintenant
l'esclavage qui devient la source des vertus. C'est que l'ouvrier,
en tant qu'ouvrier, n'est pas un homme ; il n'a donc pas
besoin de vertus ; mais, en tant qu'esclave, il a besoin des
vertus qui rendent l'esclavage utile. Ainsi, c'est son rapport à
son maître qui lui donne une certaine aptitude à la vertu.
Mais le travail en lui-même, excluant la liberté, exclut aussi

(1) *Ib.*, *ib.*, 34.
(2) 1260 b. 3. Φανερὸν ὅτι τῆς τοιαύτης ἀρετῆς αἴτιον εἶναι δεῖ τῷ δούλῳ
τὸν δεσπότην.
(3) *Ib.*, 1260 b. 1. Ὁ μὲν δοῦλος τῶν φύσει, σκυτοτόμος δ'οὐθείς.

la vertu. Au reste la théorie d'Aristote tend à confondre
l'ouvrier et l'esclave. En effet, ses principes s'appliquent aussi
bien au premier qu'au second. En faisant dériver l'esclavage
du travail corporel, il condamnait à la servitude les agriculteurs, les artisans, les mercenaires, tous ceux qui contri-
buent à la subsistance de la société, et il ne laissait parmi les
hommes libres que ceux qui, nourris par les premiers, ne se
livraient qu'à des occupations dignes de l'homme, la politique,
la guerre, la philosophie.

L'étude de l'esclavage conduit naturellement à celle de la
propriété, puisque l'esclave n'est que l'instrument de la
propriété. Il est remarquable qu'Aristote, qui examine si
longuement l'origine et le principe de l'esclavage, ait été si
bref sur le droit de propriété. Nous le verrons tout à l'heure
démontrer contre Platon l'utilité et la légitimité de la propriété ; mais ici il ne paraît guère la considérer que comme
un fait dont l'origine lui paraît assez indifférente. La loi,
l'agriculture ou le pillage lui semblent trois modes d'acquisition
également légitimes (1). L'occupation, même par la force,
semble être à ses yeux le principe unique de la propriété.
C'est qu'en effet, dans l'antiquité, la propriété ne paraissait
guère autre chose qu'un fait violent à l'origine, protégé par la
loi ; et même, ce fait était si loin d'être inviolable, que la loi
elle-même le modifiait chaque jour arbitrairement. Rien de
plus commun chez les anciens que l'intervention du gouvernement dans la distribution des propriétés. Le partage des
terres, l'abolition des dettes, la défense d'aliéner son bien,
toutes ces mesures contraires au droit, selon nos idées, étaient
très fréquentes, et Aristote en cite de nombreux exemples
dans les républiques de la Grèce.

Quoi qu'il en soit de l'origine de la propriété, Aristote a
observé avec une sagacité supérieure quelques-uns des faits qui
sont devenus depuis les fondements de l'économie politique.

_____

(1) *Ib.*, 1256 b. 1. Νομαδικός, γεωργικός, λῃστρικός.

C'est lui qui le premier a distingué deux espèces de valeurs: la valeur d'usage et la valeur d'échange (1). « Une chaussure, dit-il, peut servir à la fois à chausser le pied et à faire un échange. » La première de ces valeurs est spéciale à la chose, la seconde ne l'est pas. « Celui qui contre de l'argent et des aliments échange une chaussure dont un autre a besoin, emploie bien cette chaussure en tant que chaussure, mais non pas cependant avec son utilité propre ; car elle n'avait pas été faite pour l'échange. » Quelle est donc l'origine de l'échange ? L'économie politique moderne ne dira rien de plus qu'Aristote : « L'échange est né primitivement entre les hommes de l'abondance sur tel point et de la rareté sur tel autre des denrées nécessaires à la vie. » L'échange est inutile dans la première association, celle de la famille. Il commence avec la première séparation des familles, et ne va guère d'abord au delà de la stricte satisfaction des besoins. Dans ces limites, l'échange est un mode d'acquisition qui sans être tout à fait primitif, est cependant naturel. Mais l'échange donne bientôt naissance à un autre mode d'acquisition qui, n'est point naturel, et qu'Aristote proscrit comme illégitime. Lorsque le nombre des échanges devint considérable, la difficulté du transport des denrées nécessaires introduisit l'usage de la monnaie, c'est-à-dire d'un instrument d'échange qui pût représenter toute espèce de denrées. On n'a rien dit de mieux et de plus précis sur la monnaie que ce passage : « On convint de donner et de recevoir dans les échanges une matière qui, utile par elle-même, fût aisément maniable dans les usages habituels de la vie ; ce fut du fer, par exemple, de l'argent, ou telle autre substance analogue, dont on détermina d'abord la dimension et le poids, et qu'enfin, pour se délivrer des embarras d'un continuel mesurage, on marqua d'une empreinte particulière, signe de sa valeur. » La vente naquit de l'usage de la monnaie. On apprit bientôt à tirer de ce nouveau mode d'échange des profits considérables, et

---

(1) *Ib.*, 1257 a. 6. Ἑκάστου γὰρ κτήματος διττὴ ἡ χρῆσις,... ἡ μὲν οἰκεία, ἡ δ' οὐκ οἰκεία. Voyez tout le chapitre.

l'acquisition de l'argent se substitua à l'acquisition des objets immédiatement nécessaires. La facilité d'accumuler de l'argent et de tout acquérir avec de l'argent a répandu cette fausse opinion qu'il est la seule richesse. Aristote montre très bien que la valeur de l'argent est toute représentative, qu'elle n'est rien par elle-même, que la convention et la loi la créent et la peuvent détruire. « Plaisante richesse que celle dont l'abondance n'empêcherait pas de mourir de faim ! »

Il y a donc deux modes d'acquisition des biens : l'un naturel, qui n'a pour but que la subsistance, et qui est limité comme les besoins de l'homme ; l'autre, le commerce ou la vente, qui n'est point naturel, et n'a pour objet que l'argent et l'accumulation de l'argent ; ce n'est pas la satisfaction du besoin, mais la recherche du plaisir qui lui donne naissance : il fournit, non le nécessaire, mais le superflu : aussi est-il illimité, car les désirs de l'homme n'ont pas de limite. Mais la spéculation qu'Aristote réprouve le plus est celle que l'on tire de l'argent même, par l'usure ou l'intérêt. L'argent n'est et ne doit être qu'un instrument d'échange. « L'intérêt, dit-il, est de l'argent issu d'argent. » Or, cette multiplication de l'argent par lui-même est ce qu'il y a de plus contraire à la nature (1). Protestation singulière d'un génie si positif contre le commerce, l'intérêt, le mouvement des capitaux, tout ce qui fait la vie et la civilisation des peuples modernes.

Outre le rapport du maître avec l'esclave et du propriétaire avec les biens, il y a encore deux autres rapports dans la famille, celui du mari à la femme et du père aux enfants. La nature, qui a mis partout la subordination et la discipline, a dû établir une autorité dans la famille : c'est l'autorité du père et du mari (2). Mais cette autorité n'est pas celle du maître. La femme et les enfants sont subordonnés, mais non pas esclaves. D'ailleurs l'autorité conjugale n'est pas la même que l'autorité

(1) *Ibid.*, 1258 b. 6. Ὁ δὲ τόκος γίνεται νόμισμα νομίσματος· ὥστε καὶ μάλιστα παρὰ φύσιν.
(2) *Ib.*, 1259 a. 38. Πατρικὴ καὶ γαμικὴ. Voy. tout le chapitre.

paternelle : l'une est en quelque sorte républicaine et se rapproche de l'autorité du magistrat dans un Etat libre ; l'autre
est royale, mais non despotique (1). Quelquefois Aristote semble
accorder au chef de famille une autorité à peu près absolue,
lorsqu'il dit qu'on ne peut pas commettre d'injustice envers
son esclave, ni même envers ses enfants mineurs ; car ce sont
des parties de nous-mêmes, et l'on ne commet point d'injustice
envers soi-même (2). Mais ces paroles ne sont vraisemblablement qu'une hyperbole pour exprimer l'autorité souveraine et
irresponsable du père envers les enfants. Il est loin cependant
de considérer cette autorité comme tout à fait arbitraire, puisqu'il déclare qu'elle est royale et non despotique. Or, la différence du pouvoir royal et du pouvoir despotique, c'est que
celui-ci n'a en vue que son intérêt propre, et le premier l'intérêt des sujets. C'est donc du premier, mais non du second
qu'il est juste de dire qu'il ne peut commettre d'injustice.

Le pouvoir paternel a été, à l'origine, le modèle des premiers
gouvernements. L'État, sorti de la famille, en a conservé
d'abord la constitution. « Si les premiers États ont été soumis
à des rois, et si les grandes nations le sont encore aujourd'hui,
c'est que ces États se sont formés d'éléments habitués à l'autorité royale, puisque dans la famille le plus âgé est un véritable roi ; et les colonies de la famille ont suivi cet exemple à cause de la parenté (3). » Voilà l'origine de cette
erreur des philosophes, qui confondent la famille et l'État, et
l'administration de l'une avec celle de l'autre. Mais quoique à
l'origine ces deux choses aient pu se confondre, elles n'en sont
pas moins distinctes en elles-mêmes (4). En effet, il y a toujours
inégalité entre le chef de la famille et ses membres ; l'autorité
y est perpétuelle et non alternative ; elle est absolue, sinon
arbitraire. Dans l'État, au contraire, tous les membres sont natu-

(1) 1259 b. 1 Ἀλλά γυναικὸς μὲν πολιτικῶς, τεκνῶν δὲ βασιλικῶς.
(2) *Mag. Mor.* 1194 b. 14. Ὥσπερ γὰρ μέρος τι ἐστὶ τοῦπάτρος ὁ υἱός.
(3) *Pol.* l. I, 1252 b. 19
(4) I, ɪ, 1152 a. 7 sqq.

rellement libres et égaux, et l'autorité du magistrat elle-même n'est que l'autorité d'un égal sur des égaux : elle est limitée ; elle n'a jamais pour objet l'intérêt de celui qui commande : son seul salaire, c'est l'honneur ; elle n'est pas perpétuelle, mais chacun commande et obéit alternativement. Cette distinction de l'État et de la famille était une réponse à la théorie du *Politique* de Platon qui confondait le père, le pasteur et le roi. En général, Platon fait émaner l'autorité d'en haut. Aristote, au contraire, la tire de la société même ; l'un la considère comme une tutelle, l'autre comme un mandat. Et cette différence se retrouve entre tous les écrivains politiques, selon qu'ils confondent ou qu'ils distinguent la famille ou l'État.

Mais c'est surtout dans la définition de l'État que Platon et Aristote s'opposent l'un à l'autre. Platon concevait l'État comme une sorte d'unité idéale dont les individus ne sont que les accidents. Pour Aristote au contraire, l'État n'est pas une unité véritable, mais une collection d'individus spécifiquement différents. Selon lui, l'unité absolue est la ruine de l'État (1). Si on la voulait pousser à bout, on serait obligé de réduire la cité à la famille, la famille à l'individu ; car c'est lui qui a le plus d'unité. Ramener l'État à l'unité absolue, c'est vouloir faire un accord avec un seul son, un rythme avec une seule mesure. Platon croit rendre les citoyens plus attachés les uns aux autres en supprimant les affections naturelles, et créer une seule famille sur les ruines de toutes les familles particulières ; mais, en réalité, il supprime les affections certaines, sans en substituer de nouvelles. On se soucie peu des propriétés communes. Si les mille enfants de la cité appartiennent à chaque citoyen, tous se soucieront également peu de ces enfants. Il vaut mieux être cousin dans le système ordinaire que fils à la manière de Socrate ; car c'est un lien réel, au lieu que le titre de fils dans le système de la communauté n'est qu'un vain

---

(1) II, 1, 1261 a. 17. Γενομένη μία οὐδὲ πόλις ἐστιν... 24. Οὐ γὰρ γίνεται πόλις ἐξ ὁμοίων. Voir tout le chapitre et suivants jusqu'au ch. VI.

nom. Il n'y a d'affections vraies qu'entre des individus différents. Les affections se perdent dans la communauté, comme
la douce saveur de quelques gouttes de miel dans une vaste
quantité d'eau.

Quant aux biens, c'est trahir la nature que de détruire la
propriété. Qui peut dire ce qu'a de délicieux l'idée et le sentiment de la propriété? Elle n'est pas seulement la satisfaction
de l'égoïsme, elle est le moyen de rendre service à ses amis,
à ses hôtes ; et c'est détruire la libéralité que d'ôter aux
citoyens l'usage de leurs biens. Le système de Platon est plein
d'illusions. Il croit détourner la source des procès en mettant
tous les biens en commun. Mais ne voit-il pas que toutes les
dissensions qui partagent les hommes naissent de leur perver-
sité bien plus que de la propriété individuelle? Les querelles
ne sont pas moins nombreuses entre les propriétaires de biens
communs, qu'entre ceux qui ont des biens personnels. En
outre, Platon ne nous dit pas quel sera dans son système le
régime de la propriété pour la classe des laboureurs? Si la
communauté existe pour eux comme pour les guerriers, où est
la différence des uns et des autres? Si les laboureurs ont la
propriété de leurs biens, ce sont eux qui sont les vrais citoyens,
et les guerriers des surveillants chargés de les garder perpétuellement. Quelle sera aussi l'éducation des laboureurs?
Socrate n'en parle pas. Et cependant il ne veut pas de lois.
Comment espère-t-il éviter aussi les vices des institutions
actuelles? Enfin, qui donc est heureux dans cet État? Platon
soutient qu'il n'est pas nécessaire que les différentes classes
de l'État soient heureuses, pourvu que l'État le soit. Mais
qu'est-ce que le bonheur de l'État sans le bonheur de ceux qui
le composent? Si les guerriers ne sont pas heureux, apparemment les artisans et les laboureurs ne le sont pas davantage.

Aristote passe de la critique de la *République* à celle des
Lois. Il prétend que ces deux ouvrages contiennent absolument
le même système, la communauté exceptée (1). Peut-être, s'il

(1) II, vi, 1265 a. 4.

y eût regardé de plus près, aurait-il trouvé des différences
notables que nous avons signalées, par exemple : la législation,
le principe de l'élection, la responsabilité des magistrats, le
jugement attribué en partie à la multitude ; ce ne sont pas là
des détails sans importance. Aristote fait au système politique
des *Lois* deux reproches qui semblent contradictoires ; car,
d'une part, il paraît ne pas trouver ce système assez aristocratique : « Bien des gens, dit-il, pourraient lui préférer la constitution de Lacédémone, ou toute autre un peu plus aristocratique. » Plus loin, au contraire, il lui reproche une tendance
prononcée à l'oligarchie. S'il eût été juste, il eût reconnu que
la base de ce gouvernement est vraiment démocratique, quoique Platon y ait apporté, comme avait fait Solon lui-même,
d'assez nombreux tempéraments, qui rapprochent son système
de l'aristocratie. Aristote prétend que, selon Platon, il faut
composer tout gouvernement de tyrannie et de démagogie,
« deux formes de gouvernement, dit-il, qu'on est en droit de nier
complètement, ou de considérer comme les pires de toutes ».
Mais Platon n'a pas parlé de tyrannie, mais de monarchie, ni
de démagogie, mais de démocratie ; et il entendait dire qu'il
faut tempérer l'un par l'autre le principe d'autorité et celui de
liberté : théorie tout à fait semblable à celle d'Aristote lui-
même, et dont on peut affirmer qu'il a profité. Si la critique
de la *République* est d'une force et d'une justesse admirables,
la critique des *Lois*, au contraire, est généralement inexacte
et injuste, et je dirais presque volontairement injuste.

Aristote passe ensuite en revue plusieurs autres constitutions, les unes idéales, les autres réelles, et déploie dans cette
analyse toutes les ressources de son génie critique et observateur. L'une de ces constitutions, utopique comme celle de
Platon, repose sur le principe de l'égalité des fortunes, c'est
le système de Phaléas de Chalcédoine. Sans nier absolument ce principe, Aristote (1) montre combien il est difficile

_____

(1) II, VII, 1266 a. 31 sqq.

de l'appliquer à la rigueur ; et, en outre, qu'il est chimérique de prétendre guérir, par ce seul remède, tous les maux des sociétés. Ces maux naissent plutôt de l'inégalité des honneurs que de celle des fortunes, et des passions désordonnées que du besoin. C'est le superflu et non le besoin qui fait commettre les grands crimes. On n'usurpe pas la tyrannie pour se garantir des intempéries de l'air. Il vaut mieux remonter à la source de tous les dérèglements, et, au lieu de niveler les fortunes, niveler les passions.

Aristote passe ensuite des républiques idéales aux républiques véritables, dont les constitutions ne sont point l'œuvre des philosophes, mais des législateurs. De toutes ces constitutions, la plus intéressante sans aucun doute dont il ait parlé, est celle de Lacédémone (1). Il est curieux d'entendre juger cette célèbre constitution, non point avec cette admiration de commande des rhéteurs modernes, mais avec la sagacité critique d'un observateur contemporain, qui assistait à sa décadence et pouvait en apprécier, par l'événement même, les côtés défectueux. Platon déjà, dans le huitième livre de la *République*, avait signalé et attaqué les abus qui s'étaient glissés peu à peu dans la constitution de Lycurgue. Aristote reprend cette critique et la développe. Il reproche à Sparte de n'avoir pas su gouverner ses esclaves. Mais le problème, de son propre aveu, était bien difficile. « Traités avec douceur, ils deviennent insolents et osent bientôt se croire les égaux de leurs maîtres ; traités avec sévérité, ils conspirent contre eux et les abhorrent. » Il n'est pourtant pas aisé de sortir de ce dilemme, et si les Spartiates y ont échoué, est-ce leur faute ou celle de l'esclavage ? Un autre point faible de la constitution de Lacédémone, c'est la liberté et l'autorité des femmes. Il paraîtrait que nous nous faisons des idées quelque peu chimériques des femmes spartiates ; au moins avaient-elles dû perdre beaucoup de leur vertu patriotique et austère au temps d'Aristote ;

(1) II, xi, 1269 a. 29 sqq.

car il nous les dépeint dans le déréglement et le luxe, possédant presque toutes les richesses du pays, exerçant une
influence ruineuse sur les hommes, et causant plus de désordre
par leurs tumultes, qu'elles n'étaient utiles par leur courage.
Ainsi, dans toute constitution, si bien réglée qu'elle soit, il y a
toujours quelque endroit par où le vice et le trouble s'introduisent. A Sparte, c'était l'éducation des femmes qui faisait défaut,
malgré les efforts qu'avait tentés inutilement Lycurgue pour les
soumettre aux lois. Quant aux institutions politiques, Aristote
approuve beaucoup le partage de la souveraineté, qui intéresse
toutes les parties de l'État à son maintien. « La royauté est
satisfaite par les attributions qui lui sont accordées ; la classe
élevée par les places du sénat, dont l'entrée est le prix de la
vertu ; enfin le reste des Spartiates par l'éphorie, qui repose
sur l'élection générale. » Mais il critique néanmoins cette dernière magistrature, qui, prise dans la classe inférieure
et la plus pauvre, est nécessairement corruptible, et dont
le pouvoir a grandi jusqu'à la tyrannie, au point que les rois
ont été contraints à se faire démagogues, ce qui a changé l'esprit de la constitution. Aristote blâme encore avec raison le
mode puéril d'élection adopté pour l'éphorie comme pour le
sénat. Enfin il reproche ainsi que Platon, à ce gouvernement
énergique, mais violent, de n'avoir développé qu'une vertu, la
valeur guerrière, et d'avoir mis les conquêtes au-dessus de la
vertu. Tels sont les vices de ce gouvernement célèbre qu'Aristote avait pu étudier de près, et qui mêlait à de grandes institutions et à de fortes lois des faiblesses qui avaient échappé au
génie du législateur, ou qu'il n'avait pu prévenir.

Après la critique, la théorie. Cherchons avec notre auteur
les véritables principes de l'organisation politique.

Nous n'avons encore donné de l'Etat qu'une définition générale et superficielle. Pour le bien comprendre, il faut pénétrer
jusqu'aux citoyens. Définir le citoyen, c'est définir l'État (1).

_____

(1) III, ɪ, 1274 b. 40. Δῆλον ὅτι πρότερον ὁ πολίτης ζητητέος.

Qu'est-ce que le citoyen? Il ne faut pas s'arrêter à des traits accidentels et insignifiants, par exemple être fait citoyen par un décret, être né de père citoyen, et de mère citoyenne, être domicilié, etc. Il ne faut pas considérer non plus ceux chez qui le caractère de citoyen est incomplet et dégradé, l'enfant, le vieillard, les notés d'infamie, etc. Il faut chercher l'idée du citoyen en elle-même, dégagée de ces accidents et de ces imperfections.

Le trait essentiel et distinctif du citoyen, c'est la participation aux fonctions publiques (1). Il y a deux sortes de fonctions : les unes spéciales, limitées, temporaires, qui n'appartiennent pas nécessairement à tous, les autres générales et indéfinies : ce sont celles de juges, de membres des assemblées publiques. Ces deux fonctions sont le titre véritable des citoyens. Il n'y a que dans la démocratie que tous les citoyens sont appelés à ces deux fonctions. Le vrai citoyen est donc surtout le citoyen de la démocratie (2). Mais on peut dire que dans tout État, quel que soit le nombre de ceux qui gouvernent, ceux-là seuls sont citoyens qui donnent leur avis sur les affaires publiques, et surveillent l'application des lois, c'est-à-dire les jugements ; les autres peuvent avoir le titre de citoyens : ils n'en ont que le titre, mais non les droits et le caractère.

Or, l'État ne se compose que des citoyens. Car les deux pouvoirs essentiels de l'État sont la délibération des affaires communes et la justice. Quiconque ne participe pas à ce double pouvoir est sujet de l'État, il n'en est pas membre. D'où l'on voit avec quelle exactitude un prince moderne, qui concentrait en lui tous les pouvoirs, a pu dire : l'État, c'est moi ; il exprimait ainsi rigoureusement à son insu la pensée d'Aristote.

Mais quels sont, selon Aristote, les vrais citoyens, c'est-à-dire les vrais membres de l'État, non pas en fait, mais en droit ? Quelle est la limite précise et juste du droit de cité ?

(1) *Ib.*, 1275 a. 23. Τῷ μετέχειν κρίσεως καὶ ἀρχῆς.
(2) *Ib.*, *ib.*, b. 5. Ἐν μὲν δημοκρατίᾳ μάλιστ᾽ ἐστὶ πολίτης.

Le principe conservateur des États, c'est la vertu (1), non pas la vertu parfaite, celle de l'homme de bien, mais la vertu politique, c'est-à-dire le dévouement à l'État (2), distinction reproduite plus tard par Montesquieu. Cela posé, le titre véritable du citoyen, c'est la vertu, ou du moins l'aptitude à la vertu.

Mais, pour que l'État cultive la vertu, il faut qu'il vive, et pour qu'il vive, il faut qu'il y ait dans l'État des biens qui assurent sa subsistance, et des instruments inanimés ou vivants, dont le travail utilise ces biens. De là, nous l'avons vu, la nécessité de l'esclavage. Or, dans la pensée d'Aristote, tout homme qui travaille pour autrui, soit pour l'État, soit pour un individu, bien plus, tout homme qui travaille pour vivre, manœuvre, artisan, mercenaire, quelque état que la loi lui laisse, fût-il même libre en fait, est véritablement et en droit un esclave (3). Travailler pour autrui, s'occuper de professions mécaniques, deux signes de l'esclavage : l'un marque la dépendance absolue où l'on est d'un autre homme ou du public ; l'autre nous rend indignes du noble apprentissage de la vertu. D'où il suit que tous les artisans et tous ceux qui travaillent pour vivre ne peuvent pas être, ne doivent pas être citoyens : aussi ne le sont-ils que dans la corruption de quelques démocraties. La société se divise donc en deux classes : les hommes libres, les citoyens qui ont le loisir nécessaire aux nobles occupations de la vertu, et ne courbent pas leur droite stature à de grossiers labeurs ; et les artisans, ou esclaves, qui dépendent en tout et partout des hommes libres dont ils préparent la subsistance ; les uns sont les membres et les maîtres de l'État, les autres en sont les sujets et les instruments.

Le loisir, voilà le titre de l'homme libre chez les anciens. Le

(1) L. IV, ɪ. J'adopte ici la division des livres proposée par M. Barthélemy Saint-Hilaire. Le livre IV correspond au livre VII. Voy. les ch. ɪ, ɪɪ, ɪɪɪ, xɪɪ et xɪɪɪ (xɪɪɪ et xɪv de la trad. franç.)

(2) L. III, ɪv, 1277 a. 1. Οὐκ ἂν εἴη μία ἀρετὴ πολίτου καὶ ἀνδρὸς ἀγαθοῦ.

(3) Ib., v, 1278 a. 11. Voy. tout le chapitre.

JANET. — Science politique. I. — 14

loisir n'est pas l'oisiveté, c'est l'occupation de l'esprit aux
choses nobles, et non aux travaux mécaniques. Le travail n'est
pas interdit à l'homme libre, mais il n'est que le délassement
du loisir. Le travail en lui-même, considéré comme nécessité,
comme moyen de subsistance, comme source de richesses, le
travail est servile, il est exclu de la cité.

La définition du citoyen conduit naturellement au problème
de la souveraineté (1).

Aristote a vu tous les aspects de ce problème ; il en recueille,
il en discute rapidement les principales sol tions : la souveraineté d'un seul, la souveraineté des hommes distingués, la
souveraineté des riches, et même la souveraineté des pauvres.
Quant à lui, il incline à la plus large des solutions, la souveraineté de tous. « La majorité, dit-il, dont chaque membre,
pris à part, n'est pas un homme remarquable, est cependant
au-dessus des hommes supérieurs, sinon individuellement, du
moins en masse, comme un repas à frais communs est plus
splendide que le repas dont un seul fait la dépense. » En effet,
y a-t-il un riche qui paye plus d'impôt à lui seul que le peuple
tout entier ? Si c'est à la richesse à commander, c'est donc au
peuple tout entier à commander. De même pour la capacité :
on dit bien qu'en toutes choses c'est le savant qui juge et non
la multitude.Mais, qui donc fait la réputation de l'artiste, sinon
la multitude ? Qui décide plus vite et plus sûrement ce qui est
bon, juste, vrai ? L'architecte jugera bien de la commodité
d'une maison, d'accord ; mais bien mieux encore celui qui
l'habite. Ce n'est pas le cuisinier, c'est le convive qui juge le
festin. Enfin la multitude est toujours meilleure en général
que ne le sont les individus, semblable à l'eau qui est d'autant
plus incorruptible qu'elle est en plus grande masse.

Aristote n'admet rien sans restriction. Il n'a guère de principes absolus. Aussi déclare-t-il qu'il ne parle pas d'une multi-

(1) III, 1278 v, a, 20. Οὐ γὰρ οἵοντε ἐπιτηδεῦσει τὰ τῆς ἀρετῆς ζῶντα
βίον βάναυσον ἢ θητικόν..

tude barbare et dépravée ; de plus, il n'attribue à la multitude
qu'une intervention générale dans les affaires, mais il l'exclut
des magistratures importantes qui réclament des lumières particulières et rares (1). Il sait faire la part dans l'État à tous les
éléments, la noblesse, la fortune, le mérite. Enfin, il admet
une exception capitale en faveur du génie pour lequel il ne
reconnaît d'autre alternative que l'ostracisme ou la royauté.

Telle est la souveraineté en principe et en droit : en fait, elle
n'appartient pas toujours à tous, mais tantôt à tous, tantôt à
quelques-uns, quelquefois à un seul. De là les trois principales
espèces de gouvernements signalées par Platon : la royauté,
l'aristocratie et la République, et leurs contraires : la tyrannie,
l'oligarchie, la démocratie (2).

Aristote n'est pas un ennemi de la royauté : il l'admet dans
certains cas, et sous certaines conditions. Mais il ne l'admet
guère que comme une exception. Quant à la royauté absolue, il
la rejette absolument ; il en renverse le principe par une forte
et excellente discussion qui paraît être une réponse au *Politique* de Platon (3).

Lequel vaut le mieux de la souveraineté de la loi, ou de la
souveraineté d'un seul homme ? La loi, il est vrai, ne statue
qu'en général : dans les cas particuliers, c'est une lettre morte ;
aussi une foule de cas échappent au gouvernement de la loi.
Mais cette généralité même est une garantie pour les individus.
La loi est impassible ; l'individu est plein de passion (4). En
supposant que la royauté ait ses avantages, que penser de l'hérédité ? Si les enfants des rois sont tels qu'on en a tant vus,
l'hérédité sera bien funeste. On dit que le roi peut toujours

(1) Sur la théorie de la souveraineté, voy. les ch. x, xi, xii, xiii
du liv. III.
(2) L. III, ch. iv. Cette distinction des trois formes de gouvernement
est bien antérieure à Platon lui-même ; nous l'avons vue déjà dans
Hérodote. Voir plus haut, p. 61.
(3) L. III, xiv et xv.
(4) 1286 a. 17. Κρεῖττον δ'ᾧ μὴ πρόσεστι τὸ παθητικὸν ὅλως ἤ ᾧ σύμφυες·
τῷ μὲν οὖν νόμῳ τοῦτο οὐχ ὑπάρχει, ψυχὴν δ' ἀνθρωπίνην ἀνάγκη τοῦτ'
ἔχειν πᾶσαν.

ne pas transmettre son pouvoir à ses enfants, s'il les trouve
indignes : c'est compter naïvement sur un désintéressement
surhumain. Sans parler de l'hérédité, la royauté en elle-même,
quand elle est absolue, est contraire à la nature de l'État. Car
l'État est une association d'êtres libres et égaux. La souveraineté de la loi laisse à tous l'égalité et la liberté : il n'en est pas
de même de la souveraineté d'un seul homme. Si la loi est
impuissante, il vaut mieux s'en rapporter au jugement des
magistrats institués par elle qu'à l'arbitraire d'un individu.
Enfin, demander la souveraineté de la loi, c'est demander que
la raison règne avec les lois; mais demander la souveraineté
absolue d'un roi, c'est déclarer souverains l'homme et la
bête (1).

Quant à la monarchie légale (κατὰ νόμον) réglée, consacrée,
limitée par la loi, Aristote en admet l'utilité, et il l'approuve à
Carthage et Sparte. Il admet même, je l'ai dit, la monarchie
absolue, mais seulement en faveur du génie, soit qu'il se rencontre dans un individu ou dans une race. En général l'esprit
étendu d'Aristote ne repousse aucune forme de gouvernement;
il croit avec raison que la bonté d'un gouvernement est dans
son rapport à l'état, aux dispositions et aux aptitudes d'un
peuple, quoiqu'il soit vrai de dire qu'en principe un gouvernement est d'autant meilleur qu'il est plus favorable à l'égalité et
à la liberté, c'est-à-dire à la justice.

Ainsi la royauté est un bon gouvernement quand elle est
confiée au génie et à la vertu, et qu'elle travaille non dans son
intérêt propre, mais dans l'intérêt des sujets. Entre cette forme
parfaite et idéale de la royauté et la tyrannie qui en est
l'extrême corruption, « gouvernement de violence qu'aucun
cœur libre ne peut supporter patiemment », il y a un certain
nombre de degrés dont la bonté et la méchanceté se mesurent
par leur analogie avec l'un ou l'autre. Il en est de même de
toutes les espèces de gouvernement.

(1) *Ib.*, *ib.*, 1287 a. 30. Ὁ δ' ἄνθρωπον κελεύων προστίθησι καὶ θηρίον.

Rien n'est plus fin, plus riche, plus exact que l'analyse de toutes ces nuances de gouvernements, où Aristote se joue sans se perdre, en déployant toute la force de son talent d'observateur et d'historien philosophe. Nous ne pouvons le suivre dans les détails de cette abondante exposition. Arrêtons-nous à l'un des points essentiels, à l'une des théories favorites de l'auteur, la théorie de la République, πολιτεία (1), à laquelle se rattache celle des classes moyennes.

La République est une transaction, et en quelque sorte une moyenne entre l'oligarchie et la démocratie. Cette transaction ne consiste pas à placer en face l'un de l'autre, comme en état de guerre, un pouvoir oligarchique et un pouvoir démocratique, mais à choisir dans chacun de ces gouvernements quelques-uns des principes qui les font vivre, et à les combiner dans une heureuse harmonie : par exemple, le principe de l'élection qui est propre à l'oligarchie, et le principe de l'exemption ou de l'abaissement du cens propre à la démocratie ; ou bien encore l'amende aux riches qui ne se rendent pas aux assemblées, et l'indemnité aux pauvres, pour les y attirer ; ce sont des exemples que l'on peut varier à l'infini. En général, la nature de la République, selon Aristote, est de tempérer le principe absolu de la liberté, par le juste mélange d'autres éléments, par exemple, la fortune et le mérite.

Mais c'est surtout lorsqu'il décrit la classe la plus propre au régime républicain, que l'originalité et la pénétration prévoyante du génie d'Aristote éclatent. L'oligarchie ne s'appuie que sur les riches, la démocratie sur les pauvres : le point d'appui de la République sera dans les fortunes aisées, les classes moyennes, οἱ μέσοι (2). Aristote analyse admirablement les différents effets des grandes fortunes et des grandes misères, deux choses inséparables : « La pauvreté empêche de savoir commander, et elle n'apprend à obéir qu'en esclave ; l'extrême opulence empêche l'homme de se soumettre à une

(1) L. VI (IV), ix, 1291 a. 30 et sqq.
(2) Pour la théorie des classes moyennes voy. l. VI (IV), xi.

autorité quelconque, et ne lui enseigne qu'à commander avec
tout le despotisme d'un maître. On ne voit alors dans l'État
que maîtres et esclaves, et pas un seul homme libre. Ici,
jalousie envieuse; là, vanité méprisante, si loin l'une et l'autre
de cette bienveillance réciproque et de cette fraternité sociale,
qui est la suite de la bienveillance. » Au contraire, les fortunes moyennes rendent les hommes plus égaux : elles n'inspirent ni l'orgueil, ni la lâcheté, ni l'envie, ni le désespoir. La
classe aisée craint les renversements, dont elle ne peut que
souffrir, elle empêche la prépondérance excessive des riches
qui conduit à l'oligarchie, la domination des pauvres qui est la
démagogie. Ainsi, elle rétablit l'équilibre. Les riches veulent-ils
opprimer, elle se range du côté des pauvres, et tient les usurpateurs en échec; de même pour les pauvres. C'est le défaut de
la propriété moyenne qui a rendu si fréquentes les révolutions
dans les États de la Grèce. La propriété s'était concentrée
dans un petit nombre de mains. De là ces luttes perpétuelles
des riches et des pauvres : de là cette vérité profonde aperçue
par Platon qu'il y avait, dans toute ville de la Grèce, deux
villes, dans tout peuple grec, deux peuples. Le remède, c'est
pour lui la communauté, remède impuissant, pire que le mal.
Aristote a pénétré plus avant, quand il a reconnu dans les
classes moyennes le lien des classes extrêmes, le contre-poids
de leurs excès contraires. Mais ce qu'il n'a pas vu, c'est que
cet important élément ne peut se produire, se perpétuer,
s'étendre que par le travail, et par le travail libre. C'est
pourquoi là où il y a des esclaves, il n'y a pas de classes
moyennes. De là leur rareté dans la société ancienne.

Après avoir étudié les différentes formes de gouvernement,
Aristote cherche à déterminer les conditions du gouvernment
parfait : c'était une question chère aux Grecs. Leur esprit spéculatif se montre partout : il semblait que le ciel de la Grèce,
si pur et si léger, invitât à l'idéal. Platon, Phaléas de Chalcédoine, Hippodamus de Milet, plus tard Zénon de Citium eurent
tous leur république; ils imaginèrent chacun une constitu-

tion parfaite. Aristote a aussi la sienne; mais son génie positif, dédaigneux des rêves et des abstractions, se contenta de
combiner les éléments réels que lui fournissait l'expérience,
selon l'idée qu'il s'était faite de la société ancienne. Sans entrer
dans les détails de cette conception, ramenons-la à ses traits
principaux; elle nous fera mieux pénétrer dans la pensée systématique d'Aristote.

Les éléments de l'État, selon Aristote, sont au nombre de
six : les subsistances, les arts, les armes, les finances, le culte,
la justice. De là six classes nécessaires dans l'État : les laboureurs, les artisans, les guerriers, les riches, les pontifes et les
juges. Mais ces six classes peuvent se ramener à deux principales, et de ces deux classes, l'une est celle qui constitue
l'État, l'autre celle qui le sert et le fait vivre (1).

Rappelons-nous les principes d'Aristote. Pour lui, comme
pour Platon, l'objet et la fin de l'État, c'est la vertu. C'est elle
qui fonde le droit de cité. La vertu est par conséquent le droit
de cité, et par conséquent encore, la liberté ne peut donc
appartenir ni aux travailleurs qui font vivre la cité, ni aux
laboureurs, ni aux artisans. Ils sont donc nécessairement
esclaves (2). Restent, pour constituer la cité, les guerriers et les
juges, parmi lesquels quelques-uns sont les riches, quelques-
uns les pontifes. Le droit de cité se reconnaît à ce double
caractère : le port des armes et l'intervention dans les
affaires publiques. Ces deux caractères ne peuvent être
ni perpétuellement unis, ni perpétuellement séparés. Faire
la guerre et traiter des intérêts de l'État, sont des fonctions
qui demandent des qualités diverses, et qui s'excluent : d'une
part la force et la fougue, de l'autre l'amour de la paix et
la sagesse. Et cependant il serait dangereux d'opposer entre

---

(1) Pour la théorie du gouvernement parfait voy. l. IV. (VII), IV
V, VI, VII. Sur l'idéal politique d'Aristote, comparé à celui de Pla-
ton, voir la dissertation ingénieuse de M. Ch. Thurot, *Études sur
Aristote*, Paris, 1860, et la *note* à la fin du chapitre.

(2) L. IV, VIII, 1329 a. 26. Ἀναγκαῖον εἶναι τοὺς γεωργοὺς δούλους ἢ
βαρβάρους ἢ περιοίκους.

eux, par une séparation absolue, les guerriers et les magistrats. Le seul moyen est de séparer ces deux classes par une limite mobile, celle de l'âge. La jeunesse convient aux travaux de la guerre, la maturité aux fonctions publiques. Quant à la vieillesse, qui n'a plus assez de ressort ni de force pour porter les armes, ni assez de décision pour traiter des intérêts de la patrie, elle est réservée au pontificat.

Aristote est ici d'une logique admirable. Comme il réserve aux seuls guerriers la liberté civile et politique, il comprend que cette liberté a besoin d'être protégée et fortifiée par la propriété. C'est aux guerriers et aux magistrats, qui ne sont guère qu'une seule classe, que les biens-fonds doivent exclusivement appartenir. Les laboureurs et les artisans étant esclaves, ne peuvent en aucune façon être propriétaires. C'est là un point qui distingue profondément la République d'Aristote et celle de Platon. Le premier, voulant assurer la prépondérance aux classes supérieures, n'avait pas vu que le seul moyen efficace pour cela était de leur assurer la propriété. Celui qui a le sol a nécessairement le pouvoir.

La cité d'Aristote est la cité antique dans sa perfection : la liberté est ramenée à son vrai principe, la guerre et la force; l'esclavage au sien, le travail. Le privilège de la propriété s'ajoute au privilège de la liberté, et le garantit. Les travailleurs, chargés exclusivement de la fonction de nourrir les citoyens, ne participent ni à la liberté ni à la propriété. Telle est la cité parfaite d'Aristote, démocratie pure, si l'on ne considère que les classes libres; oligarchie tyrannique, si l'on considère les classes serviles : système qui, tout aussi bien que celui de Platon, n'était que l'idéal d'une société incomplète.

Il ne suffit pas de décréter des citoyens par des lois et des institutions, il faut les former par l'éducation. L'éducation est l'une des plus grandes forces politiques. Les anciens le savaient bien ; tous leurs législateurs s'en étaient occupés. Platon la confond presque avec la politique elle-même. Aristote y consacre également de grandes études (1).

L'éducation publique, l'éducation par l'État, voilà le principe d'Aristote, comme de la société ancienne tout entière. L'État se compose de familles, comme les familles d'individus. L'individu est donc subordonné à la famille, et la famille à l'État. Nul ne s'appartient à soi-même, et l'individu appartient à l'État. C'est donc à l'État à faire son éducation. De plus, c'est par les mœurs que les gouvernements se maintiennent, et il faut que les mœurs soient d'accord avec la forme du gouvernement; il faut des mœurs démocratiques à la démocratie, oligarchiques à l'oligarchie (2). C'est l'éducation qui forme les mœurs; elle doit donc être entre les mains de l'État. Enfin, comme l'État ne peut subsister sans unité, il importe que tous les citoyens soient élevés dans des sentiments identiques : « ce « qui est commun doit s'apprendre en commun (3). » Tels étaient les principes de l'antiquité. Cependant on s'en était relâché dans la pratique, et Aristote se plaint que, de son temps, chacun instruisît chez soi ses enfants à sa fantaisie, et par les méthodes qui lui plaisaient. Ainsi la lutte entre l'éducation publique et l'éducation privée, entre la liberté des familles et les droits de l'État n'est pas d'hier. On débattait déjà cette question chez les anciens. Il y a dans la politique certaines antinomies qu'il est de la destinée de l'homme de discuter toujours, sans pouvoir peut-être les résoudre jamais définitivement.

Une autre question éternelle, comme la précédente, séparait encore les esprits : quel système d'éducation doit-on préférer? celui qui tourne tout à l'utilité réelle et pratique, ou celui qui ne prétend autre chose que de préparer à la vertu ?

Aristote est ennemi de toute éducation qui ferait de l'homme

(1) Pour la théorie de l'éducation, voir tout le livre V.
(2) L. V (VIII), ɪ, 1337 a. 17.
(3) *Ib.*, 22. Φανερὸν ὅτι καὶ τὴν παιδείαν μίαν καὶ τὴν αὐτὴν ἀναγκαῖον εἶναι πάντων.

un artisan, un manœuvre, un mercenaire (1). Ainsi, il rejette
de l'enseignement ce qui est inutile pour former un homme à
la science et à la vertu, non seulement les arts mécaniques,
qui déforment le corps de l'homme et ôtent à la pensée son
élévation, non seulement les travaux matériels, mais les travaux de l'intelligence même, poussés trop loin : les arts étu-
diés dans leurs difficultés curieuses, et surtout avec l'intention
de s'en faire un moyen d'existence, ont quelque chose qui
sent le mercenaire ou l'esclave. On sait que les hommes libres,
selon Aristote, doivent être des hommes de loisir : il faut donc
que l'éducation les prépare à occuper noblement leurs loisirs.
De là, la nécessité, dans l'éducation, de choses qui, n'étant pas
utiles et nécessaires, doivent être étudiées comme belles ; car
c'est le beau qui prépare à la vertu. Sans doute, il ne faut pas
rejeter l'utile de l'enseignement. Ainsi la grammaire est utile,
le dessin est utile, la gymnastique aussi ; mais elles ne doivent
pas être cultivées exclusivement, ni avec excès. « Le dessin,
par exemple, doit être étudié beaucoup moins pour éviter les
erreurs et les mécomptes dans les achats et les ventes de
meubles et d'ustensiles, que pour se former une intelligence
plus exquise de la beauté du corps. D'ailleurs cette préoccu-
tion exclusive des idées d'utilité ne convient ni aux âmes
nobles, ni aux esprits libres (2).

La musique est une de ces études libérales que l'on ne cultive point pour l'utilité, mais pour l'agrément, pour la beauté,
pour le noble emploi du loisir. La musique d'abord est l'un
des plus vifs plaisirs, et lorsqu'elle ne procurerait que cet
avantage, n'est-il pas bon de préparer à l'homme mûr un jeu
qui le délasse de la fatigue et du travail ? Mais la musique est
plus qu'un jeu. Elle fait des prodiges, par l'action qu'elle a
sur l'âme de l'homme. Elle excite au plus haut degré l'enthou-

(1) *Ib., ib.*, 1337 b. 5. Φανερὸν ὅτι τῶν τοιούτων δεῖ μετέχειν ὅσα τῶν
χρησίμων ποιήσει τὸν μετέχοντα μὴ βάναυσον.
(2) L. V (VIII), 1338 b. 2. Τὸ δὲ ζητεῖν πανταχοῦ τὸ χρήσιμον ἥκιστα
ἁρμόττει τοῖς μεγαλοφύχοις καὶ τοῖς ἐλευθέροις.

siasme, elle imite par des sons pathétiques toutes les qualités morales, et en reproduit en nous l'impression. Or cette impression nous dispose à ces qualités mêmes. Si l'imitation de la vertu nous plaît, nous sommes bien près d'être vertueux. La musique ne fit-elle qu'habituer les âmes à un plaisir noble et pur, elle les préparerait encore par là à la vertu. On peut demander, il est vrai, s'il est nécessaire, pour apprécier la musique, de l'avoir étudiée soi-même. Les Spartiates, disait-on, jugeaient très bien de la musique, sans savoir exécuter; mais « il est difficile, dit Aristote, sinon impossible, d'être en ce genre bon juge des choses qu'on ne pratique pas soi-même. » Cette éducation, dit-on, fera des artistes, et non des hommes libres. C'est ici qu'il convient surtout d'apporter la mesure que nous avons recommandée : il faut s'arrêter dans toutes les études au point où elles deviennent serviles, et, par exemple, il faut borner la musique à ce qui est nécessaire pour apprendre à en bien juger (1).

Cette théorie de l'éducation est au fond la même que celle de Platon. Platon et Aristote sont d'accord pour diriger l'éducation de l'homme vers un seul but, la vertu, et ils entendent par là la disposition d'une âme noble et libre, incapable d'actions honteuses. Pour atteindre à un but si élevé, l'enseignement des arts mécaniques et des sciences pratiques est d'un bien faible secours : il ne doit pas sans doute être négligé, puisque tout homme doit savoir ce qui lui est utile pour la vie ; mais il doit être borné à l'indispensable, et l'objet principal des études doit être le beau, et avec lui le bon. C'est pourquoi Platon et Aristote accordent une si haute importance à la musique, qui n'était pas chez les anciens, comme chez nous, un art à part, mais était toujours associée à la poésie et la comprenait même ordinairement. Montesquieu a très finement expliqué l'emploi de la musique dans l'éducation des Grecs : « On était fort embarrassé, dit-il, dans les républiques

(1) Sur la musique, voy. même livre, IV, V, VI.

grecques. On ne voulait pas que les citoyens travaillassent au commerce, à l'agriculture, ni aux arts; on ne voulait pas non plus qu'ils fussent oisifs. Ils trouvaient une occupation dans les exercices qui dépendaient de la gymnastique, et dans ceux qui avaient rapport à la guerre. L'institution ne leur en donnait point d'autres. Il faut donc regarder les Grecs comme une société d'athlètes et de combattants. Or, ces exercices, si propres à faire des gens durs et sauvages, avaient besoin d'être tempérés par d'autres qui pussent adoucir les mœurs. La musique, qui tient à l'esprit par les organes du corps, était très propre à cela. C'est un milieu entre les exercices du corps, qui rendent les hommes durs, et les sciences de spéculation, qui les rendent sauvages. On ne peut pas dire que la musique inspirât la vertu (c'est pourtant ce que dit Aristote), cela serait inconcevable, mais elle empêchait l'effet de la férocité de l'institution, et faisait que l'âme avait dans l'éducation une part qu'elle n'y aurait point eue (1) .»

C'est par l'éducation que les États se peuvent maintenir ; les mœurs et les principes des citoyens étant en harmonie avec les principes du gouvernement, les révolutions sont moins à craindre. Mais pour les éviter plus sûrement, il faut en savoir les causes, les espèces, les occasions et les remèdes. La théorie de l'éducation nous conduit ainsi à la théorie des révolutions (2).

Les révolutions peuvent avoir des circonstances différentes, mais elles ont toutes une racine commune (3). Deux choses sont également vraies : la première, c'est que l'égalité politique appartient à tous les citoyens, et qu'ils doivent avoir tous les mêmes droits; l'autre, c'est que l'inégalité de mérite entraîne légitimement l'inégalité dans la considération, les

(1) Montesquieu, *Esprit des Lois*, l. IV, c. VIII.
(2) Sur la théorie des Révolutions, voir le livre (V) VIII tout entier.
(3) VIII (V), II, 1302 a. 22. Τοῦ μὲν οὖν αὐτοὺς ἔχειν πῶς πρὸς τὴν μεταβολὴν αἰτίαν καθόλου μάλιστα θετέον· οἱ μὲν γὰρ ἰσότητος ἐφιέμενοι στασιάζουσι... οἱ δὲ τῆς ἀνισότητος καὶ τῆς ὑπεροχῆς.

honneurs, les richesses. Ainsi l'égalité et l'inégalité sont toutes
deux dans la nature. Rien n'est plus difficile que de les tempérer heureusement et de leur fixer une juste part. Or, il
arrive souvent que le gouvernement pousse à l'extrême l'égalité politique et fait tort aux légitimes supériorités; ou bien
que, par un autre excès, il établit l'inégalité en toutes choses
et pour toutes choses, et blesse alors l'égalité des citoyens (1).
De là une double source de révolutions, les unes contre l'inégalité arbitraire, les autres contre l'égalité absolue; dans le
premier cas, l'État passe de l'oligarchie à la démocratie; dans
le second, il passe de la démagogie à l'oligarchie. Toute révolution, sous quelque forme qu'elle se présente, est toujours
une réclamation plus ou moins juste, plus ou moins opportune,
plus ou moins heureuse de l'égalité naturelle contre l'inégalité
artificielle, ou de l'inégalité naturelle contre une égalité brutale et impossible. Le principe, et en même temps le mystère
de l'État, c'est l'égalité. Les gouvernements, comme les révolutions, en sont des interprétations diverses : c'est en le com-
prenant bien, et en l'appliquant justement que les États vivent.
Les diverses formes du gouvernement qui accordent, les unes
plus, les autres moins à l'égalité, ne peuvent subsister
qu'à la condition de ménager ceux qui sont moins favorisés
par la constitution : car ce sont ceux-là qui font les révolutions.

Ainsi, la cause première des révolutions est dans l'abus du
principe sur lequel repose le gouvernement (2) : d'où il suit
que tout État qui veut éviter les renversements, au lieu
d'abonder à l'excès dans son principe, doit se retenir en
quelque sorte, et s'en interdire toutes les applications déme-
surées. L'intempérance nuit partout. Pour forcer les ressorts,
on les brise. Sans doute aucun gouvernement n'est parfait et
ne peut l'être; mais le maintien d'un gouvernement n'est pas
au-dessus de la sagesse de l'homme. Il faut seulement savoir

(1) L. VIII (V), ix.
(2) L. VIII (V), ix.

étudier les conditions du succès. Le difficile n'est pas de fonder un gouvernement, mais de le faire vivre ; et la plupart des politiques croient à tort qu'on ne peut trop aller dans un sens, quand il est bon : « Bien des institutions en apparence démocratiques sont précisément celles qui ruinent la démocratie ; bien des institutions qui paraissent oligarchiques détruisent l'oligarchie. Quand on croit avoir trouvé le principe unique de vertu politique, on le pousse aveuglément à l'excès... La démocratie et l'oligarchie, tout en s'éloignant de la constitution parfaite, peuvent être assez bien constituées pour se maintenir ; mais si l'on exagère le principe de l'un ou de l'autre, on en fera d'abord des gouvernements plus mauvais, et on les réduira à n'être plus même des gouvernements (1). » Dans les démocraties, par exemple, où le peuple assemblé peut faire souverainement des lois, les démagogues, par les attaques continuelles contre les riches, divisent toujours la cité en deux camps, tandis qu'ils devraient, dans leurs harangues, ne paraître préoccupés que de l'intérêt des riches : de même, dans les oligarchies, le gouvernement ne devrait paraître avoir en vue que l'intérêt du peuple. Voici les serments que l'on fait de nos jours dans quelques États : « Je serai l'ennemi constant du peuple, je lui ferai tout le mal que je pourrai lui faire. » Il faudrait concevoir les choses d'une façon tout opposée ; et, prenant un autre masque, dire hautement : « Je ne nuirai jamais au peuple . »

A cette cause générale des révolutions, Aristote en joint de particulières, profondément observées. Tels sont l'outrage, la crainte, le mépris, la brigue, la corruption, les changements insensibles, la différence de mœurs, et quelquefois enfin des événements fortuits (2). Mais il faut suivre l'action différente de ces causes diverses selon les divers gouvernements. Dans les démocraties, les révolutions sont ordinairement causées

(1) L. VIII (V), 1309 b. 20.
(2) Sur toutes les causes particulières des révolutions, voyez le livre VIII (V), v, vi, vii.

par les violences des démagogues. Comme ils irritent continuellement le peuple contre les riches, qu'ils distribuent à la
multitude tout l'argent du trésor public, qu'ils bannissent les
citoyens élevés pour confisquer leurs biens, ils soulèvent ainsi
contre le gouvernement la haine et le mépris des citoyens
éclairés ; et la démocratie fait place à l'oligarchie. Souvent
aussi elle conduit à la tyrannie. En effet, les chefs populaires,
après avoir désarmé les riches par les pauvres, et avoir capté
la faveur de la multitude par l'apparente défense de ses intérêts, et par le partage de ses passions, finissent bientôt par
s'élever au-dessus de la multitude même. Au reste, ce changement de la démocratie en tyrannie était plus fréquent, au dire
d'Aristote, dans les temps anciens que de son temps. Dans les
oligarchies, les révolutions se produisent aussi par des causes
diverses : ou c'est la multitude opprimée, qui se soulève, ou
bien quelques riches puissants exclus des honneurs, ou enfin
quelques hommes mêmes du gouvernement, qui forment une
sorte de démagogie dans le sein même du pouvoir. L'oligarchie
ne peut résister à ces principes de trouble que par l'accord de
sentiments dans les chefs et la modération du gouvernement.
L'oligarchie périt par son excès, lorsqu'elle se concentre en
un trop petit nombre de mains : elle périt par la guerre, par
la brigue, par le péculat. Elle se corrompt encore par les
causes insensibles ; lorsque, par exemple, la quantité du cens
ne suivant pas la variation des fortunes, le nombre des censitaires s'augmente naturellement. L'oligarchie se trouve ainsi
changée, presque à son insu, en démocratie. Les révolutions
qui ont lieu dans les aristocraties et dans les républiques ne
diffèrent guère des précédentes, puisque l'aristocratie est une
espèce d'oligarchie, et la république de démocratie. Dans les
unes, comme dans les autres, le principal motif des révolutions est la violation de la justice. Il arrive alors que ces gouvernements modérés se changent dans leurs extrêmes, ou
encore dans leurs contraires.

Les causes connues des révolutions dans les divers États

nous montrent elles-mêmes leurs remèdes (1). L'un des principes les plus importants de la politique pour la conservation des États, c'est de prévenir les plus petites atteintes portées aux lois : « car l'illégalité s'introduit souvent sans qu'on s'en aperçoive, comme les petites dépenses souvent répétées dérangent les fortunes. » Il faut donc se précautionner en toutes choses contre les commencements. Quelquefois un danger prochain et connu est pour un État une cause de conservation. Car on cherche perpétuellement à s'en préserver ; et la vigilance est le salut des républiques : Il est donc bon de ménager toujours aux cités quelques sujets d'alarme pour les tenir en éveil, et afin qu'à l'exemple d'une sentinelle de nuit on tienne compte du danger éloigné, comme s'il était près. En général, dans tout gouvernement, république, oligarchie ou monarchie, il faut veiller à ce qu'aucun citoyen ne s'agrandisse d'une manière démesurée, et ne menace ainsi la liberté et la sécurité de l'État. Aussi faut-il ne pas donner trop de pouvoir aux magistrats, ou du moins limiter le pouvoir par le temps. Il faut aussi, par des mesures sagement combinées, faire qu'aucun parti ou aucune classe ne s'élève trop au-dessus des autres ; et il est bon, en tout État, de mêler la classe riche à la classe pauvre. Il faut surtout que les lois soient les maîtresses, et que les magistrats ne puissent disposer des revenus publics sans en rendre compte : les profits illicites sont les causes les plus fréquentes des révolutions. Il faut, dans les démocraties, avoir de la considération pour la classe riche, s'interdire les partages des terres, ou même de leurs produits : dans les oligarchies, au contraire, il faut ménager la classe pauvre, appeler les hommes de mérite aux honneurs, laisser aux riches les fonctions gratuites, et aux pauvres les fonctions rétribuées. Il faut en général, dans tout gouvernement, accorder l'égalité et même la préférence à la classe qui ne participe pas au gouvernement. Enfin il faut que

(1) Voy. I. VIII (V), viii et ix.

le nombre de ceux qui veulent que l'État subsiste l'emporte
toujours sur le nombre de ceux qui ne le veulent pas. L'éducation est le moyen le plus approprié à produire cet effet.
C'est pourquoi il est important, comme nous l'avons vu,
qu'elle soit toujours entre les mains de l'État.

La royauté et la tyrannie ont rapport, l'une à l'aristocratie,
l'autre à l'oligarchie et à la démocratie. Comme l'aristocratie,
la royauté est fondée sur la supériorité de vertus, de talents,
de fortune, unie à une grande puissance : le roi est le protecteur naturel des citoyens. La tyrannie au contraire n'est fondée que sur la force : elle ressemble à l'oligarchie, en ce
qu'elle ne cherche que les richesses et qu'elle accable la multitude : elle a de commun avec la démocratie, qu'elle fait une
guerre perpétuelle aux riches et aux citoyens distingués. Les
causes de révolutions sont donc à peu près les mêmes dans
ces deux formes de gouvernement que dans les précédentes.
On peut dire en général que la royauté tend à sa ruine, quand
elle se transforme en tyrannie, et que la tyrannie périt, lorsqu'au lieu de prendre les apparences de la royauté et de
feindre en tout de gouverner selon la justice, le tyran ne
cherche que la misère et l'humiliation de ses sujets. Ce qui
renverse ordinairement les tyrans, ce sont deux passions
excitées par leurs injustices : la haine et le mépris. En général,
le meilleur remède pour la conservation des royautés et des
tyrannies, c'est de modérer le pouvoir lui-même. « L'autorité,
quelle qu'elle soit, est d'autant plus durable qu'elle s'étend à
moins de choses. » La sagesse des tyrans est d'imiter le pouvoir royal.

La politique ne cessa pas d'être cultivée après Aristote ; son
disciple et son successeur Théophraste avait enseigné la politique à Cassandre, roi de Macédoine, et à Ptolémée, roi d'Egypte.
Il est à croire qu'au nombre des 200 ouvrages que Diogène
Laërce lui attribue, il y en avait sur la politique. Beaucoup
d'autres écrivains durent suivre cet exemple ; car le nombre
des écrits politiques s'était tellement multiplié au temps des

Ptolémées que Démétrius de Phalère persuada au roi de faire recueillir tous les livres de politique et d'en faire une bibliothèque. Ces livres formèrent le fonds de la fameuse bibliothèque d'Alexandrie dont Démétrius fut le premier bibliothécaire. Malheureusement toutes ces richesses ont disparu dans les divers incendies dont fut victime la fameuse bibliothèque. Nous n'aurons donc plus à signaler aucun grand traité de politique dans l'antiquité, excepté les écrits très mutilés et incomplets de Cicéron.

Nous avons apprécié déjà la morale d'Aristote. Il nous reste à exprimer notre opinion sur sa politique.

Une des plus grandes vérités établies par Aristote dans sa politique, c'est que l'homme est né pour la société. L'homme, dit-il, est un animal politique. Toutes les raisons que l'on peut faire valoir en faveur de ce principe, Aristote les a connues, et même trouvées. Le besoin que l'homme a de l'homme, la nécessité de l'État pour compléter la vie de l'individu, la sociabilité naturelle des hommes, la famille, première société dont sortent toutes les autres, la parole, signe évident de la destination sociale des hommes, les idées du juste et de l'injuste, naturelles à la conscience humaine, et qui n'ont de sens que dans la société ; tous ces faits, qui déposent si éloquemment en faveur de l'état social, ont été saisis et démêlés par Aristote avec la plus grande sagacité. Tout en reconnaissant que la famille est la base de la société, il a bien distingué la famille et l'État : distinction importante qui servira toujours à distinguer les défenseurs des idées libérales, et ceux des doctrines absolutistes : c'est Aristote qui a fait voir que le principe de la famille était l'autorité, et celui de l'État la liberté et l'égalité. Dans la famille même, s'il s'est trompé sur l'esclavage, il a bien démêlé la vraie nature du pouvoir paternel et du pouvoir conjugal, en définissant le premier un pouvoir royal, et le second un pouvoir républicain. Enfin, quant à la propriété, s'il n'en a pas démontré le droit, et s'il se montre même assez indifférent sur son origine, il a fait voir néanmoins le rôle de la propriété dans la famille et dans l'État, et on lui doit les premières notions précises d'économie politique.

Telles sont les doctrines sociales d'Aristote, qui remplissent le premier livre de son ouvrage. Quant à sa politique proprement dite, elle se compose d'une partie critique et d'une partie théorique. On a pu apprécier la force de sa critique par les exemples que nous en avons donnés. Son examen des théories sociales de son temps, et de la constitution politique de Lacédémone ou de Carthage, est d'une vigueur et d'un en etteté qu'aucun publiciste n'a surpassées. Quant à ses propres théories, en voici les points les plus remarquables et les plus durables.

Il a vu que la cité se ramène au citoyen, et que le citoyen est celui qui participe directement ou indirectement aux magistratures. Il a soutenu par les plus forts arguments que l'on puisse invoquer aujourd'hui encore le principe de la souveraineté du plus grand nombre, et en même temps il a compris et supérieurement analysé toutes les formes du gouvernement; il a suivi les traces de Platon, en donnant la préférence à un gouvernement de transaction, où se tempéreraient l'un par l'autre les principes de la fortune, du mérite et de la liberté ; il a vu qu'un tel tempérament est absolument incompatible avec une excessive inégalité des fortunes, et il a eu le pressentiment du rôle que devaient jouer les classes moyennes, si peu importantes dans l'antiquité, si considérables dans les temps modernes. Sa théorie de l'éducation, où l'influence de Platon est évidente, est admirable : il dit avec raison qu'elle a pour but de former des hommes par les arts libéraux , et non des machines par une éducation exclusivement professionnelle, qui n'était pas ignorée de son temps ; il défend solidement l'éducation publique contre les caprices de l'éducation domestique, quoiqu'il ait le tort d'accorder à l'État le droit de s'emparer de l'individu malgré lui. Enfin sa théorie des révolutions , esquissée déjà par Platon, est la plus savante, la plus complète et encore aujourd'hui la plus neuve que puisse présenter la science politique.

Il est vrai que cette grande et belle politique repose sur un postulat inacceptable, la théorie de l'esclavage. Mais cette théorie même témoigne d'un profond génie, et l'on peut dire qu'elle a été un véritable progrès. Car poser une question d'une manière précise et exacte, c'est évidemment mettre sur le chemin de la solution. Aristote a vu que l'esclavage dans l'antiquité reposait sur des préjugés ; et il lui a cherché un principe philosophique. Il a démontré que ni la convention, ni la guerre ne pouvaient fonder l'esclavage : c'est ce qu'aucun philosophe n'a vu, même depuis lui, jusqu'au xviiie siècle. Cependant l'esclavage existait. C'était, au temps d'Aristote, un fait universel ; c'était la pierre angulaire de la société antique : nul publiciste n'était en mesure de pressentir qu'une société pouvait s'en passer, et Aristote était un génie trop positif et trop pratique pour qu'on pût attendre de lui une pareille intuition. Qu'a-t-il donc fait ? Il a cherché un principe raisonnable à un fait déraisonnable, et il a cru le trouver dans l'inégalité naturelle des hommes, et dans une séparation du genre humain en deux races, l'une destinée aux travaux du corps, l'autre aux travaux de l'esprit. Il a donné par là à la société antique sa véritable signification, en la ramenant à ces deux faits essentiels : le loisir et le travail, le premier associé à la liberté, et le second à l'esclavage. Ceux qui ont réfléchi sur les nombreuses difficultés que rencontre dans les temps modernes la solution du problème politique, par cette raison surtout qu'il est toujours compliqué d'un problème social, comprendront comment l'esprit analytique d'Aristote a pu être séduit par cette simplification du problème : une société libre, nourrie par une société esclave.

On peut aussi reprocher à Aristote d'avoir, moins que Platon sans doute, mais trop encore pour la vérité, sacrifié l'individu. Mais cette erreur, comme la précédente, est l'erreur capitale de la politique ancienne. Si Aristote avait évité ces deux erreurs, je ne vois pas quelle supériorité nos doctrines politiques auraient sur les siennes. Il est injuste de demander à un ancien plus de vérités qu'il n'en pouvait atteindre dans les données de son temps. Celles que nous avons signalées suffisent à la gloire d'Aristote (1).

(1) Depuis la première édition de ce livre, un savant écrivain, très compétent en tout ce qui concerne Aristote, M. Thurot (*Études sur Aristote*, p. 105, Paris, 1860) a émis une opinion intéressante et appuyée de fortes raisons, à savoir que l'on aurait beaucoup exagéré la différence des doctrines politiques, comme aussi des doctrines philosophiques en général de Platon et d'Aristote. Il pense au contraire que les analogies l'emportent de beaucoup sur les différences. Pour l'un comme pour l'autre, la politique est identique à la morale. Elle est une science pratique qui enseigne à rendre les hommes vertueux et heureux ; elle est, en d'autres termes, la science de l'éducation par l'État. D'où il suit que la politique doit avoir un idéal, qui serve de règle et de mesure aux gouvernements humains. De là les deux livres de la *Politique* sur l'État idéal. Ces livres ne sont point un hors-d'œuvre, comme on est tenté de le croire, mais le centre même de l'ouvrage et le nœud de toute la théorie. C'est ce qu'on voit surtout, quand on rétablit l'ordre des livres, comme l'a fait avec tant de raison M. Barthélemy Saint-Hilaire. Car, après les trois premiers livres, qui ne contiennent que des généralités, et comme les prolégomènes de la science, viennent les deux livres sur l'idéal politique ; puis le livre sur la République, ou le meilleur gouvernement relatif, puis ceux qui traitent des gouvernements défectueux. L'idéal est donc, pour Aristote comme pour Platon, le point de départ de la politique et le principe qui doit la fonder. La seule différence, c'est que pour Platon, hors du gouvernement parfait, tous les autres sont absolument mauvais ; tandis qu'Aristote, qui fait toujours la part de l'expérience, montre quel parti on peut tirer en fait des gouvernements moins bons, et même de ceux qui sont tout à fait défectueux.

Cette identité fondamentale entre la doctrine politique d'Aristote et celle de Platon en amène d'autres à sa suite, que M. Thurot a recueillies avec soin, et qui, rassemblées, donnent à sa thèse l'appui le plus frappant et le plus lumineux. Ainsi Platon et Aristote s'accordent tous deux, suivant lui, à admettre que le bien de l'individu ne diffère pas du bien de l'État, que la politique n'a d'autre but que d'assurer à l'individu les moyens d'atteindre son bien, et que le bien de l'individu n'étant ni dans la puissance ni dans la richesse, mais dans la vertu, le but de la politique n'est pas de rendre l'État riche par le commerce ni puissant par les conquêtes, mais vertueux par la vertu des citoyens. De là résulte immédiatement que le citoyen appartient entièrement à l'État. Le caractère essentiel des plus mauvais gouvernements, dit Aristote, est de laisser chacun vivre comme il veut. La liberté individuelle dans la disposition de la propriété et dans la vie de famille est aussi répréhensible aux yeux d'Aristote qu'aux yeux de Platon. Comme ils placent tous deux le souverain bien dans la contemplation scientifique, ils sont conduits à regarder la pratique de la vertu comme inséparable du loisir, et les travaux mécaniques comme inconciliables avec la pratique de la vertu accomplie ; ils refusent les droits de citoyen aux agriculteurs, aux commerçants, aux ouvriers. Enfin, l'État idéal d'Aristote est, comme celui de Platon, une petite cité ; l'exécution d'une pareille législation serait impossible dans une grande population. Je ne puis tout citer ; mais on peut dire que, dans les pages que je résume, M. Thurot a épuisé la question des analogies de doctrines de Platon et d'Aristote en politique.

Maintenant, je dois avouer que, malgré les preuves si nombreuses et si précises accumulées par l'auteur, il me reste encore quelques doutes. Je me demande si l'opinion qui oppose Aristote et Platon est un préjugé aussi déraisonnable que le dit M. Ch. Thurot : « Quoique Aristote, dit-il, ait *complètement adopté les principes* de la politique platonicienne, on s'obstine encore à opposer la politique *expérimentale et utilitaire* d'Aristote à la politique *idéaliste* de Platon. » Eh bien ! je me demande si cette obstination n'a pas sa raison ; si, dans le fond des choses, ce préjugé ne serait pas la vérité ; et enfin s'il n'est pas bien exagéré de dire qu'Aristote a complètement adopté en politique les principes de Platon.

Il faut bien distinguer, ce me semble, dans un auteur, les idées qui lui viennent de son temps, de ses habitudes, de son éducation, de mille influences diverses qu'il ne peut secouer, et les idées qui viennent de son génie propre, de sa personnalité. C'est là, je crois, le nœud de la question. Qu'Aristote, né Grec, et ayant été vingt ans, dit-on, disciple de Platon, ait eu en commun avec lui des idées et des tendances d'esprit qui étaient essentiellement grecques, et dont il ne pouvait pas plus se défaire que de ses mœurs et de sa langue, c'est ce qui n'a pas lieu d'étonner. Qu'il ait en outre été fidèle à certaines traditions de l'école platonicienne, de laquelle il avait reçu une si profonde empreinte, et que, malgré tous ses efforts pour s'en délivrer et pour se distinguer de son maître, il ait conservé presque sans le savoir, et surtout sans le vouloir, beaucoup de ses principes, c'est encore ce qui est non seulement facile à comprendre, mais très vraisemblable. Mais est-ce bien là qu'il faut chercher le génie propre d'Aristote et sa vraie pensée ? Et ne pourrait-il pas se faire que, malgré tant de ressemblances apparentes, les dissemblances fussent plus grandes encore, et fussent précisément la vraie marque du génie de chacun ? En un mot, on est tenté de croire qu'en composant son idéal politique, Aristote ne fit autre chose qu'obéir à une habitude grecque, et à ce que j'appellerai une sorte de lieu commun dont on ne pouvait pas plus s'affranchir que nos tragiques de la règle des unités ; que ce n'est pas là qu'il mit son génie ; et en effet cet idéal n'a rien d'original, ni d'intéressant. Qui connaît la *République* d'Aristote, et qui ne connaît celle de Platon ? Sans doute le fond moral qui anime ces deux politiques est quelque chose de remarquable ; et il est très vrai qu'Aristote, tout comme Platon, a donné la vertu comme objet principal ou même exclusif de l'État. Sa politique n'est certainement pas *utilitaire*, mais elle est *expérimentale*, et l'idéal n'y est guère autre chose qu'une machine de convention. Comparez ce livre qui traite de l'idéal politique, et qui ne nous retrace qu'une sorte d'État vague, sans physionomie ni couleur, au premier livre de la *Politique*, ce livre incomparable, où Aristote analyse si merveilleusement la société et la famille ; au troisième livre, où il analyse, toujours par la même méthode, le citoyen et la souveraineté, et l'on verra la différence qu'il y a pour un auteur entre obéir à son propre génie ou à une habitude consacrée. Dans les deux livres que je viens de citer, Aristote est lui-même ; il est sans modèle dans l'antiquité ; il crée vraiment la politique d'observation comme science. Qu'y a-t-il d'étonnant que ce soit par là qu'il ait frappé les esprits, et que l'on se soit habitué à le caractériser lui-même ?

Il ne faut pas sans doute refuser de reconnaître que déjà dans Platon, sous le rapport de l'observation politique, il y a des parties très remarquables : par exemple, le huitième livre de la *République*, sur les révolutions des États, a été à peine surpassé par Aristote dans le dernier livre de la *Politique*. Il y a aussi dans les *Lois* beaucoup d'excellentes vues. Cependant il est permis de dire qu'en général Platon procède beaucoup plus par *construction* que par *observation*. Il aime à faire des plans de républiques. Il est plutôt législateur que savant : il semble plutôt donner des projets pour l'éducation des cités, que chercher à découvrir les lois générales des États : c'est un architecte politique. Aristote est un naturaliste. Je crois que cette distinction restera la vraie, malgré tous les rapprochements. Ces rapprochements, d'ailleurs, sont très utiles pour restreindre et préciser l'opposition de ces deux grands génies ; mais ils ne doivent pas la faire disparaître.

J'ajoute que ce n'est pas seulement par la méthode, mais encore par le fond des choses, que la *Politique* d'Aristote s'éloigne de celle de Platon ; elle est infiniment plus libérale et populaire ; et le royaliste Hobbes a pu dire, avec quelque apparence de raison, que c'est par la *Politique* d'Aristote que les idées démocratiques se sont répandues dans l'Occident. Dans le dialogue du *Politique*, Platon avoue ses prédilections pour la monarchie paternelle ; il voit dans le roi le pasteur des peuples, l'éducateur des peuples, et il lui confère le droit de faire leur bonheur, *avec ou sans lois, de gré ou de force*. La *République* a un caractère oriental et théocratique qui ne peut être contesté. Il est clair que la classe des philosophes correspond à la caste des prêtres en Orient. On voit que dans les idées de Platon le pouvoir vient toujours d'en haut, et est une véritable tutelle. Il confond la famille et l'État, et donne à l'État le gouvernement de la famille. Dans les *Lois*, à la vérité, il se rapproche des institutions grecques et populaires, mais c'est à regret, et en faisant le moins de concessions possible. Aristote, au contraire, n'a aucune prédilection pour les idées d'autocratie, ou même d'aristocratie exclusive. Il définit l'État, une réunion d'hommes libres et égaux. Il distingue soigneusement la famille et l'État, en ce que l'une repose sur l'autorité et l'obéissance, l'autre sur l'égalité et la liberté. Dans sa théorie de la souveraineté, il se prononce (toujours avec les réserves d'un esprit pratique) pour la souveraineté du plus grand nombre ; il place l'autorité de la loi bien au-dessus de l'autorité de l'homme. Il comprend et admet la monarchie comme toute forme de gouvernement ; mais son vrai idéal est une république tempérée, fondée sur les classes moyennes. Sans doute il n'est pas moins sévère que Platon, pour le travail manuel, et il l'exclut rigoureusement des droits de cité : mais en cela il obéit au génie de l'antiquité. Toute part faite aux préjugés de son temps, il est, si l'on peut dire, un libéral. Platon, au contraire, se montre partout partisan du principe d'autorité. Je crois donc qu'il est exagéré de dire qu'Aristote a complètement adopté en politique les principes de Platon. Ce qui reste vrai, c'est qu'Aristote, malgré sa prédilection pour le résultat expérimental, a cependant eu un idéal en politique ; et que Platon, tout idéaliste qu'il fût, n'en a pas moins été aussi un grand observateur. Le génie est toujours complet, même lorsqu'il se développe de préférence dans un sens plutôt que dans un autre.

P.-S. Mon savant et regrettable ami Ch. Thurot, en examinant mon ouvrage dans la *Revue critique*, a accédé à quelques-unes de mes objections, mais il a répondu aux autres. Je me fais un plaisir de mettre sa réponse sous les yeux du lecteur :

« J'accorde à M. J. que j'ai exagéré en disant qu'Aristote « a com-
« plètement adopté en politique les principes de Platon », mais il
me semble exagérer à son tour en sens contraire quand il dit (p. 253),
qu'« en composant son idéal politique, Aristote ne fit autre chose
« qu'obéir à une habitude grecque et à ce que j'appellerai une sorte
« de lieu commun dont on ne pouvait pas plus s'affranchir que nos
« tragiques de la règle des unités », que (p. 254) « l'idéal n'y est guère
« autre chose qu'une machine de convention », enfin (p. 274), qu'A-
« ristote disserte sans modèle et sans idéal sur les diverses espèces
« de cités et leurs divers systèmes de gouvernement », qu'il (p. 254)
« est un naturaliste ». Je n'examinerai pas ici si l'idéal politique
d'Aristote n'est ni original ni intéressant, si Aristote n'est pas supérieur dans les parties d'analyse et d'observation. Cela peut expliquer
le préjugé répandu sur le caractère de sa politique ; mais cela ne le
justifie pas. Le fait est qu'Aristote a un idéal en politique, un idéal
beaucoup moins éloigné de celui de Platon que des principes de nos
sociétés modernes, et un idéal d'après lequel il juge les différents
gouvernements. Enfin la politique n'est pas pour lui une science
d'observation et de spéculation, son but est la pratique, ainsi qu'il
le dit lui-même (*Eth. Nicom*, l. I, 1095 a. 5) ; et il s'en montre constamment préoccupé dans son ouvrage. »

CHAPITRE IV

LE STOICISME. — CICÉRON.

Erreurs et lacunes des doctrines de Platon et d'Aristote. — Les cyniques ; les épicuriens ; les académiciens. — Le stoïcisme. — Principe de la liberté intérieure. — Principe de l'harmonie des êtres et de la cité universelle. — Théorie de la loi et du droit. — Principes de sociabilité. — Polémique contre l'esclavage. — Politique. — Polybe et Cicéron.— Théorie de la constitution romaine. — Théorie des gouvernements mixtes. — Influence du stoïcisme sur le droit romain. — Théories sociales et politiques des jurisconsultes de l'empire. — Fin de l'antiquité.

Deux erreurs fondamentales, l'absolutisme de l'État et l'esclavage, communes l'une et l'autre à Platon et à Aristote, mais l'une exagérée par Platon, et l'autre par Aristote, corrompaient évidemment jusqu'à leur source même leur morale et leur politique. Au lieu de découvrir mieux que le présent, et d'entrevoir quelque chose de l'avenir, ils ne tournèrent leurs regards que vers le passé. Ils prirent pour la vérité absolue les erreurs passagères d'une société imparfaite, et encore barbare : ils eurent surtout le tort de ne pas comprendre quelques-uns des signes nouveaux qui se manifestaient alors, d'avoir trop oublié les traditions de Socrate, dont la vie et la mort auraient dû faire comprendre à Platon que l'État n'est pas tout, et dont quelques paroles admirables, que nous avons citées, devaient apprendre à Aristote que le travail n'est pas servile.

Il restait donc deux erreurs à combattre, deux vérités à

introduire dans la philosophie morale et politique des anciens:
1° apprendre à l'homme qu'il est quelque chose en dehors de
l'État ; 2° généraliser le titre d'homme, et étendre à tous les
hommes cette amitié que Platon et Aristote n'avaient supposée
qu'entre quelques hommes de privilège et de loisir. Telle
fut l'œuvre du stoïcisme, que nous considérerons surtout par
ces deux côtés.

LE CYNISME. — Avant le stoïcisme, une école grossière et
assez méprisée, mais qui eut quelques lueurs de grandeur,
avait tenté déjà de rompre les liens artificiels qui dans l'antiquité enchaînaient l'homme à l'État : c'est l'école cynique (1).
Fondée par un νόθος, Antisthène, rendue célèbre par les extra-
vagances et les mots heureux d'un Diogène exilé, mendiant,
esclave, cette école fut évidemment une protestation des
classes populaires et méprisées contre la philosophie aristocratique de Platon et des autres socratiques. Enseignée au
Cynosarge, lieu consacré exclusivement aux νόθοι, où ils
avaient leur temple, leur gymnase, leur tribunal, cette philosophie énergique et insolente est plutôt ennemie des lois et de
la société, que vraiment amie de l'humanité. Diogène disait, il
est vrai, qu'il était citoyen du monde, et que le seul gouvernement digne de notre admiration était le gouvernement de
l'univers (2). Mais ces belles paroles ne cachaient peut-être
qu'un grossier égoïsme. Ennemi de la patrie, de la famille, de la
propriété (3), on ne voit pas par quels liens le cynique se serait
rattaché aux autres hommes. Il ne plaçait la vertu que dans
la force à souffrir les privations, et dans l'indépendance de
toutes les lois sociales. Il n'y avait là aucun principe de fraternité et de sociabilité. Néanmoins le cynisme, en attaquant les
distinctions artificielles maintenues par les lois, et en montrant

(1) Voy. sur l'école cynique et sur ses rapports avec le stoïcisme,
la savante thèse de M. Chappuis, *Antisthène*, Paris, 1833.
(2) Diog. Laert. VI, 68, 72, 93.
(3). Diog. Laert. 27, 59. Pour la facilité des mœurs d'Antisthène,
voyez Xén. *ibid*, Conv., 4, 38.

des philosophes affranchis, esclaves, mendiants, servit dans
une certaine mesure à changer les idées de l'antiquité, et à
préparer le stoïcisme.

L'ÉPICURISME. — L'épicurisme a également contribué, comme
le cynisme, et aussi d'une manière négative, à préparer une
morale plus large et plus humaine que la morale antique, en
combattant le patriotisme étroit et l'esprit de cité qui étaient
la base de la société. Leur politique était tout égoïste, et
consistait à se désintéresser des choses publiques : « Ne nous
occupons pas, disait Métrodore, de sauver la Grèce ni de
mériter des couronnes civiques. La seule couronne désirable est
celle de la sagesse. » Ils raillaient les systèmes de philosophie
politique : « Certains sages, disaient-ils, se sont avisés de
vouloir faire les Lycurgue et les Solon, prétendant régenter
les États selon les lois de la raison et de la vertu. » Ce désintéressement abstrait à l'égard de la patrie et des autres institutions antiques avait au moins un avantage : c'était d'affaiblir
les préjugés liés à ces institutions ; par exemple, le préjugé
contre les étrangers et contre les esclaves. Selon Épicure,
l'homme politique doit mêler à la nation le plus d'étrangers
possible. Pour les autres, il ne doit les traiter ni en ennemis
ni en étrangers. Épicure recommandait au sage également la
douceur envers les esclaves. Il les instruira, et philosophera
avec eux. C'est un ami d'une condition plus humble ; c'est par
une bienveillance réciproque, suivant Métrodore, que l'esclave
cessera d'être une possession incommode (1).

Malgré l'éloignement des épicuriens pour la science politique, c'est cependant à cette école qu'est due la première
idée d'une conception qui a joué un grand rôle dans l'histoire
de la science politique, la doctrine du *Contrat* (2) : « Le droit,
disait Épicure, n'est autre chose qu'un pacte d'utilité, dont

(1) Pour ces différents textes, voir Denis, *Histoire des doctrines
morales dans l'antiquité*, t. I, p. 299 et suiv.
(2) Voir Guyau, *la Morale d'Épicure*, p. 147, et Denis, p. 417.

l'objet est que nous ne nous lésions point réciproquement et
que nous ne soyons pas lésés (1). »

Il affirmait encore que la « justice n'existe pas en soi
οὐ τι καθ'αὐτὸ. Elle n'existe que dans les contrats mutuels,
et s'établit partout où il y a engagement réciproque de ne
point léser et de ne point être lésé. » Point de société, point
de droit : « A l'égard des êtres qui ne peuvent faire de
contrats, il n'y a rien de juste ni d'injuste. De même pour les
peuples qui n'ont pas pu ou n'ont pas voulu faire de contrats. »
Il disait encore que « s'il pouvait y avoir des contrats entre
nous et les animaux, il serait beau que la justice s'étendît
jusque-là ». La justice est donc fondée par la convention et
la convention a pour objet l'utilité réciproque. Nous retrouverons plus tard ces principes dans l'histoire de la politique
moderne. Hobbes en construira le système de la manière la
plus savante et la plus conséquente.

A défaut d'un système de politique, nous trouvons dans
Lucrèce une histoire de la société, analogue à celle qu'ima-
ginait Calliclès dans le *Gorgias* de Platon. Le poète nous
expose, en termes magnifiques, la fondation des villes, l'institution des royautés, la division des propriétés particulières.
D'abord le courage et la beauté du corps furent les principales distinctions qui assurèrent la prééminence; mais bientôt
la richesse ôta l'empire à la force et à la beauté. L'amour de
la richesse et de la domination donna naissance à la tyrannie, et la tyrannie provoqua la révolte : « Bientôt les rois
furent mis à mort, et l'antique majesté des trônes et les
sceptres superbes tombèrent renversés; la couronne ensan-
glantée pleurait, sous les pieds des peuples, sa splendeur
passée : car on outrage avec plus de fureur ce qu'on a craint
trop longtemps. Comme chacun aspirait en même temps à la
domination, on institua des magistrats, et l'on fixa des

---

(1) Τῇ τος φύσεως δίκαιον ἔστι σύμβολον τοῦ συμφέροντος εἰς τὸ μὴ
βλάπτειν ἀλλήλους μηδὲ βλάπτεσθαι. D. Laert., X, 150.

droits pour qu'ils fussent obligés d'obéir aux lois ; sans cela, le genre humain fatigué eût péri par la discorde ; chacun cherchait la vengeance; la violence répondait'à la violence ; l'injure retombait sur celui qui l'avait faite. Aussi les hommes fatigués se précipitèrent d'eux-mêmes sous le joug des lois. » Voilà l'histoire de la société politique. La force créa les royautés, la force les renversa, et une crainte réciproque donna naissance aux magistratures. Tel est le tableau de Lucrèce. Dans le vague de ce récit poétique, il ne faut pas chercher de système rigoureux : on y entrevoit cependant les premiers linéaments du système politique de Hobbes. Le plus clair, c'est que le principe péripatéticien de la sociabilité naturelle des hommes est tout à fait oublié dans cette histoire et devait l'être, car il n'a point sa raison dans la philosophie d'Épicure.

LES ACADÉMICIENS. — En même temps que les épicuriens et comme eux, l'école académicienne, de plus en plus éloignée des principes de Platon, combattait l'existence du droit naturel à l'aide d'objections et d'arguments qui sont devenus depuis le lieu commun des écoles sceptiques. On sait l'histoire de Carnéade, le philosophe grec, envoyé à Rome par Athènes pour plaider les intérêts de la ville et qui, devant les vieux sénateurs séduits à la fois et étonnés, plaida, dit-on, le pour et le contre, en défendant le premier jour la cause de la justice et en la réfutant le lendemain (1). Nous ne connaissons pas le

----

(1) Cicéron, *De rep.*, I, 101. — L'un de nos plus fins moralistes, M. C. Martha, dans ses *Études morales sur l'antiquité* (Paris 1883, p. 94) a présenté une adroite et spécieuse apologie de Carnéade dans laquelle il y a sans doute beaucoup de vrai. Il est très vrai que Carnéade a pu sans être un sophiste, plaider à la fois le pour et le contre, en exposant un jour une doctrine qu'il réfutait le lendemain. C'est ce que nous faisons tous les jours nous-mêmes dans nos cours. Il est vrai encore que Carnéade n'était pas un rhéteur frivole en inventant l'argument tiré de la diversité des mœurs et des opinions, argument dont Pascal a fait un usage si hardi et si profond, et que nous avons encore tant de mal à réfuter aujourd'hui. L'opposition de la sagesse et de la vertu que nous rencontrons à chaque pas dans la vie n'est pas non plus d'un observateur médiocre. Enfin, il faut aussi recon-

premier de ces discours, mais Cicéron nous a conservé
quelques passages importants du second. Nous voyons, par
exemple, qu'il arguait contre l'existence d'une justice absolue
de la contradiction des opinions humaines : « S'il existait un
droit naturel, disait-il, les hommes qui s'accordent sur le
chaud et sur le froid, le doux et l'amer, s'accorderaient
aussi sur le juste et l'injuste ; mais parcourez le monde et vous
verrez quelle est la diversité entre les mœurs des peuples,
leurs opinions, leurs religions. Ici le vol est un honneur, là un
mal. Les Carthaginois, dans leur piété barbare, immolent des
hommes. Les Crétois mettent leur gloire dans le brigandage. »
On reconnaît l'argument que Pascal a mis en formule dans
ces mots célèbres : « Vérité en deçà des Pyrénées ; erreur
au delà. » Puis Carnéade mettait en contradiction la sagesse et
la justice. Celui qui, voulant vendre un manoir, commencerait
par en dévoiler les défauts, ne serait juste qu'en manquant de
sagesse et de prudence. Transportant cette question dans
la politique, il disait : « Quel est l'État assez aveugle pour ne
pas préférer l'injustice qui le fait régner à la justice qui le
rendrait esclave ? » Il fortifiait sa thèse par un argument non
pas *ad hominem*, dit M. Martha, mais *ad populum roma-*
num. « Tous les peuples, disait-il, qui ont possédé l'univers,
et les Romains eux-mêmes maîtres du monde, s'ils voulaient
être justes, c'est-à-dire restituer les biens d'autrui, en revien-
draient aux cabanes et n'auraient plus qu'à se résigner aux
misères de la pauvreté. » On voit que cette politique renouvelée des sophistes n'était autre que le droit du plus fort.

---

naître que le machiavélisme, quelles que soient les protestations
apparentes des politiques, est resté et restera encore longtemps dans
la pratique l'arme de tous les gouvernements. On avouera donc
que l'homme qui dévoilait si nettement et si hardiment les maximes
de la vie réelle sans trop se soucier des belles utopies morales des
écoles idéalistes, n'était pas un penseur méprisable. Nous accordons
tout cela à M. Martha ; mais il ne s'ensuit nullement que dans le
fond des choses Carnéade ait eu raison ; et il restera toujours vrai
que la philosophie stoïcienne a une tout autre volée.

Ainsi les disciples de Platon en revenaient à la morale et à la
politique de Gorgias et de Calliclès.

LE STOÏCISME. — Pendant que le cynisme, l'épicurisme,
l'académisme affaiblissaient les liens de la société antique, et,
en énervant le principe de la morale, travaillaient sans le
savoir à préparer l'avènement d'une conception plus vaste de
la justice, une autre école plus mâle et plus austère, qui a
laissé le renom d'une école de grandeur d'âme, apportait une
part bien autrement importante au renouvellement moral et
social de l'humanité : « Il semblait, dit Montesquieu, que la
nature humaine eût fait un effort pour produire d'elle-même
cette secte admirable qui était comme ces plantes que
la terre fait naître dans des lieux que le ciel n'a jamais
vus (1). »

L'idée fondamentale du stoïcisme, idée déjà émise par
Socrate et par Platon, mais que les premiers stoïciens, Zénon,
Chrysippe et Cléanthe, ont exprimée avec bien plus de précision et un développement plus philosophique, c'est l'idée
d'une justice naturelle, d'un droit naturel qui a son fondement
dans l'essence même de l'homme et dans sa parenté avec la
divinité. « La loi, disait Chrysippe, est la reine de toutes les
choses divines et humaines, l'arbitre du bien et du mal, du
juste et de l'injuste, la souveraine maîtresse des animaux
sociables par nature. Elle commande ce qui doit être fait et
défend le contraire. » Quel est le principe de la loi ou de la
justice ? C'est Dieu ou Jupiter : « On ne peut trouver, disait
Chrysippe, un autre principe de la justice que Jupiter ou la
nature première ou universelle. Et l'on ne doit pas dire seulement avec Orphée que la justice est assise à la droite de
Jupiter ; il est lui-même le droit et la justice ; il est la plus
antique et la plus parfaite des lois. » Cette loi, étant elle-même
la droite raison, unit tous ceux qui ont la raison en partage :
« Or, tous les hommes possèdent la raison qui est une dans

(1) *Grandeur et décadence des Romains*, ch. XVI.

son principe ; donc tous les hommes sont capables de la loi et
de la même loi » (1).

Les doctrines du stoïcisme sur la loi naturelle trouvèrent à
Rome, dans Cicéron, un interprète ou même un promoteur de
génie. Le *De legibus* est un livre tout stoïcien et, selon toute
apparence, traduit en partie des stoïciens (2). C'est le premier
traité de droit naturel que nous présente l'histoire de la
philosophie ; au moins le livre Iᵉʳ de cet ouvrage était-il tout
entier consacré aux principes du droit. Ces principes sont ceux
que nous venons de résumer d'après les premiers stoïciens.
Cicéron les proclamait et, de plus, il les défendait contre les
objections des académiciens et de Carnéade rapportées plus
haut et que nous ne connaissons que par lui. La science du
droit, dit-il, ne se tire pas des édits des préteurs ni de la loi
des Douze Tables, mais de la philosophie même, *ex intima
philosophia*. Or, la philosophie nous apprend qu'il y a dans
tous les hommes une raison commune ; cette raison, c'est la
loi même ; elle est chez tous les hommes, elle leur parle à
tous le même langage ; elle vient de Dieu et nous unit à lui.
Ce n'est pas une loi écrite, elle est née avec nous ; nous ne
l'avons pas apprise, reçue d'autrui, lue dans les livres ; nous
l'avons trouvée et puisée dans la nature même. C'est de cette
loi qu'émane le droit. Le droit, c'est la raison ; comme elle, il
est divin ; comme elle, il est invariable, fondé dans la nature
non dans l'opinion. Il est absurde de supposer que la justice
repose sur les institutions et sur les lois des peuples. Eh quoi!
si les lois sont faites par des tyrans! Qu'importe que ce soit ou
un seul homme, ou plusieurs, ou tous ? Si tous les Athéniens
avaient approuvé des lois tyranniques, auraient-elles paru justes
par cette raison? Il n'y a de justice que celle qui est fondée sur la
nature : ce qu'un intérêt établit, un autre le détruit. Si les
volontés du peuple, si les décrets des chefs de l'État, si les

(1) Denis, *Histoire des doctrines morales de l'antiquité*, t. I p. 343.
(2) Voir Thiaucourt, *Essai sur les Traités philosophiques de Cicéron
et leurs sources grecques* (Paris 1885), p. 28.

sentences des juges établissaient le juste et l'injuste, ils
pourraient rendre juste le brigandage, l'adultère, le faux.
Pour commettre un crime avec justice, il suffirait d'avoir les
suffrages de la multitude! Tout ce qui est bon a sa raison en
soi-même et dans la nature. Juge-t-on du vrai et du faux par
leurs conséquences? Non, mais par leurs qualités intrinsè-
ques. Il en est de même de la vertu, qui n'est que la nature
perfectionnée par la raison. Il en est de même du droit,
car ce qui est juste est vrai (1).

Ainsi, au-dessus de l'État, il y a la raison, le droit, la loi.
Les États particuliers ne sont que des membres d'un grand
tout, gouverné par la raison. Voilà l'État véritable, voilà l'idéal
de l'État, voilà cette république universelle que Zénon rêvait
entre tous les peuples, supprimant, dans son utopie, les cités
particulières, comme Platon la famille et la propriété (2).

Dans cet ordre d'idées, Marc-Aurèle disait : Il n'y a qu'un
seul monde, un seul Dieu, une seule loi, une seule vérité.
De même qu'il n'y a qu'une seule lumière, quoiqu'elle paraisse
se diviser sur les murailles, sur les montagnes et sur les
objets divers, il n'y a qu'une âme qui se partage entre les
êtres intelligents (3). Tous les êtres tendent à s'unir, la terre
avec la terre, l'eau avec l'eau, et l'air avec l'air : les animaux
se rassemblent, les abeilles, les poussins, les grands troupeaux sont des sociétés qui nous présentent le modèle de ce
que doit être la nôtre (4). Un poète a dit dans une pièce de
théâtre : « O chère cité de Cécrops! » Chère cité de Jupiter,
s'écrie Marc-Aurèle (5). Ce lien universel est si étroit qu'il ne
peut rien arriver de bon ou d'utile à chacun, qui ne soit bon à
l'univers. Ce qui est utile à l'abeille est utile à la ruche; et

(1) Voy. Cicér. *De leg*, l. I, tout entier.
(2) Zénon (D. l. VII, 4, 37), et, avant lui, Chrysippe (D. l. VII, 131),
fidèles en cela aux traditions du cynisme, soutenaient à la fois le
communisme et le cosmopolitisme.
(3) Marc. Ant. l. XII, xxx.
(4) *Ib.*, l. IX, ix.
(5) *Ib.*, l. IV, xxiii.

réciproquement ce qui est utile à la ruche est utile à l'abeille (1). Celui qui se sépare autant qu'il est en lui du reste de l'univers, soit en s'indignant contre les accidents de la vie, soit en commettant quelque injustice, est semblable à un bras, un pied, une tête, coupés et séparés du corps (2). Il ne suffit pas de dire : je suis une partie du tout ; il faut dire : je suis une partie du corps de la société humaine, et en général de la nature. Si l'univers entier forme une seule famille, à plus forte raison cela est-il vrai du genre humain. « *Homo sum et nihil humani à me alienum puto.* » Ce beau mot de Térence est le cri du stoïcisme. Il faut aimer l'homme, par cela seul qu'il est homme (3). Tous les hommes sont parents ; et comme leur mère commune est la nature, c'est-à-dire la raison de Dieu, commettre une injustice envers les hommes est une impiété (4).

Ce n'était pas là seulement une utopie. Déjà, l'idée d'un droit des gens, *jus gentium* (5), c'est-à-dire d'une justice entre les divers peuples, qui vient tempérer et purifier les droits de la guerre, commence à s'introduire dans les esprits. Le *De officiis*, de Cicéron, est le premier écrit, chez les anciens, où ce principe d'une justice que l'on doit même à l'ennemi commence à se faire jour. Le droit fécial des Romains en était la première forme (6). Cicéron, s'appuyant sur l'autorité de ce droit sacré,

(1). *Ib.*, l. VI, LIV.
(2) *Ib.*, l. VIII, XXXIV.
(3) Cic. *De offic.*, l. III, VI. Ob eam ipsam causam quid homo sit.
(4) Marc. Ant., l. IX, I. Sén. *ad Lucil.*, 91 : Totum hoc, quo continemur, unum est et Deus ; et socii sumus ejus et membra..... 95. Natura nos cognatos edidit.
(5) M. Egger, dans son curieux mémoire sur les *Traités publics dans l'antiquité*, qui est en réalité une vraie histoire du droit des gens chez les anciens, fait remarquer avec raison (p. 96) que le mot *jus gentium* , chez les Latins, ne signifie pas seulement les règles de droit commun chez les peuples, en opposition au droit civil des Romains, mais encore le droit que les peuples observent les uns à l'égard des autres. (Tite-Live I, XIV ; IV, XVII, XIX, XXII ; V, V, XXXVI, LI. — Sallust. Fragm. hist. id. Burnouf, p. 397. — Tacite, *Ann.* I, XLI. — Q. Curt. IV, II, § 17.)
(6) *De offic.* I, XI. Belli quidem æquitas sanctissime feciali populi romani jure perscripta est.

recommande à ses concitoyens, à l'exemple de leurs ancêtres, le respect des nations ennemies, la loyauté dans les alliances. Il ne veut pas que, dans l'exécution d'un traité, l'on sacrifie l'esprit à la lettre (1). Il ne veut pas qu'on éternise la guerre, quand la paix est sans péril (2). Il flétrit l'habileté d'un certain Q. Fabius Labiénus qui, chargé de terminer une contestation de territoire entre Noles et Naples, avait adjugé à Rome l'objet du débat (3). Ainsi commençait à se faire jour l'idée d'une certaine fraternité entre les peuples, idée si ignorée des âges barbares, où l'étranger n'est autre chose que l'ennemi (4).

Il est aisé de comprendre que les principes précédents, si peu favorables aux préjugés de cité, devaient l'être encore moins à la doctrine de l'esclavage. Si le sage seul est vraiment libre, s'il est libre dans la pauvreté, dans la captivité, dans la servitude, si Épictète est plus libre que son maître, s'il y a une liberté inviolable que ni la loi, ni la force, ni aucun accident extérieur ne peuvent faire fléchir, si enfin le seul esclavage est l'esclavage des passions, n'est-il pas évident que l'esclavage légal est une oppression, l'abus de la force, la honte de celui qui l'impose et non pas de celui qui le subit? Si tous les hommes sont parents, s'ils sont tous d'une même famille et d'une même race, s'ils ont une même raison, une même nature, un même auteur, comment croire qu'il soit permis aux uns d'opprimer les autres et de les réduire en servitude? Le stoïcisme n'eût-il pas déduit ces conséquences, elles se déduisaient d'elles-mêmes, par la force des choses, des principes posés.

On peut, à la vérité, mettre en question si le stoïcisme primitif a combattu l'esclavage. Un seul texte de Zénon ne

_____

(1) *De offic.* I, x..... ut ille qui, quum tringinta dierum essent cum hoste induciæ factæ, noctu populabatur agros, quod diurnæ essent pactæ, non noctivæ induciæ.

(2) *Ib.*, I, xi.... paci, quæ nihil habitura sit insidiarum semper est consulendum.

(3) I, x.

(4) On sait qu'*hostis* avait les deux sens.

suffirait pas peut-être pour conclure à l'affirmative (1). Mais dans les stoïciens romains, l'hésitation n'est plus possible. Je citerai les deux passages les plus importants : celui de Sénèque et celui d'Épictète. Tout le monde connaît ce beau morceau de Sénèque : « Ils sont esclaves? dites qu'ils sont hommes. Ils sont esclaves? Ils le sont comme toi! Celui que tu appelles esclave est né de la même semence que toi, il jouit du même ciel, respire le même air, vit et meurt comme toi (2). » Épictète est encore plus fort : il s'empare du principe même d'Aristote, pour le tourner contre l'esclavage. « Il n'y a d'esclave aturel que celui qui ne participe pas à la raison ; or cela n'est vrai que des bêtes et non des hommes. L'âne est un esclave destiné par la nature à porter nos fardeaux, parce qu'il n'a point en partage la raison et l'usage de sa volonté. Que si ce don lui eût été fait, l'âne se refuserait légitimement à notre empire, et serait un être égal et semblable à nous (3). » Épictète s'appuie encore sur le principe que nous ne devons pas vouloir aux autres hommes ce que nous ne voulons pas pour nous-mêmes. Or, nul ne veut être esclave ; pourquoi donc se servir des autres comme d'esclaves? Telles étaient les pensées d'Épictète et de Sénèque sur l'esclavage. Mais, par une rencontre qui prouvait encore mieux que toutes ces maximes l'égalité naturelle des hommes, les deux plus beaux génies du stoïcisme à Rome se trouvèrent aux deux extrémités des conditions sociales : Epictète, Marc-Aurèle, un esclave, un empereur, animés d'une foi commune, étaient sans doute un merveilleux témoignage de cette nouvelle fraternité, dogme commu des stoïciens et des chrétiens ; et, par un renversement qui confondait tout, la Providence avait voulu que l'esclave fût le maître, et l'empereur le disciple.

(1) Voici le texte de Zénon : « Il, y a, dit-il, tel esclavage qui vient de la conquête, et tel autre qui vient d'un achat; à l'un et à l'autre correspond le droit du maître, et ce droit est mauvais. » (Diog. Laert. VII, 1, 122).
(2) Sén. ad. Luc. 47.
(3) Arr. Ent. d'Épict , II, 8,

Le plan de cet ouvrage ne nous permet pas d'insister sur un point qui nous paraît aujourd'hui bien démontré, c'est que le principe de la sociabilité a été compris par les derniers stoïciens de la manière la plus large ; que d'Aristote à Marc-Aurèle, la philosophie ancienne a toujours été en développant les idées d'humanité, de bienveillance, d'égalité. La seule question qui, pour quelques esprits, semble encore en suspens, c'est de savoir si la philosophie ancienne est arrivée par elle-même à ces nouvelles conséquences, ou si elle les doit à une influence venue d'ailleurs. Or, à notre avis, pour celui qui étudie la philosophie antique dans tout son développement, la réponse ne saurait être douteuse. Que trouvez-vous en effet dans Platon ? Un principe qui, entendu dans toute sa force, suffirait à lui seul pour porter ces conséquences dont on s'étonne : c'est qu'il y a une société naturelle entre l'homme et Dieu ; c'est que l'objet de la science et de la vertu est Dieu. En plaçant si haut le principe et le modèle du bien, Platon affranchissait, sans le savoir, l'homme des fausses conventions, des lois arbitraires, du joug de l'inégalité. Mais il ne vit pas ces conséquences, et laissa le citoyen opprimé par l'État, tout en appelant le sage à une vertu idéale, supérieure à la vertu politique. Aristote va plus loin que Platon : il comprend admirablement le principe de la sociabilité : il dit que rien n'est plus doux pour l'homme que la société de l'homme ; il unit les hommes à la fois par la justice et par l'amitié ; enfin sa morale serait la morale universelle, s'il n'avait admis l'esclavage. Ainsi, quelles limites séparent la morale d'Aristote et de Platon de la morale des derniers stoïciens ? Deux choses : la cité et l'esclavage. Or, voyez, après Aristote, les révolutions qui mêlent et confondent tous les Etats, Alexandre en Asie, les Grecs en Égypte, en Syrie, jusque dans les Indes ; les Romains en Grèce, en Judée ; les Juifs et les Grecs à Rome : les républiques partout détruites, l'empire romain établissant partout l'unité ; en même temps, l'épicurisme dissolvant les liens politiques ; le stoïcisme for-

çant l'homme à rentrer en lui-même, à se séparer de la
nature, des accidents extérieurs de la pauvreté, de la misère,
de l'exil, de l'esclavage ; un Cléanthe travaillant de ses mains,
et tous les premiers stoïciens sortant des rangs les plus
humbles de la société : la doctrine de l'unité du monde, de la
république universelle, de la loi reine des mortels et des
immortels, formant de tous les hommes une même famille ; la
bienfaisance enfin proclamée par Cicéron, comme une vertu
égale à la justice. Je demande si, après trois ou quatre siècles
d'un pareil travail, il est étonnant que l'idée de la cité et celle
de l'esclavage se soient affaiblies, atténuées, évanouies enfin
dans cette philosophie humaine et généreuse que nous admirons. Je demande s'il est plus difficile à la raison humaine de
comprendre que les hommes sont frères, que de comprendre
que la fin dernière de la vertu est l'amour de Dieu. Or, saint
Augustin lui-même reconnaît que c'est là le fond de la philosophie de Platon.

Résumons cependant rapidement (1), les principaux progrès de la morale sociale sous l'influence du stoïcisme.
Nous avons parlé déjà de l'esclavage. Signalons maintenant
les idées stoïciennes ou déterminées par l'influence des
stoïciens sur la famille. Musonius (2) et Plutarque démontrent
que le mariage est la plus nécessaire, la plus antique, la plus
sainte des unions ; ils rejettent comme une impiété ce para-
doxe que le sage est délié du devoir de se marier. Le but
suprême du mariage c'est pour l'homme et la femme la communauté de la vie et des enfants. Ils s'associent pour vivre
ensemble, pour agir ensemble, pour engendrer ensemble, pour
nourrir et élever ensemble les fruits de leur union. Tout doit
être commun entre eux, les biens, le corps, l'âme, les enfants,
les amis et les dieux. Ils se doivent aide, assistance et affection

---

(1) Voir Denis, Ouv. cit. tom II, p. 112 et suivantes, et surtout le
développement de ce beau chapitre intitulé : *État moral et social du
monde grec et romain.*
(2) Stobée, LX, 25.

en toutes circonstances, dans les maladies comme dans la
santé, dans l'infortune comme dans le bonheur. Les stoïciens
établissaient l'égalité de l'homme et de la femme. « Tous les
êtres humains sont égaux, parce que tous participent à la
raison de Jupiter. L'étincelle divine, qui brille dans l'âme de
l'homme, brille aussi dans celle de la femme. Elle est la compagne et non la servante de l'homme. Elle ne partage pas
seulement sa table et son lit ; elle doit partager ses intérêts,
ses peines, ses tristesses et ses joies. » Sénèque commandait la
même fidélité au mari envers la femme qu'à la femme envers
son mari. Les devoirs envers l'enfant étaient enseignés aussi
bien qu'envers les parents, et le pouvoir abusif que l'ancienne
loi attribuait au père de famille ramené à des notions plus
saines et plus humaines. Musonius et Épictète s'élèvent contre
l'atroce usage de tuer et d'exposer les enfants : « C'est une
injustice, dit Sénèque, d'engendrer des enfants pour les
exposer et les abandonner à la charité du public. » — « Le
pouvoir paternel, disait l'empereur Adrien, consiste dans
l'amour et non dans l'atrocité. » Même les déclamations
des rhéteurs sont pleines de protestations contre l'abus du
pouvoir paternel. Le philosophe Musonius défendait aussi
l'indépendance et la conscience des enfants contre l'immoralité
des parents, et il admettait, dans ce cas, la désobéissance :
« En obéissant à ton père, tu n'obéis qu'à un mortel ; en
philosophant, tu n'obéis qu'à Dieu ; le choix est-il donc difficile ? » On commençait aussi à comprendre que l'abus du
pouvoir paternel était en même temps l'anéantissement du
droit de la mère. Cet enfant, dont le père disposait souverainement, n'était-il pas aussi l'enfant de la mère ? « Quoi
donc ! disait un rhéteur, la femme ne possédera-t-elle que par
la douleur ces enfants, qui ont tiré de ses entrailles la plus
grande partie de leur sang et de leur vie ? Exclue de tous les
conseils, où l'on ordonne de leur jeunesse, où l'on dispose de
leur sort, écartée comme une étrangère, elle ne sentira qu'ils
lui appartiennent, ainsi qu'à son mari, que par ses regrets et par

ses larmes. » En même temps qu'ils relevaient le rôle de la mère, les sages et les philosophes relevaient aussi la dignité et la pureté de la femme, en lui demandant en même temps des devoirs plus élevés. Ce n'était pas seulement la fidélité du corps, mais celle de l'âme qu'ils réclamaient : « Je n'appellerai point chaste, disait Sénèque, la femme qui ne garde la vertu que par crainte, et non par respect pour elle-même. » Favorinus, philosophe stoïcien, anticipe sur J.-J. Rousseau pour imposer aux mères le devoir de nourrir leurs enfants : « Quel est, disait-il, cette espèce de maternité imparfaite, de demi-maternité qui consiste à enfanter et à rejeter loin de soi le fruit de ses entrailles..... Crois-tu que la nature ait donné les mamelles à la femme non pour nourrir ses enfants, mais pour lui orner la poitrine ? » Un déclamateur disait encore en parlant de l'amour de la mère pour ses enfants : « Elle les voit et les aime, non par les yeux, mais par le cœur. Pour toute mère, il y a dans un fils je ne sais quoi de plus beau que l'homme. »

En même temps que la philosophie antique s'élevait à l'idée de la famille dans sa pureté, en même temps se développaient en elle l'idée et le sentiment de l'humanité. Par exemple, la pitié et la compassion, dont est fait d'ordinaire un sentiment exclusivement chrétien, trouve des accents vifs et touchants dans les écrivains de l'époque impériale, qu'on ne rencontrerait pas auparavant. « Y a-t-il un sentiment meilleur que la compassion, dit Quintilien..... Dieu veut que nous nous secourions mutuellement..... Secourir les malheureux, c'est bien mériter des choses humaines..... L'humanité est le mystère le plus grand et le plus sacré. » Juvénal dit d'une manière encore plus vive et plus touchante : « La nature manifeste qu'elle donne aux hommes un cœur sensible, en lui donnant des larmes. Quel est l'homme de bien qui regarde les maux d'autrui comme lui étant étrangers ? » Cette sensibilité conduisait à la tolérance et à l'indulgence : « Personne n'est exempt de fautes ; nous avons tous péché, disait un rhéteur,

nemo sine vitio, omnes peccavimus. » Un poète s'écrie :
« Malheureux ! quand aimerez-vous ? *Age infelix ! Quando
amabis ?* » De là le pardon des injures. « Une âme humaine,
dit Marc-Aurèle, est comme un cours d'eau pure, qu'un
passant s'aviserait de maudire. La source ne continue pas
moins à lui offrir une boisson salutaire, et, s'il y jette de la
boue et du fumier, elle se hâte de les rejeter sans en devenir
plus nuisible. »

L'amour des hommes et la bienfaisance, voilà une nouvelle
vertu, peu connue de l'antiquité classique : « Le plus grand
malheur, dit Juvénal, c'est de n'aimer personne et de n'être
aimé de personne. » Plutarque dit également : « Ne pas tirer
vengeance d'un ennemi, c'est humanité, mais en avoir compassion et le secourir, c'est bonté. » Un rhéteur disait également : « Mais c'est mon ennemi. — Eh ! quelle gloire y
aurait-il à n'avoir compassion que d'un ami ? » Enfin, nous
trouvons dans Sénèque des doctrines tellement chrétiennes,
qu'on les a crues inspirées par saint Paul, et qu'un père de
l'Église l'appelait notre Sénèque, *Seneca noster* : « C'est une
loi, dit-il, d'accorder aux autres ce que vous réclameriez pour
vous-même. Sois compatissant et miséricordieux, car la fortune est changeante..... C'est un homme et vous ne voudriez
pas que je le soutienne et que je le nourrisse ? C'est un devoir
de donner l'aumône à un mendiant, de jeter un peu de terre
sur un cadavre non enseveli, de tendre la main à ceux qui
sont tombés (1). »

En résumé, nous dit M. Denis, « l'unité du genre humain,
l'égalité des hommes, l'égale dignité de l'homme et de la
femme, le respect des droits des conjoints et des enfants,
la bienveillance, l'amour, la pureté dans la famille, la
tolérance et la charité envers nos semblables, l'humanité
en toute circonstance et même dans la terrible nécessité
de punir de mort les criminels, voilà le fonds d'idées qui

(1) Denis, p. 191.

remplit les livres des derniers stoïciens. » Cette philosophie ressemble à notre philosophie du xviiie siècle. Elle en
a la libéralité, la générosité, l'étendue. Évidemment le genre
humain était mûr pour la doctrine de l'amour et de la charité.

LA POLITIQUE. POLYBE ET CICÉRON. — De la morale, passons à
la politique. Le cosmopolitisme stoïcien conduisait naturellement à l'abstention et à l'indifférence (1) ; et quoique à
Rome, l'opposition politique se soit principalement recrutée
parmi les stoïciens, ce n'était là qu'une rencontre particulière
due aux circonstances. Au fond, le stoïcisme était une doctrine
morale et religieuse plus que politique. Il eut à l'égard de
la république ou de l'État une attitude à peu près semblable à
celle que prit plus tard le christianisme. Avant saint Augustin,
les stoïciens distinguaient déjà les deux cités, la cité du ciel et
la cité de la terre, et ils recommandaient de sacrifier la seconde
à la première (2).

La science politique ne fit donc pas de grands progrès chez
les stoïciens. Selon Cicéron, ils en avaient traité avec quelque
subtilité, mais d'une manière peu populaire et peu pratique.
C'est jusqu'à Cicéron lui-même qu'il faut aller pour trouver,
après Aristote, un traité politique de quelque importance ;
encore sa *République* ne nous est-elle parvenue que mutilée.
Telle qu'elle est, elle est du plus haut intérêt, sinon par son
originalité propre, au moins comme le seul ouvrage politique
qu'ait produit le génie romain.

(1) Plut., *Stoic. rep.* 20, 1. Τὸν σοφόν ἀπράγμονα εἶναι καὶ
ὀλιγοπράγμονα. Cependant ils faisaient une réserve pour la *République
parfaite*. Stob. Ecl. II, 186. Πολιτεύεσθαι τὸν σοφὸν καὶ μάλιστα ἐν
ταῖς τοιαύταις πολιτείαις ταῖς ἐμφαινούσαις τινὰ προκόπην πρὸς τὰς τελείας
πολιτείας. Mais de telles républiques, il n'y en a pas.
(2) Sén., *De Otio*, IV, 1 : Duas respublicas animo complectamur,
alteram magnam et vere publicam, qua Di atque homines conti-
nentur..... alteram cui nos ascripsit conditio nascendi. — Ep. 68, 2 :
Cum sapienti rempublicam ipso dignam dedimus, id est mundum,
non est extra rempublicam, etiamsi recesserit ; imo fortasse relicto
uno angulo in majora atque ampliora transit. — Cf. Epict. Dissert.
III, 22, 83. Sur le cosmopolitisme stoïcien, voyez Zeller, *die Philosophie der Griechen*, t. III, p. 275 sqq.

Qui ne croirait que ce peuple romain, d'une politique si prudente, si profonde, et si avisée, eût dû donner naissance à des publicistes de génie ? Il n'en fut rien. A Rome, la politique pratique fut admirable, et la science politique négligée : la gloire même d'avoir le premier analysé les ressorts de la constitution romaine n'appartient pas à un Romain, mais à un Grec ; et ce fut Polybe, l'historien des guerres puniques, qui ajouta ce beau chapitre à la politique d'Aristote. Cicéron, si l'on en juge du moins par les fragments mutilés de sa *République*, n'a guère fait que s'approprier et traduire dans sa belle langue les fortes considérations de Polybe (1).

Polybe reconnaît avec Aristote six espèces de gouvernement, trois bonnes et trois mauvaises. Il expose ensuite comme Platon, mais non pas tout à fait dans le même ordre, la succession des gouvernements. Il lui emprunte cette pensée que la société civile est née des débris du genre humain épargnés par les grandes inondations, les catastrophes physiques qui ont signalé l'origine du monde. Faibles, dépouillés, désarmés, les hommes se sont confiés à la protection du plus fort d'entre eux et du plus courageux. L'autorité ne fut donc d'abord que l'apanage de la force. Mais peu à peu les idées de l'honnête et du honteux, du juste et de l'injuste se répandirent dans les esprits. On vit des enfants trahir leurs parents et l'on condamna leur ingratitude : on vit un homme rendre le mal à celui dont il avait reçu le bien ; cette injustice blessa toutes les âmes. On applaudit au contraire celui qui, au péril de sa vie, essayait de défendre les faibles et de leur faire du bien sans aucune vue d'intérêt : ces différents faits inspiraient peu à peu au cœur et à l'esprit des hommes des sentiments et des jugements dont se devait former insensiblement la noble idée de la justice. Les chefs de cette société primitive cherchèrent d'abord à gouverner par l'équité plus que par la force, et changèrent la monarchie en royauté. Mais leurs descendants, enivrés par

(1) Polybe, l. VI, c. I, III, VIII, IX.

le long usage et les séductions éblouissantes d'une autorité sans limites, ne virent plus dans le pouvoir qu'une liberté de tout faire, au lieu de la charge difficile de faire le bien, et changèrent à leur tour la royauté en tyrannie. L'aristocratie succède à la tyrannie, l'oligarchie à l'aristocratie, la démocratie à l'oligarchie. Le peuple une fois maître se contente d'abord de la liberté et de l'égalité : mais bientôt il veut davantage : égaré par les ambitieux et par sa propre corruption, il aspire à la domination, il ne rêve que spoliation et brigandage ; il opprime à son tour, et par cet excès il appelle sur lui une nouvelle oppression : la passion l'aveugle et le livre à celui qui sait le séduire et l'enchaîner, il fournit lui-même les armes à de nouveaux tyrans. Ainsi s'accomplit le cercle du gouvernement des États.

On le voit, chacune de ces formes de gouvernement dégénère nécessairement et se change en son contraire. Comme la rouille naît avec le fer et les vers avec le bois, de même chaque espèce de constitution a en soi naturellement son vice, qui devient le principe de sa ruine. C'est pourquoi les plus sages législateurs ont cru conjurer ce malheur inévitable par une combinaison des trois gouvernements primitifs, afin de corriger leurs défauts les uns par les autres. Lycurgue est celui qui accomplit avec le plus d'art cet heureux dessein. Dans sa république, le roi, les grands, le peuple partagèrent la souveraine puissance, et ce partage, loin de causer la division, produisit un équilibre favorable au maintien de l'État. Chaque force tient l'autre en respect, et tout demeure stable comme un vaisseau que les vents poussent également de tous côtés. Le gouvernement de Rome est une application plus belle encore du même principe.

Polybe nous a laissé une admirable analyse de la constitution romaine à l'époque des guerres puniques. Il y retrouve les trois gouvernements, mêlés avec tant d'art, qu'il est impossible de distinguer si la constitution est monarchique, ou aristocratique, ou populaire : à considérer les consuls, vous diriez une monarchie ; le sénat, une aristocratie ; le peuple, une république : c'est un mélange de ces trois choses et un partage si ingénieux de la souveraineté entre les trois pouvoirs, que chacun est à la fois nécessaire aux deux autres, et ne peut à son tour se passer d'eux. Le consulat ou magistrature suprême est divisé entre deux chefs, qui, à la guerre, ont le pouvoir absolu, commandent dans la paix à tous les magistrats, président le sénat, convoquent les assemblées populaires, rédigent les rapports, font les sénatus-consultes et les lois de suffrages, et ont enfin toutes les apparences du pouvoir royal. Mais, outre que le pouvoir est divisé et annuel, ils dépendent du sénat et du peuple en tant de choses, qu'autant ils ont les mains libres pour le bien, autant ils les ont liées pour le mal. Le sénat par la disposition des deniers et des travaux publics, par le droit d'arrêter le consul au milieu de ses entreprises les plus avancées, et enfin par le privilège de décerner le triomphe ; le peuple, de son côté, par le droit d'appel, par le droit de condamner seul à mort, par sa prérogative de ratifier les traités et les déclarations de guerre, d'approuver ou de rejeter les lois, et surtout par le veto de ses tribuns, opposaient aux consuls, et s'opposaient l'un à l'autre une résistance qu'aucun pouvoir n'était capable de vaincre, et dans laquelle chacun se retranchait. Fort pour se défendre, on était impuissant pour se détruire, et de ces résistances diverses amassées en un faisceau se formait un corps uni, actif et indissoluble.

Telle est la constitution que Polybe et après lui Cicéron nous présentent comme le modèle des constitutions politiques.

La *République* de Cicéron ne ressemble à celle de Platon que par le titre. Il ne trace pas le plan d'une république imaginaire et toute philosophique ; mais il ne disserte pas non plus comme Aristote sans modèle et sans idéal, sur les diverses espèces de cités et leurs divers systèmes de gouvernement. Sa prétention est de réunir ces deux méthodes en une seule, d'établir, comme Platon, les principes vrais et philosophiques de l'État, et de les appliquer à un exemple réel, à un type où se réunissent à la fois le possible et le juste, et qu'approuvent également l'expérience et la raison (1).

Cicéron définit heureusement la république ou l'État, la chose du peuple *(res populi,)* et fixe à tous les gouvernements, quelle que soit leur forme, un seul objet, le bien du peuple. Ces gouvernements sont au nombre de trois, et ont chacun leurs mérites et leurs imperfections (2). Le gouvernement démocratique a pour lui la liberté; car il n'y a point de liberté sans égalité. Dans la démocratie le droit est égal pour tous; ainsi tous les citoyens n'ont qu'un même intérêt, qui est celui de l'État, c'est la seule forme de gouvernement à laquelle s'applique exactement la définition de l'État, *res publica*. Là seulement le peuple est libre, puisqu'il dispose de tout. Dans les autres gouvernements il est sujet, et le despotisme des grands est encore plus dur que le despotisme d'un roi. L'aristocratie à son tour reproche au gouvernement démocratique ses tumultes, conséquences de son principe de liberté absolue, contraire à la nature même de l'état social, sa prétendue égalité qui met sur le même niveau les plus belles intelligences et la multitude la plus méprisable, et qui, pour satisfaire l'envie du plus grand nombre, supprime le principe des grandes actions. Le gouvernement de plusieurs est de tous les gouvernements le plus conforme à la nature; un seul ne peut pas tout voir, tout savoir, tout diriger: d'un autre côté, la foule est trop ignorante et trop passionnée pour gouverner avec justice et avec prudence. L'aristocratie se place entre les deux et se recommande par la modération. Enfin de ces trois gouvernements primitifs, celui qui paraît avoir la préférence de Cicéron, c'est la monarchie. Il y a quelque chose qui me plaît, dit Cicéron, dans ce nom paternel de roi, dans cette image vénérable d'un chef de famille qui voit ses enfants dans ses citoyens et n'y voit point

(1) Ce type c'est la constitution romaine.
(2) L. I, 26-38.

d'esclaves. La démocratie a pour elle la liberté; l'aristocratie, la sagesse, mais la royauté nous attache par l'amour. La supériorité de la royauté se prouve par l'exemple de l'univers, de l'âme humaine, de la famille. Un seul dieu commande au monde, Jupiter; une seule puissance à la passion, la raison; un seul chef à la famille, le père. A l'origine, les peuples choisirent naturellement le gouvernement d'un seul; c'est ce qui eut lieu à Rome, qui vécut heureuse pendant deux cents ans sous cette forme de gouvernement; et dans les circonstances graves, elle se confie encore à un seul, et lui livre une autorité vraiment royale (1).

On le voit, à l'époque de Cicéron, l'aversion de la royauté s'était bien affaiblie dans les esprits. Un fidèle citoyen, un ami sincère de la république, pouvait penser et dire que le gouvernement royal était le meilleur des gouvernements. Il est vrai qu'autant il est favorable et complaisant pour la royauté, autant il est sévère pour la tyrannie.

Cependant, malgré sa préférence pour le gouvernement royal, Cicéron aime encore mieux, comme Polybe, l'heureux équilibre d'un gouvernement mélangé, où un pouvoir suprême et royal réuni à l'autorité d'une classe distinguée, et à une certaine liberté du peuple, satisfasse à la fois le besoin d'ordre et celui d'égalité, qui se rencontrent dans la nature humaine (2). Ce gouvernement doit être le plus stable de tous, par la mesure et le tempérament qui y règnent. C'est la condition de tout ce qui est tempéré de durer longtemps; et toutes les extrémités se changent rapidement dans leurs contraires : *omnia nimia in contraria convertuntur* (3).

Polybe nous a expliqué les ressorts de la constitution romaine. Cicéron démonte ces ressorts, et nous en développe l'origine et le progrès (4). Son second livre de la *République*

(1) *De rep.*, I, 35 à 38.
(2) *De rep.*, I, 45.
(3) *Ib.* 44.
(4) *Ibid.*, l. II, tout entier.

est une véritable histoire de Rome, et de ses institutions. La
constitution de Rome fut originairement toute monarchique.
Une révolution la renversa. La royauté détruite reparut divisée
et diminuée sous le nom de consulat : le peuple continua à
n'avoir qu'une faible part aux affaires ; le sénat fut le pivot de
cette constitution nouvelle. Une seconde révolution, par l'institution du tribunat, par la permission des mariages entre
plébéiens et patriciens, donna enfin au peuple sa part légitime de liberté et d'égalité, et compléta la constitution. Ainsi
de l'alliance et de l'équilibre des différents ordres, depuis les
plus élevés jusqu'aux plus humbles, se forma dans l'État un
accord parfait, semblable à l'harmonie, qui, dans un chant,
résulte de l'union des tons contraires; ce que les musiciens
appellent harmonie, les politiques l'appellent concorde (1).
Sans doute le tribunat fut une institution qui pouvait devenir
menaçante par le grand pouvoir qu'elle accordait au peuple ;
mais le peuple eût été plus dangereux encore sans un chef qui
le dirige et le contient : le tribunat désarme la jalousie naturelle
du peuple, et le délivre de la crainte d'être opprimé. Enfin, la
royauté une fois détruite, il fallait au peuple non pas une
liberté de nom, mais de fait (2). Cicéron, malgré ses sympathies évidentes pour l'aristocratie, admettait donc la part du
peuple dans les affaires de l'État. Il défendait l'institution du
tribunat contre les critiques exagérées de son frère Quintus;
et il pensait qu'une aristocratie tempérée par le pouvoir populaire, et par une certaine autorité semblable à celle des rois,
valait mieux qu'une aristocratie simple.

C'est ici peut-être le lieu de nous demander ce qu'il faut
penser de cette théorie du gouvernement tempéré ou mixte,
qui doit occuper une si grande place dans les débats de la
politique moderne. Cette théorie était déjà en germe dans
Aristote, et même dans Platon. Mais remarquons qu'Aristote

(1) II, 42.
(2) *De leg.*, III, 10.

s'était contenté d'observer, avec admiration, il est vrai, qu'un semblable équilibre s'est rencontré à Sparte et à Carthage, sans en conclure toutefois que cette combinaison fût absolument la meilleure en politique. Platon avait dit aussi dans les *Lois* qu'il était bon de tempérer l'une par l'autre la monarchie et la démocratie, c'est-à-dire l'autorité et la liberté. Mais ni lu ni Aristote, dans le tableau qu'ils ont présenté du gouvernement parfait, n'ont imaginé un pareil équilibre. Le fond de leurs conceptions, c'est toujours la république plus ou moins aristocratique, telle qu'elle existait dans l'antiquité, et non pas un véritable gouvernement mixte, fondé sur l'opposition et sur la balance des pouvoirs, et composé à la fois de royauté, de noblesse et de peuple. Il est donc vrai de dire que cette théorie, depuis si célèbre, appartient à Polybe et à Cicéron plutôt qu'à Platon et à Aristote : ceux-ci recommandaient le gouvernement tempéré, et ceux-là le gouvernement pondéré.

Historiquement, la théorie de Polybe est-elle vraie? Rome fut-elle un gouvernement pondéré, où la royauté, l'aristocratie, la démocratie se balançaient et se faisaient équilibre? Je ne le crois pas : le consulat, en effet, ne peut être considéré comme un pouvoir quasi-royal : une autorité annuelle et divisée entre deux personnes, quelque grande qu'elle puisse être, n'a jamais été une royauté; autrement, il n'est pas un seul gouvernement au monde qui ne soit monarchique, puisqu'il n'y a pas de gouvernement sans chefs, au moins temporaires : à ce compte, Venise aurait été une monarchie, et la république des États-Unis en serait une encore aujourd'hui. Il faut donc retrancher la monarchie de la constitution politique de Rome, et n'y voir que la transaction savante du peuple et du patriciat pour protéger à la fois la sagesse politique et la liberté populaire. Il faut remarquer aussi que la constitution romaine n'a pour ainsi dire jamais offert cet équilibre parfait qu'admirait Polybe; sauf le moment des guerres puniques, où la balance du pouvoir fut à peu près égale entre les deux classes, on peut dire que la constitution romaine a toujours été en mouvement, et on la définirait volontiers la transformation continue d'une aristocratie en démocratie; lorsqu'elle fut devenue toute démocratique, elle périt, et tomba sous le gouvernement despotique.

Mais que conclure de la théorie en elle-même? Nous aurons occasion d'y revenir plus d'une fois. Indiquons seulement ici une objection importante. Ce qu'il y a de vrai dans le principe de Polybe et de Cicéron, c'est que tout gouvernement absolu, soit monarchique, soit démocratique, soit aristocratique, est un gouvernement ou injuste, ou faible, et au contraire qu'un gouvernement fort, durable, équitable, doit être tempéré : c'est ce qu'avaient dit Aristote et Platon. Mais un gouvernement ne peut-il être *tempéré*, sans être *pondéré?* doit-il se composer nécessairement de trois termes? doit-il, sous peine de périr, être à la fois royal, aristocratique et populaire? C'est cette théorie qui nous paraît quelque peu artificielle et utopique (1). Car il peut très bien se faire qu'un des éléments vienne à manquer : par exemple, à Rome, la royauté; dans tel autre État, l'aristocratie. Il y a mille moyens de tempérer, de limiter, de modérer l'action d'un gouvernement, sans le composer nécessairement de ces trois termes fondamentaux, qui peuvent très bien ne pas se rencontrer ensemble à un moment donné, ou qui, pour mieux dire, se rencontrent bien rarement. Il est vrai, comme le dit Platon, qu'il faut concilier l'autorité et la liberté; mais cette conciliation a eu lieu dans des gouvernements qui n'étaient pas monarchiques. Il est vrai aussi, comme le dit Aristote, qu'il faut concilier l'égalité naturelle et l'inégalité de mérite; mais cette conciliation a pu avoir lieu dans des gouvernements qui n'étaient pas aristocratiques. Enfin, pour emprunter à un politique célèbre du XVIᵉ siècle (2) une pensée qui nous paraît très juste, ce ne

(1) C'est à ce qu'il semble l'opinion de Tacite : « Nam cunctas nationes, aut populus, aut primores, aut singuli regunt : *delecta ex his et consociata reipublicæ forma laudari facilius quàm evenire, vel si evenit haud diuturna esse potest.* » (*Annales*, liv. IV, 33).

(2) Bodin (voir plus loin, liv. III, ch. v).

sont pas les *formes* de gouvernement qu'il faut concilier, mais leurs *principes* : l'unité d'action qui est propre à la monarchie, la supériorité du mérite qui est propre à l'aristocratie, la liberté politique et l'égalité civile, caractères propres à la démocratie (1).

LES JURISCONSULTES DE L'EMPIRE. — Après Cicéron, on ne retrouve plus à Rome de doctrines politiques. Si le stoïcisme primitif avait négligé la politique, le stoïcisme de l'empire l'abandonna entièrement. Ce n'était plus le temps des études politiques, que celui où une puissance sans bornes avait détruit jusqu'aux derniers vestiges de l'ancienne liberté romaine. Le stoïcisme fut en général la doctrine des rares citoyens restés fidèles à la république dans les corruptions de l'empire : c'était une philosophie de résistance et d'opposition qui, apprenant avant tout à braver la mort, convenait à ceux qu'une vertu particulière ou un caractère distingué désignait naturellement à la jalouse surveillance des tyrans. Plus tard, le stoïcisme donna seul quelque gloire à l'empire, en animant de son esprit deux de ses plus grands princes. Enfin, s'il ne produisit jamais de grands ouvrages politiques, il paraît avoir contribué au perfectionnement du droit romain, et il a certainement inspiré l'entreprise de Cicéron, qui, nous l'avons vu, avait le premier à Rome appliqué la philosophie au droit, et essayé de rapprocher le droit écrit du droit éternel. Les grands jurisconsultes de l'empire, les Gaïus, les Paul, les Papinien, les Ulpien, les Modestus, introduisirent dans le droit les grandes maximes qui étaient jusqu'alors renfermées dans les livres des philosophes. Au droit littéral de l'ancienne Rome, qui fondait la famille sur le pouvoir, la propriété sur le privilège du citoyen romain, et la sainteté des contrats sur les conventions écrites, le droit stoïcien substitua une justice plus humaine et plus conforme à l'équité naturelle (2). « Vivre honnêtement, ne faire de tort à

(1) Cette discussion sera reprise plus à fond dans notre second volume à l'occasion des théories de Montesquieu.
(2) Sur ce point, consultez la savante *Histoire du droit civil de*

personne, rendre à chacun le sien (1) » : tels sont les principes universels du droit, selon Ulpien. Ce sont des préceptes de morale. Les jurisconsultes définissent le droit naturel, « celui que la raison naturelle établit entre les hommes » : ils en reconnaissent l'éternité, l'immutabilité : ils refusent de le sacrifier au droit civil. « L'intérêt civil, dit Gaius, ne peut pas corrompre les droits naturels. » Ils font reposer les droits du père de famille sur la bonté et non la férocité (2) : principe manifestement dirigé contre les droits exagérés du père de famille dans l'ancienne législation. La loi des Douze Tables n'admettait de principes dans les conventions que les écritures, et ne faisait aucune part à la bonne foi. Le droit naturel réclame encore. « Il est grave de manquer à la foi », dit Ulpien. « Le contrat, selon Ulpien, tire son origine de l'affection réciproque et du désir de se rendre service; car la société repose sur un certain *droit de fraternité* (3). » Ajoutons enfin toutes ces belles maximes que l'on ne peut assez admirer : « Il ne faut pas faire payer au fils innocent la peine du crime de son père. Il vaut mieux laisser un crime impuni que de condamner un innocent. La peine a été établie pour l'amélioration des hommes (4). » Enfin les jurisconsultes stoïciens, fidèles aux doctrines de l'école, posaient en principe « que la servitude est un état contre nature (5) » : principe qu'ils démentaient sans doute en maintenant la servitude dans les lois, mais qui

---

Rome et du droit français de M. Laferrière, t. II, l. III, ch. i, et son *Mémoire* spécial sur la question. — Comp. *Influence du christianisme sur le droit romain*, par M. Troplong, et l'*Histoire des doctrines morales*, de M. Denis, t. II, p. 195.

(1) *Instit.*, l. I, t. I, § 3.
(2) *Dig.*, l. XLVIII, t. IX, 5.
(3) *Dig.*, l. XVII, t. II, ch. iii.
(4) Nullum patris delictum innocenti filio pœnæ est (Ulpien). Satius est impunitum relinqui facinus nocentis, quam innocentem damnare (Ulpien, *Dig.* XLVIII, t. XIX, 5). Pœna constituitur ad emendationem hominum (*Paul*).
(5) Jure naturali omnes homines liberi ab initio nascebantur. (*Instit.*, l. I, t. II, § 2). Servitus est constitutio juris gentium quâ quis dominio alieno contrà naturam subjicitur (*Inst*, l. I, t. III, § 2).

n'en était pas moins la condamnation de ces lois mêmes et le désaveu des mesures qu'elles sanctionnaient.

Mais en même temps que les jurisconsultes exprimaient ces idées si grandes, si favorables à l'humanité, au droit, à l'équité, signes de la révolution qui s'accomplissait dans la société ancienne, ils consacraient en même temps une autre révolution, qui avait changé l'ordre politique de l'antiquité : c'était le triomphe du pouvoir absolu. « Le bon plaisir du prince, voilà la loi, dit le sage Ulpien. *Quidquid principi placuit, legis habet vigorem* (1). » Qu'eût dit un Caton, un Scipion, un Aristide, un Phocion, en entendant de telles paroles ? Il ne les eût pas comprises, et se fût demandé s'il était en Perse, et si cette maxime venait d'un courtisan du grand roi. Mais ce n'était plus en Asie, en Perse, dans les gouvernements barbares que la monarchie absolue était reléguée : c'était maintenant à Rome même qu'elle avait son siège, à Rome, la reine du monde, aujourd'hui l'esclave d'un Tibère, d'un Néron, d'un Caracalla.

Cependant, en proclamant la doctrine du pouvoir absolu, les jurisconsultes conservaient encore le souvenir de la liberté antérieure. Car ce pouvoir, sur quoi était-il fondé ? Sur la force ? On n'eût osé le dire. Sur le droit divin ? Cette doctrine n'était pas encore connue. Il restait que le pouvoir du prince reposât sur la cession du peuple. « C'est le peuple, dit Ulpien, qui, par la loi *Regia*, a transmis au prince le pouvoir (2). » Doctrine de la plus haute importance, que nous retrouverons au moyen âge, au xvie siècle, au xviie siècle, et qui, avec le principe du droit divin, a défrayé depuis tous les défenseurs de la monarchie absolue.

Ainsi la société antique reposait sur deux principes : la liberté politique, l'esclavage civil. Aristote, dans sa politique, avait réduit le problème à ces deux termes. Les jurisconsultes

(1) *Inst.*, l. I, t. III, § 6.
(2) *Inst.*, l. I, t. II, § 6.

semblent l'avoir renversé. A la liberté politique ils substituent la doctrine du pouvoir absolu, et à l'esclavage civil ils semblent vouloir opposer; en principe du moins, l'égalité naturelle. Quel sujet de méditation! L'égalité et la liberté paraissent deux poids contraires qui ne peuvent réussir à se faire équilibre, et dont l'un ne peut monter sans que l'autre s'abaisse. L'antiquité a connu la liberté politique, mais avec quel cortège d'oppressions et d'iniquités! Les faibles opprimés par les forts, les pauvres par les riches, les esclaves par les maîtres, les plébéiens par les patriciens, les alliés par les conquérants, la Grèce par Athènes ou par Sparte, le monde par Rome. Mais voici l'égalité qui tend à se répandre, les classes à se confondre, les cités à s'unir, les provinces à devenir égales entre elles : Rome est à son tour conquise par ceux qu'elle a conquis. C'est le moment où la liberté disparaît du monde, et tous ces progrès s'accomplissent à l'ombre d'un despotisme sans nom. Qui pourra se décider entre les deux termes de ce dilemme? Qui pourra regretter la république romaine ou la république d'Athènes, c'est-à-dire la liberté de quelques-uns et l'esclavage du plus grand nombre? Mais, d'un autre côté, qui se féliciterait de la destruction de quelques préjugés, en voyant le monde entier dans la servitude, et la vertu condamnée au silence, à l'exil, au suicide? La seule chose certaine, c'est qu'il est plus facile de perdre que de gagner. La liberté avait disparu de la terre, tandis que l'égalité ne faisait que des progrès bien lents et bien incertains.

LIVRE SECOND

CHRISTIANISME ET MOYEN AGE

CHAPITRE PREMIER

L'ANCIEN ET LE NOUVEAU TESTAMENT

RETOUR SUR LE STOICISME. — Insuffisance de cette morale.

L'ANCIEN TESTAMENT. — Caractère fondamental et original de la théologie mosaïque : personnalité divine. — Décalogue : devoirs négatifs. — Autres devoirs : charité et fraternité. — Politique hébraïque : théocratie démocratique. Institution de la royauté. — Transformation des idées morales. La synagogue. Hillel l'ancien.

LE NOUVEAU TESTAMENT. — MORALE ET POLITIQUE ÉVANGÉLIQUES. — Caractère original de la morale évangélique. — De l'accent chrétien. — Du principe de la charité et du principe du droit. — Caractère des doctrines sociales et politiques de l'Évangile. — La richesse. — Le pouvoir. — Les doctrines évangéliques ne sont ni démocratiques ni théocratiques.

LES APÔTRES ET LES SAINTS PÈRES. — Question de l'esclavage et de la propriété ; dans quel sens il faut entendre les doctrines chrétiennes sur ces deux points. — Théorie de saint Augustin. — Du pouvoir politique. Doctrine de saint Paul et des Pères. — Un texte de saint Chrysostome.

RETOUR SUR LE STOICISME. — Nous avons vu que la philosophie ancienne a pu s'élever d'elle-même graduellement et aspirer de plus en plus à l'idée de la fraternité humaine et de l'unité du genre humain ; et nous avons montré dans le stoïcisme le prin-

cipal agent de cette révolution morale. Cependant, il faut reconnaître que ce ne serait voir qu'un côté des choses que de
résumer et de bormer le stoïcisme à l'idée de la sociabilité :
ce n'est pas même, à vrai dire, par ce côté que le stoïcisme
a le plus frappé l'imagination des hommes : ce n'est pas là le
souvenir qu'il a laissé. Preuve évidente qu'il n'est pas là tout
entier, et peut-être même qu'il n'est pas là principalement
et de préférence. La note du stoïcisme, telle que la tradition
nous le représente, n'est pas celle de la charité, c'est celle de
la force d'âme, de la grandeur d'âme. Ce qui a caractérisé
surtout les stoïciens, ce fut la violence envers soi-même, la
révolte contre la nature, le mépris de la douleur, du plaisir,
de tous les accidents de l'adversité. Par là le stoïcisme est
profondément antique. Son modèle, c'est Hercule, qui était
également le dieu des Cyniques. Tous les grands citoyens
de l'antiquité, qu'ils le sussent ou non, étaient stoïciens.
Rien ne ressemble plus au sage stoïcien que les anciens
citoyens de Rome, durs, inflexibles, esclaves du devoir, de la
discipline, du serment, de la patrie, les Brutus, les Régulus,
les Scévola, les Décius, et mille autre moins célèbres. Lorsque
le stoïcisme rencontra les derniers citoyens, il trouva une
matière toute prête pour ses doctrines. Ce fut la philosophie
des derniers républicains, héros d'un monde qui disparais-
sait.

Ce caractère mâle, énergique et viril a été assigné par les
anciens comme le caractère propre de la philosophie stoïcienne. Cléanthe, l'un des premiers philosophes de l'école,
disait que la vertu unique, c'est la force. Mais ce caractère
est surtout frappant dans l'un des derniers stoïciens, dans
Epictète.

Il semble que le poids de la servitude ait forcé Epictète à
rentrer en soi-même et à chercher dans les profondeurs inaccessibles de son âme une liberté inviolable. Aucun philosophe
n'a séparé avec plus de rigueur la vie de l'âme de la vie sensible et extérieure, et la liberté morale de la liberté apparente,

c'est-à-dire du pouvoir d'agir en dehors de nous (1). Toute la philosophie d'Epictète repose sur la distinction de ce qui dépend de nous et de ce qui n'en dépend pas. Les actions de l'âme, le vouloir, le désir, le renoncement, sont en nous et à nous ; mais les biens et les maux extérieurs ne nous sont rien. De là une indifférence complète pour tout ce qui, n'étant pas en notre pouvoir, doit être pour nous comme s'il n'était pas. Ce ne sont pas les choses mêmes qui nous troublent, mais les idées que nous en avons (2). La mort n'est point terrible, mais l'idée de la mort. Nous sommes donc nous-mêmes les auteurs de nos maux ; et comme nous pouvons changer nos idées et ne considérer les choses que comme elles sont, rien ne nous doit être terrible et rien ne nous doit troubler. Pour vivre tranquille, il ne faut pas demander que les choses arrivent comme on les désire, mais les vouloir comme elles arrivent (3). Sois toujours dans la vie comme le matelot qui descend un instant sur la rive pour chercher quelque coquillage, toujours prêt à remonter dans le vaisseau sur l'appel du maître. Pour toi, une femme, des enfants, voilà les jouets qui te sont permis par celui qui gouverne ton vaisseau : sois toujours prêt à les quitter quand il t'appellera (4). Ne dis d'aucune chose que tu l'as perdue, mais seulement que tu l'as rendue. Ton fils est mort ? tu l'as rendu. Ton épouse est morte ? tu l'as rendue. Ton champ t'est enlevé ? tu l'as rendu (5). Ne te tourmente pas de ne pas avoir de quoi vivre, d'avoir un esclave méchant ; mieux vaut mourir, mieux vaut avoir un méchant esclave, que de vivre malheureux avec l'âme troublée (6). Sois dans la vie comme dans un festin : le plat passe-t-il devant toi ? sers-toi avec discrétion. Passe-t-il sans s'arrêter ? ne le retiens pas. Ne vient-il pas jusqu'à toi ? attends avec patience. Agis-en de

---

(1) Epict. *Manuel*, (Edit. Schweighauser) ch. I-VI.
(2) *Ibid., ib.,* c. V.
(3) *Ibid.,* c. VIII.
(4) *Ibid.,* VII.
(5) *Ibid.,* XI.
(6) *Ibid.,* XII.

même dans la vie à l'égard des enfants, de ta femme, des magistratures, des richesses (1). Ne te tourmente pas du rôle que tu joues : ce n'est point ton affaire de choisir ton rôle, mais de le bien jouer (2). Ne te plains point de ton obscurité : dépend-il de toi d'obtenir une magistrature, d'être invité à un festin ? Tes amis, dis-tu, ne peuvent rien attendre de ton secours. Mais qui peut donner ce qu'il n'a pas ? Vous me demandez d'acquérir des richesses, afin de vous en faire jouir : si je le puis, sans sacrifier l'honneur, la bonne foi, la générosité, montrez-moi le chemin, je le suivrai. Si vous me demandez de perdre ces biens précieux, qui sont vraiment à moi, pour en partager d'autres, qui ne sont pas de vrais biens, voyez comme vous êtes injustes et déraisonnables. Tu te plains de ne pas avoir la première place à table, ou les honneurs dans le conseil ? Si tu n'as pas fait ce qui mérite ces récompenses, de quoi te plains-tu ? As-tu frappé aux portes d'un grand, lui as-tu fait ta cour humblement, l'as-tu accablé de menteuses flatteries ? Si tu n'as rien fait de tout cela, pourquoi veux-tu ce qui ne s'achète qu'à ce prix ? Combien se vendent les laitues au marché ? Une obole. Si tu ne donnes pas l'obole pour la laitue, as-tu véritablement moins que celui qui l'a donnée ? Non, car il te reste ton obole. De même n'as-tu rien pour ce repas, ces honneurs que tu regrettes ? Bien au contraire : il te reste de n'avoir point loué ce que tu ne croyais point devoir louer, de n'avoir pas souffert l'insolence des valets (3).

Voilà bien le stoïcien, tel que nous le représente la tradition : fier, inflexible, presque dur, renfermé en soi-même, insensible aux émotions du cœur, et occupé par-dessus tout à défendre son indépendance. Tout en admirant cette forte et sublime morale, le sentiment populaire s'est toujours révolté contre elle, et on ne peut nier qu'il n'y ait quelque chose de

(1) *Manuel*, xv.
(2) *Ibid.*, xvii.
(3) *Ibid.*, xxiv, xxv.

vrai dans ce préjugé. La force n'est pas tout ni dans l'homme, ni dans la nature. Il semble que le stoïcisme n'ait pas assez compris les grâces et les douceurs qui se mêlent dans l'univers à l'exactitude des lois et à l'énergie des forces primitives des choses. L'auteur de la nature, qui sans doute devait savoir aussi bien qu'Epictète ce qui est vraiment bon et beau, a bien voulu créer une fleur au pied d'arbres gigantesques, et faire couler une eau tranquille au milieu de sombres rochers. Tous les grands artistes imitateurs de la nature ont, sans y réfléchir, mêlé dans leurs peintures la douceur et l'énergie ; Achille et Andromaque sont les créations du même poète. Ces contrastes sont aussi dans l'homme, et ils se doivent reproduire dans la morale, qui n'a pas pour objet de détruire l'homme, mais de donner un développement réglé à toutes les puissances saines que la Providence a mises en lui. Platon l'a bien compris : il ne sépare pas dans le sage la force de la douceur, et c'est à la musique, à la philosophie et à l'amour qu'il confie le soin de fortifier à la fois et d'attendrir les âmes. Mais plus tard, dans un temps de corruption grossière et de barbarie sans nom, les ornements de la vertu ne pouvaient paraître aux âmes fortes que des séductions inutiles : elles devaient éviter d'autant plus les pentes qui conduisent à la faiblesse, et de la faiblesse à la corruption. Au milieu d'une foule aveugle, le sage se faisait en lui-même un monde solitaire, où il vivait sans trouble, sans émotion tendre, sans espoir dans l'avenir, mais dans la sécurité d'une âme résignée à tout plutôt que de s'humilier à ses propres yeux.

Quel que grand que fût le stoïcisme, l'humanité avait donc besoin d'une autre morale, d'une morale qui, prêchant aussi à sa manière la grandeur d'âme, mît au premier rang la charité et la fraternité. Tous les germes de ces vertus qui avaient longtemps et obscurément mûri dans les doctrines antiques dispersées çà et là dans les écrits, où l'érudition moderne va aujourd'hui les recueillir et les dégager, devaient se concentrer et s'épanouir dans une morale nouvelle qui n'est pas un miracle, ni une rupture inattendue dans la suite des idées , mais qui tout en se rattachant au passé, même pour ceux qui la considèrent comme humaine, a tout aussi bien le droit d'être considérée comme originale que celle de Zénon et de Platon.

Nous sommes ainsi amenés à nous occuper du christianisme. Tandis que la philosophie ancienne épuisée se consumait pour se rajeunir en efforts impuissants, que le stoïcisme revenait au cynisme dont il était sorti, que le platonisme dégénérait en une grossière thaumaturgie, un grand événement s'accomplissait dans le monde spirituel et moral : c'est l'apparition du christianisme. Au sein d'un peuple longtemps ignoré, et plus tard méprisé, une doctrine venait d'éclore à laquelle il était donné de renouveler l'âme humaine et la société. Quoique l'objet de ces études soit surtout l'histoire des idées philosophiques et non des doctrines religieuses, cependant la religion est liée si étroitement à la morale et à la politique, que ce serait s'exposer à ne rien comprendre à l'histoire du moyen âge et des temps modernes et au travail des idées, que de ne pas étudier à sa source même, sinon dans ses dogmes, au moins dans ses idées morales et sociales, une doctrine religieuse qui a produit dans le monde une si grande et si féconde révolution.

Mais le christianisme n'est que la suite et le développement du mosaïsme : c'est donc jusque-là qu'il faut remonter pour mesurer la grande rénovation morale, dont l'Évangile a été le signal et la cause. C'est pour cette raison que nous avons séparé le mosaïsme des autres doctrines orientales : il s'en sépare en effet, non seulement par sa grande originalité et sa supériorité religieuse, mais surtout par ce privilège d'être devenu, en se transformant, la foi commune de tout l'Occident et la source de notre civilisation.

L'ANCIEN TESTAMENT. LA MORALE MOSAIQUE. — Le trait le plus original de la doctrine de Moïse, c'est l'unité et la personnalité de Dieu. L'Inde reconnaissait un dieu unique, mais impersonnel, et le confondait avec la nature. La Perse se rappro-

chait davantage de l'unité de Dieu ; cependant elle admettait
deux principes et toute une hiérarchie de divinités inférieures.
La Chine soupçonne à peine le dogme de Dieu, et nous présente ce singulier spectacle d'une morale admirable sans
religion. En Judée, au contraire, Dieu est au commencement, au milieu et à la fin de toutes choses. Il est séparé de
la nature: il vit, il pense, il est libre ; il est créateur, il est
législateur, il est monarque ; enfin il est spirituel, et on n'en
a jamais vu aucune figure, ni aucune image.

Quelquefois, il semble que Dieu ne soit dans la Bible qu'un
Dieu national et local : il se compare aux autres dieux et met
en balance leurs œuvres et les siennes (1) ; mais en plusieurs
endroits il déclare qu'il est le seul Dieu, le seul Seigneur, qu'il
n'y en a pas d'autre que lui (2). Toutefois, il se présente
surtout comme le Dieu des Juifs, celui qui les a tirés de la
servitude de l'Égypte (3), celui qui les a conduits à travers le
désert, et qui les établit dans la Terre promise. Dieu est
toujours présent au milieu de son peuple (4) : il lui parle, il le
réprimande, il l'encourage. Il l'a choisi entre tous, et il lui
rappelle sans cesse l'amour qu'il a eu pour ses pères. « Avez-
vous jamais ouï dire qu'un peuple ait entendu la voix de Dieu,
qui lui parlait du milieu des flammes, comme vous l'avez
entendu, sans avoir perdu la vie ; qu'un Dieu soit venu prendre pour lui un peuple au milieu des nations, en faisant éclater sa puissance par des épreuves, des prodiges, des miracles,
par des combats où il s'est signalé avec une main forte et un
bras tendu ?... (5) » Aussi un tel Dieu, pour de tels bienfaits,
a-t-il droit d'être le Dieu jaloux, le feu dévorant qui punit
l'iniquité des pères sur les enfants jusqu'à la troisième ou
quatrième génération (6).

(1) *Deutér.*, III, 24. IV, 7.
(2) *Ib.*, IV, 39, et VI, 4.
(3) *Ib.*, V, 6 : VI, 13.
(4) *Ib.*, IV, 7.
(5) *Ib.*, IV, 32-34.
(6) *Ib.*, V, 9.

Des divers attributs de Dieu naissent les devoirs que la
législation de Moïse impose envers lui. Dieu unique, il ne veut
pas qu'on adore un autre dieu que lui-même. Dieu immatériel, il défend les images, les figures, les sculptures ; et le
plus grand crime, c'est de le confondre avec la créature : de
là cette horreur de l'idolâtrie, qui signale d'une manière si
originale la religion mosaïque, et qui a maintenu la séparation du peuple juif d'avec les autres peuples. Dieu saint, il
défend que son nom soit invoqué en vain. Enfin, Dieu créateur, il ordonne qu'à son image l'homme se repose le septième
jour et le consacre à sanctifier son auteur.

Sur les dix commandements il y en a donc quatre consacrés à prescrire les devoirs envers Dieu : ne pas adorer d'autre
Dieu que le véritable, ne pas lui faire d'images, ne pas jurer
par lui, ne pas travailler le jour du Sabbat. On voit que la
forme de ces prescriptions est toute négative. Il en est de
même des devoirs envers le prochain : ne point tuer, ne point
dérober, ne point forniquer, etc. Aussi lorsqu'on compare
le judaïsme au christianisme, a-t-on coutume de dire que le
premier est une religion charnelle et extérieure, et le second
une religion d'esprit : c'est dans ce sens que saint Paul dit que
la loi est le principe du péché, c'est-à-dire que la loi ne commande que les actes extérieurs, tandis que le salut ne peut
s'obtenir que par la réforme intérieure. Mais il ne faut pas
oublier que la loi de Moïse est surtout une loi, c'est-à-dire
une législation extérieure, qui, comme toute législation, prend
d'ordinaire la forme prohibitive ; mais il ne faudrait pas croire
pour cela que la religion de Moïse ne fût qu'une religion
formelle, sans aucun sentiment intérieur. On y trouve à
plusieurs reprises ce principe, qui deviendra plus tard le
commandement unique : « Aimez Dieu de toute votre âme,
de tout votre cœur, de toutes vos forces » ; il n'y manque
que ces derniers mots : « Et votre prochain comme vous-
mêmes. » Dieu n'est pas seulement le Dieu jaloux, il est encore
le Dieu miséricordieux, et il promet de se donner « à celui

qui le cherchera de tout son cœur, dans toute l'amertume et l'affliction de son âme » (1).

Il ne faudrait donc pas juger de l'esprit de la morale de Moïse en ne considérant que les dix commandements. Ces commandements sont la loi ou le fondement de la loi ; ils n'expriment que le strict nécessaire ; mais le sentiment d'une morale plus large paraît dans les lois particulières : pour l'amour des hommes, comme pour l'amour de Dieu, l'Évangile, selon la parole même de son auteur, n'est pas venu détruire la loi, mais l'accomplir. Il y a déjà une sorte de fraternité dans la loi de Moïse ; mais, il faut le dire, cette fraternité est restreinte : elle n'embrasse que la famille juive et laisse en dehors l'étranger. Toute union est interdite avec l'étranger, afin de conserver le culte de Dieu dans toute sa pureté. L'esprit d'exclusion que le sentiment de leur supériorité intellectuelle inspirait aux Grecs, les Juifs l'éprouvent à leur tour, en raison de leur supériorité religieuse : la science séparait les Grecs et les barbares, le monothéisme séparait les Juifs des étrangers. Cependant, excepté dans la guerre, les étrangers sont aussi l'objet de certains égards ; quoiqu'ils ne jouissent point des privilèges des frères d'Israël, quoiqu'il soit permis de leur prêter à usure, et que la remise septennale ne leur soit point applicable (2), ils sont souvent nommés à côté de la veuve et de l'orphelin, ces protégés et en quelque sorte ces favoris de la loi mosaïque (3). Enfin l'amour des étrangers est recommandé au nom des souvenirs de l'Égypte, où les Juifs eux-mêmes avaient été étrangers (4).

Mais c'est surtout à l'égard des frères d'Israël que cette législation si dure, qui veut œil pour œil et dent pour dent, s'adoucit et prend des accents d'humanité que l'antiquité grecque et latine n'a guère rencontrés qu'à son déclin.

(1) *Deutér.*, iv, 29-31, vi, 24 ; vii ; xxviii.
(2) *Ib.*, xv, 3 ; xxiii, 19, 20.
(3) *Ib.*, xxiv, 17, 20, 21 ; xxvii, 19.
(4) *Ib.*, x, 19.

L'amour des pauvres, l'aumône, l'interdiction du prêt à intérêt, la remise septennale (1), sont des témoignages de ce
sentiment de charité et de fraternité qui, entendu d'une
manière plus vaste, va renouveler le monde par le christianisme. Au reste, cette sympathie, cette bienveillance pour les
faibles est un trait généralement répandu dans les religions de
l'Orient. A côté d'une certaine dureté, qu'il faut attribuer
soit aux mœurs des peuples, soit à la haute antiquité des
législations, se rencontre presque partout un caractère de
douceur, beaucoup plus rare chez les Grecs et les Romains.
Ainsi, dans toutes les religions orientales, l'aumône est un
devoir pieux. Il n'en est pas de même en Grèce. Ce qu'il y a
de remarquable, surtout dans la Judée, c'est non seulement
l'absence de castes, c'est presque l'absence de l'esclavage :
l'esclavage y ressemble à la domesticité, et d'ailleurs la
faculté qui lui est laissée de se libérer tous les sept ans ôte
évidemment ce que cette condition a de trop odieux, je veux
dire l'irrémédiable.

Le dernier caractère que nous devions signaler, et qui, du
reste, est bien connu, c'est que la sanction de cette morale
est exclusivement matérielle. A chaque prescription s'ajoute
un motif intéressé, et ce motif est toujours le bonheur ou le
malheur temporel. Les menaces surtout sont effroyables : c'est
toujours l'extermination et la punition des pères sur leurs
enfants, jusqu'à la troisième et quatrième génération. Sans
doute, il ne faut pas oublier encore une fois que nous avons
affaire à une législation civile et politique aussi bien que religieuse ; néanmoins on ne peut nier sur ce point la supériorité
de la morale philosophique des Grecs sur la morale des
Hébreux ; et cela seul suffirait à prouver, s'il était nécessaire
de le démontrer, que les doctrines grecques n'émanent pas de
la doctrine hébraïque. Dans Moïse, le devoir n'est jamais
présenté que comme un ordre de Dieu, comme un commande-

(1) *Deutér.*, xv, 1-12.

ment de sa volonté. En Grèce, dans la philosophie de Socrate et de Platon, la justice se rattache à son essence, et non pas seulement à sa volonté. De plus, la justice est représentée comme obligatoire par elle-même : le bonheur la suit, il est vrai, et l'expiation suit l'injustice ; mais ce n'est pas l'espérance de la récompense, ni la crainte du châtiment, qui doivent déterminer l'action. Toutes les écoles grecques, l'épicuréisme excepté, sont d'accord pour représenter l'honnête comme désirable par lui-même. Dans la loi de Moïse, le devoir ne va jamais sans la promesse ou la menace, et encore sans une promesse ou une menace qui ne dépasse pas les limites de la vie terrestre. Je ne prétends pas dire que les Hébreux n'ont pas connu le dogme de l'immortalité de l'âme ; mais il ne s'est développé chez eux qu'assez tard ; et si on le rencontre dans le *Pentateuque*, c'est sous la forme obscure d'une vague expression poétique et figurée (1).

POLITIQUE HÉBRAIQUE. — De la religion mosaïque dérive naturellement la politique des Hébreux. Cette politique est, en un sens, théocratique ; mais c'est une théocratie d'une nature toute particulière, et qui est mêlée de démocratie. L'autorité souveraine appartenait à Dieu, seul seigneur, seul monarque, seul propriétaire. C'est avec lui que le peuple avait contracté, par l'intermédiaire de Moïse ; c'était Dieu qui avait donné sa loi

_____

(1) Ad. Franck, *Du droit chez les nations de l'Orient*, p. 142 : « Sans cette croyance, comment expliquer la défense si souvent répétée d'interroger les morts ? Que signifieraient ces mots : Être réuni à son peuple, être réuni à ses ancêtres, quand ils s'appliquent à un homme qui meurt comme Jacob, loin de son pays, et dont le corps n'est pas encore rendu à la terre ! » Mais lors même qu'on admettrait sur ces vagues présomptions qu'il y avait chez les Hébreux une certaine croyance à la survivance, comme chez les Grecs d'Homère, toujours est-il que cette croyance n'a aucun caractère moral. Moïse n'y fait jamais allusion, et quoique à titre de législateur civil il n'eût pas à en parler, cependant il ne faut pas oublier qu'il est en même temps législateur religieux : il parle au nom de Dieu même ; et dans ces premiers âges, la limite du spirituel et du temporel n'est pas assez fixée pour que des récompenses et des peines surnaturelles n'eussent pas trouvé place dans les prescriptions du législateur, si elles eussent été dans sa pensée.

JANET. — Science politique.   I. — 18

au peuple; c'était lui que l'on consultait toujours dans les occasions importantes, et qui donnait sa réponse par la voix du souverain pontife ou des prophètes; mais le gouvernement, pour être théocratique, n'était point sacerdotal. C'est un des traits les plus originaux de la politique hébraïque; tandis que dans l'Inde et dans l'Égypte, la caste sacerdotale était presque seule propriétaire, la famille de Moïse, à qui seule appartenait le sacerdoce chez les Hébreux, avait été exclue du partage de la terre d'Aaron ou tribu de Lévi, et n'avait reçu en partage que certaines villes privilégiées (1). Ainsi, le sacerdoce formait une famille, puisqu'il était héréditaire, mais il ne formait point une caste; car il n'y a point de caste sans propriété. Par cette exclusion de la propriété territoriale, il est évident qu'un grand moyen d'action politique manquait aux lévites, et qu'ils devaient être réduits à leur fonction toute spirituelle. Une autre conséquence de cette exclusion, c'est que la famille de Lévi, exclue du partage et consacrée aux fonctions du sacerdoce, dut se répandre dans toutes les tribus et servir à les retenir par un lien fraternel. Ces tribus, sans cesse tentées de rompre leur union primitive, étaient rattachées entre elles par une même loi, une même foi, un même temple. Le sacerdoce était le ciment de cette société. Au reste, l'influence politique du sacerdoce était considérable. S'il ne faisait point les lois, il servait d'intermédiaire entre Dieu et le peuple; et il dictait ainsi les réponses que le chef du peuple et le peuple tout entier devaient exécuter (2). Il avait une partie du pouvoir judiciaire, dans les cas difficiles (3). Quant au pouvoir politique proprement dit, il n'est point facile de déterminer exactement comment il fut organisé entre l'époque de Moïse et celle des Rois. Après Moïse, le gouvernement paraît avoir été patriarcal et démocratique, et concentré seulement en temps de crise entre les mains d'un chef militaire inspiré de Dieu. Les désor-

(1) *Deutér.*, xviii, 1, 2; xiv, 27-29.
(2) *Nombres*, xxvii, 21.
(3) *Deutér.* xvii, 8, 9 et suiv.

dres qui résultèrent de cet état de choses amenèrent les
Hébreux à désirer un gouvernement monarchique. Ce qui est
très remarquable dans l'institution de la royauté chez les
Hébreux, c'est qu'elle ne doit point son origine à la volonté de
Dieu. Dans l'Inde, la création du roi est une sorte de miracle ;
le roi est une grande divinité ; le gouvernement monarchique
est établi directement par Dieu. Il n'en est pas de même dans
la Bible. Ce n'est point Dieu qui propose un roi aux Hébreux ;
ce sont eux qui le demandent. Cette proposition déplaît à
Dieu ; il y voit un dessein d'échapper à sa propre autorité :
« Écoutez, dit-il à Samuel, la voix de ce peuple ; car ce n'est
point vous, c'est moi qu'ils rejettent, afin que je ne règne pas
sur eux (1). » Avant de leur accorder leur demande, il veut
que les Hébreux apprennent quelle est la nature de ce pouvoir qu'ils appellent de tous leurs vœux, et voici le tableau
que Dieu lui-même fait du gouvernement royal : « Voici quel
sera le droit du roi qui vous gouvernera. Il prendra vos
enfants pour conduire ses chariots ; il s'en fera des cavaliers
pour courir devant son char... Il se fera de vos filles des par-
fumeuses, des cuisinières et des boulangères... Il prendra ce
qu'il y aura de meilleur dans vos champs... Il prendra vos
serviteurs et vos servantes... et la dîme de vos troupeaux.
Vous crierez alors contre votre roi que vous aurez élu, et le
Seigneur ne vous exaucera point. » — Le peuple ne voulut point
écouter ce discours de Samuel : « Non, lui dirent-ils, nous
voulons avoir un roi qui nous gouverne (2). » Il est évident,
d'après ce récit, qu'il serait très inexact de dire que Dieu,
selon l'Écriture, préfère entre tous le gouvernement monarchique ; on voit, au contraire, qu'il ne l'établit qu'à contre-
cœur, et pour se délivrer des importunités des Hébreux (3).

---

(1) *Rois*, I, viii, 7.
(2) *Ibid.*, *ib.*, 11-19.
(3) « Je vais invoquer le Seigneur, et il fera entendre le tonnerre
et tomber la pluie, afin que vous sachiez et que vous voyiez combien
est grand devant le Seigneur *le mal que vous avez fait en demandant
un roi...* (*Les Rois*, c. xii, 17.) Et tout le peuple craignit le Seigneur,

Cependant, quoiqu'il les ait menacés du gouvernement tyrannique, ce n'est point cette espèce de gouvernement qu'il a institué. Dans le *Deutéronome*, il défend d'avance au roi tous les excès qu'il annonce dans les *Rois* comme les résultats de la royauté. « Il n'amassera point un grand nombre de chevaux, et il ne ramènera pas le peuple en Égypte. — Qu'il n'ait point une quantité de femmes qui se rendent maîtresses de son esprit, ni une quantité immense d'or et d'argent. — Que son cœur ne s'élève point par orgueil au-dessus de ses frères, et qu'il ne se détourne ni à droite ni à gauche. »

Pour devenir monarchique, le gouvernement des Hébreux ne perdit point cependant son caractère théocratique. C'est le Seigneur qui, par l'intermédiaire de Samuel, choisit le roi. Le sacre et l'onction sont les signes de ce choix. Lorsque Saül s'est rendu indigne de la royauté, c'est encore Samuel qui, par l'ordre du Seigneur, le dépose et lui choisit un successeur. Plus tard, sans doute, on voit la royauté se développer et aspirer de plus en plus à devenir absolue. « La parole du roi est pleine de puissance. Qui peut lui dire : pourquoi en usez-vous ainsi ? » Mais le roi n'est jamais absolument indépendant de Dieu. D'abord, il ne peut rien sur les choses sacrées. Dans le temple, ce n'est plus le roi, c'est le grand-prêtre qui est souverain, comme on le voit par l'exemple d'Osias et d'Azarias (1). De plus le droit de Dieu est toujours réservé : « C'est moi, dit-il, qui fais régner les rois et domine sur les tyrans (2). » De plus, en dehors de l'Église établie, il y eut toujours des envoyés immédiats de Dieu, qui, sans autre titre que l'inspiration divine dont les signes, à la vérité, n'étaient pas toujours faciles à reconnaître, avertissaient le roi et servaient de frein

---

etc. et dirent tous ensemble à Samuel : Priez le Seigneur votre Dieu pour vos serviteurs, afin que nous ne mourions pas : *car nous avons encore ajouté ce péché à tous les autres de demander d'avoir un roi... ib.* 19. Voyez la note suivante.

(1) *Paralip.*, II, ch. XXVI, 16, et suiv.
(2) *Prov.*, VIII, 15 ;

à son ambition (1). Ce sont les prophètes, sorte d'opposition populaire, qui d'ailleurs était aussi souvent dirigée contre le peuple lui-même que contre le roi. Tels sont tous les principaux éléments auxquels on peut ramener la politique des anciens Hébreux, principes qu'il était intéressant de recueillir, parce qu'ils seront plus tard souvent invoqués dans un sens ou dans l'autre par les divers partis au moyen âge.

Il ne peut entrer dans notre plan de suivre le progrès des idées morales et le changement des institutions politiques dans les livres saints et dans les écoles juives, depuis Moïse jusqu'à Jésus. Sans aucun doute, l'étude approfondie des monuments nous montrerait ici, comme dans la philosophie ancienne, une transformation progressive des idées et des mœurs, et un acheminement vers la morale d'esprit et de fraternité qui caractérise le christianisme. On a même prouvé que quelques-unes des maximes que nous admirons le plus dans l'Évangile viennent des écoles juives, et même de cette école si discréditée parmi les chrétiens, si considérée parmi les juifs, l'école pharisienne. L'histoire de la morale ne doit pas oublier le nom du sage Hillel (2), la gloire de la synagogue, antérieur à Jésus d'une génération, et dont la vieillesse a coïncidé avec la jeunesse de celui-ci. C'est à Hillel et peut-être à la tradition qu'il faut attribuer cette célèbre parole, que du reste nous avons déjà retrouvée dans Confucius : « Ne fais pas à autrui ce que tu ne voudrais pas qu'on te fît. » La vieille et terrible théologie de Moïse s'était singulièrement adoucie avec le temps, comme on le voit par ces paroles d'Hillel : « Dieu est grand par la miséricorde ; sa justice doit toujours incliner vers la clémence. » Quelquefois la bonté et la bienveillance se manifestent chez lui sous une forme spirituelle et piquante : « Par quelles paroles faut-il manifester de la joie en présence des jeunes fiancées ? Il faut dire, selon Hillel : Voici la fiancée,

____

(1) *Paral.*, II, ch. xvi, 7 ; xviii, 6 et suiv.
(2) *Vie de Hillel l'ancien*, par Trénel, directeur du Séminaire israélite de Paris.

la belle, la gracieuse, la pieuse. — Mais si elle n'est ni belle,
ni gracieuse? — Qu'importe? dit Hellel, si quelqu'un est
engagé dans une fâcheuse entreprise, faut-il l'attrister encore
plus? S'il a conclu un marché désavantageux, est-il charitable
d'avilir à ses yeux la valeur de ce qu'il vient d'acquérir? » La
morale de ces paroles, c'est qu'il faut dire à un homme que sa
femme est jolie, même lorsqu'elle est laide. La sincérité, sans
doute, est un peu offensée; mais la charité est satisfaite.
Hillel n'avait rien de cet orgueil que l'on impute à l'école pharisienne : « Apprenons, disait-il, à juger avec indulgence les
Israélites nos frères; s'ils ne sont pas tous instruits et inspirés
comme des prophètes, ils sont tous fils et disciples de prophètes. » La sagesse et la simplicité de sa morale se manifestent surtout dans ces passages : « Soyez des disciples d'Aron,
aimant la paix et la recherchant sans cesse, aimant les hommes et les ramenant à la Thora. — Poursuivre la célébrité,
c'est vouer son nom à l'oubli et au mépris. — Cesser d'accroître sa science, c'est la diminuer; refuser de s'instruire, c'est
se montrer indigne de vivre. — Celui qui se sert de la couronne de la Loi dans des vues égoïstes, sera flétri. — Ne dis
pas : lorsque j'en aurai le loisir, je me livrerai à l'étude, peut-
être ce loisir te sera-t-il toujours refusé. L'ignorant ne craint
point le péché, l'homme sans lumières ne saurait avoir de
vraie piété. — La timidité est funeste à celui qui veut s'instruire; la colère, à celui qui enseigne. Les spéculations ambitieuses ne donnent pas toujours la sagesse. — Où les hommes
font défaut, sois homme toi-même. » De tous ces passages, il
résulte évidemment que Hillel a été un moraliste d'un esprit
noble, sage, humain, mêlant une certaine finesse au bon sens.
Ce serait cependant se faire une grande illusion que de chercher là un argument contre l'originalité éclatante de la morale
de Jésus. Que cette morale ne soit pas séparée par des abîmes
de tout ce qui a précédé, qu'elle ne tombe pas du ciel comme
un miracle, que l'on puisse en retrouver les germes et les
antécédents dans les sages antérieurs, c'est ce que l'on peut

préjuger tout d'abord, même sans connaître les textes, mais
en vertu des lois ordinaires et générales de l'histoire. C'est
ainsi que Socrate a été précédé et annoncé par les sages de la
Grèce. Mais il n'y a rien à conclure de là contre l'originalité
de Socrate et de Jésus-Christ : car tout est toujours préparé
dans l'histoire des idées ; mais celui qui résume et condense
en sa personne, en y ajoutant un accent personnel, toutes les
idées de ses prédécesseurs, celui-là est un inventeur, quoi
qu'en puissent dire la critique et l'érudition (1).

LE NOUVEAU TESTAMENT. MORALE ET POLITIQUE ÉVANGÉLIQUES.
— Nous avons vu le stoïcisme luttant selon ses forces contre
l'égoïsme social de l'antiquité, s'efforçant de s'élever à l'idée
de la fraternité humaine. Une autre doctrine, née sans bruit
et sans éclat dans un coin du monde, allait s'emparer, avec
une ardeur et un enthousiasme sans égal, de cette idée nouvelle et libératrice, et lui imprimer le cachet de son incontestable originalité. En effet, s'il est vrai de dire que la
philosophie ancienne a pu arriver par elle-même à des
principes qui n'étaient pas très éloignés des principes chrétiens,
il n'est pas vrai que le christianisme n'ait rien apporté de
nouveau, et que le progrès moral eût pu s'accomplir sans sa
puissante intervention. L'originalité des doctrines ne se mesure
pas toujours aux formules qui les résument. Il n'en faut pas
voir seulement la lettre, mais l'esprit et l'accent. On peut
trouver dans les philosophes anciens des maximes qui
ressemblent, à s'y méprendre, aux maximes de l'Évangile.
Mais où trouver cet accent unique, inimitable, cette saveur si
pure, si fine et si délicate que nous fait goûter la lecture des
Évangiles ? Lisez une lettre de Sénèque, une dissertation

(1) On combat souvent l'originalité de la morale de Jésus avec un
esprit singulièrement étroit. Il semble que l'on ait toujours devant
les yeux un Jésus surnaturel, dont il faut à tout prix rabattre les
prétentions à la divinité. Si l'on était réellement aussi libre d'esprit
qu'on croit l'être, on oublierait ce fantôme pour se mettre en face
d'un Jésus naturel et historique, qui a autant de droit à être un
moraliste original que Confucius ou Socrate.

d'Épictète, même une page de Marc-Aurèle, le plus chrétien des stoïciens, vous aurez sans doute une morale noble, irréprochable, d'une très grande hauteur ; mais lisez ensuite le Sermon sur la montagne, et dites si rien ressemble à cela.

L'une des causes incontestables de l'originalité et de la force de la morale chrétienne, c'est le dogme sur lequel elle repose: dogme extraordinaire, qui embrasait l'âme en confondant la raison, et qui, plaçant en Dieu même le comble de l'amour et l'idéal du sacrifice, attirait l'homme à une vertu surhumaine par l'exemple du Sauveur, par la vertu d'un sang divin, par l'espérance d'une couronne sans prix.

Si quelque chose peut nous donner l'idée, ou plutôt le sentiment de la morale chrétienne et de sa singulière nouveauté, c'est la vie de son fondateur, vie si simple, si humble, si bienfaisante, si patiente, si éprouvée ; mais surtout c'est sa mort, cette mort unique dont le témoignage est encore présent partout dans nos monuments, dans nos tableaux, dans nos maisons, et jusque dans nos ornements et dans nos parures. Je ne voudrais point renouveler le parallèle célèbre de Rousseau entre Jésus et Socrate, mais ce parallèle est si frappant et montre si bien le génie opposé de l'antiquité et du christianisme, qu'on ne peut y échapper. Des deux côtés, un procès inique et une mort injuste : mais ici, une apologie fière et doucement ironique, une captivité facile et presque volontaire, adoucie par la poésie, égayée par la conversation : au dernier jour, un paisible débat sur les destinées de l'âme, et enfin, la mort accompagnée de sourire venant comme un sommeil, loin des pleurs de la famille et au milieu des consolations de l'amitié. En face de ce tableau, contemplez maintenant ce repas sévère et taciturne, où le maître se donne en sacrifice à ses disciples, cette nuit d'angoisses et de prière au jardin des Oliviers, ce baiser de la trahison, cet amas d'injures, cette croix sanglante et déshonorante, ce supplice entre deux voleurs, cette mère en pleurs, cette dernière plainte, ce dernier pardon, enfin ce soupir suprême, si lentement et si douloueusement exhalé ; scène incomparable, la plus grande sans doute qu'ait vue le monde, et que Platon semble avoir entrevue comme dans un rêve.

La Passion, qui est le mystère suprême dans le christianisme, indique assez que la vie de l'homme n'est qu'une passion, c'est-à-dire une douleur. Tandis que toute l'antiquité faisait consister le bien à ne pas souffrir, et invitait l'homme soit par la vertu, soit par le plaisir, à fuir la douleur, l'Évangile présente à l'homme la douleur comme un bien. La douleur est en quelque sorte divinisée, puisque Dieu lui-même a voulu souffrir, gémir, mourir.

Dans toutes les religions, il y a des préceptes en faveur des faibles, des malheureux, des opprimés. Mais il semble que toute la morale du christianisme soit faite pour ceux-là. « Heureux ceux qui pleurent » ! est-il dit : mais ce n'est pas tout : « Heureux ceux qui souffrent persécution pour la justice... vous serez heureux lorsque les hommes vous maudiront et vous persécuteront (1) ! » Ainsi la douleur et l'injustice ne sont plus des maux qu'il faut écarter ou supporter, ou des choses indifférentes qui ne méritent point qu'on y pense : ce sont des biens qu'il faut rechercher, aimer et savourer ; car la même doctrine, qui est une doctrine de douleur, est une doctrine de consolation : « Venez à moi, vous tous qui ployez sous le joug, je vous ranimerai (2). »

L'Évangile a deux sortes de consolations : les unes pour les misérables, les autres pour les pécheurs : « Ce ne sont pas ceux qui sont en santé, qui ont besoin de médecin, mais les malades. Je ne suis pas venu appeler les justes mais les pécheurs à la pénitence (3). » C'est pourquoi Jésus ne dédaignait pas la société de ceux que l'on méprisait : c'étaient ceux-là surtout qu'il voulait amener à lui ; et c'étaient d'eux qu'il espérait le plus : « Je vous le dis, en vérité, les publi-

(1) Matth., v. 4, 11 ; Luc., vi, 21, 22.
(2) Matth., xi, 28.
(3) Luc, v, 31, 32.

cains et les courtisanes vous précéderont dans le royaume de
Dieu (1) ». Voilà ceux qu'il venait consoler et purifier ; et
l'humiliation du vice et du mépris lui paraissait plus près de
la simplicité nécessaire au salut, que l'orgueil de la vertu.

Je répète que ce qu'il y a de nouveau dans la morale
chrétienne, c'est l'accent : c'est par là que les paroles du
Christ pénétraient jusqu'au plus profond de ces âmes grossières,
et les renouvelaient ; il savait parler aux misérables soit par le
corps, soit par l'âme ; il avait des paroles exquises, rafraî-
chissantes, consolatrices : « Prenez mon joug sur vous, et
apprenez de moi que je suis doux et humble de cœur, et vous
trouverez du repos à vos âmes. Car mon joug est doux et mon
fardeau léger (2). »... « Quiconque donnera seulement à l'un
de ces plus petits un verre d'eau froide à boire, il n'attendra
pas sa récompense (3). » L'indulgence de cœur ne trouvera
jamais de parole plus pure et plus haute que celle-ci : « Que
celui qui n'a jamais péché lui jette la première pierre (4). »
L'innocence, la candeur, la simplicité peuvent-elles être
recommandées d'une manière plus touchante : « Je vous le
dis, en vérité, si vous ne changez et ne devenez comme de
petits enfants, vous n'entrerez point dans le royaume des
cieux (5). » L'oubli de soi-même dans la charité, le secret
dans la piété ont-ils pu inspirer des paroles plus heureuses et
plus vives : « Que votre main gauche ne sache pas ce que fait
votre droite (6). Lorsque vous jeûnez, ne soyez point tristes,
comme les hypocrites. Parfumez votre tête et votre face (7). »
Quelle sagesse dans ce mot admirable : « Demain aura soin de
lui-même ; à chaque jour suffit sa peine (8). » Ces paroles ne

(1) Matth., xxi, 31.
(2) Matth., xi, 29, 30.
(3) Marc, ix, 40.
(4) Jean, viii, 7.
(5) Matth., xviii, 3.
(6) Matth., vi, 3.
(7) Matth., vi, 16, 17.
(8) Matth., vi, 34.

recommandent pas l'oisiveté, mais la quiétude dans le travail :
on peut en abuser pour recommander l'hypocrisie mendiante
et paresseuse ; mais bien comprises, elles expriment la
confiance et la sécurité de l'âme qui se donne à Dieu. Oublierai-je ces mots où le pardon a trouvé son expression la plus
pathétique et la plus déchirante : « Mon Dieu, pardonnez-leur;
car ils ne savent ce qu'ils font. » Oublierai-je cette sublime
prière, la plus pure qui soit dans aucune doctrine, et si haute
qu'elle peut convenir à tous les hommes sans distinction de
croyance ? Que dire enfin de la parabole de l'Enfant prodigue,
de celle du bon Samaritain, de celle du Publicain et du
Pharisien, et de tant d'autres récits naïfs et grands qui, de
siècle en siècle, ont servi à nourrir les âmes populaires, les
cœurs simples, les petits et les innocents de la sainte manne
de la parole, tandis que les beaux écrits des philosophes
demeuraient le mets réservé des raffinés et des délicats ?

L'esprit de la morale chrétienne est de demander à l'homme
tout ce que l'on peut lui demander ; c'est d'exiger de lui le plus
grand effort de dévouement, de sacrifice et d'oubli de soi-même,
que l'âme humaine puisse, je ne dis pas exécuter, mais concevoir.
C'est pourquoi elle est la plus grande morale qui ait jamais
paru. Essayez, en effet, de concevoir une obligation morale qui
ne soit point prévue dans les principes de l'Évangile, une
prescription à ajouter à toutes celles qu'il contient, un devoir
nouveau enfin, vous n'y parviendrez pas. On peut bien dire
que l'Évangile demande trop à l'homme, mais non qu'il ne lui
demande pas assez. Il n'en est pas non plus de l'Évangile
comme du stoïcisme, qui demande trop d'un côté et trop peu
de l'autre. Mais l'Évangile nous impose tout l'amour de Dieu,
tout l'amour des hommes, tout le courage, toute la patience,
toute la chasteté, toute la modestie et l'humilité, en un mot,
toute la perfection que l'on peut rêver pour l'homme, et non
pour un homme qui n'a jamais existé et n'existera jamais,
mais pour l'homme véritable, tel que l'a fait la nature. Cette
doctrine me paraît contenir la plus parfaite idée de la vertu

humaine, et je ne devine pas quel progrès on pourrait faire
sur une telle morale, à la condition, bien entendu, qu'on n'y
cherche pas autre chose qu'une morale, c'est-à-dire une
doctrine de devoir, et non une doctrine du droit. Une objection s'élève en effet, contre cette admirable morale : c'est
qu'en présentant l'idée du devoir dans sa perfection, elle
semble sacrifier ou négliger le principe du droit ; c'est qu'en
exagérant l'obligation, elle ne fait pas la part suffisante de ce
qui est permis ; c'est qu'elle donne trop à la vertu et pas assez
à la nature : disons quelques mots de cette objection.

Le principe suprême de la morale chrétienne et évangélique
est l'amour ou la charité. Or, on ne peut douter que ce
principe bien entendu et appliqué dans toute son extension
ne suffise entièrement et même au delà, pour résoudre tous
les problèmes de la vie morale et sociale. Si, par exemple, je
fais du bien aux hommes par amour pour eux, il est tout à
fait inutile de m'avertir que je ne dois pas leur faire du mal :
car le premier contient le second, et si je fais le plus, il va
sans dire que je ferai aussi le moins. De même, si c'est par
amour des hommes que je ne leur fais pas de mal, il est inutile
de m'avertir que je devrais encore ne pas leur faire de mal,
lors même que je ne les aimerais pas. En d'autres termes, si
je suis disposé à accomplir tout mon devoir et au delà de mon
devoir, il m'est indifférent de savoir que les autres ont des
droits, puisque je veux faire pour eux bien au delà de ce
qu'ils ont droit d'exiger. Supposez maintenant que tous les
hommes sans exception soient animés des mêmes sentiments,
n'est-il pas évident que tous, faisant les uns pour les autres tout
ce qu'ils peuvent faire, n'ont pas besoin de s'opposer les uns
aux autres un droit jaloux, puisque le droit n'est qu'une
défense, et qu'une défense est superflue entre personnes qui
s'aiment ? En un mot, la charité parfaite dévore le droit (1) :

(1) Un critique des plus bienveillants et des plus éclairés, M.
Adolphe Franck, a combattu cette pensée, en l'entendant comme si
j'avais voulu dire que la charité supprime le droit, ce qui n'est

ce n'est point qu'il cesse d'exister ; mais il n'est plus qu'en puissance. Tel est l'idéal de la société chrétienne ; idéal qui est sans aucun doute le plus pur et le plus élevé qu'ait jamais conçu aucune doctrine philosophique et religieuse. Le christianisme, supérieur en cela à toutes les doctrines modernes de réformation et d'émancipation, a pénétré jusqu'au plus profond principe d'action qui soit dans la nature humaine ; il a réveillé ce principe, lui a donné conscience de lui-même, en a tiré les effets les plus admirables ; et si prévenu qu'on soit, il faut fermer volontairement les yeux à l'évidence, pour nier qu'aujourd'hui encore, si loin qu'il soit de son origine et de sa première ferveur, le christianisme enfante encore des miracles de charité et de dévouement.

Mais voici maintenant les difficultés que rencontre un tel idéal dans l'application. Comme il est de bien loin au-dessus des forces de la nature humaine, il arrive qu'il n'est pratiqué à la rigueur que par quelques âmes d'exception, ou bien dans

---

nullement ma pensée. Ce que j'ai voulu dire, et ce que je maintiens, c'est que la charité, si elle est parfaite et éclairée, rend le droit inutile. Par exemple, deux amis liés par la plus tendre amitié ont certainement l'un envers l'autre des droits, comme le droit de propriété ; mais ni l'un ne songe à en faire usage pour le défendre contre l'autre, ni l'autre ne songe à respecter un tel droit. Le fait seul d'invoquer le droit entre personnes qui s'aiment est déjà presque une injure. Une femme, que son mari s'abstiendrait de battre, uniquement parce que c'est son droit de ne pas être battue, aurait déjà le droit de s'offenser. L'amour s'élève donc au-dessus du domaine du droit ; il l'absorbe sans le détruire, bien entendu, à la condition de ne pas agir contre lui. Au reste, la pensée critiquée n'est autre chose qu'une pensée d'Aristote : Φίλων μὲν ὄντων οὐδὲν δεῖ δικαιοσύνης. Un autre critique, également bienveillant, M. D. Nisard, nous a fait une objection en sens inverse. Il s'est étonné de nous voir dire que le christianisme n'a pas fait une part suffisante à l'idée du droit. Mais il nous semble que cette vérité ressort très évidemment de tout ce que nous disons plus loin sur la propriété, sur l'esclavage, sur la liberté de conscience. Sans doute, l'idée de droit est implicitement dans le christianisme, comme l'idée de charité est implicitement dans la morale de Socrate ou de Platon ; *nil sub sole novum.* Mais, dans l'histoire des idées, c'est le développement qui constitue l'invention. Or, à ce point de vue, il est difficile de nier que l'idée de droit ne soit la découverte des temps modernes, et en particulier du xviiie siècle.

de certains moments de ferveur. La véritable piété étant très rare, la vraie charité l'est au moins autant. Mais, comme en demandant aux hommes de faire pour leurs frères tout ce qu'il est possible, on ne s'est pas appliqué à fixer tout ce qui est rigoureusement dû à chacun, cette incertitude sur les limites du droit est très favorable aux lâches interprétations du devoir. Ajoutez que le devoir de charité étant absolu, il est prescrit à ceux qui souffrent d'aimer ceux qui les persécutent : précepte admirable, et vraiment sublime, mais qui fournit malheureusement un aliment à la persécution. Car, remarquez qu'entre ces deux préceptes, faire le bien et supporter le mal, le second est beaucoup plus facile à appliquer que le premier ; car la plupart du temps, il s'appuie sur la nécessité même, tandis qu'il faut toujours beaucoup d'efforts pour faire du bien. Supposez maintenant que, entre les forts et les faibles, la patience soit d'un côté, sans que la charité soit de l'autre, ne voyez-vous pas naître de cette inégalité une cruelle et irrémédiable oppression ?

C'est ce qui arriva, par exemple, au moyen âge. Les principes chrétiens tombant au milieu d'une société barbare, où la force était tout, ne purent avoir que des effets partiels et très incomplets. Dans le chaos que produisirent la rencontre et le conflit des races vaincues et des races victorieuses, la violence individuelle dut avoir la plus grande part : une société se forma comme elle put ; la force eut le dessus, comme il arrive toujours ; la faiblesse fut heureuse de se cacher à l'ombre de la force : un ordre artificiel les enchaîna l'une à l'autre ; et c'est ce qu'on appela la société féodale. Le christianisme s'accommoda tant bien que mal à cette fausse société : il en adoucit les maux, il en tira quelques grandes vertus, mais il n'en corrigea pas la radicale injustice.

De là vint que les temps modernes se réveillèrent en invoquant une idée toute différente de l'idée chrétienne : l'idée du droit. Ce n'est pas que ces deux idées soient contraires l'une à l'autre ; mais elles sont très distinctes. Chrétiennement, je dois supporter l'injustice, et même m'en réjouir; en droit, je n'y suis point tenu. Chrétiennement et religieusement, je dois aimer mes persécuteurs ; en droit, je puis m'en défendre, et opposer la force à la violence : ce qui se concilie difficilement avec le principe de l'amour. Sans nul doute, l'idée chrétienne est plus haute et plus divine que l'idée de droit. Mais celle-ci est indispensable pour maintenir l'ordre dans la société et empêcher que les uns n'abusent de la candeur et de la charité des autres.

C'est la confusion de ces deux idées, l'idée chrétienne de la charité, et l'idée philosophique du droit, qui a souvent donné le change de nos jours sur le véritable caractère du christianisme, et lui a fait attribuer un sens politique et social, qu'il n'a jamais eu à l'origine. Rien de plus contraire au bon sens que de transformer Jésus-Christ en une sorte de réformateur philanthrope et socialiste. Jésus n'a jamais voulu qu'une seule réforme : l'amélioration des âmes. La seule société qu'il eut devant les yeux, c'est la société céleste, qu'il considérait comme le renversement de la société terrestre. La richesse et la domination qui assurent la supériorité sur la terre sont, au contraire, pour le ciel une croix et un empêchement. C'est pourquoi il allait s'écriant : « Malheur à vous, riches, qui avez votre consolation !... Malheur à vous qui êtes rassasiés, parce que vous aurez faim (1) ! » C'est pourquoi il dit encore que « les riches entreront difficilement dans le royaume des cieux (2) », tandis que ce royaume appartient aux pauvres en esprit, c'est-à-dire à ceux qui supportent la pauvreté religieusement. Il en est de la domination comme de la richesse : « Les princes des nations les dominent ; il n'en sera pas ainsi parmi vous. » Dans la cité promise, « les premiers seront les derniers et les derniers seront les premiers (3) ». Mais un tel renversement n'aura lieu que dans le royaume du ciel ; ou

(1) Luc, vi, 24, 25.
(2) Marc, x, 23-25.
(3) Matth., xx, 25-27 ; Luc, xxii, 25-27.

s'il peut se réaliser ici-bas, c'est à la condition que les grands se fassent volontairement petits, et non que les petits aspirent à devenir grands : l'égalité chrétienne est une égalité morale, religieuse, volontaire, et non sociale et politique.

Un point qui n'est pas moins certain, c'est que Jésus, qui n'a aucun caractère de réformateur politique, n'a pas davantage de prétentions au rôle de dominateur et de roi. On sait que c'est en cela même qu'a consisté l'aveuglement des Juifs : leur erreur a été de ne pas reconnaître le Messie, dans celui que n'accompagnait aucun signe sensible de la royauté. Or, il est certain que Jésus-Christ n'a jamais réclamé la domination ni pour lui ni pour ses disciples. Comment l'aurait-il fait, lui qui disait : « Je ne suis pas venu pour être servi, mais pour servir (1) ; » et encore : « Mon royaume n'est pas de ce monde (2). » Tous les textes qui, au moyen âge, ont été interprétés dans le sens de la domination ecclésiastique, n'ont qu'un sens religieux et spirituel. « Fais paître mes brebis », disait-il à saint Pierre. Il entendait par là : nourris-les de la parole. Lorsqu'il disait : « Tout ce que vous lierez sur la terre sera lié dans le ciel ; tout ce que vous délierez sur la terre sera délié dans le ciel (3) », il ne voulait parler évidemment que de la rémission des péchés, et non de la dispense du serment de fidélité envers les puissances. Dans ces paroles : « Allez, enseignez les nations, et les baptisez au nom du Père, du Fils et du Saint-Esprit », il instituait le sacerdoce et la prédication, mais il ne donnait aucun pouvoir temporel à ses disciples. Quant à lui, il rejetait toute fonction qui avait rapport aux intérêts de la vie : « Maître, disait un de ses disciples, dites à mon frère de partager avec moi mon héritage. » Jésus lui dit : « Qui m'a établi juge sur vous ou pour faire vos partages (4)? » Enfin, dans le passage le plus célèbre

(1) Matth., xx, 28.
(2) Jean, xviii, 36.
(3) Matth., xviii, 18.
(4) Luc, xii, 14.

et le plus souvent cité, Jésus fait le partage entre les puissances en disant : « Rendez à César ce qui est à César, et à
Dieu ce qui est à Dieu (1). » Il est vrai que dans ces termes
généraux, la question reste entière, puisqu'il s'agit de savoir
ce qui est à César et ce qui est à Dieu. Mais le principe se
détermine par l'application particulière qui en est faite. Or, de
quoi s'agit-il ? de payer le tribut. Ainsi le tribut est à César.
Or, le tribut est le signe de la soumission civile ; il en résulte
que César est le véritable chef de l'union civile, c'est-à-dire de
l'État. Ainsi Jésus-Christ a séparé le royaume de Dieu et le
royaume de l'État, et il n'a pas voulu que le premier dominât
sur le second.

On peut donc rejeter comme fausses les deux thèses soutenues à diverses époques, et à différents points de vue : la
première que le christianisme est une doctrine d'émancipation
sociale et politique, qu'il est pour les peuples contre les rois,
et qu'il met la force au service du droit ; la seconde, que
l'Église est supérieure à l'État, que l'État lui doit obéissance
et hommage, que le chef de l'Église est le chef du monde. Ces
deux doctrines sont contraires à la lettre et à l'esprit de
l'Évangile. L'Évangile n'est ni démocratique ni théocratique,
il ne prêche ni la révolte, ni la domination.

Il est vrai qu'en introduisant un royaume de Dieu dans le
royaume de ce monde, le christianisme soulevait, par là même,
la question de savoir comment ces deux royaumes pourraient
s'unir, s'entendre, se limiter. Mais cette question est à peine
indiquée dans l'Évangile ; c'est le problème du moyen âge et
des temps modernes.

III. — LA MORALE DES APOTRES ET LES SAINTS PÈRES. — Le
principe du christianisme était l'amour ou la charité. Mais
l'on peut distinguer deux formes et deux aspects dans la
charité ; d'une part, la charité contemplative, celle qui se
complaît à goûter les joies de la méditation et de la prière ;

(1) Matth., xxii, 17, 21 ; Luc, xx ,22, 25 ; Marc, xii, 14, 17.

de l'autre, une charité active, énergique, enflammée du feu du prosélytisme. Tandis que le doux apôtre saint Jean retiré dans les solitudes de Patmos savourait les mystères de l'union du Verbe avec son Père et avec la nature humaine, et reproduisait dans ses épîtres les accents les plus tendres et les plus paisibles de l'amour évangélique, saint Paul marchait à la conquête du monde ancien, portait la nouvelle parole à Athènes et à Rome, et méritait le nom d'Apôtre des gentils. On peut dire qu'il a été le second fondateur du christianisme en l'établissant au cœur même de la civilisation antique (1).

Le principe du christianisme a été l'amour ou la charité. Jésus a développé ce principe dans les termes les plus tendres et les plus exquis, et l'a surtout fait sentir dans ses applications. Saint Paul a exprimé le principe lui-même avec une éloquence abrupte et sublime, qui laisse bien loin d'elle celle de Cicéron. « Quand je parlerais toutes les langues des hommes et des anges, si je n'ai point la charité, je ne suis qu'un airain sonore, une cymbale retentissante. — Quand j'aurais le don de prophétie, que je pénétrerais tous les mystères, et que je posséderais toutes les sciences ; quand j'aurais la foi qui transporte des montagnes ; si je n'ai pas la charité, je ne suis rien. — Et quand je distribuerais tout mon bien pour nourrir les pauvres, et que je livrerais mon cœur pour être brûlé, si je n'ai point la charité, tout cela ne me sert de rien. — La charité est patiente, elle est bienfaisante ; elle n'est point jalouse, elle n'est point téméraire ; elle ne s'enfle point. — Elle souffre tout ; elle croit tout ; elle espère tout ; elle supporte tout (2). »

---

(1) Tout le monde a été étonné de voir le récent historien de saint Paul, M. Ernest Renan, préférer le tendre et contemplatif apôtre de Patmos à l'énergique et ardent organisateur du christianisme naissant. C'est l'éternel procès entre la vie active et la vie contemplative, procès qui ne sera jamais vidé, et que chacun juge d'après sa propre humeur. Seulement il est permis ici de se demander si Paul n'a pas eu un sentiment du divin aussi profond que Jean, en y joignant un sentiment du réel, que celui-ci n'a jamais eu.

(2) I. *Corinth.*, XIII.

Le principe de l'amour des hommes et de la charité entraînait comme sa conséquence légitime la doctrine de l'égalité des hommes, et de l'unité de la race humaine. C'est encore saint Paul qui a exprimé ces deux doctrines avec le plus d'énergie et de précision : « Il y a plusieurs membres, dit-il, mais tous ne font qu'un seul corps (1) ; » image semblable à celle de Platon dans la *République*, avec cette double différence que Platon exprime par là l'unité de l'État, et que de cette unité il exclut les classes misérables et inférieures, tandis que saint Paul parle de l'unité du genre humain, et qu'il n'en exclut personne : « Il n'y a, dit-il, ni gentil, ni juif, ni circoncis, ni incirconcis, ni barbare, ni Scythe, ni esclave, ni libre, mais Jésus-Christ est en tous (2). » S'il est une doctrine essentiellement chrétienne, c'est bien celle de la fraternité humaine.

« Nous sommes tous parents, tous frères, tous fils d'un même père, dit saint Basile (*Homel. in aliquot scripturæ locos*). Notre père, selon l'esprit, c'est le même Dieu ; notre mère, selon la chair, c'est la même terre, du limon de laquelle nous avons tous été formés. » Tertullien s'écrie également, en s'adressant aux persécuteurs (*Apol.*, ch. XXXIX) : « Nous sommes vos frères par droit de nature, et combien ne méritons-nous pas davantage le titre de frères, nous chrétiens, qui n'avons qu'un Dieu notre père. » — La fraternité s'applique surtout aux pauvres : « Les pauvres sont nos frères puisqu'ils ont reçu un nom semblable au nôtre, puisqu'ils ont été faits comme nous à l'image de Dieu » (Saint Grégoire de Naziance, *Sermon sur l'amour des pauvres*). Saint Jean Chrysostome dit également (*Homélie 22 sur l'Épit. aux Éphésiens*) : « La loi humaine peut reconnaître des différences qu'elle a instituées ; mais

---

(1) I. *Corinth.*, XII, 12.
(2) *Coloss.*, III, 11. — Saint Paul va même plus loin. Il renvoie à Philémon son esclave Onésime, en le priant de l'affranchir comme étant son propre fils, ses propres entrailles: ἐμοῦ τέκνου ὅν ἐγέννησα... τοῦτ' ἐστὶ τὰ ἔμα σπλάγχνα.

tout cela est nul aux yeux du seigneur commun, qui est le bienfaiteur de tous. » Et devant cette doctrine les vaines distinctions sociales s'évanouissent et se nivellent : « Comment peut-on se vanter d'être fils de prince et de descendre d'une noble famille ! » (*In Jeremiæ homél.*, 12.) Y a-t-il même l'ombre d'un prétexte pour l'orgueil dans ces dons du hasard : — « La vraie noblesse, dit saint Paulin de Nole, consiste à s'illustrer par ses vertus. »

Cette doctrine de fraternité ou d'égalité devait séduire naturellement les pauvres, les humbles, les misérables. Aussi voit-on les païens, qui n'y comprenaient rien, s'indigner de cette humble clientèle, et en tirer des sarcasmes contre la nouvelle doctrine. Celse, par exemple, d'après Origène, s'irrite contre ces cardeurs de laine, ces fouleurs, ces cordonniers, toute cette tourbe ignorante et grossière, qui entraîne à l'écart des femmelettes et des enfants (Origène, » *adv. Celsum*, 155). — « Les ignorants et les fous, voilà les gens qu'ils recherchent ; et ils avouent sans hésiter qu'ils ne peuvent gagner à leur secte que des ignorants et des hommes de basse condition (*Ibid.*, 44). » — « N'est il pas déplorable, s'écrie Cecilius (*Minutius Felix*), d'entendre des gens sans études, sans lettres, sans connaissance même des arts vulgaires, décider des questions les plus hautes ? »

Un écrivain inconnu, dans un dialogue intitulé *Philopatria*, que l'on ajoute souvent aux œuvres de Lucien, nous fait le tableau d'une assemblée chrétienne, où le prédicateur annonce un sauveur « qui reçoit tout le monde, sans s'inquiéter de la profession de personne ». Puis vient un autre prédicateur qui n'a pas de chapeau ni de souliers, et dont le manteau est tout pourri. C'est le philosophe Critias qui raconte tout cela. Notre philosophe va ensuite à l'assemblée de ces magiciens : « Il grimpe au haut d'une maison par un escalier tortu ; il entre dans un méchant galetas, où il trouve des gens pâles et défaits, qui ne rêvent que malheur et ruine. » On voit que les chrétiens primitifs paraissaient aux lettrés, aux riches, aux

puissants comme des révolutionnaires grossiers et dangereux (1).

Cette doctrine si généreuse et si humanitaire allait-elle
cependant jusqu'à proclamer l'égalité sociale des hommes ?
Prit-elle directement à partie la grand iniquité du monde
antique, l'esclavage ?

Il y a ici, je crois, un peu d'exagération dans les opinions
courantes. C'est le christianisme, dit-on, qui a détruit l'esclavage : et cependant il subsiste encore à l'heure qu'il est
dans des pays chrétiens. On reproche aux philosophes païens,
tels que Sénèque, Épictète ou les autres, de n'avoir soutenu
que des doctrines abstraites, sans conséquences pratiques ; et
en même temps on fait honneur aux apôtres de n'avoir pas
eux-mêmes poussé jusqu'à ces conséquences. Quelle est en
effet la doctrine de saint Paul, de saint Pierre, des apôtres en
général ? c'est d'abord, qu'en Jésus-Christ il n'y a pas d'esclaves, que tous les hommes sont libres et égaux ; c'est ensuite,
que l'esclave doit obéir à son maître, et le maître être doux
envers ses esclaves. Ainsi, quoiqu'il n'y ait point d'esclaves
en Jésus-Christ, saint Paul et les apôtres ne nient pas qu'il ne
puisse y en avoir sur la terre. Je suis loin de faire un reproche
aux apôtres de n'avoir pas proclamé la nécessité immédiate
de l'affranchissement des esclaves. Mais je dis que la question
était posée exactement dans les mêmes termes par les philosophes anciens du même temps. Sénèque, il est vrai, ne
proclamait que l'égalité morale des hommes et non leur
égalité civile ; mais saint Paul ne parle non plus que de
l'égalité en Jésus-Christ. Sénèque dit au maître de se conduire
envers son esclave, comme il voudrait que l'on se conduisît
envers lui-même (2). N'est-ce pas dire autant que saint Paul

(1) Pour ces différents textes, nous avons emprunté beaucoup à un
intéressant travail sur la *Démocratie des Pères de l'Église* de M. Feu-
gueray, dans l'ouvrage intitulé : *Essai sur les doctrines politiques de
saint Thomas d'Aquin* (Paris 1857) p. 217.
(2) Sén., *Ep. ad Lucil.*, 73.

et saint Pierre, qui recommandent au maître la douceur et la bonté? La supériorité du christianisme sur le stoïcisme dans cette question tient donc uniquement à la supériorité même de l'esprit chrétien, c'est-à-dire de ce souffle ardent de charité, enflammé par le sentiment religieux, qui obtenait plus facilement le même résultat demandé de part et d'autre, à savoir l'humanité des maîtres envers les esclaves.

S'il nous était permis de faire un rapprochement, nous dirions que la doctrine des apôtres et des Pères sur l'esclavage est la même que leur doctrine sur la propriété. Le christianisme a-t-il nié la propriété? Non; cependant Jésus-Christ disait: « Si vous voulez être parfait, vendez tous vos biens, et donnez-les aux pauvres (1). » Aussi voyons-nous, dans les premiers temps de la ferveur chrétienne, les biens communs entre tous les fidèles (2), et cette communauté persister jusqu'au temps des apologistes. Que dit en effet saint Justin : « Nous apportons tout ce que nous possédons, et nous partageons tout avec les indigents (3). » Que dit Tertullien : « Tout est commun parmi nous, excepté les femmes (4). » La richesse n'a jamais été approuvée dans les premiers temps du christianisme. Elle inspire même à l'apôtre saint Jacques des paroles si violentes, qu'il est difficile de ne pas y reconnaître un sentiment de révolte populaire, assez contraire à l'esprit évangélique (5). La doctrine des Pères de

---

(1) Matth., xix, 20-23.
(2) Act., ii, 44, 45 ; iv, sqq. Quelques critiques tels que Mosheim (*Dissertation sur l'histoire ecclésiastique* t. II, p. 14) et Bergier (*Dictionnaire de théologie*, v° *Communauté des biens*), croient qu'il ne s'agit ici que de cette communauté qui résulte de la charité, et en vertu de laquelle le riche vient au secours des pauvres. Mais les textes sont trop positifs pour se prêter à cette interprétation: « Toutes choses étaient communes entre eux; tous ceux qui possédaient des champs et des maisons les vendaient, et apportaient le prix des choses vendues; ils mettaient ce prix aux pieds des apôtres et il était distribué à chacun, selon qu'il en avait besoin. »
(3) Just., *Apolog.*, I, 14.
(4) Tertull., *Apolog.*, c. xxxix.
5) Voy. Jacq. i, 9, 10, 11 ; ii, 1, 5, 6 ; v, 1, 5, 6 ; v, 1, 2, 399.

l'Eglise est uniforme et constante sur la propriété : le riche
n'est que le dispensateur des biens du pauvre. Tout ce que
nous possédons est à Dieu, il n'y a rien véritablement qui
puisse être appelé mien ou tien. Quelques-uns même poussent ces principes très loin. « La terre, dit saint Ambroise, a
été donnée en commun aux riches et aux pauvres. Pourquoi,
riches, vous en arrogez-vous à vous seuls la propriété (1) ? »
Et dans un autre passage plus important encore, parce qu'il
est tiré d'un traité philosophique, saint Ambroise nie expressément le droit de propriété : « La nature, dit-il, a mis en
commun toutes choses pour l'usage de tous... La nature a
créé le droit commun. *L'usurpation a fait le droit privé* (2). »
Malgré ces paroles si hardies, malgré le conseil donné par
Jésus-Christ au riche de tout vendre et de tout donner, malgré
la première communauté des apôtres, dit-on que le chris
tianisme a condamné la propriété, et serait-il juste de le dire ?
Non, sans aucun doute. Le christianisme a considéré comme
la perfection chrétienne de se priver du *sien ;* il n'a pas
abrogé le droit de chacun (3). Il a proposé un idéal, dont les
hommes peuvent s'approcher par leur libre volonté ; mais il
n'a point dit que ce fût absolument une injustice de conserver
son bien. Saint Pierre même reconnaît expressément le droit
de propriété ; car dans le passage des Actes des apôtres, où
l'on voit Ananie et sa femme frappés à mort pour avoir
détourné une partie de leur bien, ce n'est pas ce détournement
qui leur est reproché, c'est leur mensonge : « Ne demeurait-il
pas toujours à vous, leur dit saint Pierre, si vous aviez voulu
le garder ? Et après l'avoir vendu, n'étiez-vous pas maîtres de
l'argent (4) ? » La communauté était donc volontaire et non
obligatoire. Les Pères disent tous expressément que la richesse

1) Ambr., *De Nabuthe Jesraelita*, c. i, 2.
(2) Ambr., *De offic.*, l. I, c. xxviii. *Usurpatio jus fecit privatum.*
(3) Voir le travail très démonstratif sur ce point de M. Thonissen :
Le *Communisme et l'Eglise positive* (Louvain, 1861), et l'*Histoire du
socialisme*, du même auteur.
(4) *Act.*, v, 4.

et la pauvreté ont été établies pour donner aux riches l'occasion de la libéralité, aux pauvres celle de la patience.

Que faut-il conclure de ces divers passages? C'est qu'en
Jésus-Christ il n'y a pas de riches ni de pauvres, de mien et
de tien ; que dans la perfection chrétienne, tout est à tous, et
que néanmoins la propriété est légitime et de droit humain?
N'est-ce pas dans le même sens que les Pères ont condamné
l'esclavage comme contraire à la loi divine, tout en le respec-
tant comme conforme à la loi humaine? « Les lois du monde,
dit saint Chrysostome, connaissent la différence des deux
races ; mais la loi commune de Dieu l'ignore ; car Dieu fait du
bien à tous ; il ouvre à tous le ciel indistinctement (1). » Ainsi,
il n'est point douteux qu'il n'y a pas d'esclavage de droit
divin, mais il y en a un de droit humain. Or, les jurisconsultes stoïciens, en proclamant que la servitude est un état
contre nature, tout en la maintenant dans la loi, ne soutenaient-
ils point une doctrine tout à fait semblable? Les Pères
abondent en passages contraires à l'esclavage : mais nous
avons vu aussi un grand nombre de textes contraires à la
propriété. En conclut-on que le christianisme a détruit la
propriété? Il y a plus, les Pères, en combattant l'esclavage,
pour apprendre aux maîtres l'humanité et la charité, le relevaient d'un autre côté, comme favorable à la patience et à
l'humilité de l'esclave : « La servitude est un don de Dieu,
disait saint Ambroise. C'est par là que brille le peuple chrétien ; que celui qui veut être le premier soit votre serviteur (2). » Pour relever l'esclavage, on montrait Moïse
exposé, Joseph vendu, J. C. crucifié ; et, par de tels exemples,
l'esclavage se trouvait tellement ennobli, qu'il n'y avait plus à
se plaindre de l'injustice de cette condition (3). Aussi saint
Chrysostome ne craint point de tirer de là cette conséquence,
que l'esclavage est un bien parce qu'il est pour le chrétien

(1) Chrysost., in *Ep., ad Ephes.* vi, 5, 8, homil. xxii, 2.
(2) Ambr., *Du Paradis,* xiv, § 72.
(3) Wallon, *Histoire de l'esclavage,* t. III, part. iii, ch. viii, p. 325.

une occasion de mérite : « Pourquoi, dit-il, l'Apôtre a-t-il laissé subsister l'esclavage ? afin de vous apprendre l'excellence de la liberté ; car de même qu'il est bien plus grand et plus digne d'admiration de conserver, dans la fournaise, les corps des trois enfants sans atteinte ; de même il y a bien plus de grandeur et de merveille, non pas à supprimer l'esclavage, mais à montrer la liberté jusque dans son sein ? »..... « C'est pourquoi, dit-il encore, l'Apôtre ordonne de rester esclave. Si l'on ne pouvait, esclave, rester ce que doit être un chrétien, ce serait pour les gentils une belle occasion d'attaquer la faiblesse de notre religion ; comme, au contraire, ils admireront sa force, s'ils voient qu'elle ne souffre rien de l'esclavage (1) ! »... « Les esclaves chrétiens ne demandent pas cela de leurs maîtres (la libération après six ans, comme dans la loi juive), car l'autorité apostolique ordonne aux esclaves de rester soumis à leurs maîtres, de peur que le nom de Dieu ne soit blasphémé (2). »

Voici enfin un passage de Lactance qui prouve, d'une manière frappante, l'identité des doctrines chrétiennes primitives sur la propriété et sur l'esclavage. « Dieu, qui a fait les hommes, a voulu qu'ils fussent tous égaux. Comme il leur a distribué également sa lumière, il a donné à tous l'équité et la vertu. *Devant Dieu*, il n'y a ni *esclave* ni *maître* ; car, puisqu'il est notre père commun, nous sommes tous libres. *Devant Dieu*, il n'y a de *pauvre* que celui qui manque de justice, de *riche* que celui qui est plein de vertus. » Ce qui a causé, suivant Lactance, la chute de l'empire romain, c'est l'excès de l'inégalité dans les conditions. « Sans égalité, point de patrie. » Mais de quelle égalité veut-il parler ? de l'égalité du riche et du pauvre, en même temps que celle du maître et de l'esclave. « Eh quoi, dira-t-on, n'y a-t-il point parmi vous des *riches* et des *pauvres*, des *maîtres* et des *esclaves* ? N'y

____

(1) Chys. in *Genes. serm.* v, 1, cf. in *Ep.* i, *ad Corinth.* homil. xix, 4.

(2) Aug. *Quæst. in Exod.* LXXVII.

a-t-il rien qui les distingue? *Rien ;* et si nous nous nommons
frères, c'est que nous nous croyons égaux. Car nous ne
mesurons pas les biens humains par le corps, mais par l'esprit;
et, quelle que soit la diversité des conditions corporelles, nous
n'avons pas d'esclaves, nous n'avons que des frères en esprit,
ou des compagnons de servitude en religion (1). »

Ainsi, les Pères de l'Église ont considéré de la même façon
l'esclavage et la propriété; c'étaient deux choses qui ne
devaient pas être dans l'état d'innocence ou dans l'état parfait,
mais qui peuvent être et sont permises dans l'état où se trouve
l'homme aujourd'hui. On conseillait au riche d'abandonner
ses richesses, et au maître d'affranchir ses esclaves; on recommandait aux pauvres la patience, et aux esclaves la doci-
lité. Ainsi la distinction de maîtres et d'esclaves n'est pas
considérée dans saint Paul et dans les apôtres comme plus
injuste que la distinction de riches et de pauvres ; et l'égalité
sociale ne doit pas être entendue dans un autre sens que la
doctrine de la communauté. Il est vrai qu'en Jésus-Christ tous les
hommes sont frères, et qu'il n'y a pas d'esclaves ; mais, en
Jésus-Christ, personne ne possède rien à soi. Dans le monde,
l'esclavage et la propriété sont admis comme deux faits également légitimes. Sans doute le christianisme a affranchi beaucoup
d'esclaves, mais comme il fondait des hôpitaux, au nom de la
charité, mais non au nom du droit : distinction essentielle,
sans laquelle on ne peut comprendre comment les plus grands
docteurs chrétiens, saint Augustin, saint Thomas et Bossuet,
ont admis la justice de l'esclavage (2).

Lorsque la société chrétienne se fut étendue, lorsqu'elle fut
devenue, pour ainsi dire, le monde entier, il fut de plus en

(1) Lactan. *Inst. chrét.* l. V, c. xiv, xv.
(2) « C'est d'une façon indirecte, dit Renan (*Marc-Aurèle* p., 609), et
par voie de conséquence que le christianisme contribua puissamment
à changer la condition de l'esclave et à hâter la fin de l'esclavage...
donner une valeur morale à l'esclave, c'est supprimer l'esclavage...
Du moment que l'esclave a la même religion que son maître, l'esclavage est bien près de finir. » Cependant il n'a pas fini de sitôt, puisque
nous l'avons encore vu de nos jours, et même qu'il existe encore.

plus nécessaire de s'accommoder aux conditions de la société
civile, et de sacrifier quelque chose de l'enthousiasme des
premiers temps. Aussi voyons-nous saint Clément d'Alexandrie
essayer de tempérer les interprétations excessives que l'on
faisait des paroles de l'Évangile sur les riches, et saint Augustin établir expressément la propriété et l'esclavage, la première
sur le droit civil, le second sur la loi du péché.

Clément d'Alexandrie, dans son traité : *Quel riche peut être
sauvé ?* essaie de déterminer le sens de cette parole évangélique : « Que jamais un riche n'entrera dans le royaume des
cieux » ; et de cet autre passage : « Vends ce que tu as, et
donnes-en le prix aux pauvres ». Ces paroles, prises à la
lettre, inquiétaient les riches. Saint Clément écrit pour les
rassurer. Au sens littéral il substitue le sens figuré ; à l'abandon des richesses, le mépris des richesses. « Comment faut-il
entendre ces paroles : *vends ce que tu as* ? Est-ce à dire qu'il
faille rejeter toutes ses richesses, et renoncer à son argent ?
Non, mais chasser de son esprit les vains jugements sur les
richesses, l'amour effréné de l'or, la souillure de l'avarice, les
inquiétudes, les épines du siècle... Ce n'est point une si grande
chose que de n'avoir pas de richesses. Autrement, ceux qui
sont dépourvus de tout moyen d'existence, qui sont jetés mendiants sur les chemins, ignorant Dieu et la justice de Dieu,
par cette seule raison qu'ils sont accablés par la pauvreté,
seraient les plus heureux et les plus religieux des hommes.
Ce n'est point une chose nouvelle que de renoncer aux
richesses, et que de les répandre sur les indigents : beaucoup,
avant l'arrivée du Sauveur, l'avaient déjà fait, afin de se livrer
à l'étude des lettres et d'une sagesse morte, ou afin d'obtenir,
par une vaine jactance, l'illustration de leur nom : Anaxagore,
Démocrite, Cratès. » Il se peut que beaucoup d'anciens eussent donné l'exemple de la libéralité et du sacrifice de leurs
biens ; mais il faut reconnaître que beaucoup aussi ont donné
l'exemple et les préceptes du mépris des richesses, et que
réduire à ces termes l'enseignement du Christ, c'est en dimi-

nuer de beaucoup la portée. Lorsque Jésus-Christ disait au riche :
vends tes biens, il ne lui demandait pas seulement de renoncer à l'amour de la richesse, mais à la richesse elle-même. On
voit donc déjà dans saint Clément une tendance à s'accommoder
avec les nécessités humaines. Rien de plus raisonnable que les
principes suivants, mais rien de moins conforme à l'enthousiasme apostolique. « Ne vaut-il pas mieux, dit-il, que
chacun, en conservant des richesses médiocres, évite, pour
lui-même, l'adversité, et vienne au secours de ceux qui ont
besoin ? Quel partage pourrait-il y avoir entre les hommes,
si personne n'avait rien ? Si nous ne pouvons remplir les
devoirs de la charité sans argent, et si, en même temps, il
nous est ordonné de rejeter les richesses, n'est-ce pas contra-
dictoire, n'est-ce pas nous dire à la fois de donner et de
ne pas donner, de nourrir et de ne pas nourrir, de partager et de ne pas partager ? ce qui est extravagant. » Saint
Clément conclut en ces termes : « Puisque les richesses ne
sont par elles-mêmes ni bonnes, ni mauvaises, il ne faut donc
point les blâmer... Lorsqu'il nous est ordonné de renoncer à
toutes richesses, et de vendre tous nos biens, il faut entendre
ces paroles des passions et des mauvais sentiments de notre
esprit. » C'est cette doctrine tempérée et prudente qui l'a
définitivement emporté dans l'Église. L'Église a cessé de
condamner la richesse, et de demander aux hommes un partage impossible. Elle a consenti à ce que chacun gardât le
sien, pourvu que ce fût dans un esprit religieux, et elle s'est
contentée de demander pour les pauvres le superflu : témoignage de condescendance que le christianisme triomphant a
dû avoir pour les faiblesses humaines aussitôt que le monde
civilisé est devenu tout entier chrétien.

Saint Clément reconnaît donc le droit de posséder la
richesse, de la garder, et de s'en servir avec modération.
Saint Augustin, de son côté, cherche à expliquer le droit de
propriété. « De quel droit chacun possède-t-il ce qu'il possède ?
« N'est-ce pas de droit humain ? Car, d'après le droit divin,

« Dieu a fait les richesses et les pauvres du même limon ; et
« c'est une même terre qui les porte. C'est donc par le droit
« humain que l'on peut dire : Cette villa est à moi, cette
« maison est à moi, cet esclave est à moi ; mais le droit humain
« n'est pas autre chose que le droit impérial. Pourquoi ?
« Parce que c'est par les empereurs et les rois du siècle que
« Dieu distribue le droit humain au genre humain. Otez le
« droit des empereurs ; qui osera dire : Cette villa est à moi,
« cet esclave est à moi, cette maison est à moi ?.. Ne dites
« donc pas : Qu'ai-je affaire au roi ? car alors qu'avez-vous
« affaire avec vos propres biens ? C'est par le droit des rois que
« les possessions sont possédées. Si vous dites : Qu'ai-je affaire
« au roi ? c'est comme si vous disiez : Qu'ai-je à faire avec
« mes biens ? Vous renoncez par là même au droit en vertu
« duquel vous possédez quelque chose (1). » On voit par ce
texte que pour saint Augustin la propriété n'est que de droit
positif et non de droit naturel ; et qu'elle ne repose que sur
l'autorité civile.

C'est encore saint Augustin qui nous donne sur la question
de l'esclavage l'opinion la plus précise et la plus importante.
Il a tranché la difficulté, soulevée par les doctrines des apôtres : il a démêlé l'équivoque qui était au fond du principe de
l'égalité, invoqué par tous les Pères ; enfin il a fondé la
théorie qui a subsisté dans les écoles à travers tout le moyen
âge, jusqu'au XVIIe siècle.

Dans la vraie idée chrétienne, le commandement n'a lieu
que dans l'intérêt de ceux auxquels on commande : le gouvernement n'est en quelque sorte qu'un service rendu à ceux qui
sont gouvernés. Tel est l'ordre naturel. Dieu a voulu que
l'homme commandât aux bêtes ; mais il ne l'a point fait pour
dominer sur les autres hommes. Mais, selon saint Augustin,
« l'ordre de la nature a été renversé par le péché ; et c'est

(1) August. in Evang. Joannis. Tract. VI, 25, 26. — Voyez aussi,
la Lettre à Hilaire (lettre CLVII). « Jésus-Christ, disait-il, distingue
entre l'observation des préceptes et une perfection plus élevée...»

avec justice que le joug de la servitude a été imposé au
pécheur... Le péché a seul mérité ce nom, et non pas la
nature... Dans l'ordre naturel où Dieu a créé l'homme, nul
n'est esclave de l'homme ni du péché ; l'esclavage est donc
une peine... C'est pourquoi l'Apôtre avertit les esclaves d'être
soumis à leurs maîtres et de les servir de bon cœur et de
bonne volonté, afin que, s'ils ne peuvent être affranchis de leur
servitude, ils sachent y trouver la liberté, en ne servant point
par crainte, mais par amour, jusqu'à ce que l'iniquité passe
et que toute domination humaine soit anéantie, au jour où
Dieu sera tout en tous (1). »

Dans cette théorie on doit remarquer les points suivants :
1° l'esclavage est injuste en droit naturel. Ce qui est contraire
à la doctrine d'Aristote, conforme à celle des stoïciens ;
2° l'esclavage est juste, comme conséquence du péché. C'est
là le principe nouveau particulier à saint Augustin. Il a trouvé
un principe de l'esclavage, qui n'est ni l'égalité naturelle, ni
la guerre, ni la convention, mais le péché. L'esclavage n'est
plus un fait transitoire, que l'on accepte provisoirement, pour
ne pas soulever une révolution sociale : c'est une institution
devenue naturelle, par suite de la corruption de notre nature ;
3° il ne faut point dire, que l'esclavage venant du péché est
détruit par Jésus-Christ qui a détruit le péché. Car d'abord,
le péché subsiste après Jésus-Christ, et aussi les conséquences
du péché, la maladie, la mort : l'esclavage est une de ces
conséquences ; il est donc nécessaire. De plus, saint Augustin
dit qu'il durera jusqu'à ce que l'iniquité passe, et que toute
domination humaine soit anéantie. Mais, tant que la société
subsistera, il est impossible que toute domination humaine
soit anéantie, puisqu'il y aura toujours quelques hommes
qui commanderont à d'autres : donc l'esclavage doit subsister
autant que la société. Enfin, quand est-ce que toute domination humaine sera anéantie ? Saint Augustin nous le dit :

(1) *De civ. Dei*, l. XIX, 14-15.

« Au jour où Dieu sera tout en tous. » Mais ce jour
n'aura lieu qu'à l'accomplissement des siècles. C'est donc
seulement dans la cité divine que Dieu sera tout en tous, et
que l'esclavage sera détruit. Ainsi l'argumentation de saint
Augustin conclut au maintien de l'esclavage : opinion qui ne
mériterait pas d'être relevée avec tant de soin au milieu de
tant de témoignages contraires des Pères de l'Église, si l'on
ne savait quelle a été la puissance de l'autorité au moyen âge.
Aristote et saint Augustin, fournissant tous deux des arguments en faveur de l'esclavage, ont arrêté ou retardé les pro
grès des idées sur cette question pendant dix ou douze siècles.

Que conclure de cette discussion ? Croit-on que nous vou
lions nier que le christianisme ait eu la plus grande part à
l'abolition de l'esclavage ? Loin de là. Aucune doctrine à nos
yeux n'a plus fait pour l'humanité ; et nous accorderons sans
peine qu'il était plus nécessaire de relever l'esclave moralement et religieusement que de lui donner l'égalité civile. Mais
comme nous faisons ici l'histoire des idées et des opinions, il
nous paraît cependant légitime et indispensable de fixer le
caractère précis des doctrines. Or, qu'avons-nous signalé ?
C'est que l'égalité du maître et de l'esclave n'était proclamée
qu'au nom du droit religieux, du droit divin ; qu'en Jésus-
Christ seul, le maître et l'esclave sont égaux. Sans doute une
telle égalité suffirait et au delà, si le droit divin, le vrai droit
céleste, pouvait s'appliquer rigoureusement sur la terre ; et à
n'en pas douter, si la société chrétienne fût restée ce qu'elle
était dans les premiers temps, elle cût établi une égalité parfaite, comme elle avait réussi à établir la communauté. Mais
la société chrétienne devenant la société tout entière, une
telle égalité était impossible : la cité céleste, se confondant avec
la cité terrestre, dut en subir les lois. De là une distinction
entre l'ordre divin et l'ordre humain, l'un où il n'y a plus ni
maîtres, ni esclaves, l'autre où les conséquences du péché
maintiennent l'inégalité. C'est pourquoi nous voyons l'esclavage, quoique adouci dans la pratique, accepté en théorie par

les scolastiques, défendu jusqu'au xviiᵉ sièle par Bossuet, et maintenu encore à l'heure qu'il est dans des nations chrétiennes avec l'autorité des docteurs chrétiens. L'erreur des Pères, si j'ose dire, est de n'avoir pas aperçu entre le droit divin, droit mystique qui n'est pas de ce monde, et le droit humain ou positif, un droit naturel qui déclare simplement et expressément qu'un homme ne peut pas être l'esclave d'un autre homme, que cela est injuste, que la charité de l'un, la patience de l'autre peuvent rendre cet état tolérable, ou même noble et excellent, mais non juste ; que le péché ne peut pas avoir eu pour conséquence de rendre un homme l'instrument d'un autre. Or, ce n'est qu'aux xviᵉ et xviiiᵉ siècles que ces principes ont été exprimés et défendus, et ce n'est qu'à partir de cette époque qu'on a pu espérer de voir l'esclavage disparaître définitivement du monde.

Le même oubli du droit naturel a égaré les Pères dans leur théorie de la propriété comme dans celle de l'esclavage. Que disent-ils? C'est qu'en Jésus-Christ il n'y a pas de mien et de tien. Rien de plus vrai sans doute : dans l'ordre divin, dans l'ordre de la charité absolue, là où les hommes seraient tout en Dieu, la différence et l'inégalité des biens seraient impossibles. Mais les Pères ont bien vu qu'un tel état de choses n'est pas réalisable ici-bas. Qu'ont-ils fait ? Ils ont établi la propriété sur le droit humain, sur le droit positif, le droit impérial. De là ce dilemme auxquels ils s'exposent : ou l'esclavage est légitime, puisqu'il est fondé, comme la propriété elle-même, sur la loi civile, ou la propriété est illégitime, puisqu'en Jésus-Christ il n'y a pas plus de pauvres et de riches que de maîtres et d'esclaves. Au contraire, en droit naturel, les mêmes principes qui font que la propriété est une chose juste, font que l'esclavage est une chose injuste. Tandis que les Pères de l'Église absolvent ou condamnent ces deux faits en même temps et par les mêmes principes, le droit naturel admet l'un et repousse l'autre. La propriété est une chose juste, et voilà pourquoi la communauté est une utopie ou une barbarie : une utopie si on la suppose fondée sur le dévouement universel ; une barbarie, si on l'exige par la force. L'esclavage est une chose injuste, t voilà pourquoi l'abolition de l'esclavage n'est point une utopie ; car la société chrétienne, qui ne peut pas s'élever jusqu'à l'idéal de la charité, peut et doit s'affranchir de l'injustice. Enfin, par les mêmes principes, il y a deux sortes d'inégalité : l'inégalité du maître et de l'esclave, qui est absolument injuste ; l'inégalité du riche et du pauvre, qui n'est pas injuste, quoiqu'elle doive être atténuée autant que possible par la volonté des hommes et par l'équité des lois.

C'est la même ignorance, le même oubli du droit naturel qui a fait également rétrograder la doctrine chrétienne sur un autre point non moins important que l'esclavage, la liberté de conscience. C'est encore ici saint Augustin qui marque le point d'arrêt, et le retour en arrière.

La question de liberté de conscience, à peine connue de l'antiquité, ne commença à se soulever que lorsque les chrétiens, en refusant de sacrifier aux idoles, semblèrent porter atteinte à la majesté de l'empire lui-même. Leur principe était : « Il vaut mieux obéir à Dieu qu'aux hommes », et, tout en restant fidèles citoyens dans l'ordre politique, ils résistaient dans l'ordre religieux. Ainsi naquit la question de la liberté de conscience. C'était la pensée qui animait tous les apologistes. « Nous demandons le droit commun, disait Athénagoras ; nous demandons à ne point être haïs et persécutés, parce que nous nous nommons chrétiens (1). » « La religion, dit Lactance, est la seule chose où la liberté ait élu domicile. Elle est, par-dessus tout, volontaire, et nul ne peut être forcé à adorer ce qu'il ne veut pas. Il peut le feindre, mais non pas le vouloir. Quelques-uns, vaincus par la crainte des supplices, ou par les tortures elles-mêmes, ont pu consentir à des sacrifices exécrables... mais une fois libres, ils retournent à Dieu,

(1) Athénag., *Apolog.*, 2.

et essaient de l'apaiser par les prières et par les larmes (1). »
Les paroles de Tertullien sont encore plus remarquables :
« Voyez, dit-il, s'il est à la gloire de l'infidélité d'ôter la
liberté de la religion, d'interdire le choix de la divinité, de ne
point me permettre d'honorer qui je veux, et de me contraindre à honorer qui je ne veux pas. Personne ne veut des honneurs contraints, pas même un homme... N'est-il pas inique
de forcer des hommes libres à sacrifier malgré eux (2) ? »

Telles furent les doctrines de l'Église militante. Que
devinrent-elles après la victoire? L'Église a conquis son propre droit : accordera-t-elle le même droit aux doctrines qui
lui sont contraires? Dans les premiers temps, on ne peut pas
dire que l'Église ait renoncé à ses principes de patience et de
douceur. On peut trouver encore dans saint Chrysostome de
belles paroles en faveur de la liberté de conscience. Mais la
lutte des catholiques et des ariens et, en Afrique, la lutte des
catholiques et des donatistes ramenèrent l'intolérance et la
persécution. Sont-ce les hérétiques eux-mêmes qui en ont
donné le premier exemple? Cela est possible. Mais bientôt on
vit le plus grand docteur de l'Église latine, saint Augustin,
en donner la théorie. Grâce à l'autorité de son nom, cette
théorie a passé dans toutes les écoles du moyen âge, elle
a alimenté le fanatisme du xvie siècle, et a été invoquée
par les protestants aussi bien que par les catholiques ;
enfin, dans le xviie siècle encore, le nom de saint Augustin a
été mêlé aux discussions du temps sur le droit de contraindre
les consciences. On ne peut donc nier l'importance historique
de son opinion dans cette question.

Saint Augustin ne fut pas d'abord favorable à l'emploi de la
force pour imposer la foi. « Ma première opinion, dit-il, était
que personne ne peut être contraint par force à entrer dans
l'unité du Christ, qu'il fallait agir par la parole, combattre par
la discussion, vaincre par le raisonnement, de peur de trans-

(1) Lact., *Epitom. Divin. Inst.*, c. LIV.
(2) Tertull., *Apol.*, c. XXIV, *ad Scap.*, c. II.

former en faux catholiques ceux que nous avions connus
hérétiques déclarés (1). » Mais depuis il fut ramené à d'autres
sentiments, non pas, dit-il, par des raisonnements opposés,
mais par l'exemple des faits. Ainsi toute sa petite ville qui
était d'abord dans l'hérésie de Donat avait été contrainte par
les lois impériales à revenir à la foi catholique, et il paraît
qu'elle y montrait la même ardeur que dans l'hérésie (2). Cet
exemple et plusieurs autres l'amenèrent à penser que c'était
pour le bien des hérétiques qu'on les contraignait à changer
de foi. Agir autrement, dit-il, ce serait leur rendre le mal pour le
mal. Si nous voyions un de nos ennemis, qui dans le transport
de la fièvre courrait à un précipice, ne serait-ce pas lui rendre le
mal pour le mal, que de lui permettre de s'y jeter si nous
pouvions l'en empêcher en l'enchaînant (3)? Tous, il est vrai,
ne profitent pas également de cette médecine salutaire. Mais
faut-il les abandonner tous, parce que quelques-uns sont
incurables (4)? On n'est pas toujours ami en épargnant, ni
toujours ennemi en frappant. Les blessures d'un ami valent
mieux que les baisers trompeurs d'un ennemi. Il vaut mieux
aimer avec sévérité, que de tromper avec douceur. Il est plus
humain d'ôter le pain de la bouche à celui qui, sûr de son
pain, négligera la justice, que de rompre le pain avec lui,
pour qu'il se repose dans les séductions de l'injustice (5).

Les donatistes se servaient de la persécution dont ils étaient
victimes pour prouver la justice de leur cause. Mais il ne suffit
pas de souffrir la persécution pour avoir raison. Le Seigneur
a dit : Heureux celui qui souffre la persécution ; mais il a

---

(1) Epist. XCIII, 17 ; CLXXXV, VII, 25. Nonnullis fratribus vide-
batur, in quibus ego eram, non esse petendum ab imperatoribus ut
ipsam hæresim juberent omnino non esse.
(2) Ep. XCIII, 1. De multorum correctione gaudemus, qui tam
veraciter unitatem catholicam tenent atque defendunt, et a pristino
errore se liberatos esse lætantur. CXIII. Ita hujus vestræ animosi-
tatis perniciem detestari, ut in ea numquam fuisse credatur.
(3) Ep. XCIII, 2.
(4) Ep. XCIII, 3.
(5) Ep. XCIII, 4.

ajouté : *pour la justice* (1). Quelquefois celui qui est persécuté est injuste, et celui qui persécute est juste. Il peut arriver que les bons persécutent les méchants, comme les
méchants peuvent persécuter les bons : mais ceux-ci le font par
injustice, ceux-là par une juste sévérité ; les uns cruellement,
les autres avec modération (2). Les bons et les méchants peuvent faire la même chose, mais dans des desseins différents :
Pharaon et Moïse ont l'un et l'autre persécuté le peuple hé-
breu ; mais le premier par tyrannie, le second par amour (3).
On ne trouve pas, il est vrai, dans les Évangiles, que les apôtres aient jamais rien demandé aux rois de la terre contre les
ennemis de l'Église ; mais comment l'eussent-ils fait, les rois
d'alors n'étant pas chrétiens (4) ? L'histoire de l'Église est figurée
dans celle de Nabuchodonosor : au temps de son incrédulité, il
contraignait les fidèles d'adorer les idoles : c'est l'image de la persécution injuste que les empereurs païens infligeaient aux chrétiens. Mais, au temps de sa conversion, il punissait des mêmes
peines quiconque blasphémait Dieu ; image de la persécution
que les empereurs chrétiens doivent infliger aux hérétiques (5).

On dit que l'Écriture n'autorise pas l'emploi de la force.
Mais n'est-il point écrit : « Contraignez d'entrer tous ceux que
vous rencontrerez. » Ne voyons-nous pas l'apôtre Paul contraint par la violence du Christ à adorer la vérité (6). Jésus ne
dit-il pas lui-même : « Personne ne vient vers moi que celui
que le Père a attiré à moi (7). » Enfin, Dieu lui-même n'a pas
épargné son Fils, et l'a livré pour nous aux bourreaux (8),
Deus proprio Filio non pepercit.

(1) Ep. XCIII, 8, CLXXXV, 8.
(2) Ep. XCIII, 8.
(3) Ep. XCIII, 6.
(4) Ep. XCIII, 9, et CLXXXV, v, 19.
(5) Ep. XCIII, 9, et CLXXXV, II, 8.
(6) Ep. XCIII, 5, et CLXXXV, VI, 22.
(7) Ep. XCIII, 5.
(8) Ep. XCIII, 7, et CLXXXV, VI, 22, la même idée sous une autre
forme. « Quis enim nos potest amplius amare quam Christus, qui
animam suam posuit pro ovibus suis. »

Tels sont les arguments (1), ou plutôt les sophismes, que saint Augustin a eu le malheur d'inventer, sans se douter du triste succès qu'ils devaient avoir, et de leurs lamentables conséquences. Ces doctrines ne sont pas seulement une atteinte au droit naturel, auquel personne ne songeait alors, mais aux principes chrétiens eux-mêmes dont elles faussaient complètement le sens véritable. C'est là que nous voyons pour la première fois le *compelle intrare*, entendu dans un sens violent et grossier. Le coup de foudre qui a frappé saint Paul devient un encouragement à employer le fer et le feu contre les consciences égarées. L'attrait mystérieux et intérieur de la grâce divine, qui fait dire à Jésus-Christ : « Nul ne vient à moi, s'il n'est attiré par mon Père », devient pour saint Augustin l'image et la justification de la contrainte matérielle, exercée par le bras séculier. Enfin, par un rapprochement que l'on peut appeler sacrilège, il invoque l'immolation divine elle-même comme une invitation à ne pas plus épargner nos frères que Dieu n'a épargné son Fils (2). Ainsi, la philosophie chrétienne, à mesure que son domaine s'étendait sur un plus grand nombre d'âmes, et qu'elle grandissait en autorité, semblait s'éloigner peu à peu de ce merveilleux esprit de mansuétude et de fraternité qui avait été la gloire des apôtres et des martyrs.

Tandis que l'Église, grâce à l'heureuse distinction du précepte et du conseil, trouvait moyen d'accommoder à la société réelle les principes fraternitaires de l'Église primitive, et réduisait la communauté à un idéal, pratiqué seulement par la libre volonté de quelques-uns, ou à la charité des riches à l'égard des pauvres, certaines sectes exagérées, prenant à la

_____

(1) Les mêmes arguments se retrouvent dans la lettre CLXXXV, *De correctione donatistarum.*

(2) Dans la tragédie de *Don Carlos*, Schiller prête au grand inquisiteur, dans son entretien avec Philippe II, ce mot, justement admiré de Mme de Staël : « Dieu lui-même n'a pas épargné son Fils. » Mme de Staël et probablement Schiller lui-même ne se doutaient pas que ce mot est de saint Augustin.

lettre les maximes de l'Évangile et des apôtres relatives à
l'abandon des richesses et relatives à la propriété, soutenaient
et pratiquaient la doctrine de la communauté des biens.
Quelques-uns même semblent avoir entendu cette communauté dans un sens tout matérialiste, non pas comme une
renonciation et un sacrifice, mais comme un retour aux
lois de la nature ; et ils allaient, nous dit-on, jusqu'à la communauté des femmes. Tels étaient les principes de Carpocrate, chef d'une secte demi-chrétienne, demi-païenne, qui
soutenait des principes tout à fait analogues à ceux de nos
socialistes modernes : « La nature, disait-il, nous révèle la
communauté et l'unité de toutes choses. La communauté est
la loi divine. Les lois humaines qui s'opposent à la mise en
commun du sol, des biens, de la vie et des femmes, constituent autant d'infractions coupables à l'ordre légitime des
choses, autant de violations manifestes de la loi naturelle (1). »
Suivant Carpocrate, les passions nous ayant été données par
Dieu, il fallait suivre leur impulsion pour obéir aux lois du
créateur. Le fils de Carpocrate, Epiphane, développa les principes paternels : « Le soleil, disait-il, se lève pour tous les
animaux ; la terre offre à tous ses habitants ses productions et
ses bienfaits ; tous peuvent également satisfaire leurs besoins ;
tous sont appelés au même bonheur... C'est l'ignorance, ce
sont les passions qui, en rompant cette égalité et cette communauté, ont introduit le mal dans le monde. Les idées de propriété, de possession exclusive n'entrent point dans les plans
de l'intelligence : elles sont l'ouvrage des hommes (2). » Une
multitude de sectes de noms barbares (*Anxitactes*, *Bar-
boniens*, *Adamites*, *Agapètes*, etc.) sortirent du carpocra-
tisme et en adoptèrent les principes. Il semble même que
ces sectaires fussent arrivés dans certaines cités à une
influence quasi officielle. Car on a trouvé dans la Cyrénaïque

(1) Clément d'Alex., *Stromates*, III.
(2) *Ibid.*, III, 2. Voir Pluquet, *Dictionnaire des hérésies*, art. *Epiphane.*

une inscription qui contient toute la formule sociale du communisme : « La communauté des biens et celle des femmes est la source de la justice divine, et un bonheur parfait pour les hommes élevés au-dessus du vulgaire (1). » Une autre secte, celle des nicolaïtes, en même temps qu'elle prêchait la communauté comme les carpocratiens, enseignait, comme plus tard les saint-simoniens, la réhabilitation de la chair. elle recommandait, dit-on, la prostitution pour humilier la chair, et disait que l'âme doit être livrée à la volupté pour être délivrée des entraves de la chair. Telles étaient, du moins, les doctrines imputées à ces sectaires ; car nous ne les connaissons que par les témoignages de leurs adversaires.

Une autre secte plus considérable et plus célèbre, les *Pélagiens*, sans aller jusqu'aux conséquences immorales que nous venons de signaler, combattait cependant la propriété individuelle. Pélage prenait à la lettre les maximes de l'Évangile, soutenait que les riches ne sauraient avoir part au royaume de Dieu (2). Il rappelait tous les passages de l'Écriture où des menaces sont faites aux détenteurs des biens de la terre. C'est là un des points sur lesquels saint Augustin combattait le pélagianisme, lequel fut condamné au Concile œcuménique d'Éphèse (421). Ainsi le communisme ne fut jamais la doctrine officielle de l'Église. Le dogme de la fraternité fut toujours entendu dans un sens spirituel et moral. L'ordre social était maintenu dans ses bases essentielles. La propriété était donc respectée et maintenue. Malheureusement, comme nous l'avons vu, l'esclavage l'était au même titre ; et, n'ayant jamais été condamné comme institution sociale, il devait, après une certaine décroissance dans le monde européen, renaître sous la forme la plus odieuse, à l'abri et sous l'impulsion de gouvernements chrétiens.

(1) Voir Matter, *Histoire du Gnosticisme*, planche xiv. — Clément d'Alexandrie, résumant la doctrine d'Epiphane, nous dit : Λέγει τὴν δικαιοσύνην κοινωνίαν τινά εἶναι μετ᾽ ἰσότητος, vii, 2, 6.
(2) Luc, vi, 24. « Malheur à vous, riches ! Malheur à vous qui

POLITIQUE DES APOTRES. — Des doctrines morales et sociales passons maintenant aux doctrines politiques des apôtres et des Pères. C'est dans saint Paul qu'il faut chercher les principes de cette politique. On connaît ce célèbre passage si souvent cité, si controversé, interprété dans tous les sens, et qui peut se prêter en effet à bien des explications : « Que toute personne soit soumise aux puissances, dit saint Paul. Toute puissance vient de Dieu. Celui qui s'oppose aux puissances s'oppose à l'ordre de Dieu... Le prince est le ministre de Dieu pour exercer sa vengeance (1). » Que signifient ces paroles ? Contiennent-elles le principe du droit divin, et la justification du pouvoir absolu ? Ou, comme l'ont cru les théologiens du moyen âge, ces principes peuvent-ils se concilier avec la liberté du peuple, et admettent-ils quelques restrictions ?

En principe, nous l'avons vu, l'égalité est absolue dans le royaume du Christ, les premiers sont les derniers, nul ne domine sur les autres. Mais un tel royaume est-il de ce monde ? non. Dans le monde, il faut rendre à César ce qui est à César. Voilà la politique évangélique. Que dit maintenant saint Paul ? Que toute puissance vient de Dieu, que le prince est le ministre de Dieu, que résister au prince, c'est résister à Dieu. Ainsi, le prince représente Dieu sur la terre. C'est, à ce qu'il semble, le principe même du droit divin. Mais, remarquons-le, en disant : *omnis potestas*, saint Paul n'explique pas de quelle espèce de puissance il entend parler ; et il est certain que cette parole peut s'appliquer à toutes les formes d'autorité qui sont parmi les hommes. Il est vrai que saint Paul dit : le prince, ce qui impliquerait surtout la forme monarchique. Mais il ne faut pas oublier qu'il parlait sous l'empire romain, qu'il n'y avait plus alors qu'une sorte d'autorité dans le monde, que saint Paul ne faisait point une théorie

êtes rassasiés ! » « Un câble passera plus facilement par le trou d'une aiguille qu'un riche n'entrera dans le royaume des cieux. »
(1) *Rom*., XIII, 1., 7.

générale, mais une exhortation particulière : il devait donc appeler le pouvoir du nom qu'il avait de son temps. Ainsi, l'autorité civile vient de Dieu, l'ordre de la société est établi par Dieu, il faut obéir à la loi ou à celui qui représente la loi : voilà la doctrine de saint Paul. Une telle doctrine n'est pas la justification du despotisme : elle s'applique à toute forme de gouvernement, à celle qui fait la part de la liberté, comme à celle qui la supprime ; car là où la liberté est dans la loi, là où elle est représentée ou défendue par certaines institutions, comme les éphores à Sparte, les tribuns à Rome, les parlements dans les temps modernes, ces institutions mêmes sont encore des puissances auxquelles il faut obéir.

Mais si la liberté se concilie avec le principe, n'est-il pas vrai de dire aussi que toute forme de gouvernement, même tyrannique, s'en accommode également? Car nous ne voyons dans saint Paul aucune restriction. Il faut, dit-il, obéir aux puissances. Toute puissance vient de Dieu. Donc, lorsque les docteurs du moyen âge, et principalement saint Thomas, essayaient de limiter cette doctrine, en y ajoutant cette restriction : toute puissance juste (*modo sit justa*), ils étaient, je crois, infidèles à la lettre et à la pensée de saint Paul. Saint Pierre disait également : « Soyez soumis à vos maîtres, lors même qu'ils sont fâcheux et malfaisants. » On ne peut soutenir que le christianisme justifie ou autorise la tyrannie : car le principe de la charité est toujours là qui impose au prince l'obligation d'être juste et bon, en même temps qu'aux sujets d'être obéissants. Il n'en est pas moins vrai que, selon saint Paul, toute puissance vient de Dieu, fût-elle mauvaise.

Mais si saint Paul ne fait pas de différence entre les puissances, il n'en fait pas davantage entre les personnes soumises à l'obéissance, entre les fidèles et les infidèles, les ecclésiastiques et les laïques ; et il dit sans aucune réserve : que *toute* personne soit soumise. Il ne fait pas non plus d'exception, lorsqu'il dit : « Rendez le tribut à qui vous devez le tribut ; »

et il se croit si peu indépendant de César, que lui-même, dans un passage invoqué souvent au moyen âge, s'écrie dans sa persécution : « J'en appelle à César (1). ». Il n'y a donc point de traces à cette époque de lutte entre le pouvoir spirituel et le pouvoir temporel. Cependant il y a une limite à l'obéissance : c'est lorsque le pouvoir veut forcer les fidèles à nier la parole de Dieu ; c'est alors qu'il faut rendre à Dieu ce qui est à Dieu. De là ce principe : « Il vaut mieux obéir à Dieu qu'aux hommes (2). » Principe qui n'a point d'autre sens que celui que nous avons fixé, et qui laisse intact le devoir de l'obéissance, en dehors de la foi. Enfin ce défaut d'obéissance, pour tout ce qui regarde la foi, ne va pas jusqu'à la résistance armée. Le chrétien doit mourir plutôt que de déplaire à Dieu ; mais il ne doit point se défendre : de là le martyre.

Politique des pères. — La politique des Pères est en tout conforme à celle de saint Paul : obéissance à l'État en tout ce qui n'est pas contraire à la loi de Dieu. Tertullien, dans son *Apologétique*, oppose la soumission des chrétiens à l'esprit de liberté et d'opposition des Romains : « Quel est le Romain dont la langue a jamais su épargner son empereur ? » Ce n'est point parmi les chrétiens qu'il faut chercher des meurtriers : « D'où viennent les Cassius, les Niger, les Albinus et ceux qui entre deux lauriers ont assassiné César ? D'entre les Romains, mais non pas d'entre les chrétiens... Hippias, pour avoir menacé la liberté de la République, est assassiné. A-t-on jamais vu un chrétien commettre un tel crime pour tous les siens persécutés avec tant d'atrocité (3) ? » — « Le chrétien n'est l'ennemi de personne ; comment le serait-il de l'empereur qui a été établi par Dieu ? il doit l'aimer, le révérer, l'honorer, faire des vœux pour son salut. Nous honorons donc l'empereur ainsi qu'il nous est permis et qu'il lui convient, comme le premier après Dieu, comme celui qui n'a que Dieu au-

(1) *Act.*, xxv, 11.
(2) *Act.*, v, 29.
(3) Tert., *Apolog.*, 34, 35, 46.

dessus de lui (1). » Ce sont là, à ce qu'il nous semble, des paroles bien fortes : il est difficile de dire davantage en faveur de la puissance, et cependant pour les empereurs ce n'était pas encore dire assez. Il y avait un point sur lequel les chrétiens étaient rebelles, et mauvais citoyens : c'était, en refusant de reconnaître la divinité impériale. « Je veux bien appeler l'empereur un maître, dit Tertullien, mais, dans le sens ordinaire, non, si l'on veut me forcer à avouer qu'il est maître à la place de Dieu. Je suis libre pour lui ; Dieu est mon seul maître... Comment le père de la patrie serait-il un maître (2) ? »

Telle fut la politique de l'Église, tant qu'elle fut persécutée. Lorsqu'elle devint victorieuse, cette politique ne changea pas tout à coup. Ce fut alors le plus beau moment de la politique chrétienne. L'Église obéissante, mais respectée, n'intervenant auprès des empereurs que pour défendre la justice, employant contre le crime non pas l'anathème, mais la supplication ; ne soulevant pas les sujets contre les souverains, mais fermant les portes de l'Église à celui qui s'en était rendu indigne : tel fut l'exemple donné par saint Ambroise, exemple dangereux, il est vrai, et dont on devait plus tard abuser, mais qui ne paraît alors que l'acte courageux de la conscience et le droit de la piété.

Tout en maintenant l'autorité morale de l'Église, et en soutenant, dans certains cas, ses droits avec énergie, saint Ambroise a toujours reconnu l'indépendance et la supériorité du pouvoir temporel : « Si l'empereur demande le tribut, dit-il, nous ne le refusons pas ; les champs de l'Église payent tribut. Si l'empereur désire nos champs, il a le pouvoir de les prendre, personne de nous ne résistera... nous payons à César ce qui est à César (3)... » « Jésus-Christ nous a donné une grande preuve de la soumission où les chrétiens doivent être des puissances supérieures et de l'obligation où nous sommes de

(1) Tert., *Ad Scapul.*, c. II.
(2) Tert., *Apolog.* c. XXXIV.
(3) Ambr., *Epist. de basilicis tradendis*, 38, t. II (éd. Bénéd.), p. 872.

payer le tribut aux princes de la terre. Si le Fils de Dieu a payé le cens, qui es-tu donc toi qui prétends ne pas le payer? Lui l'a payé, qui ne possédait rien, et toi qui as recherché les gains du siècle, tu ne reconnaîtrais pas les obligations que tu dois au siècle (1)! » — « Si tu veux ne rien devoir à César, ne possède aucune des choses qui sont du monde ; mais si tu veux posséder des richesses, sois soumis à César (2). » Cette doctrine est aussi celle de saint Augustin : « Écoutez, Juifs ; écoutez, gentils ; écoutez, royaumes de la terre, je n'empêcherai pas votre domination dans le monde (3). » — « L'Église, composée des citoyens de la Jérusalem céleste, doit servir sous les rois de la terre. Car la doctrine apostolique dit : que toute âme soit soumise aux puissances. Et le Seigneur lui-même n'a pas dédaigné de payer le tribut, et il a ordonné de servir les puissances, jusqu'à ce que l'Église soit délivrée, *quousque Ecclesia liberetur* (4). » — « En quoi les chrétiens ont-ils jamais offensé les royaumes de la terre, eux à qui leur roi a promis le royaume du ciel? N'a-t-il pas dit lui-même : Rendez à César... N'a-t-il pas payé le tribut ? L'Apôtre n'a-t-il pas ordonné à l'Église de prier pour les rois? C'est donc gratuitement que les rois de la terre ont persécuté les chrétiens (5). »

Je ne trouve dans les quatre premiers siècles de l'ère chrétienne qu'un passage de saint Chrysostome, qui semble indiquer un autre esprit que ceux que nous venons de citer. Il soutient que le sacerdoce est supérieur en dignité au pouvoir royal. « Le roi, dit-il, n'a que la tutelle du corps, le prêtre a celle de l'âme. Le roi remet les charges d'argent, le prêtre efface les péchés. L'un contraint, l'autre prie. Le prince a entre les mains des armes matérielles, le prêtre n'a que les armes spirituelles. Le roi engage la guerre contre les barbares, le prêtre contre les démons. Chrys. (éd. Migne), t. VI, p. 130. » Jus-

(1) Ambros., Oper. t. I, *Fxp. Evang. sec. Luc.*, IV, 73. p. 1354.
(2) Ambr. Oper., *Ibid.*, p. 1502.
(3) August., *Tract.*, 115 *in Joann.*
(4) August., *De catechiz. Rudib.*, c. XXI.
(5) August., *In psalm.*, 118, sermo. 31.

qu'ici saint Chrysostome semble n'admettre qu'une supériorité toute spirituelle ; mais allons plus loin. « Nous voyons dans l'Ancien Testament que les prêtres oignaient les rois, et aujourd'hui encore le prince courbe la tête sous les mains du prêtre. » — « C'est ce qui nous apprend que le prêtre est supérieur au roi, que celui qui reçoit la bénédiction est évidemment inférieur à celui qui la donne. » Vient alors l'histoire du roi Ozias qui était entré dans le temple pour y faire un sacrifice. « Le pontife Azarias y entra après lui pour le chasser, non comme un roi, mais comme un esclave fugitif, ingrat et contumace... Il ne regarda point à la grandeur et à la majesté de la puissance ; il n'écouta point ce mot de Salomon : *La menace du roi est semblable à la fureur du lion ;* mais, levant les yeux vers le roi du ciel, il se précipita sur le tyran. Entrons avec lui et écoutons le discours qu'il lui tient : « Il ne « t'est pas permis, Ozias, d'offrir l'encens à Dieu. » Celui qui commet une faute est esclave, portât-il six cents couronnes sur la tête (1). » Encore, dans cet exemple, c'était Ozias qui avait empiété sur les droits du prêtre, et saint Chrysostome lui-même, dans un autre passage (2), se montre favorable à la puissance civile, commente avec force le principe de saint Paul et n'excepte pas les apôtres mêmes de l'obéissance, *et si apostolus sis.*

Ainsi, à part quelques paroles dispersées et sans conséquence, les rapports de l'Église et de l'État restent en général, dans ces premiers siècles, tels que les ont établis Jésus-Christ et les apôtres. Persécutée, l'Église ne résiste que lorsqu'on veut la forcer de trahir la loi de Dieu. Triomphante, elle demeure soumise, tout en commençant à parler un langage plus ferme. Le pouvoir temporel conserve son autorité ; les peuples n'ont pas d'autres maîtres que les rois. Le tribut, signe certain de la dépendance civile et de la suprématie

---

(1) Chrysost., *Ibid.* 131.
2) Chrys., in *Paul. ad Rom.* c. XIII, serm. XXIII. Éd. Migne), p. 614.

politique, est payé par l'Église comme par les laïques. La cité
du ciel et la cité de la terre vivent en paix.

Néanmoins, le christianisme léguait à l'avenir une des questions politiques les plus compliquées et les plus obscures, et
que l'antiquité n'avait guère connue : celle des rapports de
l'Église et de l'État. En proclamant un royaume de Dieu, en
revendiquant la liberté de conscience, en affirmant enfin qu'il
faut obéir à Dieu plutôt qu'aux hommes, le christianisme
affranchissait l'homme de l'État ; il lui donnait une autre loi,
une autre fin, un autre principe. Le chrétien restait soumis,
mais volontairement ; et toute sa vie morale, sa vie véritable
était en dehors de la cité. De même que le stoïcisme affranchissait l'homme de l'État (en théorie au moins), et en faisait
un citoyen du monde, un membre de la République universelle, de même aussi le christianisme affranchissait l'homme
en l'appelant à une cité céleste, dont Dieu est le roi, et dont
les membres sont les saints. Cette idée est le fond de l'ouvrage
célèbre de saint Augustin. Tous les philosophes anciens avaient
eu leur cité, leur République. Saint Augustin répondait donc
à une idée de l'antiquité, en proposant aussi à son tour
une cité parfaite, qui, voyageant sur la terre, n'a son
vrai royaume que dans le ciel. Ici-bas, elle est mêlée à la cité
terrestre ; elle jouit de sa protection : elle profite de la paix
que celle-ci lui assure. Elle vit à l'ombre de ses lois ; mais sa
vraie patrie est ailleurs. L'État n'est plus que le protecteur
visible de la cité invisible, de la vraie cité.

Mais cette cité invisible, en attendant qu'elle trouve en Dieu
la paix et l'éternel repos, vit et combat ici-bas sous une forme
visible. Elle aussi, elle a ses lois, sa forme extérieure, son
gouvernement : c'est l'Église. L'Église, en face de l'État,
représente la liberté de la conscience ; c'est sa grandeur. Mais
bientôt ne demandera-t-elle point autre chose ? Étant le
royaume de Dieu, consentira-t-elle longtemps à se soumettre
au royaume de la terre ? Appelée à maintenir parmi les hommes la paix, la foi, la pureté des mœurs, pourra-t-elle suppor-

ter sans résistance le spectacle de l'impureté, de l'impiété, de l'orgueil et de la tyrannie sur le trône? N'est-elle pas chargée de défendre les petits contre les grands, les affligés contre les oppresseurs? Voilà l'Église intervenant entre les princes et les sujets ; la voilà jugeant, décidant du gouvernement temporel, s'attribuant le suprême arbitrage entre les peuples et les rois ; de cet arbitrage à la suprématie absolue et universelle, l'intervalle n'est pas grand. L'Église devient supérieure à l'État ; mais, comme elle a en elle-même un gouvernement, des lois, des pouvoirs et des armes, elle est un État au-dessus de l'État : que dis-je, elle devient l'État lui-même. C'est ainsi qu'une révolution, née d'abord de la liberté, aboutit à une nouvelle espèce d'absolutisme, l'absolutisme théocratique. L'État oppresseur dans l'antiquité devient opprimé ; il lutte et finit par recouvrer, après plusieurs siècles, la liberté et l'indépendance. Cette lutte, ce conflit, cette victoire, voilà l'histoire politique du moyen âge.

CHAPITRE SECOND

LE SACERDOCE ET L'EMPIRE

Politique du ixe au xiiie siècle. — Grégoire le Grand. — *Fausses Décrétales.* — Hincmar. — Nicolas Ier. — Grégoire VII. — Adversaires de Grégoire VII. — Saint Bernard. — Hugues de Saint-Victor. — Thomas Becket. — Jean de Salisbury. — Le *Decretum* de Gratien. — Innocent III. — Débats des jurisconsultes ; décrétistes et légistes. — Hugues de Florence. — Théories des scholastiques. : Pierre Lombard . — Alexandre de Hales. — Saint Bonaventure.

Les quatre premiers siècles de l'ère chrétienne avaient été employés par les apôtres et les Pères de l'Église à fonder le dogme chrétien, à répandre et à enseigner la morale, à convertir les gentils, enfin à conquérir l'État lui-même, et à établir le christianisme sur le trône des empereurs. Toutes ces grandes entreprises étaient à peu près achevées au commencement du ve siècle. C'est alors que le monde romain fut bouleversé, et la civilisation confondue pendant plusieurs siècles par les invasions des barbares : du ve siècle au ixe, et même au xie siècle, c'est une triste décadence, dans laquelle il ne faut plus espérer trouver de traces d'une philosophie morale ; c'était beaucoup alors de conserver quelques vestiges de la science, des lois, de la langue même de l'antiquité. Les seuls noms qui méritent d'être cités dans cet intervalle sont ceux de Boèce et d'Isidore de Séville, beaucoup moins encore pour leur valeur propre (car l'un n'est qu'un rhéteur éloquent,

l'autre un compilateur), que pour l'autorité dont ils jouirent
au moyen âge. Boèce est un de ceux qui servirent à transmettre à la philosophie scholastique quelques rayons de platonisme ; c'est à lui, à saint Augustin, au pseudo Denis l'Aréo-
pagite, que cette philosophie dut de ne pas être tout entière
et absolument péripatéticienne. Quant à Isidore de Séville, il ne
ne fit que transmettre quelques définitions que lui-même avait
recueillies et empruntées aux auteurs anciens, et particulièrement aux jurisconsultes : lettre morte, ayant servi cependant à
faire passer de l'antiquité aux temps modernes quelques principes qui avaient vécu et qui devaient revivre.

C'est vers le milieu du xie siècle que l'on voit la pensée
reprendre son essor, et la philosophie recommencer un mouvement qui ne doit plus s'arrêter. Comme nous n'avons pas à
faire ici l'histoire de la scholastique, nous en signalerons seulement les traits qui se rapportent à notre objet. Deux éléments composent la philosophie du moyen âge : la dialectique
et le mysticisme. Dans la première période, tes deux éléments
sont séparés et même se combattent : d'une part, une dialectique aride ; de l'autre, un mysticisme contemplatif; d'une
part, Roscelin et Abélard; de l'autre, saint Bernard et l'école
de Saint-Victor. Dans la période suivante, c'est-à-dire au
xiiie siècle, ces deux éléments rivaux se rapprochent et se
combinent, et nous les voyons réunis et tempérés l'un par
l'autre, dans des proportions diverses, chez les trois grands
maîtres de la scholastique : saint Bonaventure, saint Thomas
d'Aquin et Duns Scot. Après celui-ci, la séparation a lieu de
nouveau. La dialectique se dépouille peu à peu de tout ce
qui en faisait la vie et le suc, et elle revient au pur nomina-
lisme d'où elle était sortie. Le mysticisme, à son tour, de plus
en plus impatient des chaînes de la théologie scholastique,
invoque l'expérience intérieure, et rejette la méthode de raisonnement et d'autorité. D'une part, Guillaume d'Ockam, et
de l'autre, Jean Gerson, travaillent ainsi l'un et l'autre, sans
le savoir, à la décomposition de la philosophie du moyen âge.

Car la dialectique et le mysticisme sont en quelque sorte le corps et l'âme de la scholastique. Sans l'âme, le corps finit par tomber en poussière, et la dialectique se perd et s'éparpille dans un chaos de distinctions verbales : de son côté, l'âme, se subtilisant de plus en plus, perd chaque jour le sentiment de la vie ; et méprisant la science, les livres, le raisonnement, les maîtres, elle va s'abîmer dans l'humilité et dans l'amour pur.

L'histoire de la politique au moyen âge correspond à peu près à l'histoire de la pensée. Le pouvoir spirituel et le pouvoir temporel représentent le mysticisme et la dialectique, c'est-à-dire la partie divine et la partie humaine de la philosophie. Dans la première période, ces deux pouvoirs sont en lutte, et le principe du pouvoir spirituel fait à chaque pas de nouveaux progrès. L'époque du triomphe de la philosophie scholastique coïncide avec le triomphe de la papauté. Le xiiie siècle est l'âge d'or de l'autorité pontificale et de la philosophie scholastique. Le pouvoir temporel est l'instrument de l'autorité ecclésiastique, comme la dialectique péripatéticienne est la forme et l'arme du mysticisme chrétien. Avec le xive siècle recommencent les luttes, et le progrès a lieu en sens contraire. De toutes parts, une opposition s'élève contre les abus du pouvoir ecclésiastique et en faveur de l'indépendance du pouvoir civil. La séparation du spirituel et du temporel se prépare pour l'avenir. Les prétentions exorbitantes de la papauté, sous Boniface VIII, soulèvent une résistance formidable. Le grand schisme nous montre cette autorité excessive se détruisant elle-même par l'anarchie, et forcée enfin d'abdiquer devant les états généraux de l'Église.

Dans cette lutte célèbre et formidable deux grandes doctrines étaient engagées : d'une part, la souveraineté de l'État, et le droit de la cité terrestre à se gouverner elle-même sans l'intervention du pouvoir ecclésiastique ; de l'autre, la souveraineté de Dieu et le droit de contrôler les pouvoirs terrestres par la loi divine. Entre ces deux principes, le moyen âge est incertain ; car, d'une part, l'indépendance des pouvoirs laïques est la vérité ; de l'autre, la surveillance des pouvoirs humains par un pouvoir résistant est aussi une vérité. Or, au moyen âge, cette résistance ne pouvait venir que de l'Église. Mais, à son tour, lors-qu'elle voulait transformer la résistance en domination, elle devait aussi rencontrer une résistance en face d'elle ; et les pouvoirs laïques, qui nous apparaissent d'abord comme des pouvoirs légitimement surveillés, deviennent à leur tour des pouvoirs d'opposition, approuvés par les peuples et par la raison. Ainsi la sympathie et l'antipathie passent successivement d'un pouvoir à l'autre. On les approuve dans leur résistance ; on les désavoue dans leurs usurpations. Chose étrange ! la liberté ne subsista guère au moyen âge que grâce à la lutte de ces deux puissances gigantesques, qui aspiraient l'une et l'autre à la monarchie universelle. Supprimez l'une des deux, et le monde tombait peut-être dans une servitude irrémédiable.

Rappelons rapidement comment se formèrent au moyen âge ces doctrines théocratiques, qui menacèrent d'engloutir l'indépendance de l'État, mais qui, tout en préparant un des-potisme d'un autre genre, durent cependant invoquer plus d'une fois les principes de la liberté.

On ne s'attend guère à trouver dans ces siècles barbares de traité théorique de politique. Aussi est-ce plutôt l'histoire des idées que de la science que nous présenterons ici ; et les documents que nous consulterons ne seront pas seulement les écrits des philosophes, mais les correspondances, les codes, les écrits polémiques, etc. En un mot, tout ce qui va suivre appartient autant, et plus peut-être, au domaine de l'histoire qu'à celui de la philosophie.

GRÉGOIRE LE GRAND. — Nous trouvons d'abord dans Grégoire le Grand, avec une grande humilité dans la forme, un langage déjà très fier adressé à l'empereur d'Orient. Il réclame contre une loi qui voulait interdire aux militaires d'être reçus dans les monastères : « Que suis-je, dit-il, pour parler à mes maîtres? que poussière et vermisseau ; et cependant, comme je sens que

cette loi est contraire au Dieu souverain, je ne puis me taire.
Voici ce que le Christ vous répond pour moi, son serviteur et
le vôtre : je t'ai fait César, empereur, et père d'empereurs.
J'ai confié mes prêtres à ta main, et tu veux enlever tes soldats
à mon service? Je te le demande, pieux empereur, dis à ton
serviteur ce que tu répondras à ces paroles au jour du jugement. » On le voit, l'humilité du langage ne fait que mieux
ressortir la hardiesse du fond. Cependant l'évêque de Rome
ne refuse pas encore l'obéissance : Il se considère encore
comme sujet. « Pour moi, soumis à vos ordres, j'ai fait savoir
dans l'étendue de l'empire la loi que vous avez portée..... Des
deux côtés j'ai fait ce que j'ai dû, en payant à l'empereur
l'obéissance qu'il a le droit d'attendre, et en disant pour
Dieu ce que je croyais la vérité (1). » Dans ces termes, les
principes politiques de l'Église primitive sont encore sauvés.
Nous n'en sommes encore qu'aux avertissements et aux remontrances; nous n'en sommes pas à l'esprit de révolte et
d'usurpation.

La question se maintient à peu près dans les mêmes termes
jusqu'au temps de Charlemagne. Ce prince, en délivrant la
papauté et en lui assurant un domaine ainsi temporel, avait
établi d'une manière éclatante sa suprématie en préparant, il
est vrai, la résistance, et en donnant des armes à l'ambition
ecclésiastique, singulièrement favorisée, sans doute, et peut-
être justifiée par les besoins des peuples opprimés, et les vices
des princes et des oppresseurs. Quoi qu'il en soit, au temps de
Charlemagne, les deux pouvoirs sont encore dans les mêmes
rapports. Charlemagne écrit au pape Léon III, à l'occasion de
son élection : « Nous nous sommes grandement réjouis, et de
l'unanimité de l'élection, et de l'humilité de votre obéissance,
et de la promesse de fidélité que vous nous avez faite. »
Léon III écrit à son tour à l'empereur : « Si dans les affaires
qui nous ont été soumises, nous n'avons pas suivi le sentier

de la vraie loi, nous sommes prêts à la réformer d'après votre jugement et celui de vos commissaires (1). »

FAUSSES DÉCRÉTALES. — Mais après Charlemagne, et à peu près vers le milieu du IXᵉ siècle, la scène change. Un mouvement tout nouveau se prononce en faveur du pouvoir spirituel. Dans le désordre universel, c'est le pouvoir de l'Église qui prend le dessus, et dans l'Église même, c'est le pouvoir de l'évêque de Rome, du pape, qui s'élève au-dessus de tous les évêques, et bientôt de tous les rois et de l'empereur lui-même. C'est le temps des *Fausses Décrétales*, d'Hincmar, d'Agobard, de Nicolas Iᵉʳ, le premier des grands papes du moyen âge, le premier qui ait conçu et commencé à réaliser le vaste projet de la domination universelle de l'Église de Rome.

Nous savons aujourd'hui ce que c'est que les *Fausses Décrétales* qui parurent dans la première moitié du IXᵉ siècle, de 809 à 849. Ce sont des lettres attribuées aux premiers papes, depuis Clément Iᵉʳ, le successeur de saint Pierre, jusqu'à saint Grégoire. Ce recueil était supposé l'œuvre d'Isidore de Séville, qui vivait au VIᵉ siècle, et qui a joui d'une très grande considération au moyen âge, pour ses connaissances encyclopédiques : c'est pourquoi on appelle aussi le recueil des *Fausses Décrétales* le *Pseudo-Isidorus*. Or, le but de cet ouvrage apocryphe était d'appuyer par des pièces supposées remontant jusqu'aux apôtres la double doctrine qui se formait alors de la suprématie de l'Église en général sur le pouvoir temporel, et de la suprématie de l'Église de Rome sur les autres Églises. Ce second point étant exclusivement une question de politique ecclésiastique, nous le négligerons pour le premier qui seul touche à la politique générale. Nous nous contentons de faire remarquer que ces deux questions sont distinctes, quoique d'ordinaire elles entraînent une même solution ; il peut cependant se trouver des écrivains qui défendent la prépondérance du spirituel sur le temporel, et de l'Église sur le

(1) Guizot, *Histoire de la civilisation en France,* 27ᵐᵉ leçon.

prince, sans admettre la domination de l'Église romaine sur les autres Églises : c'est ce qui est vrai, par exemple, pour Hincmar.

Nous trouvons donc dans le *Pseudo-Isidorus* la première expression hardie de la théocratie du moyen âge. Voici ce que l'on fait dire à Clément Ier, l'un des premiers papes : « Sache que *tu* es au-dessus de tous, *tanquàm te omnibus præesse moneris* (1). » La juridiction temporelle était déjà mise en suspicion. « Si quelques-uns des frères ont des affaires entre eux, qu'il n'aillent pas se faire juger aux choses du siècle, mais auprès des prêtres de l'Église, et qu'ils obéissent en tout à leurs décisions. » Voici encore quels étaient les principes attribués à saint Pierre dans cette lettre supposée de saint Clément (2) : « Il ordonnait à *tous les princes de la terre et à tous les hommes* d'obéir et de courber la tête devant eux (les prêtres),... et il déclarait tous ceux qui refuseraient condamnés et infâmes jusqu'à satisfaction, et, s'ils ne se convertissaient, il ordonnait de les chasser de l'Église (3). »

Nous voici, on le voit, en plein moyen âge. Saint Pierre parle ici comme Grégoire VII. Écoutez encore : « Votre office, dit-il aux ecclésiastiques, c'est de les instruire (les princes); leur devoir est de vous obéir comme à Dieu (4). » Enfin, on invoquait des exemples de l'histoire juive, aussi inexacts, d'ailleurs, que la thèse était fausse. « Le premier pontife, Aaron, fut en même temps le prince du peuple et comme son roi, il levait par têtes des prémices et des tributs sur le peuple, et il avait le droit de juger. » Nous avons vu, au contraire, avec combien de soin la législation de Moïse avait évité la confusion du sacerdoce et de la royauté.

C'est surtout dans ces premières lettres, attribuées à Clément Ier, que se trouvent les principes de la supériorité du

(1) *Pseudo-Isidorus* (éd. Genève, 1628), lett. I, p. 9.
(2) *Ib.*, p. 6.
(3) *Ib.*, p. 21.
(4) *Ib.*, lett. III, p. 73.

spirituel sur le temporel. Dans les autres, l'auteur du *Pseudo-Isidorus* est surtout préoccupé de placer l'Église de Rome au-dessus des autres. « La sainte Église romaine et apostolique n'a pas reçu la *primauté* des apôtres, mais du Sauveur lui-même, lorsqu'il a dit : Tu es Pierre, etc. » — « Pierre et Paul ont l'un et l'autre consacré la sainte Église romaine, et l'ont préposée à toutes les villes dans l'univers entier (1). » Il s'agit surtout d'arracher les ecclésiastiques à la juridiction temporelle. « Le Seigneur s'est chargé lui-même de chasser de son temple avec le fouet les prêtres prévaricateurs : d'où il résulte clairement que les prêtres ne doivent être jugés que par Dieu, et non par les hommes. Car, est-il quelqu'un parmi nous qui voudrait voir juger son esclave par un autre que lui-même (2)? » Enfin, la juridiction spirituelle se susbtitue à la temporelle. « Si un crime temporel a été commis, qu'il soit soumis à des juges du même ordre, toutefois après l'avis préalable des évêques. Car l'Apôtre a voulu que les causes des particuliers soient déférées aux Églises, et terminées par le jugement des prêtres (3). »

Nous rencontrons enfin dans une des dernières pièces de ce recueil, le Privilège du monastère de Saint-Médard, attribué à Grégoire le Grand, le principe dont useront et abuseront tous les papes du moyen âge, à savoir le droit de révoquer les princes temporels : « Si quelque roi, prince, père, ou séculier de quelque ordre que ce soit viole les décrets de cette autorité apostolique,.... quelle que soit sa dignité et son élévation, *qu'il soit privé de son pouvoir*, privetur suo honore (4) ». Nous avons vu tout à l'heure une lettre de saint Grégoire à l'empereur: on peut juger si ces dernières paroles sont authentiques, et si, lui, qui se déclarait poussière et vermisseau, et qui obéissait à une loi qu'il jugeait

---

(1) *Ibid.*, Lett. d'Anaclet, III, p. 138.
(2) *Ibid.*, Lett. d'Anaclet, II, p. 121.
(3) *Ibid.*, Lett. d'Anaclet, I, p. 110.
4) *Ibid.*, p. 653.

contraire aux lois de l'Église, eût prononcé un tel anathème contre les pouvoirs séculiers. Ce n'est donc point saint Grégoire qui parle : ce n'est pas une doctrine du VI° siècle, mais c'est une doctrine du IX°, et nous allons voir qu'elle n'est point, à cette époque, un fait isolé.

Les écrits d'Agobard, évêque de Lyon, quoique intéressants pour apprécier le caractère du IX° siècle et l'état des idées politiques à cette époque, sont cependant trop des écrits de circonstance pour que nous nous y arrêtions ici (1). Nous cherchons, non l'histoire des faits, mais celle des doctrines. A ce point de vue, nous trouverons plus d'instruction dans les écrits d'un autre contemporain, le personnage politique le plus illustre du IX° siècle, Hincmar, archevêque de Reims, que l'on a comparé à Bossuet, quoiqu'il n'en approche guère par l'éloquence, et qu'il s'en éloigne souvent par les doctrines.

HINCMAR. — Il est évident qu'Hincmar est partagé entre le pouvoir temporel et le pouvoir spirituel, et voudrait déterminer avec une juste mesure les limites de ces deux pouvoirs, mais c'est celui-ci qui l'emporte dans sa pensée. Dans son traité : *De potestate regia et pontificia*, il dit d'abord qu'il n'y a que J.-C. qui ait été roi et prêtre. Il y a, dit-il, deux puissances par lesquelles le monde est gouverné, la puissance royale et la puissance sacerdotale. « Le Christ, connaissant la fragilité humaine, a voulu séparer par des actions propres et des caractères distincts les fonctions des deux puissances, voulant sauver les siens par une salutaire humilité, et les empêcher de tomber dans la superbe humaine, comme, avant le Christ, les empereurs païens, qui étaient en même temps souverains pontifes. Il a voulu que les rois chrétiens eussent besoin de pontifes pour la vie éternelle, et que les pontifes se servissent des empereurs pour les besoins de la vie temporelle, afin que les soldats de Dieu ne se mêlassent point aux choses sécu-

---

(1) *De comparatione utriusque regiminis.* Voir *Opera Agobardi* ; Paris, 1606, p. 354. — Nous rappellerons aussi, dans les *Œuvres* d'Agobard, une intéressante polémique contre le *Combat judiciaire*, p. 287.

lières; qu'en retour, les hommes embarrassés dans les choses séculières ne parussent point présider au gouvernement des choses spirituelles, et que la modération de chaque ordre fût conservée (1). »

On ne peut fixer avec plus de justesse et de fermeté la part des deux pouvoirs. Mais Hincmar ne s'en tient point à cette distinction si juste. Le voici maintenant qui rompt cet équilibre, et qui, après avoir soutenu l'indépendance des deux puissances, chacune dans leur ordre, assujettit la puissance temporelle à toutes les prétentions du pouvoir sacerdotal. « Il est des sages, dit-il, qui soutiennent que le prince n'est soumis à aucune loi ni à aucun jugement, qu'il ne doit obéir qu'à Dieu qui l'a établi roi, sur ce trône que son père lui a laissé... qu'il ne peut être ni excommunié par un évêque, ni excommunié par d'autres... que tout ce qu'il fait comme roi, il le fait avec la permission de Dieu, ainsi qu'il a été écrit : Le cœur du roi est dans la main de Dieu (2). » On voit quels étaient alors les arguments des partisans de l'indépendance royale. Le pouvoir avait à se défendre, non contre le peuple, mais contre le clergé; le clergé, de son côté, ne défendait pas le pouvoir absolu; c'était lui, au contraire, qui soutenait les thèses libérales, libérales du moins en ce sens qu'elles opposaient quelque limite au pouvoir du roi; mais c'était pour le subordonner au pouvoir ecclésiastique.

A ces partisans du pouvoir royal, Hincmar répond avec hardiesse et énergie : « Ce n'est pas là le langage d'un chrétien catholique, mais d'un blasphémateur rempli de l'esprit du diable. David, roi et prophète, ayant péché, fut gourmandé par Nathan, son inférieur; et il apprit de lui qu'il n'était qu'un homme... Saül apprit de la bouche de Samuel qu'il était déchu du trône. L'autorité apostolique *prescrit aux rois d'obéir à*

---

(1) Hincm., *De potest. reg.*, ch. I. C'est là un des textes les plus souvent cités au moyen âge, et que chacun interprète dans le sens de ses idées.

(2) Hincm., *Opera*, *De divortio Loth.*, pp. 693, 697.

leurs préposés dans le Seigneur (1) ». On voit qu'Hincmar invoque ici déjà l'autorité des *Décrétales*. Car il n'y a pas un mot dans les écrits authentiques des apôtres qui puisse justifier une pareille assertion.

Hincmar conteste même le principe de l'hérédité : « Nous savons certainement, dit-il, que la noblesse paternelle ne suffit pas pour assurer les suffrages du peuple aux enfants des princes ; car les vices ont vaincu les privilèges naturels, et ont banni le délinquant, non seulement de la noblesse de son père, mais de la liberté même. »

Remarquons avec soin cette circonstance intéressante que c'est ici l'Église qui attaque et cherche à restreindre la doctrine du droit divin. C'était à l'aide de cette doctrine que le pouvoir royal essayait de se défendre contre les usurpations du pouvoir sacerdotal. Le roi prétendait ne relever que de Dieu ; il se prétendait établi sur son trône par Dieu ; il soutenait que c'était la volonté de Dieu qui maintenait les familles royales. Toutes ces doctrines, qui dans les temps modernes sont devenues celles de l'Église, sont au moyen âge combattues par elle. Au moyen âge, la doctrine du droit divin est une doctrine quasi hérétique. Les rois, il est vrai, sont les élus de Dieu ; mais ils le sont par l'intermédiaire des prêtres : dépendance qui est assez marquée par la nécessité du sacre.

Cependant le titre de roi semble emporter naturellement avec lui une sorte d'inviolabilité. Aussi les casuistes du moyen âge, partisans du pouvoir ecclésiastique et jaloux du pouvoir royal, distinguaient-ils entre le vrai roi et le tyran ; ils soutenaient que celui qui s'est rendu indigne d'être roi n'est plus roi : doctrine complètement contraire à celle des apôtres, et dont nous avons retrouvé les premières traces dans saint Chrysostome (2). Cette distinction, qui fera une si grande fortune et dont s'emparera la démocratie moderne, se trouvait sans doute déjà dans la politique ancienne ; mais la tradition

(1) *Ib... Ut reges obediant præpositis suis in Domino.*
(2) Voy. plus haut, p. 317

avait été rompue par le christianisme, qui enseignait l'obéissance pure et simple envers les pouvoirs, quels qu'ils fussent; c'est vers le ix° siècle que l'on voit renaître cette distinction importante du roi et du tyran. La voici, dans Hincmar, très nettement et très audacieusement accusée :

« Quant à cette thèse, que le roi n'est soumis à aucune loi et à aucun jugement, si ce n'est à ceux de Dieu, elle est vraie, si celui que l'on nomme roi l'est véritablement. *Rex* vient de *regere*; s'il se dirige (*regit*) lui-même selon la volonté de Dieu, et s'il dirige les bons dans une voie droite (*rectam*), et s'il ramène les méchants dans le chemin droit, il est alors un *roi*, et n'est soumis qu'aux lois et aux jugements de Dieu... Mais le roi adultère, homicide, injuste, ravisseur, esclave de tous les vices, sera jugé avec droit publiquement ou secrètement par les prêtres, *qui sont les trônes de Dieu*, dans lesquels il réside, et par lesquels il rend ses jugements (1). »

On voit que la thèse de la subordination du pouvoir spirituel au temporel ne pouvait aller plus loin. On s'appuie, il est vrai, sur une étymologie douteuse, comme s'il n'était pas aussi vrai de dire que *regere* vient de *rex*, et non point *rex* de *regere*. Mais sous cette puérile argumentation se cache une doctrine des plus graves, celle qui attache la royauté à la valeur de la personne, et la dépouille de son inviolabilité. Mais dès que l'on reconnaissait que le roi avait des juges, ces juges, au moyen âge, ne pouvaient être que les prêtres. De là la théocratie.

(1) *De divortio Loth. et Teut.* Hincmar n'a pas tenu toujours le même langage. Dans une lettre écrite au pape Adrien, pour Charles le Chauve, on lit ces paroles qui démentent tout à fait celles que nous avons citées : « Il faut vous répéter ce que nous avons déjà dit : les rois de France sont nés de sang royal, ils n'ont pas été considérés jusqu'ici comme les substituts des évêques, mais comme maîtres du pays. Ils ne sont pas les serfs des évêques (*villici*). » On peut soupçonner avec M. Ampère (*Hist. littér.*, t. III, c. x), que cette lettre a été écrite sous la dictée de Charles le Chauve, et un peu à contre-cœur par Hincmar. Mais en tout cas ces paroles prouveraient que Hincmar s'est contredit, et changeait d'opinion selon les circonstances; elles ne détruiraient pas la force des paroles citées plus haut, et qui restent comme un des témoignages les plus remarquables de l'esprit ecclésiastique à cette époque.

Cette doctrine, que nous venons de recueillir dans Hincmar
est celle de tout le clergé à cette époque. Les évêques disaient
à Louis le Germanique : « Jésus-Christ a créé des évêques
pour te gouverner et t'instruire. » Et l'audacieux Nicolas Ier,
précurseur de Grégoire, reproduisant presque littéralement les
paroles d'Hincmar, écrivait à Auxentius, évêque de Metz
« Examinez bien si ces rois et ces princes, auxquels vous vous
dites soumis, sont vraiment des rois et des princes. Examinez
s'ils gouvernent d'abord bien eux-mêmes, ensuite leurs peu
ples ; car celui qui ne vaut rien pour soi-même, comment
serait-il bon pour un autre ? Examinez s'ils règnent selon le
droit ; car, sans cela, il faut les considérer *comme des tyrans
plutôt que comme des rois*, et nous devons leur résister et
nous dresser contre eux au lieu de nous soumettre. Si nous
leur étions soumis, si nous ne nous élevions pas contre eux, il
nous faudrait favoriser leurs vices. » (Guizot, 27e leçon.)

GRÉGOIRE VII ET HENRI IV. — La lutte, si vivement engagée
au IXe siècle, paraît se ralentir, ou plutôt s'embrouiller et se
confondre au Xe siècle, le plus ténébreux du moyen âge ; mais
elle recommence avec éclat et tempêtes au XIe siècle. Le violent et implacable Grégoire VII déclare la guerre à l'Empire et,
le premier, il met à exécution cette menace de déposition, que
contenaient déjà les fausses décrétales, mais que nul n'avait
encore appliquée. On ne peut se faire une idée de l'effet que
produisit au moyen âge, dans ce temps que nous croyons
courbé dans l'ignorance et la servitude, une nouveauté si
audacieuse. Que l'on en juge par cette protestation du clergé
de l'Empire (1) : « Il siège dans sa Babylone (y est-il dit du
pape), il s'élève au-dessus de tout ce qui est respecté, comme
s'il était Dieu lui-même ; et il se vante de ne pouvoir se tromper. Il délie les hommes non du péché, mais de la loi du Christ
et des serments... Tout ce qu'il dit, il l'appelle la loi de Dieu...
Dieu a dit : Celui qui ceindra l'épée, périra par l'épée. » Ce

(1) Goldast, *Monarchia* (Hanovre, 1661, p. 46), *Apolog. pro Imp.
Henr. IV adv. Greg. VII.*

qui prouve la résistance que rencontrèrent les innovations de Grégoire VII, c'est l'obligation où il fut de défendre sa thèse et de la justifier. A ce point de vue, rien de plus curieux que ses deux lettres à Hermann, évêque de Metz (1) : « Leur folie, dit-il, en parlant de ses adversaires, ne mériterait point de réponse. » Cependant il répond, et à deux reprises ; et ce pontife tout-puissant, qui ne reconnaissait pas de supérieur sur la terre, se reconnaît cependant obligé d'avoir raison et de le prouver. Il s'appuie sur l'histoire, sur les textes sacrés (1), mais surtout il livre au mépris le pouvoir des princes, et au lieu d'en rapporter l'origine à Dieu, comme saint Paul, il la rapporte au démon : « Qui ne sait, s'écrie-t-il avec une sorte d'éloquence tribunitienne, qui ne sait que les princes ont dû à l'origine leur pouvoir à des hommes ennemis de Dieu, qui, par l'orgueil, les rapines, la perfidie, l'homicide et tous les crimes, et comme entraînés par le diable, prince du monde, ont voulu, avec une passion aveugle et une insupportable présomption, dominer sur leurs égaux, c'est-à-dire sur les hommes ! A qui les comparerai-je, lorsqu'ils veulent humilier à leurs pieds les prêtres du Seigneur, sinon à celui qui règne sur les fils de l'orgueil, au tentateur du souverain prince des prêtres, à celui qui dit au fils du Très-Haut, en lui montrant tous les royaumes du monde : Je te donnerai toutes ces choses, si tu veux m'adorer. » Cette apostrophe superbe d'un moine couronné n'atteste-t-elle que la fierté ambitieuse d'un chef de l'Église ? Me trompé-je en y croyant reconnaître

(1) Mansi, *Collection des conciles*, t. XX, ep. Greg. VII, l. IV, ep. II, et l. VIII, ep. XXI.

(2) Il serait fastidieux d'entrer dans tous les détails d'une controverse si contraire aux habitudes de notre temps. Qu'il suffise de dire que les arguments historiques sont : 1° Saint Ambroise excommuniant Théodose et lui fermant les portes du temple ; 2° Zacharie, déposant le roi des Francs, Chilpéric, le dernier des Mérovingiens, et déliant ses sujets du serment de fidélité. Quant aux arguments tirés des textes, Grégoire VII cite : 1° l'autorité de Grégoire Ier (*Fausses Décrétales*, voyez plus haut, p. 327); 2° le texte de l'Évangile : *Pasce oves meas ;* 3° *Quidquid ligaveris in cœlo, ligatum erit in terra;* 4° le texte de saint Paul : *Si angelos judicabitis, cur non et secularia ?*

l'accent de l'orgueil populaire, et je ne sais quel souffle de
révolte, qui s'unit plus d'une fois, au moyen âge , aux prétentions dictatoriales du pouvoir ecclésiastique (1).

Cet esprit de révolte est remarquable dans quelques-uns
des écrits composés en faveur de Grégoire VII. Voici, par
exemple, une lettre écrite en réponse à l'un des défenseurs
d'Henri IV (2). Celui-ci s'était défendu avec le texte de saint
Paul : « Toute puissance vient de Dieu. » Son adversaire lui
répond : « Si toute puissance vient de Dieu, qu'est-ce donc que
ces rois dont parle le prophète : *Ils ont régné, mais ce n'est
pas par moi. Ils ont été princes, mais je ne les ai pas connus.* Si toute puissance vient de Dieu, que signifie cette parole
du Seigneur : *Si votre œil vous scandalise, arrachez-le et*

(1) On trouve toute la théorie théocratique du moyen âge résumée
dans un document plus ou moins authentique, attribué à Grégoire
VII, et intitulé *Dictatus Papæ.* En voici les principaux articles :

« Quod Romana ecclesia à solo Domino sit fundata. — Quod
solus Romanus pontifex jure dicatur universalis. — Quod ille solus
possit deponere episcopos, vel reconstituere. — Quod legatus ejus
omnibus episcopis præsit in consilio, etiam inferioris gradus, et
adversus eos sententias depositionis possit dare. — Quod absentes
papa possit deponere. — Quod cum excommunicatis ab illo, inter
cœtera , nec in eadem domo debemus manere. — Quod illi soli
liceat pro temporis necessitate novas leges condere, plebes congre-
gare, de canonico abbatiam facere, et e contra divitem episcopum
dividere, et inopes unire. — Quod solus possit uti imperialibus
insignibus. — Quod solius papæ pedes omnes principes deosculentur.
— Quod illius solius nomen in ecclesiis recitetur. — Quod illi liceat
imperatores deponere. — Quod nulla synodus absque præcepto
ejus debet generalis vocari. — Quod nullum capitulum nullusque
liber canonicus habeatur absque illius auctoritate. — Quod sen-
tentia illius a nullo debeat retractari, et ipse omnium solus
retractare possit. — Quod a nemine ipse judicari debeat. — Quod
nullus audeat condemnare apostolicam sedem appellantem. —
Quod majores causæ cujuscumque ecclesiæ ad eum referri debeant,
etc.: — Quod a fidelitate iniquorum subjectos potest absolvere. —
Anno 1075.

L'authenticité de ce morceau est contestée. V. Pagius, *Critica in
Annales Baronii*; ann.. Dom. 1077, n° 8.

(2) Goldast., *Apol. pro. Imp. Henr.*, p. 252. Cette lettre est écrite au
nom du Landgrave de Thuringe par Étienne Herrandus, évêque
d'Alberstadt, en réponse à une lettre très modérée (*ib.* p. 51) de
Waltram, évêque de Naumbourg, l'un des partisans les plus dévoués
de Henri IV.

jetez-le loin de vous? L'œil n'est-il pas une puissance? Saint Augustin, dans son exposition de la doctrine des apôtres, dit : « Si la puissance ordonne quelque chose contre l'ordre de Dieu, méprisez la puissance. » — « On nous dit : *Il n'y a point de puissance qui ne vienne de Dieu!* Mais on oublie la suite du passage : *Tout ce qui vient de Dieu est ordonné.* Donnez-nous donc une puissance qui soit bien ordonnée, et nous ne lui résisterons pas. » Le défenseur d'Henri IV avait fait un appel à la concorde et à la paix. Le défenseur de Grégoire VII répond par l'apologie de la haine et de la guerre : « Le Seigneur, dit-il, a lui-même recommandé la haine, lorsqu'il a dit : *Celui qui ne haïra pas son père, sa mère, son frère, ses sœurs, et jusqu'à sa propre vie, ne peut être mon disciple.* Lui-même aussi a recommandé la guerre, en disant : *Ne croyez pas que je sois venu apporter la paix sur la terre ; non, je ne suis point venu apporter la paix, mais le glaive.* »

Cette lettre curieuse, où éclatent tous les sentiments violents que l'entreprise de Grégoire VII avait soulevés, est un des documents qui nous montrent le mieux comment les doctrines des papes furent interprétées au moyen âge, comment elles devinrent des brandons de discorde et de révolte. Sans doute, il s'en faut de beaucoup que les empereurs d'Allemagne fussent des personnages respectables, amis de la paix et de la liberté ecclésiastique. Ce n'est point ici le lieu de décider un si grand procès. Mais on ne peut nier que les papes en mettant de leur côté, dans la balance, le poids de leur autorité spirituelle, en se servant de l'arme meurtrière de l'excommunication et de la déposition, n'aient introduit dans les États un germe de révolution et de bouleversement, qui trouvait un milieu singulièrement favorable dans les dispositions anarchiques de la noblesse et des grands.

Ces doctrines nouvelles ne restèrent pas sans réponse. Outre les lettres de Henri IV et de ses défenseurs, qui ne se faisaient point faute d'injures contre la papauté, nous avons un traité

fort étendu, *De unitate Ecclesiæ conservandæ* (1), écrit peu
après la mort de Grégoire VII, sous le pontificat de Pascal II,
où les lettres à Hermann de Metz sont longuement et sensé-
ment réfutées. L'auteur y confond la fausse histoire invoquée par Grégoire VII, rétablit le sens purement spirituel des
textes évangéliques invoqués par lui, se sert avec beaucoup
de force des textes contraires et décisifs : « Que toute âme
soit soumise aux puissances supérieures... Payez le tribut à
qui vous devez le tribut... Rendez à César ce qui est à César...
Craignez Dieu et honorez le roi. » Il oppose l'esprit d'humilité
de la doctrine évangélique à cette doctrine nouvelle, qui fait
du vicaire de Jésus-Christ le maître de l'univers. Enfin, il soutient avec force que le serment est une chose sacrée, que rien
ne peut en délier, et que le pouvoir de délier s'entend du
péché, et non du serment.

SAINT BERNARD ET LES MYSTIQUES. — Ce n'est pas seulement
parmi les serviteurs et les partisans de l'Empire que les doctrines de Grégoire VII rencontraient de l'opposition et exci-
taient la défiance. Dans l'Église même, on vit le plus grand
personnage du xiiᵉ siècle, le dernier Père, le dernier apôtre,
fidèle à la tradition chrétienne, saint Bernard, opposer l'autorité de sa grande parole à cet esprit profane de domination et
d'usurpation : « Lequel vaut le mieux, disait-il, et vous paraît
plus digne, de remettre les péchés, ou de diviser les héri-
tages ? Ces soins infimes et matériels ont pour juges les rois et
les princes de la terre. Pourquoi *envahir le territoire d'autrui?* Pourquoi *étendre vos faux dans la moisson du voisin* (2) ? » Et plus loin : « Voici la voix du Seigneur dans
l'Évangile : *Les rois des nations dominent sur elles ; qu'il
n'en soit pas ainsi parmi vous.* Il est donc évident que la

---

(1) Ce traité se trouve dans la collection de Schardius, *De juridic-
tione, auctoritate et præeminentia imperiali.* Il est attribué à Waltram
de Naumbourg. Voyez page précédente.
(2) Bernard, *De consider.* I. I, c. VI. Voy. la thèse de M. Jules
Zeller : *De consideratione S. Bernardi,* Paris, 1849.

domination est interdite aux apôtres... Allez maintenant, et
soyez assez hardi pour joindre la domination à l'apostolat ; si
vous voulez posséder à la fois l'un et l'autre, vous serez privés
de tous les deux. Autrement vous serez du nombre de ceux
dont Dieu a dit : *Ils ont régné, mais non par moi ; ils ont
commandé, mais je ne les ai point approuvés.* Que si vous
voulez régner de la sorte, vous aurez la gloire, mais non
devant Dieu. Voilà ce qui vous est défendu, voyons ce qui
vous est ordonné : *Que celui qui est le plus grand parmi
vous devienne comme le plus petit, et que le premier soit
votre serviteur.* Voilà la règle prescrite aux apôtres. La domination leur est défendue, et le service leur est ordonné (1). »
« Dira-t-on que c'est détruire l'autorité apostolique ? Mais
l'autorité peut se concilier avec l'absence de domination. Est-
ce que le champ n'est pas sous l'empire du fermier ; le jeune
enfant, de son pédagogue ? Et cependant le fermier n'est point
le maître du champ, ni le pédagogue de son élève... Je ne
connais pas, je ne crains point pour vous de peines ni de
glaive à l'égal de cette fureur de régner... Apprenez à reconnaître que vous n'êtes pas les dominateurs des sages ou des
insensés, mais leurs débiteurs (2). » Il soutient dans ses lettres la même doctrine (3). Il faut ajouter cependant que l'on
trouve dans saint Bernard lui-même un texte invoqué au
moyen âge par tous les partisans de la suprématie ecclésiastique, tant il était difficile alors de garder la juste limite :
« L'Église, dit-il, a bien deux glaives, l'un matériel, l'autre
spirituel ; mais le premier doit être tiré pour l'Église, le second
par l'Église : l'un est dans la main du soldat, l'autre du prêtre ; le premier n'est tiré que par l'ordre de l'empereur, avec
le consentement (nutum) de l'Église (4). » Ce passage équi-

(1) *Ib.*, I. II, c. vi.
(2) *Ib.*, l. III, c. i.
(3) Bernard. Epistol. CCXXXIII: « Regni dedecus, regni diminutio-
nem nusquàm volui : violentos odit anima mea. Legi quippe : Omnis
anima subdita sit. » C — Epist. XLII, 8 et ep. CCXLIV.
(4) *De Constd.*, l. IV, c. iii. — C. ep. ad Eugen. CCLVI.

voque pouvait être interprété dans l'un et l'autre sens,
comme la plupart des textes cités dans cette question.

Malgré l'opposition de saint Bernard, les doctrines théocratiques ne cessèrent de grandir ; et il est remarquable que l'un
des écrivains de ce temps-là, qui a fourni l'un des textes les
plus célèbres contre le pouvoir temporel, et en faveur du
pouvoir ecclésiastique, soit précisément un mystique de l'école
de saint Bernard, et lié d'amitié avec lui, Hugues de Saint-
Victor. Il ne faudrait pas voir ici un lien nécessaire entre le
mysticisme et la domination cléricale. Car nous avons vu saint
Bernard, mystique lui-même, très opposé à cette domination,
et de même, au XVᵉ siècle, le plus grand adversaire de la suprématie pontificale est le mystique Gerson. Voici le passage de
Hugues de Saint-Victor : « Autant la vie spirituelle est supérieure
à la vie terrestre, et l'esprit au corps, autant la puissance spirituelle l'emporte sur la temporelle en force et en dignité. Car là
puissance spirituelle est chargée *d'instituer* la puissance temporelle, afin qu'elle puisse exister, *ut sit*, et de la *juger*, si elle
n'est pas bonne. Elle, au contraire, elle a été tout d'abord instituée par Dieu, et, lorsqu'elle s'égare, elle ne peut être jugée que
par Dieu seul, comme il a été écrit : *La puissance spirituelle
juge tout, et n'est jugée par personne.* Quant à ce fait, que
la puissance spirituelle est, par l'institution divine, la première
dans le temps, et la plus grande en dignité, on le voit dans l'histoire du peuple de Dieu, où le sacerdoce est en premier lieu
créé par Dieu, et où la puissance royale est ensuite instituée
par le sacerdoce, sur l'ordre de Dieu. Ainsi encore aujourd'hui,
dans l'Église de Dieu, c'est la puissance sacerdotale qui sacre
la puissance royale, qui la sanctifie par la bénédiction, et la
forme par l'institution. Si donc, comme le dit l'Apôtre, celui
qui bénit est plus grand que celui qui est béni, il est évident
que la puissance terrestre, qui reçoit la bénédiction de la puissance spirituelle, doit être estimée en droit inférieure (1). »

(1) Hug. de sanct. Victor. *De sacramentis*, l. II, pars II, c. IV. Ce

On voit que l'auteur de ce passage n'attribue pas seulement au pouvoir spirituel une supériorité morale : il lui reconnaît les deux signes principaux de la souveraineté, l'institution et la juridiction. L'Église établit le pouvoir civil, et elle le juge. Que reste-t-il à l'indépendance du pouvoir laïque ? Cette prérogative du sacerdoce se fonde à la fois sur l'exemple de l'Ancien Testament, et sur les institutions nouvelles. Historiquement, la royauté a été instituée par le sacerdoce. En fait, la royauté est sacrée par lui. Or, le sacre était susceptible de deux interprétations : ou ce n'était qu'une sanctification, qui appelait sur la royauté les bénédictions divines, comme aujourd'hui encore les actes les plus importants de la vie sociale s'accomplissent sous les bénédictions religieuses ; ou bien c'était un acte de souveraineté et une véritable institution. C'est entre ces deux interprétations que se partageaient les défenseurs des deux pouvoirs. Hugues de Saint-Victor admet les deux sens, lorsqu'il dit : *Et sanctificans per benedictionem, et formans per institutionem.*

THOMAS BECKET. — Nous trouvons à la même époque, en Angleterre, un défenseur énergique et courageux de la prérogative sacerdotale : c'est le célèbre saint Thomas de Cantorbéry, ou Thomas Becket. On voit par ses lettres (1) que le sacerdoce était alors aussi empressé à combattre le principe de l'inviolabilité royale, qu'il a été plus tard ardent à le défen-

passage est reproduit textuellement dans la compilation de Vincent de Beauvais : ce qui est cause qu'on le lui a attribué quelquefois.

« Quantum autem vita spiritualis dignior est quam terrena et spiritus quam corpus, tantum spiritualis terrenam honore et dignitate præcedit. Nam spiritualis terrenam et instituere debet ut sit, et judicare si bona non fuerit. Ipsa vero a Deo primum instituta est ; et cum deviat, a solo Deo judicari debet et potest : sicut scriptum est : spiritualis dejudicat omnia. Nam et veteri testamento primum a Deo sacerdotium institutum est : posteà vero per sacerdotium jubente Deo regalis potestas ordinata : unde et adhuc in ecclesia Dei sacerdotalis dignitas regalem potestatem sacrat. Et amplius qui benedicit major est... »

(1) *Epistol.* div. Thomæ martyris et archiepiscopi Cantuarensis ; Bruxelles, 1632.

dre. Voici comment Thomas Becket écrit au roi d'Angleterre :
« Si tu emploies ton élévation dans l'intérêt de ta force et de
ta puissance et non dans l'intérêt de Dieu, si tu ne détournes
pas tes desseins de l'oppression des biens et des personnes
ecclésiastiques, celui qui t'a élevé, qui t'a fait roi pour gouverner et non pour opprimer, te demandera compte avec
usure des talents qui t'ont été confiés, et comme Roboam, fils
de Salomon, fut rejeté du trône pour les fautes de son père,
il fera payer tes propres fautes à tes héritiers (1) ! » Dans
plusieurs passages, il subordonne, sans réserve, la puissance
royale à la puissance ecclésiastique. « L'Église se compose de
deux ordres : le clergé et le peuple. Dans le clergé sont les
apôtres, les évêques, les docteurs... dans le peuple sont les
rois, les princes, les ducs, les comtes... Il est certain que les
rois ont reçu leur puissance de l'Église, et qu'elle n'a pas
reçu la sienne d'eux, mais du Christ... (2). »— « Les rois
chrétiens doivent soumettre leurs résolutions aux chefs ecclésiastiques, et non leur commander... Les princes doivent
courber la tête devant les évêques, et non juger les évêques...
Plusieurs pontifes ont excommunié, les uns des rois, les autres
des empereurs. » Ici viennent les exemples toujours cités,
Arcadius excommunié par Innocent, Théodose par saint
Ambroise, puis les exemples de l'Ancien Testament, Achaz,
Ozias, enfin David, dont il est dit : « Ce prince, déposant son
diadème, et abaissant la majesté du gouvernement, ne craignit
pas de s'humilier devant la face du prophète, d'avouer son
crime et de demander pardon (3). » L'enthousiasme théocratique de Thomas Becket va jusqu'à trouver trop faible la papauté
elle-même. Il écrit à Alexandre III, l'un des grands papes du
moyen âge, le fondateur de la ligue lombarde et l'adversaire
de Frédéric Ier, pour le presser, et presque le reprendre de sa
modération et de sa lenteur : « Si nous négligeons ces maux, ô

(1) Epist., t. I, 1, ep. XLII.
(2) Ep. LXIV.
3) Ep. LXV.

père bienfaisant, s'écrie-t-il, que répondrons-nous au Christ,
le jour du jugement? Si les puissances du siècle s'habituent à de
tels ménagements, si les *rois se changent en tyrans*, l'Église
n'a plus de droits ni de privilèges que ceux qu'ils consentent
à lui laisser... Prends courage, ô père, et sois fort, nous som
mes plus nombreux qu'eux. Le Seigneur a écrasé le marteau
des impies, Frédéric ; et il écrasera de même tous ceux qui ne
viendront point à résipiscence, et ne feront pas la paix avec
l'Église de Dieu. Enfin, nous attendons votre jugement, ou
plutôt le jugement de celui qui ôte la vie aux princes, et délivre le pauvre du puissant. » Ne retrouve-t-on pas là quelque
vestige de ce souffle populaire, que nous avons déjà signalé
dans Grégoire VII ? Mais cet esprit est encore plus frappant
dans le passage qui suit : « Vous dites que je me suis élevé
d'une basse condition jusqu'à la gloire. Je l'avoue, je ne suis
point né d'une longue suite de rois. J'aime mieux pourtant
être ce que je suis que celui qui laisse dégénérer en lui la
noblesse de ses aïeux... David n'était-il pas berger lorsqu'il fut
choisi pour gouverner le peuple de Dieu, et Pierre n'a-t-il pas
été fait de pêcheur prince de l'Église ? Nous sommes les successeurs de Pierre, et non d'Auguste. »

JEAN DE SALISBURY. — L'écrivain qui présente l'exemple
le plus frappant de cette union des idées théocratiques et
des idées démocratiques les plus violentes est le spirituel
Jean de Salisbury, ami et auxiliaire de Thomas Becket, et
l'un des meilleurs écrivains du moyen âge. Jean de Salisbury est un des précurseurs, et presque l'inventeur de
cette politique détestable qui a été, au XVIe siècle, la politique de la Ligue, et qui passe pour avoir été celle des
jésuites, politique qui d'une part pousse la haine du pouvoir
civil jusqu'au tyrannicide, et de l'autre exalte le despotisme
sacerdotal.

Le tyrannicide avait disparu des doctrines politiques depuis
Cicéron, dernier écho des idées antiques sur ce point. Le
stoïcisme ne paraît point avoir soutenu cette doctrine. Le

christianisme la condamnait évidemment (1), et il est presque
inutile de dire qu'il n'y en a pas trace dans les premiers écrivains chrétiens. Comment cette doctrine a-t-elle reparu dans les
temps modernes ? On en attribue quelquefois la résurrection
aux jésuites, quelquefois aux protestants, et enfin à la renaissance des lettres antiques. Mais elle remonte beaucoup plus
haut : c'est dans Jean de Salisbury qu'elle se représente pour
la première fois depuis Cicéron. On ne peut donc nier que ce
ne soit l'esprit théocratique qui a ressuscité cette doctrine
condamnée : cet esprit, uni à la violence du moyen âge, n'avait
pas beaucoup de chemin à faire pour aller de la déposition du
prince à l'assassinat.

Jean de Salisbury distingue, comme Hincmar, le roi du
tyran, et il montre même une certaine pénétration psychologique dans l'analyse des causes de la tyrannie : « Il y a, dit-il,
deux instincts, l'amour du juste et l'amour de l'utile. Du
premier naît l'amour de la liberté et de la patrie ; du second,
la passion de la domination (2). » L'amour de la liberté peut
cependant donner aussi naissance à la tyrannie, lorsque l'on
aime la liberté pour soi et non pour les autres. « Il n'est
personne qui n'aime la liberté, et qui ne désire obtenir des
forces pour la défendre. La servitude est l'image de la mort,
et la liberté est la sécurité de la vie. De là vient que pour se
procurer la puissance, on répand de toutes parts les richesses...
Mais une fois maître de la puissance, on s'érige en tyran, et,
méprisant la justice, on ne craint point, devant Dieu, d'opprimer ceux qui nous sont égaux par la nature et par la condition (3). » Veut-on savoir la différence du roi et du tyran :
« Le vrai prince combat pour les lois et pour la liberté du
peuple ; le tyran ne croit avoir rien fait tant qu'il n'a pas
supprimé les lois et réduit les peuples en servitude. Le

(1) Voyez plus haut p. 314.
(2) Joab. Sarib. *Policraticus,* Sive et de *nugis curialium*; Leyde 1595,
l. VIII. c. v. p. 412.
(3) *Ib.,* l. VII, c. xvII, p. 401.

prince est une image de la Divinité, et le tyran est une image de Lucifer. Le prince, image de Dieu, doit être aimé, honoré, vénéré ; le tyran, image de la méchanceté diabolique, doit être tué la plupart du temps, *plerumque occidendus* (1). » Ce n'est point là une opinion jetée par hasard et sans réflexion. L'auteur revient à plusieurs reprises sur ce droit de tuer le tyran, et même de le tuer avec perfidie. « Il faut se conduire autrement avec un tyran qu'avec un ami ; il n'est point permis de flatter un ami, mais on peut flatter un tyran. Car il est permis de flatter celui qu'il est permis de tuer, *ei namque licet adulari, quem licet occidere.* Non seulement tuer un tyran est permis, mais c'est une action convenable et juste, *æquum et justum...* C'est justement que les droits s'arment contre celui qui désarme les lois, et que la puissance publique se soulève contre celui qui veut anéantir la puissance publique. Parmi les crimes de majesté, il n'y en a pas de plus grave que celui qui est commis contre le corps même de la justice. La tyrannie n'est pas seulement un crime public, c'est un crime plus que public. Si le crime de majesté peut être puni par tous, combien plus celui-là qui opprime les lois mêmes qui doivent commander jusqu'aux empereurs (2). » Enfin il confirme ce prétendu droit par les exemples de l'histoire profane et de l'histoire sacrée. Cependant cette doctrine a ses exceptions. « Que les prêtres ne m'en veuillent pas, dit-il, si j'avoue que même parmi eux il peut se trouver des tyrans... Mais lorsque les prêtres prennent le personnage de tyrans, il n'est point permis de lever contre eux le glaive matériel, à cause du respect dû au sacrement (3). » Une seconde exception, c'est la défense d'employer le poison. « Quoique je sache, dit-il, que le poison a été employé plus d'une fois par les infidèles, je crois cependant qu'il ne faut point le permettre. Non que je pense que les tyrans ne doivent

(1) *Ib.* 1. VIII, c. XVII. p. 539.
(2) *Ib.* 1. III, c. XV. p. 174, 175 et 1. VIII, c. XVIII, p. 553.
(3) L. VIII, c. XVII, p. 541, et XVIII, p. 553.

pas être tués, mais ils doivent l'être sans dommage pour la religion, *sine religionis honestatisque dispendio* (1). » Singulière casuistique qui trouve une différence d'honneur et de moralité entre le fer et le poison ! Il semble cependant reculer devant ses propres conséquences : « Le meilleur et le plus sûr moyen de détruire les tyrans, dit-il, est que les opprimés se réfugient en s'humiliant auprès du patronage de la clémence divine, et levant, leurs mains pures vers le Seigneur, le supplient de détourner d'eux le fouet qui les afflige (2). »

Ces doctrines si violentes et si hostiles au pouvoir s'unissent, comme on doit le penser, aux doctrines les plus hautaines sur la suprématie sacerdotale. On vient de voir déjà que les prêtres sont exceptés du châtiment mérité par les tyrans. Voici maintenant comment le même écrivain entend les rapports du pouvoir spirituel et du pouvoir temporel : « Le prince reçoit le glaive temporel des mains de l'Église ; car elle-même ne peut tenir le glaive du sang. Cependant, elle le possède, et elle s'en sert par les mains du prince, à qui elle a accordé la puissance de punir les corps, se réservant l'autorité dans les choses spirituelles. Le prince est donc le ministre du prêtre, exerçant à sa place une des fonctions de la sainte autorité, mais qui paraît indigne des mains du prêtre (3). » Ainsi, dans cette théorie superbe, le pouvoir temporel est réduit au rôle de bourreau ; il tient le glaive, mais il le reçoit des mains de l'Église ; il le tient pour elle et exerce en son nom une fonction dont elle ne veut pas se souiller. Il est impossible d'abaisser davantage le pouvoir civil.

LE DECRETUM DE GRATIEN. — Ce n'est pas seulement quelques esprits exaltés et passionnés, ni même quelque pape hautain et ambitieux, qui soutiennent, au XIIᵉ siècle, les doctrines de la théocratie. On voit ces doctrines se glisser et prendre pied jusque dans les monuments authentiques et officiels de la

(1) L. VIII, c. xx, p. 563.
(2) *Ib. ib.*
(3) L. IV, c. III, p. 180.

jurisprudence canonique, et en particulier dans le plus grand et le plus célèbre ouvrage de droit ecclésiastique, qui est en quelque sorte le *Digeste* du droit canonique, le *Décret* de Gratien (1), qui jouit, au moyen âge, parmi les jurisconsultes d'une autorité au moins égale à celle du *Liber sententiarum*, parmi les théologiens.

Le *Décret* de Gratien, remarquable par un certain esprit philosophique, l'est aussi par le manque absolu de critique, défaut du reste qu'il faut attribuer à son temps : ce n'est pas à cette époque que l'on pouvait vérifier l'exactitude et l'authenticité des textes. Plus tard, lorsque la critique fut plus avancée, un pape fit faire par des cardinaux le recensement des erreurs contenues dans le *Décret* de Gratien, et ceux-ci y signalèrent quarante et un canons apocryphes, vingt-sept canons attribués à des autorités étrangères, quatorze fausses décrétales. On ne peut donc point se servir des citations comme de documents authentiques. Mais, par cette raison même, ils témoignent d'autant mieux de l'état des opinions au siècle où Gratien les a recueillis et rassemblés.

Il serait difficile de recueillir dans le *Décret* la trace régulière et suivie d'une doctrine politique. Elle est dans le choix

---

(1) Le *Décret* de Gratien qui parut au milieu du XIIᵉ siècle (1150), sous le pape Eugène III, sous ce titre : *Discordantiam canonum concordia*, est plus connu sous le nom de *Decretum.* C'est le *Corpus juris canonici* du moyen âge. Il avait été précédé par plusieurs ouvrages du même genre : *Ecclesiæ decretorum libri XX* de Burchard, évêque de Worms (1220), ouvrage que l'on appelle aussi par abréviation le décret de Burchard. Déjà cet ouvrage est marqué du caractère ultramontain : il évite de citer les lois romaines, les Capitulaires, et il puise abondamment dans les *Fausses décrétales*. Le XXᵉ livre de *Laïcis tam imperatoribus, regibus, principibus quàm subjectis*, est très important et contient déjà toutes les doctrines théocratiques que nous allons retrouver dans le *Décret* de Gratien. On cite encore le décret d'Yves de Chartres, *Exceptiones ecclesiasticarum regularum*, vers la fin du XIᵉ siècle. Mais ces différents ouvrages furent effacés et remplacés par le *Décret* de Gratien, personnage si célèbre au moyen âge, que Dante lui a fait une place dans son paradis. « Dans cette couronne d'esprits lumineux, ce sourire de flammes est celui de Gratien, qui a rendu de tels services à l'un et l'autre droit que la vie bienheureuse l'en a récompensé. »

et la distribution des matériaux, dans les divers titres sous lesquels sont réunis les documents, dans l'interprétation qui leur est donnée, soit par l'auteur lui-même, soit par les gloses des commentateurs. C'est surtout dans ces gloses que la pensée politique des canonistes se fait jour. Les commentateurs renchérissent sur le texte. Ces gloses, d'ailleurs, en s'incorporant à l'ouvrage, ont obtenu au moyen âge une autorité presque égale à celle de l'auteur lui-même, et comme elles sont de différentes mains (1), elles nous fournissent les principes, non seulement d'un individu, mais de toute une école.

Parmi les textes et les documents recueillis par Gratien, il en est beaucoup que nous connaissons déjà : mais il y en a d'autres que nous n'avons pas encore rencontrés, et deux surtout qui ont eu une grande importance au moyen âge, et qui sont rapportés textuellement. Le premier est le serment d'Othon au pape Jean. Il est nommé *Constitutio Othonis* (2). Le second est la célèbre pièce connue sous le nom de la *Donation de Constantin* (3).

Le serment d'Othon est rapporté comme une preuve de la dépendance du pouvoir impérial envers le pouvoir du pape, et la glose qui y est ajoutée s'exprime ainsi : « On voit ici comment le pape Othon a juré fidélité au pape Jean. » La glose transforme donc ainsi ce serment en une sorte d'hommage féodal rendu par l'empereur au pape ; car le serment de fidélité est l'acte du vassal à l'égard de son suzerain. On peut voir si le serment d'Othon se prête à cette interprétation. Nous le rapportons fidèlement : « Moi, le roi Othon, je fais la promesse et le serment suivant au seigneur pape Jean : Je jure par le Père, le Fils et le Saint-Esprit, par ce bois de la sainte croix, par ces reliques des saints, que si, avec la permission

(1) A la vérité, elles ne sont pas toutes du xii° siècle ; mais elles ne sont qu'un développement plus ou moins explicite du texte même.

(2) *Decretum*, Pars I, Distinct. 62, c. xxxiii.

3) *Ib.*, Distinct. 96, c. xi.

de Dieu, je viens à Rome, j'élèverai l'Église romaine et toi, son chef, selon mon pouvoir ; et jamais tu ne perdras ni la vie ni les membres, ni la dignité, par ma volonté, ou mon conseil, ou mon consentement, ou mon exhortation ; et dans la ville de Rome, je ne ferai ni décret, ni rendrai aucun ordre sur toutes les choses qui se rapportent à toi et aux Romains, sans ton conseil ; je te rendrai toutes les portions du saint territoire qui ont été réunies à notre empire, et, quel que soit celui auquel je confie le royaume d'Italie, je lui ferais jurer de t'aider à défendre le territoire de saint Pierre, selon son pouvoir. » Il est difficile de voir dans cette pièce autre chose qu'une sorte de traité par lequel l'Empereur s'engage à partager avec le pape la souveraineté dans Rome, et à respecter le territoire temporel, que Charlemagne lui-même avait donné à la papauté. De là à un serment de fidélité il y a loin ; et même on peut dire que le ton de cette pièce est beaucoup plus celui d'un protecteur que d'un vassal.

Passons à la prétendue donation de Constantin. On connaît l'histoire de cette donation qui, après avoir passé pendant tout le moyen âge pour un fait historique et authentique, a été complètement et définitivement écartée de l'histoire sérieuse par la critique du XVIe siècle. On prétendait que l'empereur Constantin, en se retirant à Constantinople, avait donné au pape Sylvestre l'empire d'Occident ; que depuis cette époque la papauté avait disposé de l'Empire comme elle l'avait voulu, et qu'ainsi l'empereur n'était que le vicaire du pape, seul véritable suzerain. Voici l'acte prétendu où ce contrat fut passé ; il est tiré de la *Vie de saint Sylvestre* (1). Nous ne reproduirons pas la pièce en entier ; nous en citerons les passages les plus saillants :

« Nous donnons, à partir de ce moment, à notre père Sylvestre et à ses successeurs, notre palais impérial de Latran..., le collier impérial, les vêtements, le sceptre et tous les orne-

(1) On le rencontre déjà cité avant le *Décret* de Gratien dans les deux collections d'Anselme et de Deusdedit.

ments impériaux, enfin tous les signes extérieurs de la puissance impériale et la gloire de notre pouvoir... Et pour que la chaire pontificale ne soit point abaissée, pour que sa gloire et sa puissance s'élèvent au-dessus de la dignité de l'empire de la terre, nous donnons et nous laissons au bienheureux Sylvestre non seulement notre palais, mais toutes les provinces, les villes et enfin le territoire de l'Italie et de l'Occident... Et nous avons jugé convenable de transporter en Orient notre empire et notre puissance, dans la magnifique province de Bysance, de bâtir une ville de notre nom, et d'établir là notre empire ; car, là où la primauté du sacerdoce et l'autorité suprême de la religion ont été établies par l'empereur céleste, il n'est point juste que l'empereur de la terre ait sa puissance. »

On voit avec quelle abnégation l'empereur Constantin aurait abandonné, selon ce naïf document, la moitié de son empire à l'évêque de Rome. Cette ridicule histoire, inventée par quelques moines barbares, est devenue au moyen âge l'un des titres les plus souvent invoqués par les défenseurs du pouvoir pontifical. On peut attribuer à Gratien l'importance nouvelle de ce document ; car il avait eu jusque-là si peu d'autorité que Grégoire VII lui-même n'en fait pas mention. Au reste, les grands papes aimaient mieux trouver l'origine de leur pouvoir dans l'institution de Dieu et dans la nature même de leurs fonctions, que dans un acte légal et dans la donation d'un prince temporel. Ils laissaient à leurs défenseurs le soin d'employer ces arguments de second ordre, qui éblouissaient le vulgaire.

Voyons maintenant les opinions qui se sont glissées à la suite du texte précédent, à l'aide de la glose et des commentaires. Les commentateurs, comme il arrive toujours, ont forcé le sens de quelques passages, et ont fait dire au texte ce qu'il ne dit point. C'est ainsi que, dans le célèbre passage : *Mediator Dei et hominum officia potestatis utriusque discrevit*, le glossateur, à propos du mot *discrevit*, argumente contre la

distinction des deux puissances (1). Il commence par établir
que ces deux puissances ont été réunies dans le Christ, ce qui
est l'argument fondamental des ultramontains, combattu par
tous les partisans du pouvoir séculier. Voici ce que dit le
glossateur : « Le Christ a fait certaines choses en qualité
d'empereur, par exemple, lorsqu'il a chassé les marchands du
Temple, et lorsqu'il a porté la couronne d'épines, ce qui est
le signe de l'Empire. » On ne peut s'empêcher de signaler
dans ce dernier trait un sophisme palpable : comment le signe
de l'humiliation aurait-il pu être un signe d'autorité et d'empire ? Le glossateur ajoute, à propos du mot *discrevit :* « C'est
le contraire. Jésus-Christ n'a pas distingué, mais confondu ces
deux pouvoirs ; car lui-même a rempli l'une et l'autre fonction. » Il est vrai que le dernier trait pourrait paraître favorable à la thèse de l'indépendance des pouvoirs : « Je dis qu'il a
réuni les deux pouvoirs, pour montrer que l'un et l'autre
coulent d'une même source. » Ici le glossateur semble donner
raison aux partisans du pouvoir séculier, qui attribuaient
immédiatement à Dieu l'origine des deux pouvoirs ; mais il est
évident qu'en les confondant en Jésus-Christ, il les confondait
en même temps dans la personne du vicaire de Jésus-Christ.
Car, après avoir donné quelques arguments en faveur de la
distinction des puissances, il se décide en sens contraire, par
ces trois raisons : 1° le serment d'Othon, déjà cité ; 2° les clefs
données à Pierre, clefs du pouvoir céleste et terrestre ; 3° le pape
peut déposer l'empereur. On voit que chacune de ces raisons

(1) *Ib. Decret.*, 9 , b., c. vp. Ce texte, déjà cité plus haut dans
Hincmar (voy. p. 328), l'un des plus souvent invoqués, est d'ailleurs
rapporté d'une manière très diverse, et l'on n'est pas d'accord sur
son origine. Gratien le donne comme de Nicolas Ier ; d'autres l'attribuent à Cyprien ou au pape Julien ; mais le plus souvent il est cité,
comme tiré d'une lettre du pape Gélase à l'empereur Anastase. Voici
le passage : « Mediator Dei et hominum , homo Christus Jesus sic
actibus propriis et dignitatibus distinctis officia potestatis utriusque
discrevit... ut et christiani imperatores pro æterna vita Pontificibus
indigerent, et Pontifices pro cursu temporalium tantummodo rerum
imperialibus legibus uterentur... etc. » On voit aisément que ce texte
peut être interprété dans tous les sens.

suppose précisément ce qui est en question. Dans un autre
endroit, le glossateur reprend cette discussion, en ajoutant
des arguments dans les deux sens, et il conclut : « Je crois
donc les deux puissances distinctes, quoique le pape puisse
quelquefois assumer l'une et l'autre, *utramque potestatem
sibi assumere.* » A propos d'un autre passage de saint
Ambroise, où le pouvoir civil est comparé au plomb, et le
pouvoir spirituel à l'or, le glossateur ajoute : « La différence
de l'empire et du sacerdoce est aussi grande que celle de la
lune et du soleil. » Comparaison à noter, parce qu'elle
revient fréquemment dans cette discussion, et qu'elle deviendra
même un argument. Enfin, dans une autre glose, je trouve :
« Quel est le véritable empereur ? Les uns disent que c'est
l'empereur de Constantinople... Mais l'Église romaine a transporté l'empire d'Orient en Occident, et ainsi le véritable
empereur, c'est celui de Rome. » C'est encore là une doctrine
très considérable du moyen âge, que la translation de l'empire.
On soutenait que le pape, ayant le droit de disposer de l'empire par la donation de Constantin, l'avait enlevé aux Grecs
pour le transporter aux Germains, une première fois sur la
tête de Charlemagne, une seconde fois sur la tête d'Othon le
Grand. L'empire était donc l'œuvre du sacerdoce.

Nous voici arrivés au XIIIe siècle, c'est-à-dire à l'apogée du
pouvoir spirituel, et au pontificat de l'un des deux ou trois
plus grands papes du moyen âge, Innocent III. Ce pape est le
digne continuateur de Grégoire VII. Il soutient les mêmes
doctrines, et comme lui il ne craint point d'argumenter pour
faire reconnaître son pouvoir. Mais il a la parole plus calme,
parce qu'il sent son pouvoir moins contesté. Les principes
sont les mêmes. La différence est dans le choix des arguments.

INNOCENT III. — — Veut-on connaître la doctrine d'Innocent III ? Il l'expose en termes très clairs et très fermes dans
la lettre suivante au duc de Caringie, à propos des élections
impériales : « Nous reconnaissons, dit-il, aux électeurs le
droit et la puissance de choisir le roi qui doit devenir empe-

reur, nous devons reconnaître un droit qui repose sur un antique usage, surtout puisque ce droit leur a été donné par le siège apostolique lui-même, qui, dans la personne du grand Charles, a transféré l'empire romain des Grecs aux Germains. Mais il faut en revanche que les princes reconnaissent que le droit et la puissance d'examiner la personne nous regarde, nous qui sommes chargés de l'oindre, de le consacrer et de le couronner. Car il est de règle que l'examen de la personne appartienne à celui à qui appartient l'imposition des mains. Eh quoi ! si les princes s'entendaient pour élever au rang de roi un sacrilège, un excommunié, un tyran, un imbécile, un hérétique ou un païen, nous serions tenus de l'oindre, de le consacrer et de le couronner ? Cela est impossible (1). »

Dans ce passage, Innocent III attribue au pape l'absolue souveraineté. Car 1° : c'est le pape qui a transféré l'empire des Grecs aux Germains ; 2° : c'est lui qui a conféré le droit électoral ; 3° : c'est lui enfin qui, par l'imposition des mains et le couronnement, est investi du droit d'examiner, et par conséquent de rejeter. Le pape, armé du veto contre les élections impériales, se trouve en réalité le seul électeur. En outre, c'est à la chaire de saint Pierre de décider qu'un serment est licite ou illicite et doit être ou ne pas être gardé (2). C'était se réserver le dernier ressort en matière de souveraineté. Car celui qui juge le serment est supérieur à celui qui reçoit le serment.

Quelques-uns disaient que, lorsque le roi pèche, il ne pèche qu'envers Dieu, et non envers les hommes. C'était enlever aux prêtres le droit de juger le roi pour le réserver à Dieu. Innocent ne peut admettre un pareil principe. « Jésus de Nazareth, dit-il, en s'oignant de l'huile de joie, a été fait prêtre, et a montré par là qu'il mettait le sacerdoce au-dessus de la

(1) *Decret. Greg. IX*, l. I, tit. VI, c. xxiv (ann. 1208). — Cet ouvrage est le recueil fait par R. de Pennafort en 1281, des décrétales des papes depuis Gratien.
(2) *Ib.* Utrum juramentum sit licitum, aut illicitum, et ideo servandum, nemo sane mentis ignorat ad nostrum judicium pertinere.

royauté (1). » C'est ici un sophisme qu'on ne peut s'empêcher
de relever en passant. De ce que Jésus s'est fait prêtre et non
pas roi, on conclut qu'il a mis par là même le sacerdoce
au-dessus de l'empire. Il faudrait en conclure au contraire
qu'il n'a pas voulu être roi de ce monde; ce qu'il n'a point été,
ses successeurs et ses vicaires ne peuvent pas l'être davantage,
et à plus forte raison. Selon Innocent III, du temps de Moïse la
royauté était sacerdoce; aujourd'hui le sacerdoce est royauté,
nunc sacerdotium est regale. On prétend que les rois ne
pèchent qu'envers Dieu : cela est vrai ; et comme les prêtres
sont les représentants de Dieu, en péchant envers les prêtres,
il est encore évident qu'ils ne pèchent qu'envers Dieu (2).
Nouveau sophisme, si palpable qu'il est inutile de le démêler !

Dans une lettre adressée au vicomte de Montpellier (3), le
même pape interprète encore dans le sens de ses doctrines
favorites un passage souvent cité du *Deutéronome* : « S'il est
difficile et embarrassant de juger entre le sang et le sang, la
cause et la cause, la lèpre et ce qui n'est pas la lèpre, lève-toi et
monte au lieu qu'a choisi le seigneur ton Dieu, va aux prêtres
de la tribu de Lévi, et au juge qui aura été nommé dans ce
temps, et fais tout ce qu'ils diront... Quant à celui qui, plein
d'orgueil, refusera d'obéir à l'ordre du prêtre, qu'il soit frappé
de mort. » A ce texte, qui se rapporte évidemment à l'organisation hébraïque, Innocent III applique la méthode d'interprétation en usage au moyen âge, et qui consiste à chercher partout
des figures et des symboles. Ce lieu élevé dont parle Moïse est
le siège apostolique : ces prêtres de la tribu de Lévi sont les
coadjuteurs du saint Père. Ce juge ou ce prêtre suprême, c'est
le successeur de saint Pierre. Quant aux trois sortes de jugements dont il est parlé dans le texte, le premier indique les
causes criminelles et civiles (*inter sanguinem et sanguinem*);

(1) Inn. III oper. Colog. 1575. In IV Psalm. pœnitent.
(2) *Ib.*
(3) *Decret. Greg.* IX, 1. IV, tit. XVII, c. xiii, *per venerabilem* (ann.
1213).

le dernier (*lepram et non lepram*) les causes ecclésiastiques
et criminelles ; enfin celui du milieu les causes ecclésiastiques
et civiles (*causam et causam*). Tous les genres de causes sont
embrassées dans cette énumération. Or il n'en est pas une qui,
en cas de difficulté, ne doive être portée au siège apostolique,
dont les sentences doivent être exécutées sous peine de mort.
Ainsi toute juridiction vient du pape et y retourne. C'est évidemment la doctrine de la théocratie absolue.

Dans une autre lettre aux évêques de France (1), il se prétend le juge suprême entre le roi de France et le roi d'Angleterre, non qu'il veuille attenter à la juridiction du premier,
mais pour obéir à cette parole de l'Évangile : « Si ton frère a
péché envers toi, prends-le à part : s'il t'écoute, tu auras
gagné un frère : s'il refuse de t'écouter, prends avec toi un ou
deux juges, pour que tout se passe entre deux ou trois
témoins : s'il ne t'écoute pas, dénonce-le à l'Église ; s'il
n'écoute pas l'Église, qu'il soit comme un païen et un publicain. » Appuyé sur ce texte, Innocent III prétend juger les
rois, et prononcer entre eux, non pour les fiefs, mais pour le
péché, *non de feudo, sed de peccato* : car on ne peut douter
qu'il n'appartienne au souverain pontife de juger tous les chrétiens en matière de péché. Biais admirable pour attirer à soi
toutes les affaires ; car dans toutes les questions de droit, de
justice et de bonne foi, il y a lieu de supposer la possibilité
du péché.

Mais l'un des témoignages les plus curieux de l'esprit du
temps est la discussion en règle instituée par le pape avec
l'empereur Conrad, qui était entré le premier en lice avec
lui (1). Spectacle vraiment remarquable qu'un pape et un
empereur discutant comme des docteurs un texte sacré, et se
disputant l'empire du monde comme un diplôme par la dialectique et l'argumentation.

(1) *Décret. Greg. IX*, l. II, tit. I, c. XIII (ann. 1200).
(1) *Ib.*, l. I, tit. XXXIII, c. IV et VI. — *De majore et obedientia* (ann.
1198).

La discussion portait sur ce texte de saint Pierre : « Soyez soumis à toute créature humaine à cause de Dieu, au roi comme supérieur aux autres, aux grands comme choisis par lui pour la punition des méchants et la gloire des bons. » L'empereur argumentait sur ce texte de cette façon : 1° Le premier point, *subditi estote*, indique la subordination du sacerdoce ; 2° le deuxième, *Regi tanquam prœcellenti*, signifie la prééminence de la royauté ou de l'empire ; 3° le troisième prouve évidemment que l'empereur a reçu la puissance de l'épée, et le droit de juridiction tout aussi bien sur les prêtres que sur les laïques. Il faut convenir que cette argumentation était assez fine et assez forte pour un empereur germain du moyen âge. Innocent III essaie en vain d'en détruire la force, et il n'a pas, ce nous semble, l'avantage sur l'empereur. Celui-ci va droit au but. Celui-là ne triomphe que par des subtilités et des artifices. Il fait observer que ces paroles de saint Pierre ne s'appliquent qu'à la multitude, c'est-à-dire aux laïques et non aux prêtres. Car si l'on soutenait que ces paroles s'adressent aux prêtres eux-mêmes, il faudrait donc croire qu'il leur a ordonné d'être soumis, même à des esclaves, puisqu'il est dit : *omni creaturæ*. Mais l'empereur ne pouvait-il pas répondre : Oui, sans doute, car Jésus-Christ a dit : Que le premier d'entre vous soit votre serviteur : le prêtre est donc le serviteur de tous, même de ceux qui servent les autres, à plus forte raison de ceux qui leur commandent. Quant au second point, Innocent III avoue que le roi commande au temporel, mais à ceux-là seulement qui tiennent de lui des biens ou des honneurs temporels. Mais cette addition est arbitraire ; elle n'est pas dans le texte ; elle ne vaut pas contre l'interprétation simple du texte ; elle est la question même. L'Apôtre dit : *subditi estote propter Deum*. Dans ce *propter Deum* il y aurait une réserve en faveur du pouvoir ecclésiastique. *Regi tanquam excellenti : tanquam* indique aussi une intention de restreindre le pouvoir royal. Enfin pour le troisième point, *ad vindictam malorum*, le pape distingue encore, et dit que cela n'implique la juridiction du roi que sur ceux qui sont soumis à son glaive. Or, les prêtres n'y sont pas soumis. Donc, etc. Mais cette exception est précisément ce qui est en question. Or, elle n'est pas dans le texte : on ne peut donc pas la tirer du texte. Mais peut-on la tirer d'ailleurs ?

Ici la discussion se déplace ; et le pape abandonne la discussion du texte de saint Pierre, pour invoquer d'autres arguments fort célèbres au xive siècle. 1° Un texte de Jérémie : « Ecce constitui *te super gentes et regna*, ut evellas et dissipes, ædifices et plantes. » 2° Dieu a mis au firmanent deux grands flambeaux : le plus grand préside au jour, et le moindre, à la nuit. De même Dieu a créé deux grandes dignités : l'une, le sacerdoce, qui préside au jour, c'est-à-dire au spirituel ; l'autre, l'empire, qui préside à la nuit, c'est-à-dire au temporel : il y a entre eux la même différence qu'entre le soleil et la lune. 3° Tous les textes déjà cités par Grégoire VII (v. p. 333) : *Pasce oves meas... Quidcumque ligaveris*, etc. Innocent termine enfin cette longue et superbe argumentation par une déclaration d'humilité, qui ne paraît pas trop à sa place : « Nous plaçons notre grandeur dans l'humilité, et nous considérons l'humilité comme notre suprême grandeur. Nous faisons profession de nous appeler et d'être en réalité, non seulement les serviteurs de Dieu, mais les serviteurs des serviteurs de Dieu, et selon l'Apôtre nous sommes débiteurs, non seulement envers les sages, mais envers les insensés. »

LES JURISCONSULTES. — Tandis que les papes et les empereurs discutaient eux-mêmes, à l'aide de la dialectique, leurs droits et leurs prétentions, des nuées de dialecticiens se livraient journellement d'innombrables combats sur le même terrain. C'était surtout entre les jurisconsultes que la thèse du pouvoir ecclésiastique et du pouvoir civil était disputée de pied à pied, non plus seulement dans les principes, mais dans tous les conflits particuliers que ces prétentions contraires devaient susciter chaque jour. Les jurisconsultes étaient divisés en deux camps : les *canonistes ou décrétistes*, dévoués en général à la cause de la cour de Rome ; les *juristes* ou *légistes*, dévoués à la cause impériale. En un mot, les docteurs en *droit civil* étaient pour l'empereur, et les docteurs en *droit canon* étaient pour le pape. La plupart d'entre eux, il est vrai, étaient docteurs *in utroque jure* ; mais ils appliquaient toujours leurs études à l'un ou à l'autre droit de préférence ; et leurs prédilections politiques suivaient leur choix. L'autorité suprême des canonistes était le *Decretum* de Gratien, qui fut au moyen âge comme le Digeste du droit canon. On y trouvait en abondance, nous l'avons vu, soit dans le texte, soit dans les gloses, des arguments dont la subtilité scholastique du moyen âge n'avait pas de peine à exagérer la valeur. Quant aux *légistes*, leur autorité était le droit romain, que l'école de Bologne venait de remettre en lumière et dont elle enseignait avec éclat les principaux monuments (1).

Ce serait une étude intéressante sans doute, mais beaucoup trop longue et sans proportion avec notre sujet, que de suivre dans ses détails, dans ses applications les plus particulières, dans ses conflits innombrables de juridiction et de compétence, cette guerre d'embûches, de pièges, de défilés, que se livrent les uns aux autres, à travers mille broussailles et dans d'épaisses ténèbres, les jurisconsultes, les glossateurs, les auteurs de sommes juridiques, les Irnérius, les Placentin, les Io, les Azo, les Accurse enfin, et leurs adversaires théologiques. Ramenons seulement à quelques traits généraux cette grande querelle.

Les doctrines impérialistes, comme les doctrines théocratiques, reposaient les unes et les autres sur des fictions et des mensonges historiques. Tandis que les partisans du pouvoir ecclésiastique invoquaient deux faits complètement fictifs : la donation de Constantin et la translation de l'empire des Grecs aux Germains, hypothèse fondée sur le serment d'Othon cité

_____

(1) Sur l'école de Bologne, et en général les jurisconsultes du moyen âge, voyez le livre de M. Laferrière : *Histoire du droit français,* t. IV.

plus haut, les jurisconsultes impériaux n'étaient pas de leur côté en reste d'inventions historiques et juridiques (1). Aux fictions théocratiques ils opposaient deux fictions du même genre : 1° la perpétuité de l'empire romain ; 2° la monarchie universelle.

L'empire deux fois brisé, d'abord après Augustale, une seconde fois après Bérenger, deux fois restauré par Charle-magne et par Othon le Grand, tend toujours à renouer les anneaux de la chaîne et à faire disparaître les intervalles. L'empereur Frédéric, dans ses décrets, invoque le nom de ses prédécesseurs Constantin, Valentinien, Justinien (2). A la pré-tendue donation de Constantin, il oppose ainsi une prétendue hérédité. La ville de Rome se prête à cette illusion. Voici le discours des ambassadeurs romains à Frédéric Ier : « Faites revenir les anciens temps ; faites revivre les privilèges de la ville. Que la Ville éternelle reprenne le gouvernement du monde ; que l'insolence de l'univers soit réprimée par un tel empereur et ramenée à l'obéissance envers la cité éter-nelle (3). » Mais si Frédéric accepte l'héritage de l'empire, ce n'est point pour le rendre à la République : « C'est moi, dit-il, qui suis le légitime possesseur. Arrache qui le pourra la massue des mains d'Hercule. » Cependant l'historien de Frédéric Ier, Othon de Frisingen ne se fait guère illusion sur cette per-pétuité de l'empire : « De la ville, du sénat, du peuple romain, dit-il, il ne reste plus que l'ombre d'un grand nom. » Quant à la doctrine de la monarchie universelle, dont on trouve des ves-tiges dans les premiers empereurs, elle devient, au temps des Frédéric, une sorte de dogme, soutenu principalement par les docteurs de Bologne (4). Nous verrons cette illusion se perpé-

---

(1) Voyez sur cette question la thèse de M. Himly : *De juribus sancti Imperii romani.*
(2) Pertz, *Monum. Hist. Germ.*, t. I, leg. II, p. 139.
(3) Otho Frising. II, c. XXII (Muratori, t. VI).
(4) On voit paraître la théorie de la monarchie universelle vers le temps de Henri II. C'est à cette théorie que se rapporte le symbole de la pomme d'or surmontée d'une croix qui fit depuis partie des

tuer bien longtemps dans le moyen âge, et subjuguer le grand
esprit et la puissante imagination de Dante.

HUGUES DE FLEURY. — Outre les jurisconsultes dévoués à
sa cause, le pouvoir impérial, c'est-à-dire le pouvoir civil,
trouvait encore, pour le défendre et combattre les excès du
pouvoir contraire, des théologiens mêmes, plus fidèles aux
doctrines de saint Bernard qu'à celles de Grégoire VII. Voici,
par exemple, un écrit assez curieux du xiie siècle, composé évidemment en faveur des empereurs et contre les théories ultramontaines. C'est la *De Regia potestate et sacerdotali
dignitate*, par Hugues de Fleury, moine de l'ordre de saint
Benoît (1).

« Je sais, dit l'auteur, qu'il y en a qui pensent de nos jours
que les rois ne tiennent pas leur puissance de Dieu, mais de
ceux qui, sans connaître Dieu, se sont élevés au-dessus des
hommes leurs égaux par l'orgueil, les rapines, l'homicide, et
tous les crimes. » Allusion évidente à Grégoire VII, dont l'auteur cite ici les propres paroles. Il montre au contraire que

insignes impériaux. Les empereurs prétendaient que les autres rois
n'étaient que des bénéficiers du saint empire. L'empereur était
dominus urbis et orbis : c'est l'expression de tous les écrits du temps,
à l'époque des Frédéric. Les jurisconsultes soutenaient cette doctrine
par des textes tirés du droit civil, de l'Évangile et des Pères, et interprétés suivant la méthode du moyen âge. L'école de Bologne et ses
quatre docteurs, Bulgarus, Martinus, Jacobus et Hugo, ont surtout
travaillé à cette extension de la puissance impériale. Un jurisconsulte célèbre de Toulouse, Placentin, les accuse d'avoir trahi l'Italie
pour l'empereur. « Contrà proprias conscientias à miseris Bononien-
sibus Frederico Imp. suasum est Italiam factam esse tributoriam
(Summa in tres libros de annonis, cod. X, 16). » La doctrine de la
monarchie universelle de l'empire n'a jamais été admise par les
jurisconsultes français. « Li rois n'a point de souverain es choses
temporiens, ne il tient de nului que de Dieu et de lui (*Établiss. de
saint Louis,* l. II, c. XIII). » Innocent III admet ce principe dans sa
lettre au vicomte de Montpellier, citée plus haut. Boniface VIII, au
contraire, le rejette avec violence ; « Nec insurget hic superbia Gal-
licana quod dicit quod non recognoscit superiorem. Mentiuntur :
quia de jure sunt et esse debent sub rege Romano et Imperatore
(Baluz. in add. ad lib. P. de Marca, *De Concord. sacerd. et Imper.,*
l. II. c. III). » Voyez pour tous ces détails la savante thèse de
M. Himly.

(1) Inséré dans les *Mélanges* de Baluz, tom. IV, ann. 1126.

toute puissance vient de Dieu. C'est Dieu qui a préposé le premier homme au-dessus de toutes les créatures : c'est Dieu qui a placé la tête au-dessus des autres membres du corps, afin qu'elle leur soit supérieure et en situation et en dignité. C'est Dieu enfin qui a distribué dans le monde, suivant des degrés déterminés, des dignités et des puissances, comme il a distribué des rangs divers dans le royaume du ciel, dont il est le seul monarque (1).

Il y a deux grandes puissances : la puissance royale et la puissance sacerdotale : toutes deux se sont trouvées réunies dans la personne du Sauveur, à la fois roi et prêtre (2). Mais le roi est l'image du Père tout-puissant, et l'évêque est l'image du Christ. De là vient que les évêques doivent être soumis au roi, comme le fils est subordonné au père (3). Un roi a pour devoir de contraindre par les lois et par la terreur le peuple à faire le bien. Ainsi le royaume terrestre sert à l'avancement du royaume céleste : car ce que le prêtre ne peut pas faire par la parole et la doctrine, le roi l'obtient par la crainte de la disci-pline. Le peuple craint le roi : mais le roi ne craint que Dieu. Le bon roi est donné aux peuples par un Dieu propice ; mais le mauvais roi leur est donné également par un Dieu irrité : « Je te donnerai un roi dans ma fureur, » dit-il au peuple d'Israël. Et ailleurs : « Dieu permet le pouvoir de l'hypocrite, à cause des péchés du peuple. C'est pourquoi les sujets doi-vent tolérer leurs rois et leurs princes quels qu'ils soient ; et il ne leur est pas permis de leur résister. Tous ceux qui sont dans les honneurs doivent être nourris par ceux qui leur sont soumis, non pour eux, mais pour l'ordre établi par Dieu. Nous voyons par l'Écriture que même les rois réprouvés ont été honorés. C'est à Dieu seul à faire descendre les superbes de leur grandeur, et à élever les humbles à la plus haute dignité. L'Apôtre ordonne de prier pour toutes les puissances, il

(1) *Ib*. l. I, c. I.
(2) *Ib*. c. II.
3) *Ib*. c. III.

ordonne à leurs serviteurs d'obéir même à des maîtres infidèles, et Jésus-Christ n'a point dédaigné de payer le tribut à
César. Ce n'est pas par les armes de la chair, c'est par des
prières qu'il faut résister aux rois. C'est ainsi que saint
Ambroise a vaincu la tyrannie de l'impératrice Justine. Que
dit le Seigneur : Remets ton glaive dans le fourreau. Celui qui
ceint l'épée périra par l'épée. Dieu n'a-t-il pas dit encore :
C'est par moi que les rois règnent, et que les princes dominent. »

LES SCHOLASTIQUES. — Il nous reste à interroger les docteurs
scholastiques pour compléter cette esquisse des idées politiques du moyen âge, du IXᵉ au XIIIᵉ siècle.

Il n'est pas nécessaire de démontrer que ce n'est pas au
XIIᵉ siècle, lorsque l'esprit humain renaît à peine, et recommence à balbutier quelques thèses philosophiques, ce n'est
pas dans des cloîtres fermés, et plus ou moins étrangers aux
affaires du monde, et enfin dans des écrits éminemment théologiques et dialectiques, que l'on doit s'attendre à trouver un
sentiment juste et précis de la portée des problèmes politiques. Les premiers scholastiques seront donc, comme on
doit le présumer, vagues, obscurs et indécis sur ces questions.

Si nous consultons la première autorité de la scholastique,
le théologien qui, sans avoir d'opinion propre, a recueilli
toutes les opinions de la tradition, et indiqué les questions
traitées plus tard dans les sommes théologiques, nous trouvons dans le Maître des sentences, Pierre Lombard, la question suivante : « Est-il permis de résister quelquefois à la
puissance ? » C'était au fond le problème même de la souveraineté. Pierre Lombard recueille la solution des apôtres et
des Pères, sans y rien ajouter : obéissance absolue, sauf l'obéissance due à Dieu. La puissance, même mauvaise, vient de
Dieu. C'est dans ces termes qu'il livre le problème aux scholastiques qui vont suivre, leur laissant le soin de découvrir les
distinctions et les exceptions qui, introduites dans un pareil

sujet, ont bientôt changé le sens des principes et la valeur des termes.

ALEXANDRE DE HALES. — Le premier auteur de *Sommes* au moyen âge, Alexandre de Hales, discute cette question sous une autre forme : Est-il juste que l'homme domine sur les hommes : *an justum sit hominem homini dominari* (1) ? Mais la science n'était pas encore assez mûre pour traiter une pareille question en elle-même. Aussi l'auteur n'emploie-t-il guère que des arguments tirés des textes. Contre le principe de la domination, l'auteur cite cette parole de Grégoire le Grand : « L'homme naturellement n'est maître que des hommes irraisonnables, et non des êtres raisonnables ; aussi est-il dit qu'il doit être craint des animaux et non des hommes : car il est contre nature de s'enorgueillir et de vouloir être craint de ses égaux. » Voici un second texte en faveur de la même opinion : il est tiré du livre de la Sapience. « Tous n'ont qu'une même voie pour entrer dans la vie, tous ont une même fin, et aucun roi n'est jamais né autrement que les autres hommes. » Mais à ces textes, il en est d'autres qui répondent : « Que toute âme, dit saint Paul, soit soumise aux puissances. » Et saint Grégoire dit à son tour : « La nature a fait tous les hommes égaux : mais la juste dispensation de Dieu, dont les motifs sont cachés, a préposé les uns aux autres selon leurs divers mérites. »

Une seconde question, traitée avec plus de soin par Alexandre de Hales, est celle des rapports du pouvoir spirituel et du pouvoir temporel. La puissance ecclésiastique, se demande-t-il, commet-elle une usurpation, lorsqu'elle exerce des jugements séculiers (2) ? Selon la méthode scholastique, l'auteur démontre d'abord le pour, puis le contre, et enfin il donne son opinion.

En faveur de la distinction du pouvoir ecclésiastique et du

---

(1) Alex. Hales. Summ. Pars III, q. XLVIII ; m. I, a. I.
(2) *Ibid.* Pars II, q. CXIX, m. III, a. I. Voy. aussi part. III, quæst. XL, m. V.

pouvoir séculier, il dit que ces deux pouvoirs sont distincts
comme la vie terrestre l'est de la vie spirituelle ; or la vie terrestre n'est pas soumise à la vie spirituelle, ni réciproquement. Donc, les deux puissances sont indépendantes l'une de
l'autre. A cette raison métaphysique, Alexandre de Hales en
ajoute d'autres tirées des textes : *Reddite Cæsari*, etc. : *Ecce
duo gladii*. Ces deux glaives sont le glaive matériel et le
glaive spirituel. Chacune des puissances doit donc tenir le sien
sans usurper l'autre. En faveur de l'opinion contraire, le docteur scholastique rappelle les arguments ordinaires : Jésus
Christ chassant les marchands du temple, Moïse pontife et roi,
le sacerdoce institué par Dieu, la royauté par le sacerdoce,
la bénédiction donnée au pouvoir laïque, et enfin la supériorité de l'âme sur le corps.

Mais pour avoir l'opinion précise d'un docteur scholastique,
il ne faut la chercher ni dans le *sic* ni dans le *non*, c'est-à-dire
dans la démonstration du pour ou du contre de la question
posée ; il faut interroger surtout le corps de la discussion,
cette partie qu'Alexandre de Hales appelle *Resolutio* et saint
Thomas *Responsio*. C'est en quelque sorte le jugement rendu
après plaidoiries ; en général, les scholastiques soutiennent une
opinion moyenne entre le pour et le contre, et tranchent la
question par des distinctions.

Ici, la distinction d'Alexandre de Hales est assez équivoque
et laisse encore un libre champ à la discussion. « Les deux
pouvoirs, dit-il, sont distincts quant à leur exercice, *quoad
exercitium ;* ils le sont encore quant au commandement,
quoad imperium ; mais non pas quant au *consentement,
quoad nutum.* » L'origine de cette distinction est dans une
phrase de saint Bernard citée plus haut (1). Mais Alexandre de
Hales va plus loin que saint Bernard, et il exagère singulièrement la puissance du *nutus* sacerdotal, lorsqu'il en déduit le
droit d'établir les pouvoirs laïques, qui seuls peuvent tenir le

(1) Voy, plus haut, p. 337.

glaive matériel. Il est facile enfin de reconnaître l'esprit du XIII° siècle dans cette conclusion : « Le rapport de la puissance éculière à la puissance ecclésiastique n'est pas le même que celui de la puissance ecclésiastique à la séculière. Le pouvoir ecclésiastique n'est jamais soumis en quoi que ce soit au pouvoir séculier : mais le pouvoir séculier est soumis en certaines choses au pouvoir ecclésiastique. Ainsi il est permis à l'Église d'établir ceux qui doivent exercer le jugement séculier, mais il n'est point permis à la puissance séculière d'instituer ceux qui doivent tenir le glaive spirituel. »

Saint Bonaventure. — La question du droit de dominer, à peine effleurée par Alexandre de Hales, a été traitée par saint Bonaventure avec plus de développement (1). Il se demande d'abord si toute puissance vient de Dieu. Il faut accorder que toute puissance, en tant qu'elle est puissance, et par rapport à celui auquel elle commande, est juste et vient de Dieu. Mais il faut accorder aussi que le moyen de parvenir à cette puissance peut être juste ou injuste ; que s'il est juste, il vient de Dieu, et que, s'il est injuste, il n'en vient pas. Mais comme il n'est nul pouvoir qui soit tellement injuste, qui ne soit juste en quelque partie, il n'est pas de puissance dont on ne puisse dire qu'elle vient de Dieu, au moins en partie. La puissance, prise en elle-même, peut être dans l'ordre, quoiqu'elle procède d'une volonté désordonnée. Si l'on objecte qu'il est contre l'ordre que les stupides commandent aux sages, et les méchants aux bons, on peut répondre que, sous un désordre apparent, il y a souvent un ordre caché dont nous ne savons pas le secret.

On objecte qu'on ne peut ôter à personne ce qui lui a été donné par Dieu ; par conséquent, si toute puissance vient de Dieu, on ne peut déposséder personne de la puissance. Saint Bonaventure répond sans hésiter à cette objection scabreuse, et il soutient la doctrine qui a été en quelque sorte tradition-

(1) S. Bonav. Lib. *Sentent.* II, distinct. XLIV, art. 2.

nelle dans l'ordre des dominicains : c'est que la souveraine
puissance n'est point inviolable. « Oui, dit-il, la puissance ne
pourrait pas être enlevée à celui qui la possède, si Dieu la
donnait absolument et sans condition. Mais s'il ne donne cette
puissance que pour un temps, il a permis qu'elle fût enlevée.
Or, nous reconnaissons qu'il en est ainsi lorsque l'ordre de la
justice l'exige. *Dieu a donné la vie au brigand, et cependant
le juge la lui ôte sans injustice ;...* selon le droit strict, celui-
là mérite de perdre la souveraineté et tous les privilèges de
la puissance, qui abuse de la puissance. »

Saint Bonaventure examine ensuite (1) si le droit de dominer
est selon l'institution de la nature, ou selon l'ordre du châtiment. Il distingue trois puissances : 1° celle de l'homme sur
les choses ; 2° celle de l'époux ou du père ; 3° celle du maître
sur le sujet.

Cette troisième espèce de domination n'a lieu que selon
l'état de la nature déchue ; car la servitude qui y correspond
est la peine du péché. Il est vrai que celui qui est régénéré
dans le Christ est affranchi de la servitude du péché, mais il
n'en est pas tellement affranchi, qu'il n'ait encore la possibilité, la facilité et l'inclination de retomber dans le même
genre de servitude ; voilà pourquoi la servitude de la peine a
survécu à la servitude du péché. Les chrétiens meurent comme
les autres hommes. Ce n'est donc pas seulement selon une
institution humaine, mais selon l'ordre de Dieu qu'il y a,
parmi les chrétiens, des rois et des maîtres, des princes et des
sujets. Les chrétiens sont donc obligés d'obéir à leurs maîtres,
mais non pas en toutes choses, ni en celles qui sont contre
la droite raison et la coutume.

On dit que l'Évangile est une loi de liberté. Mais il faut
entendre ce principe. Elle nous délivre de la servitude du
péché et de la servitude de la loi mosaïque, mais non pas de la
servitude de la loi humaine, qui sert beaucoup à l'observation

(1) *Ibid.* q. 2.

de la loi divine. La charité unit les hommes par le cœur, non dans le sens d'une abolition de toute hiérarchie et de toute distinction ; nous n'atteignons pas pleinement ici-bas l'effet de la rédemption. Ici commence l'affranchissement de la coulpe ; là, c'est-à-dire dans le ciel, sera consommé l'affranchissement de la misère et de la domination humaine (1).

Telles sont les doctrines politiques de saint Bonaventure, doctrines où, comme on le voit, l'obéissance n'est pas tout à fait sans réserve, ni le pouvoir sans frein. On y voit quelques traces de cet esprit libéral qui a accompagné, dans tout le moyen âge, les doctrines théocratiques, et qui donnera un caractère si original aux théories politiques de saint Thomas d'Aquin. Cependant la scholastique ne se hasarde encore que très timidement dans ces problèmes si nouveaux et si redoutables. Elle semble avoir à peine conscience de ses hardiesses, et réciter plutôt un thème donné, qu'exprimer des convictions réfléchies.

Si nous cherchons maintenant à résumer l'ensemble des idées assez confuses dont nous venons présenter le tableau, nous trouvons que, du xiᵉ au xiiiᵉ siècle, la doctrine du droit divin, c'est-à-dire de l'inviolabilité royale et de l'obéissance passive des sujets, est invoquée par les défenseurs du pouvoir civil ou de l'État, et qu'elle a d'ordinaire pour adversaires les défenseurs du pouvoir ecclésiastique ou de l'Église. A cette époque, le trône et l'autel, loin de s'appuyer l'un sur l'autre, étaient presque toujours ennemis. Le droit divin s'opposait au droit de l'Église et non au droit du peuple. C'est pour échapper à

(1) Dans les doctrines théologiques du moyen âge, comme dans celles des Pères de l'Église (voy. plus haut p. 294), la communauté est assimilée à l'égalité, et la propriété à l'esclavage. Bonaventure enseigne la même doctrine (*Ibid.* q. 2) :

« Omnia esse communia dictat natura secundum statum naturæ institutæ : aliquid proprium esse dictat secundum statum naturæ lapsæ ad removendas conditiones et lites : sic omnes homines esse servos Dei dictat natura secundum omnem statum. Hominem autem homini subjici, et hominem homini famulari dictat secundum statum corruptionis. » (Cf. S. Thom., 2 sent., d. 44, q. i, a. 3 ; Ægid. Bon., 2 sent., part. II, 3, 44 ; q. i, art. 3 ; Richard, 2 sent., d. 44, art. 292.)

la vassalité de la papauté, que l'empereur et les autres rois ne
voulaient reconnaître d'autre suzerain que Dieu. L'Église au
contraire avait intérêt à faire ressortir ce qu'il y a d'humain
dans l'origine du pouvoir civil : elle insistait sur les violences,
les passions, les injustices, les usurpations qui si souvent
avaient donné naissance au pouvoir des princes. Elle combattait surtout la doctrine de l'inviolabilité royale ou impériale ;
elle se croyait le droit de déposer les princes et de les établir :
chose impossible, si le pouvoir politique eût été de droit divin.
De plus, comme elle se donnait pour la tutrice des peuples,
qu'elle prenait leur parti contre les oppresseurs, il était naturel qu'elle fût conduite à ramener le pouvoir civil à sa vraie
origine, le consentement populaire, mais sous la haute surveillance de l'Église. Ajoutez que la grande autorité philosophique
du moyen âge a été Aristote, et que les principes d'Aristote
sont tout à fait favorables à la souveraineté du peuple : au
contraire, la grande autorité des jurisconsultes défenseurs de
l'empire a été la compilation de Justinien, imbue des idées
absolutistes. Il ne serait donc pas inexact de dire qu'au moyen
âge c'est dans les cloîtres qu'est née la doctrine de la souveraineté du peuple et du droit de résistance aux abus du
pouvoir civil. C'est ce qui deviendra plus frappant encore
dans les études qui vont suivre.

CHAPITRE III

Nous voici parvenus au cœur du moyen âge, à ce grand xiiie siècle, considéré aujourd'hui par quelques écrivains comme l'âge d'or de la société chrétienne, âge d'or qui n'a pas été peut-être sans quelque mélange de fer ou d'airain. C'est le temps où la théologie scholastique et le pouvoir ecclésiastique règnent souverainement ; c'est le temps des grands docteurs : les Albert le Grand, les Alexandre de Hales, les saint Bonaventure, entre lesquels s'élève et domine, comme leur maître à tous, l'illustre saint Thomas d'Aquin. La philosophie de saint Thomas est l'image fidèle de son temps : c'est le nœud du moyen âge, c'est le moyen âge lui-même ; c'est là

qu'il a rassemblé, en apparence pour l'éternité, tout ce qu'il
a su, pensé et aimé.

SAINT THOMAS D'AQUIN. LE TRAITÉ DES LOIS. — La philosophie
de saint Thomas est un grand et admirable effort de l'esprit
pour associer deux éléments bien différents, la philosophie
humaine et la philosophie divine, Aristote et le christianisme.
La philosophie de saint Thomas est une œuvre artificielle, inférieure par cela même aux grandes doctrines morales de l'anti
quité, mais qui les complète cependant, et leur donne plus de
précision qu'elles n'en avaient. Ce vaste enchaînement de
principes et de conséquences, ce travail d'un esprit puissamment logique, pour constituer une science immobile, absolue,
définitive, ces tentatives mêmes de conciliation entre la philosophie humaine et la philosophie divine donnent à la *Somme*
de saint Thomas une sorte de grandeur, et une véritable
majesté. Ajoutez que, dans certaines théories, il n'est pas sans
originalité et sans profondeur, et enfin que ses opinions sur
les questions sociales et politiques sont des plus curieuses à
étudier. Nous passerons donc sur les parties de sa philosophie
qui ne font que rappeler et reproduire la morale d'Aristote
pour insister davantage sur les idées qui lui sont particulières,
ou qui témoignent de l'esprit de son temps (1).

La philosophie des lois, par exemple, est une des belles
parties de la *Somme théologique* : ici saint Thomas s'affranchit
d'Aristote, qui ne lui fournit plus que des éléments incomplets
et insuffisants. Quoique son traité rappelle les théories de
Platon et de Cicéron, il ne paraît avoir connu ni le dialogue
des *Lois* du premier, ni le *De legibus* du second. C'est donc
à l'aide de quelques idées éparses de saint Augustin, dans
le *De libero arbitrio*, idées empruntées à Platon, à Cicéron, aux stoïciens, c'est avec quelques définitions d'Isidore

(1) Dans notre première édition *(Histoire de la philosophie morale et
politique* 1858, p. 299), nous nous étions étendu sur la morale spécu-
latrice de saint Thomas d'Aquin. Nous avons cru dans cette édition
devoir nous restreindre à cette partie de la morale qui touche immédiatement à la politique.

de Séville, et quelques axiomes de droit, qu'il construit cette théorie des lois, l'un des monuments du moyen âge. Ce traité a servi de type à tout ce qu'on a écrit sur ce sujet jusqu'au xvi⁰ siècle, où le jésuite Suarez l'a paraphrasé dans un ouvrage considérable, et même jusqu'au xvii⁰ siècle, où l'on en retrouve encore les grandes lignes dans le traité des *Lois* du célèbre Domat.

Saint Thomas, selon la méthode scholastique, cherche d'abord la définition de la loi, puis il donne la définition des lois, et examine chacune des espèces en particulier (1).

Quelle est l'essence de la loi? suivant saint Thomas; c'est la raison (2). La loi, dit-il, est une règle et une mesure des actes, selon laquelle chacun est obligé à agir ou à ne pas agir. Or, la règle et la mesure n'appartiennent qu'à la raison. On oppose la maxime du *Digeste* : *quod principi placuit, legis habet vigorem*, maxime qui semble donner à la loi, pour principe, la bonne volonté ou le bon plaisir d'un homme. Sans doute, dit saint Thomas, il faut que la loi soit portée par une volonté ; mais, pour que cette volonté elle-même ait force de loi, il faut qu'elle soit réglée par la raison. C'est en ce sens que la volonté du prince a force de loi ; sans quoi elle serait plutôt iniquité que loi. A ce premier caractère fondamental de la loi, saint Thomas en ajoute trois autres : 1° que la loi tende au bien commun ; 2° qu'elle soit portée par celui qui en a le droit ; 3° qu'elle soit promulguée (3). Et il conclut par cette définition générale (4) : « La loi est un ordre de la raison, imposé pour le bien commun par celui qui est chargé du soin de la communauté, et suffisamment promulgué. »

Cette définition a un mérite remarquable : c'est d'exclure la fausse définition qui rapporte l'autorité de la loi à la seule volonté d'un chef, c'est-à-dire à l'arbitraire ; car elle est un

---

(1) *Summ. Theol.* 1, 2. q. xc.
(2) *Ib. ib.* a. 2, 3, 4.
(3) *Ib. ib.* a. 2, 3, 4.
(4) *Ib.* a. 4.

ordre de la raison. Mais elle a un défaut, c'est de contenir des éléments qui ne sont point essentiels à l'idée de la loi. En effet : 1° La promulgation n'est pas nécessaire à l'idée de loi ; car elle n'est pas nécessaire aux lois physiques qui s'accomplissent à l'insu des êtres auxquelles elles commandent. Elle n'est pas nécessaire à la loi éternelle en tant qu'elle existe dans l'intelligence divine ; car Dieu n'a pas besoin de se promulguer à soi-même sa propre loi. La promulgation est donc accessoire dans l'idée de loi. 2° Le bien commun n'est pas un élément essentiel de la loi. Il en est la conséquence, mais il ne lui est pas essentiel. La loi d'un être résulte de sa nature ; et la loi réciproque des êtres est le résultat de leur nature réciproque. 3° L'idée même de législateur n'est pas essentielle à la loi. Sans doute, la loi, dans un être créé, suppose un législateur. Mais à quel titre ? est-ce à titre de plus puissant ? non, car nous avons vu que c'était là le principe de la tyrannie et de l'arbitraire ; ce ne peut être qu'à titre de plus sage ; c'est donc sa sagesse qui est la raison de la loi. Par conséquent, la loi prise en elle-même n'est autre chose qu'un acte de raison (1) : or, la raison ne peut rien vouloir qui ne soit conforme à la nature des choses. La loi est donc la règle qui force ou qui oblige un être à ne pas sortir des conditions de sa nature, à n'aller pas au delà, à ne pas rester en deçà. Suivant la juste expression de saint Thomas, c'est une *mesure.* (2) En excluant ainsi de cette définition les éléments hétérogènes qui la compliquent, nous arrivons à la célèbre et profonde pensée de Montesquieu : « Les lois sont les rapports nécessaires résultant de la nature des choses. »

Quant à la division des lois, saint Thomas en reconnaît de quatre espèces : 1° la loi éternelle ; 2° la loi naturelle ; 3° la loi humaine ; 4° la loi divine (3).

(1) Saint Thomas rapporte bien la loi à la volonté, mais à la volonté réglée par la raison : Oportet quod voluntas sit aliqua ratione regulata ... *Alioquin magis esset iniquitas quam lex.* q. xci, a, 1.

(2) *Summ. Theol.*, 1ª 2ᵘᵒ — q. xci, a. 4. *more mensuræ.*

(3) *Summ. Theol.*, 1ª 2ᵃᵉ, q. xci.

La loi éternelle est la raison du gouvernement des choses, préexistant en Dieu (1). De même que tout artisan a dans l'esprit le plan de tout ce qu'il accomplit par son art, de même tout chef de gouvernement doit savoir à l'avance la règle et l'ordre de ce qui doit être exécuté par ses sujets. Or, Dieu est à la fois l'auteur et le souverain du monde : il l'a créé, et il le gouverne. Il faut donc qu'il y ait une loi éternelle, que nul, si ce n'est Dieu, ne connnaît dans son essence, mais que toute créature rationnelle connaît, du moins en partie, par une sorte d'irradiation.

La loi naturelle est une participation de la raison éternelle qui porte les créatures raisonnables vers leur véritable fin (2). La créature raisonnable est soumise d'une manière plus excellente que les autres êtres à l'action de la Providence, car elle-même participe en quelque sorte à la Providence, et est chargée de veiller sur elle-même et sur les autres : elle reçoit donc une sorte de participation à la raison éternelle, et cette participation est la loi naturelle. Cette loi se résume en un seul précepte : faire le bien et éviter le mal ; de ce principe fondamental dérivent tous les autres.

Mais la loi naturelle ne fait qu'établir certains principes communs et indémontrables. Il est nécessaire que la raison humaine en tire des applications particulières (3). De plus, pour arriver à la perfection de la vertu, il est impossible de s'en rapporter à l'homme lui-même. Car s'il y a des hommes bons, il y en a aussi de méchants et de corrompus, qui ne peuvent être détournés facilement du mal par des paroles. Il a donc fallu employer la force et la crainte, afin qu'au moins en s'abstenant du mal, ils laissassent aux autres la vie tranquille, et qu'eux-mêmes fussent peu à peu amenés par l'habitude à faire volontairement ce qu'ils ont d'abord fait par force. Or, il vaut mieux tout décider par des lois que de s'en

(1) *Ib.* q. xiiii, a. 1. *Summa ratio in Deo existens.*
(2) *Ib.* q. xci, a. 2.
(3) *Ib.* q. xci, a. 3, et q. xcv, a. 1.

rapporter à l'arbitraire des juges, et cela pour trois raisons : d'abord il est plus facile de trouver quelques sages qui fassent de bonnes lois qu'un grand nombre de juges habiles à juger dans les circonstances particulières ; en second lieu, ceux qui font des lois, ont le loisir de réfléchir longtemps, et ceux qui jugent, jugent sur-le-champ ; enfin les législateurs décident sur le général et sur l'avenir, et ne sont pas influencés par les circonstances présentes (1). La loi naturelle a donc besoin d'être complétée par la loi humaine.

La loi humaine dérive de la loi naturelle de deux manières (2): 1° comme conséquence d'un principe ; 2° comme détermination particulière d'un principe indéterminé. Par exemple, cette loi : « Ne tue pas », est une conséquence de ce principe : « Ne fais de mal à personne. » Mais la condamnation à telle ou telle peine est une détermination du principe général qui déclare que celui qui fait du tort à un autre doit être puni. Dans le premier cas, la loi participe à la force même de la loi naturelle ; dans le second cas, elle n'a que la force de la loi humaine.

Quoique la loi humaine soit une application de la loi naturelle, et participe en quelque manière à la loi éternelle, cependant cette loi n'est pas suffisante pour diverses raisons, et elle appelle une loi supérieure, également positive, mais divine, qui corrige les imperfections de la loi naturelle et de la loi humaine (3) Cette loi est nécessaire pour quatre motifs : 1° Il faut une loi qui soit proportionnée à la fin de l'homme : or, la fin de l'homme, nous l'avons vu, dépasse la portée de la nature ; 2° les jugements humains sont obscurs et incertains : il faut une loi claire, exacte, infaillible, sur laquelle l'homme n'ait point à discuter, et qu'il ne puisse ni altérer, ni améliorer ; 3° la loi humaine n'ordonne que les actes extérieurs ;

---

(1) Voilà au fond la distinction du pouvoir législatif et du pouvoir judiciaire.

(2) *Summ. Theol.*, q. xcv, a. 2.

(3) *Summ. Theol.*, q. xci, a. 4 et 5.

4° la loi humaine ne peut pas tout punir. Mais, de même que l'on distingue l'imparfait du parfait, l'enfant de l'homme, de même la loi divine se divise en loi ancienne et loi nouvelle. C'est pourquoi l'Apôtre compare l'état de l'âme sous l'ancienne loi à l'état de l'enfant vivant sous un pédagogue, et l'état de la nouvelle loi à celui de l'homme fait qui n'a plus besoin de pédagogue. Ces deux lois se distinguent l'une de l'autre par les trois caractères suivants : 1° l'une tend au bonheur terrestre, l'autre au bonheur céleste ; 2° l'une l'emporte sur l'autre en justice ; 3° l'une agit par la crainte et l'autre par l'amour.

Telles sont les quatre espèces de lois, leurs rapports et leurs différences.

De l'idée de la loi, passons à l'idée du droit, qui est contenue dans l'idée de la justice. Le propre de la justice est de régler les rapports des hommes les uns avec les autres (*Ordinat hominem in his quæ sunt ad alterutrum*). Son essence est l'égalité. Dans les autres vertus, le bien ne se mesure que par rapport à l'agent ; mais dans la vertu de la justice le bien se mesure à autre chose : ce qui correspond à autre chose selon la loi de l'égalité est juste, par exemple, le salaire donné en compensation de la peine ; et il n'est pas nécessaire de rechercher de quelle manière et dans quel esprit le salaire, ou quoi que ce soit, est donné par l'agent. Pourvu qu'il y ait rapport strict d'égalité entre les choses échangées, la justice existe. Or, ce rapport, cette proportion d'une chose à une autre, abstraction faite de la volonté de l'agent (*non considerato qualiter ab agente fiat*), est ce qu'on appelle le *droit* (jus) (1).

Il faut distinguer le droit naturel du droit positif. Deux choses peuvent être dites égales (*aliquid alicui adæquatum*) de deux manières: 1° soit par la nature même ; 2° soit par un contrat et un consentement commun. Le premier est le droit naturel ; le second le droit positif. Quant à la convention, qui détermine ainsi le droit naturel, elle peut être ou un contrat

____

(1) *Summ. Theol.*, 2ª 2ᵃᵉ q. LVII, a. 1.

privé, ou un acte public, consenti par le peuple tout entier, ou par le prince qui le représente (1).

On distingue encore le droit naturel du droit des gens, et le droit des gens du droit civil. Le droit naturel, dans son sens le plus général, est commun aux hommes et aux animaux, comme, par exemple, le rapport du mâle et de la femelle, de la mère et de l'enfant ; le droit des gens n'appartient qu'à l'homme *(Illud animalibus, hoc solum hominibus inter se commune est)* (2). Le droit des gens, à son tour, se distingue du droit civil de cette manière : au droit des gens appartient tout ce qui se déduit de la loi naturelle, comme les conséquences des principes, par exemple, la vente, l'achat, et en général les conditions indispensables de la société. Au droit civil se rapportent les lois particulières que chaque cité peut faire selon ses convenances et ses intérêts (3).

Mais laissons les définitions et entrons dans les questions particulières. Les deux plus grandes questions du droit naturel sont : la propriété et l'esclavage. Quelles sont sur ces deux questions les principes de saint Thomas ?

La question de la propriété est traitée avec précision et exactitude par l'auteur de la *Somme* : et pour l'époque, on peut dire que sa solution a déjà une certaine profondeur. Une chose, dit-il, peut être de droit naturel de deux façons : soit en vertu d'un rapport naturel et absolu entre une chose et une autre, soit relativement à telle ou telle conséquence, à telle ou telle utilité. Absolument parlant, il n'y a rien, par exemple dans la nature d'un champ, qui puisse faire dire qu'il soit à celui-ci plutôt qu'à celui-là. Mais si l'on considère d'une part la commodité de la culture, de l'autre l'usage pacifique des choses, il y a là des raisons naturelles qui font qu'il vaut mieux qu'un champ soit à tel ou tel. De là un rapport entre l'idée de champ et celle de propriété : rapport qui, à vrai

(1) *Ibid. ib.*, a. 2.
(2) *Ibid. ib.*, a. 3. Cette doctrine est celle des jurisconsultes romains.
(3) *Summ. Theol.*, q. xcv, a. 4.

dire, n'est pas immédiat, mais qui ne laisse pas que d'être naturel, quoique dérivé (1).

Si l'on considère les choses en elles-mêmes dans leur substance et dans leur nature essentielle, elles ne sont pas soumises à la puissance de l'homme, mais seulement à la puissance divine : à ce point de vue, Dieu est le seul propriétaire. Mais si on les considère quant à leur usage, on peut dire que l'homme a un empire naturel sur les choses : car il peut se servir de sa raison et de sa volonté pour utiliser les choses extérieures, en tant qu'elles ont été faites pour lui.

Il y a entre l'homme et les choses extérieures deux rapports : 1° la puissance de les mettre en œuvre et de les utiliser ; 2° l'usage lui-même.

Quant au premier point, il est intéressant pour l'homme que les propriétés soient particulières, et cela pour trois raisons : 1° Chacun met plus de soin et de sollicitude à s'occuper de ce qui lui appartient à lui seul ; 2° la société humaine sera mieux réglée, si chacun n'est chargé que du soin de sa chose ; 3° la paix règnera parmi les hommes, si chacun est content du sien, et n'aspire pas au bien de son voisin.

Ainsi l'utilité publique, l'intérêt individuel, l'intérêt même des choses veut la distinction des propriétés (2).

Mais si les choses sont partagées, quant à la *possession*, elles doivent être communes quant à l'*usage* (3). Il faut que chacun consente à les partager avec les autres pour soulager leurs besoins, selon la parole de l'Apôtre (I. *Timoth. ult.*) : « Dis au riche de partager ses biens avec le pauvre. »

On voit que saint Thomas, fidèle à la méthode de toute sa philosophie, essaie encore ici de concilier la doctrine d'Aristote sur la propriété avec celle des Pères de l'Église. Aristote démontre la nécessité de la propriété individuelle par le principe de l'intérêt particulier et de l'intérêt public. Les

(1) *Ibid.*, q. LVII, a. 3.
(2) *Ibid.*, q. LXVI, a. 2.
(3) *Ibid.*, *ib.*

Pères de l'Église acceptaient la distinction des propriétés, comme un fait, mais à la condition que les riches s'en servissent pour le bien des pauvres ; ils appelaient les riches les dispensateurs du trésor des pauvres. Saint Thomas réunit ces deux solutions : il admet avec Aristote que l'industrie humaine a besoin de la propriété, et que la paix de la société est à ce prix : mais il demande la communauté et le partage dans la jouissance. Seulement l'expression d'*usus* (usage) est très vague, et il est difficile de savoir quel sens il faut lui attacher. Car, si on la prend dans toute sa rigueur, il faudrait admettre que chacun n'a que la propriété du fonds, mais que les fruits sont communs : ce qui serait l'anéantissement de l'idée même de propriété. Si on l'entend dans le sens le plus naturel, qui est que les uns doivent aider aux besoins des autres, ce n'est donc pas l'usage de tous les biens qui est commun, mais seulement d'une certaine partie, de celle que chacun, selon sa libéralité, met à la disposition de ceux qui souffrent : mais alors l'idée du commun usage des choses ne doit pas entrer dans la définition du droit de propriété, qui est nécessairement exclusif, soit dans la possession, soit dans l'usage, quoiqu'il puisse et doive être tempéré par la bienveillance. Sans doute, il est des choses dont l'usage est commun, quoique la propriété ne soit pas commune : mais c'est là l'objet d'une convention particulière, et cela ne ressort pas de l'idée même de la propriété individuelle.

Quoique la propriété, selon saint Thomas, ne soit pas établie primitivement par le droit naturel, elle n'est pas cependant contraire au droit naturel. Il avait contre lui le principe de saint Augustin, recueilli et adopté par le *Décret de Gratien* (1) : à savoir que, selon le droit naturel, tout est commun entre les hommes (2). Mais il fait ici une distinction fine et profonde. Le droit naturel, dit-il, ne déclare pas que tout doit être possédé en commun, et qu'il ne doit pas y avoir de

(1) Voy. plus haut, I, II, c. i, p. 326.
(2) *Decret. Grat.*, I Pars, dist. vii.

propriété particulière : seulement il n'établit pas la distinction des possessions. Mais de ce que cette distinction n'est pas établie par le droit naturel, il ne s'ensuit pas qu'elle lui soit contraire. Sans doute, il n'y a rien dans la nature des choses qui fonde une telle distinction : mais il n'y a rien non plus qui s'y oppose, si une convention humaine vient à établir tel ou tel ordre. La propriété n'est donc pas contraire au droit naturel ; mais elle s'y ajoute par une invention humaine *(per adinventionem rationis humanæ)* (1).

Cette distinction de saint Thomas est très juste. La prétendue communauté primitive des biens n'est pas une communauté positive, en vertu de laquelle tous les hommes, par le droit naturel, devraient jouir des choses en commun : c'est simplement une communauté négative, c'est-à-dire qu'il n'y a pas de raison *a priori* pour que l'un soit plutôt propriétaire que l'autre. Mais il n'en résulte pas que la communauté première soit exclusive d'une propriété particulière ; et s'il y a des raisons pour qu'une telle propriété existe, elle est légitime. Seulement on peut trouver ici que saint Thomas ne va pas assez loin en affirmant que la propriété s'ajoute au droit naturel, en vertu d'une convention ou d'une invention humaine. Car on peut trouver, en droit naturel même, une raison qui fasse que telle chose soit à tel homme plutôt qu'à tel autre : cette raison, il est vrai, ne peut se tirer de la nature de la chose, mais de la nature de la personne, et de son rapport avec la chose ; tel est, par exemple, le fait de l'occupation ou le fait du travail. La convention vient bien s'ajouter à ces faits pour les consolider et les garantir ; mais, tout en consacrant la propriété, elle n'en est pas le fondement.

Telle est la doctrine de saint Thomas sur la propriété. Que pense-t-il de l'esclavage? L'admet-il? le rejette-t-il? Question délicate et importante. Car saint Thomas, c'est le moyen âge, c'est la scholastique. La scholastique a-t-elle admis l'esclavage,

(1) *Summ. Theol.,* 2. 2., q. LVVI, a. 2, ad primum.

a-t-elle abandonné la première tradition chrétienne, ou a-t-elle sur ce point considérable servi la cause de la civilisation ?

Il faut le reconnaître, le système d'autorité qui dominait toute la scholastique devait la rendre peu favorable à la vérité dans la question de l'esclavage. En effet, les deux plus grandes autorités du moyen âge, Aristote et saint Augustin, ont admis par des raisons diverses la légitimité de l'esclavage, le premier au nom de l'inégalité naturelle des hommes, le second au nom du péché originel. Pour contester la justice de l'esclavage, il eût fallu nier l'une ou l'autre de ces autorités, ou les éluder. Les éluder était impossible dans une question aussi considérable et où l'opinion de ces deux grands penseurs était si précise. Les nier était contraire à l'esprit même de la scholastique. En effet, la scholastique marche quelquefois sans l'autorité, mais jamais contre elle. Enfin, l'esclavage qui subsistait encore, quoique adouci, sous la forme du servage, était un fait que la scholastique ne pouvait pas nier, sans paraître troubler l'ordre de la société civile. Il est donc à supposer déjà que saint Thomas, s'il n'a pas positivement affirmé l'esclavage, n'a pas dû et n'a pas pu le nier non plus d'une manière positive.

D'abord, nous avons le commentaire de saint Thomas sur le chapitre d'Aristote qui traite de l'esclavage. Or, ce commentaire suit pas à pas la pensée d'Aristote, non seulement sans aucune critique, mais même sans aucune réserve (1).

(1) *Expositiones* (c'est le titre des Commentaires de d'Aristote), l. V, i, lect. III, § i ; : « Cum anima dominetur corpori et homo bestiis, quicunque tantum distant ab aliis sicut anima a corpore et homo a bestia, propter eminentiam rationis in quibusdam et defectum in aliis, *isti sunt naturaliter domini aliorum...* Illi quorum opus principale est usus corporis... *quod isti sint naturaliter servi* patet. » Il ajoute que l'esclavage est d'une justice sinon absolue et naturelle *(simpliciter)* au moins relative *(secundum quid)* : « Dicitur justum simpliciter, quod est justum secundum suam naturam ; justum autem secundum quid, quod refertur ad communitatem humanam. Hoc non est justum secundum naturam quod quicunque ab hostibus vincuntur sint servi ; est tamen ad commodum humanæ vitæ. Est enim hoc utile et illis qui vincuntur quia propter hoc à victoribus conser-

Cependant lorsque saint Thomas rencontre quelque allusion au polythéisme, il a soin d'indiquer, ne fût-ce que par un mot, que c'est à titre de commentateur, et non en son propre nom, qu'il reproduit la pensée d'Aristote. N'aurait-il pas ici indiqué également, d'une manière quelconque, son opposition, si la doctrine d'Aristote lui avait paru radicalement contraire à la doctrine chrétienne ?

Cependant un commentaire ne peut pas être invoqué comme l'expression de la pensée d'un auteur. Voyons-le s'exprimer lui-même. Voici un passage de la *Somme* qui est très important. Il s'agit de savoir si le droit naturel est le même que le droit des gens. En faveur de cette opinion, on donne l'argument suivant : « La servitude entre les hommes est naturelle : car quelques-uns sont naturellement esclaves, dit le Philosophe. Mais la servitude est de droit des gens. Donc le droit naturel est la même chose que le droit des gens. » Que répond saint Thomas : « Absolument parlant, il n'y a pas de raison naturelle pour que l'un soit plutôt esclave qu'un autre : mais cela peut avoir pour raison l'utilité qui en résulte, par exemple il peut être utile au plus faible d'être gouverné et aidé par le plus sage ; par conséquent (1)... » Ce texte nous apprend deux choses : 1° c'est que saint Thomas n'admet pas tout à fait l'opinion d'Aristote ; 2ᵈ qu'il l'admet en partie. Il déclare, il est vrai, qu'absolument parlant il n'y a pas de raison pour que l'un soit plutôt esclave que l'autre : et Aristote soutenait qu'il y avait des raisons pour qu'il en fût ainsi. Mais saint Thomas ajoute que si l'esclavage n'est pas de droit naturel considéré

____

vantur, et etiam illis qui vincunt quia per hoc homines incitantur ad fortius pugnandum... Si potuisset lex humana determinare efficaciter qui essent meliores mente, illis procul dubio sequens naturam, dominos ordinasset ; sed quia hoc fieri non poterat, accepit lex aliud signum præeminentiæ, scilicet ipsam victoriam... et hoc justum dicitur secundum quid. (*Expos.* liv. I, lect. IV, § e.) » Ce n'est là sans doute qu'une périphrase d'Aristote, mais sans aucune réserve qui indique l'esprit chrétien.

(1) *Summ. Theol.*, 2. 2., q. LVII, a. 3.

en lui-même, il l'est cependant par rapport à l'utilité qui en résulte pour l'esclave et pour le maître (1).

Ainsi, il est vrai que saint Thomas renonce au principe de l'inégalité radicale qui rendrait impossible l'égalité religieuse ; mais il maintient le principe de l'esclavage naturel.

En veut-on une autre preuve? Il se demande si dans l'état d'innocence les hommes eussent été parfaitement égaux. Non, dit-il : car il aurait encore subsisté l'inégalité de sexe, l'iné-galité d'âge, l'inégalité de science et de justice, l'inégalité des forces corporelles, de la taille, de la beauté, etc. Les seules inégalités qui auraient disparu sont celles qui viennent du péché (2). Mais quelles sont ces inégalités qui naissent du péché, si avant le péché les hommes étaient déjà inégaux par l'âme, par le corps, par le sexe et par l'âge? Il faut que ce soit l'inégalité du maître et du serviteur.

Dira-t-on que la seule inégalité qui naisse du péché, c'est l'inégalité politique, c'est-à-dire l'autorité et l'obéissance? Saint Thomas répond à cette difficulté. Il y a, dit-il, deux manières d'entendre le pouvoir (3) : 1° en tant qu'on l'oppose à la servitude, et que celui qui y est soumis est dit *esclave, servus*; 2° en tant que le pouvoir s'oppose en général au *sujet, sub-ditus* ; et en ce sens celui qui gouverne et dirige, même des hommes libres, peut être appelé leur maître. Voilà bien les deux pouvoirs distingués par Aristote, le pouvoir despotique et le pouvoir politique. Quelles en sont les différences? L'esclave diffère de l'homme libre en ce que l'homme libre est cause de soi (*causa sui*), et que l'esclave se rapporte à un autre que lui-même. Ainsi le maître commande à un homme

---

(1) Pour bien comprendre cette distinction, il faut se rappeler que saint Thomas admet deux degrés dans le droit naturel : l'un qui résulte de la nature absolue des choses et qui est commun aux hommes et aux animaux, l'autre qui est relatif à l'utilité. La pro-priété elle-même n'est de droit naturel qu'à ce second point de vue. Donc, l'esclavage est de droit naturel au même titre que la pro-priété.

(2) *Summ. Theol.*, I. part., q. xcvi, a. 3.

(3) *Ib.*, a. 4.

comme à un esclave, lorsqu'il s'en sert pour sa propre utilité : sorte de pouvoir qui ne peut exister que comme un châtiment. Est-ce bien là l'esclavage selon Aristote ? Eh bien ! c'est cette sorte de pouvoir, et celui-là seulement qui, selon saint Thomas, n'eût pas existé dans l'état d'innocence. N'en faut-il pas conclure qu'il existe encore actuellement, puisque l'homme n'est plus dans l'état d'innocence ? La prééminence politique, celle d'un homme libre sur des hommes libres, eût pu exister sans le péché. Il ne reste donc qu'une seule inégalité qui n'aurait pas existé avant le péché, par conséquent une seule inégalité qui naisse du péché : c'est la différence du maître et de l'esclave (1).

La politique de saint Thomas. — Les considérations qui précèdent nous conduisent naturellement à la politique de saint Thomas ; où devons-nous chercher les éléments de cette politique ?

Il existe d'abord, sous le nom de saint Thomas, un ouvrage important, très célèbre et souvent cité : le *De regimine principum* (2). Mais cet ouvrage est d'une authenticité très contestable, et l'on ne saurait s'en servir sans réserve. On y trouve, surtout dans la seconde partie, des anachronismes, qui ne peuvent permettre de supposer que le livre soit, du moins tout entier, de la main de saint Thomas. Quelques critiques supposent qu'il en a composé les deux premiers livres, et que le reste est l'œuvre de l'un de ses disciples. Cette opinion, qui était celle de Cujas, se trouve déjà dans un écrivain du xive siècle, Natalis Anglois, de l'ordre des frères prêcheurs. Elle se rencontrerait avec le témoignage positif d'un con-

_____

(1) Saint Thomas reproduit la même argumentation avec plus de précision encore (*Comm. Sent.* super xlv dist. q. I, a. 3). « Ideo secundus modus prælationis in natura integra esse non potuisset... Creatura rationalis, quantum est de se, non ordinatur ut ad finem ad aliam, ut homo ad hominem : sed si hoc fiat, non erit nisi in quantum homo propter peccatum irrationalibus creaturis comparatur. » Donc un tel état peut résulter du péché. Ce qui est la doctrine de saint Augustin.

(2) Ne pas confondre cet ouvrage avec un autre, *De regimine principum*, de Gilles de Rome, dont nous parlerons plus bas.

temporain, ami et disciple de saint Thomas d'Aquin, qui nous apprend que ce saint avait fait sa politique (*politica*), mais qu'il l'a laissée incomplète. Pierre d'Auvergne, son disciple, l'aurait achevée. Un autre témoignage important, celui de Bernard Gui, évêque de Louvain, presque contemporain (1310), est favorable à l'authenticité. Il faut conclure de ces différents faits, que le livre, sans pouvoir être attribué à saint Thomas lui-même, est sans aucun doute de son école. Il doit servir à éclairer, à confirmer ou à développer ce que nous savons d'ailleurs de la politique de saint Thomas d'Aquin; mais il ne peut être le fondement de notre exposition (1).

C'est dans la *Somme théologique*, et dans le *Commentaire sur les sentences*, qu'il faut recueillir les passages certains, qui, interprétés et comparés, peuvent nous servir à reconstruire la politique authentique de saint Thomas. Le *De regimine principum* viendra ensuite à l'appui, et servira à constater la pensée de l'école plus encore que celle du maître lui-même.

Selon saint Thomas, le pouvoir politique et le gouvernement sont de *droit humain : Dominium et prælatio introducta sunt a jure humano* (2). Sans doute, le droit humain a sa source dans le droit naturel, qui lui-même n'est que l'image de la loi éternelle ; et ainsi le droit humain et les gouvernements qui en naissent se rattachent à Dieu. Mais, en ce sens, tout a son origine en Dieu. Et ce n'est pas cette origine éloignée qui constitue ce que nous appelons le droit divin : c'est une institution spéciale, expresse, par laquelle Dieu manifeste sa volonté particulière. Le droit humain est laissé à la volonté des hommes ; c'est à eux qu'il appartient d'appliquer diversement selon les temps, les lieux, les circonstances, les moyens et les chances de la fortune, les principes généraux et universels du droit naturel. De là, la diversité des formes de gouvernement.

(1) Sur l'authenticité du *De principum* de saint Thomas, voy. *Hist. litt. de la France*, xix, 251, 313, 335, 347.
(2) *Summ. Theol.*, 2, 2., q. x, a. 10.

Dans cette doctrine, que devient le principe de saint Paul ou
le principe chrétien par excellence : *Omnis potestas a Deo* ?
Si on l'entend à la lettre, le pouvoir n'est plus de droit humain;
et de plus, il faut imputer à Dieu non seulement les pouvoirs
justes, utiles, équitables, mais encore les pouvoirs injustes et
violents. Saint Thomas introduit dans cette matière délicate
une importante distinction (1). Il distingue le pouvoir en soi,
et le pouvoir dans telles ou telles conditions ; d'une part, la
forme même du pouvoir (*forma prælationis*), c'est-à-dire le
rapport abstrait de quelqu'un qui gouverne à quelqu'un qui
est gouverné (*ordo alterius tanquam regentis et alterius
tanquam subjacentis*) ; et de l'autre, le moyen par lequel on
s'élève au pouvoir, et l'usage que l'on en fait. Or, ce qui vient
de Dieu, c'est le pouvoir pris absolument, la forme même du
pouvoir, en un mot ce qu'il y a d'essentiel dans l'idée de
pouvoir et d'autorité. Mais il ne résulte pas de là que Dieu ait
institué par un acte de volonté particulier telle famille, telle
forme de gouvernement. Ainsi l'institution politique reste
toujours de droit humain, quoique ce soit Dieu lui-même qui
commande d'obéir au pouvoir (2).

On voit que le principe : tout pouvoir vient de Dieu, ne
s'appliquant qu'à la forme même du pouvoir, laisse indécise
la question de savoir quelle est l'origine humaine du pouvoir,
et en qui réside le droit de souveraineté. Sur cette question,
la solution de saint Thomas est beaucoup plus libérale qu'on
ne l'attendrait du moyen âge, d'après les idées que l'on s'en
fait généralement.

(1) *Comm. sentent.* super XLV distinct.
(2) C. *Commentaires sur les Epîtres de Saint Paul* ad Romanos,
ch. XIII : « *Non est potestas nisi a Deo.* Regia potestas potest consi-
derari quantum ad tria : 1° Quantum ad ipsam potestatem, et sic est
a Deo ; 2° Quantum ad modum adipiscendi potestatem, et sic
quandoque potestas est a Deo, quandoque vero non est a Deo ;
3° Quantum ad usum ipsius, et sic quandoque est a Deo, quandoque
non est. » Il est évident qu'une interprétation aussi large et aussi
vague du texte de saint Paul n'a rien à voir avec la doctrine
moderne du droit divin.

Quel est l'attribut essentiel de la souveraineté ? C'est la puissance de faire les lois. A qui appartient cette puissance ? A la multitude tout entière, ou à celui qui représente la multitude *(vel totius multitudinis, vel alicujus gerentis vicem)* (1). Le pouvoir est donc originairement entre les mains de tous ; et s'il se concentre entre les mains de quelques-uns, ou même d'un seul, c'est que ceux-ci sont censés représenter la multitude tout entière : c'est donc à titre de représentant de la multitude que le prince ou le magistrat peut faire les lois. On voit que c'est dans la multitude que le pouvoir souverain a sa source. Aussi saint Thomas n'hésite-t-il pas à déclarer que dans un bon gouvernement il faut que tous aient quelque part au gouvernement *(ut omnes aliquam partem habeant in principatu)* (2).

Quant à la forme de gouvernement, la meilleure, selon saint Thomas, qui suit en cela l'opinion de Polybe et de Cicéron, est le gouvernement mixte, où se combinent à la fois la monarchie, l'aristocratie et le gouvernement populaire (3). Un chef suprême, choisi en raison de sa vertu et de son mérite; au-dessous de lui, des grands, qui doivent également leur grandeur à leur valeur personnelle ; enfin une multitude participant au gouvernement, soit parce que c'est en elle que les grands sont choisis, soit parce qu'elle les choisit elle-même: tel est le meilleur gouvernement. La royauté s'y rencontre, puisqu'un seul gouverne ; l'aristocratie, puisque les grands commandent sous l'autorité du roi; enfin, la démocratie elle-même, puisque c'est au peuple qu'appartient l'élection des grands.

Mais quelle que soit la forme que prenne le pouvoir, selon les divers pays, il y a une différence intrinsèque qui peut se rencontrer dans toutes les formes politiques : c'est la différence du gouvernement juste et du gouvernement injuste. De

(1) *Summ. Theol.*, 1. 2., q. xc, a. 3.
(2) *Ibid.*, 1. 2., q. cv, a. 1.
(3) *Ib. ib.*

là deux questions de la plus haute importance : 1° Tout pouvoir, même injuste, vient-il de Dieu ? 2° Les chrétiens sont-ils tenus d'obéir à tous les pouvoirs, même aux pouvoirs injustes ?

Remarquons d'abord, pour bien mesurer la portée des réserves de saint Thomas, que les principes apostoliques sur lesquels roule toute la question semblent absolus et sans aucune restriction : 1° *Omnis potestas a Deo*. Saint Paul ne dit pas : *Potestas justa*. 2° *Omnis anima subdita sit potestatibus sublimioribus*. Saint Paul ne dit pas : *Dum sint justæ*. 3° *Non bonis tantum et modestis, verum etiam discolis dominis reverenter subditos esse*. Saint Paul déclare ici expressément que l'obéissance est due sans réserve, même aux pouvoirs injustes et fâcheux.

Cependant saint Thomas introduit certaines réserves dans ces principes ; et quelques-unes de ces réserves ont une portée considérable (1). D'abord, il y a, nous l'avons vu, trois choses à considérer dans tout pouvoir : 1° l'essence même du pouvoir, c'est-à-dire le rapport d'un supérieur à un inférieur, et la puissance de porter des lois ; 2° l'acquisition de ce pouvoir ; 3° l'usage. Pris en soi et dans son essence, tout pouvoir vient de Dieu ; mais relativement *(secundum quid)* il peut n'en pas venir : 1° si l'action qui l'a établi est injuste ; 2° si l'usage en est également injuste. Ainsi, il y a deux sortes de pouvoirs injustes : le pouvoir mal acquis, et le pouvoir dont on abuse. Ni l'un ni l'autre ne viennent de Dieu, au moins d'une manière directe et positive ; car le pouvoir injuste peut dépendre de Dieu permissivement *(permissive)* (2) ; c'est ainsi que le mal lui-même vient de Dieu. Mais rien ne peut venir de Dieu, même permissivement, qui n'ait une raison, et qui ne soit bien ordonné dans le plan général. Or, le pouvoir des méchants a souvent pour raison d'être le châtiment des sujets, et, quoique ceux qui

(1) *Comm. sentent.* sup. XLV distinct., q. I, a. 2.
(2) *Ib.*, q. IV, a. 2.

exercent le pouvoir en soient indignes, ceux qui en pâtissent ont mérité peut-être de le supporter.

Quels sont, d'après ces principes, les devoirs des sujets dans un gouvernement injuste ? Jusqu'à quel point sont-ils tenus d'obéir ? Et dans quelle mesure leur est-il permis de résister ? Déjà les apôtres ont reconnu et proclamé une limite à l'obéissance des sujets : Il vaut mieux obéir à Dieu qu'aux hommes, disaient-ils. Un gouvernement n'a donc pas le droit de se faire obéir, lorsqu'il commande quelque chose contre l'ordre de Dieu. Mais, dans l'ordre purement humain, y a-t-il une limite à l'obéissance des sujets ?

Si la proposition : Tout pouvoir vient de Dieu, avait un sens absolu, toute résistance et même tout refus d'obéir serait par là même un sacrilège : et en effet, saint Paul n'hésite pas à dire « que quiconque résiste aux puissances résiste à l'ordre de Dieu ». Mais saint Thomas, ayant limité le principe, en restreint aussi les conséquences. Rappelons-nous qu'il faut considérer dans le pouvoir politique, outre son essence, deux choses : 1° le mode d'acquérir ; 2° l'usage. Or, il y a deux manières d'acquérir qui ne viennent pas de Dieu : l'indignité de la personne, et le défaut de titre. Le premier cas a lieu lorsque le pouvoir tombe légitimement entre des mains indignes ; dans ce cas, la forme du pouvoir vient de Dieu, et par conséquent le sujet doit obéissance, comme à Dieu même, à un maître indigne. Le second cas a lieu lorsqu'un homme s'empare du pouvoir soit par la violence, soit par la simonie ; et dans ce cas, on ne peut pas dire qu'il soit véritablement un maître, et qu'il possède un vrai pouvoir. Les sujets ne sont donc pas tenus envers lui à l'obéissance, et *même ils ont le droit de le rejeter, s'ils en ont la faculté.* Il faut remarquer cependant qu'un pouvoir mal acquis peut devenir légitime, soit par le consentement des sujets, soit par l'investiture d'un supérieur. Quant à l'abus dans l'exercice du pouvoir, il peut avoir lieu de deux manières : soit que le prince commande quelque chose de contraire à la vertu, et, dans ce cas, le sujet

n'est pas tenu à obéir, mais est tenu même à désobéir ; soit
lorsqu'il prétend quelque chose au delà de son droit, par
exemple des impôts qui ne sont pas dus : dans ce cas, les
sujets ne sont pas tenus à obéir, mais ils ne sont pas tenus
non plus à désobéir.

Il ne s'agit jusqu'ici que du pouvoir usurpé. Mais n'y a-t-il
aucun recours contre le pouvoir légitime, mais abusif ? Sans
doute ce pouvoir peut être permis par Dieu, comme un châtiment. Mais saint Thomas ne dit pas qu'il en soit toujours
ainsi ; il dit seulement que cela peut être. Aussi reconnaît-il
qu'il est des cas où il est permis de s'affranchir d'un pouvoir
même légitime. « Quoique quelques-uns, dit-il, aient pu recevoir leur pouvoir de Dieu, cependant, s'ils en abusent, ils
méritent qu'il leur soit enlevé. *Et l'un et l'autre viennent de
Dieu* (1). »

Il enseigne la même doctrine dans le *De regimine principum* : « Si un peuple a le droit de faire un roi, il peut sans
injustice destituer le roi qu'il a institué (*non injuste ab eadem
multitudine rex institutus potest destitui*)... Et il ne faut pas
croire qu'en destituant le tyran, le peuple lui manque de fidélité (*infideliter agere*), même au cas où il se serait auparavant
soumis à lui pour toujours, car le prince, en ne s'acquittant pas
fidèlement de la fonction royale, a mérité que le pacte fait
entre lui et ses sujets ne soit pas observé à son égard (2). »

Il est donc des cas où les sujets ont le droit de repousser et
de détrôner leurs maîtres : c'est quand ceux-ci se sont emparés du pouvoir par la violence ou s'en sont rendus indignes

(1) *Ib.* q. i, a. 2 ad 4. Il dit encore : « Le gouvernement tyrannique
n'est pas juste, puisqu'il n'est pas ordonné pour le bien commun,
mais pour le bien de celui qui gouverne; et par conséquent le renversement de cette sorte de gouvernement n'a pas l'essence de la sé-
dition... C'est plutôt le tyran qui est séditieux.. » *Summ. Theol.* 2. 2.
q. XLII, a. 3.
(2) L. I, ch. VI. Saint Thomas va même, dans son *Commentaire de la
Politique d'Aristote*, jusqu'à faire presque de l'insurrection un devoir.
En cas de tyrannie, dit-il : « Virtuali moverent seditionem rationabi-
liter, et *peccarent* si non moverent. » (*Expos.* l. V. lec. i, § 2. »

par l'abus qu'ils en ont fait. Saint Thomas va-t-il plus loin
encore dans cette doctrine ? A-t-il admis, comme l'ont prétendu plus tard les docteurs de la Ligue, le droit de tuer le
tyran ? On croit en général que sa doctrine sur cette question
se rencontre dans le *De regimine principum*, ouvrage dont
l'authenticité, comme nous l'avons vu, est fort douteuse (1).
Mais, dans cet écrit, le tyrannicide , loin d'être loué, est
expressément condamné. Le seul passage authentique de saint
Thomas sur le tyrannicide est un texte du *Commentaire des
sentences*, texte fort controversé dans le grand débat soulevé
au xv° siècle sur cette question, devant l'Université de Paris
et au concile de Constance, par l'affaire de Jean Petit. Dans ce
passage, saint· Thomas explique l'approbation que Cicéron,
dans son *De officiis*, donne aux meurtriers de César : « Il faut
remarquer, dit-il, que Cicéron parle du cas où quelqu'un
s'empare du pouvoir par violence, malgré les sujets, ou en
forçant leur consentement, et sans recours possible à un supérieur qui puisse juger l'envahisseur. Alors celui qui, pour
l'affranchissement de sa patrie, tue le tyran, est loué et obtient
une récompense (2). » Il faut remarquer ici la réserve des
expressions. Saint Thomas dit que celui qui tue le tyran est
loué, mais non pas qu'il est louable ; qu'il reçoit la récompense, mais non pas qu'il la mérite. Ajoutez que dans ce
passage la question n'est traitée qu'incidemment et non en
elle-même. Néanmoins on ne peut nier que ce passage n'ait
servi de base à toute la théorie du xvi° siècle.

Sur la question des rapports du pouvoir spirituel et du
pouvoir temporel, saint Thomas est assez réservé. Il se contente de dire que, pour ce qui touche au salut de l'âme, il
faut plutôt obéir à la puissance spirituelle qu'à la temporelle ;
mais que, pour ce qui touche au bien civil, il vaut mieux obéir
à la puissance séculière , à moins que les deux puissances ne

----

(1) *De regimine principum.* Voy. plus haut, p. 380 et aussi plus
loin, p. 393.
(2) *Comm. sent.* sup. xLV distinct. q. II, a. 2, 5 et ad 5.

se retrouvent réunies en une seule, comme elles le sont dans le pape, qui occupe à la fois le sommet des deux puissances, *qui utriusque potestatis apicem tenet* (1). Ce dernier trait semble ramasser dans la personne du souverain pontife la totalité du pouvoir spirituel et temporel.

Cependant saint Thomas ne reconnaît pas à l'Église le droit de condamner et de déposer les princes infidèles (2). Il fait ici une distinction. En elle-même, dit-il, l'infidélité ne répugne pas à la souveraineté ; car la souveraineté, avons-nous dit, est de droit humain. La distinction des fidèles et des infidèles est de droit divin : or, le droit divin ne supprime pas le droit humain. Un prince infidèle peut, il est vrai, perdre son droit de souveraineté. Mais ce n'est pas à l'Église qu'il appartient de punir l'infidélité chez ceux qui n'ont jamais reçu la foi. Quant à ceux qui l'ont reçue, ils peuvent être punis par sentence, et il est juste qu'ils le soient : autrement il pourrait en résulter une grande ruine pour la foi. Par conséquent, aussitôt qu'un prince apostat a reçu une sentence d'excommunication, ses sujets sont, *ipso facto*, dispensés de l'obéissance et de leur serment de fidélité. On objecte l'exemple de Julien l'Apostat, auquel l'Église n'a pas ôté son pouvoir. Saint Thomas répond : Dans ce temps-là l'Église n'était pas assez puissante pour contraindre les princes de la terre, et voilà pourquoi elle a toléré que les sujets continuassent d'obéir à Julien l'Apostat. Enfin, saint Thomas cite l'autorité de Grégoire VII : ce qui nous fait assez comprendre le fond de sa pensée.

Pour compléter la doctrine de saint Thomas sur les rapports de l'Église et de l'État, il faut savoir ce qu'il pensait du droit de punir les hérétiques. Sa doctrine, sur ce point, est celle du moyen âge tout entier. « Il est bien plus grave, dit-il, de corrompre la foi, qui est la vie de l'âme, que de falsifier la monnaie, qui ne sert qu'aux besoins du corps. Si les faussaires et autres malfaiteurs sont justement punis par les princes sécu-

---

(1) *Ibid.*, q. LXVII, a. 1.
(2) *Ibid.*, q. X, a. 10, et q. XII, a. 2.

liers, à plus forte raison les hérétiques convaincus doivent-ils être non seulement excommuniés, mais punis de mort, *justè occidi*. L'Église témoigne d'abord sa miséricorde pour la conversion des égarés : car elle ne les condamne qu'après une première et une seconde réprimande. Mais si le coupable est obstiné, l'Église, désespérant de sa conversion et veillant sur le salut des autres, le sépare de l'Église par la sentence d'excommunication, et le livre au jugement séculier, pour être séparé de ce monde par la mort. Car, ainsi que le dit saint Jérôme, les chairs putrides doivent être coupées, et la brebis galeuse séparée du troupeau, de peur que la maison tout entière, tout le corps, tout le troupeau, ne soit atteint de la contagion, gâté, pourri et perdu. Arius ne fut qu'une étincelle à Alexandrie. Mais pour n'avoir pas été étouffée d'un seul coup, cette étincelle a enflammé l'univers (1). » Telle a été la doctrine officielle de la théologie au moyen âge. On voit par là combien est menteur le faux-fuyant par lequel on justifie quelquefois l'intolérance du moyen âge, en en rejetant la faute sur le pouvoir séculier. Telles étaient les doctrines d'un des plus grands esprits de ce moyen âge, que quelques personnes mal éclairées vantent si peu raisonnablement.

Voilà la politique certaine et authentique de saint Thomas, telle qu'on peut l'extraire de ses ouvrages les plus importants, la *Somme théologique* et le *Commentaire sur les sentences*. Cette politique est incontestablement libérale ; elle limite le sens absolu du mot de saint Paul : Toute puissance vient de Dieu ; elle reconnaît des bornes au pouvoir du prince ; elle place dans la multitude le principe de la souveraineté ; elle autorise enfin, dans certains cas, la déposition du mauvais prince par ses propres sujets. Mais par-dessus tout plane le pouvoir ecclésiastique. Cependant, ce n'est qu'incidemment que saint Thomas traite de cette autorité suprême ; et quoique sa pensée soit assez nette , elle n'est cependant pas assez

(1) *Summ. Theol.* 2. 2. q. XI, a. 3.

développée pour qu'on puisse déterminer exactement dans quelle mesure il l'entendait.

Nous retrouvons à peu près les mêmes doctrines, mais avec certaines modifications, dans le *De regimine principum* (1). Le caractère principal de ce livre est l'incohérence des doctrines. Faut-il attribuer cette incohérence à la composition du livre, qui peut avoir eu plusieurs auteurs ; à la diversité des autorités, que les écrivains du moyen âge sont toujours obligés d'invoquer en même temps et de concilier comme ils peuvent ; enfin à l'incohérence même de la société politique du temps, dans laquelle tous les principes se trouvaient en quelque sorte mêlés et juxtaposés ? Quoi qu'il en soit de ces explications, il est certain que cet ouvrage présente un mélange assez confus de doctrines absolutistes et démocratiques, couronnées par la théocratie.

Saint Thomas, ou l'auteur quel qu'il soit du *De regimine principum*, commence par établir la nécessité d'un gouvernement. Son principe, emprunté à Aristote, c'est que la société est naturelle. Or, la société est une multitude : toute multitude a besoin d'une direction pour être conduite à sa fin. La société a donc besoin d'un gouvernement. Il faut un pouvoir qui veille à l'intérêt commun, tandis que chaque particulier ne songe qu'à son bien propre ; de même que l'âme, dans le corps, est chargée de veiller au bien de tous les membres ; de même que le premier ciel commande à tous les astres, la créature intelligente à tous les corps, et enfin la divine Providence à l'univers (2).

Or, le gouvernement peut être juste ou injuste. Le gouvernement est juste lorsque le chef gouverne dans l'intérêt commun, injuste lorsque le chef ne gouverne que dans son propre intérêt. Le premier est un gouvernement d'hommes libres, le second est un gouvernement d'esclaves : car celui-là est libre qui existe pour lui-même, qui est cause de ses propres actions,

(1) Voyez plus haut, p. 380.
(2) *De reg. princ.*, l. I, c. I.

qui sui causa est; celui-là est esclave, qui est la chose d'autrui, *qui id, quod est, alterius est.* Or, lorsque le gouvernement ne gouverne que pour lui-même, il traite ses sujets en esclaves : car il s'en sert, non pour eux, mais pour lui. Quand il cherche le bien commun, il sert les sujets, au lieu de s'en servir ; il leur laisse, par conséquent, la liberté de leurs actions (1).

Saint Thomas considère donc comme le caractère propre du gouvernement juste la liberté des sujets, et comme le signe du gouvernement injuste leur esclavage : le mauvais gouvernement est celui qui est semblable au pouvoir du maître sur l'esclave ; et le bon gouvernement est, au contraire, celui qui commande à des hommes libres. Il est vrai qu'il y a dans cette expression d'hommes *libres* une certaine confusion : faut-il entendre par là simplement que les sujets ne sont pas des esclaves, et ne sont pas traités en esclaves, ou bien qu'ils sont des citoyens, jouissant de certains droits et d'une certaine liberté politique ? Il suffit, dit saint Thomas, pour que le sujet soit libre, que le chef gouverne dans l'intérêt commun, et non dans le sien propre. Dans ce sens, les sujets sont libres, même sous un gouvernement monarchique.

C'est en effet la royauté ou la monarchie que saint Thomas considère comme le meilleur gouvernement (2). Le bien de l'État est l'unité. Or, qui peut mieux procurer l'unité que ce qui est soi-même un ? De plus, le gouvernement doit être, autant que possible, conforme à la nature : or, dans la nature, le pouvoir est toujours un. Car dans le corps c'est un seul organe qui domine, le cœur ; dans l'esprit, c'est une seule faculté, la raison : les abeilles n'ont qu'un roi, et l'univers entier n'a qu'un chef, qui est Dieu. Enfin, l'expérience prouve que les pays qui ont plusieurs chefs périssent par les dissensions, et que ceux qui n'en ont qu'un jouissent de la paix, de la justice et de l'abondance de toutes choses. Par ces raisons, le gouvernement d'un seul est le meilleur des gouvernements.

(1) *Ib. ib.*
(2) *Ib.* c. II.

Mais de quelle sorte de royauté l'auteur du *De regimine principum* entend-il parler ? Est-ce de la royauté absolue ? Est-ce d'une royauté limitée, tempérée, subordonnée ? Dans la vraie pensée de saint Thomas, celle que nous connaissons déjà par ses ouvrages authentiques, le prince n'est que le représentant du peuple. En est-il de même dans le traité qui lui est attribué et que nous analysons ? C'est ce qui semble résulter du passage suivant :

Si le meilleur gouvernement est la royauté, le pire de tous est la tyrannie (1) ; il faut donc aviser à ce que le roi ne puisse pas devenir un tyran (2). Pour cela, il faut d'abord choisir pour roi un homme dans des conditions telles qu'il ne soit pas probable qu'il dégénère en tyran. En même temps, il faut lui ôter l'occasion de faillir, et limiter tellement sa puissance, qu'il n'en puisse abuser (3). Que si enfin sa tyrannie se déclare, il faut la supporter pendant un temps : car en agissant contre la tyrannie on court des risques plus graves que la tyrannie elle-même. La tyrannie vaincue en suscite de nouvelles. Quelques-uns ont pensé que dans une insupportable tyrannie il était permis de tuer le tyran. Mais quoi de plus funeste que de permettre à chacun, selon ses décisions privées, d'attenter à la vie des chefs, même des tyrans ? Le peuple perdra bien plus à la perte d'un bon roi, qu'il ne gagnerait à la disparition d'un mauvais. Ce n'est point par les conseils et les actions de chaque individu, mais par le recours à l'autorité publique, qu'il faut agir contre un tyran. D'abord s'il appartient au droit d'une multitude de choisir un roi (*providere de rege*), cette même multitude pourra, sans injustice, défaire le roi qu'elle avait fait, et refréner sa puissance, s'il en abuse. On ne devra point l'accuser d'infidélité, lors même qu'elle s'est soumise à perpétuité. Car, en gouvernant mal et contraire-

---

(1) *De reg. princ.*, l. I, c. VII.
(2) *Ib.*, c. VI.
(3) *Ib*. Ut tyrannidis subtrahatur occasio... ut in tyrannidem de facile declinare non possit.

ment aux devoirs d'un roi, le tyran a mérité qu'on rétractât la promesse faite. Si c'est quelque autorité supérieure qui a le droit d'aviser au choix d'un roi dans l'intérêt du peuple, c'est d'elle qu'il faut attendre le remède. Enfin, s'il n'y a point de recours humain contre le tyran, il faut recourir à Dieu, qui change le cœur des tyrans, et les frappe (1).

Dans ce passage très célèbre, l'auteur fait entendre évidemment que la monarchie, pour ne point dégénérer en tyrannie, doit être élective et limitée. Car, pourquoi recommanderait-il de n'élever au trône (*promovere in regem*) que celui qui ne paraît pas pouvoir devenir tyran ? Un tel choix n'est pas possible dans une monarchie héréditaire. En second lieu, saint Thomas dit expressément que l'autorité du roi doit être tempérée de façon à ne point tomber facilement dans la tyrannie : or, cela est-il possible, si l'on n'impose point à la royauté certaines limites ? Enfin remarquons que dans ce passage le tyrannicide est expressément condamné, mais que le droit de déposer le roi est reconnu. Seulement ce droit n'est pas absolu ; c'est lorsqu'il appartient à la multitude de choisir le roi, qu'il lui appartient aussi de le déposer. Hors ce cas, il faut s'en rapporter à un pouvoir supérieur, qui évidemment, dans la pensée de l'auteur, est le pouvoir de l'Église.

Même dans ces limites, il faut reconnaître que de telles pensées ne manquent pas de hardiesse ; et on ne peut nier que ce ne soient là les premiers germes des doctrines démocratiques modernes. Mais il faut prendre garde d'exagérer ces inductions, et de voir dans le *De regimine principum* une sorte de *Contrat social* du moyen âge. D'abord, comme nous l'avons signalé déjà, les idées de l'auteur sont fort incohérentes et, à côté des principes que nous venons d'exposer, on en rencontre d'autres assez différents. De plus, cette démocratie est couronnée par la théocratie.

Saint Thomas établit une nouvelle division entre les pou-

_____

(1) Voy. tout le ch. vi du l. I.

voirs : le pouvoir despotique et le pouvoir politique (1). Qu'est-ce que le pouvoir despotique ? C'est le pouvoir du maître sur l'esclave, *domini ad servum* (2). Qu'est-ce que le pouvoir politique ? C'est le pouvoir établi dans certaines villes ou provinces, gouvernées soit par un seul, soit par plusieurs, mais selon certains statuts, certaines lois, certaines conventions (3). Le pouvoir despotique est donc la même chose que le pouvoir tyrannique, et le pouvoir politique, la même chose que le pouvoir limité. Mais nous avons vu que, selon l'auteur, le pouvoir tyrannique est le pire des gouvernements, et que, pour ne point dégénérer en tyrannie, le pouvoir royal doit être limité. Si tel est le caractère du pouvoir politique, ne devons-nous pas en conclure que c'est le pouvoir politique, c'est-à-dire limité par des lois, qui a la préférence de l'auteur ?

Il n'en est pas ainsi cependant ; et ici vient une comparaison pleine d'équivoque et de confusion entre le pouvoir despotique, le pouvoir politique et le pouvoir royal, qu'il est bien difficile de démêler. Essayons cependant d'en venir à bout (4).

Le pouvoir despotique est le pouvoir du maître sur l'esclave. Cherchons d'abord si un tel pouvoir est légitime (5). L'auteur du *De regimine principum* n'a pas sur ce sujet le moindre doute. L'autorité d'Aristote et celle de saint Augustin sont décisives pour lui. Il y a, dit-il, des degrés entre les hommes, comme entre toutes les choses. De même que l'âme est appelée à commander au corps, et qu'entre les puissances de l'âme, les unes doivent commander et les autres obéir, de même parmi les hommes il en est qui sont naturellement appelés à commander aux autres ; il en est d'autres qui manquent de raison, et qui ne sont propres qu'aux travaux serviles. Il y a donc des esclaves par nature. Telle est, dit l'auteur, l'opinion du philosophe dans le premier livre de la *Politique*. Mais il ne

(1) L. II, c. VIII.
(2) *Ib.* c. IX.
(3) *Ib.* VIII.
(4) L. II, c. VIII et IX tout entiers ; et l. III, c. II, tout entier.
(5) L. II. c. X ; et l. III, c. IX.

fait aucune objection à cette opinion, et la prend comme sienne. Bien plus, Aristote avait dit que l'esclavage né de la guerre est injuste ; l'auteur, au contraire, le reconnaît comme juste légalement; et il trouve que cette loi a sa raison : c'est d'inspirer un plus grand courage aux combattants. Enfin, le pouvoir despotique ou du maître sur l'esclave eût été injuste dans l'état d'innocence ; mais il a été justement intro-duit par le péché : tel est l'avis de saint Augustin.

Ainsi l'auteur du *De regimine principum* admet l'esclavage autant qu'on peut l'admettre, et pour toutes les raisons par lesquelles on peut l'admettre. Il admet avec Aristote qu'il y a un esclavage naturel ; avec saint Augustin, que l'esclavage est né du péché ; avec les jurisconsultes, que l'esclavage est né de la guerre et de la convention. Toutes les doctrines des apôtres, des Pères de l'Église sur l'égalité des hommes ont complètement disparu : il n'en reste pas trace. Le principe de l'inégalité a repris toute la force qu'il avait dans l'antiquité, et il est même appuyé par des raisons nouvelles.

Mais si saint Thomas admet le pouvoir domestique du maî-tre sur l'esclave, admettra-t-il le pouvoir despotique du chef sur les sujets? Non, sans doute, puisque, selon lui, nous l'avons vu, la tyrannie est le pire des gouvernements. Et en effet, saint Thomas distingue avec soin le pouvoir royal du pouvoir domestique (1). Le roi est pour le royaume, et le royaume n'est pas pour le roi (*regnum non est propter regem, sed rex propter regnum*). La fin du pouvoir royal, c'est de faire prospérer le royaume, et d'assurer le salut des sujets. La bonté du roi n'est qu'un reflet de la bonté de Dieu, par lequel il est roi. Or, Dieu gouverne les hommes non pour soi-même, mais pour leur salut; ainsi doivent faire les rois et les maîtres de l'univers.

Saint Thomas établit, dans une suite de chapitres, pleins d'intérêt, les conditions et les devoirs du pouvoir royal (2).

(1) L. III, c. II.
2) Liv. II, tout entier.

Tout ce que ce pouvoir essayait alors de conquérir peu à peu sur l'anarchie féodale, saint Thomas en démontre le droit et la nécessité. Il faut que le roi ait la force nécessaire pour faire le bien ; qu'il ait des forteresses, des troupes, des propriétés personnelles, un trésor bien fourni. En retour, il recommande au roi d'user activement et utilement de toutes ses forces ; et il résume dans deux grandes œuvres le devoir et l'autorité royale : 1° la défense du territoire ; 2° l'assistance des faibles et le soulagement des malheureux. Admirons surtout ce nouveau devoir prescrit à l'autorité publique. Cette nouveauté est un des grands côtés de la politique chrétienne. Ni Platon, ni Aristote, ni Cicéron, n'indiquent ce devoir d'assistance et de charité publique, qui est devenu dans les temps modernes l'une des impérieuses obligations des gouvernements.

On ne peut donc point accuser saint Thomas d'avoir confondu la royauté et le despotisme ; cependant il semble tomber dans cette confusion, lorsqu'il veut distinguer le pouvoir royal, non plus du pouvoir despotique, mais du pouvoir politique (1).

Le pouvoir politique est celui qui est réglé par des lois. Le pouvoir royal, au contraire, est celui qui gouverne sans lois, celui où la sagesse du prince est libre, où il ne la puise que dans son cœur, et qui imite par conséquent davantage la Providence divine. Mais un tel pouvoir est évidemment le pouvoir absolu. C'est ce que saint Thomas reconnaît lui-même en déclarant que le pouvoir despotique peut se ramener au gouvernement royal (*quem principatum ad regalem reducere possumus*). En effet, les lois royales qui sont données par Samuel au peuple d'Israël sont en même temps des lois despotiques. De plus, l'auteur dit que, dans l'état d'innocence, le pouvoir eût été politique, et non pas royal ; car, dans l'état d'innocence, il n'y eût pas eu de pouvoir qui emportât la servitude : le pouvoir royal emporte donc la servitude. Dans l'état

(1) L. II, c. IX.

de corruption, le gouvernement royal est le meilleur, parce que la nature a besoin d'être retenue plus énergiquement dans ses limites. C'est donc la corruption et le péché qui ont amené la nécessité du gouvernement royal. Mais nous avons vu que, selon saint Thomas, c'est aussi le péché qui a été la cause du pouvoir despotique. Ainsi, le pouvoir despotique et le pouvoir royal ont la même cause. Saint Thomas établit enfin la nécessité du pouvoir royal par la différence des peuples. Les uns, dit-il, sont aptes à la servitude, les autres à la liberté. Le pouvoir royal correspond donc à la servitude et le pouvoir politique à la liberté. N'est-ce pas encore une fois confondre le despotisme et la royauté ?

Si le pouvoir royal est né du péché, s'il convient aux peuples nés pour la servitude, il ne diffère pas du gouvernement despotique. Mais si le gouvernement royal ne diffère pas en essence du gouvernement despotique, comment alors l'un est-il le meilleur des gouvernements, et l'autre le plus mauvais ? Si un gouvernement juste est celui qui commande à des hommes libres, comment le meilleur gouvernement est-il celui qui résulte de l'aptitude des peuples et de la nature humaine à la servitude ? Il y a là, sans aucun doute, une grande confusion d'idées ; et on peut dire que le publiciste du xiiie siècle n'avait pas une conscience bien claire des principes qu'il proposait.

La même confusion a lieu, lorsque l'auteur parle du pouvoir politique ou républicain. On ne sait trop dire s'il lui est favorable ou s'il lui est contraire. Il affirme, il est vrai, que ce gouvernement est plus doux que le gouvernement royal (1) ; mais les raisons qu'il en donne ne sont pas trop favorables à cette forme de pouvoir. C'est, dit-il, que les chefs dans ce gouvernement sont temporaires ; ce qui fait qu'ils ont moins de sollicitude des intérêts des sujets ; d'où il semble que l'on devrait conclure que la sollicitude d'un chef pour ses sujets consiste à les traiter durement. En effet, saint Thomas cite,

(1) L. II, c. viii et xi.

comme exemple du pouvoir politique, Samuel, qui au sortir de charge dit au peuple : « Ai-je pris le bœuf de l'un d'entre vous, ou son âne, l'ai-je calomnié, l'ai-je opprimé, ai-je reçu des présents ? » Est-ce donc manquer de sollicitude envers les sujets que de ne pas les opprimer ? Une seconde cause de la douceur relative du pouvoir politique ou républicain, c'est qu'il est *mercenaire*. Or, le pouvoir mercenaire s'intéresse moins au salut du troupeau : Le mercenaire voit le loup et se met à fuir. Mais, par une nouvelle incohérence d'idées, l'auteur nous cite comme exemples les anciens chefs romains qui faisaient la guerre à leurs propres frais, et qui donnaient toute leur âme à l'intérêt public. Ainsi pour démontrer que le pouvoir politique ou républicain est mercenaire, et par là même indifférent au bien public, l'auteur cite le désintéressement et le patriotisme des grands citoyens romains. Le dernier caractère du pouvoir politique, c'est qu'étant circonscrit dans les lois, il ne peut tout atteindre, puisque le législateur ne peut pas tout prévoir. Le pouvoir royal, au contraire, imite la divine Providence.

On pourrait conjecturer que ces apparentes contradictions ont leur source dans une préférence secrète et non avouée pour le gouvernement républicain, préférence qui s'expliquerait chez saint Thomas d'Aquin (qu'il soit l'auteur ou l'inspirateur du livre) par son origine italienne. Mais quoique ce puisse être là une des causes de l'indécision de doctrines que nous avons signalée dans ce livre, la cause principale, à notre sens, est l'inexpérience du moyen âge dans les théories politiques. De quoi se composent en effet ces théories ? De réminiscences et de pièces rapportées, beaucoup plus que de systèmes originaux et personnels. Ajoutez l'influence inévitable du temps, des circonstances, et des sympathies particulières de l'auteur ; il n'est point étonnant qu'il ne résulte de tout cela qu'un assemblage sans cohésion et sans unité (1).

(1) Ajoutez encore que le livre n'est peut-être pas tout entier de la même main.

Quelle que soit d'ailleurs la préférence que saint Thomas accorde au pouvoir royal ou au pouvoir politique, il est un troisième pouvoir qu'il leur préfère à tous deux : c'est le pouvoir sacerdotal (1). Ici la pensée de l'auteur devient claire et sans ambages, parce que c'est une pensée personnelle et convaincue.

Il y a dans l'homme deux natures, deux fins, deux ordres de vertus, deux degrés de bonheur. C'est bien là, nous le savons, la doctrine de saint Thomas. Or, à ces deux parties de la nature humaine doivent correspondre deux pouvoirs : le pouvoir temporel et le pouvoir religieux ; et celui-ci est nécessairement supérieur à celui-là. Mais cette supériorité n'est-elle qu'une supériorité morale ou de dignité? ou est-ce une suprématie politique qui emporte un droit et une autorité du pouvoir supérieur sur le pouvoir inférieur? Telle est la question. La seconde de ces deux solutions est celle du *De regimine principum*.

Si l'homme et la société pouvaient arriver par leurs seules forces à leur vraie fin, ce serait au roi seul à diriger l'une et l'autre dans cette voie. Mais comme c'est par la vertu de la grâce divine que l'homme peut atteindre à un pareil but, il n'a pas seulement besoin de soins temporels, mais encore de spirituels, non seulement d'un gouvernement humain, mais d'un gouvernement divin. Le roi de ce gouvernement divin est Jésus-Christ, Dieu et homme à la fois, qui a transmis son pouvoir à l'Église, et surtout au chef de l'Église, au successeur de saint Pierre, au vicaire de Jésus-Christ, à qui tous les rois chrétiens doivent être soumis comme à Dieu même ; car celui qui a pour objet de veiller à la dernière et à la plus importante des fins doit avoir sous son empire ceux qui travaillent pour des fins de moindre importance. Dans l'antiquité, le culte avait pour objet les biens temporels. De là la soumission des prêtres aux chefs de l'État. De même, dans l'ancienne loi, où

(1) L. III, c. x et c. xix.

toutes les promesses divines portaient sur des biens terrestres et périssables, le sacerdoce était sous la domination de la royauté. Mais tout est changé dans la loi nouvelle : car tout s'y rapporte aux biens célestes. De là la subordination nécessaire des rois aux prêtres (1).

L'autorité s'ajoute au raisonnement pour établir la suprématie du pouvoir sacerdotal, et, par-dessus tout, du pouvoir pontifical. Ces textes sont ceux qu'avait invoqués Grégoire VII, et que reproduisent sans cesse tous les défenseurs de la papauté au moyen âge : « Je te dis que tu es Pierre (2). » — « Je te donnerai les clefs du royaume des cieux (3). » — « Pierre, si tu m'aimes, fais paître mes brebis. » Ces différents textes, dit l'auteur du *De regimine principum*, prouvent l'institution divine du pouvoir sacerdotal, et en particulier du pouvoir de la papauté. Il est vrai que l'institution divine n'était niée par aucun des adversaires du pouvoir ecclésiastique. Ils soutenaient seulement que ces textes n'avaient qu'un sens spirituel, et ne donnaient au pape d'autre pouvoir que le pouvoir spirituel. Mais, répond l'auteur, le spirituel ne peut être séparé du temporel : le temporel dépend du spirituel, comme les opérations du corps dépendent de celles de l'âme. Ainsi, la puissance des rois n'a de vie que par la puissance spirituelle de saint Pierre et de ses successeurs (4).

L'histoire, enfin, confirme les preuves du raisonnement et de l'autorité. Viennent ici les soi-disant faits historiques et les fausses traditions, sur lesquels les canonistes du moyen âge appuyaient les prétentions de la cour de Rome : la donation de Constantin, ou la prétendue cession de l'empire d'Occident par Constantin au pape Sylvestre (5) ; la translation de l'empire de l'Orient à l'Occident, et des Grecs aux

(1) L. I., c. xiv.
(2) Matth. xvi, 18.
(3) *Ibid.*, 19.
(4) L. III, c. x.
(5) L. III, c. xvi. Voy. plus haut p. 356.

Germains, par le pape Adrien V (1) ; puis les exemples de déposition des empereurs par les papes : Zacharie déposant Chilpéric et déliant ses sujets du serment de fidélité ; Innocent III enlevant l'empire à Othon IV, et Honorius, successeur d'Innocent III, à Frédéric. « Si les souverains pontifes, ajoute l'auteur, ont étendu la main sur ces princes, c'est en raison du péché *(ratione delicti)* (2). »

La *ratio peccati* ou *delicti*, que nous avons rencontrée déjà dans les lettres d'Innocent III (3), était le biais imaginé par les docteurs en droit canon, pour concilier les prétentions ambitieuses du pouvoir pontifical avec sa nature et son rôle de pouvoir spirituel. Le pouvoir spirituel est juge du péché ; il est donc juge du pécheur et, s'il intervient dans le temporel, ce n'est pas à titre de pouvoir temporel, mais de pouvoir spirituel. Mais ce biais conduisait évidemment à l'absorption de l'un de ces pouvoirs dans l'autre : car, comme il n'est pas un seul acte de souveraineté qui ne puisse donner lieu au péché, par exemple, l'établissement des tributs, la fixation des monnaies, la déclaration des guerres, la violation des traités, il est évident que cette simple réserve *(ratione delicti)* déplaçait le principe de la souveraineté, et du prince la transportait au souverain pontife. Tel est le dernier mot de la politique du XIII° siècle.

GILLES DE ROME. — On doit encore rapprocher de saint Thomas, et rapporter à son école, un autre traité qui porte le même titre que le précédent, et qui est de la même époque ou à peu près, le *De regimine principum*, d'Egidius Romanus ou Gilles de Rome (4). L'auteur adresse son livre à celui qui fut plus tard Philippe le Bel, et dont il était le précepteur.

(1) C. XVIII.
(2) C. X. Il dit encore au c. XIX : « In duobus casibus ampliatur ejus potestas (scil. papæ), vel ratione delicti, vel ad bonum totius fidei. »
(3) Voy. plus haut, p. 353.
(4) Le *De regimine principum* d'Egidius a été récemment étudié avec soin dans une thèse latine de M. Courdaveaux. Paris, 1857.

C'est un ouvrage très étendu, beaucoup plus complet que celui
dont nous venons de parler ; mais il manque complètement
d'originalité. Il ne faut point, sans doute, en attendre de cette
époque ; mais l'auteur ne fait que suivre Aristote pas à pas, et
ne paraît pas avoir une seule doctrine qui lui soit propre.
Si l'ouvrage a les défauts de la scholastique, il en a aussi
les mérites. Il est bien composé : les questions s'y divisent et
s'y succèdent avec clarté et avec ordre. Les preuves, empruntées presque toujours au Philosophe, sont claires, bien
déduites, bien coordonnées. Elles se reproduisent avec une
certaine monotonie scholastique qui n'est pas sans avantage
pour la facilité de la lecture et de l'intelligence. Mais, de quelque mérite que témoigne cet ouvrage, la servilité avec laquelle
les théories d'Aristote y sont reproduites ne nous permet pas
de nous y arrêter longtemps. Donnons-en cependant l'analyse
et l'esprit.

Le *De regimine principum* d'Egidius est un traité complet
de morale, d'économie et de politique. L'idée du gouvernement
y est analysée dans toutes ses parties. Or, il y a trois espèces de
gouvernement : le gouvernement de soi-même, le gouvernement de la famille, le gouvernement de l'État. De là trois
sciences : l'éthique, ou monastique ; l'économique ; la politique (1). La première enseigne au prince comment il doit se
gouverner soi-même, la seconde comment il doit gouverner sa
maison, et la troisième comment il doit gouverner son peuple.
Mais, comme il faut aller du plus facile au plus difficile, et de
l'imparfait au parfait, on commencera par le gouvernement de
soi-même, pour terminer par le gouvernement de l'État.

Le premier livre du *De regimine principum* d'Egidius
traite du gouvernement de soi-même, ou de l'éthique ; et il
est divisé en quatre questions : 1° Dans quelles choses le roi
ou le prince doit-il placer sa félicité ? 2° Quelles vertus doit-il
avoir ? 3° Quelles passions doit-il suivre ? 4° Quelles mœurs doit-

(1) L. I, c. II.

il imiter ? Ainsi quatre sujets remplissent le premier livre : le bonheur, la vertu, les passions et les mœurs : c'est toute la vie morale.

Le second livre traite du gouvernement de la maison, ou de l'économique. C'est, relativement, le plus étendu, car il est aussi long que les deux autres, et ne correspond cependant qu'aux deux ou trois premiers chapitres de la Politique d'Aristote, et à quelques chapitres de sa Morale. Le gouvernement de la maison se divise en trois gouvernements distincts : le gouvernement de la femme, le gouvernement des enfants, et le gouvernement des serviteurs ou des esclaves. De là trois parties qui embrassent tout le droit domestique.

Enfin, le troisième livre contient la politique proprement dite, ou le gouvernement de l'État ; ce livre est également divisé en trois parties : dans la première, l'auteur discute les opinions des autres philosophes sur la politique ; dans la seconde, il parle du gouvernement de l'État en temps de paix, et dans la troisième, du gouvernement de l'État en temps de guerre.

Cet ouvrage embrasse, comme on le voit, la morale, le droit naturel, l'économie domestique et politique, la philosophie sociale et la politique proprement dite. Egidius doit à Aristote ou à saint Thomas toutes ses théories, mais le plan et la distribution lui appartiennent. En général, on ne peut nier que la scholastique n'ait sur l'antiquité une certaine supériorité de composition, non pas sans doute au point de vue de l'art, mais au point de vue de la logique. La scholastique a rendu les modernes plus exigeants pour l'ordre, la distribution et le développement d'un sujet. On a renoncé à la raideur des lignes scholastiques ; mais sous des contours plus souples et plus dissimulés, il est facile de retrouver dans les écrits des modernes, et surtout des philosophes français, la sévérité et l'exactitude introduites par la philosophie du moyen âge.

L'auteur établit d'abord, en s'appuyant toujours sur l'autorité d'Aristote, que l'homme est né pour vivre en société, et que c'est seulement dans la société qu'il trouve le complément et l'achèvement de son existence. Il le prouve par le besoin de la nourriture, ou des vêtements que l'homme ne peut seul se procurer, par les dangers de toute sorte qui le menacent, et qu'il ne peut seul écarter ; enfin par la nécessité de l'instruction. L'homme, en effet, ne se conduit pas comme les animaux par l'instinct seul ; mais la nature lui a donné le langage pour qu'il puisse exprimer ses besoins à ses semblables, et apprendre d'eux le moyen de les satisfaire (1).

Egidius reconnaît quatre degrés d'associations : c'est un degré de plus qu'Aristote. Celui-ci n'en admettait que trois : la famille, le village, qui est, dit-il, une colonie de la famille, et enfin la cité ou l'État. Egidius en ajoute un quatrième, le royaume. Aristote n'avait point distingué la cité et l'État. Quoique vivant lui-même dans une monarchie, il avait plutôt donné la théorie de l'État grec, c'est-à-dire de la cité, que de l'État macédonien, première ébauche de l'État romain, ou de l'Empire, qui, après avoir été le point culminant de la concentration de l'état, devait à son tour se subdiviser en royaumes, d'où sont sortis les États modernes. De là l'idée de royaume qu'Egidius ajoute aux trois degrés reconnus déjà par Aristote. La définition qu'il donne du royaume est bien caractéristique, et nous reporte au cœur du moyen âge : « C'est, dit-il, la confédération de plusieurs camps et de plusieurs cités sous un seul prince ou un seul roi, confédération utile pour faire la guerre contre l'ennemi, et écarter les dangers qui menacent la famille, le bourg et la cité (2). » N'est-ce pas là le régime féodal, qui a été en effet une sorte de confédération militaire, sous le gouvernement d'un chef ? Mais ce principe d'unité et de concentration était précisément ce que le régime féodal était le moins disposé à admettre. On voit déjà apparaître ici la doctrine monarchique ; et l'on se souvient que l'auteur écrit entre le temps de saint Louis et celui de Philippe le Bel.

(1) L. II, p. I, c. i.
(2) L. II, p. 1, c. iv.

Egidius ramène, comme Aristote, à trois relations principales, ou décompose en trois sociétés, la société complexe de
la famille ; la société du mari et de la femme, du père et des
enfants, du maître et des serviteurs.

Egidius établit l'indissolubilité du mariage : c'est là encore
un point qui n'est pas dans Aristote, et qui indique un état
de société nouveau. Il prouve sa thèse par les deux raisons
suivantes : 1° l'amitié qui doit exister entre époux, et qui ne
subsiste que si chacun est fidèle à sa parole et n'abandonne
pas l'objet de son choix ; 2ᶜ le bien des enfants, qui exige que
les parents s'en occupent en commun. Il montre encore que
l'homme doit se contenter d'une seule femme et la femme d'un
seul mari, par des raisons du même ordre.

Quant au gouvernement de la maison, il faut distinguer le
gouvernement du mari, du père et du maître. La femme ne
doit pas être gouvernée comme les enfants ; ni la femme et les
enfants comme les esclaves. Comme Aristote, Egidius compare
le pouvoir paternel au pouvoir royal et le pouvoir conjugal au
pouvoir républicain. Entre le mari et la femme, il intervient
des lois et des pactes ; entre le père et le fils, il n'y a aucune
convention. Le mari ne commande à la femme que dans des
limites déterminées par des lois mutuellement consenties : le
père ne commande que selon sa volonté. Le premier pouvoir
est en quelque sorte particulier, le second total ; le premier
vient du choix, le second de la nature (1).

Mais, quelque différence qu'il y ait entre le pouvoir conjugal
et le pouvoir paternel, ils sont l'un et l'autre bien différents
du pouvoir despotique, ou celui du maître sur l'esclave. L'auteur démontre ainsi, et par des raisons assez faibles, empruntées du reste à Aristote, la différence de la femme et de
l'esclave. La femme est née pour la génération, et non pour
le service. Or, la nature n'est pas comme les ouvriers de
Delphes. Elle ne fait pas le même instrument pour deux

(1) L. I, p. I, c. xiv et xv.

usages différents. Chez les barbares, il est vrai, la femme est
la même chose que l'esclave : mais cela n'est pas étonnant
puisque chez les barbares il n'y a pas de maître naturel. Le
barbare peut être défini celui qui est étranger à lui-même,
qui ne se connaît pas lui-même. Le barbare est donc celui qui
manque de la raison et de l'intelligence. Mais c'est là précisément la définition même de l'esclave. C'est donc la même
chose d'être barbare ou esclave. Donc il n'est pas étonnant
que la femme soit esclave chez les barbares. Mais il n'en
résulte pas qu'elle soit naturellement esclave. Une seconde
raison, c'est que la maison sera imparfaite et pauvre, si la
femme est en même temps servante. La seule raison digne
d'un docteur chrétien est celle qu'Egidius donne en dernier :
elle se tire de l'égalité de l'homme et de la femme. « Quoique
l'homme, dit-il, soit supérieur par la raison, il n'y a pas entre
lui et la femme la différence du maître à l'esclave : elle est
plutôt comme sa compagne, *tanquam socia* (1). »

C'est par des raisons analogues que l'auteur démontre la
différence du pouvoir paternel et du pouvoir du maître. Le
pouvoir paternel est bien royal ; il n'est pas soumis à des
règles et à des conventions, mais il n'est pas arbitraire. Le
père commande à son fils pour le bien du fils ; le maître à
l'esclave pour son bien propre. Le père s'aime lui-même dans
le fils, et il y voit un témoignage de sa propre perfection (2).

Egidius enfin passe au gouvernement des serviteurs. Ici
encore, il admet la théorie d'Aristote (3). Il reproduit tous ses
arguments sans paraître se douter que l'Évangile puisse y avoir
changé quelque chose. L'esclave, dit-il, est un instrument
animé, de même que l'instrument est un esclave inanimé. Ce
sont l'un et l'autre des choses possédées : ils ne diffèrent qu'en
ce que les uns sont des instruments animés, les autres des
instruments inanimés. Ceux qui manquent d'intelligence doi-

(1) L. II, p. I, c. xv.
(2) L. II, p. II, c. ii.
(3) L. II, p. III, c. i et ii.

vent être dirigés par ceux qui en ont : car ils sont, par rapport à eux, comme l'âme par rapport au corps, et l'instrument par rapport à l'ouvrier. De plus, on voit que les bêtes domestiques trouvent leur salut dans la direction de l'homme : or, les stupides (*insipientes*) sont par rapport aux hommes instruits comme la brute est à l'homme (quel argument pour un chrétien !) Donc, comme il est naturel que la brute obéisse à l'homme, il est naturel que les ignorants obéissent aux hom· mes instruits. Outre l'esclavage naturel, seul reconnu par Aristote, Egidius reconnaît encore un esclavage légal. Car, dit le Philosophe, c'est selon le juste légal que les vaincus sont esclaves des vainqueurs. Mais Egidius n'ajoute pas qu'Aristote trouve cela très injuste. Il donne lui-même deux arguments en faveur de l'esclavage légal : 1° les législateurs, ne trouvant pas une marque certaine pour discerner ceux qui sont véritablement esclaves, ont trouvé naturel que les vainqueurs à la guerre commandassent aux vaincus ; 2° cette loi est en faveur des vaincus. Car les vainqueurs à la guerre sont enclins à l'homicide. Mais leur intérêt les oblige à conserver les vaincus : et en effet, *servus* vient de *servare*. Ainsi Egidius, comme saint Thomas, si celui-ci est l'auteur de l'ouvrage précédent, admet à la fois les raisons d'Aristote en faveur de l'esclavage naturel, et les raisons des jurisconsultes en faveur de l'esclavage légal. On peut donc considérer comme un fait certain que la théologie scholastique a accepté l'esclavage, qu'elle y a souscrit sans réserve, sans hésitation, qu'elle l'a défendu par toutes les raisons que l'on peut invoquer ; et cette question que l'on pouvait croire tranchée à la fin de l'antiquité, par les attaques communes du christianisme et du stoïcisme, est arrivée jusqu'aux temps modernes, et presque jusqu'à nos jours, dans le même état et dans les mêmes termes.

Egidius fait entrer dans le gouvernement de la maison la possession des biens. Il en donne plusieurs raisons plus ou moins bonnes, mais dont l'une cependant est remarquable. Elle se tire de la dignité humaine. A l'égard des choses corporelles et sensibles, dit-il, l'homme est la créature la plus digne ; et il a un empire naturel sur elles : il est donc naturel qu'il leur commande et qu'il s'en serve pour son usage ; mais cela même, c'est les posséder : la possession des biens de la terre est donc naturelle. Aussi ceux qui renoncent à de tels biens, et se proposent de vivre sans possessions temporelles, ne vivent pas comme des hommes et choisissent une vie céleste, ainsi que ceux qui renoncent au mariage et à la société, et qui sont, selon l'expression du Philosophe, ou des bêtes ou des dieux (1).

Doit-on voir dans l'ouvrage d'Egidius une pensée dominante et réfléchie ? ou n'est-ce qu'une reproduction scholastique et morte de la Morale et de la Politique d'Aristote ? Il y a, je crois, quelque chose de plus. L'auteur dédie son livre au futur Philippe IV, et il veut lui apprendre la différence entre un bon et un mauvais gouvernement, entre la royauté et la tyrannie ; leçon qui sans doute n'était pas inutile à ce prince éminent, mais peu scrupuleux. C'est donc dans la dédicace qu'il faut chercher l'esprit et la pensée du livre.

« Tous les exemples de la nature nous attestent que rien de violent n'est perpétuel... Un chef d'État, qui veut perpétuer son empire, doit faire des efforts pour que son gouvernement soit naturel. Or, un gouvernement n'est naturel que s'il ne repose pas sur la passion et sur la volonté, mais qu'étant le gardien du juste, il ne commande rien sans raison et en dehors de la loi. Si, selon le Philosophe, celui-là est naturellement esclave, qui a pour lui les forces du corps, mais qui n'a pas l'intelligence, celui-là est naturellement maître qui l'emporte par la sagesse et par la prudence. »

Le principe d'Egidius est donc la distinction entre le gouvernement naturel et le gouvernement violent, le premier fondé sur la raison et la loi, le second sur la passion et le caprice. Egidius, moins hardi que saint Thomas d'Aquin, ne

(1) L. II, p. III, c. v.

paraît point accorder aux sujets le droit de résister à la tyrannie. Mais en établissant que la tyrannie est un état contre
nature, et que ce qui est contre la nature ne peut pas durer,
il semble menacer les tyrans d'un châtiment, dont le peuple
est nécessairement l'instrument.

Quoi qu'il en soit, Egidius se fait une idée très grande et
très élevée du gouvernement lorsqu'il dit : L'homme qui possède naturellement le libre arbitre ne commande véritablement que lorsqu'il commande librement et volontairement, et
lorsque les sujets lui obéissent de même. Ce qui est violent et
contre nature ne peut pas durer. L'histoire atteste qu'aucun
tyran n'a trouvé le bonheur dans la tyrannie. Il est plus digne
de l'homme de commander à des hommes libres qu'à des
esclaves. Car les hommes libres sont meilleurs que les esclaves (1). On demande si le roi doit être juste et équitable? C'est
demander si la règle doit être réglée. Le roi, c'est la loi animée, comme la loi est un prince inanimé. L'injustice et l'iniquité enlèvent aux rois leur dignité royale. Ils ne sont plus
dignes d'être rois : *Non tunc digni sunt ut sint reges* (2).

Quelles sont maintenant les opinions d'Egidius sur la grande
question du moyen âge, les rapports du pouvoir civil et du
pouvoir religieux? Cette question n'est pas même effleurée
dans le *De regimine principum*. Il faut en chercher la solution
dans d'autres écrits. Parmi ces écrits, il en est un attribué
généralement à Gilles de Rome, et recueilli sous son nom dans
la collection de Goldast : c'est le *De utraque potestate*, traduit
en français au xive siècle par Raoul de Presle, conseiller de
Charles V ; il est tout à fait contraire au pouvoir ecclésiastique, tout à fait favorable au pouvoir civil. D'où l'on avait conclu qu'Egidius devenu archevêque de Bourges, après avoir été
précepteur de Philippe le Bel, avait pris le parti de ce prince
dans sa querelle avec Boniface VIII.

Mais cette conjecture paraît en contradiction avec les faits.

(1) L. I, part. I, c. x.
(2) L. I, p. II, c. xiii.

D'ailleurs l'authenticité du *De utraque potestate*, souvent con-testée, est tout à fait démentie par un autre ouvrage, inédit, il est vrai, mais parfaitement authentique, et dont l'analyse nous a été donnée récemment par M. Charles Jourdain (1). Ce nou-veau traité est intitulé *De ecclesiastica potestate*, et il en est question dans les historiens de l'ordre de saint Augustin, Gan-dolfo et Ossinger. Il en existe un manuscrit à la Bibliothèque nationale de Paris ; et c'est de ce manuscrit que M. Jourdain a eu connaissance.

Le *De ecclesiastica potestate* est certainement un des ouvrages les plus curieux du moyen âge sur cette question ; car aucun, à notre connaissance, n'est allé aussi avant dans les doctrines théocratiques. Nous en rapporterons, d'après M. Jourdain, les principaux arguments. Je laisse de côté toutes les raisons exposées dans la première partie. Elles n'ont rien de nouveau, et se rencontrent dans tous les écrits du même genre. C'est surtout dans la seconde partie, qui traite du pou-voir de l'Église sur les biens temporels, que se rencontrent les opinions vraiment excessives. Selon l'auteur, non seulement l'Église a le droit de posséder des biens temporels ; mais elle a une juridiction naturelle sur toute espèce de biens de ce genre. La destination des choses temporelles est l'utilité du corps. Le corps est subordonné à l'âme, et l'âme l'est à son tour au sou-verain pontife. Nos âmes, nos corps et nos biens, tout relève de lui. Alors même que cette dépendance n'existe pas en fait, méconnue qu'elle est par les passions des hommes, elle sub-siste en droit ; elle constitue pour les fidèles une dette dont ils ne peuvent pas absolument s'affranchir (2). Il est évident que l'art de gouverner les peuples consiste à les coordonner aux

(1) Voyez la note savante et curieuse donnée par M. Ch. Jourdain au *Journal général de l'instruction publique*, 24 et 27 février 1858.
(2) P. II, c. IV, fol. 14, v° : « Patet quod omnia temporalia sunt sub dominio Ecclesiæ collocata, et si non de facto, quoniam multi forte huic juri rebellantur, de jure tamen et ex debito temporalia summo pontifici sunt subjecta, a quo jure et a quo debito nullatenus possunt absolvi. »

lois de l'Église, comme la matière est coordonnée à la forme (1).
Telle est l'étendue de la puissance ecclésiastique, qu'elle comprend même les propriétés privées, et que, par exemple, le
possesseur d'un champ ou d'une vigne ne peut pas les posséder justement, s'il ne les possède sous l'autorité de l'Église et
par l'Église (2). L'enfant qui a recueilli la succession paternelle
est moins redevable à son père qu'à l'Église ; car si son père
l'a engendré selon la chair, l'Église l'a régénéré selon l'esprit,
et autant l'esprit l'emporte sur la chair, autant les droits que
sa régénération spirituelle lui confère l'emportent sur ceux
qu'il tient de sa génération charnelle. Sans le baptême et sans
les sacrements, que sommes-nous, sinon des esclaves du péché,
des créatures rebelles à qui cette désobéissance a enlevé toute
espèce de droits, non seulement sur les biens de l'éternité,
mais encore sur ceux de la vie présente ? L'Église seule, en
nous réconciliant avec Dieu, nous fait recouvrer ce que nous
avons perdu, et légitime en nos mains les possessions qui
composaient l'héritage de nos pères (3). Mais quoi ! les infidèles qui n'ont pas été régénérés par le baptême, les chrétiens
eux-mêmes qui n'ont pas été purifiés de leurs fautes par la
pénitence, tous ceux qui vivent en dehors de l'Église, ne sont-

(1) C. vi, fol. 18, v° : « Patet ergo, quod terrena potestas et ars
gubernandi populum secundum terrenam potestatem, est ars dispo-
nens materiam ad dispositionem ecclesiasticæ potestatis. »
(2) *Ibid.*, fol. 20, v° : « His ergo declaratis, volumus descendere ad
propositum et ostendere quod nullum sit dominium cum justitia, nec
rerum temporalium, nec personarum laïcarum, nec quorumcumque,
quod non sit sub Ecclesia et per Ecclesiam, ut agrum vel vineam, vel
quodcumque quod habet hic homo, vel ille, non possit habere cum
justitia, nisi habeat id sub Ecclesia et per Ecclesiam. » C'est exactement la doctrine des Lois de Manou exposée plus haut, p. 13.
(3) *Ibid.*, fol. 20, v° : « Vides ergo quod ad justam et dignam possessionem rerum plus facit regeneratio per Ecclesiam quæ est spiritualis, quam generatio prima quæ fuit carnalis. » Fol. 20, v° :
« Magis es dominus possessionis tuæ et cujuscumque rei quam
habes, quoniam es Ecclesiæ filius spiritualis, quam quoniam es filius
patris carnalis. » Cap. ix, fol. 23, v° : « Quilibet fideles quoties in
peccatum mortale labuntur et per Ecclesiam absolvuntur, toties
omnia bona sua, omnes honores, omnes potestates et facultates suas
debent recognoscere ab Ecclesia, per quam absoluti facti sunt tali-
bus digni quibus, cum peccato serviebant, erant indigni. »

ils pas, malgré leurs souillures, les justes propriétaires des
biens qu'ils possèdent ? Non, répond Egidius ; cette possession
en leurs mains n'est pas légitime ; elle a lieu contre la vérité
et le droit. Tout ce que nous avons, nous l'avons reçu de
Dieu ; si nous ne l'employons pas pour la gloire de Dieu, si
nous nous élevons contre l'Église de Dieu, nous ne sommes
que des dépositaires déloyaux et d'iniques détenteurs des dons
de la Providence (1).

JACQUES DE VITERBE. — Dans le même ordre d'idées, et
vers le même temps (2), nous pouvons citer encore un ouvrage,
celui de Jacques de Viterbe, dont nous empruntons l'analyse à
M. Hauréan (*Hist. littér. de la France*, tom. XXVII.)

Le livre le plus connu de Jacques de Viterbe a pour titre :
De regimine christiano. Il est conservé selon Fabricius, qui
cite Possevin, parmi les manuscrits du Vatican. Il se compose
de deux livres, appelés traités. Au premier de ces traités,
où l'auteur entend démontrer combien le royaume de l'Église
est glorieux, appartiennent six chapitres dont voici les rubri-
ques particulières : 1° l'Église est un royaume proprement
dit ; 2° le royaume de l'Église est orthodoxe ; 3° il est un ; 4° il
est catholique, c'est-à-dire universel ; 5° il est saint, étant
sanctifié par Dieu même ; 6° il est apostolique. Dans le
second traité, qui contient dix chapitres, il s'agit de la puissance du Christ, le roi de l'Église, et de celle du pape, son
premier vicaire. On y prouve : 1° qu'il y a plusieurs sortes de
puissances ; 2° que le Christ a dû communiquer sa divine puissance à des personnes humaines ; 3° que ces personnes humaines sont les évêques et les princes : les évêques, rois spiri-

_____

(1) Cap. XI, fol. 26, v° : « Volumus ad ipsam possessionem, et dominium et potestatem infidelium nos convertere ostendentes, quod
nullam possessionem, nullum dominium, nullam potestatem possunt
infideles habere vere et cum justitia. » *Ibid*. fol. 27, v° : « A Deo
habemus res temporales et dominia et potestates, quoniam non est
potestas, nisi a Deo : quanto ergo magis hæc omnia habemus a
Deo, tanto sumus magis injusti possessores, si inde non servimus
Deo. »
(2) Jacques de Viterbe est mort en 1308

tuels ; le prince, roi temporel ou séculier ; 4° que la puissance
sacerdotale et la puissance royale, réunies entre les mains des
évêques, sont néanmoins distinctes ; 5° que des degrés différents d'honneur et d'autorité ont été particulièrement attribués
aux personnes diverses qui possèdent à la fois la puissance
sacerdotale et la puissance royale, et qu'un des évêques a la
primauté sur tous les autres ; 6° que la royauté spirituelle et la
royauté séculière ont des analogies et des dissemblances ;
7° que les rois séculiers étant ordinairement des impies et des
tyrans, les rois spirituels ont le droit et le devoir de les réprimander, de les corriger, et, au besoin, de les déposer ; 8° que
la royauté séculière est donc vassale de la royauté spirituelle ;
9° enfin que la plénitude de la puissance sacerdotale et de la
puissance royale appartient en propre à l'évêque des évêques,
dictateur souverain de toutes les consciences, ordonnateur pri-
vilégié de toutes les affaires humaines. Dans le dixième chapitre, l'auteur combat les arguments de ces légistes qui ont osé
mettre en avant, au mépris de l'institution divine, une doctrine
nouvelle, hérétique, pernicieuse, qui conduit à l'indépendance
réciproque du pape et des évêques, du pape et du roi.

Au chapitre VIII du second livre appartient ce passage, où
se trouve le résumé de la doctrine des canonistes : « De ce qui
« a été dit nous concluons que la puissance causale et suprême
« du vicaire du Christ, successeur de saint Pierre, contenant
« et dominant celle des évêques et celle des princes temporels,
« ces puissances inférieures sont néanmoins comparables à la
« supérieure. Comme la perfection de la cause peut se ren-
« contrer dans un causé, y étant de même nature que dans la
« cause, mais n'y étant pas en totalité, y étant seulement en
« partie, ainsi la puissance qui réside dans le souverain pon-
« tife descend vers les pontifes subalternes en conservant sa
« manière d'être avec sa manière d'agir ; et cependant les
« pontifes subalternes n'ont pas la totalité de cette puissance,
« ils n'en ont qu'une partie. Quant à la puissance du prince
« séculier, elle se compare à celle du souverain pontife comme

« un causé en qui la perfection de la cause est incomplète et
« n'est pas de même nature que dans la cause, le prince sécu-
« lier ayant seulement en partage la puissance temporelle,
« etc., etc. » Ainsi l'on prouve la subordination des évêques
et des rois au vicaire du Christ, successeur de saint Pierre,
avec toute la rigueur de l'argumentation logique. Formé dans
les écoles de Garlande, Jacques de Viterbe écrit comme on
parle dans ces écoles. Si ses opinions sont ultramontaines, sa
méthode ne l'est pas. C'est la méthode de Paris, avec sa précision et son idiome pédantesque, ses qualités et ses défauts. Le
fragment que nous venons de résumer n'est pas seulement
d'un canoniste, mais encore d'un logicien et d'un philosophe.

Ces deux ouvrages d'Egidius Romanus et de Jacques de
Viterbe peuvent être considérés comme le point culminant des
doctrines théocratiques au moyen âge. On y reconnaît l'exagération qui est d'ordinaire le signe des pouvoirs qui vont
tomber. Écho des prétentions exorbitantes de Boniface VIII,
il nous font pressentir la réaction éclatante du quatorzième
siècle contre ces doctrines exagérées. Le progrès de la théocratie s'arrête. Les défenseurs du pouvoir civil s'élèvent de
toutes parts, et remplissent de leurs écrits le siècle qui va
s'ouvrir. La philosophie de saint Thomas pâlit et s'efface.
C'est le moyen âge qui se dissout et qui disparaît.

CHAPITRE IV

DANTE, OCKAM

La philosophie de saint Thomas, admirable monument d'école, cadre excellent pour la distribution et la classification des problèmes, paraissait au mysticisme du moyen âge faire la part trop grande encore à la philosophie humaine, et, en réduisant à des formules sèches et didactiques tous les principes de la vie chrétienne, avoir plutôt en vue l'ordre et la discipline de l'enseignement que la satisfaction religieuse de l'âme. Le mysticisme, d'ailleurs, s'était montré toujours, pendant le moyen âge, plus ou moins impatient de la scholastique. Au xiii° siècle seulement, il s'était laissé enchaîner, et saint Bonaventure, obéissant au génie de son temps, avait introduit la forme scholastique dans ses écrits ; mais dans le siècle suivant, la séparation recommence, et au xv° siècle la rupture est déclarée.

En Italie déjà, nous voyons renaître, au xiv⁰ siècle, le mysticisme philosophique et platonicien. C'est lui qui éveille et inspire le génie subtil de Pétrarque. Pétrarque est une sorte de Platon mêlé de Sénèque; chrétien profane, alexandrin et académicien à la fois, il fut surtout utile à la philosophie en brisant la forme scholastique, et en lui donnant un mouvement plus libre et plus naturel. Vers le même temps, s'élève sur les bords du Rhin un mysticisme hardi et spéculatif, qui se place tout d'abord au sein de l'être et, du haut de cette contemplation, considère le monde et l'homme comme des phénomènes, dont le suprême bonheur est l'identité avec Dieu (1) : c'est le mysticisme de maître Eckart, Tauler, Suzo, et enfin du Flamand Ruysbroeck, contre lequel écrit Gerson, mystique lui-même, mais dans un autre sens et avec une autre méthode.

Gerson, comme saint Bernard et l'école de Saint-Victor, fonde son mysticisme sur des expériences intérieures (2), sur certains états de l'âme que celui-là seul peut connaître qui les a éprouvés ; c'est en quelque sorte un mysticisme psychologique. Gerson oppose la théologie mystique à la théologie spéculative : l'une qui est dans le cœur, l'autre dans l'intelligence ; l'une fondée sur l'expérience, l'autre sur le raisonnement. Néanmoins, il croit que l'une et l'autre sont également nécessaires.|La mystique est indispensable à la spéculative ; car parler des phénomènes intérieurs sans les connaître, c'est parler comme des pies qui ne se comprennent pas elles-mêmes (3). D'un autre côté, les âmes dévotes, qui ont le sentiment très vif de ces phénomènes, ne doivent point dédaigner la philosophie savante, qui leur apprend à régler leurs affections sur la loi du Christ. C'est là, suivant Gerson,

---

(1) Voy. sur le mysticisme allemand du xiv⁰ siècle, le savant mémoire de M. Charles Schmidt de Strasbourg. *Mém.* de l'Académie des sciences mor. et polit. Savants étrangers, 1847, p. 225.
(2) Gers. *De mystica theologia*, pars I, cons. ii. Experimentis habitis ad intrà in cordibus animarum devotarum ; c. v, non unus aut alter ista dicunt, sed mille.
(3) *Ibid.* p. vi, c. xxx. Sicut pueri vel picæ.

la cause des erreurs de Ruysbroeck et des faux mystiques (1).
Comme Bossuet plus tard, il cherche à fixer la limite entre le
vrai et le faux mysticisme, et il combat avec force la doctrine
de l'identité entre le créateur et la créature.

Cependant ni le mysticisme littéraire de Pétrarque, ni le
mysticisme spéculatif des théologiens allemands, ni enfin le
mysticisme de Gerson lui-même, trop savant encore, ne suffi-
saient aux âmes pieuses et dévotes, fatiguées des formules de
l'école, et cherchant dans les profondeurs de l'âme un oubli
plus profond d'elles-mêmes, un abandon plus entier. De là un
mysticisme populaire, qui trouva son admirable expression
dans l'*Imitation de Jésus-Christ* (2), l'un des plus beaux livres
du monde, plainte sublime d'une âme altérée de foi et d'amour
devant une science tarie. L'*Imitation* est la traduction populaire de la théologie mystique, c'est le dernier cri du mysticisme
du moyen âge contre la philosophie des écoles, la théologie
spéculative, le christianisme péripatéticien des universités.
Ainsi s'écroulait l'artificiel édifice construit par le grand
docteur du xiiie siècle, auquel les Pères de l'Église avaient
fourni les pierres, et Aristote le ciment. La morale de saint
Thomas, cette ingénieuse conciliation d'éléments inconciliables,
perdait tout empire devant cette morale pénétrante et profonde, dont le premier mot était : « Mieux vaut éprouver la
componction, que d'en savoir la définition (3). » Et encore :
« Tout homme désire savoir naturellement, mais qu'importe
la science sans la crainte de Dieu (4) ? » Mais cette morale
elle-même était-elle la dernière vérité ? Si séduisante qu'elle

(1) *De myst. theolog.* pars I, c. viii. Compertum est multos habere
devotionem, sed non secundum scientiam... Hoc in Begardis et Ture-
lipinis manifestum fecit experientia. — Cf, Epistol. super libr.
Ruysbroeck. *De ornatu spiritualium nuptiarum.*
(2) Je ne considère pas comme prouvée l'opinion avancée dans ces
derniers temps que l'*Imitation* est du xiiie siècle : c'est pourquoi j'en
parle ici. Le mysticisme du xiiie siècle n'a pas ce caractère mélan-
colique et désabusé.
(3) *De Imit. Christ.* l. I, c. i.
(4) *Ib.* c. ii.

soit par sa simplicité sans égale, et par l'attrait d'une tristesse
délicieuse, par la justesse du sentiment intérieur et la connaissance profonde de la vie morale, cette doctrine ne penche-
t-elle pas à son tour vers un autre excès? Ce livre a-t-il
raison lorsqu'il nous dit : « Cours çà et là, tu ne trouveras le
repos que dans l'humble soumission à l'autorité d'un chef (1)! »
Lorsqu'il écrit : « Qu'il est grand de ne pas s'appartenir à
soi-même, *sui juris non esse* (2)? » A-t-il raison d'éloigner
l'homme du commerce des hommes? Et enfin cette longue
plainte, si légitime qu'elle puisse être, n'a-t-elle pas le tort
d'amortir l'activité de l'homme, et de lui ôter cette joie de la
vie, si nécessaire à la vertu?

BONIFACE VIII ET PHILIPPE LE BEL. — Tandis que la philosophie
morale du moyen âge retournait au mysticisme dont elle était
sortie, et s'affranchissait des formes de la scholastique,
désormais condamnée, la philosophie politique engageait une
lutte de plus en plus vive contre la théocratie du moyen âge.
De toutes parts, au XIVe siècle, s'élèvent des protestations
contre le pouvoir pontifical. Boniface VIII accélère la crise
par sa violence ; les flots bouillants de son orgueil et de son
ambition viennent se briser contre la froide ténacité de
Philippe le Bel, c'est le signal d'une révolte universelle. Les
écrits se multiplient sans interruption (3), et l'on peut dire
qu'à la fin du XIVe siècle la question est tranchée. On conti-
nuera longtemps, au XVe et au XVIe siècle, et jusqu'à nos jours,
à écrire pour ou contre le pouvoir politique du souverain
pontife ; mais la question rentre peu à peu dans le nombre de
ces thèses d'école que l'on discute sans fin, mais dont la
science ne s'occupe plus. Sans doute les rapports du temporel
et du spirituel, de l'Église et de l'État sont encore et seront

---

(1) *Ib.*, c. IX.
(2) *Ib.*, *ib.*
(3) On trouvera tous ces écrits dans la collection de Goldast (*Monarchia*), et de Schardius (voy. plus haut, p. 332 et 336). Quant aux
pièces de la querelle, que nous citons plus bas, elles sont tirées de
Dupuy. *Hist. du différ., de Bon. VIII et de Phil. le Bel.* Paris, 1655.

toujours une des questions principales de la politique ; mais
ce n'est plus, comme au moyen âge, la question dominante,
la seule question. On peut dire que ce résulat est dû au
grand débat que le xive siècle a institué à ce sujet

Les pièces qui contiennent les doctrines politiques de
Boniface VIII sont ses bulles, dont les trois principales sont la
bulle *Clericis laïcos* (1296), la bulle *Ausculta, fili* (1301), et
surtout la bulle *Unam sanctam* (1302). Dans la première, le
pape déclare que les ecclésiastiques qui paieront des tributs (1),

(1) Disons quelques mots de cette question des contributions ecclésiastiques, qui est l'une des faces de la grande question politique du
moyen âge. On sait quelle est sur ce point la tradition évangélique
et apostolique et la tradition des Pères. Jésus-Christ a payé le tribut.
Saint Paul a dit de payer le tribut à ceux auxquels on doit le tribut.
(Rom. xiii. 7), et il ne fait nulle exception en faveur du sacerdoce.
Même, sous les empereurs chrétiens, saint Ambroise disait, comme
nous l'avons vu (p. 341): *Agri Ecclesiæ solvunt tributum.* Au ixe siècle,
Hincmar disait encore: « Quant à la milice et aux impôts, que suivant l'antique usage, selon la quantité et la qualité des églises qui
nous sont confiées, on a coutume d'exiger, nous pensons que nous
devons écouter les paroles et suivre l'exemple d'Ambroise... pour la
défense du roi et de la République, l'église paye les impôts que
nous appelons dons annuels. » Il en était ainsi au ixe siècle. Au xe,
il intervient déjà une constitution d'Odon, archevêque de Cantorbéry,
où nous lisons: « Il n'est permis à personne d'imposer un cens sur
l'Église de Dieu, parce que les fils de l'Église, c'est-à-dire les fils de
Dieu, sont libres de tout cens terrestre dans tout royaume. » Allusion
au passage si controversé de l'Évangile : *Filii sunt liberi.* Les premiers actes solennels de l'Église sur cette question sont le décret
d'Urbain II au concile de 1089, et le célèbre décret d'Alexandre III
au concile de Latran, en 1179. Enfin, nous trouvons dans les lettres
de Pierre de Blois, en 1188, une protestation contre la prétention de
Philippe-Auguste à faire payer au clergé la dîme Saladime. « Pour
quelle raison ceux qui combattent pour l'Église dépouillent-ils
l'Église, qu'ils devraient au contraire enrichir de dons, de triomphes
et des dépouilles de l'ennemi ? Qu'est-ce que le prince doit exiger
des pontifes et des clercs, sinon qu'ils fassent incessamment des
prières pour lui ?... Je sais que si ton roi a décidé d'accabler l'Église
sous le poids de mille exactions, il trouvera plus d'un évêque pour
complice de son audace. Car, oubliant la liberté évangélique, qui les
a faits non seulement les fils, mais les amis de Dieu, ils se laisseront
percer l'oreille en signe d'une servitude perpétuelle et ignominieuse. »
Cette protestation nous conduit jusqu'au nouveau concile de
Latran (1205) où Innocent renouvelle le décret d'Alexandre III, avec
des additions importantes: « Si cependant un évêque et son clergé
voient utilité ou nécessité, et sans contrainte, à venir en aide aux

et les princes séculiers qui les exigeront sans le consentement du siège apostolique, seront excommuniés *ipso facto*. Cette prétention, qui a paru exorbitante, et qui a soulevé cette immense querelle, n'était, après tout, que le renouvellement des décisions de la plupart des papes prédécesseurs de Boniface VIII, au moins depuis Urbain II. On voit donc très évidemment que le tort de Boniface VIII a été de ne pas sentir sa faiblesse et de ne pas prévoir sa défaite. Mais où a-t-on vu un pouvoir absolu se limiter lui-même, et renoncer à des droits acquis, pour éviter une chute que l'événement seul a démontré inévitable?

Entre la première et la seconde bulle en l'année 1300, on dit que le pape, dans la grande cérémonie du jubilé séculaire, parut en habits pontificaux et ensuite en habits impériaux, tenant deux épées à la main et disant : *Ecce duo gladii, ego sum Cæsar* (1). Une telle parole est bien peu vraisemblable ; quelque orgueil et quelque ambition qu'on suppose à Boniface VIII, il est douteux qu'il ait pu aller jusque-là. Au reste, que ce fût là le fond de sa pensée, cela n'est pas douteux ; mais cette pensée, c'était la pensée même de la papauté du moyen âge. Lorsque Boniface, dans un consistoire public, pour la confirmation d'Albert, roi des Romains, disait : « Dieu a fait deux grands luminaires ; et de même que la lune ne reçoit de lumière que du soleil, de même le pouvoir terrestre ne possède rien qui ne lui vienne du pouvoir ecclésiastique, » cette comparaison, si célèbre à cette époque, est littéralement empruntée à Innocent III. Au xiiie siècle, elle ne soulève aucune protestation éclatante ; au xive, elle fut l'objet des plus

besoins publics, lorsque les moyens des laïques sont insuffisants, et jugent que les Églises doivent accorder des subsides, les laïques doivent les recevoir *humblement* et dévotement et *avec des actions de grâces*. Cependant, la jurisprudence de quelques-uns veut qu'ils consultent d'abord le Pontife romain, auquel il appartient de veiller à l'utilité commune. »

(1) Dupuy cite la parole autrement : « *Ecce duo gladii*; me vides, ô Petri, successorem tuum, tu salutifer Christe, cerne tuum vicarium. » *Histoire du différend*, p. 8).

vives attaques. Lorsque, dans le même discours, Boniface VIII
menace les Germains de transférer l'empire à d'autres
peuples, s'ils s'en montrent indignes, il ne fait que tirer la
conséquence légitime de la doctrine de la translation de
l'empire, qui était l'une des doctrines traditionnelles de la
cour de Rome. Mais, en même temps que Boniface VIII
abaissait ainsi l'empire devant la papauté, il l'élevait au-dessus
de tous les monarques de la terre, et on en comprend aisément les motifs. Aussi disait-il dans le même discours cité
plus haut : « Que l'orgueil gaulois fasse silence et cesse de
proclamer qu'il ne reconnaît point de supérieur : c'est un
mensonge ; car, de droit, la France est et doit être sous la
domination du roi des Romains et de l'empereur. » Tels étaient
les principes de Boniface VIII. Mais il allait se rencontrer en
face d'un monarque aussi tenace que lui, profond politique,
froid, énergique et peu disposé à plier devant les menaces, le
premier des rois modernes, comme on l'a dit.

L'affaire s'engage par la bulle *Ausculta fili*, qui, bien que
écrite du ton paternel et emmiellé de la cour de Rome, contient déjà les principes les plus hautains. « Dieu, y est-il dit,
nous a établis au-dessus des rois et des royaumes, en nous
imposant le joug de la servitude apostolique pour *arracher,
détruire, disperser, dissiper, édifier et planter* (1). » Suivent
des remontrances très vives et très pressantes sur la conduite du roi, remontrances qui, à vrai dire, n'ont rien de
nouveau, et sont tout à fait semblables à celles que tous les
papes du moyen âge adressaient aux princes et même aux empereurs. Les lettres de Grégoire VII à Philippe Ier sont au moins
aussi hautes et aussi violentes que celles de Boniface VIII.
Enfin la bulle *Unam sanctam*, qui a paru la plus excessive de toutes, n'est guère que la reproduction souvent
littérale de toutes les doctrines politiques du moyen âge. Le
pape cite le passage où saint Pierre montre les deux glaives à

(1) C'est le passage de Jérémie souvent cité.

Jésus-Chrit, et où celui-ci répond : C'est assez, et non pas :
c'est trop. Il reproduit le passage de saint Bernard : « Que le
glaive spirituel est tenu par l'Église, le temporel pour l'Église ;
que le spirituel peut être tiré par le prêtre, le temporel par
le roi, mais d'après le consentement du prêtre. » Il invoque
ensuite le passage de Jérémie : *Ecce constitui ;* le pouvoir de
juger, décerné au spirituel sur le temporel, etc. Enfin, il n'y a
rien absolument de nouveau dans cette lettre, si ce n'est l'argument qui termine : celui qui reconnaît deux pouvoirs dont
l'un n'est pas soumis à l'autre, reconnaît deux principes, et
tombe dans l'hérésie du manichéisme. La conclusion est
absolue : *Porro subesse romano pontifici omnem humanam
creaturam declaramus.* »

Les principes contenus dans ces différentes bulles ayant
soulevé de grandes oppositions, le pape et la cour de Rome
essayèrent de les restreindre et de les limiter. Mais leurs
prétendues explications ne font que confirmer et établir plus
fortement les doctrines qu'on leur impute. Dans un consistoire
tenu à Rome, à propos de la querelle du pape et du roi de
France, le cardinal de Porto, Mathieu d'Aquasparta, prit la
parole et dit qu'on avait mal interprété les paroles du pape,
qu'il n'avait jamais soutenu que le roi dût reconnaître tenir
son royaume de l'Église ; mais que la doctrine tenue par le
pape était celle-ci : « De même qu'il n'y a qu'un seul chef
dans la maison, dans le vaisseau, de même qu'un corps n'a
qu'une seule tête, de même l'Église n'a qu'un chef suprême
auquel tous doivent obéir ; celui-là qui possède la plénitude
de la puissance est *maître suprême du temporel et du spirituel, et c'est le souverain pontife ;* il y a deux juridictions,
l'une spirituelle, l'autre temporelle, l'une appartenant au
pape, l'autre à l'empereur et aux princes ; mais le pape peut
connaître du temporel, eu égard au péché (*ratione peccati*) ;
il y a trois choses dans la juridiction : le droit, l'usage et
l'exécution ; l'usage et l'exécution au temporel n'appartiennent
pas au souverain pontife ; car il a été écrit : *Converte gla-*

dium in vaginam ; mais le droit appartient au vicaire de Jésus-
Christ, d'où il suit, conclut le cardinal, que le roi de France
n'a pas lieu de se plaindre. » En effet, on lui laissait l'usage
de la puissance, on ne se réservait que le droit et la direction.
Dans le même consistoire, Boniface VIII parla lui-même et
répéta à peu près ce qu'avait dit le cardinal de Porto, mais
avec des paroles qui se ressentent de son caractère emporté :
« On nous fait dire, s'écria-t-il, que nous avions déclaré au
roi qu'il devait reconnaître tenir son royaume de nous. Voilà
quarante ans que nous étudions en droit, et nous savons qu'il
y a deux puissances ordonnées par Dieu... Mais le roi ne peut
pas nier qu'*il ne soit notre sujet quant au péché.* » Il rappelle que les papes, ses prédécesseurs, ont déposé trois rois
de France, et il menace Philippe d'une punition semblable,
s'il ne vient à résipiscence : « Le roi ayant commis les mêmes
fautes, nous n'hésiterions pas à le déposer, *sicut unum gar-
cionem,* quoiqu'avec douleur et beaucoup de tristesse. »

Tandis que Boniface essayait de faire triompher ses prétentions à la monarchie universelle, son adversaire lui résistait
avec une fierté et une persévérance contre laquelle devaient
se briser tous les efforts de la cour de Rome. A la bulle
Clericis laïcos, il répondit par une lettre d'une mâle éloquence
et d'une vive dialectique : « Avant qu'il n'y eût des clercs,
disait-il, le roi de France avait déjà la garde de son royaume,
et le droit de faire les lois qui lui paraissaient nécessaires.
Notre sainte mère l'Église n'est pas seulement composée de
clercs, mais de laïques. Est-ce donc seulement les clercs que
Jésus-Christ a délivrés du péché ? Est-ce pour les clercs seuls
qu'il est mort? seuls ont-ils la grâce en ce monde et la gloire
en l'autre ? Non sans doute. Pourquoi donc les clercs veulent-
ils s'approprier, à l'exclusion des autres, la liberté ecclésiastique ? Il est vrai qu'il y a des libertés particulières
accordées aux clercs par l'autorité du saint pontife, mais avec
la permission des rois. Mais de telles libertés ne peuvent ôter
aux rois la puissance de garder et de défendre leurs royaumes ;

elles ne peuvent le priver de ce qui est nécessaire à cette
défense. La partie doit être utile au tout, et c'est un membre
mort ou paralytique que celui qui refuse de servir au corps.
Ainsi quiconque refuse de subvenir aux besoins du royaume
et de son chef, clercs ou laïques, nobles ou roturiers, est un
membre inutile et paralytique. Personne n'est tenu de faire la
guerre à ses dépens : or, si une invasion d'ennemis menaçait
le royaume, il est certain que les biens ecclésiastiques seraient
pillés ; ils ont donc plus besoin que les autres du secours de
notre bras ; et c'est faire iujure au droit naturel que de
défendre à qui que ce soit, serf ou libre, clerc ou laïque, noble
ou roturier, de payer tribut à ses défenseurs. Aussi est-il un
homme sage et éclairé qui n'ait été confondu d'étonnement en
voyant le vicaire de Jésus-Christ défendre, sous peine d'anathème, de payer le tribut à César, défendre aux clercs de
venir au secours du royaume et du roi, bien plus, d'eux-mêmes,
selon leurs moyens ? Et on leur permet de donner aux his-
trions, aux courtisanes ; et, au mépris des pauvres, de
dépenser follement leurs revenus, en chevaux, en banquets,
en pompes de toutes sortes : ce que la nature et la raison, le
droit divin et humain déclarent détestable. Et l'on défend à
ces prêtres nourris et engraissés par nos complaisances, de
venir à notre secours dans nos nécessités ! Ceux qui font de
telles défenses n'ont pas mûrement réfléchi : ils auraient vu
que c'est là prendre en main la cause de nos ennemis, encourir
le crime de lèse-majesté et trahir le défenseur de l'État. Nous
adorons Dieu, nous honorons l'Église catholique et ses
ministres ; mais nous n'avons pas peur des menaces des
hommes, lorsqu'elles sont déraisonnables et injustes ; car
Dieu, à la clémence duquel nous appelons, saura bien reconnaître la justice de notre cause. » Cette admirable lettre, pleine
de passion et de raison, est peut-être ce que le xive siècle a
laissé de plus fort contre la tyrannie pontificale : on y reconnaît
un esprit droit et net, qui ignore et méprise les subtilités
dialectiques, et entre immédiatement dans les choses mêmes,

in medias res, une raison au-dessus de son siècle par la
fermeté et la hardiesse, une force de pensée qui en laisse
entrevoir plus qu'elle n'en découvre, enfin un langage nerveux
et incisif, bien supérieur au langage diffus et violent de
Boniface VIII (1).

La querelle de Boniface VIII et de Philippe le Bel est la
plus célèbre du xive siècle, et l'une des plus grandes du moyen
âge ; elle ne fut pas la seule : la papauté ne fut pas vaincue
en un seul coup. Il faut rappeler encore celle de Henri VII
et de Clément V, de Louis de Bavière et de Jean XXII. C'est à
l'occasion de ces diverses querelles que furent composés les
grands écrits polémiques du xive siècle, soit en France, soit
en Italie. Dans cette lutte dont nul n'entrevoyait toutes les
conséquences, deux noms surtout se font remarquer avec
éclat, le nom du plus grand poète et celui du plus grand
scholastique de cette époque, Dante et Ockam.

DIALOGUE ENTRE UN CLERC ET UN SOLDAT. — Mais avant de
parler du *De monarchia* et des grandes mais insupportables
diatribes de Guillaume d'Ockam, arrêtons-nous un instant à
un petit écrit court, mais très intéressant, composé évidemment au temps de Philippe le Bel, et qui même semble s'être
inspiré de la lettre précédente. C'est un véritable pamphlet
connu sous le titre de *Dialogue entre un clerc et un soldat* (2). Quelques-uns ont attribué cet ouvrage à Ockam
lui-même, et disent que c'est pour cet écrit qu'il a été
excommunié. Mais cette supposition nous paraît peu vraisemblable, tant est grande la différence de style entre ce petit
écrit et les ouvrages authentiques d'Ockam : ceux-ci sont d'une
scholastique aride, tortueuse et subtile. Le pamphlet, au

(1) On a contesté l'authenticité de cette lettre : *Antequam clerici*.
Mais quelle que soit la valeur de ce document en tant que pièce
officielle émanée de Philippe le Bel, elle n'en est pas moins une
preuve remarquable des idées du temps.
(2) Voir Goldast. — Suivant l'abbé Grégoire (*Essai histor. sur les
bornes de l'Egl.*, etc.), ce pamphlet aurait été primitivement écrit en
vieil anglais. Il a été réimprimé à Londres en 1808, chez James
Savage.

contraire, est d'un ton vif, rapide, plein de mouvement, d'esprit et de passion ; c'est un écrit remarquable pour le temps, et même de quelque valeur littéraire.

On en jugera par le début qui ne manque pas d'originalité et même d'un certain comique. Le clerc rencontre le soldat et commence à gémir en termes tragiques et solennels de la situation de l'Église : « Je m'étonne, excellent soldat, d'avoir vu en peu de jours l'ordre du monde changé, la justice ensevelie, les lois renversées, les droits foulés aux pieds. — Le soldat : Voilà de bien grands mots : pour moi je suis un laïque, et quoique j'aie un peu étudié les lettres en mon enfance, je ne suis pas allé assez loin pour bien comprendre d'aussi hautes expressions. C'est pourquoi, vénérable clerc, si vous voulez avoir un entretien avec moi, prenez, je vous prie, un style plus simple. — Le clerc : J'ai vu dans mon temps l'Église en grand honneur auprès des rois, des princes et des nobles ; maintenant je vois la misérable Église devenue à vous tous une proie : on exige tout de nous, on ne nous donne plus rien ; si nous ne donnons pas nos biens, on nous les arrache ; nos droits sont foulés aux pieds, nos libertés sont détruites ! — Le soldat : Qu'entendez-vous par vos droits ! » Il me semble qu'il y a là un sentiment vif et juste du dialogue : le caractère du personnage est indiqué avec assez de justesse et même de finesse ; le clerc a le ton emphatique et plaintif de la cour de Rome, le soldat prend le ton naïf, ironique et ferme du laïque révolté. « Je n'ai pu m'empêcher de rire, dit-il, lorsque récemment j'ai appris que le pape Boniface VIII prétendait être supérieur à tous les pouvoirs de la terre : à vrai dire, de cette manière, il lui est facile de s'acquérir un droit sur toute chose, puisqu'il n'a qu'à écrire que tout est à lui. Pour lui, avoir un droit, ce n'est autre chose que de le vouloir. »

Après ces premières escarmouches, la discussion s'engage d'une manière plus sérieuse. Le clerc ayant soutenu que le pape, comme vicaire de Jésus-Christ, peut tout ce que pouvait

Jésus-Christ lui-même, le soldat répond qu'il faut distinguer deux états dans le Christ, l'un d'humilité, l'autre de gloire. Pierre a été établi vicaire de Jésus-Christ, mais de Jésus-Christ humilié, et non pas de Jésus-Christ dans sa gloire. Beaucoup de textes viennent à l'appui ; et le soldat, malgré son ignorance affectée, paraît assez versé dans les saintes Écritures. Il rappelle les passages suivants : « Mon royaume n'est pas de ce monde. — Je ne suis pas venu pour être servi, mais pour servir. — Qui m'a établi juge ici parmi vous pour décider vos partages? — Aucun soldat de Dieu ne doit se mêler aux choses séculières, etc. » Si l'on suppose que le pape a le même pouvoir que Dieu, parce qu'il est son vicaire, le pape pourrait, de sa propre volonté, prendre les biens de tous les fidèles : car si Dieu demandait à quelqu'un son champ, sa vigne, il faudrait les lui donner.

Mais le pape, dit-on, peut et doit connaître du péché; or, le péché roule sur le juste et l'injuste : le juste et l'injuste se rencontrent dans les choses temporelles. Le pape connaît donc du temporel. C'est là, dit le soldat, un argument cornu. En effet, dans la pendaison des voleurs, on ne peut nier qu'il n'y ait lieu à la différence du juste et de l'injuste. Faut-il en conclure que le pape peut juger du sang? Voici le même argument sous une forme plus pressante. C'est au pouvoir ecclésiastique qu'il appartient de juger les questions de mariage. Or, dit le soldat, je vais à Padoue pour un héritage que je réclame au nom de ma femme ; vous voyez que c'est en raison de mon mariage que je poursuis cette succession. Eh bien ! cette connexion qui lie la cause d'hérédité à la cause du mariage doit-elle faire que j'aille plaider devant vous pour mon héritage ? Dans cette discussion, on voit que le soldat emploie surtout l'argument par l'absurde, qui est l'argument par excellence du sens commun. « Si le pape, dit-il, est le maître de toute chose, l'évêque serait le maître de son diocèse, et, par la même raison, mon curé serait le maître de mon champ. »

Mais bientôt la discussion s'anime davantage, et le soldat laisse éclater une passion amère. Sur une observation du clerc, il s'écrie : « Prenez garde de réveiller le chien qui dort, et ne me forcez pas à dire des choses auxquelles je pensais à peine auparavant. » — Le clerc : « Que le chien se réveille et qu'il aboie. » — Le soldat : « Oui, mais puisque vous avez abusé de la bonté et de la patience des princes, craignez qu'après les aboiements du chien, vous ne veniez à sentir ses morsures ! »

Qui ne reconnaît ici le cri populaire, l'émotion contenue et prête à éclater, et cette rancune du laïque contre le clerc, qui est une des causes les plus lointaines et les plus profondes des révolutions modernes. Au reste, ces récriminations dont le soldat est ici l'interprète, ces accusations de licence et de corruption dirigées contre le clergé, ne sont que l'écho de celles qu'ont portées les plus grands hommes religieux du moyen âge, saint Bernard au xiie siècle, et au xve d'Ailly, Clémangis, Gerson ! « Ces biens temporels dont vous jouissez, s'écrie le soldat, ne vous ont-ils point été donnés ou plutôt prodigués par nos ancêtres pour que vous les consacriez au culte divin ? Mais non, vous appliquez à vos besoins ces richesses que vous devriez répandre en aumônes et en œuvres de charité dans les entrailles des pauvres. N'est-il pas juste qu'on enlève la solde à celui qui ne veut pas servir, que le vassal, qui ne remplit pas son hommage, soit dépouillé de son fief ? Vous ne vous plaignez pas que vos biens ecclésiastiques passent entre les mains de vos neveux, de vos parents, et même quelquefois de personnes déshonnêtes. Mais vous trouvez intolérable que le roi vous en demande une partie pour votre salut et pour la défense de ces biens eux-mêmes ! » — Le clerc : « Malheureux que je suis ! vous m'arrachez la peau avec la chair, et vous appelez cela mon salut ! » — « Le soldat : Ne vous fâchez pas et écoutez-moi avec patience. Si la main du roi venait à vous manquer, quelle serait votre sûreté ? La main du roi, c'est votre mur ; le pain du roi, c'est votre pain ; le

salut du roi, c'est le vôtre... Eh quoi ! si les rois et les princes
sont tenus de vous défendre à leurs frais et à leurs risques,
et de s'exposer gratuitement à la mort pour vous, tandis que
vous dormez à l'ombre, mangeant les mets les plus raffinés,
buvant les vins les plus exquis, vous prélassant dans vos
couches lascives, c'est vous qui êtes les vrais maîtres des
princes et des rois; ils ne sont que vos esclaves ! »

Le Songe du Vergier. — De nombreux écrits furent
publiés au xiv⁰ siècle, pour défendre l'autorité civile contre
les prétentions ecclésiastiques. Nous citerons particulièrement
le traité de Jean de Paris, dominicain, *De potestate regia et
papali*, celui de Raoul de Presles, *De potestate et pontificali
et imperiali sui regia*, et le fameux *Songe du Vergier* (1),
attribué au même Raoul de Presles, et par d'autres critiques à
Charles de Louviers, conseiller de Charles V (2). Ce dernier traité
est un ouvrage bizarre sous forme allégorique. L'auteur raconte
avoir vu en songe deux reines qui se sont approchées en
pleurs du trône du roi Charles V en le suppliant de rétablir
entre elles la paix et la concorde. C'est la puissance séculière
et la puissance ecclésiastique. Charles V les prie l'une et

(1) Pour tous ces écrits, voir Goldast. Il ne faut pas oublier non
plus la célèbre querelle qui eut lieu en 1329, entre Pierre de
Cugnières, avocat du roi, et Bertrand, évêque d'Autun, sous la
présidence de Philippe VI de Valois, sur les limites de la juridiction
royale et épiscopale ; nous n'avons pas le discours de Pierre de
Cugnières, mais nous avons celui de Bertrand publié en 1731, sous
ce titre : *Libellus D. Bertrandi adversus Petrum de Cugneriis*. Nous y
remarquerons surtout que le défenseur du pouvoir pontifical et
épiscopal s'attache à combattre et à réfuter la doctrine du droit
divin : « La puissance royale vient de Dieu, non en ce sens que
Dieu aurait commis à un homme (alicui) la conduite de tous les
autres ; mais en ce sens qu'il est nécessaire qu'il y ait une autorité
parmi les hommes. »

(2) M. Ad. Franck, dans son ouvrage *Réformateurs et publicistes du
moyen âge*, où il traite à fond la question de l'auteur du *Songe du
Vergier*, paraît croire que Charles Louviers n'a pas été un personnage réel ; mais il nous est cependant donné comme conseiller du
roi Charles V, nommé membre du conseil d'Etat en 1376 (Voir la
Biographie universelle). Les autres compétiteurs à la paternité de
cet ouvrage sont Jean de Vertus, Philippe de Maizières, Jean de
Lignasso (Voyez Camus. *Académie des Inscriptions*, 1785).

l'autre de plaider leur cause. Ici l'auteur emprunte à Ockam ou à l'auteur quelconque de la dispute entre un clerc et un soldat la forme du dialogue ; il reproduit même tout entier ce dialogue, et il le poursuit en développant successivement les deux thèses ; d'abord le clerc interpelle et le soldat répond : et ensuite c'est l'ordre contraire. Quand les deux thèses ont été ainsi exposées, et que la dispute menace d'en venir aux coups, l'auteur se réveille sans rien décider.

Cependant l'esprit de l'ouvrage est bien manifeste. Il est tout entier, comme l'a remarqué M. Ad. Franck, dans les premières lignes du prologue où l'auteur, comparant entre elles les fonctions du prêtre et du roi, dit que le premier a pour mission de prier, le second de commander ; le premier d'absoudre les péchés, le second de réprimer et de punir les actions nuisibles à l'ordre social ; le premier de lier et de délier les âmes, le second de châtier les corps et de les détruire quand cela est nécessaire ; le premier d'obéir à la loi civile, et le second à la loi canonique et à la loi révélée ; et en agissant ainsi ils accomplissent la loi divine et paient l'un et l'autre leur dette à la justice. Pour citer le texte même de l'auteur dans la vieille version française (1) : « Le pape et les autres prêtres, y est-il dit, sont phisiciens, c'est-à-dire médecins de l'âme ; c'est assavoir, quant aux choses qui appartiennent au salut de l'âme ou à la mort, et condamnation perdurable ; car ils dénoncent que ceux qui ne garderont les commandements des médecins, c'est assavoir les commandements de Dieu, qui est vrai mire des phisiciens de l'âme, seront malades ou morts et condamnés perdurablement au parfond du pays d'enfer. Le pape doncques et les aultres prêtres peuvent les pescheurs enseigner et admonester, mais nul ne peut pas voire de jugement contraindre... ; car Jésus-Christ ne se appela pas prince ou page, mais il est appelé phisicien ou mire, comme il est escript en Luc au cinquième :

_____

(1) L'ouvrage, paru d'abord en latin (1376), aurait été traduit par l'auteur lui-même en français (1377).

ceux qui sont sains n'ont que faire de phisiciens ; mais en ont affaire, ceux qui sont malades. » On voit par là que la puissance spirituelle est réduite à la fonction de surveiller et de guérir les maux spirituels; mais les fonctions temporelles ne lui appartiennent pas.

Au reste, ce n'est pas seulement la question des deux pouvoirs qui mérite l'intérêt dans ce remarquable mouvement du passé : ce sont aussi bien d'autres questions de l'ordre politique alors plus ou moins nouvelles et où l'auteur manifeste un esprit des plus libéraux : ce sont par exemple les principes du droit de succession à la couronne, tel qu'il est établi par la loi salique, les fondements et les limites du droit de la guerre le principe de tolérance religieuse, la légitimité de la noblesse et des droits de la naissance ; la valeur des duels judiciaires, la question de la sorcellerie et de la magie, etc., (1).

Nous ne pouvons entrer dans le détail de tous les écrits publiés à cette époque de luttes pour ou contre le pouvoir temporel ou le pouvoir spirituel. Bornons-nous aux autorités les plus considérables et les plus illustres.

Dans cette vaste mêlée du xiv⁰ siècle, deux noms s'élèvent au-dessus des autres : Dante et Ockam ; l'un le poète le plus savant à la fois et le plus naïf ; l'autre le dialecticien le plus tortueux du moyen âge. L'un et l'autre sont les défenseurs du pouvoir impérial, c'est-à-dire du pouvoir temporel ; l'un et l'autre emploient à cette défense toutes les ressources et tous les artifices de la dialectique de leur temps. Mais dans le *De monarchia* de Dante, malgré la barbarie de la forme, et quelquefois la puérilité de certains arguments, on entrevoit quelques traits et quelques vues qui trahissent le grand esprit, et de certaines réminiscences poétiques rafraîchissent de loin en loin l'imagination. Au contraire, les traités d'Ockam semblent ne mériter l'intérêt que par une subtilité d'argumentation dont il est presque impossible de se faire une idée, tant la

(1) Sur tous ces points, voir l'analyse de M. A. Franck : *Réformateurs et publicistes*, p. 234.

pensée est étouffée sous les broussailles de la logique. La patience la plus exercée et la curiosité la plus scrupuleuse ne peuvent se flatter de suivre dans ses détours infinis cette scholastique enchevêtrée qui faisait les délices des esprits dans ces temps grossiers, et qui, toute glacée qu'elle nous paraît aujourd'hui, excitait alors la passion, la colère ou l'enthousiasme.

DANTE. LE DE MONARCHIA. — Le *De monarchia* de Dante (1) n'est pas, comme on pourrait le croire, un traité de gouvernement monarchique et royal, comparé aux autres formes de gouvernement; non, c'est la démonstration de cette doctrine chère aux jurisconsultes impériaux (2), que l'univers doit avoir un seul chef; que ce chef, unique dans les desseins de Dieu, est le peuple romain ou son héritier, c'est-à-dire l'empereur: enfin que l'Empire ne relève immédiatement que de Dieu, et que, dans l'ordre temporel, il n'a point de supérieur. C'est donc la défense de la monarchie universelle, thèse favorite des Hohenstauffen, et que la cour impériale soutenait à l'aide de fictions historiques semblables à celles qu'invoquait de son côté la cour de Rome en faveur des mêmes prétentions.

Le *De monarchia* ne contient donc pas, à vrai dire, de doctrine originale. Cependant la manière dont l'auteur soutient cette thèse banale à cette époque trahit un esprit vigoureux, né pour penser fortement, et qui, dans d'autres temps, eût pu appliquer plus utilement sa pénétration et sa profondeur. Deux points surtout sont à remarquer dans cet ouvrage : c'est d'abord l'emploi de la métaphysique péripatéticienne et de ses principes les plus fins et les plus subtils à la démonstration d'une thèse politique. En second lieu, c'est une sorte de philosophie de l'histoire, qui contient en germe le *Discours sur l'Histoire naturelle*, et qui s'appuie sur l'autorité de la poésie

---

(1) Sur le *De monarchia*, voyez une bonne thèse latine de M. Ouvré, 1053.

(2) Voy. plus haut, p. 355.

et de la science, et, comme le dit Dante lui-même, de Virgile et de Béatrix.

Dante définit la monarchie, l'empire d'un seul chef sur tous les hommes qui sont dans le temps, et par rapport à toutes les choses qui peuvent se mesurer temporellement. Cette définition implique que la monarchie embrasse l'universalité du genre humain, et l'universalité des intérêts humains, des affaires temporelles. C'est la nécessité et le droit d'une telle puissance qu'il s'agit de démontrer (1).

Pour déterminer la nature du gouvernement parmi les hommes, il faut connaître la fin de la société politique. La politique est une science pratique, et non spéculative. En tant que science pratique, elle s'occupe des actions. Or, la nature de l'action est relative à la fin de l'action : par exemple, l'action de celui qui bâtit une maison se détermine par le but qu'il se propose en construisant une maison. Par conséquent, pour déterminer la nature des actions qui conviennent à toute société politique, il est indispensable de fixer d'abord la fin d'une société de ce genre.

Voulons-nous savoir quelle est la fin d'un être ? écartons ce qui lui est commun avec d'autres êtres, pour rechercher ce ce qui lui est propre. Ainsi, ce qui est la fin de l'homme, ce n'est pas l'être pris simplement, ni l'organisation, ni la vie, ni même la simple appréhension (la sensation), c'est l'*appréhension par l'intellect en puissance*, c'est-à-dire la faculté de généraliser (*intellectus possibilis*) (2).

L'homme ayant pour caractère essentiel de son espèce la puissance intellective, ou l'intellect en puissance, il reste à savoir comment cette puissance passe à l'acte. Ici Dante cite l'autorité d'Averroès, et il semble admettre avec lui qu'il y a un entendement universel répandu dans la multitude du genre

(1) *De monarchia*, l. I.
(2) Sur la différence de l'entendement en acte et de l'entendement en puissance (νοῦς ποιητικός, νοῦς παθητικός), voy. Arist. *De anim.*, l. III, c. v.

humain, et qui se réalise, non pas dans l'individu, mais dans la totalité des hommes, de même que la matière première s'actualise dans la multitude des choses générales et individuelles. Ainsi, le genre humain réalise successivement cette puissance indéfinie qui préexiste dans chaque homme en particulier, mais qu'aucun n'exprime dans sa plénitude.

Or, l'intelligence en acte a deux degrés : l'intellect pratique (νοῦς πρακτικὸς) et l'intellect spéculatif (νοῦς θεωρητικὸς) ; le premier dont la fin est d'agir et de produire (πράττειν καὶ ποιεῖν), c'est-à-dire d'accomplir des actions et des œuvres ; le second, dont la fin est de connaître purement et simplement ce qui est, à vrai dire, la plus parfaite de toutes les actions. Or, l'action est subordonnée à la spéculation, comme au terme le meilleur que la souveraine bonté ait eu en vue en nous créant.

Pour quelle raison Dante débute-t-il par ces prémisses métaphysiques ? C'est pour arriver à cette conséquence, que ce qui est vrai de la partie est vrai du tout. Or, l'individu ne peut arriver à la sagesse que par le repos : de même le genre humain ne peut arriver à sa fin que par la paix. La paix est donc la meilleure des choses qui se rapportent à notre fin. C'est pourquoi Dieu a dit : « Gloire à Dieu dans les cieux, paix sur la terre aux hommes de bonne volonté ! »

On trouvera sans doute que Dante va chercher bien loin la démonstration d'une vérité aussi claire qu'est à nos yeux la nécessité et le bienfait de la paix, et qu'il était assez inutile d'invoquer à ce sujet les théories d'Aristote et d'Averroès sur l'intelligence en puissance et l'intelligence en acte. Mais on doit remarquer cependant qu'il y a là un effort digne d'attention, pour ramener à des principes les vérités élémentaires de la science politique. Or, à cette époque, les seuls principes qui fussent à la disposition des penseurs (la théologie exceptée), c'étaient les principes péripatéticiens. C'étaient les cadres tout prêts dans lesquels venaient se résoudre toutes les questions. L'esprit humain, si vigoureux dans l'antiquité, n'avait pas encore repris assez de force pour traiter les problèmes à la seule lumière de la raison libre. Il avait encore besoin des lisières de l'école. Ces creuses formules étaient des liens qui l'embarrassaient et le soutenaient à la fois.

Dante avait bien raison de proclamer la nécessité de la paix. Le moyen âge n'était que guerre : guerre du pape contre l'empereur, guerre de l'empereur contre les villes, guerre des seigneurs contre l'empereur, guerres des villes les unes contre les autres, guerres des Guelfes contre les Gibelins, des blancs contre les noirs ; guerre partout, en haut comme en bas de la hiérarchie. Dante gémissait de cet état déplorable. Exilé, persécuté, il appelait de ses vœux la paix, qui eût donné à son génie la liberté et le repos. Il ne rencontrait autour de lui que division, il aspirait à l'unité ; et comme il était poète en même temps que logicien, il rêvait une unité impossible, l'union du genre humain sous une seule autorité.

Voici les raisons que Dante fait valoir en faveur de la monarchie universelle :

Dans toute multitude qui a une fin commune, il faut un chef unique. Voyez l'homme : toutes ses facultés tendent vers une seule et même fin, le bonheur. Aussi une seule force domine-t-elle toutes les autres, la force intellectuelle ; elle est comme la maîtresse et la directrice. Ainsi de la famille, de la commune, de la cité, etc. Or, nous avons vu que le genre humain a une fin commune et unique. Il lui faut donc un seul chef : c'est l'empereur.

Le meilleur état du monde est de ressembler le plus à Dieu. Or, cela arrive quand il est le plus un possible, Dieu étant l'unité. Mais il est le plus un quand il est réuni en un, c'est-à-dire sous un seul prince.

Tout fils doit suivre les traces de son père. Or, l'homme est fils du ciel. *Homo hominem generat et sol.* Le ciel est animé d'un seul mouvement, et dirigé par un seul moteur. Donc le genre humain ne doit avoir qu'un seul chef.

Partout où il peut y avoir litige, il doit y avoir jugement. Entre deux princes dont l'un n'est pas soumis à l'autre, il

peut y avoir contestation. Il faut un juge. Ils ne peuvent l'être
ni l'un ni l'autre : de là la nécessité d'un tiers. Mais on ne
peut aller à l'infini. Il faut donc un juge suprême qui décide
en dernier ressort, et qui soit par conséquent le maître de
l'univers entier.

Le monde le mieux organisé est celui où règne la justice. La
justice est la plus parfaite, quand elle se rencontre dans un sujet
qui a le plus de bonne volonté et le plus de pouvoir (*volentis-
simo et potentissimo*). Or, le plus grand obstacle à la volonté,
ce sont les passions. Mais il n'y a pas de passions là où il
n'y a rien à désirer. Le maître du monde entier n'a rien à
désirer : donc il n'a pas de passion ; et chez lui la bonne
volonté, c'est-à-dire la justice, ne rencontre pas d'obstacle.
De plus, il n'a point d'ennemis ; son pouvoir ne rencontre
donc pas plus d'obstacle que sa volonté. Et ainsi la justice est
chez lui dans les conditions les plus parfaites.

Le genre humain est le plus heureux, quand il est le plus
libre. Or, c'est sous un monarque que les hommes sont le
plus libres. Car, selon Aristote, *illud est liberum, quod sui-
met, non alterius causa*. La liberté consiste à vivre pour soi
et non pour un autre. Dans la monarchie, le citoyen ne vit
pas pour le magistrat, mais le magistrat pour le citoyen. Si le
magistrat paraît être le maître des sujets, sous le rapport des
moyens, il en est le ministre, sous le rapport de la fin. Dans
ce système de gouvernement, le genre humain n'existe que
pour lui-même. Il est donc très libre, et la monarchie est le
plus parfait des gouvernements.

Ce qui peut se faire par un seul est mieux fait par un seul
que par plusieurs. En effet, il faut retrancher toute inutilité,
puisque Dieu et la nature ne font rien en vain. Or, le genre
humain peut être dirigé par un seul monarque, non pas, il est
vrai, quant aux lois municipales et aux intérêts locaux (car
les lois doivent être relatives anx nations), mais quant aux
intérêts communs. Cette loi commune, qui règle les intérêts
généraux des États, les princes particuliers doivent la recevoir

du souverain monarque ; de même que l'entendement pratique reçoit de l'entendement spéculatif la proposition générale, qui lui sert de majeure, et sous laquelle il fournit lui-même une proposition particulière qui sert de mineure pour conclure à une proposition impérative ; de même le monarque fournit les lois générales, que les princes appliquent d'une manière particulière, suivant l'esprit des différents peuples.

Il y a une gradation entre l'être, l'un et le bien. L'être produit l'un, et l'un produit le bien. L'un est la racine du bien, comme le multiple est la racine du mal. Pécher, c'est sacrifier l'un au multiple. La concorde, en tant qu'elle est un bien, repose sur l'unité : c'est un mouvement uniforme de plusieurs volontés, semblable à celui qui incline toutes les graines vers le centre, et pousse toutes les flammes à la circonférence. Or, cet accord des volontés, qui contitue la concorde, ne peut avoir lieu sans une volonté qui unit et qui dirige (*unitivam et directivam*), c'est-à-dire la volonté d'un monarque.

Ce qui donne une grande autorité au principe de la monarchie, c'est que c'est au temps d'Auguste, lorsque l'unité et la paix régnaient dans le monde, que Jésus-Christ a voulu naître : c'est ce temps que saint Paul a appelé la plénitude des temps.

Tels sont les arguments de Dante en faveur de la monarchie. Il est facile de voir que la plupart de ces raisons, entièrement métaphysiques, sont beaucoup trop éloignées de la réalité, et trop étrangères au sujet. Elles s'y appliquent, comme elles pourraient s'appliquer à tout autre. Car ce qui est trop général convient à tout et ne convient à rien. Ce sont en outre de perpétuels paralogismes, où l'auteur s'appuie sur ce qui est en question, ou de pures hypothèses, que n'autorise ni l'expérience, ni l'histoire, ni le raisonnement. Enfin, c'est plutôt une conception idéale de ce que pourrait être le gouvernement de l'univers, qu'une démonstration de ce qu'il doit être, étant donnée la nature des choses.

Après cette théorie métaphysique de la monarchie universelle, Dante demande à l'histoire la justification de ses doctrines, et il la trouve dans la suprématie universelle du peuple romain (1).

D'abord, il a vu avec étonnement cette domination extraordinaire, ne la croyant appuyée que par la force des armes. Puis, reconnaissant dans cette destinée extraordinaire les signes manifestes de la Providence, il a éprouvé d'abord pour ce peuple une admiration sans bornes, puis du mépris pour les princes et les peuples qui ont usurpé cette domination légitime : enfin, au mépris a succédé le désir de les éclairer. Il s'appuie sur deux forces, la raison humaine et l'autorité divine, Virgile et Béatrix.

Il s'agit de chercher quels ont été les droits du peuple romain à la domination universelle. Le droit est en Dieu ; puisqu'il est en Dieu, Dieu le veut. D'où il suit que la volonté de Dieu, c'est le droit ; et chercher quel est le droit, c'est chercher ce que Dieu veut. Mais la volonté de Dieu est invisible en elle-même. Elle ne peut se trahir que par des signes. Si cela est vrai déjà de la volonté humaine, à plus forte raison de la volonté divine. Quels sont donc ces signes qui attestent la mission divine du peuple romain ?

Ces signes sont de toute nature : d'abord la noblesse du sang romain prouvée par la noblesse d'Énée ; puis les miracles faits en faveur de Rome, les boucliers tombés du ciel, les oies qui chantent, Clélie qui traverse le Tibre, etc. ; puis la vertu romaine qui a négligé ses propres intérêts, pour procurer l'avantage du genre humain, et dont le souvenir se perpétuera sans cesse avec le nom des Cincinnatus, des Fabricius, des Camille, des Brutus, des Décius, des Caton, etc. ; enfin, le jugement de Dieu.

Dans le troisième chant du *Paradis*, Dante expose poétiquement ou plutôt fait exposer par l'empereur Justinien la destinée merveilleuse et providentielle du peuple romain :

« Je veux te faire voir, lui dit cet empereur, avec combien peu

(1) *De monarch.*, 1, II.

de raison s'élèvent contre l'étendard sacré de l'empire romain, ceux-ci pour se l'approprier eux-mêmes, ceux-là pour le combattre. Considére quels actes d'héroïsme l'ont fait digne de respect, à commencer du jour où mourut Pallas pour lui donner l'empire. Pendant trois cents ans et plus, dans Albe, tu le sais, il fit sa demeure jusqu'au moment où trois contre trois pour lui encore combattirent. Depuis l'outrage fait aux Sabines jusqu'uau temps du désespoir de Lucrèce, tu sais que, sous sept rois, il subjugua autour de lui les nations voisines. Tu sais ce qu'il fit quand ces glorieux Romains le tournèrent contre Brennus, contre Pyrrhus et contre la ligue de tant de princes, et comment alors s'élevèrent à une renommée que je me plais à embaumer précieusement et Torquatus et les Décius, et les Fabius, et ce Quintius, qui de sa chevelure négligée a tiré son surnom. L'aigle romaine terrassa l'orgueil des Arabes quand, sous la conduite d'Annibal, ils franchirent ces roches des Alpes, d'où tu descends, fleuve du Pô ! Sous ce règne, tout jeunes encore, triomphèrent Scipion et Pompée. Puis, aux temps où le ciel voulut donner au monde une sérénité pareille à la sienne, César s'en empara, par la volonté de Rome. Tout ce qu'il fit depuis le Var jusqu'au Rhin, l'Isère l'a vu, et la Saône, et la Seine, et toute vallée dont les torrents gonflent le Rhône. Et quand il fut sorti de Ravenne, quand il eut franchit le Rubicon, il prit un tel essor que la plume et la parole ne peuvent le suivre. Vers l'Espagne d'abord il poussa ses légions, puis il vola vers Durazzo, et à Pharsale il frappa un coup dont le Nil brûlant sentit la douleur. Des bords du Simoïs, des ruines de Troie, l'aigle romaine s'était jadis élancée ; avec César elle revit son berceau ; elle se posa sur le tombeau d'Hector ; puis, secouant de nouveau ses ailes, elle apporta la mort à Ptolémée. De là elle fondit foudroyante sur Juba ; puis elle se retourna vers votre occident, où elle entendait sonner encore la trompette pompéienne. Ce qu'elle accomplit, portée par Auguste, les hurlements de Brutus et de Cassius le proclament en enfer ; Modène et Pérouse en ont gémi, et la triste Cléopâtre en pleure encore, elle qui, fuyant devant l'étendard de Rome, demanda au serpent une mort terrible et soudaine. Avec Auguste, l'aigle vola jusqu'au rivage de la mer Rouge ; avec Auguste, le monde reposa dans une telle paix que le temple de Janus fut fermé. Et ce qu'elle accomplit sous le troisième empereur éclipsa tout le reste de ses merveilles ; car alors ce fut Rome què Dieu même choisit pour instrument de sa justice et de la rédemption humaine. Et puis, avec Titus, ce fut Rome encore qui punit le crime des Juifs.

Plus tard enfin, quand la dent du Lombard voulut mordre la sainte Église, Charlemagne, abrité sous les ailes de l'aigle, vint triomphant la secourir (1). » (*Paradis*, ch. vi.).

Le jugement de Dieu, quand il ne se manifeste pas expressément et par des paroles manifestes, peut être cependant deviné à l'aide de signes visibles et apparents. Ainsi, dans un combat d'athlètes, on invoque le jugement de Dieu ; or, lorsque les athlètes luttent pour l'empire du monde, qui peut nier que la victoire ne soit la déclaration et le témoignage de la volonté divine? Voyez tous les grands lutteurs de l'antiquité, aucun n'a égalé le peuple romain dans l'étendue de ses conquêtes. Ninus, qui vainquit l'Asie, ne toucha pas le monde occidental. Vesoges, roi d'Égypte, n'obtint pas la dixième partie du globe. Cyrus et Xerxès ne furent pas plus heureux. Alexandre, enfin, qui fut sur le point d'obtenir la palme de la monarchie, mourut au milieu de sa course. « O profondeur de la sagesse et de la science de Dieu, s'écrie Dante, qui pourrait ne point t'admirer? car au moment où Alexandre s'efforçait de devancer à la course le peuple romain, pour empêcher sa témérité d'aller plus loin, vous l'avez enlevé du combat ! »

Il est curieux de voir le principe du duel qui, au moyen âge, est considéré comme une des garanties de la justice, invoqué ici pour démontrer la légitimité des conquêtes romaines. Partout où le jugement humain fait défaut ou est enveloppé des ténèbres de l'ignorance, il faut recourir à celui qui a tant aimé la justice, qu'il a complété ce qu'elle demandait en sacrifiant son propre sang. C'est un dernier remède, auquel nous ne devons avoir recours qu'à la dernière extrémité. Mais si Dieu est avec nous, il est impossible que la justice succombe. Et si la justice ne peut succomber dans le duel, n'est-il pas vrai que ce qui est acquis par le duel est acquis légitimement? Or, c'est par une suite de duels, d'abord avec Albe, puis avec les Sabins, puis les Samnites, puis les Car-

(1) Traduction de M. de Tréverret, *Revue des cours littéraires*.

thaginois, puis les Grecs, que Rome a conquis l'empire du monde. C'est le jugement de Dieu.

Après avoir établi qu'il y a un monarque pour le genre humain, que ce monarque a été le peuple romain, et son héritier l'empereur, il reste à débattre la grande question du moyen âge, la question des deux pouvoirs, du pouvoir impérial et du pouvoir ecclésiastique, de leur indépendance ou de leur subordination. La troisième partie du *De monarchia* est une discussion en règle de cette question (1). Cette discussion est une des plus fortes du moyen âge sur le point en litige.

Il distingue trois sortes d'arguments par lesquels on a coutume de démontrer la suprématie du pape sur l'empereur : 1° les arguments théologiques ou tirés de l'Écriture ; 2° les arguments historiques ; 3° les arguments philosophiques.

Voici les arguments tirés de l'Écriture, ils sont pour la plupart symboliques. C'est : 1° l'argument tiré de la création du soleil et de la lune, dont la seconde reçoit la lumière du premier. C'est une allégorie du pouvoir spirituel et du pouvoir temporel, celui-ci recevant son autorité de celui-là ; 2° l'argument tiré de la naissance de Lévi et de Juda, dont l'un a précédé l'autre, Lévi étant la figure du pouvoir sacerdotal, et Juda du pouvoir laïque ; 3° la déposition de Saül par Samuel ; 4° l'encens et l'or offerts par les mages à Jésus-Christ, symbole de sa double souveraineté ; 5° le texte : *Quodcumque ligaveris*, etc. ; 6° les deux glaives offerts par saint Pierre à Jésus-Christ.

Dante répond avec subtilité et finesse à chacun de ces arguments bizarres, qui n'ont plus pour nous qu'un intérêt historique, mais qui ne méritent point le mépris, lorsque l'on réfléchit que c'est sous cette forme que l'esprit a pensé ou raisonné pendant quatre ou cinq siècles. Qui s'aviserait aujourd'hui de voir, dans la création du soleil et de la lune, un symbole politique, et un argument en faveur des

(1) *De monarch.*, 1. III.

prérogatives d'une puissance ? Et cependant c'était là une des
raisons les plus autorisées et les plus populaires qu'invoquaient les partisans du pape, et Dante croit devoir la réfuter
par trois ou quatre arguments. Le plus solide est celui-ci :
c'est qu'en admettant l'exactitude de cette allégorie, elle ne
prouverait pas ce que l'on veut prouver. En effet, la lune ne
reçoit point du soleil l'être, ni même l'action ; elle en reçoit
seulement un secours pour mieux accomplir sa fonction. De
même l'empereur ne reçoit du pape ni l'existence, ni la puissance, ni l'opération ; seulement il en reçoit la lumière de la
grâce, qui l'aide à bien agir, mais qui ne détruit pas son indépendance.

L'argument de Lévi et de Juda n'est pas plus solide. Lévi
précède Juda par la naissance, mais non par l'autorité. Mettons
l'argument sous cette forme : A précède B en C. (Lévi précède
Juda en naissance.) D et E (le pouvoir spirituel et temporel)
sont entre eux comme A et B (Lévi et Juda). Donc D (pouvoir
spirituel) précède E (pouvoir temporel) en F, c'est-à-dire en
autorité. L'argument conclut mal ; car F n'est point identique
à C.

Quant à la déposition de Saül par Samuel, Dante réplique
que Samuel n'était pas le vicaire de Dieu, mais un envoyé
chargé spécialement de cette mission particulière. C'est
conclure du tout à la partie. Car Dieu peut faire par ses
envoyés tout ce qu'il lui plaît : il ne s'ensuit pas qu'il donne
le même droit à son vicaire.

L'argument tiré des mages est un syllogisme à quatre
termes. Dante le construit ainsi : Dieu est souverain au temporel comme au spirituel ; le souverain pontife est le vicaire
de Dieu ; donc le vicaire de Dieu est souverain au temporel
comme au spirituel. Il y a, dit Dante, quatre termes dans ce
syllogisme. Car Dieu qui est sujet dans la majeure n'est pas le
même terme que le vicaire de Dieu qui est prédicat dans la
mineure. Or, un syllogisme ne peut se construire avec quatre
termes. Donc le raisonnement est faux.

Rien n'est plus curieux, si je ne me trompe, que de voir
ainsi à l'œuvre la logique du moyen âge, non plus dans les
matières spéculatives et abstraites, mais dans les questions
contemporaines, pratiques, vivantes. Ces règles du syllogisme,
aujourd'hui si oubliées, étaient alors une arme. Un argument
bien construit ou bien combattu avait une véritable puissance.
Le syllogisme alors marchait et vivait ; il avait une âme ; il
servait des passions ; il luttait pour le pouvoir ou la liberté.
Mais n'insistons pas plus longtemps sur cette argumentation
de textes, dont il suffit d'avoir indiqué le caractère.

Viennent ensuite les preuves historiques et philosophiques.

Les preuves historiques invoquées par les défenseurs du
pouvoir pontifical sont au nombre de deux : 1° la donation de
Constantin ; 2° la translation de l'empire des Grecs aux Germains par le pape Adrien.

Dante, comme on le pense bien, ne discute pas la valeur
historique de ces deux faits ; mais il les attaque en eux-mêmes,
et essaie de prouver qu'ils n'ont pu fonder aucun droit. Il
emploie donc contre l'un et l'autre des raisons *a priori*.

Sur le premier point, il avance qu'il n'est permis à personne
de se servir de son pouvoir pour faire les choses qui sont
contre son devoir. Or, il est contre le devoir de l'empereur de
scinder l'empire ; car son devoir est de tenir le genre humain
dans la soumission d'une seule volonté. De plus le fondement
de l'empire, c'est le droit humain. Or, il est contre le droit
humain que l'empire se détruise lui-même. Si un empereur
peut distraire une partie de l'empire, un autre peut en distraire une autre partie, et ainsi de suite à l'infini. D'où il suit
que l'empire tout entier pourrait disparaître par la faute des
empereurs. La conséquence est que la donation de Constantin
est illégitime, qu'il ne peut y avoir de prescription contre les
droits de l'empire, et que, par conséquent, l'empire ne doit
rien à l'Église.

Quant au second point, Dante oppose que l'usurpation ne
fait pas le droit. Ainsi, que le pape Adrien ait couronné

Charlemagne, cela ne prouve rien contre l'indépendance de l'empereur. D'ailleurs, on pourrait prouver de là même manière que l'Église dépend de l'empire. En effet, Othon a rétabli le pape Léon, et a déposé le pape Benoît. Ainsi, les deux parties peuvent invoquer le fait en leur faveur. Il reste donc à discuter le droit.

Quant aux preuves philosophiques, Dante n'en prête qu'une seule à ses adversaires. Elle est singulièrement subtile et mérite d'être rapportée, ainsi que la réponse.

« Toutes les choses qui sont d'un même genre, disent les partisans du pouvoir pontifical, peuvent se ramener à une unité, qui est leur mesure. Or, tous les hommes sont d'un seul et même genre ; ils doivent donc être ramenés à l'unité. Et puisque l'empereur et le souverain pontife sont hommes, il faut qu'ils puissent se ramener à un seul homme. Mais le pape ne peut pas être ramené à l'empereur : il est donc nécessaire que l'empereur soit ramené au pape comme à sa mesure et à sa règle. »

Dante répond : « Il faut distinguer dans ces deux personnes la qualité d'homme et la qualité de pape ou d'empereur. En tant qu'hommes, ils se rapportent au type humain, ou à l'idée de l'homme parfait. En tant que pape et empereur, ces deux termes sont irréductibles, et il faut chercher en dehors d'eux l'unité à laquelle ils doivent se rapporter. Cette unité, c'est Dieu. »

GUILLAUME D'OCKAM. — Nous craignons bien que toute cette scholastique ne fatigue le lecteur. Cependant, il faut l'avouer, le *De monarchia* et les autres traités du temps sont certainement légers et agréables, en comparaison des écrits du plus grand polémiste du XIVe siècle, de ce redoutable adversaire des papes qui disait à Louis de Bavière : « Défendez-moi par l'épée, je vous défendrai par la plume ; » du célèbre, et aujourd'hui illisible Guillaume Ockam.

Il serait impossible de s'imaginer jusqu'où a pu aller la folie de la logique, si l'on n'a pas jeté les yeux sur les traités

polémiques de ce *doctor subtilissimus*, titre qu'il méritait à
tous égards. La scholastique a été très souvent comparée à un
labyrinthe ; mais dans les docteurs du XIII⁰ siècle ce labyrinthe
n'a rien d'inextricable ; quoique le chemin soit long à par-
courir, on s'y retrouve toujours ; et même à quelque
point que l'on s'y engage, il est toujours facile de savoir où
l'on est : car chaque question est nettement séparée, chaque
article bien circonscrit ; dans chacun de ces articles le oui et
le non sont clairement opposés, et la difficulté est d'ordinaire
tranchée par une solution intermédiaire bien caractérisée.
Voilà la méthode scholastique des grands docteurs, d'Alexandre de Hales, de saint Bonaventure, et surtout de saint Thomas
d'Aquin, le plus lumineux des scholastiques. Cette méthode,
sans doute, n'est pas agréable, mais elle est claire, et ne
manque pas d'une certaine grandeur.

Qu'est devenue cette méthode dans les traités polémiques
d'Ockam ? Celui-ci pose une question, et il commence par
distinguer cinq ou six opinions différentes dont il est déjà
assez difficile de saisir les nuances ; puis, reprenant la première de ces opinions, il expose les arguments en sa faveur,
qui sont quelquefois très nombreux. Il est telle opinion qu'il
soutiendra par dix, douze, vingt-quatre raisons. Il passe
ensuite à la seconde, dont il énumère également les raisons et
les preuves ; et ainsi de suite jusqu'à la dernière opinion.
Alors, revenant à la première, il exposera les arguments
contre ; puis, reprenant l'une après l'autre les raisons pour,
il combattra chacune d'entre elles par des sous-arguments, et
ainsi de suite jusqu'à la fin. Mais ce n'est là qu'une question,
c'est-à-dire un point infiniment petit du sujet traité. Cette
question est subordonnée à une autre, celle-ci à une autre ;
enfin, c'est un tel enchevêtrement de problèmes, de thèses et
d'argumentations, que nous tromperions nos lecteurs en
affirmant que nous avons été nous-même jusqu'au bout de
cette insipide dialectique, et que nous en avons suivi tous les
détours. Un docteur du XV⁰ siècle, grand admirateur d'Ockam,

Badius Ascensius, dit, dans une lettre publiée à la tête d'un de ces écrits : « Sa subtilité et sa finesse sont telles, que *quelques-uns de la foule ignorante* lui reprochent d'avoir construit un labyrinthe dans lequel, une fois engagés, ils ne savent pas (car que savent-ils ?) revenir sur leurs pas. » N'en déplaise à ce vénérable docteur de l'Université de Paris, nous sommes, sur ce point, du même avis que la foule ignorante de son temps ; et, tout en admirant l'adresse et la fécondité du logicien, nous ne pouvons que déplorer un aussi fastidieux emploi des facultés de l'esprit.

Ce qui complique encore la difficulté et l'ennui d'une pareille lecture, c'est que, par des raisons de prudence faciles à comprendre, Ockam s'est toujours attaché à dissimuler sa propre opinion. Il semble ne donner aucun avantage à aucune doctrine. Il ne soutient pas une thèse, mais il donne toutes les raisons possibles pour toutes les opinions possibles. Il prétend n'être que le rapporteur désintéressé de la question, et laisser au lecteur le soin de juger d'après les débats. Ce n'est pas là une intention que nous lui prêtons : c'est un dessein expressément expliqué par lui dans le préambule de ses deux principaux écrits : l'un intitulé *Octo quæstiones super potestate summi pontificis;* l'autre, beaucoup plus considérable et cependant encore incomplet, sous ce titre, *Dialogus magistri Guillelmi Ockam* (1). Voici ce qu'il écrit dans la préface du premier : « Les choses saintes ne doivent pas être données aux chiens, et les perles jetées aux pourceaux : c'est l'Écriture qui nous le dit... Pour cette raison, pensant que cet écrit peut tomber entre les mains de personnes envieuses, qui condamneraient même ce qui leur paraîtrait vrai, ou qui pourraient l'interpréter dans un mauvais sens, je m'efforcerai d'écrire de manière à ce qu'elles soient forcées de faire attention à ce qui sera dit, et non à celui qui le dira. Je ferai les deux personnages, et j'exposerai les opinions contraires à la mienne, en

_____

(1) Voy. ces écrits dans la collection de Goldast. *Monarch.,* t. II.)

n'indiquant ni les doctrines que je combats, ni celles auxquelles je suis attaché... de telle sorte enfin qu'après avoir entendu les allégations de part et d'autre, l'ami de la vérité puisse discerner par lui-même le vrai du faux. »

Dans la préface du *Dialogus* (1), le disciple dit au maître : « Je désire que notre discours ait lieu par interrogation et par réponse. J'interrogerai, et vous me répondrez. Mais vous pourrez, à une seule de mes questions, me répondre par plusieurs opinions, en ayant bien soin de ne pas me dire quelle est la vôtre... Je vous le demande pour deux raisons. La première, c'est que j'ai une telle estime de votre science, que, si je connaissais votre opinion véritable, je serais en quelque sorte contraint d'y adhérer ; or, je ne veux point, dans cette question, me décider par autorité : je veux éprouver quelle force auront à mes yeux les raisons et les autorités proposées par un autre, ou découvertes par ma propre méditation. La seconde raison, c'est que l'amour et la haine, l'orgueil, la colère et l'envie, éloignent l'esprit humain de la vérité, et pervertissent le jugement. Si vous cachez votre propre pensée, vos amis ne l'embrasseront pas par faveur pour vous, et vos ennemis ne la rejetteront pas par animosité ; mais les uns et les autres rechercheront la vérité avec désintéressement. »

Pour donner une idée plus exacte des écrits d'Ockam, nous exposerons seulement l'une des questions traitées par lui d'après sa méthode ; puis nous essayerons de dégager de cet imbroglio logique la vraie pensée de l'auteur, cette pensée qui, malgré les voiles dans lesquels elle s'enveloppait, paraissait alors si redoutable aux papes et si utile aux rois.

Dans ses *Octo quæstiones super potestate et dignitate papali*, Ockam pose cette question : la puissance laïque et la puissance ecclésiastique peuvent-elles être réunies dans un

(1) Le *Dialogus*, à lui seul, se compose de mille pages in-f°, de l'impression la plus compacte. Il est inachevé. Il devrait se composer de sept traités. L'auteur n'en a fini que deux. Que serait-ce si nous avions le tout ?

même homme (1) ? C'est, sous une forme particulière, la grande question du moyen âge.

Ockam expose d'abord le non, puis le oui. Le non est soutenu par cinq arguments, et le oui par neuf. Voyons d'abord les arguments en faveur du *non*.

1° Ce qui est opposé par nature ne peut pas être réuni. Or, la puissance laïque et la puissance ecclésiastique sont opposées par nature. Donc...

2° Deux têtes de deux corps divers ne peuvent se réunir en un seul. Or, le pape et l'empereur sont les deux têtes de deux corps. Donc...

3° La puissance laïque enveloppe l'idée de domination, la puissance ecclésiastique l'exclut. Donc...

4° On ne peut être à la fois père et fils. Or, l'empereur est le fils de l'Église. Donc...

5° On n'est pas inférieur à soi-même. Or, l'empereur est inférieur au pape. Donc...

Il est aisé de voir que ces arguments sont très faibles. Les trois premiers partent de ce qui est en question ; les deux derniers sembleraient plutôt favorables à la thèse contraire. Cependant, la thèse dont il s'agit semble bien être l'opinion particulière d'Ockam, puisque c'est la thèse de l'indépendance des deux pouvoirs. Pourquoi cette thèse, qui est la sienne, est-elle soutenue par de si faibles arguments, qu'il va lui-même réfuter tout à l'heure ? Pourquoi la thèse opposée est-elle, au contraire, soutenue par neuf arguments qui, relativement, sont plus sérieux que les précédents ? Voilà pourtant ce qui charmait les contemporains d'Ockam; plus habitués que nous aux jeux de la scholastique, ils avaient le tact de deviner la pensée de l'auteur dans le conflit de ces arguments divers ; ils éprouvaient sans doute quelque chose de ce malin plaisir que faisaient éprouver à nos pères les réticences et les sous-entendus de Bayle et de Voltaire. Mais tout cela est disparu

(1) *Octo quæstiones super potestate*, q. I.

pour nous ; et si l'histoire ne nous disait quel a été le rôle politique d'Ockam, il nous serait sans doute assez difficile de le déterminer d'après ses écrits.

Les arguments que fait valoir Ockam en faveur de la thèse affirmative, c'est-à-dire en faveur de cette opinion que les pouvoirs laïque et ecclésiastique peuvent se réunir sur une même tête, sont ceux que nous connaissons déjà, ce sont les textes si souvent cités : 1° *Tu es Petrus* (Saint Matth.) ; 2° *Ecce constitui te* (Jérémie) ; 3° *Nescitis quoniam angelos* (Saint Paul). En second lieu, les arguments historiques : Samuel et Saül ; Alexandre et le grand pontife ; Totila se retirant devant saint Léon. Puis les arguments théologiques : Jésus-Christ a eu un plein pouvoir temporel et spirituel. Enfin les arguments philosophiques : 1° l'âme est supérieure au corps ; 2° celui qui est délié de toutes lois séculières est supérieur au pouvoir séculier ; 3° celui à qui tous doivent obéir sans exception est souverain ; 4° celui du jugement duquel on n'appelle pas est supérieur à tous les pouvoirs.

Voilà donc les deux thèses posées en face l'une de l'autre, avec leurs arguments que l'auteur paraît reproduire avec une parfaite impartialité. Il passe alors, selon sa méthode, à la réfutation des uns et des autres, mais il y a ici quelques différences qui ont sans doute leur importance. D'abord sa réfutation de la seconde opinion, c'est-à-dire de la thèse ecclésiastique, est beaucoup plus étendue que sa réfutation de la première, c'est-à-dire de la thèse laïque. Celle-ci ne contient qu'un chapitre, le chapitre v ; celle-là contient douze chapitres, de vi à xvii. De plus, contre la première opinion, celle qui sans doute est la sienne, il n'oppose qu'un argument à chaque argument ; mais pour la seconde opinion, il commence par la discuter en elle-même, et la combattre par des arguments nouveaux ; puis, reprenant chacune des neuf raisons qu'il a exposées d'abord en faveur de cette thèse, il en fait le siège en règle, et leur oppose une artillerie d'arguments pressés, accumulés, les uns forts, les autres faibles, mais avec une insistance qui ne paraît pas trop conforme à l'impartialité dont il se targue.

Suivons-le encore dans cette double lutte.

Aux arguments de la première thèse, Ockam répond :

1° Deux opposés peuvent se réunir dans un même sujet considéré sous différents points de vue.

2° Les clercs et les laïques ne forment pas deux corps, mais un seul : *Omnis unum corpus sumus in Christo.*

3° Le pouvoir ecclésiastique exclut le despotisme, mais non la domination sur des hommes libres : *Vos genus electum regat sacerdotium.*

Quant à la solution des deux derniers arguments, j'avoue qu'il m'a été impossible de la comprendre, tant elle est subtile et embrouillée.

Mais c'est surtout contre la seconde thèse, c'est-à-dire la thèse ecclésiastique, que Ockam emploie toutes les ressources de sa subtilité dialectique.

Cette seconde opinion, dit-il, est hérétique. En effet :

1° La loi évangélique, comparée à la loi de Moïse, est une loi de liberté ; mais si le pape avait une telle plénitude de puissance, la loi évangélique imposerait une intolérable servitude, et bien pire que celle de Moïse.

2° Jésus-Christ, en tant que Dieu, a eu une telle puissance ; mais, en tant qu'homme, il y a renoncé : *Regnum meum non est ex hoc mundo.*

3° On ne peut avoir une telle puissance si l'on n'a point sous sa domination toute la terre. Or, toute la terre n'est pas soumise au pape.

4° Il n'y a point prescription contre une telle puissance. Or, il y a prescription contre le pape.

5° Le pape ne peut pas aliéner les fiefs et les biens temporels (Lex auth., Col. i.).

6° Le pouvoir existe en vue du sujet. Or, si le pape avait un tel pouvoir, il serait plutôt un mercenaire qui cherche son gain, qu'un pasteur qui fait paître ses brebis.

7° Il y a eu des papes dont la personne était incompatible avec une telle domination ; car, en tant que religieux, ils avaient fait vœu d'obéissance et de pauvreté.

Vient ensuite la solution des neuf raisons proposées en faveur de la seconde opinion.

I. Le *Quodcumque ligaveris* n'a pas rapport à une puissance absolue. Une telle puissance serait dangereuse pour le pape, dont elle exalterait l'orgueil ; pour les sujets dont elle encouragerait la révolte. Ces mots n'ont rapport qu'au sacrement de la pénitence. Le *Pasce oves meas*, le *Tibi dabo claves cœlorum*, prouvent que cette puissance est limitée à l'usage spirituel.

II. Le passage de Jérémie, *Constitui te super regna*, ne prouve rien. 1° Il n'était pas un prêtre, mais un prophète ; 2° il ne s'est jamais attribué une telle autorité : 3° il ne faut point appliquer les principes de l'ancienne loi à la nouvelle.

III. Le passage de saint Paul, *Nescitis quoniam angelos judicabimus* ne s'applique pas seulement au pontife et aux prêtres, mais à tous les fidèles, laïques ou clercs. Ockam, ici, en attribuant à tous les fidèles le pouvoir de juger les anges, c'est-à-dire les choses spirituelles, posait, sans le savoir, le principe de Wiclef et de Luther.

IV. Aux arguments historiques tirés de l'ancienne loi, Ockam répond :

1° Le sacerdoce est plus spirituel dans la nouvelle loi, parce que la loi elle-même est plus spirituelle. On dit que l'ancienne loi est le symbole de la nouvelle, et que, dans celle-ci, le pape doit être, à l'égard de l'empereur, ce que dans celle-là le prêtre est à l'égard du roi. Il faudrait donc tout imiter dans l'ancienne loi, même la circoncision. Le prêtre de la loi portait les armes et versait le sang.

2° D'ailleurs, même dans la loi ancienne, le prêtre n'était supérieur au roi que dans le spirituel. L'exemple de Samuel ne conclut pas : 1° Samuel n'était pas prêtre, mais il était juge ; 2° il obéissait à un précepte spécial de Dieu, soit en sacrant

Saül, soit en le déposant; 3° Samuel ne déposa pas lui-même Saül, mais il lui annonça seulement que Dieu le déposait. *Abjecit te Dominus ne regnes.*

3° et 4° Totila ne recula pas devant saint Léon, comme devant un supérieur temporel, mais comme devant un homme saint. Constantin n'a jamais abandonné sa puissance à l'Église, et n'en a pas reçu son propre pouvoir ; mais il lui a donné des privilèges et des possessions temporelles: preuve évidente qu'il se considérait comme son maître. Justinien s'est également cru le supérieur de l'Église, puisqu'il a fait des lois sur les clercs, et a accordé à l'Église romaine la prescription centenaire.

5° Comme on l'a dit, Jésus-Christ, en tant qu'homme mortel, n'a jamais eu plein pouvoir dans le temporel ; mais il n'a pas même transmis à saint Pierre le plein pouvoir qu'il avait au spirituel, par exemple, le pouvoir d'instituer des sacrements.

6° La supériorité de l'âme sur le corps n'empêche pas que le corps n'ait certaines opérations qui ne dépendent que de lui seul.

7° Le pape n'est libre que des lois qu'il a faites lui-même, puisqu'on ne s'engage pas soi-même, et encore des lois des conciles et des empereurs qui ne concernent que sa propre puissance. Mais quant aux lois positives, qui ont rapport aux droits ou aux libertés des autres, le pape n'est pas libre.

8° Tous ne doivent pas obéir sans exception au pape, mais seulement dans les choses qui sont nécessaires au salut de la congrégation des fidèles. Si l'on demande qui jugera de ces choses, il faut répondre que c'est le simple bon sens, et que tous ceux qui sont instruits dans la loi divine peuvent en juger, qu'ils soient sujets ou maîtres, séculier ou religieux, pauvres ou riches. Lorsque le pape vient à errer, les sages, quels qu'ils soient, sont tenus de lui résister, selon le lieu, le temps, et toutes les autres circonstances ; mais chacun doit lui résister selon son grade et son état. Autre doit être la résistance des savants, autre des prélats, autre des rois, autre des princes, autre enfin celle des simples, et de ceux qui sont destitués de toute puissance temporelle.

Ce passage est un des plus hardis que l'on rencontre dans les écrits du moyen âge. On y pressent le souffle avant-coureur de la réforme. Le même esprit est encore plus frappant dans l'argument suivant:

9° Il est permis d'en appeler du jugement du pape, puisqu'il est permis de le mettre lui-même en jugement. Or, cela est permis dans trois cas : 1° S'il est hérétique. Il doit alors être jugé par les évêques. Mais si les évêques ne peuvent ou ne veulent juger un pape hérétique, les autres catholiques, et surtout l'empereur, s'il est catholique, pourront le juger. Car là où la justice ecclésiastique fait défaut, il faut recourir au bras séculier. 2° Quand il a commis un crime notoire. Alors il doit être cité devant le tribunal des Romains, dont il est l'évêque ; et, à son défaut, la puissance de juger est dévolue à un catholique quelconque qui est armé d'une assez grande puissance pour le contenir par la force temporelle. 3° Enfin, s'il envahit ou s'il détient injustement les droits et les biens des fidèles. Dans ces trois cas, on peut le mettre en jugement: donc, à plus forte raison, peut-on appeler de son jugement.

Pour mesurer la témérité de pareilles assertions, il ne faut pas oublier qu'Ockam écrivait plus de cent ans avant les grands conciles de Bâle et de Constance, au lendemain de la grande lutte entre Boniface VIII et Philippe le Bel, lorsque la papauté humiliée sans doute, mais non vaincue, encore toute frémissante de l'affront subi, pouvait exercer de si terribles représailles contre un adversaire audacieux et impuissant.

Nous comprenons facilement pourquoi Ockam tenait à dissimuler sa pensée, à paraître garder une balance égale entre les opinions contraires. Mais cette balance est loin d'être égale ; et peut-être maintenant pouvons-nous mieux juger de sa tactique. Lorsqu'il s'agit d'établir directement, dans la première thèse, l'indépendance des deux pouvoirs, Ockam sem-

ble ne pas vouloir s'engager : il avance mollement quelques
arguments qu'il réfute de même. Mais il a fait porter tout le
poids de la discussion sur la seconde thèse, celle de l'omni-
potence du pape. Ici, on dirait qu'il se complaît à rassembler
des arguments pour les combattre ; il s'abandonne à la polémique, se dégage des arguments abstraits et métaphysiques,
en découvre de nets, de vifs, de téméraires, qui devaient faire
frémir à la fois ses amis et ses ennemis, et qui étendaient singulièrement la question, en transportant l'opposition de l'empereur à la multitude laïque. C'est le premier symptôme de
cette démocratie religieuse, que les scandales du grand schisme allaient faire éclater, et qui plus tard, franchissant les bornes mêmes de l'Église, se traduirait dans cette formule célèbre : « *Nous sommes tous prêtres.* »

Un des traits remarquables de cette argumentation, et qui
indique aussi un esprit nouveau, c'est que le christianisme y
est invoqué comme une loi de liberté. Ockam revient sur cet
argument important dans le *Dialogus*, et il y insiste assez longuement (1). C'est une preuve qu'il y attache du prix, et qu'il
ne le confond pas dans la foule des raisons qui ne sont là que
pour faire nombre.

« S'il était vrai, dit-il, que le pape eût une telle plénitude de
puissance, tous les chrétiens seraient esclaves, et aucun ne
serait de condition libre ; tous seraient les esclaves du souverain pontife, qui posséderait par là sur l'empereur, les rois,
les princes et tous les laïques, enfin tous les chrétiens, relativement à leurs personnes et à leurs biens, autant de puissance
qu'aucun chef temporel n'a jamais pu en avoir sur un esclave. »

On répond que la loi chrétienne est à la vérité une loi de
liberté, mais pour avoir délivré les chrétiens de la servitude
du péché, ou de la servitude de la loi mosaïque, non pour
avoir aboli toute domination; car il s'ensuivrait qu'aucun chrétien ne pourrait avoir d'esclaves, et ainsi, les rois, les princes,

(1) *Dialog.* pars III, tractat. I, l I, c. v, vi, vii, et viii.

les laïques et l'Église même n'auraient point d'esclaves ; ce
qui est contraire aux lois civiles et aux saints canons.

Ockam répond à cette objection, que le Christ, en nous
délivrant de la servitude de la loi, nous a délivrés de toute
servitude égale à celle-là ; et sa loi ne serait pas une loi
de liberté si, en nous délivrant d'une servitude, il nous
en infligeait une plus forte. Sans doute la loi chrétienne
ne délivre pas de toute espèce de servitude, puisqu'elle
permet encore que le chrétien ait des serfs ; mais elle ne peut
pas accabler les chrétiens d'une servitude plus grande que celle
des juifs ; ce qui serait si tous les chrétiens étaient serfs.

Mais il faut aller plus loin, et prouver que les chrétiens ne
peuvent pas être les serfs du pape. Ockam l'établit de cette
façon : L'esclave ou le serf n'a pas la propriété des biens temporels. Or, les chrétiens ont la propriété de leurs biens : donc
ils ne sont pas serfs. Mais comment prouve-t-on que les chrétiens ont la propriété de leurs biens? C'est que ce sont les lois
des empereurs qui règlent la possession des biens temporels
pour les papes eux-mêmes ; car ils font à l'Église des dons temporels. Le pape n'est donc pas le seul propriétaire. Autre
raison : Il y a des chrétiens qui ont des serfs ; or, un serf n'a
point de serf. Donc tous les chrétiens ne sont pas serfs. Enfin
l'Église a affranchi des serfs ; donc il y a des chrétiens qui ne
sont plus serfs.

Cette argumentation est remarquable, toute perdue qu'elle
est au milieu du conflit de tant d'arguments innombrables ;
c'est un point de vue nouveau apporté dans cette question complexe. Jusqu'ici l'empire avait réclamé l'indépendance, en
s'appuyant surtout sur le droit divin : « *Omnis potestas a
Deo.* » Ockam semble déplacer la question, et la porter sur un
autre terrain en invoquant le principe de la liberté. C'est, à
ce qu'il nous semble, la première fois que la liberté chrétienne sert à défendre la liberté politique. Ce sera là plus tard
le point de départ, on le verra, de la démocratie moderne. Le
protestantisme, en partant de la notion de la liberté chré-

tienne, sera entraîné presque malgré lui, ou du moins malgré ses premiers auteurs, à transporter cette notion dans l'ordre politique. On disait, il est vrai, au temps d'Ockam, comme plus tard au temps de Luther : « La servitude dont l'Évangile nous a délivrés n'est autre chose que la servitude du péché et la servitude de la loi. » Mais cette réponse n'est pas suffisante ; car pourquoi l'Évangile aurait-il délivré l'homme d'une servitude pour lui en infliger une autre ? Il y a des liens si étroits et un passage si insensible de l'ordre spirituel à l'ordre temporel, qu'il est impossible de circonscrire l'action du christianisme dans l'enceinte de l'âme. Une âme libre et un corps esclave sont deux idées contradictoires. Mais Ockam était bien loin de comprendre lui-même toute la force de l'argument qu'il employait. L'esclavage ou le servage était évidemment contre lui une objection considérable ; mais, au lieu de déclarer hardiment la contradiction du christianisme et de la servitude sous toutes ses formes, il aime mieux tomber lui-même en contradiction ; il établit que les chrétiens ne peuvent point être esclaves, et il avoue qu'ils peuvent avoir des esclaves. Ainsi la cause de la liberté naturelle des hommes était si loin d'être gagnée que le plus téméraire des penseurs et des politiques du xivᵉ siècle ne pensait pas même contester la légitimité de l'esclavage.

MARSILE DE PADOUE. — Le xivᵉ siècle est un siècle de mouvement et d'agitation, dans lequel on voit germer la plupart des idées politiques des temps modernes. Il commence par la grande lutte de Philippe le Bel et de Boniface VIII ; mais dans sa seconde moitié il nous présente le spectacle de l'insurrection populaire contre le pouvoir absolu et la tyrannie seigneuriale. Ainsi déjà la question commence à se déplacer. Bientôt elle ne sera plus entre Rome et le roi, entre Rome et l'empereur, mais entre le roi et le peuple, ou bien entre les seigneurs et les vassaux. L'histoire de ces révolutions nous entraînerait trop loin de notre sujet : cherchons cependant si nous n'en trouverions pas quelque trace dans les ouvrages du temps.

Nous avons vu (p. 365) que la doctrine la plus générale des jurisconsultes du moyen âge a été la doctrine du droit divin. Il ne faudrait pas croire cependant que tous les défenseurs du pouvoir impérial, les jurisconsultes mêmes aient été sans exception partisans du pouvoir absolu. On trouve dans quelques-uns des idées indépendantes et souvent même singulièrement hardies pour le temps. Je citerai particulièrement l'un des jurisconsultes les plus célèbres du XIVᵉ siècle, Marsile de Padoue, qui a écrit comme Ockam pour la défense de Louis de Bavière, et dont le *Defensor pacis* peut être considéré comme un ouvrage très libéral (1).

L'auteur ne fait guère, il est vrai, au moins en partie, que résumer ou commenter la Politique d'Aristote (2) ; et ce n'est pas là qu'est sa principale originalité. Mais dans la dernière partie de son ouvrage, il termine par des conclusions curieuses, qui sont fort opposées aux doctrines des glossateurs et des jurisconsultes.

Dans l'une de ces conclusions, Marsile de Padoue établit nettement le principe de la souveraineté du peuple : *Legislatorem humanum, solam civium universitatem esse, aut valentiorem illius partem* (3). » Il démontre ainsi cette thèse (4), « selon la vérité et selon Aristote, » dit-il (deux autorités, comme on voit, à peu près égales). Le vrai législateur, ou le souverain est le peuple, c'est-à-dire l'universalité des citoyens, ou une partie d'entre eux élue par tous. Car la vérité et l'utilité d'une mesure est plus certaine, lorsque la totalité des

---

(1) Goldast, *De monarch.* Defensor pacis, ann. 1314.
(2) L'auteur d'un travail étendu et approfondi sur Marsile de Padoue (*Marsilio da Padova*, 1882), M. Baldassare Labanca, pense que nous avons été sévère envers son auteur, en disant qu'il n'a fait que commenter Aristote. Il affirme que sur un grand nombre de points cet écrivain a dépassé la Politique. Nous lui donnons acte ici volontiers de sa réclamation, sans tenir autrement à notre assertion ; mais l'impossibilité de toucher à tous ces détails de la science nous oblige à renvoyer le lecteur au travail de M. Labanca (Voir aussi Ad. Franck, *Réformateurs et Publicistes*, p. 135.)
(3) Concl. VI.
(4) Pars I, c. xii.

citoyens s'y applique de toute son intelligence et de toute son
âme (*intellectu et affectu*). Ajoutez que personne ne se nuit
volontairement à soi-même (*nemo sibi nocet scienter*). Aussi
la communauté est-elle seule apte à juger si telle mesure est
conforme à l'intérêt d'un seul ou de quelques-uns plutôt que
de tous. De plus, une loi est mieux observée par les citoyens,
lorsqu'ils croient se l'être imposée à eux-mêmes.

L'État est une société d'hommes libres. Ce qui ne serait pas,
si un seul ou quelques-uns portaient des lois de leur autorité
privée sur l'universalité des citoyens ; car ils seraient alors les
véritables maîtres de tous les autres (*aliorum despotes essent*),
et les autres citoyens, n'étant pas appelés à porter ces lois, ne
les observeraient pas.

Les hommes sont réunis en société civile pour y trouver
leur avantage, obtenir ce qui est nécessaire à leur subsistance,
et éviter ce qui leur est contraire. Il faut donc que tous connaissent les règles qui peuvent être utiles ou nuisibles à
chacun, c'est-à-dire les lois. Des lois bien faites sont la plus
sûre garantie du bonheur d'un État.

Ainsi, le peuple, selon Marsile de Padoue, n'est pas seulement, comme l'admettaient la plupart des juristes du moyen
âge, la source du pouvoir impérial, en ce sens qu'il aurait
conféré à l'empereur la souveraineté, mais s'en serait ensuite
dépossédé. Le peuple est toujours le souverain de droit, puisqu'il est seul le vrai législateur. Demander qui est le souverain
dans une société, c'est demander à qui appartient le pouvoir
de lui donner des lois ; et absolument parlant, le droit de
souveraineté n'est autre chose que le droit de faire la loi.

Mais Marsile de Padoue va plus loin. Car, après avoir donné au
peuple le pouvoir législatif, il fait dépendre de celui-ci le pouvoir
exécutif: « *Cujuslibet principatus, aut alterius officii, per elec-
tionem instituendi, præcipuè vim coactivam habentis, elec-
tionem a solius legislatoris expressa voluntate pendere* (1).»

(1) Concl. X et pars I, c. xii.

Le mode de cette élection peut varier selon les formes de gouvernement : mais de quelque nature qu'elle soit, le choix de cette autorité appartient au législateur, c'est-à-dire à l'universalité des citoyens, ou à la meilleure partie d'entre eux. C'est encore au souverain à déterminer la forme selon laquelle les actes de la vie civile doivent être réglés, c'est-à-dire la loi, ainsi que la matière ou le sujet qui doit réaliser cette forme, c'est-à-dire l'autorité exécutive. Quant aux autres fonctions de la république, leur institution appartient en principe au législateur, mais secondairement à la puissance exécutive ou instrumentale, en vertu de l'autorité qui lui a été transmise par le législateur, et dans les formes fixées par lui. Le législateur est la première cause de tout ce qui se fait dans l'État ; mais il ne peut pas s'occuper de tous les détails ; et l'exécution des lois se fait mieux par un seul et par plusieurs, que par tous qui seraient par là continuellement distraits de leurs occupations nécessaires (1).

Marsile de Padoue ne recule devant aucune conséquence de ses doctrines, et il admet que si le pouvoir exécutif s'égare, il peut être corrigé, et même déposé. En effet, dès qu'un homme possède le pouvoir, étant composé d'intelligence et de passion, il peut se faire qu'il conçoive ou de fausses idées des choses ou de faux désirs, et qu'à la suite de ces fausses impressions, il agisse contrairement à la loi. Il faut alors qu'il y ait quelque autorité qui puisse mesurer la sienne, et juger ses transgressions. « *Alioquin despoticus fieret quilibet principatus, et civium vita servilis et insufficiens.* » Or, le jugement, l'ordre, l'exécution d'une sentence contre un pouvoir prévaricateur appartient au législateur ou à ceux qu'il a investis de cette mission.

On rencontre donc dans Marsile de Padoue les trois points essentiels de toute doctrine démocratique : 1° que le pouvoir législatif appartient au peuple ; 2° que c'est le pouvoir législa-

(1) *Ibid.*, c. xv.

tif qui institue le pouvoir exécutif ; 3° enfin qu'il le juge, le
change ou le dépose, s'il manque à ses devoirs. Quelques-unes
de ces doctrines se rencontrent aussi dans saint Thomas
d'Aquin et dans son école. Mais, dans cette école, ces principes
s'unissent aux doctrines théocratiques. Marsile de Padoue, au
contraire, est un défenseur du pouvoir civil. Il soutient l'indépendance des pouvoirs. Il voit donc plus loin que son temps,
puisqu'il veut non seulement séparer l'État de l'Église, mais
affranchir l'État lui-même du pouvoir absolu.

Il est encore un point sur lequel Marsile de Padoue est très
supérieur à son temps : c'est la question de la liberté de
conscience. Voici l'une de ses conclusions : « *Ad observanda
præcepta divinæ legis, pœná vel supplicio temporali, seu
præsentis seculi, nemo Evangelica scriptura compelli præ-
cipitur.* » Le prêtre n'est autre chose que le *docteur* de
la loi divine ; il est chargé de nous apprendre ce qu'il faut
faire ou rechercher pour mériter la vie éternelle. Mais il n'a
pas la puissance coercitive pour forcer à l'observation de ses
préceptes. Ce serait d'ailleurs vainement qu'il essayerait de
contraindre personne, car des actes forcés ne serviraient à rien
pour le salut éternel. L'Apôtre dit : « Toute écriture inspirée
par Dieu est utile pour enseigner, reprendre, corriger, instruire dans la justice. » Il ne dit pas : « Pour forcer et pour
punir. » Saint Chrysostome dit encore : « Il est impossible de
soigner personne malgré lui... On ne ramène pas par la force
un égaré. » De telles doctrines au xive siècle font le plus grand
honneur à l'esprit libéral et tolérant qui les a soutenues.

NICOLAS ORESME. — Parmi les écrits libéraux du xive siècle,
qui cherchèrent à poser des limites non seulement au pouvoir
pontifical, mais au pouvoir royal lui-même, il faut citer le
célèbre ouvrage de Nicolas Oresme sur la monnaie (1). Si nous

(1) Nicolas Oresme, précepteur et conseiller de Charles VI, a fait une
traduction française de la *Politique* d'Aristote, et un traité intitulé :
De origine, natura, jure et mutationibus monetarum (publié par Wolouski
avec une traduction française du moyen âge, Paris 1864).

laissons de côté la question économique, nous trouvons dans
cet ouvrage des principes politiques importants : car, en
contestant au prince le droit de changer la monnaie arbitrairement, l'auteur pose par là même une barrière au pouvoir absolu.
Il soutient qu'en principe le prince ne doit faire aucun changement dans les monnaies ni quant à la matière, ni quant au
poids, ni quant à la valeur. S'il y a une nécessité véritable,
c'est à la communauté à s'en assurer *(determinandum est
per communitatem)*. S'il n'y a pas moyen de convoquer la
communauté, on peut sans doute présumer son consentement tacite, mais c'est à la condition que le prince ne songe
pas à bénéficier du changement, c'est un prêt qu'il est tenu
de rendre *(per modum mutui de quo facienda est restitutio)*.
On dira que la nation a pu se dépouiller de son droit et en
revêtir le monarque. Oresme répond que d'abord la nation ne le
fera pas si elle est avisée *(nunquam faceret communitas
bene consulta)*. De plus une nation ne peut pas se réduire
elle-même en servitude ; si elle l'avait fait une fois par
surprise, elle pourrait toujours révoquer sa concession
(potest hoc statim revocare). On ne peut céder à un autre ce
qu'on possède de droit naturel ; or, c'est à ce titre que la
monnaie appartient à la nation. On ne pourrait accorder au
souverain le droit d'abuser des femmes de ses sujets. A cette
occasion, Oresme est amené à distinguer le roi du tyran,
comme on l'a fait pendant tout le moyen âge, le tyran ne
cherchant que son bien particulier, et le roi celui des sujets.
Lorsque la royauté se change en tyrannie, elle ne peut pas
durer longtemps ; rien n'est plus propre à en hâter la ruine,
surtout dans un pays où les hommes ont toujours été libres
et n'ont jamais porté le joug de la servitude *(ubi sunt homines
moribus et natura liberi non servi)*. Le corps ne peut subsister
lorsque toutes les humeurs se portent sur un des membres ;
il en est de même dans un royaume, lorsqu'une partie veut
attirer à elle toutes les richesses ; et comme la puissance
royale tend naturellement à s'agrandir, il faut apporter le

plus grand soin à l'empêcher de s'étendre. Le roi, supérieur
à tous les citoyens pris séparément, doit être inférieur à la
nation prise en corps *(major est potentior quam aliquis qui
subditus est, tamen tota communitate inferior)*. Le prince
doit donc châtier les flatteurs qui le poussent à la tyrannie. Il
ne doit pas tendre à la puissance absolue, mais se contenter
d'une puissance légale, réglée par des coutumes. Autrement,
lui-même ou ses héritiers perdraient cet empire fondé par
tant de vertus *(ipse aut hœredes perderent imperium tot
virtutibus auctum)*; et Oresme, par une sorte de vue prophétique, appliquant ces principes à la France elle-même,
s'écrie : « Ceux qui pousseraient les rois de France à la tyrannie
exposeraient le royaume à un grand danger, et prépareraient
sa ruine ; car la race des rois de France n'a point appris à
tyranniser et le peuple français n'est point habitué à la servitude *(nec regum Franciœ generosa propago tyrannisare
didicit, nec serviliter subjicit populus gallicus consuevit)*. »

LES ORDRES MENDIANTS. — On voit apparaître au XIVe siècle
non seulement les idées libérales et démocratiques, mais
encore les idées démagogiques. On peut en trouver la trace
dans les grandes assemblées politiques du temps, dans les
doctrines novatrices de Wiclef et de Jean Huss (1), dans les
doctrines révolutionnaires des paysans d'Angleterre (2), et

---

(1) Voyez cet article de Wiclef, condamné par le concile de Constance : *Populares possunt ad arbitrium dominos delinquentes corrigere*
(Constantiense concilium, Lép. 1700, t. III, pars XII, p. 180, 183).

(2) Voir plus loin p. 513. Il est facile de voir que dans les récla-
mations populaires recueillies par Froissard, le bien et le mal
étaient mêlés. Lorsque « ces méchantes gens, » comme il les appelle,
demandaient à ne travailler que pour un salaire, ils exprimaient
une réclamation de la plus stricte justice : mais lorsque leur
chef, John Ball, demandait que tous les biens fussent en commun,
il était dupe d'une utopie grossière qui s'est mêlée et se mêlera toujours dans tous les temps aux révolutions populaires. La communauté est la forme sous laquelle le peuple mal éclairé comprend
l'égalité. Mais cette erreur ne doit pas nous faire méconnaître ce
qu'il y avait de juste dans la cause des paysans d'Angleterre. C'était
la cause prématurée d'un droit mal compris et qui ne devait
triompher que quatre siècles plus tard.

enfin dans les luttes des Frères mendiants, soit avec le pape, soit avec les rois. Donnons quelques éclaircissements sur ces différents points.

Les ordres mendiants, qui comptent dans leur sein la plupart des écrivains éminents du moyen âge, furent pendant un siècle la milice dévouée de la papauté. Mais au xive siècle cette alliance semble se dénouer ; la guerre éclate entre les frères mineurs et le pape. C'est de l'ordre des franciscains qu'est sorti le redoutable Ockam. Enfin le général de l'ordre, Michel de Céséna, soutint lui-même une lutte personnelle très vive contre le pape Jean XXII, lutte dans laquelle il n'est que le représentant de l'ordre tout entier (1).

Sur quoi portait cette lutte ? Sur la question de la propriété.

La question débattue était de savoir si Jésus-Christ et les apôtres avaient renoncé à toute propriété, ou s'ils avaient conservé la propriété temporelle. Le pape Jean XXII soutenait que Jésus-Christ et les apôtres étaient restés propriétaires ; les ordres mendiants prétendaient le contraire, et affirmaient que Jésus-Christ et ses apôtres avaient donné l'exemple du renoncement à la propriété.

Ce débat peut nous paraître aujourd'hui assez étrange et fort éloigné de toute application. Mais si l'on réfléchit qu'au moyen âge toutes les questions prenaient la forme théologique, on n'aura pas de peine à comprendre que la question débattue était au fond la question sociale de la propriété elle-même. En effet, déclarer que Jésus-Christ et les apôtres avaient renoncé à toute propriété, c'était implicitement faire entendre qu'ils avaient condamné la propriété, et c'était dire par conséquent que la propriété est un mal plus ou moins nécessaire et plus ou moins licite, mais essentiellement contraire à la perfection chrétienne. De telles conséquences étaient loin d'être soutenues par les frères mendiants ; cepen-

(1) Goldast, t. II.

dant quelques-unes de ces idées ne laissèrent pas que de se glisser dans la discussion, et elles étaient certainement au fond du débat.

Mais comment la papauté et les ordres mendiants, qui avaient toujours marché d'accord depuis l'établissement de ces derniers, pouvaient-ils se diviser sur une question de cette importance ? Comment la papauté prenait-elle tout à coup parti contre les ordres mendiants, qu'elle avait si souvent défendus contre leurs adversaires ? Comment élevait-elle des objections contre la doctrine de la pauvreté évangélique dont les ordres mineurs étaient les représentants institués par elle? Etait-ce un simple hasard d'opinions, un choc fortuit d'influences et de personnes ? Non, la question avait une autre portée.

Les moines mendiants, en soutenant que la perfection évangélique consistait dans le renoncement absolu à toute propriété, même à la propriété des choses indispensables à la vie, des choses d'usage, *usu consumptibilium*, se réservaient évidemment le rôle et l'honneur d'un tel degré de perfection, et par conséquent se plaçaient au-dessus de tout le clergé séculier et même de son chef, le souverain pontife, qui n'était pas astreint à de telles règles. Il était donc à craindre que les ordres mendiants, devenus extrêmement puissants, après avoir été la milice du pape, ne prétendissent s'élever au-dessus de lui, au nom de la supériorité de leur règle et de leur plus grande ressemblance avec les apôtres et Jésus-Christ.

Mais il y avait un point bien plus grave encore. Si Jésus-Christ n'avait rien possédé temporellement, le pape, qui était le vicaire de Jésus-Christ, ne devait rien posséder temporellement, ni richesses, ni territoire, ni domination, ou du moins, s'il possédait ces choses, ce n'était plus à titre de vicaire de Jésus-Christ, mais en vertu d'un droit purement temporel. A ce point de vue, l'attaque des moines mendiants portait directement sur le pouvoir politique du souverain pontife, et indirectement sur les richesses ecclésiastiques. D'une part, les ordres mendiants semblaient renouveler l'hérésie des vaudois en soutenant que la possession d'un bien temporel est incompatible avec la perfection évangélique ; de l'autre, ils donnaient la main aux adversaires laïques du pouvoir pontifical, en excluant toute idée de pouvoir ou de propriété temporelle de la mission de Jésus-Christ.

L'influence des ordres mendiants se montre encore, quoique d'une manière assez couverte, dans le grand débat soulevé au xv° siècle devant le concile de Constance par le cordelier Jean Petit. On sait quel était le sujet de ce débat : c'était la question soulevée déjà au xıı° siècle par Jean de Salisbury.

BARTOLE. — Il est à remarquer, qu'au moyen âge la question de la tyrannie avait, il me semble, un intérêt bien plus présent et bien plus direct qu'elle n'en peut avoir dans les temps modernes, où la violence ne saurait prévaloir contre certaines lois générales, écrites ou non écrites, qui constituent la civilisation. Mais au moyen âge, sauf les grandes souverainetés qui paraissaient se maintenir et se perpétuer d'après un ordre régulier, il y avait une multitude de petites puissances secondaires qui se renversaient les unes les autres avec une extrême rapidité. Là où le poids d'un pouvoir central et reconnu ne se faisait pas sentir, les tyrannies succédaient aux tyrannies, les usurpations aux usurpations. C'est ce qui avait lieu surtout en Italie, où chaque ville, comme les anciennes républiques de la Grèce, avait continuellement à lutter contre les entreprises de quelque chef puissant qui cherchait à les opprimer. Ce qui prouve l'intérêt pratique que pouvait avoir la question de la tyrannie au moyen âge, c'est le traité de Bartole sur ce sujet, *De tyranno* (1). Bartole n'est ni un politique, ni un philosophe : c'est un jurisconsulte. Il traite de la tyrannie au point de vue juridique. Il examine ce qu'il peut y avoir de légal dans les actes du tyran. Il distingue les actes faits par lui *per modum jurisconditionis* des actes faits *per modum contractûs*. Les

(1) Barth., *oper.*, éd. de Bâle, 1522, t. V, tract. vi, pp. 587, 592.

uns sont illégaux, et leur validité cesse avec le pouvoir du
tyran ; les autres sont valables même après le renversement du
tyran. En un mot, les actes politiques périssent (à l'exception
des décisions judiciaires rendues selon les lois du pays) ; mais
les contrats et les engagements subsistent : distinction qu'on
a eu plus d'une fois lieu d'appliquer dans les révolutions des
temps modernes. Ce qui est certain, c'est que de telles questions ne pouvaient être soulevées par un esprit aussi peu
spéculatif que Bartole, si elles n'eussent pas répondu à des
intérêts présents et de tous les jours. On ne s'étonnera donc
pas de l'éclat qu'eut au xve siècle la discussion soulevée par
J. Petit, cordelier, sur le droit de tuer le tyran, discussion
portée aux grandes assises de Constance par Gerson et l'Université de Paris (1).

On sait quelle a été l'origine de cette discussion : ce fut le
meurtre du duc d'Orléans par le duc de Bourgogne pendant
la folie du roi Charles VI. Le cordelier Jean Petit, stipendié
par le duc de Bourgogne, fut appelé à parler devant le conseil
du roi ; et, en présence du roi même, à justifier l'action de
son patron. Son discours, dont Monstrelet (2) nous a conservé
le résumé, est devenu le texte de la longue et célèbre discussion que nous allons analyser. Ce discours se résumait en
huit propositions dont voici les principales :

« I. Que *tout vassal et sujet* qui, par convoitise et sortilège,
machine contre le salut corporel de son roy et souverain
seigneur pour lui tollir et distraire sa très noble seigneurie,
est digne de double mort, première et seconde.

« II. Au cas dessus dit, il est licite à chacun sujet, sans
quelque mandement, selon les lois morale, naturelle et divine,
d'occire ou faire occire iceluy trahistre déloyal et tyran, et non
pas seulement licite, mais honorable et méritoire, mêmement
quand il est de si grande puissance que justice n'en peut
bonnement être faite par le souverain.

(1) Gerson, *oper.*, t. V, tout entier.
(2) Enguerr. de Monstrelet, c. xxxiv.

« V. En cas d'alliances, serments, promesses et confédérations faites de chevalier à autre, ou en quelque manière que
ce soit ou puisse être, s'il advient que icelles tenir et garder,
tourne au préjudice à son prince et à ses enfants, ou de la
chose publique, n'est tenu de lès garder ; ains les tenir et
garder en tel cas, serait contre les lois morale, divine et
naturelle. »

Il est à remarquer que dans cette apologie Jean Petit ne
soutenait que ce qui était strictement nécessaire pour la justification de son patron, le duc de Bourgogne. Ainsi, ce qu'il
appelle tyran, c'est le *vassal rebelle à l'autorité du roi*.
C'était en effet là le prétexte dont se couvrait Jean de Bourgogne pour excuser le meurtre du duc d'Orléans. Mais il est
évident qu'il n'était pas difficile de tirer de telles prémisses la
justification absolue du tyrannicide dans tous les cas. Cependant il faut convenir qu'en dénonçant la doctrine de Jean
Petit à l'Université de Paris, le chancelier Gerson eut le tort
d'en dénaturer les termes et de lui prêter ce qu'il n'avait pas
dit (1). Il le dénonce comme s'il avait parlé du tyran en général, sans rien spécifier, tandis que Jean Petit n'avait parlé que
du vassal rebelle. Aussi, les partisans de Jean Petit ne man-
quèrent-ils pas de relever cette équivoque dans la longue
discussion qui suivit.

Gerson eut gain de cause devant l'Université de Paris. La
doctrine de Jean Petit, malgré quelques protestations, fut
condamnée. Il n'en fut pas de même au concile de Constance,
où Gerson porta l'affaire au nom du roi et de l'Université.
C'est là que se fait jour le rôle des ordres mendiants dans
cette question. L'Université avait cru voir leur main dans
l'affaire de Jean Petit. Lui-même était un cordelier, il paraît
que ses doctrines s'étaient surtout répandues parmi ses con-
frères. C'est ce qui semble résulter d'une lettre de l'Université de Paris au concile de Constance, qui impute surtout aux

1 Gers., *oper.*, t. V, p. 55.

mendiants la propagation de ces doctrines (1). On peut, il est vrai, expliquer cette imputation par l'animosité ancienne et invétérée de l'Université contre les ordres mendiants. Mais eux-mêmes parurent autoriser ces soupçons en prenant en main la défense de Jean Petit au concile. On voit, par exemple, un certain père de la Roque (de Roqua), des frères mineurs, prendre la défense des propositions de Jean Petit, déclarer qu'elles ne sont pas contre les bonnes mœurs, et enfin, s'attaquant à Gerson lui-même, dénoncer dans ses écrits cette doctrine même du tyrannicide qu'il impute à d'autres (2). A cette levée d'armes, Gerson se lève et répond « qu'il était bon que l'on sût enfin ces choses, et que l'on connût les vraies intentions des quatre ordres. Et, quoiqu'il y eût lieu de gémir de ce que le poison était dans la plaie, il fallait se réjouir en même temps que cette plaie s'ouvrît et que la corruption s'en répandît au dehors ; car il serait alors plus facile et plus court de la guérir. » On voit par ces paroles de Gerson que, dans sa pensée, les ordres mendiants en général étaient tous plus ou moins complices des maximes de Jean Petit. Enfin, ce qui semble venir encore à l'appui de ces présomptions, c'est le traité d'un autre moine jacobite, Jean de Falkenberg, en faveur de la proposition de Jean Petit, traité qui, du reste, fut condamné par le concile.

Quoi qu'il en soit de la part que les ordres mendiants prirent à ce débat, Gerson s'efforça de montrer que les maximes de Jean Petit étaient au fond les mêmes que celles de Wiclef déjà condamnées. « Les peuples, avait dit celui-ci, peuvent punir leurs chefs à leur volonté. » Et cette doctrine avait été rejetée par le concile. Au fond la doctrine du tyrannicide n'est pas autre que celle-là. Le sujet et le vassal n'est pas le juge légitime de son maître. Quelle loi peut permettre à personne d'être, dans la cause d'autrui, témoin, juge, partie et exécuteur ? C'est une loi dans les écoles que nul ne peut se rendre

(1) Gerson, *oper.*, t. V, pp. 507, 543.
(2) *Ibid.*, p. 492.

justice à soi-même ; autrement, l'autorité du maître est supprimée. Cette loi subsiste jusque chez les brigands, les Turcs
et les païens. Si celui qui veut tuer le roi peut être tué par
qui que ce soit, sans mandat et hors le cas de légitime défense, on peut tuer aussi celui qui peut induire le roi au péché ;
car il est plus mal de vouloir le péché du roi que sa mort. S'il
suffisait pour avoir le droit d'assassiner, de déclarer que celui
que l'on tue voulait lui-même tuer le roi, sans aucune autre
preuve notoire, qui ne voit à quel arbitraire serait livrée la
vie des supérieurs ? Il n'y a qu'un seul cas où une pareille prétention pourrait être juste : ce serait le cas de péril pressant
et immédiat : si, par exemple, le roi était sous nos yeux en
danger de mort. Le juge ordinaire lui-même, c'est-à-dire le
roi, ne peut pas tuer lui-même un tel coupable sans l'avoir
averti et convaincu ; à plus forte raison, un simple particulier
ne le peut-il pas. Le roi ne doit condamner à mort aucun criminel sans les formes légales, tant qu'il peut le faire juger par
la justice ordinaire. Or celui qui veut tuer le tyran ne peut
jamais savoir, de science certaine, qu'il ne peut pas en être
fait justice autrement. De plus, il n'est pas un ordre, une
société quelconque où la tyrannie ne puisse s'exercer : le
pape lui-même peut être un tyran. Qui ne voit qu'avec un
tel principe tout le monde peut être tué comme tyran ?
Argument bien redoutable devant un concile qui déposait un
pape, comme notoirement tyran. C'est justifier toute sorte
d'homicide : car on peut toujours supposer d'un homme qu'il
conspire contre la vie du roi. Les principes de la morale doivent être clairs et ne point se prêter à mille interprétations.
Ce précepte « Tu ne tueras pas » a un sens clair et évident :
c'est que nul ne doit tuer un autre homme spontanément ou
par inspiration, s'il n'est pas revêtu de l'autorité publique. Et
de même ce second précepte : « Tu n'invoqueras pas en vain
le nom du Seigneur ton Dieu » doit être observé jusqu'à la
mort tant qu'il ne comprend point le salut. Enfin, si dans l'histoire on rencontre avec éloge les noms de quelques-uns de

ceux qui ont tué les tyrans, c'est qu'ils étaient investis d'une fonction publique, ou qu'ils en auraient reçu l'ordre de Dieu lui-même.

Cette discussion si forte, si exacte, si lumineuse, ne trouva pas grâce devant le conseil. Le duc de Bourgogne triompha. Jean Petit ne fut pas condamné. Vingt-six voix se prononcèrent pour, soixante et une contre la condamnation (1).

LA DÉMOCRATIE AU MOYEN AGE. — Il est remarquable qu'au moyen âge, où il y eut tant d'hérésies, et une si remarquable hardiesse de pensées sur presque toutes les questions, l'on rencontre à peine de rares indices d'opposition à l'une des institutions les plus contraires à l'esprit chrétien et au droit naturel, le servage, transformation assez peu adoucie de l'esclavage ancien. Tandis que le christianisme primitif avait tout fait pour détruire ou pour atténuer le mal de l'esclavage, lorsque l'on voit la plupart des Pères prononcer de si fortes paroles contre l'esclavage et pour les esclaves, il est triste de ne voir, pendant tout ce moyen âge, aucune voix s'élever du sein de l'Église contre l'injustice et l'iniquité du servage. Nous en avons dit une des raisons. Saint Augustin avait trouvé un argument plein de logique en faveur de l'esclavage. Aristote l'avait démontré philosophiquement, et c'étaient là les deux grandes autorités de la philosophie scholastique. De plus, il faut dire que la conquête barbare avait créé un nouveau principe d'inégalité entre les hommes. Il fallait bien des siècles avant que ces races victorieuses et la race vaincue pussent se fondre l'une dans l'autre, et former une seule famille. Aussi,

(1) On sait que la doctrine du tyrannicide ne fut qu'une des questions accessoires du concile de Constance. Au fond il s'agissait du pouvoir pontifical et de l'autorité du concile. Gerson, d'Ailly et leur école étaient contre la monarchie absolue du pape ; ils voulaient établir dans l'Église une monarchie tempérée. Cette question de politique ecclésiastique est pour nous secondaire ; et nous sommes obligés de l'écarter ici. Au reste, en même temps que l'école de Gerson cherchait à limiter la puissance du pape dans l'Église elle-même il est évident qu'elle la limitait également dans son rapport avec le pouvoir civil.

la loi sociale au moyen âge fut-elle la séparation de la société
en deux classes : nobles et serfs ; la première dont la fonction
était la guerre, la seconde, le travail (1).

Cependant, on voit bien de loin en loin dans cette nuit du
moyen âge quelques éclairs lumineux, mais passagers, d'une
justice supérieure. Quelques cris échappés aux serfs du moyen
âge, quelques paroles admirables de la royauté au xv⁰ siècle,
tels sont les rares pressentiments que la doctrine de l'égalité
peut recueillir à cette époque. Rien de plus beau et de plus
fier que la chanson des serfs que Wace nous a donnée dans le
roman de Rou (2). Quelle plus grande philosophie que celle
des considérants des édits de Philippe le Bel et de Louis le
Hutin, sur l'affranchissement des serfs dans le domaine de la
Couronne : « Attendu que toute créature humaine, qui est
formée à l'image de Notre-Seigneur, doit être généralement
franche par droit naturel (3). »... « Comme, selon le droit de
nature, chacun doit naître franc, et par aucuns usages et coutumes qui de grant ancienneté ont été introduites et gardées
jusqu'ici en notre royaume, et par aventure pour le meffet de
leurs prédécesseurs, moult de personnes de notre commun
peuple soient esclaves en lieu de servitude, et de diverses con-

---

(1)   Lex humana duas indicit conditiones,
      Nobilis et servus simili non lege tenentur.
      . . . .
      Hi bellatores, tutores ecclesiarum
      Defendunt vulgi majores atque minores
      Cunctos et sese parili sic more tuentur.
      Altera servorum divisio conditionum,
      Hoc genus afflictum nil possidet absque labore.
         (*Adalberonis carmen ad Robertum Regem Script.
            de rebus Gall. et Franc.*, t. X, p. 69.)

(2)   Nus sumes homes cum il sunt,
      Tez membres avuns cum il unt,
      Et altresi grant cors avuns
      Et altretout sofrir pouns,
      Ne nus faut fors cuer sulment.
            (Wace, *Roman de Rou*, t. I, p. 306.)

(3) Ordonn. de Phil. le Bel, 1311. — *Ordonn. des rois de France*, t
XII, p. 387.

ditions, qui moult nous déplaît ; considérant que notre royaume est dit et nommé le royaume de France, et voullant que la chose en vérité soit accordant au nom... (1). »

Ces belles paroles eurent peu de suite ; et le servage ne cessa pas d'exister dans toute la chrétienté. Mais c'est surtout en Angleterre qu'il était le plus répandu. Aussi est-ce là que naquirent les résistances les plus énergiques. Déjà en France, au milieu du XIVᵉ siècle, la Jacquerie avait donné aux serfs l'exemple de la révolte. Mais la Jacquerie est une insurrection brutale, dans laquelle il est impossible de découvrir l'ombre d'une idée. La révolte des paysans d'Angleterre, vers la fin du même siècle, eut un caractère plus élevé. Elle paraît avoir été déterminée par des principes, les uns très subversifs, les autres très légitimes. Le principal instigateur fut un certain Jean Ball, dont Froissart nous a transmis un discours des plus curieux (2).

(1) Ord. de Louis le Hutin, 1315, 3 juillet ; Philippe le Long, 1318, 23 janxier.

(2) Froissart, *Chronique*, t.II. ch. LXXIV, p.132, éd. de Lyon, 1659. « Ces méchans gens se commencèrent à élever : pourre qu'ils disayent que l'on les tenait à trop grand'servitude : et qu'au commencement du monde il n'avait été nul serf : et que nul ne le devait estre, s'il ne faisait trahison envers son seigneur, comme Lucifer fit envers Dieu... En ces machinations les avait au temps passé grandement mis un fol prestre de la comté de Kent (qui s'appelait Iehan Valée ou John Ball.) Car celuy Iehan avait d'usage, les jours du dimanche, après la messe, quand les gens venaient du moustier, de s'en venir en la place, et là preschait, et leur disait : Bonnes gens, les choses ne peuvent pas bien aller en Angleterre, et n'iront jusques à tant que biens iront tout de communs, et qu'il ne sera ne villains, ne gentils-hommes, et que nous serons tous unis, et que les seigneurs ne seront plus grands maîtres que nous. Comment l'ont-ils desservy ? Ne pourquoi nous tiennent-ils en servage ? Nous sommes tous venus d'un père et d'une mère, Adam et Eve ? En quoy peuvent-ils dire qu'ils soyent mieux seigneurs que nous, fors par ce qu'ils nous font gagner et labourer ce qu'ils dépendent ? Ils sont vêtus de velox et de camocas... et nous de povres draps ; ils ont les vins, les épices et les bons pains ; et nous avons le seigle, et le reget de la paille : et si ne buvons que de l'eau. Ils ont le séjour et les beaux manoirs, et nous avons la peine et le travail, la pluye et le vent aux champs ..»

Il faut encore signaler au moyen âge un assez grand nombre de sectes communistes, analogues aux sectes gnostiques que nous avons mentionnées plus haut p. 310: Les *Fraticelles*, les *Bégards*, les *Turlupins*;

C'est surtout à la fin du xvᵉ siècle que l'on voit les doctrines démocratiques commencer à prendre conscience d'elles-mêmes et proclamer quelques principes dont les publicistes du siècle suivant donneront la théorie et la démonstration. Tout le monde connaît le discours célèbre de Philippe Pot aux États de 1484 ; nous sommes étonnés, dans nos préjugés modernes, d'entendre au xvᵉ siècle des paroles si nettes et si fermes en faveur des droits du peuple. Où ce petit gentilhomme avait-il pris de telles maximes : « La royauté est une charge, non un héritage. Les historiens rapportent, et j'ai appris des anciens qu'à l'origine les maîtres étaient élus par le suffrage du peuple, et que ceux qui se sont emparés du pouvoir par force ou autrement, sans consentement du peuple, sont des tyrans. — Il est évident que le roi ne peut disposer par lui-même de la république. C'est aux États à valider les faits accomplis par leur approbation, et rien de saint et de solide ne peut subsister malgré eux et sans leur avis. » Ce principe de la souveraineté nationale, si clairement aperçu et si vivement exprimé, se rencontre encore vers la même époque dans un écrivain éminent, que ses fonctions auprès de Charles de Bourgogne et de Louis XI ne paraissaient pas avoir préparé à accepter de tels principes : c'est l'historien Comines. Nul n'a exprimé avec plus de force et de netteté ce grand principe du droit politique moderne, qu'un peuple ne peut pas être taxé sans son consentement. « Y a-t-il roi ni seigneur sur terre, dit Comines, qui ait pouvoir, outre son domaine, de mettre un denier sur ses sujets sans octroi, du consentement de ceux qui le doivent payer, sinon par tyrannie et violence? » Mais il suffit, quant à présent, de signaler le commencement de ces doctrines, et de montrer surtout leur séparation d'avec les doctrines théocratiques, dont elles avaient subi toujours l'alliance au moyen âge. Nous devons réserver de les étudier avec plus d'étendue

mais nous ne connaissons rien de bien précis sur ces sectes qui sont plutôt philosophiques que sociales et politiques (Voir Thonissen, *Histoire du socialisme*, t. I., p. 157 et suiv.)

lorsqu'elles se présenteront dans toute leur force et leur étendue.

RÉSUMÉ. — En résumé, que devons-nous penser de la philosophie morale et politique du moyen âge ? En morale, nulle originalité : Aristote uni à saint Augustin, voilà la scholastique. Discuter la morale de saint Thomas, c'est discuter la morale d'Aristote. La seule chose qui appartienne à saint Thomas, c'est l'entreprise de cette alliance entre le péripatétisme et le christianisme. C'est là une œuvre artificielle : c'est une philosophie morte, une philosophie d'école, admirable combinaison logique dont on ne ranimera pas les cendres. La seule doctrine vivante du moyen âge, c'est le mysticisme ; j'entends le mysticisme libre du joug scholastique, le mysticisme de saint Bernard et de l'*Imitation*. Par là, le moyen âge a vécu et vit encore : car il a connu à fond tout un côté de l'âme, le plus profond peut-être et le plus grand, celui par lequel l'âme s'unit à Dieu. Mais cette doctrine elle-même, quelque grande qu'elle soit, manque d'étendue et de fécondité : elle encourage trop la tristesse, l'ennui, l'inertie ; et préoccupée du seul soin de rapprocher l'homme de Dieu, elle reste trop indifférente aux plus grandes injustices sociales, qu'elle connaît à peine ou qui lui paraissent de peu d'intérêt.

C'est ce qui arriva au moyen âge. Les doctrines sociales sont de beaucoup inférieures à celles de l'Église primitive. Sur la question de l'esclavage, la scholastique est revenue purement et simplement à Aristote. Les objections du stoïcisme et même du christianisme contre l'esclavage semblent lui avoir été inconnues. La scholastique est évidemment, sur ce sujet, sous le joug de la méthode d'autorité. Quant à la question de la liberté de conscience, ce n'est pas la doctrine des premiers Pères, c'est celle de saint Augustin dans la dernière période de sa vie, que la scholastique a adoptée. Le droit de réduire les hérétiques par la force est la doctrine constante et universelle du moyen âge. La seule protestation éclatante contre cette doctrine est celle de Marsile de Padoue, vers la première moitié du XIVe siècle. Enfin, la question de la propriété n'est guère étudiée en elle-même : les débats portent principalement sur la propriété ecclésiastique, et ne sont, par conséquent, qu'une des faces du grand débat politique du moyen âge, de la lutte entre le pouvoir spirituel et le pouvoir temporel.

C'est là surtout, c'est sur le terrain de ce dernier problème que le moyen âge est original et a une opinion (1). Il a soulevé, discuté, résolu en partie une question que l'antiquité n'avait pas connue. On peut dire même que c'est la seule question que le moyen âge ait traitée en connaissance de cause ; pour toutes les autres, il ne les a qu'effleurées, et souvent même à peine comprises. Ce n'est donc point sur ces questions secondaires, où il n'a eu que des germes d'idées, que le moyen âge doit être jugé : c'est sur la question capitale, qui lui appartient en propre.

Qui a raison dans ce grand procès du moyen âge, du pape ou de l'empereur, des juriconsultes impériaux ou des jurisconsultes canonistes, de saint Thomas ou d'Ockam ? La papauté a-t-elle le pouvoir suprême au spirituel et au temporel (2) ? Est-ce de l'Église que le pouvoir civil tient son autorité ? Est-ce à elle qu'il en est responsable ? Prête-t-il serment entre ses mains ? Peut-il être changé et renversé sur son ordre ? Enfin, où est

(1) Encore faut-il bien comprendre ce dont il s'agit. La question n'était nullement de savoir alors quels doivent être les rapports de l'Église et de l'État dans un pays donné. Personne ne mettait en doute la nécessité des religions d'État. Personne n'aurait osé séparer complètement l'État de la religion. En un mot, l'État laïque est une théorie dont le moyen âge n'a pas même eu le pressentiment. Mais ce que le moyen âge a connu, et ce dont il n'a pas voulu, c'est de la théocratie. Or, la théocratie au moyen âge se présente sous la forme de la suprématie du pape sur les couronnes. L'indépendance des couronnes par rapport à l'Église romaine, voilà tout le problème du moyen âge. C'est de ce problème que nous croyons pouvoir dire que le moyen âge l'a parfaitement compris, et l'a résolu.

(2) Ici encore, il faut bien s'entendre. Il ne s'agit pas du pouvoir temporel du pape dans ses propres États, pouvoir qui existait à peine au moyen âge, mais de son pouvoir sur les couronnes, c'est-à-dire sur tous les États.

le principe de la souveraineté ? Réside-t-il dans l'Église, ou dans l'État ?

Historiquement, il est bien difficile de dire qui a eu raison, et qui a eu le bon droit de son côté. S'il est vrai que les empereurs d'Allemagne, et en général les monarques, du moyen âge, ont été peu recommandables ; que, livrés à des passions sans frein, il a été utile qu'ils rencontrassent un obstacle et une surveillance dans un pouvoir jaloux et moralement supérieur, on ne peut cependant s'empêcher d'accorder sa sympathie à quelques-uns de ces princes, qui ne faisaient que défendre, après tout, l'indépendance de leurs États et l'argent de leurs peuples. S'il est certain que la vente des bénéfices ecclésiastiques, l'altération des monnaies, les exactions de toute sorte, méritaient souvent les justes censures de Rome, d'un autre côté il faut reconnaître que les princes avaient parfaitement le droit d'empêcher l'argent des bénéfices d'aller à Rome au lieu d'entrer dans leurs trésors ; de s'opposer à ce que des étrangers vinssent dévorer les fruits de leur territoire, n'ayant de fidélité que pour le souverain qui les choisissait ; enfin ils avaient bien le droit d'exiger de leurs sujets ecclésiastiques, comme de tous les autres, de contribuer aux dépenses publiques, puisqu'ils leur accordaient une même protection. On voit que le tort et le droit se partagent peut-être entre les deux puissances rivales. Mais c'est là, après tout, une question qui appartient à l'historien. Pour nous ce qui nous importe, c'est de savoir qui a eu raison, non en fait, mais en droit ; qui a le mieux raisonné, des partisans ou des adversaires du pouvoir pontifical ; enfin de quel côté est la vérité.

On peut considérer la question au point de vue théologique et philosophique.

Théologiquement, on ne peut s'empêcher de donner raison à Dante et à Ockam contre Grégoire VII et Innocent III. Sans nous engager dans cette guerre de textes que nous avons rapportée, pénétrons au fond du débat. Quel est le caractère

essentiel et original du christianisme ? C'est d'être une
religion d'esprit. Il repose sur la distinction du spirituel et du
charnel. L'ancienne loi était toute charnelle ; la loi nouvelle est
spirituelle. Tout ce que les juifs entendaient dans un sens
concret et réel, les chrétiens l'entendent dans un sens mystique et figuré. Pour les juifs, la royauté du Messie est une
royauté humaine, terrestre, temporelle ; mais la véritable
royauté du Messie, c'est la royauté des âmes. La richesse, la
puissance, les biens temporels en général, sont les récompenses promises à chaque pas dans l'ancienne loi à l'accomplissement de la vertu ; les récompenses chrétiennes sont
toutes célestes. Dans le royaume chrétien tous les rangs sont
renversés : les pauvres sont heureux, les riches sont malheureux ; car ils ont ici-bas leur récompense ; les premiers sont
les derniers ; et le premier de tous est le serviteur de tous.
Cette conception du royaume chrétien est donc l'opposé du
royaume temporel. Aussi Jésus-Christ dit-il : « Mon royaume
n'est pas de ce monde. » Il suit évidemment, de cette première donnée du christianisme, que l'idée d'un Messie
empereur et prêtre est une idée grossière et charnelle, toute
judaïque et non chrétienne : et c'est là pourtant le fond des
doctrines théocratiques du moyen âge. La papauté faisait donc
rétrograder l'idée chrétienne, et invoquait en sa faveur, sans
le savoir, le préjugé mosaïque d'un Messie roi du monde.

   Une autre considération conduit aux mêmes conséquences.
L'idée mère du christianisme, c'est l'idée du sacrifice : Dieu
meurt pour l'homme ! Mais comment meurt-il ? Est-ce avec
éclat et avec gloire, comme meurent les héros ? Non, c'est là
une mort charnelle, qui n'aurait ni le sens ni le prix de la
mort du Christ. La mort du Messie est une mort d'esclave :
c'est une mort humiliante, honteuse, affligée, accompagnée
d'outrages et de sarcasmes. Est-ce là la mort d'un roi ? Non ;
il a voulu boire le calice jusqu'à la lie ; et le mystère de la
rédemption n'est accompli que lorsque les dernières épreuves
ont été subies. Ainsi c'est la bassesse du supplice, c'est la

honte même qui s'y attache, c'est la croix, la couronne
d'épines, et toutes les insultes, qui achèvent la mission du
Christ. Comment cette mission annoncerait-elle un empire
temporel ? Si Jésus-Christ a voulu fonder un tel empire, que
lui a servi de prendre les marques de la servitude ? Sans doute
Jésus ressuscite, et d'humilié il redevient triomphant ; mais
son triomphe ne fait point partie de sa vie terrestre. Ce qu'il
a fondé, c'est une Église militante et non triomphante, une
Église servante et non dominatrice ; et son vicaire ne peut
aspirer à l'empire du monde lorsque lui-même n'a pris pour
lui que le mépris du monde. Tel est le grand et invicible
argument du moyen âge contre la monarchie pontificale.
« Vous êtes, disait-on au souverain pontife, le vicaire de
Jésus-Christ, mais de Jésus-Christ crucifié et humilié, et non
de Jésus-Christ dans la gloire. »

La révolution chrétienne a été une révolution spirituelle :
le gouvernement chrétien ne peut être que le gouvernement
spirituel. Or un tel gouvernement n'est pas le pouvoir
politique. S'il n'a pas été permis à l'Église opprimée de prendre les armes contre l'injustice et l'iniquité, comment un tel
pouvoir appartiendrait-il à l'Église victorieuse ? Les doctrines
théocratiques du moyen âge rendent le martyre inexplicable,
ou lui ôtent toute sa beauté. L'Église des premiers temps
déclarait qu'il fallait obéir à Dieu plutôt qu'aux hommes ;
mais elle défendait de résister les armes à la main. Mais, en
vertu des principes du moyen âge, n'aurait-elle pas pu
excommunier les oppresseurs, délier tous les fidèles du
serment de fidélité ; et, l'empire étant électif, nommer un
empereur contre l'empereur, et mettre ainsi la guerre civile
dans l'État ? En quoi une telle conduite aurait-elle été différente de celle de Grégoire VII, Alexandre III, Grégoire IX,
Innocent III, déposant les empereurs et faisant choisir à leur
gré un empereur nouveau qu'ils opposaient au précédent ?
Il est vrai que les empereurs romains étaient infidèles, qu'on
ne peut excommunier un infidèle, et que, selon la doctrine

de saint Thomas, le pape n'a d'autorité que sur les princes fidèles et non sur les infidèles; d'où il suit que le privilège d'un prince chrétien, c'est de pouvoir être déposé par l'Église, tandis qu'un prince païen est inviolable. Si Constantin eût connu cette distinction scholastique, il est fort douteux qu'il eût aussi aisément consenti à une conversion dont le premier effet était de mettre en question la solidité de son pouvoir.

On revendiquera pour une Église le droit d'exclure de son sein, et par conséquent d'excommunier ceux qui violent ses lois fondamentales: par exemple, une Église chrétienne n'est pas tenue de conserver et d'admettre à ses cérémonies religieuses un homme notoirement athée, tel que Frédéric II. Je l'accorderai, quoiqu'il reste encore à décider dans quels cas une mesure si extrême peut être employée ; car, comme toutes choses, elle peut avoir ses abus, et nul doute qu'on n'en ait fait, au moyen âge, un abus déplorable. Mais il faut distinguer l'excommunication de la déposition : la première est un acte religieux, la seconde est un acte politique : la première est un acte spirituel, la seconde est un acte temporel. La seconde n'est point du tout la conséquence de la première. La preuve en est que les docteurs ultramontains du moyen âge avaient soin d'établir que l'excommunication n'emporte pas la déposition *ipso facto*, et, après l'excommunication, il fallait un nouvel acte pour délier les sujets du serment de fidélité : cet acte était donc essentiellement distinct du précédent.

L'acte de déposition dont les papes accompagnèrent plus d'une fois l'excommunication ne peut donc pas se défendre au point de vue chrétien. Or, quoique ce fût là l'effet le plus violent des prétentions théocratiques de la papauté, ce n'était pas le seul, et les mêmes principes démontrent l'illégitimité de toute intervention, quelle qu'elle fût, du pouvoir spirituel dans les affaires temporelles.

Quant au point de vue philosophique de la question, il a été à peine traité par les scholastiques. Ils se bornent à quelques

arguments sans portée, ou dont ils n'entrevoient pas la portée. Le principal est tiré de la distinction de l'âme et du corps.
Si l'âme est supérieure au corps, dit-on, le gouvernement de
l'âme est supérieur à celui du corps. Or le gouvernement de
l'âme est le pouvoir de l'Église, et le gouvernement du corps
appartient au pouvoir laïque. Donc le pouvoir ecclésiastique est
supérieur au pouvoir laïque. A cet argument, les laïques répondaient : le corps est soumis à l'âme, il est vrai ; mais néanmoins
il en est distinct ; il a ses fonctions propres qu'il accomplit sans
l'intermédiaire de l'âme, et dans lesquelles il est indépendant. Le
même pouvoir laïque, soumis à l'Église dans l'ordre spirituel,
en est indépendant dans l'ordre temporel. Mais cette réponse
n'était pas suffisante et c'était beaucoup trop accorder. Si l'Etat
n'est que le gouvernement du corps, il est nécessaire qu'il
soit subordonné à celui de l'Eglise, car les actions du corps
dépendent des actions de l'âme, et d'ailleurs toutes les fonctions de l'Etat ont plus ou moins rapport à l'âme, et par ce
côté dépendraient de l'Eglise, à qui seule appartiendrait le
gouvernement de l'âme. Mais les scholastiques auraient dû
ajouter que l'Église n'a le gouvernement des âmes qu'à un
point de vue : celui du salut ; et que l'Etat a aussi le gouvernement des âmes à son point de vue, puisqu'il n'est autre
chose que le défenseur armé de la justice, et que la justice
est la règle des âmes et non des corps. C'est donc une erreur,
commise encore de nos jours mêmes par certains écrivains, de
ne voir dans l'Etat qu'une force brutale, faisant mouvoir des
corps par une certaine discipline, par cette raison que l'État
est devenu entièrement séculier. L'État, même laïque, s'occupe
autant, et plus peut-être, des intérêts moraux que l'État ecclésiastique du moyen âge.

Une autre distinction plus sérieuse, et qui pénètre plus au
fond du sujet, est la distinction du droit humain et du droit
divin. Saint Thomas disait que le gouvernement civil était de
droit humain, et sur ce principe il établissait l'indépendance
des infidèles, car, disait-il, la distinction des fidèles et des infi.

dèles est de droit divin, et le droit humain est antérieur au
droit divin. Mais il faisait une exception pour les princes fidèles.
Or cette exception était une inconséquence. Si le gouvernement est de droit humain, qu'importe que le prince soit fidèle
ou infidèle ? son droit reste le même, et il ne peut pas avoir,
parce qu'il est fidèle, moins de pérogatives que l'infidèle. Il
est vrai que le prince chrétien est soumis spirituellement à
l'Église; mais cette soumission spirituelle ne change rien à
son droit temporel. Infidèle, il était, comme prince, indépendant du pouvoir de l'Eglise ; il reste indépendant au même
titre après sa conversion, et il en est de même de ses successeurs. Il est vrai qu'en établissant que le pouvoir est de
droit humain, les scholastiques prétendaient combattre par là
même la doctrine de l'inviolabilité royale, et ils avaient raison;
mais ils avaient tort de croire que les conséquences de ce principe pussent être favorables à l'Église. Sans doute, si le pouvoir est de droit humain, il peut être modifié, limité, soumis
à telle ou telle condition par la volonté humaine ; mais à quel
titre l'Église interviendrait-elle dans ce débat ? Fondée sur un
droit surnaturel, elle ne pourrait changer quelque chose à
l'ordre naturel que par une institution spéciale et une volonté
expresse de Dieu. Or nous avons vu que tous les textes invoqués à l'appui de cette prétention ne sont relatifs qu'à l'ordre
spirituel.

Le moyen âge n'a donc pas résolu entièrement la question
du spirituel et du temporel, parce qu'il n'a pas été assez loin
dans les conséquences de ses principes. Il n'a pas vu que
l'État est une institution naturelle, résultant de l'essence même
de l'homme, en tant qu'homme, et gouvernant les citoyens,
non comme chrétiens, mais comme hommes. A ce titre, l'État
est indépendant de toute Église : n'y eût-il pas d'Église, il y
aurait un État ; avant que l'Église fût, l'État était. Que l'Église,
par le gouvernement des âmes, rende les citoyens plus aptes
à faire partie de l'État, cela n'est pas douteux ; mais l'État
n'en est pas moins par lui-même : il lui suffit, pour être, qu'il

y ait entre les hommes des relations naturelles de justice et d'équité. Mais une telle sécularisation de l'État est à cent lieues des idées du moyen âge. Il a fallu les conflits religieux des temps modernes pour donner naissance à cette conception.

La confusion des scholastiques sur ce point essentiel leur rendait impossible de voir clair et de voir juste dans une des questions capitales de la politique moderne : la liberté de conscience. L'Église avait eu un sentiment très vrai de cette vérité au temps de la persécution. En effet, le pouvoir étant alors entre les mains des infidèles, et l'Église, avec saint Paul, reconnaissant la légitimité de ce pouvoir, devait invoquer, pour préserver sa croyance, le droit d'adorer Dieu selon sa conscience. C'est ce que firent les apologistes. Mais, lorsque l'empereur fut devenu chrétien, l'État par là même fut chrétien, car l'empereur, c'était l'État. Tout le moyen âge repose donc sur l'idée de l'État chrétien, et, parmi les publicistes les plus hardis, il ne s'en trouve pas un seul qui, en défendant le pouvoir laïque contre le pouvoir ecclésiastique, soit allé jusqu'à concevoir l'État comme désintéressé entre les différentes formes religieuses. Mais la loi chrétienne faisant partie de la constitution de l'État, attaquer la foi chrétienne, c'était attaquer l'État. Toute liberté de conscience était impossible dans ces principes. C'était revenir, par un autre chemin, à la confusion de l'antiquité, qui absorbait l'homme tout entier dans l'État. Si l'État est séparé du christianisme, le christianisme représente les droits de la conscience en face des droits de l'État, et de ce conflit naît nécessairement la liberté ; mais si le christianisme se confond avec l'État, l'autorité religieuse avec le pouvoir politique, l'infaillibilité théologique avec l'inviolabilité de la loi, aucun refuge ne reste à l'individu. L'Église ne le garantit pas des injustices de l'État, ni l'État des injustices de l'Église. De là, l'Inquisition, tribunal odieux, qu'aucun sophisme ne réhabilitera dans la conscience de plus en plus éclairée des peuples modernes.

Qu'est-ce que le moyen âge a donc prouvé dans la question du temporel et du spirituel ? Il a prouvé que l'esprit du christianisme était absolument contraire à toutes prétentions de l'Église au pouvoir temporel. C'est ce que le xive siècle a démontré avec une force irrésistible. Aussi, à partir de cette époque, la cause théocratique est perdue. Il reste encore beaucoup à démêler entre l'Église et l'État, et la liberté de conscience est un de ces débats qui sont à régler, ou qui n'est pas même entamé. Mais, quant à l'indépendance du pouvoir laïque, c'est un point résolu et gagné, au moins théoriquement. La politique se sécularise peu à peu et s'affranchit de la théologie. De nouvelles questions vont naître : les peuples qui n'étaient que sur le second plan dans les débats du pape et de l'empereur commencent à paraître sur la scène. Le prince, libre du joug de Rome, va voir son pouvoir discuté par ses sujets ; la science politique met aux prises ces droits et ces prétentions opposées. Le principe de la liberté politique, qui avait régné dans l'antiquité, et qui depuis n'avait jamais été invoqué qu'incidemment par les partisans du pouvoir sacerdotal, reparaît en son propre nom et combat avec ses propres armes. En même temps, les questions de droit, d'égalité, de liberté naturelle, de liberté de conscience, que le moyen âge avait ignorées et étouffées, naissent ou renaissent avec éclat. Le libre examen pénètre jusqu'aux fondements du droit politique et du droit naturel ; en cherchant les principes de l'État, il trouve ce que l'antiquité n'avait pas connu, les droits de la personne et de la conscience ; il sépare l'homme du citoyen, et il se met à la poursuite d'un État fondé sur la philosophie et sur la raison. Tels sont les travaux de la science politique dans les trois siècles qui s'écoulent depuis la fin du moyen âge jusqu'à la révolution française, terme de nos études. Quant à la morale, nous aurons beaucoup moins à en parler, car on n'a guère ajouté aux théories spéculatives des anciens et aux doctrines pratiques de l'Évangile ; c'est seulement à la fin du xviiie siècle que nous rencontrons une grande philoso-

phie morale, celle de Kant. Dans l'intervalle, la morale ne
fait autre chose que de réfuter les fausses doctrines. Mais,
si la philosophie moderne manque en général d'originalité
dans sa théorie du devoir, elle est fort supérieure à l'antiquité et au moyen âge dans sa théorie du droit. C'est là surtout qu'est sa force et sa nouveauté. Mais c'est assez préparer
l'exposition de ce qu'on va lire. Il est temps d'entrer dans
le détail de ces débats si grands, si variés, si complexes et
encore en suspens.

Note sur la politique de Philon le Juif.

Nous ajoutons ici à titre d'annexe une note sur la polititique de Philon, le Juif, que nous avons négligé d'introduire plus haut à sa place (l. II, ch. I, p. 277) et qui offre quelque intérêt comme une manifestation de l'esprit théocratique dans l'antiquité (1).

La politique de Philon, comme plus tard celle de Bossuet est une *Politique tirée de l'Ecriture sainte*. Pour lui c'est la Providence qui dirige toutes les affaires humaines ; et il n'y a pas de pouvoir plus élevé que celui qui représente la divinité. Le grand prêtre interprète de la Providence est supérieur à la majesté de tous les Rois(2), qui ne sauraient, sans le consulter, légiférer justement (3). Père et juge suprême de tous les peuples (4), le prêtre est parfait (infaillible) ; aussi reçoit-il à bon droit leurs plus riches offrandes ; et Philon énumère minutieusement d'après la Torah et en approuvant ses prescriptions tous les présents qu'on doit offrir au grand prêtre et aux lévites (5). Le grand prêtre (Αρχίερευς) est vraiment l'homme de Dieu (Θεοῦ ἄνθρωπος) et par conséquent le seul citoyen du monde (6) (κοσμοπολίτης) pour lequel il prie et invoque Dieu le Père, en prenant pour intermédiaire son fils très bon (7). D'ailleurs son costume qui est l'image de la raison universelle (ἱπεικόνισμα καὶ μίμημα τοῦ λόγου ἡ τοῦ ἀρχιερέως ἐσθής) montre à tous et à lui-même qu'il résume en sa personne le monde terrestre (8). Quand il entre, chaque année, dans le tabernacle, toute la nature y est présente avec lui et reconnaît par son intermédiaire la majesté du créateur (9).

Ces principes sont imprégnés d'un esprit théocratique évident. Néanmoins cette théocratie a deux limites : l'élection et le prophétisme. Moise a établi le grand-prêtre en sa dignité, sur l'or-

---

(1) Philon est du premier siècle de notre ère. Ses écrits sont contemporains de l'apparition du christianisme. Nous devons les éléments de cette note à M. Blum, professeur de philosophie au lycée de St-Omer, qui prépare un travail complet sur Philon.
(2) *De præmiis sacerdotum et honoribus.*
(3) *De Vit. Mos. II.*
(4) *De legibus particularibus.*
(5) *De præmiis sacerd.*, etc.
(6) *De gigantibus.*
(7) *De Vita Mosis III.*
(8) *De monarchia*, 1, II ; *Vita Mosis III.*
(9) *De Vit. Mos. III.*

dre de Dieu, mais aussi selon l'avis unanime du peuple (1) qui trouvait cette institution légitime et profitable. Tout en étant, du fait même de son institution, le vicaire de Dieu, le grand prêtre n'en tient pas moins dans la pratique son pouvoir du peuple qui l'a accepté et acclamé. Les offrandes qu'on lui doit ne sont plus des privilèges : puisque la nation confie le service réligieux au grand prêtre et à ses lévites, elle doit pourvoir à leur entretien. De plus, le Pontife est souverain, il dépasse sans doute tous les prêtres et tous les rois; mais, ajoute Philon, c'est quand il offre le sacrifice. Enfin à côté de lui, sur le même rang et digne aussi d'enseigner à l'Univers (2) s'élève le Prophète qui est comme le grand prêtre, l'homme de Dieu (ἄνθρωπος Θεοῦ) son ami, son interprète, μόνος ὄργανον Θεοῦ ἐστιν (3) ; il peut rectifier la loi, ἑρμενεὺς γαρ εστιν ὁ προφήτης ἔνδοθεν ὑπηχοῦντος τὰ λεκτέα τοῦ Θεοῦ (4), et sans jamais se tromper puisque Dieu l'inspire, παρὰ γε Θεῷ οὐδὲν ὑπαίτιον (5). Philon va plus loin encore ; le prophète, quand il est inspiré, est supérieur au prêtre, de sorte que dans la pratique le souverain pontificat n'arrive qu'au quatrième rang, τέταρτον γε ἀρχιερωσύνην (6), précédé des trois autres grandes institutions : la royauté, le pouvoir du législateur et le prophétisme (7). Or l'esprit souffle où il veut et si, comme le soutient Philon, une saine interprétation de l'Ecriture montre que tout homme de bien peut se dire prophète (καὶ παντὶ δέ ἀνθρώπῳ αστείῳ ὁ ἱερὸς λόγος προφήτειαν μαρτυρεῖ) tous les sages sont les égaux du grand prêtre et des lévites.

Ainsi le grand prêtre est l'élu du peuple : il n'est souverain qu'au moment où, revêtu de ses habits pontificaux, il offre le grand sacrifice annuel. D'ailleurs il peut à tout instant trouver un rival dans un prophète suscité par Dieu. En somme, en qualité de fonctionnaire de l'Etat, il occupe le quatrième rang ; son pouvoir n'est souverain que dans le temple et en tant qu'il est le chef religieux de la nation.

Sortons maintenant du Temple où le service de Dieu est assuré par les prêtres et défendu par les prophètes, et entrons dans la société civile. Comment convient-il de la gouverner? C'est ce que recherche la politique, l'art des arts et la science des sciences, τέχνην τεχνῶν καὶ ἐπιστημὴν ἐπιστημῶν (8).

(1) *De Vit. Mos. III.*
(2) *De gigantibus.*
(3) *De nominum mutatione.*
(4, 5, 6, 7,) *De præmiis et pœnis.*
(8) *De creat., principis.*

Malgré leur diversité, les gouvernements ont tous la même origine la nécessité de protéger les faibles contre les passions et la cupidité des forts. Si l'homme était parfait, il ne violerait pas les lois divines dont les lois écrites tiennent leur raison et leur force (1). Le législateur n'est donc que le protecteur du sage, son soutien, littéralement son complément : προσθήκη δ'ἐστι πολιτικὸς ἀνὴρ τοῦ βιοῦντος κάτα φύσιν (2). Dès lors tout en étant lui-même charitable et vertueux, tout en s'inspirant de la charité quand elle est compatible avec le but qu'il veut atteindre, le législateur n'a pas à faire régner la vertu, mais la justice (3) ; il doit comme le médecin prévenir et guérir le mal au moyen de certaines prescriptions destinées à empêcher ou à punir l'injustice. L'Etat est donc fondé sur la justice, la voie royale où doit marcher l'homme politique (4). Voilà une théorie bien nouvelle et qui frappe d'autant plus qu'elle est formulée dans la langue de Platon et d'Aristote qui tous les deux, à des degrés différents, ont sacrifié le citoyen à la cité.

C'est l'égalité essentielle de tous les hommes fils du Père qui fonde cette justice, la reine du monde : δικαιοσύνην δὲ ἰσοτὴς τὴν ἐξάρχον καὶ ἡγεμόνίδα τῶν ἀρετῶν ἔτεκεν. Le droit nous fait tous égaux : cette égalité que Dieu a rendue sensible dans le monde extérieur où règne l'harmonie, est notre véritable titre de noblesse. Aussi tout ce qui naît de l'égalité est-il bon : tout ce que produit l'inégalité est mauvais (5). Le prétendu droit divin ne peut trouver pour défenseur qu'un Caligula (6). Quant à la noblesse il n'y en a pas d'autre que celle de l'esprit et du cœur : les nobles sont les justes. D'ailleurs tout homme est noble car il appartient à une race sans égale et il a été créé directement par Dieu. On n'est pas noble pour s'être approprié le bien et le nom de son père et il ne saurait y avoir d'autre noblesse que celle qui est conforme à la loi, laquelle juge chacun selon ses mérites (7). D'autre part l'esclave est mis par Philon sur le même rang que le maître.

On voit que la politique de Philon, malgré l'esprit théocratique qui l'anime, est en même temps une politique égalitaire. Le meilleur gouvernement, selon lui, est celui où règne l'égalité : ἧς μεῖζον ἀγαθὸν οὐκ ἐστίν εὑρεῖν, et qu'il ne faut pas confondre avec l'ochlocratie, le plus mauvais de tous (De charitate).

(1) *Leges allego.*
(2) *De Joseph.*
(3) *Vita Mosis II.*
(4) *De creat. Princ.*
(5) *Vita Mosis.*
(6) Voir son discours dans le *Caïus : Ecrits hist.*, trad. Delaunay. Paris, 1867.
(7) *De nobilitate.*

A la tête de cette démocratie, il y aura un chef ἄρχων (et non un roi comme l'écrivent les traducteurs) qui fera exécuter la loi, νομίμου ἄρχοντος et sera désigné non par le sort, ce qui est absurde, mais par le peuple tout entier, σύμπασα ἡ πληθύς, le choisissant volontairement comme chef, ἐθελούσιον αἵρεσιν. Il sera assisté d'un conseil formé par les vieillards les plus vertueux et il nommera des juges auxquels il sera prescrit de ne recevoir aucun présent, d'examiner la cause du pauvre avec plus de soin encore que celle du riche, de s'inspirer en toute occasion de la plus scrupuleuse équité.

En résumé, la politique de Philon est comme sa philosophie, un mélange des souvenirs de l'Ancien Testament avec les idées de Platon et d'Aristote: c'est le point de départ de la politique théologique du moyen âge et de Bossuet avec un sentiment égalitaire remarquable. A ce titre il mérite un souvenir dans l'histoire des idées.

LIVRE TROISIÈME

RENAISSANCE ET RÉFORME

CHAPITRE PREMIER

MACHIAVEL

Opposition de la politique de Machiavel et de la politique du moyen âge. — Apologie de Machiavel par J.-J. Rousseau. Réfutation de cette apologie. Des rapports de Machiavel avec les Médicis : ses rapports avec César Borgia. — La morale de Machiavel. Comparaison du *Prince* et des *Discours sur Tite-Live* sous le rapport de la moralité des maximes. — Si les conseils de Machiavel ne s'adressent qu'aux princes nouveaux. Du terrorisme dans Machiavel. — Politique proprement dite. Ses idées spéculatives sur le gouvernement. — Comparaison des gouvernements populaires et des gouvernements princiers. — Doctrine politique du *Prince* : théorie de la tyrannie. — Du prétendu libéralisme de Machiavel. — Du patriotisme de Machiavel. — Appréciation de Machiavel. — Note sur la littérature du machiavélisme.

MACHIAVEL ET LE MOYEN AGE. — Avant d'entrer dans les problèmes de la politique moderne, il fallait en finir avec la politique du moyen âge. Ce fut l'œuvre de Machiavel ; sa doctrine est le premier effet du libre examen porté sur les matières politiques. La chute du système qui asservissait la politique à la religion, devait être le signal d'un système nouveau, qui l'affranchissait de toute religion et de toute morale. Cette relation n'a peut-être pas été assez remarquée, et rend plus intelligible une doctrine qu'on a été cent fois tenté d'expliquer par des feintes, des subterfuges, des sous-entendus inadmissibles. Au moyen âge, la religion ne se séparait pas de la morale ; et c'était au nom de la morale que l'autorité religieuse réclamait la suprématie politique. Vaincue dans cette lutte, elle dut, dans le premier moment, entraîner la morale avec elle. La politique, restée seule, réduite à ses propres principes, ne fut plus que la science de vaincre et de dominer par la force ou par la ruse ; débarrassée d'un joug importun, elle se délivra de tout frein : telle fut la politique du xve siècle, dont Machiavel nous a donné la théorie (1).

C'est donc dans les doctrines religieuses de Machiavel qu'il faut chercher la raison de ses doctrines morales ; elles nous feront voir à quelle distance nous sommes des idées du moyen âge (2).

La religion, qui au moyen âge était tout, qui était la fin dernière de l'État, et de laquelle toutes les institutions découlaient comme de leur source, n'est plus, pour Machiavel, qu'un moyen politique utile à la conservation et à l'agrandissement de l'État. Il dit bien qu'il n'y a pas de signe plus assuré de la ruine d'un État que le mépris du culte divin. Mais pour quelle raison ? C'est « qu'un peuple religieux est plus facile à gouverner. » La religion est donc une machine qui supplée auprès du peuple à la raison qui lui manque. Lorsque

(1) L'apparition du machiavélisme en politique correspond, en philosophie, à la renaissance du naturalisme et du matérialisme plus ou moins dissimulé, dans l'école de Padoue. — Cette corrélation est indiquée par Campanella. — (De gentilismo non retinendo, Paris, 1693, in-12, p. 56 : « Ex aristotelismo postea ortus est machiavellismus. » L'aristotélisme dont parle ici Campanella est celui de Pomponace et de Césalpin. Voy. Nourrisson, Essai sur Alexandre d'Aphrodise, p. 136.

(2) A côté et en dehors de Machiavel, il faut au moins mentionner le nom d'un grand patriote son contemporain qui a, au contraire, rattaché la politique à la religion, mais qui est plus important par ses actions et par son rôle historique que par ses théories. Il a cependant publié un écrit de politique : Trattati circa il regimento e governo della città di Firenze. On en trouvera l'analyse dans le livre de M. Perrens, intitulé Jérôme Savonarole (1ʳᵉ éd., tome II, p. 360).

l'utilité d'une loi n'est pas évidente pour les esprits, l'homme
habile a recours aux dieux (1). Quant à la vérité intrinsèque
des choses, Machiavel s'en soucie médiocrement ; et il veut
qu'on accueille tout ce qui favorise la religion, « lors même
qu'on en reconnaîtrait la fausseté (2). » La religion n'est donc
plus qu'un instrument de gouvernement, *instrumentum
regni.*

On peut croire qu'il ne parle ainsi que du paganisme. Mais
il est aisé de voir que le christianisme lui est fort peu
sympathique, et qu'il le juge avec un esprit tout païen.
« Notre religion, dit-il, place le bonheur suprême dans
l'humilité, l'abjection, le mépris des choses humaines ; l'autre
au contraire faisait consister le souverain bien dans la
grandeur d'âme, la force du corps, et toutes les qualités qui
rendent les hommes redoutables... Il me paraît donc que ces
principes (les principes chrétiens) en rendant les hommes plus
faibles, les ont disposés à devenir plus facilement la proie des
méchants. Ceux-ci ont vu qu'ils pouvaient tyranniser sans
crainte des hommes qui, pour aller en paradis, sont plus
disposés à supporter les injures qu'à les venger (3). » Ces
passages, et d'autres plus forts encore, prouvent que Machiavel ne tenait à la foi chrétienne que par un fil très léger, et
qu'il la jugeait en homme du xvᵉ siècle, en politique, en
Italien.

Ne lui demandez pas non plus son opinion sur la grande
question du moyen âge, la suprématie de l'empire ou de la
papauté, de l'Église ou de l'État. Machiavel n'en parle même
pas, tant cette question était déjà loin de la politique pratique.
S'il traite du pouvoir de la papauté, et en général des États
ecclésiastiques, c'est comme d'un genre particulier de souveraineté, qui ne se distingue des autres espèces de principautés, qu'en ce qu'il est plus facile que partout ailleurs de

(1) *Disc. sur Tite-Live*, l, I, c. xi.
(2) *Ib.*, l. I, c. xii, come che le giudicassimo false.
(3) *Ib.*, l, II, c. ii.

gouverner les hommes, puisque l'autorité du prêtre s'y ajoute à celle du monarque. Et, quoiqu'il dise avec une sorte d'ironie, « que ces États étant gouvernés par des moyens surhumains, il ne lui appartient pas d'en parler (1), » il explique cependant les moyens très humains dont se sont servis les papes ses contemporains : « Aucun, dit-il, en parlant de l'un d'eux, Alexandre VI, n'a montré aussi bien que lui ce qu'on peut faire avec des hommes et de l'argent. » Voilà ce que Machiavel trouve à dire sur la souveraineté pontificale : mais, il faut l'avouer, en rabaissant ainsi la papauté du rang auguste et unique que lui avaient assigné les grands papes, et les grands théologiens du moyen âge, en la réduisant à n'être qu'un pouvoir comme les autres, qui ne cherchait plus sa grandeur dans l'empire du monde, mais dans la conquête de quelque misérable portion de territoire, Machiavel racontait simplement l'histoire de son temps, de ce temps où la chaire de saint Pierre, la chaire de Grégoire VII était occupée par un Alexandre VI et un Jules II.

En pénétrant dans la doctrine de Machiavel par le côté qui met le plus en saillie son opposition avec les doctrines du moyen âge, nous nous sommes rendu plus facile l'appréciation de sa philosophie morale et politique. Depuis trois siècles, le procès est ouvert sur cette doctrine : les voix et les dépositions pour et contre n'ont pas manqué. Il nous semble qu'aujourd'hui l'instruction est terminée, et qu'il ne reste plus qu'à donner les conclusions.

On peut dire que les opinions de la critique, relativement à Machiavel, ont traversé deux phases. Dans la première, Machiavel n'a pour juges que des sectateurs et des ennemis. Les premiers reproduisent grossièrement, et défendent sans détour les maximes les plus équivoques et les plus repoussantes du politique de Florence. Les autres le traitent comme un scélérat, et encore comme un scélérat sans talent et sans

(1) *Prince*, c. XI.

génie. Cette période n'est pas celle de la critique, mais de la guerre. On ne juge pas Machiavel ; on l'attaque ou on le défend. L'impartialité n'est ni d'un côté, ni de l'autre : souvent, ceux qui l'attaquent ne le connaissent pas, et ceux qui le défendent ne le comprennent pas (1).

Pus tard, Machiavel trouva des justificateurs plus habiles, et des juges moins prévenus. Les premiers ne firent pas la faute de prendre parti pour les maximes de Machiavel ; mais ils en cherchèrent l'explication. Diverses interprétations furent données. On eut honte de l'avoir pris à la lettre, et de n'avoir pas deviné le vrai sens des idées qu'il dissimulait. On lui rendit ainsi auprès des honnêtes gens une faveur à laquelle il n'était plus habitué, et on profita habilement du besoin de justice et d'équité que la philosophie avait répandu dans les esprits. Il ne manqua pas cependant d'écrivains incorruptibles (2) qui ne se laissèrent point prendre à ces prestiges, chez lesquels la conscience protesta sans fléchir, et qui persistèrent à faire la guerre aux erreurs de Machiavel, sans méconnaître son génie, et sans fermer les yeux sur les beautés de ses écrits.

MACHIAVEL ET J.-J. ROUSSEAU. — Le premier écrivain qui paraisse avoir eu l'idée de justifier Machiavel en lui prêtant une arrière-pensée toute contraire à celle qu'on lui supposait, est Albéric Gentilis, jurisconsulte du XVIIᵉ siècle, antérieur à

(1) Sur les jugements divergents et contradictoires dont Machiavel a été l'objet, voir Nourrisson, *Machiavel* (Paris, 1875, in-12), ch. I. — Voir surtout Mohl (Robert von) *Die Geschichte und Litteratur der Staatswissenschaften.* (Erlangen, 3ᵉ vol. in-8, 1850). Cet ouvrage contient une très savante et complète bibliographie du machiavélisme dans tous les sens (adversaires, partisans, critiques), tome III, XVIII, p. 521-591. Nous en donnerons l'analyse à la fin de ce chapitre. En France, l'opinion en général a été défavorable à Machiavel. Cependant des événements récents, qui paraissent avoir donné raison à cette politique, ont paru modifier ces opinions. On a fait honte à la France de son aversion naïve contre le machiavélisme. Voyez à ce point de vue un piquant ouvrage de M. Waille : *Machiavel*, Paris, 1855, in-12.

(2) M. Daunou, *Journal des savants*, 1834, à propos du livre du chevalier Artaud, intitulé : *Machiavel, son génie et ses erreurs*.

Grotius. Voici la phrase que l'on trouve à ce sujet dans cet écrivain : « *Sui propositi non est tyrannum instruere, sed arcanis ejus palam factis, ipsum miseris populis nudum et conspicuum exhibere* (1). » Cette pensée fit quelque fortune. Mais ce qui lui donna la plus grande popularité, ce fut le suffrage de J.-J. Rousseau, qui la prit en quelque sorte à son compte, et l'inséra dans le *Contrat social*. « En feignant de donner des leçons aux rois, dit J.-J. Rousseau, il en a donné de grandes au peuple. Le *Prince*, de Machiavel, est le livre des républicains. » Puis il ajoute en note : « Machiavel était un honnête homme et un bon citoyen : mais attaché à la maison des Médicis, il était forcé, dans l'oppression de sa patrie, de déguiser son amour pour la liberté. Le choix seul de son exécrable héros manifeste assez son intention secrète ; et l'opposition des maximes de son livre du *Prince* à celles de ses *Discours sur Tite-Live* et de son *Histoire de Florence*, démontre que ce profond politique n'a eu jusqu'ici que des lecteurs superficiels ou corrompus (2). » D'autres écrivains lui ont prêté d'autres desseins. Selon les uns, c'est l'amour de la patrie italienne, et le désir de la voir indépendante sous un pouvoir fort et unique, qui lui a inspiré d'écrire le *Prince* ; selon les autres, Machiavel est une sorte d'écrivain révolutionnaire, qui conseillait la dictature pour arriver à l'établissement de la liberté et de l'égalité.

Examinons d'abord l'opinion de J.-J. Rousseau, qui est, de toutes, la plus considérable et par le nom de son auteur, et parce qu'elle est le principe de toutes les autres : celles-ci viendront à leur place dans la suite de la discussion.

L'apologie de J.-J. Rousseau se ramène à trois points : 1° l'attachement de Machiavel pour la maison de Médicis l'a forcé de déguiser sa vraie pensée ; 2° le choix de son héros,

(1) Alb. Gentil., *De legatis*, I, III, c. IX.
(2) *Contr. soc*, l. III, c. VI. Le philosophe allemand Fichte a soutenu la même thèse que J.-J. Rousseau dans son écrit sur Machiavel. (*Œuvres compl.*, t. XI, p. 401.)

César Borgia, prouve assez que son intention est toute contraire à celle qu'on lui prête. Eût-il choisi sincèrement un tel
modèle à proposer ? 3° les maximes du *Prince* sont démenties
par les maximes des *Discours sur Tite-Live.*

Quelle est d'abord la nature de cette liaison avec les Médicis, dont parle Rousseau ? Comment, attaché aux Médicis,
Machiavel pouvait-il aimer la liberté ? Comment, s'il aimait la
liberté, était-il attaché aux Médicis ? Machiavel avait servi pendant quatorze ans le gouvernement démocratique de Florence.
Le retour des Médicis le déposséda de son emploi, et le fit
rentrer dans la vie privée. Bien plus, ils étaient à peine revenus à Florence que, sur un soupçon de conspiration, ils le
jetèrent en prison, et le firent mettre à la torture. Machiavel
s'y comporta noblement. Mais il faut avouer qu'il n'était attaché aux Médicis par aucun lien, ni de parti, ni d'amitié. C'est
après avoir fait cette expérience cruelle des dispositions bien-
veillantes des Médicis à son égard, que, par l'intermédiaire de
Vettori, ambassadeur de Florence à Rome, son ami, et celui
des Médicis, il ne cesse de réclamer leur appui, et de demander un emploi. C'est le fond de sa correspondance avec Vettori. Il renonce à ses relations de parti. Il craint d'aller à Rome,
pour ne point aller visiter les Soderini, c'est-à-dire la famille
du dernier gonfalonier de Florence. Plus tard, il est chargé of-
ficieusement par Léon X, qui était un Médicis, de proposer une
constitution pour Florence. Il lui envoie un projet, où sous
prétexte de concilier la monarchie et la république, il livre tous
les pouvoirs à la famille des Médicis (1). Plus tard, enfin, à
force de supplications et d'importunités, il obtient quelque
emploi peu important : mais le renversement des Médicis arrête
ce retour de faveur ; et le parti républicain triomphant, pour le
punir de son infidélité, l'abandonne et refuse de l'employer.

Voilà quels ont été les rapports de Machiavel et des Médicis. Ceux-ci l'ont destitué, emprisonné, torturé. Lui, au con-

_____

(1) *Disc. sur la constitution de Florence.*

traire, les a flattés, caressés, servis, aux dépens de ses premières convictions et de ses premiers amis. Si l'attachement
qui le liait aux Médicis le forçait de taire son amour pour la
liberté, il faut avouer qu'il avait cherché cette contrainte, et
qu'elle ne lui était pas pénible.

Mais ce qui jette le plus grand jour sur l'origine du livre
du *Prince*, et sur l'intention de l'auteur, c'est une lettre découverte au commencement de ce siècle, et qui malheureusement est d'une indubitable authenticité. « J'ai noté dans les
conversations des grands hommes de l'antiquité tout ce qui
m'a paru de quelque importance, et j'en ai composé un opus-
cule *De principatibus*... Si mes rêveries vous ont plu quelquefois, celle-ci ne doit pas vous être désagréable; elle doit
surtout convenir à un prince et surtout à un prince nouveau: *voilà pourquoi je dédie mon ouvrage à la magnifi-
cence de Giuliano... C'est le besoin auquel je suis en butte
qui me force à le publier*; car je me consume, et je ne puis
rester longtemps dans la même position, sans que la pauvreté
me rende l'objet de tous les mépris. Ensuite, *je voudrais bien
que ces seigneurs Médicis commençassent à m'employer,
dussent-ils d'abord ne me faire que retourner des pierres* (1). » Toutes les interprétations fantastiques du *Prince*
tombent devant cet aveu. La vérité est tout simplement que
Machiavel a composé le *Prince* pour plaire aux Médicis et en
obtenir un emploi. Dira-t-on que c'est la gêne et le besoin qui
l'y ont forcé? Mais il a soin de détruire lui-même la portée de
cette excuse, en nous apprenant dans une lettre « qu'il a contracté l'habitude de la dépense, et qu'il ne *peut s'astreindre
à l'économie* (2). » Enfin sa correspondance nous le montre
encore partageant sa vie entre l'étude de la politique et le
goût des plaisirs dissolus. Tout s'éclaircit d'une manière accablante pour l'auteur du *Prince*. Il aimait le plaisir, il avait
besoin d'argent; il flattait les maîtres; il leur sacrifiait ses

(1) Lettres à Vettori, XXVI, 10 déc. 1513
(2) Lettr. à Vettori, XXXVIII.

amis et ses opinions : enfin il écrivait pour leur plaire le manuel de la tyrannie.

Quant au choix de son héros, est-il vrai que Machiavel n'a
pu vouloir sérieusement proposer César Borgia comme modèle ?
C'est, à ce qu'il nous semble, ignorer complètement le xv⁰ et
le xvi⁰ siècle que d'élever ce doute. Mais voyons quelles ont
été les relations de Machiavel et de Borgia, et comment il le
juge en dehors du livre du *Prince*. Machiavel a eu plusieurs
occasions de voir Borgia ; il a même rempli une mission auprès de lui (1). Enfin il a été témoin du massacre de Sinigaglia,
où par une perfidie atroce le duc de Valentinois attira dans
son château tous ses ennemis par des promesses de négo-
ciation, et les fit périr dans les tortures. Nous avons le récit
de cet événement de la main de Machiavel, écrit sur le lieu
même, à la Seigneurie de Florence. Or, dans le récit d'un
événement si affreux, Machiavel n'a pas un mot de blâme et
d'horreur, et même suivant le conseil de Borgia, il invite la
République à se réjouir d'une action qui détruit tous ses ennemis. On a, il est vrai, fait observer qu'il s'agit ici d'une dépêche diplomatique, qu'une dépêche de ce genre doit être réservée,
que d'ailleurs elle pouvait être surprise et interceptée par le héros
de cette triste tragédie. Mais rien ne donne à supposer que Machiavel eût été plus explicite s'il eût été plus libre. Dans tout le
cours de sa légation, il ne laisse pas échapper un mot qui
indique la moindre répulsion pour le duc de Valentinois. Si
Machiavel a pu approcher de César Borgia, le fréquenter dans
l'intimité, suivre sa politique, sans jamais manifester aucune
aversion, comment pourrait-on supposer que le choix de ce
héros trahît de sa part une intention secrète ? Tout ne semble-
t-il pas prouver au contraire qu'il a choisi Borgia pour
modèle, précisément parce qu'il l'avait pratiqué, vu de près,
admiré ? Enfin tous les doutes s'évanouissent devant un témoignage précis, recueilli non plus dans des pièces officielles,

(1) Mission auprès du duc de Valentinois, lettr. XLIII et XLIV.

non plus dans un traité controversé, mais dans une correspondance intime : « Le duc de Valentinois, dit-il, *dont je citerai toujours l'exemple lorsqu'il s'agira d'un prince nouveau* (1).»

Reste un troisième point, bien plus important que les deux autres, puisqu'il touche aux principes eux-mêmes : c'est la prétendue différence des maximes du *Prince* et des maximes des *Discours sur Tite-Live*. Est-il vrai qu'il y ait opposition de doctrine entre ces deux ouvrages? C'est ce que nous allons examiner. Mais ici il faut faire une distinction.

LA MORALE DE MACHIAVEL. — Il faut distinguer dans la doctrine de Machiavel deux choses : sa morale et sa politique. Sans doute, sa morale consiste à n'en point avoir; mais cela même diffère de sa politique, ou de la préférence secrète ou publique qu'il donne à tel ou tel système de gouvernement. Ainsi, lors même qu'on établirait que le *Prince* et les *Discours sur Tite-Live* contiennent une politique opposée, ici libérale, et là tyrannique, et que l'on expliquerait cette contradiction par une sorte d'hypocrisie patriotique ou telle autre apologie, il resterait encore à prouver que ces deux livres, qui exposent une politique différente, ne renferment pas la même morale. En effet, le machiavélisme, c'est-à-dire la doctrine de la raison d'État, n'est pas particulière à telle forme de gouvernement; quoiqu'elle convienne merveilleusement à la tyrannie, elle peut se rencontrer aussi dans les démocraties et dans les oligarchies. La république de Venise ne pratiquait pas moins le machiavélisme que les Sforze ou les Borgia; et nous allons voir que Machiavel donne aux démocrates les mêmes conseils qu'aux tyrans.

Voyons d'abord la doctrine du *Prince* en matière de morale. L'auteur nous expose lui-même son dessein en termes précis : c'est de peindre la vérité telle qu'elle est, et non point telle qu'on l'image. « Quelques publicistes ont décrit des républi-

(1) Lettre XL.

ques et des gouvernements que l'on n'a jamais vus, tant s'en
faut qu'ils aient jamais existé. Il y a une si grande différence
entre la manière dont les hommes vivent, et celle dont il serait
juste qu'ils vécussent, que celui qui néglige *ce qui se fait*
pour suivre *ce qu'il devrait faire,* court à une ruine inévitable. Celui qui veut être homme *parfaitement bon,* est
sûrement en péril au milieu de ceux qui ne le sont pas. Il
est donc nécessaire qu'un prince apprenne à ne pas être toujours bon, afin d'appliquer ou de ne pas appliquer ces maximes
à son usage, selon les circonstances (1). »

Ce passage contient toute la philosophie de Machiavel. Cette
philosophie n'est pas profonde. Elle repose sur un fait vulgaire et grossier. La plupart des hommes ne sont pas assez
philosophes pour convertir en théories leurs passions et leurs
intérêts. La conscience leur dit qu'il y a une distinction entre
le juste et l'injuste ; mais leurs passions s'opposent à cette
distinction. Que font-ils donc ? Ils pensent d'une manière et
agissent d'une autre ; ils avouent qu'ils n'agissent pas comme
ils pensent ; mais ils disent qu'ils seraient dupes des autres
hommes s'ils agissaient autrement qu'eux. Ainsi la méchanceté
des uns sert de prétexte à la faiblesse des autres. Tous les
moyens sont bons, pourvu qu'on arrive : telle est la philosophie pratique du vulgaire. Transportez cette philosophie
dans la politique, vous avez le machiavélisme.

Il est étrange qu'on se soit donné tant de mal pour interpréter, justifier, purifier la doctrine de Machiavel, au lieu de
la considérer telle qu'elle est : la doctrine de l'indifférence
des moyens en politique. Cette doctrine, extrêmement vulgaire, et qui est de tous les temps, a eu, à un moment donné,
son théoricien qui lui a donné son nom. La voix populaire a
presque toujours raison ; il est vrai qu'elle ne saisit pas les
nuances : c'est le devoir de la critique. Mais elle prononce
admirablement sur le fond des choses. Machiavel a été jugé

_____

(1) Le *Prince,* c. xv.

par le peuple. C'est un jugement qu'il ne peut pas récuser, lui qui a écrit que le peuple peut bien se tromper dans les affaires générales, mais qu'il ne se trompe jamais dans les choses particulières.

On a dit que Machiavel n'avance jamais ses maximes sans y mêler une désapprobation, qui semblerait mettre sa moralité à couvert. C'est là, je crois, une erreur. Ces réserves ne sont autre chose que des concessions à l'opinion vulgaire, concessions sans portée, et dont le lecteur qui sait lire fait l'usage qui lui convient. D'ailleurs, ces restrictions et ces réserves, fussent-elles sincères, que prouveraient-elles ? Que Machiavel reconnaît bien une morale, mais en même temps qu'il la sacrifie à l'intérêt politique. Or, c'est précisément le reproche que l'on fait à sa doctrine. Elle est d'autant plus corrompue qu'elle l'est sciemment, comme le prouve avec évidence le passage suivant : « *Sans doute il serait très heureux, pour un prince surtout, de réunir toutes les bonnes qualités ;* mais comme notre nature ne comporte pas une si grande perfection, il lui est nécessaire d'avoir assez de prudence pour se préserver des vices qui pourraient le perdre ; et quant à ceux qui ne peuvent compromettre sa sûreté, il doit s'en garantir, si cela est en son pouvoir : mais si cela est au-dessus de ses forces, il peut moins s'en tourmenter. *Il ne doit pas craindre d'encourir quelque blâme pour les vices utiles* au maintien de ses États ; parce que tout bien considéré, *telle qualité, qui paraît bonne et louable, le perdrait inévitablement, et telle autre qui paraît mauvaise et vicieuse, fera son bien-être et sa sûreté* (1). »

Il peut paraître inutile de démontrer par des textes, qu'il y a dans Machiavel des maximes immorales. Et cependant les déviations de la critique ont rendu ce travail nécessaire. On s'est peu à peu habitué à chercher une haute interprétation de Machiavel, soit dans la philosophie, soit dans l'histoire,

_____

(1) Le *Prince,* c. xv.

soit dans la politique. A la faveur de ces explications trans-
cendantes, l'immoralité de Machiavel passait comme un détail
accessoire, dont la faute devait être attribuée à son temps.
Un critique éminent, un historien de premier ordre, M. Macaulay, avoue « qu'il y a dans Machiavel des taches qui le
déparent, et qui diminuent beaucoup le plaisir qu'à d'autres
égards ses écrits doivent procurer (1). »

Si les erreurs de Machiavel n'étaient que des taches, on
serait mal venu à les relever avec tant de sévérité ; il y a
des erreurs de ce genre dans les meilleurs écrivains, et c'est
en général une critique étroite que celle qui s'attache au
mal plutôt qu'au bien. Mais ce que le critique anglais appelle
des taches, n'est autre chose que le système même de Machiavel : c'est là précisément ce qui lui imprime une physionomie
originale entre tous les écrivains politiques : c'est par là qu'il
a donné son nom à une doctrine, c'est par là qu'il a influé
sur la fausse politique des princes du xvie siècle. J'avoue
qu'il ne faut pas se borner à voir cela dans Machiavel, et que
beaucoup de parties de ses écrits méritent l'admiration. Mais
lorsque la critique historique s'efforce de mettre dans l'ombre
le côté condamnable d'une doctrine, c'est le devoir de la critique philosophique de le rétablir au premier plan.

Fût-il vrai de dire que l'erreur de Machiavel est plutôt celle
de son siècle que la sienne propre, il n'en serait pas moins
nécessaire de faire ressortir cette erreur, d'autant plus dangereuse qu'elle ne s'appuierait plus seulement sur l'autorité
d'un seul homme, mais sur celle d'un siècle tout entier. Que
l'auteur du machiavélisme soit Machiavel lui-même, ou le
xve siècle, il est dans tous les cas du devoir de la critique de
recueillir les principes de ce système, et de les dégager des

(1) Macaulay, *Essais politiques et philosophiques*, trad. de Guill.
Guirot, t. I, p. 18. Le même auteur affirme d'ailleurs, comme nous,
que c'est la même doctrine qui anime à la fois le *Prince* et les *Discours sur T.-Live* : « Le *Prince* raconte l'histoire d'un homme ambitieux ; les *Discours* racontent l'histoire d'un peuple ambitieux... Le
genre d'immoralité qui a rendu le *Prince* impopulaire se retrouve
à un degré presque égal dans les *Discours*. » Mais Macaulay essaie

interprétations trop complaisantes par lesquelles on le dissimule. Après tout, l'immoralité d'un siècle doit se ramener à celle des principaux personnages qui lui ont donné son caractère, et parmi ceux-là on doit compter au premier rang celui qui a réduit ses actions en maximes. Mais plusieurs faits prouvent que cette justification même n'est pas suffisante. D'abord, vous trouvez dans Machiavel lui-même la condamnation de ses propres maximes. Lorsque dans la dédicace des *Discours sur Tite-Live*, il flétrit, par une sorte d'aveu, la dédicace du *Prince* (1), on ne doit pas justifier par la grossièreté du temps un acte dont il comprenait lui-même la bassesse. En outre, dans plus d'un passage, on rencontre de nobles témoignages en faveur de la vertu : ces témoignages seront, si l'on veut, des circonstances atténuantes, puisqu'elles prouvent que tout n'est pas mauvais dans Machiavel. Mais nous avons le droit de les considérer à notre tour comme des circonstances aggravantes : car elles prouvent aussi que l'esprit de son siècle n'était pas assez puissant sur lui pour l'empêcher de reconnaître la vérité. Ce qui le condamne encore, c'est qu'il paraît que lui-même a cherché le premier à donner le change sur le dessein de son livre du *Prince*. Le premier il a fourni l'interprétation alambiquée que l'on en a trouvée plus tard : « Son but, disait-il, était d'écrire à un tyran, ce qui doit plaire aux tyrans, afin de le faire tomber, s'il le pouvait, de son propre gré dans le précipice (2). » C'était là, il faut l'avouer, un dessein passablement machiavélique, et, fût-il vrai, il est douteux qu'il justifiât son auteur. Mais vraie ou fausse, cette tentative de justification prouve que Machiavel a eu des doutes, que l'on en a eu autour de lui, et que, même pour le temps, il demandait à la conscience des sacrifices exagérés.

de justifier Machiavel en rejetant la faute sur son temps. Il y a sans doute une part de vrai dans cette apologie ; mais elle est loin d'être décisive, comme nous le verrons plus loin.

(1) Comparez les deux dédicaces.
(2) Voy. Ginguené, *Hist. litt. d'Italie.*

Quels sont maintenant ces vices que Machiavel autorise et conseille même comme utiles au maintien d'un État ? Les deux principaux sont : la cruauté et la mauvaise foi.

Quant au premier point, on peut s'en convaincre par l'admiration sans réserves qu'il témoigne pour le sanglant César Borgia. Nous avons vu déjà les rapports qu'il avait eus avec ce prince, et les jugements qu'il en porte dans ses lettres et dans les missions. Pas un mot de blâme ni d'aversion. Dans le *Prince* il va plus loin ; il le loue de tout, et n'attribue qu'à la fortune ses mauvais succès. Voici comment il rapporte le massacre de Sinigaglia, dont il avait été, nous l'avons vu, témoin et rapporteur : « Les *autres furent assez dupes* pour se mettre entre ses mains à Sinigaglia. *Ayant donc exterminé les chefs...* le duc avait jeté de solides fondements de sa puissance (1). » Rien de plus, et cela dans l'énumération des moyens habiles et heureux employés par Borgia pour s'élever. On dira qu'il ne faut pas tant s'indigner du massacre de Sinigaglia ; que les Orsini, les Vitelli, les Oliverotti, victimes de ce guet-apens, étaient eux-mêmes des scélérats dignes de tous les supplices ; je le veux bien ; mais Borgia ne valait pas mieux qu'eux : c'était bandit contre bandits, j'en conviens. Mais que conclure de là ? C'est que la politique qu'admire tant Machiavel n'était qu'une politique de brigands. Après ce massacre, qui assure sa puissance, que fait César, maître de la Romagne ? Il faut avouer qu'il montra quelque entente du gouvernement. Il détruisit, par une justice de fer, les brigandages qui infestaient le pays ; puis, quand l'ordre fut rétabli, il institua un tribunal civil présidé par un homme entouré de l'estime publique. Mais ici encore son caractère féroce se manifeste sans que Machiavel trouve rien à redire. Pour exercer les sévérités, dans le premier temps de son gouvernement, il avait nommé pour gouverneur un certain Ramiro d'Orco, homme cruel, mais actif, auquel il laissa la plus

(1) *Prince,* c. VII.

grande latitude de pouvoir. Lorsqu'il crut le moment venu
de changer de système et de transformer cette justice excep-
tionnelle en justice civile, pour se laver de tout reproche
aux yeux du peuple, il fait pourfendre un matin Ramiro et
exposer son corps au milieu de la place de Césène, sur un
pieu, ayant tout auprès un coutelas ensanglanté. Tel est le
traitement qu'il infligea à l'exécuteur de ses propres ordres :
Machiavel cite ce fait parmi ceux qui méritent d'être imités.
Borgia, maître du présent, avait à redouter l'avenir. Il dut
parer à ce danger par plusieurs moyens. Voici le premier :
« Il *détruisit la race* de tous les seigneurs qu'il avait dépouillés... Il en *massacra* le plus grand nombre, et peu lui
échappèrent. » C'est après cette froide énumération des
cruautés de Borgia que Machiavel ajoute tranquillement :
« En rassemblant toutes ces actions du duc, *je ne saurais
lui reprocher d'avoir manqué en rien ;* et il me paraît qu'il
mérite qu'on le propose, comme je l'ai fait, pour modèle à
tous ceux qui, par la fortune ou par les armes d'autrui, sont
arrivés à la souveraineté..... Sa conduite ne pouvait pas être
différente. » Malgré toute cette belle politique, Machiavel est
obligé d'avouer que son héros a échoué dans ses entreprises.
Ce n'est pas le succès, c'est la conduite qu'il admire : le jeu
lui paraît bien joué : le gain dépend de la chance. « La preuve,
dit Machiavel, que les fondements étaient solides, c'est que
la Romagne l'attendit, et lui fut fidèle *pendant un mois.* »
Ainsi, c'est pour la fidélité d'une province pendant un mois,
qu'il a pu être permis à un prince de violer toutes les lois
divines et humaines ! De si grands crimes pour un si misérable résultat ! Quelle politique que celle qui propose de tels
hommes, une telle conduite, et de si méprisables conséquences à l'admiration et à l'imitation des hommes d'État !

Machiavel, il faut le reconnaître, ne va pas jusqu'à conseiller les dernières scélératesses ; au moins a-t-il des scrupules,
et s'il pardonne tout à César Borgia, il n'est pas aussi indul-
gent pour Agathocle. Il   là des paroles où l'on sent quelque

chose d'humain. « Il n'y a point, dit-il, de vertu à massacrer
ses concitoyens, à livrer ses amis, à être sans foi, sans pitié,
sans religion ; tout cela peut faire arriver à la souveraineté,
mais non à la gloire..... On ne voit pas comment il pourra
être réputé inférieur au plus grand capitaine ; néanmoins son
inhumanité, sa cruauté féroce, les crimes infinis qu'il a commis, *empêchent de le compter parmi les hommes grands* (1). »
Ces mots prouvent, il est vrai, que Machiavel ne renonce pas
à toute distinction du bien et du mal ; mais ils servent aussi à
le condamner : car, malgré ces paroles, il raconte les actions
d'Agathocle *pour ceux qui désireront les imiter*. « Il le
fera, dit-il, sans prononcer *sur la bonté et la méchanceté des
actions*. » On peut dire même qu'en définitive il est plutôt
favorable que contraire à Agathocle, dont il vient de nous
faire cependant un si affreux portrait. « On pourrait s'étonner
qu'Agathocle et d'autres comme lui aient pu vivre longtemps
en paix dans leur patrie, se défendant contre des ennemis
supérieurs, sans que jamais leurs concitoyens aient conspiré
contre eux, tandis que d'autres nouveaux princes, à raison
de leurs cruautés, n'ont jamais pu se maintenir, même en
temps de paix, encore moins en temps de guerre. Je crois
que cela tient au *bon ou mauvais usage que l'on fait de la
cruauté. On peut la dire bien employée (si on peut appeler
bien ce qui est mal) lorsqu'elle ne s'exerce qu'une seule fois,*
lorsqu'elle est dictée par la nécessité de s'assurer la puissance,
et qu'on n'y a recours ensuite que pour l'utilité du peuple.
Les cruautés mal exercées sont celles qui, peu considérables
en commençant, croissent au lieu de s'étendre. *Ceux qui
n'emploient que les premières peuvent espérer de se les
faire pardonner et devant Dieu et par les hommes, comme
fit Agathocle* (2). » Ainsi ces crimes, dont il semblait tout à
l'heure vouloir nous faire horreur, ne sont cependant qu'une
cruauté bien employée.

(1) *Prince,* c. VIII.
(2) *Ib.,* ib.

Le second point de la doctrine de Machiavel, c'est l'infi-délité dans les engagements (1). On se ferait difficilement à l'avance une idée de l'aisance et de l'audace avec laquelle Machiavel expose cette théorie de la mauvaise foi. Il ne cherche pas à l'insinuer comme une exception; mais il l'établit naturellement comme un principe. Il avoue qu'il est très louable qu'un prince soit fidèle à ses engagements. « Mais ajouta-t-il, parmi ceux de notre temps qu'on a vus faire de grandes choses, il en est peu qui se soient piqués de cette fidélité, et qui se soient fait un scrupule de tromper ceux qui se reposaient en leur loyauté. » Ainsi, la fidélité aux pro-messes, aux traités, aux engagements politiques est du nombre de ces vertus royales qui se pratiquent dans les États qui n'ont jamais existé. Il n'en est pas ainsi dans le monde véritable. On n'y réussit qu'en trompant. « Les animaux, dit-il, dont le prince doit savoir revêtir les formes, sont le renard et le lion..... Le prince apprendra du premier à être adroit, et du second à être fort. Ceux qui dédaignent le rôle du renard n'en-tendent guère leur métier; en d'autres termes, un prince prudent *doit éviter de tenir les promesses qu'il voit contraires à ses intérêts* (2). »

La principale raison, et même la seule que donne Machiavel en faveur de son opinion est celle que nous connaissons déjà; c'est que les hommes sont méchants, et que l'homme qui veut être bon n'est pas en sûreté au milieu d'eux. « Comme tous les hommes, dit-il, sont toujours prêts à manquer à leur parole, le prince ne doit pas se piquer d'être plus fidèle à la sienne. » On voit sous quel aspect Machiavel se représente la société : *homo homini lupus*, voilà sa devise. La tromperie réciproque, telle est la règle de la politique : soit qu'il conseille le crime, soit qu'il conseille la fraude, il semble emprunter ses principes à la société des malfaiteurs.

---

(1). Voy. sur cette doctrine le ch. xviii du *Prince.*
(2) *Prince.*, c. xviii, ne debba osservare la fede, quando tale osser-vantia gli torni contro.

La nécessité pourra être, à la rigueur, un prétexte à la fraude. Machiavel en ajoute un autre, qui la rend plus coupable à nos yeux : c'est la facilité. « On ne manquera jamais, dit-il, de prétexte pour colorer un manquement de foi... Les hommes sont si simples et si esclaves des nécessités présentes, que celui qui veut tromper trouvera toujours facilement des dupes. » Ainsi les hommes qui sont toujours prêts à tromper, sont aussi en même temps toujours prêts à se laisser tromper. Ils offrent en même temps un prétexte et une chance à la perfidie. A la fois menteurs et imbéciles, ils donnent l'exemple de la fraude. Ils ferment les yeux sur les fraudes d'autrui. Ainsi la victoire est au plus fin, au plus avisé, et à celui qui est à la fois attentif à duper les autres et à se préserver soi-même.

Machiavel n'oublie pas l'autorité des exemples si puissante sur les hommes. Sans doute le fait ne prouve rien contre le droit ; et cependant l'idée du droit est si vacillante dans l'esprit du vulgaire, que le fait l'ébranle presque toujours, surtout lorsqu'il se présente sous le manteau de l'intérêt public, du salut de l'État, ou seulement sous les auspices d'un grand personnage. Machiavel ne manquait pas, de son temps, d'exemples pour autoriser la mauvaise foi. Mais il a soin de choisir celui qu'un caractère sacré investissait d'un plus grand crédit sur l'esprit de la multitude, prince, prêtre, souverain pontife, et avec cela le plus trompeur des hommes, Alexandre VI. N'est-ce pas avoir la main malheureuse que de choisir successivement pour héros les deux hommes les plus déshonorés du xv⁰ siècle, César Borgia et son père?

Enfin la vertu, pour Machiavel, n'est, comme la religion, qu'un moyen de gouvernement. Elle est bonne lorsqu'elle est utile ; elle doit être rejetée aussitôt qu'elle nuit. C'est un masque qu'il faut garder tant qu'on le peut, mais dont il faut savoir se dépouiller au besoin. Un prince parfait est semblable à cet homme parfaitement injuste dont parle Platon, qui a tous les dehors de la justice avec la réalité de l'injustice. « Un prince,

dit Machiavel, doit s'efforcer *de se faire une réputation* de
bonté, de clémence, de piété, de fidélité à ses engagements,
et de justice; il doit avoir toutes ces bonnes qualités, mais
rester assez maître de soi *pour en déployer de contraires*
lorsque cela est expédient. Je pose en fait qu'un prince, et surtout un nouveau prince, ne peut exercer impunément toutes
les vertus, parce que *l'intérêt de sa conservation l'oblige
souvent à violer les lois de l'humanité, de la charité et de la
religion...* On voit aisément ce qu'un homme paraît être, mais
non ce qu'il est réellement... Le point est de se maintenir dans
son autorité : les moyens seront toujours jugés honorables et
loués de chacun. Car le vulgaire se prend toujours aux apparences, *et ne juge que par l'événement* (1). »

Voilà la morale du *Prince*. Est-elle expressément contraire
à celle des *Discours sur Tite-Live* (2)? S'il y avait contradiction
absolue entre ces deux ouvrages, on pourrait, à la rigueur,
conjecturer que le plus condamnable est une feinte, ou que le
dessein n'en a pas été entendu. Mais si l'on retrouve de part
et d'autre les mêmes maximes, il ne reste plus aucun prétexte
pour prêter à Machiavel une arrière-pensée.

Voici d'abord, dans les *Dicours sur Tite-Live*, le principe
même du machiavélisme. : La fin justifie les moyens. Il s'agit
du meurtre de Rémus par Romulus. « Il semblerait, dit-il,

(1) *Prince*. c., xviii. Operare contro alla humanità, contro alla ca-
rità, contro alla religione..... I mezzi saranno sempre giudicati ono-
revoli.

(2) Quant à l'*Histoire de Florence* de Machiavel, elle laisse exactement, quoi qu'en dise Rousseau, la même impression morale que la
lecture du *Prince*. Voici ce qu'en dit Tocqueville : « Le Machiavel de
l'*Histoire de Florence* est pour moi le Machiavel du *Prince*. Je ne
conçois pas que la lecture de ce premier ouvrage ait jamais permis le
moindre doute sur l'objet de l'auteur en écrivant le second. Machiavel, dans son histoire, loue quelquefois les grandes et belles actions;
mais on voit que c'est chez lui affaire d'imagination. Le fond de sa
pensée, c'est que toutes les actions sont indifférentes en elles-mêmes,
et qu'il faut les juger toutes par l'habileté qui s'y montre et le succès
qui le suit. Pour lui, le monde est une grande arène dont Dieu est
absent, où la conscience n'a que faire et où chacun se tire d'affaire
comme il peut. » (Tocqueville, *Correspondance*, lettre à Louis de
Kergorlay, 5 août 1831.)

que tous les citoyens peuvent, à en juger d'après la conduite
de ce prince, par ambition ou désir de commander, se défaire
de leurs rivaux. Cette opinion serait fondée, si l'on ne *consi-*
dérait la fin que se proposait Romulus par cet homicide...
Un esprit sage ne condamnera pas un homme supérieur *d'avoir*
usé d'un moyen hors de l'ordinaire pour l'important objet
de régler une monarchie ou de fonder une république. *Si le*
fait l'accuse, il faut que la fin puisse l'excuser. Un bon
résultat excuse toujours le fait : c'est le cas de Romulus. *La*
violence n'est condamnable que lorsqu'elle est employée *pour*
mal faire, et non *pour bien faire* (1). » D'après ces principes,
Machiavel approuve le meurtre de Rémus par Romulus, celui
de Titius Tatius; enfin il donne comme exemple Cléomène, roi
de Sparte : « Il connaissait les hommes, dit-il ; et par la nature
de leur ambition, il jugea impossible d'être à tous, s'il avait à
combattre l'intérêt de quelques-uns; *aussi ayant saisi une*
occasion favorable, il fit massacrer les éphores et tous ceux
qui pouvaient s'opposer à son projet, et il rétablit entièrement les lois de Lycurgue (2). » Il est vrai que, dans ces divers
exemples, il s'agit d'un but plus élevé que le pouvoir d'un
homme : ici la fondation d'une monarchie, là la réforme des
mœurs et des lois dans une république. Mais les moyens sont
toujours les mêmes : le fer et la trahison.

Ce n'est pas cependant sans quelque protestation de la conscience que Machiavel cite et approuve ces grands crimes, qu'il
considère comme nécessaires en politique. Il a par instants
quelques accents honnêtes, semblables à ceux que nous avons
déjà remarqués dans le *Prince* : « De tels moyens, dit-il, sont
cruels sans doute et destructeurs, je ne dis pas seulement des
mœurs du christianisme, mais de l'humanité : tout homme doit
les fuir, et préférer une condition privée à l'état de roi aux dépens de la perte de tant d'hommes (3). » Ce sont là de nobles

---

(1) *Disc. sur Tite-Live*, I. I, c. IX.
(2) *Disc. sur Tite-Live*, ib., ib. Voy. encore l'exemple de Cléarque
tyran d'Héraclée, ch. XVI, L. I.
(3) L. I, c. XXVI.

paroles, les seules peut-être où un cri sincère d'humanité s'é-
chappe du cœur de Machiavel. Mais cette émotion ne dure pas
longtemps; car il ajoute : « Cependant s'il est quelqu'un qui ne
puisse conserver le pouvoir par aucun moyen, et qui cependant
ne veuille pas se perdre, ne pouvant choisir une meilleure
manière d'agir, il faut nécessairement qu'il adopte celle-là. »
Ainsi il reconnaît que ces moyens sont détestables : mais il ne
laisse pas de les indiquer, comme ferait un médecin, qui tout
en condamnant l'empoisonnement, enseignerait cependant
l'emploi du poison à ceux qui voudraient s'en servir.

Ce qui jette le plus grand jour sur les sentiments de Machiavel, c'est son mépris pour ceux qui ne savent être, comme il
le dit, ni tout à fait bons, ni tout à fait méchants. Selon lui,
la grandeur du crime en couvre la honte. Rien n'est plus
curieux que le jugement qu'il porte sur un certain Baglioni,
tyran de Pérouse, qui avait eu un instant Jules II entre les
mains, et n'avait pas eu le courage de le tuer. « *Les gens
sages* de la suite du pape, dit-il, ne pouvaient comprendre
comment il avait laissé échapper la plus belle occasion de
*s'acquérir une réputation éternelle, d'opprimer son ennemi
en un instant et de s'emparer de la plus riche proie...* On en
conclut que les hommes ne savent être ni parfaitement bons,
ni *criminels avec grandeur...* Il n'osa pas saisir l'occasion
qui se présentait d'exécuter une entreprise où chacun aurait
admiré son courage, et qui *l'eût immortalisé ;* il eût commis
un crime dont *la grandeur eût couvert l'infamie,* et l'eût mis
au-dessus des dangers qui pouvaient en résulter (1). »

Le second article du code de Machiavel, dans le livre du
Prince, c'est la mauvaise foi. Nous retrouvons la même doctrine dans les *Discours sur Tite-Live :* 1° Nécessité de la
mauvaise foi chez un prince: « Xénophon, dit-il, démontre
dans la vie de Cyrus, la nécessité de tromper pour réussir...
Il n'en conclut pas autre chose sinon qu'un *Prince qui veut*

(1) *Disc. sur Tite-Live,* I., c. XXVII. Cui grandezza havesse supe-
rato ogni infamia.

*parvenir à de grandes choses doit apprendre l'art de trom-
per* (1). » 2° Nécessité de la mauvaise foi chez un peuple :
« On voit que les Romains, même dans les commencements
de leur empire, ont mis en usage la mauvaise foi : *Elle est
toujours nécessaire à quiconque veut s'élever à* un plus grand
pouvoir ; *elle est d'autant moins blâmable qu'elle est plus
couverte* comme fut celle des Romains (2). » 3° Nécessité de
la mauvaise foi pour les ennemis d'un prince : « Que ceux
qui sont mécontents d'un prince emploient toute leur adresse
à se concilier son amitié... Cette intimité assure d'abord
votre tranquillité, *comme elle vous fournit les occasions
les plus favorables de satisfaire vos ressentiments* (3). »
Ce sont là assez de preuves pour établir que la morale
des *Discours* est bien la même que la morale du *Prince*,
que la perfidie est toujours l'arme de cette politique, et enfin
que le véritable inventeur du machiavélisme, en théorie du
moins, est bien Machiavel.

On a dit (4) que la politique de Machiavel a été mal comprise ; que cette politique perfide, cruelle, déloyale qu'on lui
reproche, il ne la conseille que dans un cas très particulier,
l'établissement d'une nouvelle domination : et c'est en effet
une nécessité pour un prince nouvellement établi de se défendre par d'autres moyens que les princes héréditaires. Mais il
serait injuste, dit-on, de voir là une doctrine générale, qui
justifiât absolument et en toutes circonstances le mensonge et
la perfidie. Ainsi, ce que nous considérons dans Machiavel
comme une doctrine absolue, ne serait plus qu'un cas particulier de la casuistique politique.

Voici quelles raisons on peut faire valoir en faveur de cette
opinion. C'est surtout dans le livre du *Prince* que l'on trouve
l'exposé des principes machiavéliques. Or le *Prince*, il ne

(1) L. II, c. XIII. Un principe che voglia fara gran cose è necesario
imparare a ingannare.
(2) *Ib.*, ib. La quale è meno vituperabile, quanto è più coperta.
(3) L. III, c. II.
(4) Amelot de la Houssaye, préface de la traduction du *Prince*.

faut point l'oublier, ne traite que des principautés nouvelles
et non des principautés héréditaires ; et Machiavel fait lui-
même expressément l'exception qu'on lui prête (1) : « *Il suffit*, dit-il, *à un prince héréditaire* de ne point outre-passer
l'ordre et les mesures établies par ses prédécesseurs, et de
céder à propos aux événements... Le prince naturel, *ayant
moins d'occasion et de nécessité de vexer ses sujets*, en doit
être plus aimé : or, si des vices extraordinaires ne le font pas
haïr, il est naturel qu'ils aient de l'inclination pour lui. »
Tout les conseils qu'il donne ultérieurement semblent donc ne
pas s'appliquer aux princes héréditaires : les princes nouveaux
ayant plus de difficultés à se maintenir dans leurs États, ont
nécessairement recours à des moyens moins ordinaires. Aussi
quand il parle de ces moyens extrêmes, il ajoute : *Mais cela
est vrai surtout d'un prince nouveau,* qui ne peut guère
éviter le reproche de cruauté, toute domination nouvelle étant
pleine de dangers. » Il y a plus, la plupart des exemples cités
par Machiavel, même dans les *Discours de Tite-Live,* sont en
général des princes nouveaux : par exemple, Romulus,
Cléarque d'Héraclée, etc. De plus, nous trouvons dans les
Discours sur Tite-Live, des conseils excellents aux princes,
et un plaidoyer admirable en faveur des grands monarques.
« Que les princes se pénètrent donc de cette vérité, qu'ils
commencent à perdre le trône dès l'instant même où ils
violent les lois, où ils s'écartent des anciennes institutions, et
où ils abolissent les coutumes sous lesquelles les hommes ont
vécu si longtemps. Il est bien plus aisé de se faire aimer des
bons que des mauvais, et d'obéir aux lois que de leur commander. Les rois qui voudront s'instruire de la manière de
bien gouverner, n'auront que la peine de prendre pour modèle
la conduite des bons princes, tels que Timoléon de Corinthe,
Aratus de Sicyone, et plusieurs autres, dans l'exemple desquels
ils trouvent autant de sécurité, de tranquillité et de bonheur

(1) *Prince,* c. II.

pour celui qui gouverne que pour celui qui obéit… Les peuples, quand ils sont bien gouvernés, ne désirent aucune autre liberté (1). » Il semble, d'après ces différents passages, que la doctrine du *Prince* n'est pas absolue, et qu'elle s'applique exclusivement aux nouvelles dominations.

La doctrine de Machiavel, ainsi réduite à un seul cas, ne serait guère plus justifiable : car on ne voit pas pourquoi l'injustice serait plus permise à un prince nouveau qu'à un prince héréditaire. Mais, selon nous, le machiavélisme a une tout autre portée : il s'applique à toutes les situations politiques et à toutes les formes de gouvernement. Sans doute Machiavel n'a pas été jusqu'à dire qu'il faut toujours employer les mauvais moyens, et jamais les bons, qu'il faut cultiver le crime pour lui-même. Car alors sa doctrine ne serait pas seulement perverse, elle serait absurde : il dit seulement qu'il faut se servir des moyens injustes, si cela est utile. Or, il est de toute évidence que ces moyens sont plus utiles, plus nécessaires aux princes nouveaux qu'aux princes héréditaires. De là la différence que l'on a signalée. Que dit Machiavel ? « Le prince naturel, *ayant moins d'occasion et moins de nécessité* de vexer ses sujets, en doit être plus aimé. » C'est donc parce qu'il n'en a ni l'occasion, ni la nécessité, qu'il n'opprime pas ses sujets ? Supposez qu'il en trouve l'occasion et la nécessité, il devra le faire tout comme les princes nouveaux : car Machiavel ne distingue pas la conduite de l'un et de l'autre par les principes, mais par les occasions. Sa doctrine générale n'est donc pas démentie par cette apparente contradiction : elle en est au contraire confirmée.

De plus, quoiqu'il soit vrai que le livre du *Prince* est surtout consacré à l'instruction des princes nouveaux, cependant les maximes qui expriment la doctrine de l'auteur sont exprimées en termes tellement généraux, qu'elles dépassent évidemment les cas particuliers d'où elles sont tirées. Dans le cha-

(1) *Disc. sur Tite-Live*, l. III, c. v.

pitre xv, l'auteur oppose sa politique aux politiques chimériques
qui traitent de gouvernements qui n'ont jamais existé. Il résulte
de cette opposition qu'il n'y a que deux sortes de politique :
l'une idéale et qui n'a pas d'application ; l'autre positive, et
c'est celle qu'il expose. S'il avait voulu circonscrire ses principes à un cas particulier, il l'aurait dit expressément, il aurait
réservé les exceptions qu'il demande à la morale, pour ce cas
unique, et ne se serait pas exprimé de cette manière générale :
« Il y a si loin de la manière dont on vit à celle dont on devrait
vivre, que celui qui tient pour réel et vrai ce qui devrait l'être
sans doute, mais malheureusement ne l'est pas, court à une
ruine inévitable. » Cette maxime, dans laquelle Machiavel est
tout entier, contient évidemment une doctrine beaucoup plus
générale que celle qu'on lui prête, et elle s'applique à tous
les cas possibles de la politique. Le conseil d'unir la ruse à la
force, de jouer à la fois le rôle du renard et celui du loup, et
de manquer, quand il le faut, à ses engagements, n'est nullement limité par l'auteur du *Prince* à un prince nouveau. On
peut voir d'ailleurs par les exemples mêmes de Machiavel,
qu'il n'entend pas circonscrire à ce point sa doctrine. En effet,
Alexandre VI était un prince électif et non pas un prince
nouveau : Ferdinand d'Aragon était un prince héréditaire.
Louis XII, à qui il reproche de n'avoir pas su manquer à sa
parole, l'était également : enfin dans les *Discours sur Tite-
Live*, il loue les Romains eux-mêmes de leur mauvaise foi. Sa
doctrine de la fraude et de l'infidélité dans les promesses est
donc générale, et non limitée à un cas particulier.

Quant aux moyens extrêmes et violents, j'avoue qu'il les
conseille surtout aux princes nouveaux, et non aux princes
héréditaires. Mais il ne faudrait pas croire qu'il les interdît
aux républiques. Ceci nous conduit à un point nouveau, assez
peu remarqué, je crois : c'est qu'on trouve dans Machiavel
toute la théorie du terrorisme révolutionnaire.

C'est un principe général et sans exception, selon Machiavel, que tout gouvernement nouveau, république ou

monarchie, ne peut s'établir que par la terreur. C'est ce qu'il explique de cette manière énergique et concise : « Qui s'élève à la tyrannie et ne fait pas périr Brutus, qui rétablit la liberté et qui, comme Brutus, n'immole pas ses enfants, ne se soutient que bien peu de temps (1). » Il critique vivement Soderini, qui, chargé du gouvernement de la république à Florence, après l'expulsion des Médicis, avait usé de modération à l'égard du parti vaincu et cru vaincre, à force de bonté et de patience, l'obstination de ces nouveaux fils de Brutus. « Ces scrupules, dit-il, étaient ceux d'un homme honnête et bon ;... mais il fut dupe de son opinion ; il ignora que la méchanceté ne se laisse dompter ni par le temps, ni désarmer par les bienfaits, et pour n'avoir pas su imiter Brutus, il perdit sa patrie, l'État et sa gloire (2). » Que ce soit le peuple, que ce soit un monarque qui l'emporte, il faut toujours marquer et confirmer son succès par « *quelque coup terrible porté contre les ennemis de l'ordre nouveau* (3). » Cette sévérité est surtout nécessaire dans l'établissement d'un gouvernement libre, qui en général se fait beaucoup d'ennemis et peu d'amis. « Pour parer à cet inconvénient, il n'y a pas de remède plus vigoureux, plus sain et plus nécessaire que celui-ci : la mort des enfants de Brutus (4). »

Examinons de plus près ce que Machiavel entend par les enfants de Brutus. Selon lui, il n'y a pas de liberté sans égalité. Quels sont les ennemis de l'égalité ? Ce sont les gentilshommes ; et voici comme il les définit : « Je dirai que j'appelle ainsi *tous ceux qui vivent sans rien faire*, du produit de leurs possessions, qui ne s'adonnent ni à l'agriculture, ni à aucun autre métier ou profession. De tels hommes sont dangereux dans toute République et dans tout État. Plus dange-

---

(1) *Disc. sur Tite-Live*, l. III, c. III.
(2) *Ib.*, ib.
(3) *Ib.*, ib. È necessaria una essecution memorabile contra inimici delle conditioni presenti.
(4) *Ib.*, l. I, c. XVI.

reux encore ceux qui, outre leurs possessions en terre, possèdent des châteaux où ils commandent et des sujets qui leur
obéissent. Le royaume de Naples, le territoire de Rome, la
Romagne et la Lombardie, fourmillent de ces deux espèces
d'hommes : *aussi jamais République, jamais État libre ne
s'est formé dans ces provinces peuplées de ces ennemis naturels de toute société politique (perchè tali generationi
d'uomini sono al tutto nimici d'ogni civilità).* Au contraire,
les villes de la Toscane ont des formes, une constitution et
des lois qui maintiennent leur liberté ; et cela vient de ce
que, dans cette province, il y a très peu de gentilshommes,
et qu'aucun n'y possède de château (1). »

De ce principe, que la liberté est impossible sans l'égalité,
Machiavel conclut « que quiconque veut établir une république dans un pays où il y a beaucoup de gentilshommes,
ne peut réussir *sans les détruire tous* (2). » Cela n'est pas
une idée fortuite chez Machiavel. Il y revient dans un autre
ouvrage, dans son Discours sur la réforme du gouvernement
de Florence, adressé au pape Léon X. « Pour fonder, dit-il,
une république à Milan, où règne une grande inégalité de
citoyens, *il faudrait détruire toute la noblesse* et l'abaisser
sous le niveau de l'égalité (3). » Enfin il cite l'exemple des
républiques allemandes, qui ont dû la conservation de leur
probité et de leur liberté à la haine déclarée qu'elles ont
contre toute noblesse. « *Si par hasard*, dit-il, *quelque seigneur tombe entre leurs mains, elles le font périr sans
pitié*, comme coupable de corrompre et de troubler leur
État (4). »

L'inégalité engendre la corruption, et la corruption est la
ruine de la liberté. Que faut-il faire pour maintenir la liberté
ou la rétablir dans un État corrompu ? C'est une entreprise

(1) *Disc. T.-L.*, l. I, c. LV.
(2) *Ibid.*, ib. Se prima non gli spegne tutti.
(3) *Disc. sur la Réf. de la constit. de Florence.*
(4) *Disc. T.-L.*, l. I, c. LV.

extrêmement difficile, sinon entièrement impossible. La solution de Machiavel n'est autre chose que celle de la dictature révolutionnaire (1). « Les moyens ordinaires ne suffisent plus, ils nuisent même dans ces circonstances. Il faut recourir à des voies extraordinaires, à la violence, aux armes ; il faut avant tout se rendre maître absolu de l'État, et pouvoir en disposer à son gré. » Mais tout en conseillant ce moyen extrême, Machiavel en fait voir, avec une pénétration admirable, tous les dangers. « Mais le projet de réformer un État dans son organisation politique, suppose un citoyen généreux et probe. Or, devenir par force souverain dans une république, suppose au contraire un homme ambitieux et méchant. Par conséquent, il se trouvera bien rarement un homme de bien qui veuille, pour parvenir à un but honnête, prendre des voies condamnables, ou un méchant qui se porte tout d'un coup à faire le bien, en faisant un bon usage d'une autorité injustement acquise. »

Nous venons de résumer en deux ou trois pages tout le code révolutionnaire : établir la terreur, détruire les nobles, se défaire de tous ses ennemis, et, dans certains cas, usurper le pouvoir suprême pour préparer la liberté par l'égalité. Telles sont les théories de Machiavel. On voit qu'il ne change pas de principes, soit qu'il conseille les peuples, soit qu'il conseille les tyrans. Ce n'est pas seulement aux usurpateurs, c'est encore aux républicains qu'il conseille les moyens violents et cruels. Il est vrai que ces moyens ont un but différent : ici, le pouvoir d'un homme, là, la liberté d'un peuple ; mais, au point de vue moral, ils sont tous de même espèce. Nous avons dans notre histoire deux grands crimes qui sont une fidèle et rigoureuse application des doctrines de Machiavel : l'un monarchique, l'autre populaire, la Saint-Barthélemy et les massacres de Septembre, Machiavel eût approuvé l'un et l'autre : ils sont l'un et l'autre conformes à ces principes : « Il

(1) *Ibid.*, l. I, c. xviii tout entier.

faut effrayer par quelque coup terrible les ennemis de l'ordre
que l'on veut établir... Il faut exercer la cruauté en une seule -
fois... Une république ne peut s'établir sans détruire tous les
gentilshommes, etc... La grandeur du crime en couvre l'infamie. »

Il résulte de là une conséquence évidente : c'est que le
terrorisme n'est qu'une des formes du machiavélisme. Le
machiavélisme n'est pas seulement la politique tortueuse et
empoisonnée des monarchies corrompues, c'est aussi la politique violente des démocraties sanguinaires. Ceux qui justifient ou excusent les crimes de la tyrannie, doivent apprendre
qu'ils donnent par là gain de cause aux crimes populaires ;
et ceux qui ont au fond de leur cœur une faiblesse qu'ils
n'osent ni avouer ni repousser, pour les crimes du peuple,
doivent ne pas oublier qu'en les justifiant ils raisonnent
comme les tyrans. Vous qui aimez la liberté, n'écoutez pas
ces fausses maximes : Qu'elle ne peut s'établir que par la
terreur, qu'il faut faire peur au monde pour l'émanciper, que
l'ère de l'humanité et de la fraternité doit être inaugurée par
un baptême de sang ? D'où viennent ces maximes ? Elles
viennent du xv° siècle, le plus perfide des siècles ; elles
viennent de la patrie des tyrans ; elles ont pour auteur le
flatteur des Médicis, l'ami et l'admirateur des Borgia.

En suivant dans toutes leurs conséquences et leurs diverses
applications les principes de la morale machiavélique, nous
sommes entrés déjà assez avant dans la politique proprement
dite. Mais il faut en reprendre les principes de plus haut.

LA POLITIQUE DE MACHIAVEL. — On doit reconnaître que ce
n'est pas dans les questions de politique abstraite et spéculative que la supériorité de Machiavel se manifeste. Il a peu pénétré dans ces sortes de problèmes ; et il se contente d'emprunter à Polybe ses principales idées sur ce sujet. Ce qu'il
dit de l'origine des sociétés et des gouvernements, de leurs
formes, de leurs inconvénients, de l'ordre dans lequel ils se
succèdent, est emprunté et presque traduit de Polybe ; mais en

général ces considérations abstraites tiennent peu de place dans
ses livres, et paraissent peu convenir à la nature de son esprit.

Au contraire, il excelle dans ces problèmes de politique
pratique, qu'éclaire l'expérience de l'homme d'État. Ses
études sont des modèles admirables de psychologie politique.
Il connaît les passions des princes et des peuples, comme un
homme qui a servi une république et négocié avec des monarques. L'histoire romaine lui est une occasion de recueillir
ses propres souvenirs, et de s'interroger sur les différentes
conduites qui conviennent à des circonstances diverses ; et il
porte dans ces recherches une sagacité, une finesse et une
force qui n'ont pas été surpassées. On ne s'étonnera point,
en le lisant, que les politiques du xvie siècle l'aient eu en
si grande estime, et que quelques-uns, même des plus grands,
le portassent toujours avec eux. Ils y trouvaient ce qu'ils
cherchent avant tout, non des discussions de principes, mais
des maximes pratiques, des réflexions sur les faits et des
réponses à toutes les difficultés de leur état. Le chapitre des
conspirations, dans les *Discours sur Tite-Live*, avait plus
d'intérêt à leurs yeux que les grandes et philosophiques mé-
ditations de la République de Platon sur les révolutions des
États. Enfin, même lorsque Machiavel touche aux hautes
questions de la science, il les traite encore par des faits, des
exemples, des expériences visibles en quelque sorte, plus
claires aux yeux du monde que les arguments des théoriciens.

Machiavel, dans ses considérations générales sur les gouvernements, établit, avec Polybe et Aristote, la supériorité
des gouvernements pondérés sur les gouvernements simples ;
et il cite à l'appui de ce principe l'exemple de Sparte et celui
de Rome (1). Mais il est douteux que cette théorie ait jamais
été autre chose chez Machiavel qu'une réminiscence de Polybe
et des anciens. En effet, dans un autre passage de ses écrits

(1) *Disc. T.-L.*, l. I, c. II.

il paraît se prononcer expressément contre ce genre de gouvernement : « Je dis qu'on ne peut assurer la constitution d'un État, qu'en y établissant une *véritable* république ou une *véritable* monarchie ; et que tous les gouvernements *intermédiaires* sont défectueux. La raison en est évidente : il n'est qu'un moyen de destruction pour la monarchie, comme pour la république ; pour l'une, c'est de descendre vers la république ; pour l'autre, c'est de monter vers la monarchie ; mais il y a un double danger pour les gouvernements intermédiaires ; ils peuvent et descendre vers la république, et monter vers la monarchie : et de là naissent toutes les révolutions auxquelles ils sont exposés (1). » En général, Machiavel n'a connu, pratiqué et décrit que deux sortes de gouvernements : la république et la tyrannie. L'Italie n'offrait guère autre chose à cette époque. Elle était alors dans l'état de l'ancienne Grèce, divisée en cités hostiles les unes aux autres, et tour à tour la proie des tyrans ou des démagogues. Si l'on songe que c'est là que Machiavel a appris la politique, on admirera que sur un tel théâtre il ait pu trouver la matière d'observations si étendues, et qui portent si loin : mais on s'expliquera en même temps comment cette politique si pénétrante reste encore cependant assez étroite, et trouve difficilement son application dans des situations plus compliquées (2).

(1) *Disc. sur la Réforme de la constit. de Florence.*
(2) Cependant Machiavel a connu et très bien apprécié le gouvernement de la France. Il en parle avec admiration : « La France, dit-il, tient le premier rang parmi les États bien gouvernés. Une des institutions les plus sages qu'on y remarque, c'est sans contredit celle du Parlement, dont l'objet est de veiller à la sûreté du gouvernement et à la liberté des sujets. Les auteurs de cette institution connaissant d'un côté l'insolence et l'ambition des nobles, de l'autre les excès auxquels le peuple peut se porter contre eux, ont cherché à contenir les uns et les autres, mais sans l'intervention du roi, qui n'eût pu prendre parti pour le peuple, sans mécontenter les Grands, ni favoriser ceux-ci, sans s'attirer la haine du peuple. » (Le *Prince*, c. XIX). Il dit également dans les *Discours sur Tite-Live :* « Le royaume de France en est un exemple. Le peuple ne vit assuré que parce que les rois se sont liés par une infinité de lois qui sont le fondement de sa sûreté. Ceux qui ont organisé cet État ont voulu que

Quels que soient les reproches qu'ait encourus Machiavel,
et nous ne les avons pas atténués, il est un mérite qu'on ne
peut lui refuser : c'est une prédilection, et même une véritable
passion pour la liberté. C'est là sans doute une charge de
de plus contre lui, puisque, ayant aimé et connu la liberté, il
a pu écrire le *Prince;* mais si vous écartez cette comparaison
vous ne pouvez méconnaître dans les *Discours sur Tite-Live*
un noble écho des maximes fières de l'antiquité. Ce n'est plus
un observateur froid et corrompu, c'est un citoyen qui parle,
un tribun du peuple : sous l'empire de cette passion vraie et
élevée, la parole de Machiavel s'élève à son tour, et l'on reconnaît l'homme qui écrivait à un ami ces mâles et éloquentes
paroles : « Le soir venu, j'entre dans mon cabinet;... je mets
mes habits de ville et de cour, et vêtu convenablement, j'entre
dans les anciennes cours des hommes antiques. Reçu d'eux
avec bienveillance, je me repais de cette nourriture qui seule
me convient, et pour laquelle je suis né. Je ne rougis donc
point de m'entretenir avec eux, et de les interroger sur les
motifs de leurs actions. Ils ont assez de bonté pour me répondre, et pendant quatre heures de temps, je n'éprouve aucun
ennui, j'oublie toutes mes peines, je ne crains ni la pauvreté,
ni la mort (1). »

Machiavel n'est pas un politique spéculatif. Aussi ne défend-
il pas la liberté par des raisons abstraites et philosophiques,
mais par des raisons tirées de l'expérience. L'expérience dé-

les rois disposassent à leur gré des troupes et des finances, mais
qu'ils ne pussent ordonner du reste que conformément aux lois.
(*Disc. sur T.-L.*, l. I, c. xvi). » — Machiavel avait connu la France
par ses diverses légations à la cour de France : la première en
1500, de juillet à novembre ; la deuxième en 1503, de janvier à février ; la troisième en 1510, de juin en septembre. (Voir en outre le
Tableau de la France.)

(1) Il est à regretter que ces belles paroles soient extraites de la
lettre même où il avoue qu'il a composé le *Prince*, pour plaire aux
Médicis, et en obtenir de l'emploi. Peut-être en écrivant à Vettori,
ambassadeur des Médicis à Rome, n'a-t-il voulu parler que d'un livre
qu'il savait devoir lui plaire, et il s'est tu sur les *Discours sur Tite-
Live*, où il déposait, nous aimons à le croire, ses meilleurs et ses plus
sincères sentiments.

montre, selon lui, qu'un État n'accroît sa richesse et sa puissance que sous un gouvernement libre, que l'on ne veut le bien
général que dans les États populaires, que la liberté des mariages y développe la population, que la sécurité des biens et
des personnes rend les unions plus nombreuses et plus fé-
condes. « Chaque citoyen s'empresse de s'accroître et d'acquérir
un bien qu'il est assuré de conserver; et tous, à l'envi les uns
des autres, travaillent au bien général par là même qu'ils s'occupent de leur avantage particulier... Le contraire arrive sous
le gouvernement d'un prince : le plus souvent son intérêt particulier est en opposition avec celui de l'Etat. Aussi un peuple
libre est-il asservi, le moindre mal qui puisse lui arriver, sera
d'être arrêté dans ses progrès, et de ne plus accroître ni sa
richesse, ni sa puissance, mais le plus souvent il ne va qu'en
déclinant (1). »

Machiavel ne tarit pas sur la comparaison des gouvernements libres et populaires et des gouvernemnts absolus : et il
donne sur tous les points l'avantage aux premiers. Cependant
le préjugé est en général contre le peuple et pour les princes.
D'où vient cela? « C'est que tout le monde a la liberté de dire
du mal du peuple, même au moment où il domine avec le plus
d'empire, au lieu que ce n'est qu'avec la plus grande circonspection et en tremblant qu'on parle mal d'un prince (2). »
Machiavel est plein d'admiration pour la clairvoyance et le bon
sens du peuple : « Ce n'est pas sans raison, dit-il que l'on a
appelé la voix du peuple, la voix de Dieu. On voit l'opinion
publique pronostiquer les événements d'une manière si merveilleuse qu'on dirait que le peuple est doué de la faculté
occulte de prévoir les biens et les maux (3). Il est vrai, et
Machiavel le reconnaît, que le peuple trompé par de fausses
apparences désire souvent sa propre ruine (4). C'est ce qui fait

(1) *Disc. T.-L.*, l. II, c. II.
(2) *Ibid.*, l. I, c. LVIII.
(3) *Ibid.*, ibid.
(4) *Ibid.*, l. I. c. LIII.

... entend bien des fois le peuple dans

le rapport de l'ingratitude (1). Il y a, dit-il, deux causes d'ingratitude : l'avarice ou la crainte. Le premier motif est désho-
norant. Car refuser un bienfait, pour ne point se dépouiller
soi-même, à celui qui l'a mérité et qui vous a servi, est une
faute qui n'a point d'excuse; elle est cependant très commune
chez les princes, beaucoup moins chez les peuples. La crainte
est un motif excusable d'ingratitude. Lorsqu'un personnage
s'est élevé dans l'État par de grands services, le prince doit
craindre qu'il ne lui dispute l'empire, et le peuple qu'il ne lui
ravisse la liberté : de là une cause d'ingratitude, aussi fré-
quente parmi les princes que parmi les peuples, et dont les
monarchies, comme les républiques, offrent également des
exemples. Et même, si vous considérez la République romaine,
y eut-il jamais un peuple moins ingrat que les Romains? Ils le
furent envers Scipion, mais sur l'avis du grand Caton lui-
même, qui déclara qu'une république se vante faussement
d'être libre, quand un citoyen y est redoutable aux magistrats.

Pour la fidélité aux alliances, elle est mieux observée par
les républiques que par les monarques (2). Le plus petit intérêt
décide souvent un prince à manquer aux traités : en général une
république dont les mouvements sont plus lents, s'y résout plus
difficilement : il lui faut de fortes raisons pour cela, et même
les plus fortes ne l'y déterminent pas toujours, comme le
prouve l'exemple de Thémistocle dans l'assemblée d'Athènes.

Machiavel reconnaît encore deux avantages aux républiques
sur la monarchie. Le premier, c'est de fournir par son système
électif une succession de grands hommes qui maintiennent
l'État, tandis que dans les gouvernements héréditaires, un ou
deux princes faibles et méchants suffisent pour tout détruire :
« S'il suffit, dit-il, de deux hommes de talent et de courage
pour conquérir le monde, comme prouve l'exemple de Philippe
et d'Alexandre, que ne doit pas faire une république qui, par
le mode des élections, peut se donner non-seulement deux

(1) *Ibid.*, ib. xxix et xxx.
(2) *Ibid.*, l. I, c. lix.

hommes de génie, mais des successions de pareils hommes à l'infini? Or, toute république bien constituée doit produire une pareille succession (1) ». Le second avantage des républiques sur les monarchies, c'est la facilité de se plier aux changements des temps, grâce à la variété et à la différence de génie de leurs citoyens (2). Un homme change difficilement son système de conduite : d'abord, parce qu'on résiste rarement à la pente de son naturel, et en second lieu, parce que, si l'on a réussi par un moyen, on croit qu'on réussira toujours en continuant à l'employer. Mais il faut changer de méthode avec les temps : c'est l'avantage des républiques.

La conclusion politique de cette comparaison, c'est que les princes valent mieux pour fonder, les républiques pour conserver et agrandir (3). Pour fonder, il faut être seul ; l'unité de pouvoir est indispensable pour établir une constitution et des lois fondamentales. Mais la liberté est nécessaire pour conserver et agrandir. Un prince peut détruire ce qu'un prince a élevé. Mais pour qu'une république laisse périr les institutions qu'elle a adoptées, il faut un accord de volontés difficile à obtenir. De plus la liberté donne aux peuples l'élan, le courage et l'amour de la patrie. De là les merveilles qu'ont accomplies les républiques de l'antiquité, Athènes, Rome, une fois débarrassées de la tyrannie.

Il y a beaucoup de vérité sans doute dans cette discussion : cependant, elle n'est pas à l'abri de toute objection. Cette méthode n'est pas rigoureuse : à des exemples on peut opposer des exemples, et des généralités à des généralités. Par exemple, lorsque Machiavel affirme que les peuples sont plus persistants dans leurs idées que les monarques, on peut lui demander s'il n'y a pas dans les monarchies autant et quelquefois plus de traditions que dans les républiques. La monarchie française, pour en citer une que Machiavel connaissait bien, et

(1) *Ibid.*, ib., c. xx.
(2) *Ibid.*, l. III, c. ix.
(3) L. I, c. ix et lviii.

dont il savait apprécier la politique, a montré pendant plusieurs
siècles une suite d'idées comparable à la tenacité du sénat
romain. Il est d'ailleurs bien difficile de mesurer et de peser
le nombre de fautes commises dans les différentes espèces de
gouvernements. Il manque donc quelque chose à la démonstration de Machiavel, c'est la supériorité morale des gouvernements libres sur ceux qui ne le sont pas. A égal mérite, l'un
vaut mieux que l'autre, par cela seul qu'il est libre. Ce n'est
pas à dire qu'il n'y ait pas des gouvernements absolus qui
soient préférables à des gouvernements libres, si les uns sont
raisonnables, et si les autres ne le sont pas. Ce n'est pas à dire
encore que la forme républicaine soit essentielle à la liberté,
ou le despotisme à la forme monarchique : il y a des républiques tyranniques, comme celle de Venise et celle de 93, et
il y a des monarchies libérales, comme celle de l'Angleterre.
Enfin si l'on voulait traiter à fond la question soulevée par
Machiavel, il faudrait entrer dans beaucoup de distinctions et
de nuances. qu'il n'a pu connaître, parce que son expérience
était trop étroite, et s'élever à des principes qui manquent
totalement à sa philosophie.

Quoi qu'il en soit, le point essentiel pour nous, c'est que dans
cette discussion Machiavel a une opinion : il est pour la liberté
et pour le peuple, contre le despotisme et contre les princes.
Il est plutôt partial qu'indifférent. Il cherche à prouver que la
liberté est bonne, que le peuple vaut mieux que les princes, la
forme populaire que la forme monarchique. Ce n'est pas seulement un observateur qui constate, un empirique qui donne des
préceptes; c'est un républicain, c'est un homme qui a une préférence, une passion juste ou injuste. C'est là une différence
essentielle entre les *Discours sur Tite-Live*, et le livre du
Prince, et sur ce point Rousseau a raison. Dans le *Prince*, en
effet, il dit bien comment il faut s'y prendre pour être un
tyran, mais non pas qu'il soit bon d'être un tyran, il n'a pas
même un mot d'éloge en faveur de la tyrannie; il lui fait la leçon,
sans l'aimer, sans l'approuver, sans la condamner; il admire

l'art dans un grand tyran, César Borgia ; il le donne comme modèle à ceux qui voudront l'imiter ; mais rien de plus. Dans les *Discours sur Tite-Live*, il plaide une cause, celle des bons peuples : Dans le *Prince*, il endoctrine les mauvais monarques. Je le crois sincère de part et d'autre, en ce sens qu'il admirait sincèrement un tyran habile, et croyait sincèrement aux moyens qu'il donnait de l'imiter. Mais dans les *Discours* il est passionné, et dans le *Prince* il est indifférent. Différence importante qui explique l'erreur de Rousseau, et qui nous fait faire un pas dans l'appréciation de Machiavel.

C'est ici le lieu de revenir sur les doctrines politiques du *Prince*, dont nous n'avons examiné encore que les doctrines morales. Si l'on ne consultait que le titre du livre, on pourrait croire que c'est un traité sur la monarchie. Mais on voit dès les premiers chapitres que l'auteur retranche une partie considérable, et la plus importante du sujet ; les monarchies héréditaires. Il ne s'agit pas de rechercher les principes et les règles du gouvernement dans une grande monarchie telle que celle de France ou d'Espagne. Le seul problème traité est celui-ci : comment s'établir ou se maintenir dans une principauté nouvelle ? Question pleine d'intérêt pour l'Italie du xv* siècle, qui ne se composait guère que de deux sortes d'États : 1° d'États soumis à des princes nouveaux, qui chaque jour naissaient, succombaient, renaissaient, tels que les Médicis, les Sforze, les Borgia, et d'autres beaucoup moins célèbres : car les mêmes révolutions avaient lieu jusque dans les plus petites cités, Machiavel en donne de nombreux exemples ; 2° de provinces conquises, perdues, reconquises, disputées entre les souverains étrangers et les souverains du pays, telles que le Milanais et le royaume de Naples. De là deux problèmes : 1° Comment conserver des provinces conquises et ajoutées à un Etat ancien ? 2° Comment s'établir et se maintenir dans une souveraineté toute nouvelle ? Machiavel traite ces deux problèmes, particulièrement le second.

Rien ne témoigne mieux des changements d'idées et des

changements politiques, qui s'étaient introduits en Italie du XIIIᵉ au XVᵉ siècle, que la comparaison du *Prince*, de Machiavel, et du *De monarchia*, de Dante, ouvrages composés l'un et l'autre par un Italien, par un Florentin, et, à ce qu'il semble, sur le même sujet. Je ne parle pas de la différence des méthodes : d'une part la méthode syllogistique, de l'autre la méthode expérimentale ; ici l'autorité d'Aristote, là l'autorité de l'histoire et des peuples contemporains. Mais, sur le fond, quelle différence plus profonde encore ! Dante plaide la cause d'une monarchie universelle, éternelle, de droit divin, qu'il prétend s'être perpétuée sans interruption des empereurs romains aux empereurs d'Allemagne : et cette monarchie de l'Empire, il l'oppose à une autre monarchie, celle de l'Église, réclamant pour la première la souveraineté temporelle, et ne réservant à la seconde que la souveraineté spirituelle. Au temps de Machiavel, tout a changé de face ; tout s'est morcelé, brisé. Au lieu de ce grand rêve de l'empire romain, trois ou quatre grandes monarchies et, en Italie, une infinité de petites principautés, plus ou moins fragiles, victimes des révolutions, des usurpations, des conquêtes, entre lesquelles la papauté, déchue elle-même de ses prétentions à la monarchie universelle, n'aspirait plus qu'à se faire une place, un territoire, et à lutter de prépondérance avec la république de Venise ou de Florence, et le duché de Milan. Dans le *Prince*, expression fidèle de cette époque, pas un mot d'allusion à ces prétentions de monarchie universelle, à ces rivalités de l'Église et de l'Empire, ces grands problèmes du moyen âge, remplacés maintenant par ce problème unique : Comment un prince doit-il s'y prendre pour usurper et conserver le pouvoir dans un État particulier ?

Quoique ce problème paraisse surtout inspiré à Machiavel par l'histoire de son temps, il soulève une question bien plus générale, celle de l'origine des gouvernements princiers. A quelle condition une monarchie est-elle légitime ? C'est ce que Machiavel n'entreprend pas d'examiner. Il ne cherche pas

quels sont les moyens justes et bons de s'élever au pouvoir
et de s'y maintenir, mais seulement quels sont ceux qui
réussissent le mieux, et quelles sont les chances de chacun
d'eux.

Les politiques anciens distinguaient deux origines du pouvoir royal : la violence ou le consentement du peuple. Ils
appelaient du nom de tyrannie le pouvoir conquis par la
force, et réservaient le nom de royauté à celui qu'accompagnait le suffrage populaire, et qui se transmettait par l'hérédité. Machiavel reconnaît bien ces différentes origines, mais
il n'y attache pas les mêmes idées. Il distingue d'abord deux
manières d'arriver à la souveraineté : les talents et le courage,
ou bien la fortune et les secours d'autrui (1). Comme exemples
du premier cas, il cite les grands fondateurs d'empires : Moïse,
Cyrus, Thésée, Romulus. Comme exemple du second cas, il
cite particulièrement César Borgia, et c'est là que se place
l'apologie de ce prince, donné comme modèle à tous ceux
« qui, par fortune ou par les armes d'autrui, sont arrivés à
la souveraineté ». Il discute les avantages, mais non le droit
de ces divers moyens d'élévation. Dans le premier cas, il est
vrai, il ne cite que de grands hommes, et des fondateurs
d'empires ; mais il rapporte tout l'honneur à leur habileté et
à leur courage, et ne fait pas mention des grandes choses
qu'ils ont faites. Délivrer les Hébreux du joug des Égyptiens,
et les conduire à travers mille dangers jusqu'à la terre promise, affranchir les Perses de la servitude et fonder un grand
empire, rassembler des bourgades éparses en une seule cité
et lui donner des institutions et des lois, subjuguer un peuple
de bandits, et fonder un peuple de conquérants, d'aussi
grandes entreprises élèvent Moïse, Cyrus, Romulus, Thésée,
au-dessus des princes ordinaires, et la souveraineté se trouve
justifiée en eux, d'une part par la volonté des sujets, et de
l'autre par la grandeur des résultats. Pour Machiavel, il n'y

(1) *Le Prince*, c. VI et VII.

voit autre chose que l'art de conquérir la souveraineté et de
la conserver. Il admire ces grands hommes, comme il admi-
rerait des usurpateurs habiles.

Machiavel fait une seconde distinction. Il distingue encore
deux moyens de s'élever à la souveraineté : le crime et le
consentement des citoyens (1). N'était-ce pas le cas ou jamais
de distinguer le pouvoir légitime de celui qui ne l'est pas, et
d'établir enfin quelques degrés de justice dans l'origine du
gouvernement ? Voyons comme il parle de ces deux manières
de s'élever : « Je vais citer deux exemples du premier moyen,
l'un ancien, l'autre moderne, *sans entrer dans l'examen de
ce qu'ils ont de juste ou d'injuste*, je pense qu'ils suffiront à
ceux qui *désireraient* les imiter, si l'occasion les y forçait. »
Ainsi il n'est jamais question du droit qui fait qu'un pouvoir
est légitime, mais uniquement des moyens de l'établir.

Quant au second moyen, c'est-à-dire le consentement des
sujets, voici comment il s'exprime : « Mais pour en venir à
un autre point, on peut devenir prince de son pays par la
faveur de ses concitoyens et sans employer la violence et la
trahison. C'est ce que j'appellerai principauté civile. Il n'est
pas nécessaire pour y arriver d'avoir un mérite rare, ni
un bonheur extraordinaire, mais seulement une heureuse
astuce (2). » Ainsi non seulement Machiavel ne fait pas remarquer le caractère légitime de cette élévation par le consentement populaire, mais il le corrompt et l'altère, en le rapportant à l'astuce. Ce n'est plus alors qu'un mode d'usurpation
comme les autres, plus commode, moins cruel, mais aussi
peu louable : ce n'est plus un sage, un citoyen honnête,
appelé par la faveur de ses concitoyens à leur donner des
lois, un Solon, un Timoléon : c'est un tyran habile qui asser-
vit ses concitoyens avec adresse, au lieu de les opprimer avec
cruauté, un Pisistrate, un Cromwell.

On a essayé d'expliquer d'une manière assez favorable à

(1) *Le Prince* c. VIII.
(2) *Ibid.*, c. IX.

Machiavel la théorie du *Prince*. S'il consent à mettre entre les mains d'un homme tous les pouvoirs, c'est que, voyant l'état d'anarchie de son temps, il a cru à la nécessité d'un pouvoir fort, qui maintînt partout la justice civile et l'égalité. Il aurait renoncé à la liberté, parce qu'elle ne produisait que la discorde, et il demandait au despotisme la sécurité et la grandeur de l'État. En un mot, la théorie de Machiavel ne serait autre que celle qu'ont mise en pratique, parmi nous, les Philippe le Bel, les Louis XI, les Richelieu ; et, quoique ces grands politiques sont fort loin d'être irréprochables, on ne peut nier qu'ils n'aient été très utiles au pays, et qu'ils ne l'aient servi avec éclat. Ainsi entendue, la politique de Machiavel, fort répréhensible sans doute quant à la morale, n'en aurait pas moins un véritable cachet de grandeur.

Quoique cette explication soit assez spécieuse et ne soit pas sans vérité, nous la croyons encore beaucoup trop complaisante : c'est attribuer au *Prince* beaucoup plus d'étendue et de profondeur qu'il n'en a réellement. On trouve bien à la vérité quelques indications d'une telle doctrine dans les *Discours sur Tite-Live* ; mais dans le *Prince* il n'y en a pas trace. Dans les *Discours sur Tite-Live*, Machiavel justifie les crimes politiques par le bien public ; par exemple, lorsqu'il excuse le meurtre de Rémus, il dit expressément que ce meurtre ne doit pas autoriser tout homme à agir ainsi pour s'élever au pouvoir : ce qui couvre la faute de Romulus, c'est la grandeur du résultat ; c'est la fondation d'un empire. Si Cléomène massacre les éphores de Sparte, c'est pour rétablir les lois de Lycurgue ; c'est donc pour faire une grande réforme. Il parle encore de s'emparer du pouvoir dans une république, pour y régénérer la liberté et l'égalité : en un mot, la politique des *Discours* est immorale ; mais elle a toujours un but ; et ce but, c'est la grandeur de l'État.

Dans le *Prince*, au contraire, le seul but dont il soit question, c'est la grandeur du prince. Tous les conseils que Machiavel donne sont sous cette forme : « Si le prince veut

se maintenir... » Le seul problème traité est donc de savoir
comment un pouvoir usurpé peut se conserver. Dans l'exemple
de César Borgia, l'auteur nous fait admirer tous les moyens
qu'il a employés pour mettre la fortune de son côté : la
preuve qu'il a bien agi, c'est que la Romagne lui a été fidèle
pendant un mois. Donc son seul but était de s'assurer de la
liberté de la Romagne. Quand il parle d'Agathocle, il dit qu'il
s'est fait pardonner devant Dieu et devant les hommes, parce
que sa cruauté a été bien employée. Or, qu'est-ce qu'une
cruauté bien employée ? C'est celle qui s'exerce en une seule
fois : pas un mot du bien public, ni de justice, ni d'égalité.
Il est vrai que Machiavel nous dit que César Borgia avait
établi une justice exacte sous un homme recommandable.
Mais ce n'est là, aux yeux de Machiavel, qu'un des moyens
employés par ce prince ; ce n'est point un but. Ainsi encore
Machiavel conseille au prince d'éviter la haine et le mépris,
de s'appuyer sur le peuple et non sur les grands : ces divers
moyens, quoique meilleurs que les autres, ne sont toujours
que des moyens. Le seul but est la conservation du pouvoir :
c'est là toute la politique du *Prince :* c'est trop de complaisance que d'y voir autre chose.

Si l'on ne peut voir dans le *Prince*, à quelque point de vue
qu'on se place, un livre de politique libérale, faut-il y voir au
moins un livre de politique patriotique ? Telle est la dernière
explication trouvée en faveur de Machiavel. L'objet principal
de ses pensées, a-t-on dit, était l'indépendance de l'Italie. Il
voyait l'Italie envahie de toutes parts par les étrangers, et
succombant par ses propres divisions : il crut que le seul
remède était dans l'unité, et l'unité sous une famille puissante.
Les Médicis étaient là. Machiavel compta sur eux pour sauver
son pays ; et dans l'intérêt de la patrie, il sacrifia la liberté.

Il y a encore là quelque chose de vrai, mais d'exagéré. On
ne peut refuser à Machiavel le patriotisme, comme on ne peut
lui refuser l'amour de la liberté : ces deux grandes passions
sont ses excuses et son honneur. Sans aucun doute, la ques-

tion de l'indépendance italienne l'a fortement préoccupé. Dans
la disgrâce, loin de toute affaire, dans ses lettres si vigou-
reuses à Vettori, l'ambassadeur des Médicis à Rome, il donne
les conseils les plus sages et les plus habiles pour tâcher de
nouer en Italie des ligues qui résistassent à l'étranger. Un de
ses problèmes favoris, l'un de ceux qu'il a traités avec le plus
d'amour, et où l'on peut l'admirer sans réserve, c'est la formation d'une armée nationale. Il y revient à plusieurs reprises,
et dans les *Discours sur Tite-Live* (1), et dans le *Prince* (2);
il en fait même l'objet d'un ouvrage spécial, son *Traité sur
l'art militaire*. Il combat de toutes ses forces la plaie des
mercenaires, par laquelle périssait l'Italie. Enfin, sur ce point,
il est fidèle à lui-même, il ne se dément jamais : c'est un patriote. C'est ce sentiment qui donne tant de grandeur au dernier chapitre du *Prince*. Cette invitation aux Médicis de sauver l'Italie part d'une âme convaincue, et qui était évidemment
capable de sentiments élevés. Tout cela est vrai, et l'on voit
que nous n'atténuons pas le patriotisme de Machiavel ; mais
est-ce là enfin la vraie interprétation du *Prince ?* nous ne le
pensons pas.

Il y a dans le *Prince* quelques nobles accents de patriotisme ; et en même temps le *Prince* est le manuel de la tyrannie. Il n'y a entre ces deux choses aucun lien nécessaire. J'a-
voue que Machiavel a aimé sa patrie ; mais rien ne me prouve
que ce soit pour cela qu'il ait conseillé aux princes de son
temps l'imitation de César Borgia. Qu'importe que le dernier
chapitre du *Prince* soit une exhortation en faveur de la patrie
italienne ? ce n'est là qu'une péroraison éloquente, qui ne
change rien à l'esprit du livre. Dans les chapitres vraiment
essentiels de l'ouvrage, Machiavel indique-t-il ce lien entre les
moyens qu'il propose et la fin qu'on lui prête ? Nullement.
Lorsqu'il explique lui-même le sujet de son livre, nous entre-
tient-il de l'unité et de l'indépendance de l'Italie? En aucune

(1) L. I, c. XXI, et l. II, c. XVI. XX.
(2) Le *Prince*, c. XII, XIII, XIV.

façon. Son seul objet est de nous expliquer comment on s'é-
lève, on se maintient dans une principauté nouvelle. Supposez que l'indépendance de son pays fût sa véritable préoccupation, quelle politique conseille-t-il? Massacrer les ennemis
de son pouvoir, et violer les traités. Il faut avouer que c'est là
un patriotisme peu inventif, et des moyens de délivrance assez
peu efficaces. Il est vrai qu'il a parlé de la formation d'une
armée nationale : c'est un point que nous concédons ; mais
enfin ce n'est qu'un point particulier ; et cela ne suffit point
pour changer le sens de tout l'ouvrage.

Il reste enfin, comme dernier refuge, aux partisans de
Machiavel, l'opposition des doctrines politiques dans les *Dis--
cours*, et dans le *Prince*, les unes libérales, les autres favorables à la tyrannie. Un même homme, dit-on, peut-il avoir
soutenu à la fois le pour et le contre? Il faut donc que le
Prince soit une feinte. Mais un esprit difficile, et disposé à la
méfiance envers la nature humaine, méfiance dont Machiavel
n'aurait pas le droit de se plaindre, puisqu'elle est le principe de ses écrits, un tel esprit ne pourrait-il pas demander
s'il y a plus de sincérité dans les *Discours sur Tite-Live* que
dans le livre du *Prince?* Sans pousser la sévérité jusqu'au
point où elle deviendrait injustice, on peut dire que Machiavel
est avant tout un publiciste empirique (1), qui ne s'intéresse
qu'aux moyens. Comment se saisir du pouvoir ? Comment le
conserver? Comment établir la liberté ? Comment la maintenir ? Comment agrandir un État ? Comment le défendre ? Tels
sont les problèmes qui le séduisent, et dans la solution desquels il déploie une finesse et une profondeur sans égales. Il

(1) Dans son article sur Machiavel, Macaulay lui sacrifie impitoyablement Montesquieu, par ce motif que Machiavel n'a jamais
cherché que la vérité, et que Montesquieu n'a cherché que l'effet.
Il oublie une différence profonde; c'est que Machiavel n'a donné
que des *préceptes*, et que Montesquieu a cherché des *lois*. La politique de l'un ne s'élève pas au-dessus de l'empirisme; celle de l'autre
essaie de devenir une science. C'est pourquoi Aug. Comte considère
avec raison Montesquieu comme un des fondateurs de la science
sociale. Il n'en dit pas autant de Machiavel.

serait très injuste de vouloir mesurer son génie à l'analyse que nous avons donnée de ses doctrines. Car, nous n'avons pu résumer que les idées générales qui sont fausses, et nous avons dû laisser de côté les idées particulières, qui sont les plus nombreuses, et où il déploie toute sa force. C'est par là qu'il plaît aux politiques. Il leur donne des maximes *utiles*, et c'est ce qu'ils goûtent le mieux : « Tout homme qui connaît le monde, dit Macaulay, dans l'article déjà cité, sait qu'ordinairement il n'y a rien de plus inutile qu'une maxime générale... Mais les préceptes de Machiavel sont dans une catégorie très différente ; et c'est selon nous en faire le plus grand éloge, que de dire qu'ils peuvent être d'une utilité incontestable dans beaucoup de circonstances de la vie réelle. »

L'originalité philosophique de Machiavel consiste à avoir introduit dans la politique ce que l'on peut apppeler la logique pratique, c'est-à-dire la méthode même avec laquelle on juge dans la vie les hommes et les événements. Cette méthode s'arrête-t-elle à la superficie, elle est le bon sens ; va-t-elle plus loin, elle est la pénétration ; va-t-elle jusqu'aux causes les plus cachées, elle est la profondeur. En général elle est un raisonnement rapide, qui conclut de ce qu'elle voit à ce qu'elle ne voit pas, à l'aide de la comparaison et de l'analogie. C'est une induction, mais une induction qui s'ignore, qui ne se soumet point à des règles, qui ne connaît pas les lenteurs de la méthode scientifique : car, dans la vie, il faut juger vite, et l'on se passe d'une parfaite exactitude pour atteindre plus tôt à l'à peu près. Or, jusqu'au temps de Machiavel, la politique, comme la morale, avait toujours été traitée par la logique des écoles, logique pleine d'embarras, d'inutilités, de distinctions artificielles, et à laquelle manquaient absolument le suc et le nerf de la réalité. Machiavel rendit à la politique le même service que Dante à la poésie : il la traduisit en langue vulgaire. Le premier, il traita de la politique réelle, et substitua l'étude et l'analyse des faits à la discussion des textes, et à l'argumentation *a priori*.

La méthode de Machiavel avait les avantages et les inconvénients de cette sorte de logique, qui juge plus qu'elle ne raisonne, et qui devine plus qu'elle n'observe. Elle considère plutôt ce qui est, que ce qui doit être : elle prend pour règle l'exemple et l'usage, plus que la conscience, et s'intéresse plus au choix des moyens employés pour obtenir un résultat, qu'à la valeur morale du but poursuivi. C'est là une des causes de l'immoralité que nous avons relevée dans Machiavel. Il parlait et il raisonnait comme le vulgaire, avec plus de profondeur, mais non avec plus de hauteur et de pureté morale. On le comprend d'ailleurs, lorsque le bon sens pratique, lorsque la logique familière commence à se sentir assez forte pour évincer et remplacer la logique de convention, elle écarte comme un joug toutes les idées de l'école ; or, les idées morales ont toujours eu pour privilège d'être défendues par l'école contre le monde. Comme elles sont plus claires à ceux qui vivent parmi les hommes, comme il est plus facile de les comprendre et de les admettre en théorie que de les pratiquer, les savants qui se font les patrons des idées morales les couvrent ainsi d'une sorte de vernis pédantesque, qui leur nuit auprès du monde ; de là vient que la logique du monde, lorsqu'elle s'émancipe du joug de l'école, s'affranchit en même temps des idées morales, et les traite volontiers avec dédain : de même que l'enfant qui pendant longtemps n'a jugé qu'à l'aide de son maître, lorsqu'il commence à sentir en lui-même la puissance de juger seul, rejette tout ce qu'on lui a appris, bon ou mauvais, et met une certaine fierté à fouler aux pieds les principes qu'il respectait le plus.

Il s'est passé, à ce qu'il semble, un phénomène analogue au XVIᵉ siècle. Jusque-là, l'esprit humain n'avait connu d'autre manière de penser que la logique de l'école. Je sais que, malgré ce joug, de grandes luttes cependant avaient eu lieu, et que des doctrines hardies s'étaient fait jour, mais toujours dans le sein de l'école, et par ceux-là seuls qui savaient manier l'instrument commun. Mais lorsque l'esprit humain sentit qu'il pouvait marcher seul, lorsque l'exemple des grands écrivains de l'antiquité eut répandu une autre manière, plus grande et plus libre, de penser et de raisonner, la politique scholastique fut renversée de fond en comble : les questions générales furent morcelées, brisées en une infinité de questions particulières ; le but disparut devant les moyens, et le droit devant le fait : la religion et la morale s'évanouirent dans un commun naufrage ; et la logique laïque, victorieuse de la logique officielle, inaugura son entrée sur la scène de la philosophie politique par le machiavélisme.

Au reste, cette révolution n'a eu lieu dans la science que parce qu'elle avait eu lieu dans les faits. L'habileté des souverains, la sagesse ou l'artifice, en un mot, l'art de tirer parti des événements par tous les moyens possibles, avait succédé à la violence ouverte qui avait été l'arme universelle du moyen âge ; à la générosité qui accompagnait parfois la violence, et à la piété naïve qui la corrigeait, les princes du xve siècle substituèrent une prudence peu scrupuleuse, qui opposait la ruse à la force, et quelquefois à la ruse elle-même. C'est l'esprit de ce temps dont les héros sont Louis XI, Ferdinand d'Aragon, Gonsalve de Cordoue, etc. C'était sans doute une application peu noble de l'intelligence, mais enfin un témoignage de l'empire nouveau et croissant de l'esprit et de la pensée dans la sphère politique. Machiavel fut l'écho de ces principes, et l'interprète de cette importante révolution.

Au reste, quoique la méthode de Machiavel soit en germe la méthode d'observation et d'expérience, on peut dire cependant qu'il ne l'a pas encore appliquée d'une manière suffisamment scientifique. Si l'on ne considère que son esprit, il en est peu qui lui soient supérieurs : c'est un génie mâle, net, plein de finesse et de fermeté, et d'une pénétration admirable. Mais sa méthode est très imparfaite. Il ne classe pas les problèmes ; il ne les subordonne pas les uns aux autres ; il tâtonne souvent dans la solution ; il ne groupe pas suffisamment les faits ; il en rassemble souvent qui ne sont pas du même ordre, qui ne prouvent pas la même chose ; enfin,

il manque tout à fait d'enchaînement. Mais il a des parties
admirablement traitées. Je citerai, par exemple, son chapitre des conspirations, où la matière est étudiée à fond,
et en parfaite connaissance de cause. C'est un chef-d'œuvre
de netteté, de vigueur, d'expérience et de réflexion.

En résumé, Machiavel a fondé la science politique moderne,
en y introduisant la liberté d'examen, l'esprit historique et
critique, la méthode d'observation. Par là, il mérite la reconnaissance de la philosophie. Mais, par malheur, la première
application qu'il a faite de cette nouvelle méthode a été une
doctrine détestable, qui a eu une trop grande part dans les
malheurs et les crimes de la politique au xvi⁰ siècle. On peut
rejeter sur son temps la faute de cette doctrine; mais il
ne faut ni la justifier, ni l'excuser. L'astuce et la violence se
font assez d'elles-mêmes leur place dans les affaires humaines,
sans qu'il soit nécessaire que la science vienne les couvrir de
sa haute autorité.

CHAPITRE II

Deux espèces de machiavélistes : les uns par la méthode, les autres par la doctrine. — Machiavélisme de méthode. Les publicistes historiens : Guichardin, Paul Paruta, Son opposition à Machiavel. — Machiavélisme de doctrine. — Sciopius : *Pœdia politices*. Justification raisonnée uu machiavélisme : opposition de la morale et de la politique. — Juste Lipse : *Les politiques*. Demi-machiavélisme : critiques et concessions. — Fra-Paolo : *Le Prince*. Machiavélisme pratique. Principe de la raison d'État. Caractère odieux de cette politique. — Gabriel Naudé. Les *Coups d'État*. Machiavélisme de cabinet. Apologie de la Saint-Barthélemy. — Demi-machiavélisme de Descartes. Sa lettre sur le *Prince*. — Décadence du machiavélisme au xviiᵉ siècle. Il va se perdre dans le despotisme. Le cardinal de Richelieu : son *testament*. Sa belle doctrine sur la fidélité aux engagements. — Réfutations de Machiavel. Anti-Machiavel de Gentillet. Médiocrité de cet ouvrage et des autres écrits du xviᵉ siècle contre Machiavel. Anti-Machiavel de Frédéric II. — Conclusion sur le machiavélisme. — Note sur la littérature du machiavélisme.

Un génie tel que Machiavel ne passe pas sans laisser de traces, et sans exercer une influence durable. Or, il nous semble que Machiavel a exercé une double influence : l'une générale, l'autre particulière. En général, il peut être considéré comme ayant déterminé toutes les recherches politiques, qui furent si nombreuses au xviᵉ siècle, et particulièrement en Italie. Il répandit le goût de ces matières; il affranchit la politique de la scholastique et de la théologie; il enseigna l'usage de l'histoire dans la politique; il excita la controverse, et ainsi fut le maître de ceux mêmes qui le combattaient. Mais outre cette influence générale, qui fut évidemment utile et heureuse, il en eut une plus particulière par ses doctrines, et on peut dire qu'il a formé une école, qui a duré tout le xvie siècle et a persisté jusqu'au siècle suivant : école composée d'écrivains divers, dont les uns atténuent, les autres exagèrent la pensée de Machiavel, et qui ont tous un dogme commun : le droit du mensonge et de la fraude en politique. On peut donc distinguer deux sortes de machiavélistes : les machiavélistes de *méthode*, et les machiavélistes de *doctrine*, la méthode et la doctrine étant d'ailleurs tantôt réunies, tantôt séparées.

Parmi les publicistes qui ont appliqué à la politique la méthode de Machiavel, c'est-à-dire la méthode historique, et que l'on peut, pour cette raison, appeler les publicistes historiens, nous en citerons trois principaux : Guichardin, le célèbre historien de Florence, Paul Paruta, historiographe de Venise, et enfin Botero, l'auteur célèbre et estimé de l'ouvrage intitulé : *Razione di Stato* (*La Raison d'État*). Ces trois écrivains ont un caractère commun : c'est de tirer la politique de l'histoire ; mais le premier appartient plus particulièrement à l'école de l'empirisme politique ; les deux autres s'élèvent plus haut, et essaient de subordonner les faits à un idéal politique plus parfait que celui qui se tire de l'expérience ; et en cela, on a pu les considérer, non sans raison, comme les adversaires de Machiavel, à l'école duquel cependant ils ont appris tout ce qu'ils savent.

Guichardin. — Les œuvres politiques de Guichardin se bornaient, jusque dans ces derniers temps, à un recueil de sentences politiques, intitulées *Ricordi politici*, publiées au xvie siècle (1). Mais une publication récente d'œuvres inédites (2) nous a mis en possession de plusieurs écrits politiques importants qui, sans changer l'idée générale que nous nous étions faite de cet auteur dans notre première édition, la complètent et la confirment. Ce sont d'abord des *Considérations relatives*

(1) La première édition donnée par Corbinelli a été publiée à Paris (1576). — La collection la plus complète était celle d'Anvers (1585) avec une traduction française. M. Cavestrini dans ses *Opere inedite* a reproduit le texte authentique.

(2) *Opere inedite di Fr. Guicciardini*, Firenze, 1857, 1858-59, par les soins de M. Cavestrini.

aux discours de Machiavel sur Tite-Live; puis ses *Ricordi,* complétés et publiés conformément au texte primitif; un traité *del Reggimento di Firenze,* et enfin les *Discorisi politici* (1).

La méthode de Guichardin est la même que celle de Machiavel : tirer de l'histoire des règles de conduite politique. C'est donc du pur empirisme; et encore plus étroit et plus exclusif que dans Machiavel. Il avertit qu'il répudie les raisonnements *à la philosophique* (2). Il reproche à Machiavel d'être encore trop abstrait, de trop souvent ériger en règle des cas particuliers (3), d'être trop absolu, de ne pas tenir assez compte des faits. Il critique un certain nombre de maximes, entre autres celle-ci : l'argent est le nerf de la guerre (4). Il combat, fort à tort, l'apologie que Machiavel a faite des armées nationales. Il combat encore son opinion sur l'empire politique de la religion chez les Romains (5); sur la division des plébéiens et des patriciens qui, selon Machiavel comme selon Montesquieu, a eté une source de prospérité pour Rome, tandis que Guichardin la considère, au contraire, comme un mal pour la République (6); sur la division de l'Italie, que Machiavel déplore en en imputant la cause principale à la papauté, et qui, selon Guichardin, a fait au contraire le bonheur et la gloire des villes italiennes, en assurant leur indépendance, leur richesse et leur grandeur intellectuelle (7).

Ce n'est pas seulement sur l'appréciation des faits historiques que porte l'opposition de Guichardin et de Machiavel; c'est encore sur la moralité politique et sur la meilleure forme de gouvernement.

(1) Pour l'analyse de ces différents écrits, nous avons consulté l'excellente et exacte monographie de M. E. Benoist (*Guichardin, historien et homme d'État,* Marseille, 1862), à laquelle nous renvoyons le lecteur.— Voir aussi Geffroy, *Une autobiographie de Guichardin, Rev. des Deux Mondes,* 1er fév., 1874.
(2) *Considérations sur Machiavel,* I, i.
(3) *Ibid.,* I, 24.
(4) II, *Proemio.*
(5) I, 11.
(6) I, 4, 6.
(7) I, 11.

Sur le premier point, Guichardin, malgré quelques concessions dans le détail, est plutôt contraire que favorable au système machiavéliste. C'est ainsi qu'il reproche à Machiavel d'être trop facile à recommander les moyens violents (1). Il n'admet pas que tous les hommes soient naturellement méchants (2), et croit qu'ils sont plutôt portés au bien. Il condamne l'emploi de la fraude comme moyen d'agrandissement (3). Néanmoins, il est bien difficile à un Italien du xviᵉ siècle d'échapper à la contagion de la politique cauteleuse, et plus ou moins corrompue, que Machiavel a compromise en la déclarant trop ouvertement, mais qui était admise universellement par l'esprit du temps; et l'on trouve encore dans les écrits de Guichardin bon nombre de maximes relâchées, sinon corrompues, par exemple, celle-ci : « Les princes, s'ils veulent tromper leurs adversaires, doivent commencer par tromper leurs propres ambassadeurs : les paroles de ceux-ci en paraîtront plus franches, et seront plus propres à inspirer la confiance » (4).

En politique proprement dite, Guichardin est encore plus opposé qu'en morale à l'auteur des *Discours sur Tite-Live*. Celui-ci, malgré le *Prince*, est au fond un républicain; et, dans la République, il est pour le parti populaire. Guichardin, au contraire, est aristocrate et inclinerait même à la monarchie. Enfin il va jusqu'à trouver des excuses à la tyrannie.

Machiavel avait montré, dans les *Discours*, la supériorité du gouvernement populaire sur le gouvernement royal. Guichardin soutient avec beaucoup de force et de précision la thèse contraire. C'est le tort du gouvernement populaire, de croire que la liberté consiste à posséder le pouvoir (5). Le peuple est un fou, plein de confusion et d'erreur (6). Il ne sait

---

(1) I, 26. « Non prendere per regola assoluta quello che dice lo scrittore, al quale sempre piacquono sopra modo i remedii estraordinarii e violenti.

(2) I, 3.

(3) II, 13.

(4) *Ricordi*, 150, 245.

(5) *Ib.*, 109.

(6) *Ib.* 335, 345.

pas comprendre les affaires dans leur ensemble; il faut les lui
diviser, et perdre le temps en petites manœuvres de parti (1).
Quand il est le maître, c'est le règne des envieux et des ignorants (2); toutes les supériorités le blessent et l'offusquent (3).
Tous les partis, quand ils sont les plus forts, se donnent l'impunité (4). Le désir des richesses et la pauvreté du plus grand
nombre sont les causes de toutes les révolutions (5). Les
espérances fondées sur le peuple sont bien vaines, parce que
les esprits ne savent pas se contenir (6). Ils veulent toujours
plus de liberté; et bientôt on tombe dans la licence, qui ramène
la tyrannie (7).

Dans ses *Dialogues sur le gouvernement de Florence*,
Guichardin, sous le nom de Bernardo del Nero, reprend et
développe cette critique des gouvernements populaires. La
liberté n'est qu'un nom; beaucoup la réclament, peu la désirent en réalité. On la confond d'ailleurs avec l'égalité; l'égalité elle-même est mal entendue : car il y en a de deux sortes :
l'une bonne, l'autre mauvaise. Dans la démocratie les charges
sont données au hasard; la justice est mal rendue; chacun se
soucie plus de contenter le peuple au point de vue des élections
que de remplir son office; la justice criminelle est sacrifiée à
la passion politique. De même pour la conduite des affaires; la
publicité des débats nuit au secret et à la rapidité de l'exécution. Les délibérations de la foule ressemblent à des consul-
tations de médecins trop nombreux. — Mais, dit-il, le gouvernement populaire s'améliorera. Oui, s'il dure ; mais peut-il
durer ? Les vieux États sont malaisés à réformer; les cités
sorties de leurs conditions de stabilité ne se rétablissent pas
aisément.

(1) *Ib.*, 197.
(2) *Ib.*, 400.
(3) *Ib.*, 365.
(4) *Ib.*, 177.
(5) *Ib.*, 241.
(6) *Ib.*, 378.
(7) *Ib.*, 188, 397.

Cette critique de l'état populaire, que nous croirions
écrite d'hier, est une des plus vives et des plus fortes que
nous présente l'histoire de la politique. Les publicistes italiens, comme les publicistes grecs, avaient fait, sur un petit
théâtre, toutes les expériences politiques. Les Florentins, en
particulier, ont admirablement connu le fort et le faible de
la démocratie; ils savaient, aussi bien que nous, que les
excès de la démocratie ont pour conséquence naturelle la
tyrannie; et quelques-uns n'étaient pas très éloignés d'accepter
ce mal pour éviter l'autre. Guichardin est de ceux-là : c'est
un partisan des Médicis, et il nous donne assez naïvement sa
théorie de l'accommodement avec l'usurpation, en temps de
révolution.

L'autorité d'un seul vaut mieux que le gouvernement de
plusieurs ou de tous (1). Qu'importe le nom de celui qui
gouverne? Si les partisans du peuple doivent être tyrans, à
quoi bon changer (2) ? Le plus sûr est de bien voir quel est
le plus fort et de se mettre de son côté (3). L'important est
de ne pas s'exposer à vivre au dehors, en banni, sans ressources, à mendier sa vie (4). Le bon citoyen peut s'accommoder avec le tyran, s'il ne dépasse pas les bornes; et même
la participation aux affaires modèrera le principe vicieux de la
Constitution (5).

Ce n'était là cependant qu'une politique de circonstance.
Dans le fond, comme la plupart des bons citoyens, Guichardin
aurait voulu trouver un moyen terme entre la tyrannie des
Médicis et le gouvernement populaire. Ce qu'il désire, ce qu'il
cherche à établir dans son livre *del Reggimento di Firenze*,
c'est ce qu'il appelle une liberté honnête (6). Le meilleur

(1) *Opere inedite*, t, II, p. 14.
(2) *Ricordi*, 276.
(3) *Ib.*, 174, 176. Mot bien reproché à Guichardin par ses adversaires. (*Voy. Pitti, Apol. de Capucci*, Archivio storico, t. IV, p. 363).
(4) *Ib.*, 379.
(5) *Ib.*, 98-103, 120, 224, 228, 301, etc.
(6) *Proemio*.

gouvernement serait celui des *ottimati*, c'est-à-dire des grandes familles; et il est évident que Guichardin rêve pour sa patrie une constitution analogue à celle de Venise, qui était alors à Florence, pour les ennemis de la démocratie, ce qu'était Sparte à Athènes. Mais les mœurs et les traditions florentines s'opposaient à l'importation totale de la constitution vénitienne. Ce que propose Guichardin, c'est de s'en rapprocher le plus possible par d'habiles combinaisons. C'est ainsi qu'il demande la nomination d'un gonfalonnier à vie, ce qui rapprochera cette fonction de celle de doge. Il confère la plus grande autorité à un *Sénat*, correspondant à la *pregadi* de Venise, et dans ce Sénat à une commission de dix membres, renouvelée tous les six mois, et rappelant la *junte* vénitienne. Sans entrer dans le détail de ce plan, on voit que la pensée de Guichardin était de transformer la tyrannie princière des Médicis en une république aristocratique.

PARUTA. — En politique, comme en peinture, il y eut au xvıᵉ siècle deux écoles opposées : l'école florentine et l'école vénitienne. C'étaient en effet les plus grandes républiques de la Péninsule; et la science politique trouvait dans l'une comme dans l'autre une riche et profonde matière d'observations. Machiavel est le plus illustre des politiques de Florence; Paul Paruta, bien inférieur mais encore très distingué, est le maître des politiques vénitiens.

Paul Paruta a consacré à la science politique deux écrits importants : l'un théorique, l'autre pratique et historique : la *Perfection de la vie politique* (1) et les *Discours politiques*. Le premier est vraiment un traité de philosophie politique. Paruta y examine successivement : 1° la supériorité de la vie politique sur la vie contemplative; 2° les qualités nécessaires de l'homme politique; 3° la meilleure forme de l'État, pour assurer la perfection de la vie politique.

Le problème de la comparaison entre la vie contemplative et

(1) Paruta, *Opere politiche*, Firenze, 1852; voyez sur cet écrivain le travail précis et élégant de M. Alf. Mézières, Paris, 1853.

la vie politique remonte, on le sait, jusqu'à Aristote (1). Ce grand esprit, si partisan de l'action, que le mot même d'*acte* est comme le résumé de toute sa philosophie, avait cependant donné la préférence à la vie contemplative sur la vie active et politique, .par cette raison que la contemplation elle-même est une action, et la plus parfaite des actions, puisqu'elle n'a besoin de rien d'extérieur et qu'elle est complète en elle-même. Cette théorie avait été adoptée, bien entendu, par la théologie du moyen âge, et consacrée par la haute autorité de saint Thomas d'Aquin. Paruta attaquait donc une opinion protégée par la double tradition de l'Église et de la philosophie, en donnant la préférence à la vie active. Sans doute, les spéculations, dit-il, satisfont l'un des plus nobles besoins de la nature. Mais l'homme n'est pas un pur esprit. Il est composé d'une âme et d'un corps. Les philosophes ne s'occupent que de l'âme ; mais ils nous demandent une perfection au-dessus de nos forces. La vie active et politique, au contraire, sans s'assujettir au corps, nous apprend à le diriger et à faire usage de toutes nos facultés. Elle convient donc mieux à nos facultés imparfaites que la vie spéculative qui suppose une sorte de perfection divine. D'ailleurs nous sommes faits pour la société : c'est un des instincts de notre nature ; et chacun de nous doit apporter à la cité sa part de travail. Si tous les citoyens d'un État disaient, comme Anaxagore, qu'ils n'ont d'autre patrie que la cité céleste, que deviendrait cet État ? Sans doute la vie politique ne procure pas un bonheur parfait ; mais la vie spéculative est-elle plus heureuse ? Que d'erreurs et de contradictions parmi les philosophes ! L'un place le bonheur dans un objet, l'autre dans un autre. La connaissance absolue de la divinité et la possession complète du souverain bien nous est interdite ; tandis que nous pouvons atteindre dans une certaine mesure l'objet de la vie politique. Un ouvrier qui exerce parfaitement un métier, quel qu'il soit, vaut mieux que celui qui en exerce un plus noble, mais médiocrement.

(1) Voyez t. I, ch. III.

Cette apologie de la vie active est un des points nouveaux
et saillants de la politique de Paruta (1). Nous n'en dirons pas
autant du tableau qu'il nous fait des qualités de l'homme politique, qui remplit tout le livre II de son ouvrage. Ce tableau
n'a rien qui le distingue particulièrement de toutes les des-
criptions analogues que l'on trouve dans les écrivains de son
temps.

Ce qui mérite plus d'attention, c'est l'idéal politique de Paul
Paruta, qui ne pouvait guère être autre chose chez un Vénitien
que le gouvernement de son pays. Au reste, nous avons déjà
fait observer que Venise paraissait alors, à l'égard de Florence,
ce que Sparte avait été autrefois à l'égard d'Athènes ; ce que fut
plus tard l'Angleterre, par rapport à la France. Tandis que les
États démocratiques présentent le spectacle de perpétuelles
révolutions et d'oscillations incessantes entre la tyrannie et
l'anarchie, les États aristocratiques, au contraire, plus solides
et mieux constitués, résistent plus longtemps aux causes intérieures ou extérieures de destruction, et garantissent plus
sûrement le repos des citoyens et l'indépendance de l'État. Tel
était alors le prestige dont jouissait Venise aux yeux des publicistes (2). La décadence qui commençait déjà n'était pas encore
devenue sensible aux regards : on ne voyait que la majes-
tueuse stabilité des institutions vénitiennes, au milieu des
changements que subissaient les anciennes cités rivales, soit
par leurs dissensions intestines, soit par les invasions étrangères. Paruta n'est que l'organe de cette opinion générale,
dont nous avons déjà vu quelques traces dans Guichardin, en
présentant le gouvernement vénitien comme le modèle des
gouvernements.

(1) C'est ce qui avait frappé les contemporains. « On avait remarqué, dit M. A. Mézières (p. 35), que c'était là une des idées favorites
de Paruta. Ainsi dans les *Nouvelles du Parnasse*, Boccalini le charge
de défendre devant Apollon la vie active contre Piccolomini qui se
fait l'avocat de la vie contemplative, » Boccalini *Ragguadi di Parnasso*,
ant. 121, ragg. 33. »

(2) De nombreux écrits furent alors publiés sur les lois et la constitution de Venise.

Comme Polybe, comme Cicéron, comme Tacite, comme Machiavel, Paruta préfère les gouvernements mixtes aux gouvernements simples, et pour lui le meilleur système n'est ni la monarchie, ni la démocratie, ni l'aristocratie, mais la combinaison et la conciliation de ces trois formes, c'est-à-dire le système où le prince, les grands et le peuple, prenant une part égale aux affaires, ne peuvent être opprimés les uns par les autres. Or, cet idéal du gouvernement mixte, Paruta prétend le retrouver dans le gouvernement de Venise. Il y découvre les trois éléments essentiels de tout État. Le doge, dont le pouvoir est à vie, représente la majesté royale : c'est en son nom que paraissent les principaux décrets. Le Sénat, le Conseil des Dix, le Collège, forment la partie aristocratique de la Constitution; tandis que, d'autre part, le grand Conseil où se réunissent tous les citoyens, et qui a le pouvoir de créer les magistrats et de faire les lois relatives à la forme du gouvernement, représente l'élément populaire. « La constitution vénitienne, avait dit déjà Gianotti avant Paruta, ressemble à une pyramide dont le grand Conseil forme la base, celui des Dix et le Collège le milieu, et le doge, le sommet. » On a signalé avec raison l'illusion, volontaire ou non, dans laquelle est tombé Paruta, en présentant la constitution de Venise comme une constitution mixte, tandis qu'elle appartenait exclusivement à l'aristocratie. Le pouvoir du doge, en effet, était très limité, et celui du grand Conseil presque fictif. Toute la souveraineté était concentrée dans le Conseil des Dix, c'est-à-dire dans une oligarchie jalouse et égoïste, l'une des plus tyranniques dont l'histoire ait conservé le souvenir.

Les *Discours politiques* de Paruta font partie de cette classe d'écrits dont Machiavel avait donné le modèle dans les *Discours sur Tite-Live*, et qui appartiennent en partie à la politique et en partie à l'histoire. C'est un des ouvrages qui ont ouvert la voie à Montesquieu dans ses *Considérations sur les Romains*, et l'on prétend même, nous nous permettons d'en douter, qu'il en a tiré quelques idées. Paruta, comme Machiavel, comme

Guichardin, applique aux événements de l'histoire romaine son esprit de réflexion et de généralisation ; et sur la plupart des points, il se sépare de Machiavel. Nous signalerons surtout ce qu'il dit du gouvernement romain. Il est ici en opposition et avec Polybe et avec Machiavel, qui, l'un et l'autre, avaient trouvé dans la constitution romaine un modèle de gouvernement mixte (1). Les consuls représentaient, disaient-ils, l'élément monarchique ; le sénat, l'aristocratie ; les assemblées du peuple, l'élément populaire. Paruta fait observer avec raison que l'harmonie de ces trois éléments n'a jamais existé véritablement ; que les consuls étaient bien loin d'avoir un pouvoir que l'on pût appeler monarchique, que les nobles ont été dès l'origine obligés de faire des concessions au peuple ; en un mot, que ce qui domina à Rome, c'est l'élément populaire. Ce qui le prouve, dit-il, c'est qu'elle a fini par tomber dans la tyrannie, qui, de l'avis de tous les publicistes, sort le plus ordinairement de la démocratie. A la constitution de Rome, Paruta préfère celle de Sparte, dans laquelle il trouve un plus juste équilibre entre les pouvoirs, parce que les nobles s'y étaient réservé le pouvoir, pouvoir compensé, dit-il, par l'égalité des biens. L'aristocratie y était plus puissante, et le peuple moins pauvre, tandis qu'à Rome les deux ordres étaient toujours en lutte, l'un par le désir du pouvoir, l'autre par la crainte de la misère.

Ainsi Paruta, comme Guichardin, se sépare de Machiavel par la prédominance exclusive de l'esprit aristocratique. Il s'en sépare aussi par un sentiment plus élevé de moralité politique ; non pas qu'il le combatte directement, et qu'il doive être rangé parmi ses adversaires ; non, car il fait à peine quelques rares allusions aux doctrines machiavéliques. Mais, soit par conviction, soit par convenance, il tient l'honnêteté pour la loi de la politique, et impose à l'homme d'État l'obligation de toutes les vertus. Ce fut une des grandes causes du succès de son livre (2). Il répondait, dit M. A. Mézières, à un besoin général

(1) Voir t. I, l. I, c. iv, p. 273, et t. II, l. III, c. i, p. 38.
(2) 1579. Tous les contemporains sont d'accord pour admirer le

des esprits honnêtes en Italie. Ce plaidoyer en faveur de la
morale semblait une protestation contre les doctrines de Machiavel, et relevait à l'étranger la réputation des Italiens... S'ils
se laissaient attribuer volontiers le génie de la politique, s'ils
revendiquaient la gloire de Machiavel, ils auraient aussi voulu
dégager ce qui s'y mêlait d'odieux. Le livre de Paruta servait
merveilleusement ce penchant de ses compatriotes. L'Italie se
réhabilitait à ses propres yeux (1). »

Paruta n'est pas le seul écrivain politique dont le nom ait
rivalisé alors avec celui de Machiavel, et qui ait essayé, ainsi
que celui-ci, de traiter la politique comme une science. On peut
citer un grand nombre de noms, parmi lesquels nous signalerons, sans y insister, le célèbre Botero, dont le principal
ouvrage, la *Raison d'État* (*Ragione di stato*, 1589), est compté
au nombre des meilleurs écrits politiques de ce siècle. Ginguené, dans son *Histoire littéraire de l'Italie*, donne une
analyse détaillée des vues politiques de Botero, d'après ses
différents ouvrages (2). Nous y renvoyons le lecteur, ne pouvant pas, dans ce vaste répertoire d'idées, faire une part à
tous les noms qui se présentent à nous.

Nous venons de signaler dans quelques-uns de ses principaux
représentants le mouvement de politique scientifique provoqué
en Italie par Machiavel, et dont le principal caractère est la
méthode historique et l'analyse des constitutions. Nous avons
maintenant à considérer le machiavélisme comme une doctrine

---

livre de Paruta; on l'appelle « le grand Paruta » (*Gionale dei litterati
d'Italia*, t. XXXI, p. 459). Voir sur ces témoignages d'admiration,
Mézières, p. 51.

(1) Mézières, p. 51.

(2) Ginguené, *Hist. litt.* t. III. Nous devons dire que Hallam
(t. II, c. IV) reproche à Ginguené de n'avoir pas lu Botero et de lui avoir
prêté des qualités qu'il n'avait pas, par exemple, l'esprit de tolérance.
Botero en effet justifie la Sainte-Barthélemy et reproche au duc d'Albe
de n'avoir pas fait disparaître secrètement Egmont et le comte de
Horn. — Il existe deux traductions françaises du livre de Botero :
1° l'une de G. Chappuis, sous ce titre : *Raison et gouvernement d'État* ;
Paris, 1699, in-8; 2° l'autre de Pierre Deymier sous ce titre : *Maximes
d'État militaires et politiques*; Paris 1606, in-12.

spéciale, consistant dans l'indifférence morale en politique.
Cette doctrine eut, au xvi° siècle, de nombreux partisans et de
nombreux adversaires. Signalons les différentes phases de
cette lutte, qui s'est terminée par la défaite du machiavélisme,
et à l'honneur de la conscience humaine.

SCIOPPIUS. — Le premier écrit qui puisse être signalé comme
une apologie systématique du machiavélisme, et en même
temps un des livres politiques les plus curieux de cette époque,
est le *Pædia politices*, de Scioppius ou Schoppe, qui, s'il faut
en croire Conring (1), ne fut amené à défendre Machiavel que
par sa haine contre les jésuites. Il est très vrai que les jésuites
furent des plus vifs dans la polémique qui s'éleva de toutes
parts, au xvi° siècle, contre Machiavel, polémique qui faisait
dire à Juste Lipse : « De quelle main n'est pas frappé aujour-
d'hui ce pauvre misérable! » Il est permis de supposer que ce
ne sont pas les maximes relâchées de Machiavel qui avaient
soulevé les jésuites contre lui, mais bien plutôt ses assertions
hardies contre le christianisme et la cour de Rome. Quoi qu'il
en soit, c'est contre eux que Scioppius essaie de le défendre ;
et il faut avouer d'ailleurs que les déclamations banales et
fastidieuses auxquelles se livraient les adversaires de Machiavel, avaient de quoi fatiguer un esprit net et pénétrant comme
était Scioppius. Le point précis de la question était sans cesse
négligé et ignoré : on opposait à Machiavel un catéchisme ennuyeux des vertus royales, sans voir qu'il s'agissait d'un des problèmes les plus difficiles, les plus délicats de la science humaine :
celui des rapports et des différences de la morale et de la politi-

---

(1) Le *Pædia politices* a été publié par Conring (*Œuvres*, Bruns-
wick, 1730, t. III). Le même Conring, dans la traduction latine du
Prince, accompagnée de notes critiques (*ibid.*, t. II, p. 991), défend
Machiavel, à peu près par les mêmes raisons que Scioppius, tout en
relevant dans ses notes critiques les erreurs de son auteur. — Voir
notamment les notes qui accompagnent le fameux chapitre xviii sur
l'exécution des engagements — C'est ici le lieu d'ajouter que Conring
est un grand érudit politique, qui a considérablement écrit sur ces
matières, mais sans laisser de traces dans la science par l'originalité de ses idées.

que. C'est ce problème que Scioppius a posé et discuté, il faut le reconnaître, avec finesse et sagacité : c'est ce qui donne à son livre, très court d'ailleurs, une certaine valeur philosophique.

Cet ouvrage est fait avec une grande habileté. En effet, l'auteur se garde bien d'avoir l'air de défendre Machiavel ; il ne prononce pas son nom une seule fois : il n'y fait qu'une ou deux allusions très couvertes (1). Il semble ignorer qu'il s'agisse de lui. Les personnages qu'il prend sous sa défense sont Aristote et saint Thomas, comme si c'étaient eux qu'on attaquait. Mais il choisit dans leurs écrits un ou deux passages qui, séparés du reste, semblent contenir la même doctrine que celle de l'auteur du *Prince*. S'il parvient à les justifier, il aura justifié par là Machiavel lui-même. Tel est le chemin détourné, ingénieux et passablement machiavélique, choisi et suivi avec beaucoup d'adresse par le savant auteur du *Pædia politices*, c'est-à-dire de la méthode de la politique (2).

La thèse que Scioppius prétend démontrer est celle-ci : la politique est distincte de la morale ; elle a, comme la morale elle-même, ses principes propres. Introduire en politique les principes de la morale, c'est confondre les limites des sciences, c'est manquer aux lois de la méthode. On ne doit pas demander au politique qu'il juge en moraliste les faits dont il parle. Il suffit qu'il laisse entendre, à l'aide de certaines précautions, qu'il n'approuve pas ce qui est évidemment blâmable et criminel. Telle est la thèse. Voyons la démonstration.

Scioppius commence par établir que l'erreur de ses adversaires, et l'origine de leurs jugements *plébéiens*, comme il les appelle, vient de ce qu'ils ne savent pas la logique (3). La

---

(1) Est-ce de Machiavel, est-ce d'Aristote que Scioppius veut parler lorsqu'il dit : Non minor videtur iniquitas et acerbitas eorum qui *de optimo quoque et perfectissimo artis politicæ doctore* verba faciunt (*Pæd. polit.*, p. 9. Ed. de Conring, Halmerstad, 1613.

(2) Scioppius entend par *Pædia* (παιδεία), expression empruntée à Aristote, la méthode d'une science, τρόπος τῆς μεθόδου, id est *ratio, modus, via tractandi*.

(3) Voy. le titre de l'ouvrage : Pædia polit. adv. ἀπαιδευσίαν, et acerbitatem *plebeiorum* quorumdam judiciorum. Cf. *ib.*, p. 10.

logique enseigne la méthode des démonstrations. Or, en quoi
consiste la méthode d'une science? Elle consiste à n'employer
dans une science que les principes qui lui sont *propres* (οἰκεία)
et à rejeter les principes qui lui sont étrangers (ἀλλοτρία) (1).
Un principe peut être étranger de deux manières : soit par
l'espèce, soit par le lieu (*seu genere, seu loco*). Par exemple,
c'est introduire des principes étrangers par l'espèce, que de se
servir d'arguments mathématiques en physique, et, en médecine, d'arguments théologiques. C'est encore introduire des
principes étrangers par le lieu (*aliena loco*) que de dire avant
ce qui doit venir après, et réciproquement. On peut donc pécher de ces deux manières dans l'exposition d'une science, soit
en y introduisant ce qui n'y doit pas être, soit en intervertis-
sant l'ordre des principes et des idées.

Quel est maintenant l'objet de la politique? C'est ce qu'il
faut savoir pour juger des principes qui lui sont propres et de
ceux qui lui sont étrangers. « La fin de la politique, c'est le
bonheur, ou la félicité des États : c'est ce que l'on appelle
αὐταρκεία, c'est-à-dire l'abondance des choses nécessaires pour
vivre commodément. » Tel étant l'objet de la politique, il faut
qu'elle s'occupe non seulement de la meilleure forme de gouvernement possible, mais encore de la meilleure dans une situation
donnée, et même de toutes les formes de gouvernements, et
enfin des moins bonnes. Comme la médecine, qui traite de la
santé, ne s'occupe pas seulement de la santé parfaite, mais de
tous les degrés possibles de la santé, de même la politique ne
doit pas seulement s'occuper du gouvernement parfait, mais
de tous.

Il y a plus. Les politiques pensent qu'il est plus important de
s'occuper des mauvais gouvernements que des bons. Car les
bons gouvernements sont comme les bonnes santés et les bons

(1) *Ib.*, p. s. — Voir l'origine de distinction dans les *Seconds Ana-
lytiques* d'Aristote (l. I, c. IX). La démonstration d'une science par
les principes d'une autre science est un genre de sophisme qu'Aristote appelle μετάβασις ἐς ἄλλο γένος.

vaisseaux, ils se soutiennent d'eux-mêmes. Ce sont les mauvais qui ont le plus besoin de secours. Tel est l'avis de saint Thomas. « *Illæ quæ optimè ordinatæ sunt secundum rationem, multos impulsus et magnos sustinere possunt. Malè autem ordinatæ à modicis corrumpuntur, et ideo majori indigent cautela.* D'où l'on voit quelle a été l'erreur de Platon, qui ne s'est occupé que de la forme la meilleure de toutes; car sa doctrine n'a aucune utilité, les hommes étant incapables de supporter cette forme parfaite (1). Le rôle de la politique est de traiter des choses qui sont réellement utiles et praticables; et malheureusement, les mauvaises formes de gouvernement sont plus conformes à la nature humaine que les autres (2). Il résulte de ces principes, que traiter de la tyrannie, et des moyens de la conserver, c'est rester fidèle à l'objet de la politique. Ceux qui reprochent à un publiciste d'avoir parlé de la tyrannie lui reprochent d'avoir traité ce qui est *propre* à sa science (*propria*).

C'est là une première erreur; une seconde, c'est de reprocher aux publicistes de ne pas introduire dans la politique des principes qui lui sont étrangers. Par exemple, on veut que la politique traite de ce qu'il y a de honteux et de mauvais dans la tyrannie. Mais le mauvais et le honteux sont des idées qui appartiennent à la morale, et qui sont étrangers à la politique. La morale a deux parties : l'une générale, l'autre particulière, la première qui donne les principes (δόγματα, *decreta*), la seconde, les préceptes (*præcepta*). L'une est la morale dogmatique, l'autre est la parénétique. On voit par là que les censeurs de la politique la confondent absolument avec la morale. Détourner les hommes de rechercher ou de conserver la tyrannie, appartient à la morale parénétique; démontrer la honte de la tyrannie, appartient à la morale dogmatique, à qui seule il convient de discuter sur l'honnête et le honteux (3).

(1) *Ib.*, p. 16, 17.
(2) *Ib.*, p. 15.
(3) *Ib.*, p. 33,

Telle est la différence de la morale et de la politique. L'une étudie ce qui doit être, l'autre ce qui est. Cependant Scioppius reconnaît que la séparation ne peut pas être absolue, et que la politique doit faire en sorte que l'on ne tire pas de ses principes des mauvaises conséquences, et que l'on ne s'en serve pas pour faire le mal. Par conséquent, si la logique veut que la politique parle de la tyrannie comme d'un fait, sans examiner s'il est bon ou mauvais, la prudence (*methodus prudentiæ*) permet et même exige que l'on blâme la tyrannie, et que l'on en détourne les hommes. Car l'objet de la politique est le bonheur de l'État; et la tyrannie ne procure ni le bonheur de celui qui l'exerce, ni le bonheur de ceux qui la souffrent (1).

Cependant il ne faudrait pas croire, comme le veulent des censeurs maladroits, que l'étude et la description de la tyrannie, et des moyens de la conserver, ne soient d'aucune utilité pour le tyran, ni même pour les peuples. Car les politiques, et particulièrement saint Thomas, distinguent deux moyens de conservation pour la tyrannie, qu'ils appellent *intensio* et *remissio*, en d'autres termes la sévérité et la douceur, la cruauté et la clémence, les moyens violents et les moyens tempérés. Or, en décrivant les moyens violents dont se sert la tyrannie, la politique l'empêche et la prévient : car elle la rend odieuse; et en décrivant les moyens habiles et tempérés par lesquels un tyran peut se conserver, la politique est utile aux tyrans et surtout aux peuples : car l'état des sujets est bien plus tolérable sous un prince qui craint de paraître méchant, et qui s'efforce de paraître bon, que sous celui qui ne se fait aucun scrupule de passer pour un scélérat. Ainsi, ou elle apprend aux peuples à détester la tyrannie, ou elle apprend aux tyrans à la modérer; elle est donc utile aux uns et aux autres (2).

Cependant, Scioppius reconnaît que cette doctrine est glissante (*lubrica*), et, pour éviter les imputations auxquelles elle pourrait donner lieu, il conseille certaines précautions.

(1) *Ib.*, p. 25.
(2) *Ib.*, p. 27, 28.

Ces précautions sont de deux sortes : 1° Employer le langage *hypothétique* et non *catégorique*. Dire, par exemple : Le tyran, *s'il veut conserver son empire*, doit, etc.; ou bien : Il est bon *pour conserver la tyrannie*, de...; ou bien : *Un tyran est bien imprudent, qui*, etc. Dans toutes ces phrases, la condition, *s'il veut conserver le pouvoir*, est exprimée ou sous-entendue. Il ne faut pas en conclure que le politique approuve ces moyens, parce qu'il les regarde comme nécessaires dans une certaine hypothèse. Si l'on prend pour catégoriques des principes qu'il n'a exprimés que sous la forme conditionnelle, ce n'est pas sa faute; c'est celle du lecteur (1).

La seconde précaution à prendre, c'est d'expliquer sa pensée. Or, cette explication peut être ou *directe* ou *indirecte* (2). L'explication directe peut se faire de deux façons, ou *ex professo*, par exemple, en déclarant nettement que la tyrannie est odieuse, ou en remontant aux causes; par exemple, en disant que les causes de la tyrannie sont la force et la ruse qui conviennent plus à l'animal qu'à l'homme, que la force convient au lion, la ruse au renard, que le tyran est un composé du lion et du renard ; on indique par là même combien on trouve la tyrannie honteuse et méprisable.

Quant à l'explication indirecte, elle est dans l'intention générale de tout l'ouvrage, à laquelle il faut toujours se rapporter pour apprécier l'intention d'un passage en particulier. Par exemple, un écrivain veut décrier un tyran ennemi de sa patrie, et soulever contre lui la haine populaire, en même temps que découvrir ses artifices, ce qui est encore travailler contre la tyrannie : mais il sait qu'une pareille entreprise n'est pas sans péril. Il écrit donc de telle sorte qu'il semble servir les intérêts du tyran, en lui enseignant les moyens de conserver son empire. Mais ailleurs il nous donne à entendre que c'est la crainte qui l'a empêché d'exprimer sa pensée plus

(1) *Ib.*, p. 31.
(2) *Ib.*, p. 32.

ouvertement. Dans ce cas, il est évident qu'il faut juger de l'intention d'un passage par l'intention de l'ouvrage entier.

Voici donc, d'après ces principes, les règles de la critique des livres politiques. Veut-on juger un auteur politique, il faut chercher s'il a manqué à la méthode et à la prudence. Il aura manqué à la méthode, s'il dit des choses ou *étrangères* à la science, ou *fausses*. Par exemple, c'est dire des choses *étrangères par l'espèce* à la science politique, que de dire que le prince doit être pieux pour gagner la vie éternelle ; car le salut n'est pas l'objet de la politique, mais de la théologie. C'est dire des choses *étrangères quant au lieu*, que de dire que la tyrannie est honteuse, lorsqu'il ne s'agit que des moyens de conserver la tyrannie. C'est dire des choses *fausses*, que de proposer parmi les moyens de conservation d'un État ce qui ne peut que le détruire : par exemple, qu'un tyran doit être juste et religieux ; car alors il ne serait plus tyran. C'est encore dire des choses fausses, que d'avancer ce qui n'est vrai qu'absolument et dans une république parfaite, lorsque l'on parle des gouvernements qui existent : par exemple, de dire que dans ces gouvernements un prince peut se conserver par une observation religieuse de l'équité et de la bonne foi ; car l'expérience démontre le contraire. Enfin, c'est manquer à la prudence que de ne pas prendre ses précautions dans un livre de ce genre, pour ne point égarer le jugement du lecteur sur la différence du bien et du mal (1).

Il est de toute évidence que c'est Machiavel que Scioppius a voulu défendre dans ce petit écrit (2). Qu'il l'ait fait avec finesse et subtilité, on ne peut en disconvenir ; mais ses raisonnements sont-ils aussi solides que spécieux ? C'est ce dont il est permis de douter. Nous ne pouvons nous étendre sur ce point ; nous nous bornerons à signaler ce qui nous paraît le principal sophisme de l'auteur. Il dit que l'objet de la politique étant l'État,

(1) *Ib.*, 42, 44.
(2) Voy. la préf. de Conring, et G. Naudé, *Coups d'État*, c. II, p. 71, E. 1667.

le publiciste doit traiter de toutes les formes de l'État, des mauvaises aussi bien que des bonnes, et même des mauvaises plus
que des bonnes. Sans doute tout ce qui tient à l'État est du
domaine de la politique, et cette science a le droit de traiter
de la tyrannie et de l'oligarchie, comme la médecine a le droit
de traiter de la fièvre et du délire; mais appartient-il à la médecine d'enseigner les moyens de produire et d'entretenir la
fièvre, en même temps que de produire et d'entretenir la santé?
Elle est bien forcée sans doute d'expliquer comment la fièvre naît
et se développe; c'est un fait qu'elle doit étudier pour le guérir :
mais quand elle traite de la santé, ce n'est plus seulement pour
elle un fait, c'est un but. Elle ne constate pas, elle prescrit : elle
peut aussi donner des prescriptions contre la fièvre, mais elle
n'en donne pas pour elle. C'est encore de la même façon que
le médecin traite du poison : il est bien forcé d'en étudier les
effets, mais il manquerait à son rôle, et sortirait de la science,
s'il enseignait l'art d'empoisonner. Il en est de la tyrannie
comme du poison et de la fièvre. La politique doit en traiter,
mais pour la combattre et non pour l'enseigner. La définition
même de Scioppius le démontre. La fin de la politique, dit-il,
est le bonheur de l'État : elle doit traiter des gouvernements
suivant le rapport qu'ils ont avec le bonheur des États. Sans
doute, la forme d'une république parfaite n'est qu'un rêve; et
c'est une politique très imparfaite, que celle qui reste
toujours dans l'utopie; mais entre le gouvernement parfait et
les mauvais gouvernements, il y a des degrés, il y a des gouvernements passables qui se rapprochent plus ou moins du meilleur. Ce sont ceux-là qui sont l'objet propre de la science :
quant aux mauvais, il faut en parler, mais pour les éviter et
les corriger, c'est-à-dire les rapprocher des bons. Or, déterminer la valeur relative du gouvernement est impossible, sans
faire intervenir le principe de la justice et du droit, l'idée de
l'honnête et du honteux.

Quant aux précautions que nous conseille l'auteur du *Pœdia
politices* pour éviter les malentendus, ou elles sont la réfuta-

tion du système, ou elles sont des subterfuges inutiles. Car, si elles sont insuffisantes, elles ne couvrent pas la responsabilité du publiciste ; et si elles sont suffisantes, elles condamnent toute la doctrine.

JUSTE LIPSE. — Le machiavélisme eut tant d'influence au XVIᵉ siècle, qu'il se glissa jusque dans les livres qui semblent dirigés contre lui. Par exemple, les *Politiques* de Juste Lipse semblent au premier abord avoir été écrites contre les doctrines machiavéliques. En effet, il fait reposer la politique sur la morale, et il consacre tout son premier livre à l'énumération des vertus du prince, non pas des vertus supposées et apparentes, comme celles de Machiavel, mais des vertus réelles. Pour mieux faire sentir cette opposition, je citerai ce qu'il dit de la clémence et de la bonne foi. Y a-t-il rien de moins machiavélique que les maximes suivantes : « Il faut avoir la main paresseuse et languissante, si l'on veut se faire aimer (1). » — « Que le prince ne présume point être seigneur et avoir des serfs, mais plutôt qu'il est gouverneur, et qu'il a des citoyens (*ib.*)... La vie d'un seul ne doit pas être si chère que pour ne la hasarder il en faille tant perdre (2). » — « Le devoir d'un vrai prince est d'outrepasser quelquefois les bornes d'équité, pour ne montrer sa clémence (*ib.*) » — « Qu'il se contente de la pénitence plutôt que de la peine. » — « C'est une belle chose que de pardonner au misérable (*ib.*) » Voilà pour la clémence. Que dit-il de la bonne foi ? « Où sont ces nouveaux docteurs qui n'ont ni autel, ni foi, ni aucun pacte, ou parole assurée, qui empoisonnent les oreilles des princes (3)? Si les contrats ou conventions sont violés, il n'y aura plus aucun usage ni commerce parmi les hommes : Fuyez donc ceux-là, ô rois et ô princes, et ne violez pas les accords et confédérations de paix : Ne post-posez point la foi au royaume (*ib.*). »

---

(1) Lipsus : *Politicorum, sive civilis doctrinæ libri VI.* Lugd. Batav., 1590 : trad. française, Paris 1598.
(2) *Pol.*, l. II, c. XII.
(3) *Ib.*, l. II, c. XIII.

Mais ces belles maximes ne sont pas les seules qui se rencontrent dans la politique de Juste Lipse ; vous en trouverez
d'autres moins innocentes, et peu conciliables avec une morale
un peu scrupuleuse. Il se demande si, après avoir tant accordé
à la vertu, il ne lui est pas permis de donner quelque chose au
vice. « Il me semble que je vous ai assez libéralement, et,
comme on dit, à pleines mains donné et présenté du meilleur
et plus somptueux breuvage. Y dois-je, à cette heure, ajouter
et mêler quelque chose de la lie et des fanges, des fraudes et
des tromperies ? Je le pense, quoique ces Zénons et austères
ne le trouvent pas bon... Je les crois certes d'ailleurs très
volontiers. Mais ils semblent ignorer ce siècle, comme s'ils
étaient dans la république de Platon, et non en la lie de celle
de Romulus (1). » Voilà bien le véritable signe du machiavéliste ; c'est de renvoyer à la république de Platon quiconque
parle d'honneur en politique. Voici maintenant les principes
mêmes de Machiavel : « Avec qui vivons-nous ? A savoir avec
des personnes fines, malicieuses, et qui semblent être la même
tromperie, fallace et mensonge. O gens peu exercés aux
affaires du monde... Vous ne voulez pas que le prince s'accompagne quelquefois du renard ?... Certes vous faillez (2). »

Il est vrai que Juste Lipse ne veut pas que le prince
s'éloigne de l'honnêteté, mais seulement qu'il sache unir
l'utile à l'honnête, et « prendre quelquefois des détours sur
cette mer orageuse des choses humaines... Le vin ne laisse
pas d'être vin, encore qu'il soit un peu tempéré d'eau, ni la
prudence, si bien en icelle il y a *quelque gouttelette de tromperie*, car j'entends toujours *peu et à bonne fin (ib.)*. » De
même que les médecins trompent les petits enfants, pourquoi
de même le prince ne tromperait-il pas quelquefois le menu
peuple, et quelque prince voisin ? Juste Lipse avoue lui-même
de qui il tient ces doctrines, lorsqu'il dit : « Ne vous étonnez
donc point de ce que diront à l'ombre ces jeunes écoliers, qui

(1) L. II, c. xiv.
(2) L. IV, c. xiii.

ne sont pas disciples ni auditeurs capables de la doctrine civile, et moins encore juges ; car aussi cette chaire veut un homme qui ne soit pas ignorant des choses qui arrivent ordinairement en cette vie : celui-là nous croira aisément, et ne condamnera pas si rigoureusement Machiavel : mais de quelle main n'est pas aujourd'hui frappé ce pauvre misérable ? » (*Qui misera qua non manu vapulat*) (*ib.*) ?

Cependant Juste Lipse ne va pas aussi loin que Machiavel, et il prétend renfermer le champ de la fraude dans de justes bornes (1). Il admet des degrés et des différences. Il y a, selon lui, trois espèces de fraude : la légère, la moyenne et la grande. « La première, dit-il, ne s'éloigne pas trop de la vertu, et n'est arrosée que de quelques gouttes de malice : c'est la défiance et la dissimulation ; la seconde touche déjà aux confins du vice : c'est la conciliation ou la corruption ; la troisième se sépare non seulement de la vertu, mais des lois : c'est la perfidie et l'injustice. Je conseille la première, j'endure la seconde, mais je condamne la troisième. » On voit que, tout en accordant beaucoup déjà à ce qu'il croit l'utilité publique, à l'exemple, à la nécessité, il ne va pas cependant jusqu'aux dernières extrémités ; et ces concessions mêmes, il ne les fait pas sans scrupule et sans quelque hésitation. « Car, dit-il, lorsque je considère notre sainte et divine loi, je suis achoppé, et ne suis pas sans peine. Car il est dit que tout trompeur est en abomination au Seigneur... Que répliquez-vous, politique ? Le bien public ? Mais voyez un saint personnage qui s'y oppose et dit : qu'il n'est point permis de mentir, non pas même quand ce serait à la gloire de Dieu... Certes il vous est malaisé et à moi de trouver ici un expédient, si ce n'est que ce même saint personnage dit qu'il y a quelques genres de mensonges auxquels il n'y a pas grand péché, et toutefois ils ne sont pas aussi sans péché. » Grâce à cet expédient, qui change le péché mortel en péché véniel, Juste Lipse

(1) *Ibid.*, *ib.*, c. XIV.

approuve et permet certaines fraudes, et ce qu'il appelle « le s
petites corruptions et les petites finesses » ; encore est-ce à la
condition que ce soit un roi bon qui s'en serve contre les
méchants et dans le bien de tous. Quant à l'injustice et à la
perfidie, il les condamne sans réserve, et il parle très fortement
contre la violation des serments : « Il y en a qui croient, dit-il,
qu'il faut tromper les enfants avec des osselets, et les hommes
avec des serments... O hommes vains ! La fraude lâche bien,
mais elle ne dissout pas le serment : qu'attendent ceux-là,
sinon de voir Dieu irrité, de la divinité duquel ils se moquent ? »
On voit qu'avec de telles réserves la doctrine de Juste Lipse
peut passer pour un machiavélisme mitigé, et que, si elle n'est
pas tout à fait innocente, elle n'est pas du moins très empoisonnée.

FRA-PAOLO. — Voici un auteur d'un tout autre caractère :
c'est évidemment un élève de Machiavel ; mais ce n'est pas,
comme Scioppus ou Juste Lipse, un philosophe, ou, comme
Machiavel lui-même, un homme d'État dans la retraite, rassemblant ses souvenirs, et méditant sur ses expériences. C'est
le serviteur, le conseiller, le secrétaire d'une des plus redoutables républiques du monde, le célèbre Fra-Paolo Sarpi. Son
livre du *Prince* (1) met à nu les ressorts de cette mystérieuse
constitution. Il l'expose non d'une manière théorique et apologétique, comme Paruta, mais en homme d'État sans scrupule,
qui ne craint pas de dire ce qu'il ne craindrait pas de faire.
Son seul objet est de rechercher les moyens de conserver et
de maintenir l'État de Venise dans son ancienne puissance, et
il semble s'être inspiré encore plus des traditions du conseil
des Dix que de la lecture de Machiavel. Il y a dans cet ouvrage
je ne sais quoi de glacé qui fait frémir : on sent qu'on n'a
point affaire à un spéculatif qui se relâche plus ou moins de

(1) Ce livre a été écrit en 1615, pour les inquisiteurs d'État. Il a
paru à Venise en 1681, sous ce titre : *Opinione del Padre Paolo servita,*
come debba govenarsi la Reppublica veneziana per havere il perpetuo
dominio. Traduit en français, par l'abbé de Marsy, sous ce titre : *Le*
Prince, de Fra-Paolo. Berlin, 1751.

ses principes violents dans la pratique, mais à un homme de
conseil et d'action, qui va droit au but, et pour qui la raison
d'Etat est au-dessus de tout.

On le voit dès les premières lignes : son principe est que la
république durera aussi longtemps que la coutume d'y faire
justice. Mais qu'entend-il par justice ? « Je crois, dit-il, qu'il
faut réduire sous le nom général de justice tout ce qui contri-
bue au service de l'État. *En effet la première justice du
prince est de se maintenir prince* (1). » On voit que la
justice n'est autre chose que la raison d'État.

Au reste, Fra-Paolo nous apprend assez ce qu'il entend par
justice, lorsqu'il expose la conduite que le gouvernement doit
tenir entre les nobles et les sujets, c'est-à-dire le peuple, qui,
à Venise, comme on sait, était complètement isolé du gouvernement. Il ne voudrait pas qu'aucun noble fût jamais puni de
mort, *quelque criminel qu'il fût,* parce que l'ordre de la
noblesse perd plus en vénération par l'humiliation d'un de ses
membres, qu'elle ne gagne en honneur par un acte de justice :
au moins condamne-t-il une mort publique. Il faut dans un cas
pareil, il faut laisser le criminel finir sa vie dans une prison,
ou s'en délivrer d'une manière secrète (2). Dans les querelles
entre nobles, ou entre les nobles et les sujets, il faut avoir
deux poids et deux mesures. Si un noble sans crédit et sans
pouvoir maltraitait un grand, il faut user d'une grande sévérité ; si c'est un noble qui a maltraité un sujet, *il faut chercher tous les moyens imaginables de lui donner raison ;* si
c'est un sujet qui a maltraité un noble, il faut porter le châtiment à l'excès. Il faut empêcher à tout prix que l'usage ne
s'introduise de porter la main sur un patricien, et nourrir les
peuples dans l'idée *que c'est un sang vénérable et sacré* (3).

Telle doit être, selon Fra-Paolo, la justice de l'État dans les
affaires criminelles, justice odieuse, qui ne peut être appelée

(1) *Le Prince,* de Fra-Paolo, p. 4.
(2) *Ib.,* c. I. p. 12.
(3) *Ib.,* pp. 17, 18.

de ce nom qu'en confondant la justice avec l'intérêt d'État
et encore en confondant l'intérêt d'État avec l'intérêt d'une
classe tyrannique, orgueilleuse, usurpatrice. Comment un tel
renversement des droits et de l'équité est-il possible ? Par une
justice très exacte dans l'ordre civil. En effet, la tyrannie ne
peut pas être absolue ; elle ne peut peser avec excès d'un
côté, qu'à la condition d'être par un autre endroit protectrice
et vigilante. Là est le secret de la politique de Venise. Si l'inégalité est le principe de la justice criminelle, l'égalité doit être
la règle de la justice civile : « Dans la justice civile, dit Fra-
Paolo, il faut montrer une parfaite impartialité, et s'appliquer
à détruire la méchante opinion où l'on est que la balance
penche toujours du côté du noble et du riche... Pour ce qui
concerne cette justice civile, on ne saurait pousser l'exactitude
trop loin. En effet, quand un citoyen est assuré d'avoir pour
lui la justice lorsqu'il le mérite, on l'amène sans efforts à supporter beaucoup d'autres charges (1). » Au reste ce n'est ni
par amour du peuple, ni par respect pour ses droits, que Fra-
Paolo conseille la justice à son égard. Car le mépris du peuple
ne peut aller plus loin que dans les paroles suivantes : « Que
le peuple soit toujours abondamment pourvu des choses nécessaires à la vie... *Qui voudra le faire taire doit lui remplir
la bouche.* (Chi vuol farla tacere, bisogna otturarli la boc-
cha) (2). »

Quelque favorable que Fra-Paolo se montre pour les nobles
dans leurs démêlés avec le peuple, il ne faudrait pas croire
qu'il est partisan de l'aristocratie. Sa pensée politique est celle-
ci : Transformer l'aristocratie de Venise en oligarchie (3), concentrer le pouvoir en un petit nombre de mains ; et, comme
la multitude du peuple est dominée par les nobles, mettre la
multitude des nobles sous la domination des grands. Le gouvernement se composait à Venise de trois institutions : à la

(1) *Le Prince*, de Fra-Paolo, pp., 19, 20.
(2) *Ib.*, p. 41.
(3) Voy. tout le chapitre i.

base, le grand conseil ou l'assemblée générale des nobles :
c'est l'élément démocratique de la constitution ; au centre le
sénat, composé de 300 membres : c'est l'élément aristocratique ;
au sommet, le conseil des Dix : c'est l'élément oligarchique.
Or, la politique que Fra-Paolo conseille à la République, c'est
de supprimer ou au moins d'annihiler le grand conseil. On ne
peut nier, dit-il, *qu'il ne sente un peu le peuple* (1). Déjà ce
conseil avait été privé du pouvoir délibératif; Fra-Paolo veut
qu'on le dépouille peu à peu des deux attributs qui lui res-
taient, le pouvoir judiciaire et la distribution des charges. « Il
faut engager *par toutes sortes d'artifices* le grand conseil à
déléguer au sénat et au conseil des Dix toute l'autorité ; mais
il faudra le faire par *des voies secrètes et cachées, dont on ne
découvre le mystère qu'après l'événement.* » Quant au sénat,
la durée d'un an qui lui est attribuée par la constitution est
beaucoup trop courte : car si un terme si court préserve l'État
de la tyrannie des grands, il ne les préserve pas de la tyrannie des petits. »

Les lois, la constitution avaient pour défenseur une espèce
de tribun du peuple, qu'on appelait l'*avogador*, charge indispensable dans toutes républiques. Fra-Paolo ne propose point
de le supprimer ; mais il voudrait qu'on ne confiât cette fonction qu'à un homme de haute naissance, plus ou moins complice
des usurpations de la haute aristocratie. « En effet, si l'avogador avait de la noblesse et de l'élévation dans le génie, il ne
s'arrêterait pas à flatter la populace du conseil ; le sénat et le
conseil des Dix pourraient prendre dans l'occasion quelques
délibérations hardies ; et bien qu'elles *excédassent un peu
leur pouvoir ordinaire*, il faudrait toujours qu'on s'y soumît,
et leur autorité serait canonisée par le temps. » A défaut
d'un avogador favorable aux usurpations patriciennes, Fra-
Paolo conseille de faire porter le choix sur un homme médiocre
ou d'une mauvaise réputation, afin de lui ôter toute autorité.

(1) *Le Prince,* de Fra-Paolo, p. 34.

La politique de Fra-Paolo consiste donc à vicier et à corrompre tous les principes qui dans le gouvernement de Venise
étaient une garantie plus ou moins insuffisante sans doute,
mais enfin une garantie pour le plus grand nombre. Il trouve
que la république de Venise n'est pas assez despotique, et ce
gouvernement de fer, unique dans l'histoire, dont le nom
seul inspire la terreur, lui paraît un gouvernement relâché :
cette aristocratie insolente est presque à ses yeux une démagogie. Il n'a pas plus de mépris pour le peuple qu'il n'en a
pour la petite noblesse, qu'il conseille de maintenir dans la
pauvreté pour la tenir en bride. « Car elle est, dit-il, *comme
la vipère, qui dans le froid ne peut pas faire usage de son
venin* (1). »

Mais à ce système il y a une objection évidente. Paolo la
prévoit et cherche à y répondre. L'expérience prouve que
tout gouvernement qui passe de l'aristocratie à l'oligarchie
passe bientôt de l'oligarchie à la monarchie. Fra-Paolo ne
craint rien de semblable pour Venise ; il compte sur la rivalité
des nobles, qui ne supporteraient pas qu'une famille s'élevât
à ce point au-dessus des autres ; il compte sur l'orgueil des
patriciens, qui préfèrent, dit-il, être nobles avec mille autres,
que *princes du sang* et *frères du roi*. Mais cette réponse est
loin d'être décisive, et il y a tout lieu de croire que si Venise
n'eût pas fini par la servitude, elle aurait fini par la monarchie.

On est tout surpris de rencontrer quelques nobles paroles
dans ce livre d'une politique si froide, si cruelle et si méprisante. Le vrai éclate malgré tout. Est-ce du conseiller corrompu
et corrupteur de l'oligarchie vénitienne que vous attendriez un
aveu comme celui-ci ? « Qu'on respecte la vertu dans tous ceux
où elle se trouve ; et si un personnage qui n'est pas noble la pos
sède, qu'on lui témoigne de l'estime : *car il s'est assez anobli lui-
même, et toute noblesse héréditaire tire son origine de quelque*

(1) *Le Prince*, de Fra-Paolo, p. 10.

vertu personnelle (1). » Principe admirable, mais séditieux ; car il met les petits sur la même ligne que les grands, et même au-dessus.

Dans le gouvernement intérieur de la ville, ce qui caractérise la politique, c'est donc l'astuce, l'artifice, le secret, une partialité dissimulée en faveur des nobles, une oppression mystérieuse du peuple, et une lente spoliation des nobles eux-mêmes au profit des grands. Dans le gouvernement du dehors, c'est-à-dire des provinces conquises, la politique n'est plus qu'une tyrannie violente, ouverte, déclarée, que Fra-Paolo explique avec un cynisme révoltant. Quelle conduite conseille-t-il, par exemple, envers les gens du royaume de Candie : « Il faut, dit-il, les garder avec les mêmes précautions qu'on *garde des bêtes féroces... prendre à tâche de les humilier...* Ces peuples sont *de la nature des forçats,* qui, traités avec douceur, payeraient l'indulgence par la révolte... *Le pain et le bâton, c'est tout ce qu'on leur doit : il faut réserver l'humanité pour une meilleure occasion* (2)... » Quelle politique ! Il est bon que de pareils aveux échappent quelquefois aux amis et aux serviteurs de la tyrannie. C'est ici qu'on doit se rappeler cette parole de Montesquieu : « La plupart des peuples d'Europe sont encore gouvernés par les mœurs. Mais si par un long abus de pouvoir, si par une grande conquête, le despotisme s'établissait à un certain point, *il n'y aurait pas de mœurs ni climat qui tinssent;* et, dans cette belle partie du monde, la nature humaine souffrirait, au moins pour un temps, les insultes qu'on lui fait dans les trois autres (3). »

Dans le gouvernement de terre ferme, c'est-à-dire sur le territoire même de Venise, la politique doit être moins violente, mais elle a toujours le même but : sacrifier l'intérêt des sujets à l'intérêt du souverain. S'élève-t-il dans quelques-unes de ces villes des démêlés entre les particuliers, il faut les

(1) *Le Prince,* de Fra-Paolo, art. i, p. 67.
(2) *Ib.,* art. ii, p. 71.
(3) *Esprit des lois,* l. VIII, c. viii.

encourager ; car il en résulte deux biens : 1° *la division* ;
2° *la confiscation au profit de l'État*. L'esprit de spoliation
peut-il aller plus loin que dans ce passage : « Qu'on dépouille
à la première occasion les habitants de Brescia du privilège
dont ils jouissent, que les biens de leur territoire ne puissent
être achetés que par des Bresciens. Car si le Vénitien pouvait
s'étendre dans cette heureuse contrée, on en verrait même
le fruit qui s'est vu dans le Padouan, où *à peine un tiers du
territoire est resté en propre aux habitants* (1). » S'il y a
des riches héritières dans un pays, il faut les marier à de
nobles Vénitiens : il en résulte deux biens : 1° *enrichir la
capitale* ; 2° *appauvrir la province*. Si l'on peut élever
aux fonctions quelque habitant de la province, il faut le faire,
pourvu que cela tourne *à son avantage particulier, et non
à l'avantage du pays*. S'il se trouve quelque chef de parti,
il faut l'exterminer à tout prix ; mais s'il est puissant, il ne
faut pas se servir de la justice ordinaire : *que le poison fasse
plutôt l'office du glaive*. (Piuttosto faccia il veneno l'uffizio
di manigeldo) (2). Enfin cet odieux catéchisme politique se
résume dans cette pensée : « Qu'on se souvienne que, comme
il est rare de trouver un religieux qui ne se soit pas repenti
d'avoir aliéné la liberté qu'il avait reçue en naissant, autant
et plus difficile est-il encore qu'un peuple ne se repente pas
d'être fait esclave *pendant que la nature l'avait originairement créé libre* (3). »

Telle est la politique de Fra-Paolo, ou plutôt celle de la
république de Venise, dont il nous a donné le suc et la substance. Je ne crois pas que le *Prince* de Machiavel lui-même
soit comparable, pour l'immoralité, je dirai plus, pour la
scélératesse des principes, au *Prince* de Fra-Paolo. Un si
curieux ouvrage méritait d'être étudié, quoiqu'il ne soit pas à
vrai dire un traité de philosophie politique ; mais il contient

(1) *Esprit des lois*, art. II, p. 75.
(2) *Ib.*, art. II, p. 77.
(3) *Fra-Paolo*, art. II, p. 82.

une doctrine en action, bien plus saisissante que la thèse la
plus hardie. En lisant le *Prince* de Machiavel, nous disons :
C'est le système d'un homme. En lisant le *Prince* de Fra-
Paolo, il faut se dire : Tel a été pendant tant de siècles le
système d'un grand gouvernement, d'un peuple illustre ! Et
ce système a paru si excellent à ses défenseurs, que pour
l'améliorer ils proposaient de l'exagérer encore, et de lui ôter
toute apparence de justice (1) !

GABRIEL NAUDÉ. — En traitant du *Prince*, de Fra-Paolo,
nous avons passé la limite du xvıᵉ siècle; mais nous avons
voulu poursuivre les idées machiavéliques jusqu'au moment
où elles ont cessé d'avoir une influence notable, et se sont
en quelque sorte dispersées dans d'autres doctrines. Nous
irons donc plus avant encore dans le xvııᵉ siècle, et nous nous
arrêterons à un ouvrage où se trouve le plus pur de la doctrine de Machiavel, et même un peu plus : le curieux et spirituel ouvrage de Gabriel Naudé, intitulé *Considérations politiques sur les coups d'État* (2). Lorsque les doctrines du livre
ne porteraient pas en elles-mêmes leur caractère, son origine
en indiquerait assez l'esprit. Gabriel Naudé a fait ce livre
pour le cardinal de Bagni, Italien avec lequel il avait fait

(1) Parmi les adeptes de Machiavel, on doit encore compter Niphus
ou Nipho, que Gabriel Naudé, dans sa *Bibliographie politique*, a
rapproché du célèbre Florentin : « Niphus et Machiavel ont représenté leurs princes tels que d'ordinaire ils se rencontrent. » Il s'était
même fait l'éditeur de ses écrits : *Prima pars opusculorum in quinque
libris divisa*; Venet. in-4°. — D'après M. Nourrisson, Niphus ne serait
pas seulement l'émule de Machiavel, il en aurait été le plagiaire. Le
De regnandi peritiâ serait la reproduction, souvent littérale du livre
du *Prince* (Voir Nourrisson, *Machiavel*, 1875, ch. xiii, *le Prince
avant le Prince)*. Il est vrai que l'ouvrage de Niphus est antérieur
au *Prince* de Machiavel. L'un a paru en 1525 ; l'autre en 1532. Mais
les copies du *Prince* de Machiavel couraient partout.

(2) Le livre des *Coups d'État* parut pour la première fois en 1639
(in-4°). Il fut réimprimé en 1667 et 1679. — G. Naudé cite plusieurs
ouvrages sur le même sujet : le *De Arcanis imperiorum* de Clapma-
rius, et les *Arcana politica* et *De prudentiâ civili* de Cardan. Mais
ce dernier ouvrage paraît être plutôt un livre de morale que de
politique. Il a surtout pour objet l'art de se conduire dans le
monde.

un long séjour à Rome, où il s'était inspiré de la politique italienne. Il cite d'ailleurs souvent Machiavel comme un maître, auquel il ne reproche que d'avoir dévoilé le secret des habiles gens (1). Enfin sa sympathie pour cet auteur nous est attestée par l'un de ses intimes, le caustique et judicieux Gui-Patin (2).

Le livre des *Coups d'État*, quoique de la même école, et inspiré du même esprit que le *Prince* de Fra-Paolo, est loin d'inspirer la même répulsion. On sent qu'on a affaire à un machiavélisme de cabinet beaucoup moins redoutable que le machiavélisme d'action. Il y a d'ailleurs une telle naïveté dans les noires spéculations du bon *Parisien*, il semble si fier d'être *dégourdi et déniaisé* en politique (3), il y va de si bonne foi et de si bonne grâce, qu'il est difficile de le prendre très au sérieux. Il nous apprend qu'il n'a jamais pensé à être un Néron ou un Busiris (4) (on le croit volontiers), et qu'il jetterait la plume et le papier au feu, s'il lui fallait acquérir la louange d'un homme fin et rusé dans les spéculations politiques, en perdant celle d'homme de bien. Prenons-le donc au mot, et ne voyons en lui qu'un savant naïf, un peu pédant, quoi qu'il en dise (5), libre penseur, fier de ne pas juger comme la foule, et de reconnaître les malices de la grande politique, mais aussi innocent au fond du cœur, qu'il est cruel et noir sur le papier.

(1) « On lui peut savoir néanmoins mauvais gré de ce qu'il a le premier franchi le pas, rompu la glace et profané, s'il faut ainsi dire, par ses écrits, ce dont les plus judicieux se servaient comme de moyens très cachés et puissants pour mieux faire réussir leurs entreprises. » *C. d'État*, c. II, p. 77, Ed. 1679.

(2) Gui-Patin, t. II, p. 479, Ed. Réveillé-Parise. « Il prisait très fort Machiavel, et disait de lui : Tout le monde blâme cet auteur : or tout le monde le suit et le pratique, et principalement ceux qui le blâment. »

(3) *C. d'État*, I, p. 47.

(4) *Ib.*, 54.

(5) *Ib.*, 42. « Le pédantisme a bien pu gagner quelque chose pendant sept ou huit ans que j'ai demeuré dans ses collèges, sur mon corps et façons de faire extérieures, *mais je puis me vanter qu'il n'a rien empiété sur mon esprit.* »

Nous connaissons maintenant trop le machiavélisme, pour qu'il soit nécessaire d'en emprunter encore à Naudé une nouvelle exposition. Signalons seulement le passage le plus curieux de son livre, l'apologie de la Saint-Barthélemy (1).

On a quelquefois justifié ou excusé la Saint-Barthélemy au point de vue religieux. Ce n'est pas une justification de ce genre qu'entreprend Gabriel Naudé. Naudé était fort peu croyant, libertin même, comme on disait alors; et son compère Gui-Patin nous apprend que, dans leurs petites débauches, ils en disaient des plus hardies, et allaient aussi loin que possible (2). Ce n'est donc pas la passion religieuse qui a déterminé le jugement de Naudé. Il ne voit dans la Saint-Barthélemy qu'un acte politique, et un admirable coup d'État : « Pour moi, dit-il, encore que la Saint-Barthélemy soit à cette heure également condamnée par les protestants *et les catholiques,* je ne craindrai pas toutefois de dire *que ce fut une action très juste et très remarquable,* et dont la cause était plus que légitime... C'est une grande lâcheté, ce me semble, à tant d'historiens français d'avoir abandonné la cause du roi Charles IX. » Naudé ne fait qu'un reproche à la Saint-Barthélemy, c'est d'avoir été incomplète, et il prononce ces paroles, qui sont affreuses : « Il y avait un grand sujet de louer cette action, comme le seul recours aux guerres qui ont été depuis ce temps-là et qui suivront peut-être jusqu'à la fin de la monarchie, si l'on n'eût point manqué à l'axiome de Cardan : *Numquam tentabis, ut non perficias.* Il fallait imiter les chirurgiens experts, qui, pendant que la veine est ouverte, *tirent le sang jusqu' aux défaillances.* Ce n'est rien de bien partir si l'on ne fournit la carrière : le prix est au bout de la lice, et la fin règle toujours le commencement. » Que signifient toutes ces métaphores? Que l'on n'a pas tué assez de huguenots à la Saint-Barthélemy. Telle

(1) *C. d'État,* c. III, p. 176 et suiv.
(2) Gui-Patin, t. II, p. 508 : « **Je** fis l'an passé ce voyage avec M. Naudé; moi seul avec lui, tête à tête; il n'y avait point de témoin; aussi n'en fallait-il point; nous y parlâmes fort librement de tout, sans que personne en ait été scandalisé. » — (Voy. toute la lettre.)

était l'opinion d'un libre penseur au XVII° siècle sur cet événement déplorable qui souille notre histoire.

Aux objections qu'il se fait à lui-même, il répond avec la
même sécheresse et la même immoralité. Le procédé, dit-on,
n'est pas légitime. Je renvoie aux théologiens, *de fide hereticis
servanda*. « Certes ils nous la baillèrent si belle par leur peu
de jugement, que c'eût presque été une pareille faute à nous de
la manquer. » D'ailleurs on a dit que les huguenots en auraient
fait autant; « pour moi, j'estime que chacun peut le tenir pour
constant. » Supposition vraisemblable en effet, que les huguenots eussent resolu de massacrer tous les catholiques, c'est-à-
dire toute la France. On objecte la grande effusion de sang;
mais elle n'égala pas celle des journées de Coutras et de Mon-
contour! Sophisme qui saute aux yeux; car le sang versé dans
une bataille n'est pas le même que le sang versé dans un guet-
apens. Puis Naudé rappelle toutes les grandes barbaries de
l'histoire, et soutient que la Saint-Barthélemy n'a pas été une
des plus sanglantes. Mais enfin, dit-on, beaucoup de catholiques
furent enveloppés dans le massacre. Voici la réponse : « *Habet
aliquid ex iniquo omne magnum exemplum, quod contra
singulos utilitate publica rependit.* »

Mais pourquoi cette action si grande et si utile a-t-elle été
universellement blâmée? « J'en attribue la cause, dit Naudé,
*à ce qu'elle n'a été faite qu'à demi; si l'on eût fait main-
basse sur tous les hérétiques, il n'en resterait maintenant
aucun, au moins en France, pour la blâmer*, et les catholiques pareillement n'auraient pas sujet de le faire, voyant le
grand repos et le grand bien qu'elle leur aurait apporté. »
Malgré son admiration pour la Saint-Barthélemy, l'auteur des
Coups d'État est obligé de reconnaître qu'elle a été l'origine
d'un grand mal, *dont nul ne pouvait se douter;* car toutes les
villes qui firent la Saint-Barthélemy ont été les premières à
commencer la Ligue. Voilà à quoi a servi ce grand coup! Il en
est de l'admiration de Naudé pour la Saint-Barthélemy, comme
de celle de Machiavel pour César Borgia. L'un et l'autre sont

obligés d'avouer à la fin que ces beaux moyens si vantés par eux, et que repousse la conscience, ont trompé ceux qui les employaient.

DESCARTES ET RICHELIEU. — On regrette d'avoir à compter parmi les partisans d'un demi-machiavélisme, qui, tout en combattant Machiavel, lui accordent encore plus qu'il ne convient, l'un des plus grands esprits du xvii⁰ siècle, le fondateur de la philosophie moderne, Descartes. Il a été amené à dire son avis sur le livre du *Prince* par la princesse Elisabeth qui lui avait demandé de le lire (1). Le reproche principal qu'il lui adresse et qui a été souvent reproduit, c'est que l'auteur ne distingue pas assez entre les princes qui ont acquis leur État par des voies justes, et ceux qui l'ont usurpé par des moyens illégitimes : « Comme en bâtissant une maison dont les fondements sont si mauvais qu'ils ne sauraient soutenir des murailles hautes et épaisses, on est obligé de les faire faibles et basses, ainsi ceux qui ont commencé à s'établir par des crimes sont ordinairement contraints de continuer à commettre des crimes. » Il blâme donc Machiavel d'un grand nombre de maximes tyranniques et odieuses ; et il pense que, même à un prince nouveau, il faudrait proposer des maximes toutes contraires. Voilà la part de la critique; mais bientôt on s'étonne de rencontrer chez cet adversaire de Machiavel des maximes telles que celles-ci : « On doit *supposer* que les moyens dont le prince s'est servi pour s'établir ont été justes, comme, en effet, je crois qu'ils le sont presque tous, lorsque les princes qui les pratiquent les estiment tels; car la justice entre les souverains a d'autres limites qu'entre les particuliers; et il semble qu'en ces rencontres Dieu donne le droit à ceux auxquels il donne la force. » Cette maxime n'est autre chose que le principe même du machiavélisme. Descartes va plus loin et affirme « qu'à l'égard des ennemis, on a quasi permission de tout faire, »

(1) Lettre à la princesse Elisabeth (Éd. V. Cousin, t. ix, p. 387).

et pour qu'on ne s'y trompe pas, il ajoute : « Même je com-
prends sous le nom d'ennemis tous ceux qui ne sont point
amis ou alliés, pour ce *qu'on a droit de leur faire la guerre
quand on y trouve son avantage, et que, commençant à devenir suspects et redoutables, on a lieu de s'en défier.* » Voilà
où en était le droit des gens avant Grotius; et l'on voit par là
combien l'on doit à ce grand homme d'avoir essayé d'établir
quelques règles dans ce droit barbare de la guerre où l'on se
croyait tout permis. Descartes ne fait qu'exprimer naïvement
les idées reçues, en affirmant qu'on a droit de tout faire à l'é-
gard des ennemis, et qu'on doit appeler ennemis tous ceux qui
sont redoutables. Telle était la force du machiavélisme qu'il
envahissait et corrompait ceux-là mêmes qui voulaient le réfuter.

RICHELIEU. — Cependant, vers le milieu du XVIIᵉ siècle, le
machiavélisme semble disparaître, au moins de la spéculation :
ses principes se transforment et se dispersent en quelque sorte
dans d'autres doctrines, et en particulier dans celle de Hobbes. On peut dire, en un sens, que les principes de la politique s'améliorent. On en voit la preuve dans le *Testament
politique* de Richelieu (1). Ce grand ministre, qui ne passe pas
pour avoir été trop timoré dans ses actes, ne se serait pas fait de
scrupules sur les principes, si l'esprit de son temps n'eût commencé à devenir défavorable à la politique machiavélique. On
trouve dans son testament les traces de son génie despotique,
mais assez peu de traits qui sentent le machiavélisme.
On voit qu'un esprit plus grand entre dans la politique. C'est
le siècle du pouvoir absolu, mais d'un pouvoir gouverné par
des pensées plus nobles et plus magnifiques. Au siècle de
Catherine de Médicis, de Charles IX et d'Henri III succède le
siècle de Henri IV, de Richelieu et de Louis XIV.

Il y a encore un reste de machiavélisme dans ce que

(1) Éd. 1667. Le *Testament politique*, dont l'authencité a été contestée par Voltaire, est admis aujourd'hui par tous les historiens. Au
moins est-il certain qu'il a été écrit d'après ses inspirations.

Richelieu dit de la justice d'État, qui doit se conduire par d'autres voies que la justice ordinaire : « Encore qu'au cours des affaires ordinaires, la justice requière une preuve authentique, il n'en est pas de même de celles qui concernent l'État, puisqu'en tel cas, *ce qui paraît par des conjectures pressantes doit quelquefois être tenu pour suffisamment éclairci*..... Il faut en de telles occasions *commencer quelquefois par l'exécution*, au lieu qu'en toute autre, l'éclaircissement des droits par témoins et par pièces irréprochables est préalable à toutes choses. » Richelieu reconnaît qu'un tel principe est dangereux, aussi recommande-t-il de ne pas se servir des derniers et extrêmes moyens, et de n'employer que les moyens innocents, tels que *l'éloignement et la prison* (1).

Si ces maximes et quelques autres sont encore empreintes de l'esprit machiavélique, il faut reconnaître en même temps qu'aucun écrivain politique n'a condamné d'une manière plus forte et plus éclatante le principe de l'infidélité aux engagements. « Les rois, dit-il, doivent bien prendre garde aux traités qu'ils font, mais, quand ils sont faits, *ils doivent les observer avec religion*. Je sais bien que beaucoup de politiques enseignent le contraire ; mais, sans considérer ce que la foi chrétienne peut nous fournir contre ces maximes, je soutiens que, puisque la perte de l'honneur est plus que celle de la vie, un grand prince doit plutôt *hasarder sa personne et même l'intérêt de son État que de manquer à sa parole*, qu'il ne peut violer sans perdre sa réputation, et, par conséquent, *la plus grande* force du souverain (2). » Après le témoignage d'une telle autorité, il est impossible de renouveler les maximes de Machiavel sur la violation des engagements : on pourra encore les pratiquer ; mais nul n'osera en faire une doctrine. La parole de Richelieu est ici d'un plus grand poids que celle d'aucun théoricien. Ce qui ne serait qu'un lieu commun chez

_____

(1) *Testament politique*, 2° part., c. v.
(2) *Ib.*, 2° part., c. vi.

un philosophe, a la force d'une sentence sous la plume d'un
grand homme d'État.

. BAYLE. — Devons-nous encore compter parmi les machiavélistes le philosophe Bayle, pour avoir écrit : « Il est surprenant
qu'il y ait si peu de personnes qui ne croient que Machiavel
apprend aux princes une dangereuse politique ; car, au contraire, ce sont les princes qui ont appris à Machiavel ce qu'il a
écrit. C'est l'étude du monde et l'observation de ce qui s'y
passe, et non une creuse méditation de cabinet, qui ont été les
maîtres de Machiavel. Qu'on prêche ses livres, qu'on les réfute,
qu'on les commente, il n'en sera ni plus ni moins (1). » A quoi
le même auteur, dans son Dictionnaire (art. Machiavel) ajoute :
« Tout le monde a ouï parler de la maxime : *Qui nescit dissi-
mulare nescit regnare*, et pour nier qu'elle soit très véritable, il faut être fort ignorant dans les affaires d'État. »
Cependant Bayle condamne Machiavel : « Les maximes de cet
auteur sont très mauvaises ; » et il répond à ceux qui prétendent que la lecture de l'histoire en apprend autant que le livre
du *Prince*. « Boccalin (2) prétend, dit-il, que parce qu'on permet et qu'on recommande la lecture de l'histoire, on a tort de
condamner la lecture de Machiavel. C'est dire que l'on apprend
dans l'histoire les mêmes maximes que dans le *Prince* ; on les
voit là mises en pratique ; elles ne sont ici que conseillées.
C'est peut-être sur ce fondement que des personnes d'esprit
jugent qu'il serait à souhaiter qu'on n'écrivît point d'histoire.
Cela ne disculpe point Machiavel ; il avance des maximes qu'il
ne blâme pas ; mais un bon historien qui rapporte la pratique
de ces maximes les condamne. » On voit que Bayle fait quelques
réserves ; mais l'ensemble de son article est plutôt favorable
que contraire à Machiavel, et il cite avec complaisance ceux qui
l'ont défendu. Il rapporte cette maxime de M. de Wicquefort :
« Machiavel dit presque partout ce que les *Princes* font, et non

(1) Nouvelles de la Rép. des lettres. Janvier 1687.
(2) Boccalini, *Ragguagli di Parnasso*, Centur. 1, c. 89.

pas ce qu'ils devraient faire, » maxime reproduite à peu près
dans les mêmes termes par le chancelier Bacon (1). Il loue la
Préface d'Amelot de la Houssaye à la traduction du *Prince* :
« La préface, dit-il, est pleine de réflexions qui frappent au
but. » Il rapporte l'opinion de Conring (2) qui a dit que ceux
qui l'ont attaqué n'ont fait preuve que de leur ignorance en
matière politique, ἀπαιδευσίαν *prodiderunt.* Il ajoute, avec
Gabriel Naudé, qu'on pourrait tout aussi bien faire le procès
à Aristote et à saint Thomas son commentateur, qui ont longuement exposé les moyens dont se servent les tyrans pour
établir et conserver leur pouvoir (3).

CRITIQUES DE MACHIAVEL. GENTILLET ET AUTRES. — Après avoir
suivi jusqu'à la fin du xviie siècle les derniers vestiges du machiavélisme, nous devons parler de l'opposition qu'il a soulevée. Cette opposition fut très-vive, surtout dans la seconde
partie du xvie siècle, et l'on citerait à peine un publiciste de
cette époque qui n'ait dit son mot contre Machiavel. De toutes
parts, il s'éleva des traités, où les maximes de Machiavel étaient
directement ou indirectement réfutées ; mais, parmi ces traités, pas une œuvre de génie ; pas une qui mérite de vivre. On
vit je ne sais combien de traités du Prince chrétien, où la mo-

(1) Bacon, D. Augm. liv. VII, ch. II.
(2) Conring, in Pref. *De Principe.*
(3) On voit que, parmi les défenseurs de Machiavel, il faudrait encore mentionner les éditeurs et traducteurs, Conring et Amelot de
la Houssaye. Celui-ci surtout, qui est aussi traducteur de Tacite, dit
que Machiavel n'a fait autre chose que commenter Tacite dont
M. de Chauvallon (Préface de sa trad. de Tacite) avait déjà dit :
« Ceux qui l'accusent de tenir des maximes pleines d'injustice,
me pardonneront si je leur dis que jamais politique ne traita les
règles d'un État plus raisonnablement ; et les plus scrupuleux
qui les ont blâmées, tandis qu'ils n'étaient que personnes privées,
les ont étudiées et pratiquées quand ils ont été appelés au maniement des affaires » Amelot, en citant ces paroles de Chauvallon,
apporte à l'appui l'exemple d'un père Emeric qui invectivait contre
les maximes de la politique, mais qui, arrivé au ministère, changea
tout à fait d'opinion et pratiqua plus finement ce qu'il avait reproché à ses prédécesseurs. Il cite le mot de Louis de Médicis qui
disait qu'on ne pouvait gouverner un « État avec le chapelet en
main ».

rale remplaçait la politique (1) ; puis, un certain nombre de
réfutations directes, parties des deux camps qui se divisaient
alors l'empire de la science et de la politique : les catholiques
et les protestants. Ce fut le protestantisme qui produisit la
réfutation la plus étendue et la plus virulente. En 1576 ou 1578,
quatre ans après la Saint-Barthélemy, un protestant, Innocent
Gentillet, donna une réfutation en règle, qui fit beaucoup de
bruit, et reçut le nom d'*Anti-Machiavel*, titre repris plus tard
et rendu célèbre par un autre adversaire, bien plus illustre.
C'est à cette source que vinrent puiser tous les critiques
de Machiavel au xvi⁰ siècle, et en particulier les adversaires
catholiques, parmi lesquels on peut citer le jésuite Possevin,
l'oratorien Bosio et le jésuite espagnol Ribadeneira.

Reproduire cette polémique, dans laquelle n'entrèrent que
des esprits médiocres et sans portée, serait un travail fastidieux. Nous dirons seulement quelques mots de l'*Anti-Machiavel* de Gentillet, plus intéressant d'ailleurs par les circonstances politiques dans lesquelles il fut écrit que par le fond
même du livre. Gentillet n'attaque pas seulement dans Machiavel une doctrine philosophique, spéculative, abstraite : ce qu'il
attaque sous le nom de Machiavel, c'est Catherine de Médicis,
c'est Charles IX, c'est la cour de France ; c'est la politique
florentine transportée à Paris, ce sont les persécuteurs du protestantisme, les ennemis de toute liberté nationale, les auteurs,
les instigateurs de la Saint-Barthélemy. Dédié au duc d'Alen-

---

(1) *De officio principis christ.*, lib. III. Auct. è soc. Jesu Bellar-
mino, Colog. 1619. *Princeps Christ. adv. Machiav.* à Petr. Ribadeneira,
traduction, 1603. Parmi ces traités, le seul qui mérite d'être
mentionné ici pour le nom de l'auteur, et pour quelques-unes des
idées qu'il contient, est l'*Institutio principis christiani* d'Érasme. Cet
ouvrage ne peut être considéré comme une réfutation du *Prince* de
Machiavel, puisqu'il en est contemporain, mais il semble en être la
contre-partie. Machiavel a cherché son héros dans l'histoire de son
temps, et il l'a trouvé dans César Borgia. Érasme a formé le sien à
l'image du Cyrus de Xénophon, et à l'école de Platon et de Plutarque (sur la politique d'Érasme, voir plus loin, ch. v). Cette série
d'ouvrages sur le Prince chrétien se poursuit dans le xvii⁰ siècle
jusqu'à Balzac et à Duguet. La *Politique de l'Écriture sainte* de Bossuet se rattache encore par un certain côté à cette tradition.

çon, frère du roi, chef du parti des Politiques, ce livre, écrit et imprimé à Genève, a cet intérêt qu'offre toujours une passion vive et un sentiment légitime. Il dénonce un fait vrai, c'est que, sous l'influence des doctrines machiavéliques, la monarchie française s'était dénaturée, et se rapprochait chaque jour davantage des tyrannies italiennes. Que ce fait soit exagéré par la passion et la polémique, on peut l'admettre ; mais il a un fond de vérité ; et c'est là qu'est, selon nous, le principal intérêt de l'*Anti-Machiavel*. « Voilà quinze ans, dit l'auteur, que la France gémit sous le joug de la tyrannie. » Ce qui nous ramène à peu près à l'avènement de Charles IX. L'auteur attribue cette tyrannie à l'audace de ceux qui ont abusé, dit-il, de l'âge tendre et de la bonté de nos rois : allusion évidente à Catherine de Médicis. Puis, s'adressant au duc d'Alençon, qui était alors l'espoir des protestants, il l'appelle le libérateur providentiel de la France, *fatalem liberatorem Galliæ*, il l'invite à chasser cette tyrannie barbare des étrangers, *peregrinorum cruentam tyrannidem*, à rétablir l'ancienne politique du gouvernement de France, à renvoyer en Italie cette politique nouvelle venue de Machiavel, *evellendam relegandamque novam gubernandi rationem in Italiam, unde à Machiavello ad nos deducta est* (1).

Quant au fond des choses, la réfutation de Gentillet manque complètement d'originalité et d'intérêt. Elle est d'abord très injuste à l'égard de Machiavel, dont l'auteur ne connaît pas même la vie, et dont il ne paraît pas soupçonner le génie. Voici en effet comment il en parle : « Quant à sa vie et à sa mort, je n'en ai rien appris de certain, et je n'ai pas voulu m'en informer ; puisqu'il vaut mieux que la mémoire d'un homme si méprisable soit ensevelie dans un éternel oubli... (2) » Il ajoute que Machiavel parle plusieurs fois de son séjour à Rome et en France, « où il était allé, non comme ambassadeur (car il ne se serait point tu sur ce fait), mais vraisem-

(1) Déd. au prince d'Alençon.
(2) *Ant.-Mach.* l. I, th. 1.

blablement *comme proscrit et comme fugitif.* » Ailleurs, il
lui reproche d'être absolument ignorant en politique, et *d'avoir
à peine quelque teinture de l'histoire.* On comprend qu'une
réfutation entreprise dans de telles dispositions ne doit pas se
faire remarquer par l'exactitude et l'impartialité ; qualités d'ailleurs assez peu communes au xvi° siècle. Il y a donc beaucoup d'inexactitudes dans Gentillet ; il force le sens de Machiavel ou exagère sa pensée pour la combattre. Par exemple,
Machiavel dit-il que le prince doit tirer sa sagesse de lui-même
et non de ses conseillers, principe très vrai et très salutaire,
Gentillet le combat comme s'il voulait dire que le prince ne
doit point avoir de conseillers, et ne consulter personne, ce
qui est l'opposé même de la pensée de Machiavel (1). Enfin
quelquefois Gentillet renchérit sur la pensée de son adversaire ; et la passion religieuse le rend plus machiavélique que
Machiavel même.

Quoique la polémique de Gentillet soit en général lourde et
banale, il a quelques idées justes et qui pourraient avoir une
certaine portée entre les mains d'un esprit plus philosophique. Par exemple, on sait quel est le principe dont partait Machiavel: c'est que le politique ne doit pas écrire comme s'il
était dans la république de Platon, mais, comme disait Néron,
dans la lie de la cité de Romulus. « Les autres, disait Machiavel, ont décrit des républiques imaginaires, des princes imaginaires. Le vrai politique recherche ce qui peut être, et non ce
qui doit être. » Gentillet répond avec raison: « Quant à ces
conceptions de républiques parfaites qu'ont imaginées certains
philosophes, ils n'ont pas cru que rien de semblable pouvait
exister, mais ils les ont proposées aux princes et aux chefs des
républiques comme des modèles à imiter... Si le prince en effet
choisit pour modèles ceux que lui donne Machiavel, César
Borgia, Agathocle, etc., que fera-t-il de grand, de digne de
louange, puisque les modèles qu'il aura choisis sont eux-

(1) *Ib.,* l. III, th. 28.

mêmes l'opposé de la vertu... Machiavel a donc tort de dire qu'il faut négliger l'idéal pour le réel (*negligenda quæ de perfecta principis forma scripta sunt, et quæ in usu sunt, sequenda*)... Car s'il soutient que, dans la réalité, il n'y a que des vices, il donne lui-même un conseil détestable et pernicieux : s'il avoue qu'il y a quelque vertu, pourquoi donc rejeter alors ce modèle de prince parfait, même lorsqu'on ne pourrait jamais espérer d'atteindre à cette perfection (1) ? » Il faut encore reconnaître un mérite à l'auteur de l'*Anti-Machiavel*, celui d'avoir essayé de tirer parti de l'histoire. En cela même il était de l'école de son adversaire, et il lui empruntait les armes par lesquelles il le combattait. Ajoutez enfin que Gentillet a assez bien vu l'une des causes des erreurs de Machiavel, le peu d'étendue de son expérience, et surtout l'influence des exemples de l'Italie. « Quelle expérience a pu avoir, dit-il, un homme qui ne connaissait guère que les querelles de quelques républiques et de quelques petits princes, les factions et les institutions et quelques misérables Florentins (2)? » Que ce soit là une des causes des erreurs de Machiavel, cela n'est pas douteux. Mais il eût été juste de faire remarquer combien il avait fallu de génie pour arriver à des vues si profondes et si étendues dans un champ d'expérience si étroit.

Si médiocre que soit l'*Anti-Machiavel* de Gentillet, il est encore supérieur à la plupart des autres écrits du même genre ; et ce fut lui qui leur fournit des armes. Au premier rang des adversaires de Machiavel, se comptent les jésuites. Possevin, dans les quelques pages intitulées : *Cautio de iis quæ scripsit tum Machiavellus, tum is qui adversus eum scripsit Anti-Machiavellus* (1592), nous donne lui-même la preuve qu'il n'a pas même ouvert Machiavel. Car il parle des *deux livres* où cet organe de Satan a parlé du prince (*prioribus duobus libris, quibus de principe agit*). Or, de deux choses l'une, ou il a cru que le traité du *Prince* avait deux livres,

(1) L. III, c. 27.
(2) Præf. p. 6.

ou il a cru que les deux traités de Machiavel roulaient sur
le *Prince* : dans les deux cas, il est évident qu'il ne l'avait
pas lu. Il n'a fait autre chose qu'emprunter à Gentillet ses
titres de chapitre, en le reproduisant presque textuellement.
Mais il a soin d'envelopper Gentillet dans la même condamnation. Il termine par une sèche analyse du *De regimine principum*, de saint Thomas.

Le *Princeps Christianus* de Ribadeneira a plus de mérite
que la misérable compilation de Possevin. Mais c'est plutôt
un traité contre la liberté de conscience que contre Machiavel.
Cependant la seconde partie du traité expose les devoirs du
prince chrétien, opposé au *Prince* de Machiavel. C'est la
piété, la justice, la prudence, la libéralité, le tout accompagné
d'exemples historiques, anciens ou modernes. Il serait
impossible de trouver, dans ce monotone catéchisme, la trace
d'une idée originale et intéressante (1).

Enfin, comme les protestants avaient eu leur *Anti-Machiavel*, la cour de Rome voulut avoir le sien. La charge officielle
de réfuter Machiavel fut décernée à l'oratorien Bosio, dont
nous avons lu deux ouvrages, d'une déplorable médiocrité :
le *De robore bellico* (2) et le *De imperio virtutis* (3). Le
premier de ces deux ouvrages est consacré à réfuter cette
opinion de Machiavel, que la religion chrétienne a détruit et
affaibli le courage des peuples modernes. Le second ouvrage
de Bosio est contre l'hypocrisie du *Prince*. On peut se donner
une idée de la monotonie du livre par la simple table des
matières. Les rois hypocrites ont été souvent massacrés par les
ennemis : les bons au contraire. Les empereurs et les rois

(1) Dans le même ordre d'idées, il faut citer l'ouvrage intitulé :
Idea de uno principe christiano, de Saavedro Faxardo, et celui
d'Erasme, *Princeps Christianus*.
(2) *Liber unus* adv. Mach. Col. 1594.
(3) *De imperio virtutis*, sive imperia pendere a veris virtutibus non
simulatis, lib. duo adv. Mach. Col. 1594. Ginguené ne cite pas le *De
robore bellico* ; mais il cite un autre ouvrage que nous n'avons pas
rencontré, *De antiquo et novo Italiæ statu*, adv. Nic. Mach. lib. IV,
1594 et 1595, in-8°.

hypocrites ont eu une vie très courte, et les bons au contraire. Beaucoup de rois hypocrites, n'ayant pas éprouvé de grands malheurs, ont été chassés de leurs royaumes, et ont vécu dans la misère. Les rois hypocrites ont vécu dans la crainte, dans les soucis ; les bons dans la tranquillité de l'âme. Les rois hypocrites ont eu mille afflictions et ont vécu très malheureux. Les rois hypocrites ont été tourmentés par les séditions et les révoltes. Voilà ce que l'on appelait alors une réfutation de Machiavel. Est-il surprenant que cette intelligente confusion de la morale et de la politique ait inspiré à Scioppius son apologie du machiavélisme ?

Ce fut surtout la conscience publique qui protesta contre le machiavélisme, et qui, sans avoir besoin de réfutation en règle, en fit un synonyme de perfidie et d'odieuses machinations. Dès le XVIe siècle le mot était entré dans la langue : « Pour obtenir quelque honneur au siècle présent, disait Et. Pasquier, il faut *machiavéliser.* » De même dans Agrippa d'Aubigné :

> Nos rois ont appris à machiavéliser,
> Au temps et à l'Etat, leur âme déguiser.

De Thou reproche à la reine Catherine de Médicis d'avoir enseigné aux Princes les traités de cet athée de Machiavel. D'autres, au contraire, admiraient outre mesure la politique italienne, et faisaient honte aux Français de leur grossièreté et niaiserie en politique. L'auteur d'un *Traité de la grande prudence et subtilité des Italiens* (1590) écrivait pour montrer, disait-il, combien nous sommes grossiers en France, et l'Italien subtil et ingénieux à toute occasion qui se présente (1).

Pour épuiser l'énumération de toutes les critiques de Machiavel, il faudrait aller jusqu'au XVIIIe siècle, qui nous offre une réfutation des plus célèbres, œuvre d'un prince illustre et d'un grand homme. Mais cette réfutation elle-même

(1) Voir Waille, *Machiavel en France*, p. 5 et p. 215.

n'est encore qu'une œuvre assez banale, pleine de déclama-
tion et sans portée politique. Il est d'autant plus difficile de la
prendre au sérieux que son auteur, comme on le sait, n'eut
rien de plus pressé, aussitôt après son avènement au trône,
que de supprimer l'édition autant qu'il le put, et que lui-
même, dans sa conduite, ne négligea guère d'appliquer les
principes qu'il avait combattus en théorie. On a dit avec raison qu'il n'y a rien de plus conforme au machiavélisme que
de réfuter Machiavel, comme héritier présomptif, pour en
appliquer plus sûrement les maximes, comme prince régnant.
L'*Anti-Machiavel* de Frédéric II n'a donc que très peu de
valeur par lui-même. Il ne vaut que comme témoignage de
l'esprit du xviii° siècle (1), qui imposait aux princes l'obligation
de flatter l'opinion, même en la trompant.

APPRÉCIATION CRITIQUE DU MACHIAVÉLISME. — Au reste, rien
n'est plus difficile qu'une réfutation vraiment philosophique de
Machiavel; et aucun sujet ne prête plus au lieu commun. Sans
doute la conscience publique et le sentiment naturel répu-
gnent invinciblement à de telles doctrines : et c'est là déjà
une condamnation suffisamment accablante. Mais si l'on veut
démêler avec précision les sophismes dans lesquels s'enveloppe le machiavélisme, on y rencontrera quelque difficulté. Selon nous, c'est sur le principe même de la doctrine
que doivent porter les efforts de la critique. Ce principe est
confus et complexe ; de là vient qu'il peut embarrasser certains esprits. Quel est-il ? C'est qu'il faut être méchant avec les
méchants, et tromper ceux qui nous trompent ; c'est la loi de
la réciprocité.

Ce qui fait la confusion et l'embarras de ce principe, c'est

(1) L'opinion du xviii° siècle est tout entière dans cette lettre de
Voltaire à Frédéric : « C'était aux Borgia père et fils et à tous les
petits princes qui avaient besoin de crimes pour s'élever à étudier
cette politique infernale. Il est d'un prince tel que vous de la détester. Cet art, que l'on doit mettre à côté de celui des Locuste et des
Brinvilliers, a pu donner à quelques tyrans une puissance passagère,
comme le poison peut procurer un héritage, mais il n'a jamais fait,
ni de grands hommes, ni des hommes heureux. » (20 mai 1736.)

qu'il est assez voisin d'un autre très vrai et très légitime, à savoir qu'il est permis de se défendre par la force contre quiconque nous attaque par la force. C'est sur la confusion de ces deux principes que le machiavélisme s'établit. La critique doit donc s'efforcer de montrer qu'il y a là deux principes et non pas un seul, que le droit de rendre le mal pour le mal n'est pas la même chose que le droit de se défendre. Dans le premier cas, nous nous autorisons du mal qu'on nous a fait, ou qu'on veut nous faire pour justifier celui que nous préparons, nous croyons être déliés de la loi de l'honneur et de la justice par cette seule raison que notre ennemi s'en est le premier délié, comme si sa volonté était le principe de notre devoir, comme si la loi morale était un pacte entre lui et nous. Voilà le principe de Machiavel : c'est la justice des temps barbares ; c'est la loi du talion : œil pour œil, dent pour dent, perfidie pour perfidie. C'est la loi sous laquelle vit l'homme, lorsqu'il est encore à peine sorti de l'espèce animale, et que l'homme est un loup pour lui, *homo homini lupus*. Voilà la justice du xve et du xvie siècle, de ces temps où une culture nouvelle de l'intelligence ne faisait encore qu'aiguiser les appétits féroces et cruels du barbare : c'est le temps où la réflexion vient apprendre aux politiques qu'au lieu de combattre en champ clos, à main armée, sous l'œil de Dieu, il vaut mieux rivaliser de finesse, de mensonge et de ruse. Ainsi, le principe de Machiavel, c'est le principe de la guerre sans fin, sans interruption, sans trêve, guerre ouverte ou guerre secrète, guerre intérieure et extérieure, guerre sous toutes les formes, par toutes les armes, à tous les instants de la vie des peuples et des souverains.

En est-il de même du droit de défense ? Le droit de défense est évidemment limité à un seul cas, celui d'une attaque effective : il a un objet déterminé et circonscrit, celui de repousser l'attaque. L'attaque une fois repoussée, tout est comme auparavant, les mêmes droits et les mêmes devoirs subsistent. La justice, l'honneur, la fidélité aux promesses, rien n'est abrogé ;

les lois de la morale, qui sont en même temps les lois protectrices
de la société humaine, ne changent pas selon le besoin que
nous en avons. Le droit de défense ne peut donc pas aller jusqu'au droit de prévenir une attaque future et supposée par une
attaque anticipée, de prévenir l'emploi possible de la force
contre nous, par l'emploi certain de la ruse contre l'ennemi,
jusqu'au droit de supposer partout et toujours des ennemis
prêts à prendre les armes et à nous tromper, et, en conséquence, de s'armer le premier, et de tromper d'avance, jusqu'au droit de s'agrandir aux dépens des autres, dans la
crainte qu'ils ne s'agrandissent à nos dépens, de violer les traités, sous prétexte qu'ils les violeront, enfin de trahir et de
massacrer tous ceux qui gênent la grandeur ou la puissance
du prince, par cette raison qu'ils n'attendent que le moment
de l'accabler. Le droit va-t-il jusque-là? On ne saurait le dire;
car ce serait confondre la défense avec l'oppression.

Le machiavélisme ne repose que sur des équivoques: par
exemple, ce principe : que la morale est relative aux circonstances, est susceptible de deux interprétations contraires,
l'une juste et l'autre fausse. Les droits et les devoirs naissent
sans doute des rapports des choses et des personnes. Les devoirs ne sont pas les mêmes envers les parents qu'envers les
étrangers, envers les amis qu'envers les parents. Mille circonstances font varier ces rapports. Je dois plus à l'homme qui
m'a fait du bien qu'à un homme en général. Entre deux bien-
faiteurs, je dois plus à celui qui avait le moins et qui a fait le
plus ; et ainsi à l'infini. L'appréciation de ces circonstances et
des modifications de devoir qui en résultent constitue le tact
moral et la délicatesse de la conscience. La loi morale n'est pas,
selon l'expression d'Aristote, une règle de fer ; c'est une règle
lesbienne, c'est-à-dire mobile, qui s'applique à tous les cas et à
toutes les circonstances possibles. Par exemple, dit encore Aristote, on ne demandera pas le même courage à un enfant qu'à
un homme, ni envers un lion qu'envers un loup. On ne peut
nier non plus que les circonstances n'aient leur part et leur

droit dans l'accomplissement des promesses. Par exemple, vous avez promis de secourir un allié ; mais votre armée est décimée par la maladie ; elle est devenue incapable de franchir l'espace qui vous sépare du lieu du rendez-vous ; vous ne pourriez l'essayer qu'en la condamnant à une ruine certaine. Êtes-vous tenu à l'exécution de la promesse ? Vous êtes tenu sans doute à faire tout ce qui est possible, mais non pas au delà. Ainsi, le possible est donc en certains cas la mesure de l'obligation. De ces différentes considérations, on voit comment on peut être entraîné à cette doctrine machiavélique, que tout dépend des circonstances, qu'il n'y a point en politique de bien ou de mal absolu, et que le salut est la loi suprême. Vous voilà entre deux grandes difficultés ; car, si vous ramenez tout aux circonstances, vous donnez gain de cause au machiavélisme ; si vous ne concédez rien aux circonstances, vous faites une morale abstraite et inapplicable, vous tombez dans l'erreur stoïcienne, que toutes les fautes sont égales, vous avez enfin contre vous cet axiome de droit, si juste et si élevé, *summum jus, summa injuria.* Tels sont les conflits de la conscience dans ces délicates questions ; et ces conflits nous expliquent comment des esprits droits et honnêtes peuvent s'y perdre. Il faut essayer de trancher ou de dénouer ces difficultés.

C'est ne rien comprendre à la loi que de la concevoir comme une force abstraite et une règle indéterminée, qui ne s'applique pas plus à ceci qu'à cela. Car elle est, selon Montesquieu, un rapport nécessaire dérivant de la nature des choses. Il faut donc tenir compte de la nature des choses dans l'application de la loi. Par exemple, si l'on doit aimer même ses ennemis, parce que ce sont des hommes, et que le rapport principal de l'homme à l'homme n'est pas effacé par le rapport secondaire de l'ami à l'ennemi, il ne résulte pas de là cependant que vous ne devez faire aucune différence entre l'ami et l'ennemi, car ce serait une injustice pour l'ami ; ni que vous deviez traiter l'ami infidèle comme l'ami fidèle, celui

d'hier, comme celui d'autrefois; et l'homme qui ne tiendrait
pas compte de ces différences dans sa conduite ferait faute
sur faute : il serait semblable à un savant qui voudrait pointer
un canon, selon la formule, sans tenir compte de la disposition des terrains, de la résistance des milieux, de l'élasticité
des métaux. Voilà dans quel sens on peut dire que la morale
change avec les circonstances. Faut-il en conclure qu'elle
change avec toutes les circonstances? Non, sans doute, car ce
serait alors détruire l'idée même de la loi. Dans la nature
physique, les lois se modifient par leur rencontre avec d'autres lois; mais elles ne se modifient pas par toute espèce de
circonstances. Ainsi, on ne voit pas que la couleur d'un objet
change rien à son poids. Il en est de même en morale. Le
principe de la morale, c'est l'ordre; et l'ordre résulte du rapport déterminé des choses entre elles selon leur nature. Par
exemple, c'est l'ordre qui veut que vous fassiez plus pour un
parent que pour un ami, pour un ami que pour un concitoyen, pour un concitoyen que pour un homme ; et ces relations dépendent de la nature même des choses. Mais il ne
suffit point que les circonstances changent pour qu'une chose
défendue devienne permise. Autrement il n'y aurait plus rien
de défendu ni d'ordonné. Une défense implique une contrainte, et par conséquent une certaine opposition aux intérêts de celui auquel elle est faite. Il est évident que si la
défense et l'obligation étaient toujours d'accord avec la commodité de l'agent, elles seraient parfaitement inutiles. Elles doivent donc subsister, lors même que cet accord ne subsisterait
plus. Si le changement dans les intérêts de l'agent ne change
rien à la nature de la défense et de l'obligation, il en est de
même de la diversité des conditions sociales. Car, de ce qu'un
homme est un prince au lieu d'être un ouvrier, il ne résulte
pas qu'il ait plus qu'un autre le droit de violer ses promesses,
et de massacrer ses ennemis. Le titre de souverain, de roi, de
république, n'a donc aucune influence sur la loi de la fidélité
aux promesses ; car ce qui fait qu'une promesse doit être

observée, ce n'est point qu'elle est faite par tel ou tel, c'est qu'elle est une promesse. Il en est de même de l'obligation de respecter la vie des hommes. On voit donc dans quel sens la morale est relative aux circonstances, et dans quel sens elle ne l'est pas.

Il y a encore dans le machiavélisme une confusion entre deux principes semblables et très différents. L'un est celui-ci : La fin justifie les moyens. L'autre est celui-là : Le mérite est dans l'intention. En vraie morale, ce n'est pas l'acte qu'il faut considérer, c'est l'intention. Un acte bon, accompli dans une intention mauvaise, est mauvais ; si c'est dans un but d'intérêt personnel, il est indifférent et n'a aucune valeur morale. Au contraire, un acte mauvais, que l'on croit bon, et que l'on accomplit pour bien faire, devient bon. Et cette doctrine est si vraie, que saint Thomas va jusqu'à dire que c'est pécher que de ne pas faire le mal, lorsque l'on croit que le mal est le bien. C'est là peut-être beaucoup dire, et l'on pourrait contester cette conséquence ; mais ce qui est certain, c'est que l'agent moral n'est responsable que de ce qu'il a su, compris et voulu. Nier cela, c'est remplacer la justice morale par la justice légale, c'est détruire toute notion de responsabilité, confondre le bien et le mal moral avec la santé et la maladie, avec la science et l'ignorance, avec les avantages et les difformités de la nature. Même devant la justice sociale, c'est encore l'intention qui est le principe de la culpabilité ; car l'imprudence, l'absence de discernement, la démence, sont des causes d'acquittement ou d'atténuation ; et la préméditation est une circonstance aggravante.

Il n'y a donc pas moyen de nier ce principe, que la moralité est dans l'intention. Mais voyez les conséquences apparentes. Si l'intention est l'unique élément de l'action morale, il suffit que j'aie une bonne intention pour que mes actions soient bonnes. Celui, par exemple, qui, pour sauver son pays, tue son bienfaiteur, est innocent ; l'intention justifiera l'acte, la fin justifiera les moyens. Dès lors, toutes les actions peuvent être bonnes, car toutes peuvent, dans un cas donné, aboutir à une bonne fin. Or, la fin d'une action c'est la conséquence qui en résulte. La fin du meurtre de Rémus, c'est la fondation de Rome ; la fin du massacre des éphores par Cléomène, c'est le rétablissement des lois de Lycurgue. Ainsi la bonté d'une action se mesurera sur ses résultats. Mais le caractère essentiel de l'action morale est d'être bonne par elle-même, indépendamment de ses résultats. « Fais ce que dois, advienne que pourra. » C'est le contraire qui est le vrai, si c'est la fin qui justifie les moyens, et si l'intention justifie l'action. Voyez quel conflit et quel embrouillement des principes de la morale. Ce principe : « tout est dans l'intention, » semble conduire à cette conséquence : « tout est dans le résultat, » ce qui est le renversement de la morale. Ici encore il faut y regarder d'assez près, pour se démêler entre ces principes ondoyants, qui semblent se jouer de la conscience, se perdre les uns dans les autres, et nous éblouir un instant de leurs fausses clartés, pour nous plonger ensuite dans les ténèbres.

Ce qui est vrai, certain, irrécusable, c'est qu'une action n'est bonne qu'autant que l'intention l'est elle-même ; et aussi qu'une action mauvaise, faite sans mauvaise intention, n'est pas répréhensible. Mais pour que l'intention soit bonne, suffit-il que la fin soit bonne ? Voilà la question ; et c'est là qu'est le sophisme. Il y a sans doute des actions indifférentes par elles-mêmes, qui deviennent bonnes par la fin que l'on considère. Par exemple, couper une jambe est un service rendu à un malade ou un crime envers un homme sain : c'est que l'action en elle-même n'a pas de caractère moral. Mais faire périr un innocent est un crime par soi-même ; et il n'y a pas de fin qui puisse justifier un tel moyen. J'avoue que si, en faisant périr un innocent, on croit faire bien, il n'y aura pas véritablement de crime : par exemple, le sauvage qui tue son père, Abraham sacrifiant son fils, les veuves indiennes brûlées sur le bûcher de leurs maris. Mais, dans ce cas, l'erreur porte sur l'acte lui-même : tel acte est mauvais, je le crois bon ; je suis innocent. La question est tout autre, lorsque je demande si un acte, que je sais et que je crois mauvais, peut devenir bon par la fin que je me propose en l'accomplissant. Par exemple, puis-je tuer Rémus pour fonder Rome, massacrer les éphores pour réformer Lacédémone, assassiner César pour rétablir la liberté, brûler un hérétique pour défendre la foi catholique, et enfin faire les massacres de septembre pour épouvanter le monde et sauver la révolution? Ceux qui ont fait ces actions ont pu ignorer qu'elles étaient mauvaises : nous n'avons pas à les juger ; mais les actions en elles-mêmes sont injustifiables, et l'on ne peut en conclure qu'il soit permis de tout faire pour ce qu'on croit le bien.

Ces considérations suffisent à montrer par quelle confusion de principes le machiavélisme peut s'insinuer dans les esprits. Nous avons essayé de démêler quelques-uns de ces nœuds embarrassés; nous ne pourrions faire plus sans tomber dans une casuistique minutieuse. La casuistique est une science dangereuse. Elle combine à son gré les faits et les circonstances; elle met en opposition des principes et des motifs contraires, mais d'une égale importance; elle met la raison dans l'embarras, et la livre à une dialectique à double tranchant qui ne peut guère produire que le scepticisme. Nous avons reçu de la nature un juge suprême du vrai et du faux en morale, la conscience; mais elle ne prononce qu'en présence des faits mêmes; c'est quand il s'agit d'une action réelle, présente, dont tous les éléments sont bien connus, que la conscience décide tout par un jugement rapide. Toute sa force est dans l'à-propos : elle est essentiellement une faculté spontanée. Mais si, au lieu de la mettre en présence de la réalité même, vous construisez à plaisir les circonstances des faits, et l'embarrassez dans une question abstraite, la conscience n'a plus la même clarté, ni la même certitude : elle laisse la place au raisonnement qui distingue, qui subtilise, et qui finit par éteindre le sentiment vif de la moralité des actes. Le sentiment moral s'éclaire et se fortifie de deux manières : par une forte méditation des principes, et par l'habitude de juger les actions réelles. Grâce à ces deux moyens de progrès,

JANET. — Science politique.   I. — 38

le sentiment moral n'a que faire de la casuistique. Il n'y a donc pas lieu de se poser ces questions compliquées, où l'on combine à plaisir les difficultés pour embarrasser la conscience. *A priori*, il n'y a qu'une chose à dire : la loi morale est absolue, et ne souffre pas d'accommodement. Quant aux difficultés particulières, c'est à la conscience à en décider à l'instant même ; et il n'appartient pas au raisonnement de lui dicter d'avance son jugement.

Au risque de passer pour un politique de cabinet, je dirai avec l'ancien adage : « L'honnêteté est la meilleure politique. » Il en est de la politique comme du commerce. Le commerce ne vit que de probité. Celui qui trompe gagne sur le détail ; mais il compromet l'ensemble de ses affaires. La loyauté est la mère du crédit ; et plus une maison est honnête, toutes choses égales d'ailleurs, plus elle est solide. Ainsi, en politique. Vous trompez aujourd'hui, et c'est un avantage ; car cette tromperie inattendue vous assure un gain particulier : mais on vous trompera demain ; et vous aurez le fruit de votre première fraude. Comme vous n'offrirez aucune solidité dans les relations, nul ne s'attachera à vous, et vous n'aurez jamais que des alliés infidèles, et des ennemis cachés. L'honneur est le crédit des gouvernements. Il est vrai que les hommes ont tellement compliqué les rapports simples des choses et des affaires, ils font un tel mélange de l'intérêt personnel, de la cupidité ou de l'ambition avec l'intérêt public et le patriotisme, des motifs nobles et des motifs bas, qu'il s'est formé une tradition d'habileté politique, d'après laquelle il paraît presque impossible de réussir par les voies simples et sincères. Mais quoiqu'il soit d'une extrême difficulté de conserver intacte en politique la parfaite sincérité, on peut cependant voir que, dans l'histoire, les hommes qui ont mérité la plus grande réputation de vertu et de droiture n'ont pas laissé que d'exercer une très haute influence sur les affaires de leur temps. Nous pourrions citer Aristide, chez les anciens ; saint Louis, l'Hôpital, Washington, chez les modernes. Quel que soit le préjugé répandu, lorsqu'un de ces grands caractères se montre, un respect universel l'entoure, et l'autorité de sa vertu

lui tient lieu d'habileté. D'ailleurs, il n'est pas dit que la vertu
doive se passer d'habileté, qu'elle doive ignorer les hommes,
les ménagements des circonstances, les biais et les accommo-
dements des affaires. Ce qui souvent a jeté du discrédit sur la
vertu en politique, c'est d'abord qu'elle manquait de l'intelligence et de l'expérience, conditions de succès que la vertu ne
peut pas remplacer; en second lieu, c'est qu'elle n'était pas
encore assez haute. La grande vertu commande le respect, fait
plier devant elle la ruse et l'hypocrisie, tranche hardiment les
difficultés des affaires, et oppose aux pièges de la rouerie politique l'énergie fière d'une conscience tranquille. Une vertu médiocre compose et cède : elle ne veut pas le mal, elle n'a pas
la force de vouloir le bien; elle irrite plus par ses scrupules
qu'elle n'impose par sa droiture. Sa faiblesse encourage le
vice et compromet la vertu même. C'est elle enfin qui fournit
au machiavélisme ses plus spécieux prétextes.

Mais en voilà assez sur une doctrine qui a fait son temps et
qu'il faut laisser dans l'histoire. Le machiavélisme est le résumé
de la politique du xve siècle; mais au xvie siècle, il n'est plus
déjà qu'une école perdue et dispersée dans le grand mouvement
du temps. Cette politique négative n'a de sens et de valeur que
comme ayant affranchi l'esprit moderne de la politique du
moyen âge. Le grand débat de la politique moderne est le débat de l'absolutisme et de la liberté. Machiavel semble à peine
l'avoir entrevu. Il parle de la liberté comme un ancien et non
comme un moderne. Il ne devine pas les tumultueuses contes-
tations qui vont s'élever entre les peuples et les souverains.
Cependant, le temps n'était pas loin où ces grandes questions
allaient commencer à s'agiter et à ébranler les principaux États
de l'Europe. C'est ce que l'on vit au xvie siècle. Mais le mouvement commença par où on ne l'aurait pas attendu : par une
révolution religieuse, Luther succède à Machiavel. Au lieu de
parler aux cours et aux diplomates, il s'adressa aux multitudes.
Le peuple entre en scène; et c'est avec ce nouveau personnage
que la politique moderne aura désormais à compter.

ANNEXE AU CHAP. II DU LIVRE III

NOTE SUR LA LITTÉRATURE DU MACHIAVÉLISME (1)

RECUEILS GÉNÉRAUX DE BIBLIOGRAPHIE POLITIQUE

REINHARD, J.-J., *Theatrum prudentiæ elegantioris ;* Viterbe, 1702, in-4, pp. 37. et suiv.

ARND, *Bibliotheca politico-heraldica ;* Rost. et Lips., 1706, pp. 38 et suiv.

Bibliotheca juris imperantium quadripartita ; Nuremberg, 1727, pp. 169 et suiv.

MEISTER, Ch.-E.-P., *Bibliotheca juris naturalis et gentium,* III, pp. 51 et suiv.

On trouvera de nombreuses indications sur la littérature italienne du machiavélisme, dans la préface de la grande édition de ses *Œuvres* (Florence, 1782) et dans Baldelli, *Elogio di N. M.,* Louv. 1796, pp. 58 et suiv. Voir aussi Brunet, *Manuel du libraire ;* A. Quérard, *France littéraire,* art. *Machiavel.*

ÉDITIONS DE MACHIAVEL

Nous signalerons seulement les plus importantes :

Œuvres complètes ou choisies

Opere varie ; Roma, 1531-32, — Firenze, 1782 (la meilleure édition, texte collationné sur les manuscrits originaux, mais non tout à fait complet). — Firenze, 1813 (l'édition la plus complète).

---

(1) Cette note est en grande partie le résumé du chapitre qui porte le même titre dans l'ouvrage de Robert de Mohl intitulé : *Die Geschichte und Literatur der Staatswissenschafften* (Erlangen. 1868), tom. III, p. 520. Nous y avons ajouté ce qui est venu à notre connaissance sur le même sujet depuis cette époque.

Traductions des œuvres complètes ou choisies

Françaises : Gohory, Rouen, 1579. — Guiraudet, Paris, 1799, 9 vol. — Periès, Paris, 1823, 12 vol. — Buchon, 1837, *Panthéon littéraire.* — Louandre, 1852, 2 vol.

Anglaises : Dacres, 1636-1675. — Farneworth, Lond., 1768 et 1774.

Allemandes : Ziegler, Carlsruhe, 1832-1841, 7 vol.

Ouvrages séparés

Le Prince, édition originale, Rome, 1532 ; Paris, 1832 ; Francfort, 1852.

Les Discours sur Tite-Live, édition originale, Roma, 1531 ; Firenze, 1531-1543 ; Venezia, 1630.

L'Art de la guerre, Firenze, 1531 ; Venezia, 1540-1550.

L'Histoire de Florence, édition originale, Firenze 1532 ; Venezia, 1554.

Traductions

Le Prince, en latin par Conring, 1686 ; en français, par Amelot de la Houssaye, 1683 ; en allemand par Riedel, Darmstadt, 1841 ; Regis, Stuttgart, 1842.

Les *Discours* en français, par Herberay, Paris, 1559. — De Menc, Paris, 1782. — En latin : Turler, 1569 ; Lugd. Batav. 1649. — En anglais, Whitteborne, London, 1640, 1688. — En allemand, Scheffner, Berlin, 1797.

— On trouvera les compléments de ces notions bibliographiques dans la préface de la traduction des *Œuvres complètes* de Periès, citées plus haut.

Les écrits innombrables sur Machiavel sont rangés par M. Rob. de Mohl en trois classes : 1° les adversaires de Machiavel ; 2° les partisans ; 3° les critiques (1).

I. — Adversaires.

Le premier, suivant Baldelli (*Elogio di N. M.*, p. 58) qui ait attaqué la doctrine de Machiavel est le cardinal Polus, *Apologia ad Carolum V super libro de unitate Ecclesiæ* ; Brix., 1744, I, p. 152. Il dit que les ouvrages de M. ont été écrits « par la main du Diable ».

(1) Dans cette liste reparaîtront, bien entendu, plusieurs des noms contenus dans nos chapitres précédents.

Mêmes attaques de l'évêque de Cosenza. CATARINO POLITI : *De libris a christiano detestandis* ; Rom., 1552. Ce livre paraît être complètement perdu. On ne connaît que le titre d'un des chapitres : *Quàm execrandi M. discursus et institutio sui Principis.*

PAUL JOVE, *Elogia virorum litteris illustrium* ; Anv. 1557. Sous prétexte d'éloge, P. Jove fait un portrait virulent de Machiavel.

OSORIUS (évêque de Sylva en Portugal), *De nobilitate christiana*, lib. III ; Florent., 1552.

POSSEVINUS, *Judicium de Nova, J. Bodino, Ph. Mornœo et de N. Mach.* Rom. 1592. Conring a prouvé que cet auteur jésuite n'a jamais connu le texte même de Machiavel.

Cet ouvrage, quoique sous un titre différent, doit être le même que celui que nous avons analysé plus haut. (l. III, ch. II, p. 583.)

RIBADENEIRA, *De religione et virtutibus principis christiani adversus M.*, lib., II ; Madrid, 1597 (trad. franç., de Ballingham, Douai 1610). *De simulatione virtutum fugienda.*

BOZIUS, *De imperio virtutis, sive imperia pendere à veris virtutibus, non à simulatis lib. II adv. N. M.* ; Colon., 1594.—*De romano rubore, lib. I. ad. Mach.* ; Colon. 1594. *De Italiæ statu antiquo et novo lib. IV adv. M. De ruinis gentium ac regnorum adv. impios politicos*, l. VIII, col. 1598.

FITZ-HERBERT, (Th.), *The second part of a treatise concerning Policy and Religion*, 1610. Il combat l'idée de Machiavel, que la religion chrétienne a affaibli le courage.

CLEMENTE, *El Machiavelismo degollado por la christiana sabiduria de Espanna y de Austria* ; Alcala, 1637.

LUCCHESINI, *Saggio della sciocchezza di N. M.* ; Rom., 1697, 4 (1).

P. RÉGNAULD, *De malis et bonis libris*, 1658, p. 48, sqq.

Les divers écrits précédents représentent l'opposition des écrivains catholiques au machiavélisme. Ceux qui suivent appartiennent à la critique protestante ou philosophique. La Saint-Barthélemy a été l'occasion de cette nouvelle forme de la protestation de la conscience morale contre les théories compromettantes de Machiavel.

Le premier qui prit cette attitude nouvelle contre Machiavel est : GENTILLET (mentionné et analysé dans notre traité, voy. pl. haut, p. 580) *Discours sur les moyens de bien gouverner et en bonne paix un royaume, contre N., M. le Florentin* ; Lausanne, 1576.

Traduction latine, sous ce titre : *Commentarius de regno*, 1576.

BODIN, *Républ.*, 1577, in-fº (voir les passages réunis par Baudrillard, p. 225 et sqq.).

(1) Voir une brève analyse de cet écrit très rare dans le livre de M. Rob. de Mohl, p. 548.

Peller, *Politicus sceleratus impugnatus* ; Nuremberg, 1698.

Fleury (abbé), *Réflexions* sur les œuvres de M., dans le *Droit public de la France* publié par Daragon ; Paris, 1769, p. 35-69.

Frédéric le Grand : 1° *Anti-Machiavel*, publié par M. de Voltaire ; la Haye, 1740 ; 2° autre édition du même ouvrage avec changements nouveaux de Voltaire (même année); 3° dernière édition revue avec soin par Frédéric, la seule authentique, publiée dans la grande édition complète des *Œuvres* de Frédéric, tome VIII (tome 1er des *Œuvres philosophiques*) p. 185-336.

Critiques mêlées à d'autres ouvrages :

Roscoe, *The life and pontificate of Leo X*, Heidelb., 1818, t. III, p. 160-165.

Morellet, *Mélanges de littérature* ; Paris, 1818, p. 346 et suiv.

Raumer, *Ueber die Geschichtlicher Entwiklung der Begriffe, Recht, Staat und Politik* ; Leips., 1832, p. 27.

Barth. Saint-Hilaire, *Politique d'Aristote*, Introduction (1849 p. cxxiii-cxxxv).

II. — Partisans et défenseurs de Machiavel.

M. de Mohl les divise en trois classes (1) :

1° Ceux qui justifient Machiavel en disant qu'il n'a fait que décrire des faits, en montrant comment les hommes agissent, sans dire comment ils doivent agir.

2° Ceux qui lui imputent un autre dessein que celui qu'on lui prête. Il a eu pour but, dit-on, non l'intérêt de la tyrannie, mais celui de la liberté.

3° Ceux qui le défendent d'une manière générale en faisant quelques réserves sur des points particuliers.

1re classe :

Lipsius (J.), *Politicorum*, lib. VI, 1594, p. 37.

Scioppius, *Pædia politices* (v. plus haut, p. 553).

Baco, *De augm. scientiarum*, VII.

Wicquefort, *l'Ambassadeur et ses fonctions*, I.

Amelot de la Houssaye, *Préface* à sa traduction du *Prince*.

Morhof, *Polyhist.* t. X.

Jacobi, *Werke*, t. II, p. 384.

Boccalini, W, *Parnasso, ragguaglio*, 89.

Albericus Gentilis, *De legationibus*, III.

(1) Cette classification est un peu arbitraire. Elle a seulement l'avantage de mettre un peu d'ordre dans cette longue énumération.

Lilienthal, *Machiavelismus literarius* ; Leips., 1713.

2mo *classe :*

J.-J. Rousseau, *Contrat social*, l. III, ch. vi.

Alfieri, *Del Principe*, dans ses *OEuvres* (Piacenza), 1810, t. XIX, p. 111.

Buhle, *Hist. de la philos.;* Goett. t. II, p. 929.

Weitzel, *Geschichte der Staatswissenschaft* ; Suttgart, 1832, t. I, p. 133.

Baldelli, *Elogio di N. M.* ; Louvain, 1794.

3me *classe :*

Cappel, Traduction française du *Prince, Dédicace* ; Paris, 1553.

Christius, *De N. Machiavel* libri III ; Lips. et Halle, 1731.

Guiraudet, *Introduction* à la traduction française des *OEuvres*, Paris, 1803, t. I, p. i-cxii.

Ridolfi, *Pensieri allo scopo di N. M. nello libro del Principe* ; Milan, 1810.

Kellermann, *Commentatio de N. M. Principe* ; Lips., 1831, 4.

Hoffmann (le critique du *Journal des Débats*). OEuvres, V, pp. 201-269.

Bollmann, *Vertheidigung des Machiavelismus* ; Quedlinbg., 1858.

Machiavel commenté par Bonaparte ; Paris, 1816 (Pamphlet contre l'empereur Napoléon).

III. — Les Critiques.

M. Rob. de Mohl appelle ainsi ceux qui ne sont ni les détracteurs ni les ennemis de Machiavel et qui essaient de faire la part du vrai et du faux dans ses OEuvres. Il cite :

Matter, *Histoire des doctrines morales et politiques des trois derniers siècles;* Paris et Genève, 3 vol., t. I, pp. 68-88.

Franck (Ad.), *Réformateurs et publicistes de l'Europe* ; Paris, 1884.

Sclopis, *Montesquieu et Machiavel (Revue historique du droit français)* ; Paris, 1856, p. 15.

Hallam, *Littérature de l'Europe* ; traduct. française ; Paris, 1839, p. 405.

Schlegel (Fr.), *Geschichte der alten und neuen Literatur (Sämmtliche Werke)*, 2e édit. pp. 18-20.

Macaulay, *Machiavelli (Essays, t. I)* traduct. franç. de G. Guizot, 1863.

Blackey, *History of political literatur ;* Londres, 1855, t. II, p. 266 et suiv.

Sismondi, *Litterature du midi de l'Europe ;* Paris, 1843, pp. 222-230.

A d'autres points de vue, que M. Robert de Mohl distingue plus ou moins arbitrairement des précédents, il cite encore :

CONRING, *Princeps cum animadversionibus politicis (Œuvres complètes),* t. II.

BOUILLÉ, *Commentaires politiques et historiques sur le traité du Prince;* Paris, 1827.

GINGUENÉ, *Histoire littéraire de l'Italie;* Paris, 1817, t. VIII, pp. 1-184.

RANKE, *Zur Kritik neuer Geschichtschreiber;* Leips. et Berl., 1824, p. 182 et suiv.

GERVINUS, *Historische schriften;* Francf., 1833, p. 81-218.

QUINET, *Révolutions d'Italie;* Paris, 1851, pp. 94-157.

MUND, *Machiavelli und der Gang der europäischen Politik;* Lips., 1858.

VORLÄNDER, *Geschichte der philosophischen Moral, Rechts und Staatslehre der Engländer und Franzosen mit Einschluss Marchiavell's;* Marb, 1855, p. 88-135.

TIRABOSCHI, *Storia della literatura italiana;* Firenze, 1810, p. 580.

BAYLE, *Dictionnaire,* art. M.

PÉRIÈS (traduction française). Introduction, t. I, p. I-XLVI ; Paris, 1823.

ARTAUD, *Machiavel, son génie et ses erreurs;* Paris, 1832.

A ce résumé bibliographique de M. Robert de Mohl, ajoutons les publications plus récentes :

PASQUALE VILLARI, *Nicolo Machiavelli e i suoi tempi, illustrati con nuovi documenti;* Firenze, Le Monnier, 1881-82. 3 vol. in-8°.

(Compte-rendu dans la *Revue historique,* XXII, p. 421.

MAURY, *Une réhabilitation de César Borgia, Revue historique,* XIII, p. 81.

TH. BERNHARDT, *Machiavell's Buch vom Fürsten und Frederic's d. Gr. Anti-Machiavelli;* Braunschwig, 1864.

GEBHART, *De l'honnêteté diplomatique de Machiavel..*

NOURRISSON, *Machiavel;* Paris, 1875, in-12.

WAILLE (Vict.), *Machiavel en France;* Paris, 1884.

(Voir dans ces deux derniers ouvrages les indications bibliographiques que nous sommes obligé d'omettre pour ne pas trop surcharger cette note.)

APPENDICE

Note complémentaire sur la politique du moyen âge

Nous avons négligé plus haut de compulser le *Discours sur l'état des lettres et des arts au XIVᵉ siècle*, par MM. Victor Leclerc et E. Renan, qui contient un certain nombre de textes intéressants sur la politique du moyen âge. Nous en extrayons ici les principaux. Voici par exemple, la définition du droit suivant les partisans de Rome, au moins d'après le dire de leurs adversaires : « Qu'est-ce que le droit? J'appelle et répute pour droit les décrets et les décrétales des Saints Pères de Rome, qui lient et obligent tous vrais chrétiens comme sujets de notre sainte mère l'Eglise. » (*Songe du Vergier*, l. I, c. vii.) Dans le concile général de Vienne, en 1332, le pape déclarait que « Dieu l'avait élevé au-dessus des rois et des royaumes pour arracher, détruire, perdre, abattre, édifier, planter ». On disait qu'il était *minor homine, major Deo*.

De même que les excès du gouvernement sacerdotal avaient soulevé l'opposition du pouvoir civil, l'excès de celui-ci soulevait à son tour l'opposition de l'opinion populaire. En voici la trace dans cet apologue étrange du XIVᵉ siècle, (p. 146): « On raconte qu'il y eut un roi dont le royaume subit un tel changement que tout à coup le bien y fit place au mal et le juste à l'injuste. Le roi, tout désespéré, interroge quatre philosophes des plus habiles. Les philosophes, après mûre délibération, s'en vont aux quatre portes de la ville, et y inscrivent chacun trois réponses ; voici les réponses du premier : « Le pouvoir est l'injustice, et c'est ce qui fait que la terre est sans roi. Le jour est la nuit, et c'est ce qui fait que la terre est sans route. La fuite est le combat, et c'est ce qui fait que le royaume est sans fidélité. » Réponse du second : « Un est deux, et le royaume est sans vérité. L'ami est l'ennemi, et le royaume est sans fidélité. Le mal est le bien, et cette terre est impie. » Réponse du troisième : « La raison est sans frein, et le royaume est sans nom. Le voleur est le prévôt, et le royaume est sans argent. L'escarbot veut voler aussi haut que l'aigle et tout est en confusion. » Réponse du quatrième : La volonté est le seul conseiller ; mauvais régime. L'or dicte les arrêts : gouvernement détestable. Dieu est mort ; il n'y a plus que des pécheurs. » *Gest. roman.*, ch. cxliv, trad. angl. de Swan, t. II, p. 218). Ce morceau sombre et plein de caractère, est un des témoignages assez rares d'ailleurs au moyen âge, des mécontentements populaires. Il est accompagné dans le texte d'une glose assez étendue, où la critique est appliquée à la papauté et à l'Eglise : *patet de papa*, est-il dit, *patet de religiosis, de clericis*.

On commence aussi à la même époque à s'intéresser au peuple et aux pauvres gens. Voici des vers de ce temps, qui expriment vivement ce sentiment :

> Chevaliers d'Engleterre, vous faites grant peschié,
> De travailler les poures, ceulx qui sìement le blé,
> Se laboureurs n'étaient, je vous dis mon pensé,
> Les nobles conviendrait travailler en le ré,
> Au flaid, à la houette, et souffrir poureté,
> Et ce serait grant peine quand n'est accoutumé,

Et encore, dans le *Roman du renard*, ces vers contre la noblesse

> Si gentis hom mais n'engendroit,
> Ne jamais louvé ne portait,
> Et grant cheval ne fut jamais,
> Tout le monde vivrait en paix.

Quant à la politique scientifique, elle a été l'objet de notre étude plus haut. Signalons seulement un texte important qui prouve que, même dans les écoles, la politique était un objet d'études, et souvent dans un sens très libéral : « Lorsque la politique d'Aristote nous était expliquée par un savant docteur en philosophie dont j'étais le disciple, maître Seger de Brabant, je l'ai entendu qui disait que pour régir les Etats, des hommes de lois valent encore mieux que de bons citoyens, parce qu'il n'y a pas et ne peut y avoir d'hommes si honnêtes que les passions de la colère, de la haine, de l'amour, de la crainte, de la cupidité ne parviennent à corrompre... Aussi, selon le philosophe dont il nous interprétait le traité sur le gouvernement, les cités qui étaient d'abord conduites par la volonté absolue des rois, s'étant aperçues qu'un seul homme punissait plus ou moins des délits suivant son caprice, et que de là naissaient les séditions et les guerres civiles, aimèrent mieux, pour faire cesser un tel abus, s'en remettre au jugement des lois et des institutions qui ne font acception de personne (1) ».

Enfin, l'on cite plusieurs ouvrages de politique, qui sont restés inédits ou peu connus : le *Speculum regum* du franciscain Alvare Pélage, et le *De reipublicæ et sorte principum* de Philippe de Leyde, professeur à Paris en 1369. Mais on ne nous donne aucun détail sur ces deux écrits.

(1) *Hist. litt. de la France*, t. XXI p. 106, Vict. Leclerc, extraits du *De recuperatione terræ sanctæ* ; ap. Bongard *Gesta Dei per Francos*, t. II, ch. LIII, p. 358

TABLE DES MATIÈRES

DU

TOME PREMIER

CHAPITRE III

MORALE ET POLITIQUE D'ARISTOTE.

CHAPITRE IV

LE STOICISME. — CICÉRON.

LIVRE DEUXIÈME

Christianisme et moyen âge

CHAPITRE PREMIER

L'Ancien et le Nouveau Testament.

CHAPITRE II

Le sacerdoce et l'empire.

CHAPITRE III

Saint Thomas d'Aquin et son école.

CHAPITRE IV

Dante. — Ockam.

LIVRE TROISIÈME

Renaissance et Réforme

CHAPITRE PREMIER

Machiavel.

CHAPITRE II

ÉCOLE DE MACHIAVEL.

www.ingramcontent.com/pod-product-compliance
Lightning Source LLC
Chambersburg PA
CBHW071130270326
41929CB00012B/1698